2025 全国勘察设计注册工程师
执业资格考试用书

Zhuce Daolu Gongchengshi Zhiye Zige
Jichu Kaoshi Yingshi Fudao

注册道路工程师执业资格
基础考试应试辅导

（专业基础）

注册工程师考试复习用书编委会 / 编

张　铭　曹纬浚 / 主编

人民交通出版社
北京

内 容 提 要

　　本书由多位从事道路工程教学、设计和考试培训工作的教授、资深专家共同编写，内容以新版考试大纲和 2019—2024 年考试真题为依据，吸收了新版标准、规范、教材的精华内容，覆盖考试要求的知识点。本书每一章均设置复习指导（考点分析）、考点精讲、例题解析、自测模拟等模块，并将重要知识点突出显示，有助于考生全面了解考试要求，把握复习重点，提高复习效率。

　　本书包含公共基础和专业基础两个分册，配有视频讲解、电子书等数字资源，读者可扫描公共基础分册封面上的红色二维码，登录微信公众号"注考大师"在线学习（有效期一年）。

　　本书适合参加注册道路工程师基础考试的人员使用，也可供道路工程从业人员参考。

图书在版编目（CIP）数据

2025 注册道路工程师执业资格基础考试应试辅导 / 张铭, 曹纬浚主编. — 北京：人民交通出版社股份有限公司, 2025. 2. — ISBN 978-7-114-19949-3

Ⅰ. U41

中国国家版本馆 CIP 数据核字第 20245X13Y0 号

书　　名：**2025 注册道路工程师执业资格基础考试应试辅导**
著 作 者：张　铭　曹纬浚
责任编辑：李　坤　刘彩云
责任印制：张　凯
出版发行：人民交通出版社
地　　址：（100011）北京市朝阳区安定门外外馆斜街 3 号
网　　址：http://www.ccpcl.com.cn
销售电话：（010）85285857
总 经 销：人民交通出版社发行部
经　　销：各地新华书店
印　　刷：北京市密东印刷有限公司
开　　本：889×1194　1/16
印　　张：88.5
字　　数：1786 千
版　　次：2025 年 2 月　第 1 版
印　　次：2025 年 2 月　第 1 次印刷
书　　号：ISBN 978-7-114-19949-3
定　　价：259.00 元（含 2 册）

（有印刷、装订质量问题的图书，由本社负责调换）

版权声明

前　言

　　注册土木工程师（道路工程）考试于 2019 年 10 月首次举办，就此拉开了道路工程领域勘察设计工程师考试、注册、执业的序幕。考试的举办，对从事道路工程规划、勘察、设计等工作的工程技术人员，大有裨益。复习备考的过程，是道路工程技术人员重新学习、梳理、拓展自己专业知识的过程，也是提升专业素养的过程。通过考试的筛选，让合格的工程师承担相应的技术工作，有助于提升工程建设质量和效率，对整个道路工程行业的良性发展具有重大意义。

　　为帮助广大考生有效复习，人民交通出版社特组织相关高校和工程单位的专家编写了一套注册道路工程师考试复习辅导用书，主要包括《2025 注册道路工程师执业资格基础考试应试辅导》《2025 注册道路工程师执业资格基础考试复习题集》《2025 注册道路工程师执业资格基础考试模考试卷》《注册道路工程师执业资格专业考试应试辅导》《注册道路工程师执业资格专业考试复习题集》《2025 注册道路工程师执业资格专业考试模考试卷》《2025 注册道路工程师执业资格专业考试案例一本通》。后续将根据考生实际需求开发新的辅导资料。

　　本书为《2025 注册道路工程师执业资格基础考试应试辅导》，包含公共基础和专业基础两个分册。公共基础分册内容包含数学、普通物理、普通化学、理论力学、材料力学、流体力学、电工电子技术、信号与信息技术、计算机应用基础、工程经济、法律法规共 11 章。专业基础分册内容包含建筑材料、土质学与土力学、工程地质、工程勘测、结构设计原理、职业法规共 6 章。

　　本书具有如下特色：

　　（1）以新版考试大纲、近年考试真题、现行标准规范为依据进行修订，内容贴合考试。

　　（2）每章设置"复习指导""考点精讲""例题解析""自测模拟"等模块，巩固学习效果。

　　（3）内容精练，删繁就简，重要知识点突出显示，便于考生把握复习重点，提高复习效率。

　　（4）配备视频讲解、电子书等多种数字资源，考生扫描公共基础分册封面上的红色二维码，免费使用一年。

　　公共基础分册编写人员来自北京工业大学、北京交通大学、北京建筑大学和北京市建筑设计研究院，分工如下：刘明惠、吴昌泽（第一章第一节至第七节）；王秋媛、范元玮（第一章第八节、第九节）；魏京花（第二章）；谢亚勃（第三章）；刘燕（第四章）；钱民刚（第五章）；毛军、李兆年（第六章）；黄辉、许怡生（第七章、第八章）；许小重（第九章）；陈向东（第十章）；孙伟、李魁元（第十一章）。该分册由曹纬浚负责统稿。

　　专业基础分册编写人员来自重庆交通大学，分工如下：黄维蓉、张奇奇、董天威、陈言（第一章）；高传东、程雨恒、徐海深（第二章）；唐良琴、毛添、梁一星（第三章）；高传东、阳敏、华胤宏、李燕

（第四章）；张江涛、吴海军、刘浪、向南（第五章）；魏道升、魏恺、胡佳（第六章）。该分册由张铭、丁静声、张宝玉负责统稿。

本书理论联系实际，针对性和实用性兼顾，是值得考生信赖的考前辅导和培训用书。

本书可与《2025 注册道路工程师执业资格基础考试复习题集》《2025 注册道路工程师执业资格基础考试模考试卷》配套使用。多做习题，将对考生巩固、检验复习效果和准备考试大有帮助。

考生在使用本书及相关数字资源备考时，还应注意参阅考试指定的各类标准、规范（规程）、大纲及教材，真正做到：考前胸中有丘壑，临场下笔如有神。

如对本书内容和编排有好的建议，请加入 QQ 群（470950250）交流。

预祝各位考生取得好成绩！

注册工程师考试辅导用书编委会

2025 年 1 月

主编致考生

一、注册道路工程师在专业考试之前进行基础考试是和国外接轨的做法。通过基础考试并达到职业实践年限后就可以申请参加专业考试。基础考试是考大学中的基础课程，按考试大纲的安排，上午考试段考 11 科，120 道题，4 个小时，每题 1 分，共 120 分；下午考试段考 6 科，60 道题，4 个小时，每题 2 分，共 120 分；上、下午共 240 分。试题均为 4 选 1 的单选题，平均每题时间上午 2 分钟，下午 4 分钟，因此不会有复杂的论证和计算，主要是考查考生的基本概念和基本知识。考生在复习时不要偏重难度大或过于复杂的知识，而应将复习的注意力主要放在弄清基本概念和基本知识方面。

二、考生在复习本书之前，应认真阅读"考试大纲"，清楚地了解考试的内容和范围，以便合理制订自己的复习计划。复习时一定要紧扣"考试大纲"的内容，将全面复习与突出重点相结合。着重对"考试大纲"要求掌握的基本概念、基本理论、基本计算方法、计算公式和步骤，以及基本知识的应用等内容有系统、有条理地重点掌握，明白其中的道理和关系，掌握分析问题的方法。本书每章均设有"复习指导"，摘录了本章的考试大纲，具体说明本章的复习重点、难点和复习中要注意的问题。建议考生认真阅读每章的"复习指导"，参考"复习指导"的意见进行复习。在对基本概念、基本原理和基本知识有一个整体把握的基础上，对每章（节）的重点、难点进行重点复习和重点掌握。

三、注册道路工程师基础考试上、下午试卷共计 240 分，上、下午不分段计算成绩，这几年及格线都是 55%，也就是说上、下午试卷总分达到 132 分就可以通过。因此，考生在准备考试时应注意扬长避短。从道理上讲，自己较弱的科目更应该努力复习，但毕竟时间和精力有限，如"信号与信息技术"，据了解，土建非信息专业的考生大多未学过，短时间内要掌握好比较困难，而"信号与信息技术"总共只有 6 道题，6 分，只占总分的 2.5%，也就是说，即使"信号与信息技术"一分未得，其他科目也还有 234 分，从 234 分中考 132 分是完全可以做到的。因此考生可以根据考试分科题量、分数分配和自己的具体情况，计划自己的复习重点和主要得分科目。当然一些主要得分科目是不能放松的，如"数学"24 题（上午段）24 分，"土质学与土力学"12 题（下午段）24 分，"工程地质"13 题（下午段）26 分，"工程勘测"12 题（下午段）24 分，都是不能放松的；其他科目则可根据自己过去对课程的掌握情况有所侧重，争取在自己过去学得好的课程中多得分。

四、在考场拿到试卷时，考生不要顺着题号顺次往下做。因为有的题会比较难，有的题不很熟悉，花费的时间会比较多，以致到最后时间不够，题做不完，有些题会做但时间来不及，这就太得不偿失了。建议考生将做题过程分为四遍：

1. 首先快速浏览试卷，解答熟悉、有把握的题；再将那些需要稍加思考估计能在平均答题时间里做出的题做个记号。这里说的平均答题时间，是指上午段 4 个小时考 120 道题，平均每题 2 分钟；下午段

4个小时考60道题，平均每题4分钟，这个2分钟（上午）、4分钟（下午）就是平均答题时间。将估计在这个时间里能做出来的题做上记号。

2. 第二遍做这些做了记号的题，这些题应该在考试时间里能做完，做完了这些题可以说就考出了考生的基本水平。不管考生基础如何，复习得怎么样，考得如何，至少不会因为会做的题没做完而遗憾了。

3. 这些会做或基本会做的题做完以后，如果还有时间，就做那些需要稍多花费时间的题，能做几道算几道，并适当抽时间检查一下已答题的答案。

4. 考试时间将近结束时，比如还剩5分钟要收卷了，这时考生就应看看还有多少道题没有答，这些题确实不会了，建议考生也不要放弃。既然是单选，那也不妨估个答案，答对了也是有分的。建议考生回头看看已答题目的答案，A、B、C、D各有多少，虽然整套卷子四种答案的数量并不一定是平均的，但还是可以这样考虑，看看已答的题A、B、C、D中哪个答案最少，然后将不会做没有答的题按这个前边最少的答案通填，这样其中会有1/4可能还会多于1/4的题能得分，如果考生前边答对的题离及格正好差几分，这样一补充就能及格了。

特别提醒：每年均有考生因涂卡时间紧迫或混淆横向与竖向涂卡方式，影响最终成绩。为避免此类情况发生，建议考生至少提前40分钟开始涂卡；涂卡前，请务必仔细核对涂卡顺序，明确区分横向与竖向要求，切忌仅凭个人习惯盲目涂卡。

五、基础考试是不允许带书和资料的，因此一些重要的公式、规定，考生一定要记住。

六、本书每节后均附有习题，并给出参考答案。另外，我们还专门为考生编写了《2025注册道路工程师执业资格基础考试复习题集》《2025注册道路工程师执业资格基础考试模考试卷》。建议考生在复习好本书内容的基础上，多做习题。多做习题能巩固已学的概念、理论、方法和公式等，并能发现自己的不足，哪些地方理解得不正确，哪些地方没有掌握好；同时熟能生巧，提高解题速度。

特别提醒：建议考生在考试前两个月，针对《2025注册道路工程师执业资格基础考试模考试卷》，集中时间，排除干扰，进行实战模考；做错的题，一定要分析原因，是概念不清，还是原理不明，或者是马虎？务必将其更正并掌握。

相信本书能帮助大家准备好考试。

最后，祝愿各位考生取得好成绩！

曹纬浚

2025年1月

目　录

第一章　建筑材料

第一节　砂石材料

考点分析

本节重点：石料的物理性质、力学性质、耐久性及相应的检测方法，集料的物理性质、力学性质及相应的检测方法，矿质混合料的级配、组成设计方法。以考核砂石材料物理性质、力学性质指标的概念为主。

本节难点：矿质混合料的级配、组成设计方法。

考点精讲

考点一：石料的物理性质及检测方法

石料主要由矿物质实体和孔隙（包括与外界连通的开口孔隙和内部的闭口孔隙）组成，质量与体积关系示意如图 1-1 所示。

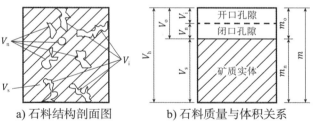

a) 石料结构剖面图　　　　b) 石料质量与体积关系

图 1-1　石料质量与体积关系示意图

石料的物理性质包括密度、孔隙率、吸水率、饱和吸水率等。

1. 密度

密度是指在规定条件下，石料矿质实体单位体积的质量。根据体积的定义不同，石料的密度包括真实密度、表观密度和毛体积密度等。

（1）真实密度

真实密度是指在规定条件下，烘干石料矿质实体单位真实体积的质量，按式（1-1）计算。

$$\rho_t = \frac{m_s}{V_s} \tag{1-1}$$

式中：　ρ_t——石料的真实密度（g/cm³）；

　　　　m_s——石料矿质实体的质量（g）；

V_s——石料矿质实体的体积（cm^3）。

（2）表观密度

表观密度是指在规定条件下，烘干石料矿质实体包括闭口孔隙在内的单位表观体积的质量，按式（1-2）计算。测定石料表观体积时，需将已知质量的干燥石料浸水，使其开口孔隙吸水饱和，然后称出饱水后石料在水中的质量，两者之差即为石料包括闭口孔隙在内的表观体积（$V_s + V_n$）。

$$\rho_a = \frac{m_s}{V_s + V_n} \tag{1-2}$$

式中：ρ_a——石料的表观密度（g/cm^3）；

V_s——石料矿质实体的体积（cm^3）；

V_n——石料矿质实体中闭口孔隙的体积（cm^3）。

（3）毛体积密度

毛体积密度（又称块体密度）是指在规定条件下，烘干石料矿质实体包括孔隙（闭口、开口孔隙）体积在内的单位体积的质量，由式（1-3）计算。石料毛体积密度的测定方法可分为体积法、水中称量法和蜡封法。体积法适用于能制备成规则试件的各类岩石；水中称量法适用于除遇水崩解、溶解和干缩湿胀外的其他类岩石；蜡封法适用于不能用体积法或直接在水中称量进行试验的岩石。

$$\rho_h = \frac{m_s}{V_s + V_n + V_i} \tag{1-3}$$

式中：ρ_h——石料的毛体积密度（g/cm^3）；

V_i——石料矿质实体中开口孔隙的体积（cm^3）；

其他符号的意义同式（1-2）。

2. 孔隙率

孔隙率是指石料孔隙体积占石料总体积（包括孔隙体积在内）的百分率，总孔隙率和开口孔隙率由式（1-4）和式（1-5）计算。

$$n = \frac{V_n + V_i}{V_h} \times 100\% = \left(1 - \frac{\rho_h}{\rho_t}\right) \times 100\% \tag{1-4}$$

$$n_i = \frac{V_i}{V_h} \times 100\% = \left(1 - \frac{\rho_h}{\rho_a}\right) \times 100\% \tag{1-5}$$

式中：n——石料的总孔隙率（%）；

n_i——石料的开口孔隙率（%）。

相同矿物组成的岩石，孔隙率越低，其强度越大，表观密度和毛体积密度越大，真实密度不变。在孔隙率相同的条件下，连通且粗大的孔隙对石料性能的影响显著。

3. 吸水性

吸水性是指石料在规定条件下吸入水分的能力。吸水性的大小常用吸水率和饱水率（饱和吸水率）来表征。该指标可有效地反映岩石微裂隙的发育程度，判断岩石的抗冻和抗风化等性能。

吸水率是石料试样在常温、常压条件下最大吸水质量占干燥试样质量的百分率。饱水率是石料在常温及真空抽气条件下，最大吸水质量占干燥试样质量的百分率。石料的吸水率和饱水率可采用式（1-6）计算。

$$w_x = \frac{m_2 - m_1}{m_1} \times 100\% \tag{1-6}$$

式中：w_x——石料试样的吸水率或饱水率（%）；

m_1——烘干至恒重时的试样质量（g）；

m_2——吸水（或饱水）至恒重时的试样质量（g）。

石料吸水性的大小与其孔隙率的大小及孔隙构造特征有关。孔隙构造相同的石料，孔隙越大，吸水率越大。表观密度大的石料，孔隙率小，吸水率也小。吸水性强且易溶蚀的岩石，其耐水性较差。吸水率与饱水率的比称为饱水系数，饱水系数越高，说明常温常压下石料开口孔隙被水充填的程度越高。

考点二：石料的力学性质及检测方法

在结构工程中，石料应具备一定的抗压、抗剪、抗弯拉强度，并能抵抗荷载冲击、剪切和摩擦作用。石料的力学性能常用抗压强度和磨耗率来表示。

1. 抗压强度

我国《公路工程岩石试验规程》（JTG 3431—2024）中规定采用单轴加荷的方法对形状规则的石料试样进行抗压强度试验。路面工程用石料试件尺寸为边长（50±2）mm 的正立方体或直径与高均为（50±2）mm 的圆柱体。桥梁工程用石料试件尺寸为边长（70±2）mm 的正立方体。按标准方法对试件进行饱水处理后施加荷载，直至试件破坏，石料的抗压强度按式（1-7）计算。

$$R = \frac{P}{A} \tag{1-7}$$

式中：R——石料的抗压强度（MPa）；

P——试验时石料试件破坏时的极限荷载（N）；

A——石料试件的受力截面面积（mm²）。

石料抗压强度的主要影响因素有岩石自身的矿物组成、结构构造、孔隙构造、含水状态和试验条件（试件形状、大小、加工精度、加荷速率等）。石料的饱水状态强度R_W与干燥状态强度R_D的比值K_R，称为软化系数。

2. 磨耗性

磨耗性是指粗集料抵抗撞击、边缘剪切、摩擦等联合作用的能力，采用洛杉矶磨耗试验测得的磨耗率表示。

磨耗试验是将一定质量且有一定级配的石料试样和钢球置于洛杉矶磨耗试验机中，以 30~33r/min 的转速转动至要求次数后停止，取出试样过筛并称量，石料的磨耗率$Q_磨$采用式（1-8）计算。在磨耗试验中用于水泥混凝土和沥青混合料的石料对试样的级配和质量要求有所不同。

$$Q_磨 = \frac{m_1 - m_2}{m_1} \times 100\% \tag{1-8}$$

式中：$Q_磨$——洛杉矶磨耗率（%）；

m_1——装入圆筒中试样质量（g）；

m_2——试验后在 1.7mm 筛上洗净烘干的试样质量（g）。

考点三：石料的耐久性及检测方法

石料在长期使用过程中，抵抗各种自然因素及有害介质的作用，保持其原有性能而不变质和不被破坏的能力称为石料的耐久性。耐久性主要表现为抗冻性，抗冻性是指石料在饱水状态下能够经受反复冻结和融化而不破坏，并不严重降低强度的能力。石料抗冻性的室内测定方法有直接冻融法和坚固性试验法。两种方法均需要将石料制成直径和高均为50mm的圆柱体试件，或边长为50mm的正立方体试件，在（105±5）℃的烘箱中烘至恒重，并称重。

（1）直接冻融法

直接冻融法是测定石料在饱水状态下，抵抗反复冻融性能的直接方法。试验时首先使试件吸水达到饱和状态，然后置于-15℃冰箱中。冻结4h后取出试件，放入（20±5）℃的水中溶解4h，如此为一个冻融循环过程。经历规定的冻融循环次数（如10次、15次、25次及50次）后，详细检查石料试件有无剥落、裂缝、分层及掉角现象，并记录检查情况。将冻融试验后的试件再烘至恒重，称其质量，然后测定石料的抗压强度，按式（1-9）和式（1-10）分别计算石料的冻融质量损失率和耐冻系数。

$$Q_{冻} = \frac{m_1 - m_2}{m_1} \times 100\% \tag{1-9}$$

$$K = \frac{R_2}{R_1} \times 100\% \tag{1-10}$$

式中：$Q_{冻}$、K ——经历冻融循环作用后，石料的质量损失率和耐冻系数（%）；

m_1 ——试验前烘干石料试件的质量（g）；

m_2 ——经历若干次冻融循环作用后，烘干石料试件的质量（g）；

R_1 ——试验前石料试件的饱水抗压强度（MPa）；

R_2 ——经历若干次冻融循环作用后，石料试件的饱水抗压强度（MPa）。

（2）坚固性试验法

坚固性试验法可用来评定石料试样经饱和硫酸钠溶液多次浸泡与烘干循环后，不发生显著破坏或强度降低的性能，是测定岩石坚固性的一种简易方法。试验时将烘干石料试件置入饱和硫酸钠溶液中浸泡20h后，将试件取出置于105~110℃的烘箱中烘烤4h，至此完成第1个循环。待试样冷却至室温后，即开始第2个循环。从第2个循环起，浸泡和烘烤时间均为4h。完成5次循环后，仔细观察试件有无破坏现象，将试件洗净烘至恒重，准确称出其质量，按式（1-11）计算坚固性试验质量损失率。

$$Q = \frac{m_1 - m_2}{m_1} \times 100\% \tag{1-11}$$

式中：Q ——经历n次硫酸钠溶液浸泡、烘干循环作用后，石料的质量损失率（%）；

m_1 ——试验前烘干石料试件的质量（g）；

m_2 ——经历n次浸泡、烘干循环作用后，烘干石料试件的质量（g）。

岩石的抗冻性与其矿物成分、结构特征有关，且与岩石的吸水率指标关系更加密切。岩石的抗冻性主要取决于岩石中大开口孔隙的发育情况、亲水性和可溶性矿物的含量及矿物颗粒间的黏结力。开口孔隙越多，亲水性和可溶性矿物含量越高时，岩石的抗冻性越低；反之，越高。

判断岩石抗冻性能好坏有三个指标，即：①冻融后强度变化；②质量损失；③外形变化。一般公路工程根据上述标准来确定是否需要进行岩石的抗冻性试验。

一般认为吸水率小于0.5%、软化系数大于0.75的岩石具有足够的抗冻能力。

考点四：集料的物理性质及检测方法

集料是由不同粒径矿物颗粒组成的混合料，在沥青混合料或水泥混凝土中起骨架和填充作用。在沥青混合料（除SMA-13、SMA-16、SMA-20外）中，粗集料是指粒径大于2.36mm的碎石、破碎砾石、筛选砾石和矿渣等；细集料是指粒径小于2.36mm的天然砂、人工砂（包括机制砂及石屑）；SMA-13、

SMA-16、SMA-20 的粗细集料分界尺寸为 4.75mm。在水泥混凝土中，粗集料是指粒径大于 4.75mm 的碎石、砾石和破碎砾石；细集料是指粒径小于 4.75mm 的天然砂、人工砂。

集料最大粒径指集料 100% 全部通过的最小标准筛筛孔尺寸；集料公称最大粒径指集料可能全部通过或允许少量不通过（筛余不超过 10%）的最小标准筛筛孔尺寸。通常集料公称最大粒径比集料最大粒径要小一个粒级。工程中的最大粒径往往指公称最大粒径。

1. 表观密度、毛体积密度、表干密度

集料颗粒的表观密度、毛体积密度定义与石料相同。集料的表干密度又称作饱和面干毛体积密度，它的计算体积与计算毛体积密度时相同，但计算质量为集料颗粒的表干质量（饱和面干状态，包括吸入开口孔隙中的水）。集料的表干密度由式（1-12）计算得到。测试集料表干质量时，需要将干燥集料试样饱水后，将试样表面自由水擦干，但保留吸入开口孔隙中的水，称取饱和面干试样在空气中的质量，即为集料的表干质量。

$$\rho_s = \frac{m_a}{V_s + V_n + V_i} \qquad (1-12)$$

式中： ρ_s ——集料的表干密度（g/cm³）；

$\quad\quad m_a$ ——集料颗粒的表干质量（矿质实体质量与吸入开口孔隙中水的质量之和）（g）；

$\quad\quad V_s$ ——集料颗粒矿质实体的体积（cm³）；

V_n、V_i ——分别为集料颗粒矿质实体中闭口孔隙和开口孔隙的体积（cm³）。

2. 堆积密度

堆积密度是指烘干集料颗粒矿质实体的单位装填体积（包括集料颗粒间空隙体积、集料矿质实体及其闭口、开口孔隙体积）的质量，按式（1-13）计算。

$$\rho = \frac{m_s}{V_s + V_n + V_i + V_v} \qquad (1-13)$$

式中： ρ ——集料的堆积密度（g/cm³）；

$\quad\quad m_s$ ——集料颗粒的烘干质量（g）；

$\quad\quad V_s$ ——集料颗粒矿质实体的体积（cm³）；

V_n、V_i ——分别为集料颗粒矿质实体中闭口孔隙和开口孔隙的体积（cm³）；

$\quad\quad V_v$ ——集料颗粒间的空隙体积（cm³）。

集料的堆积密度分为自然堆积密度、振实密度和捣实密度。自然堆积密度是指以自由落入方式装填集料，所测的密度又称松装密度；振实密度是将集料分三层（细集料分两层）装入容器筒中，在容器筒底部放置一根直径为 25mm 的圆钢筋（细集料钢筋直径为 10mm），每装一层集料后，将容器筒左右交替颠击地面 25 次；捣实密度是将集料分三层装入容器中，每层用捣棒捣实 25 次。振实密度和捣实密度又称作紧装密度。

3. 空隙率

集料颗粒与颗粒之间没有被集料占据的自由空间，称为集料的空隙。空隙率是指集料在一定的堆积状态下的空隙体积（含开口孔隙）占堆积体积的百分率，按式（1-14）计算。

$$n = \frac{V_v + V_i}{V_f} \times 100\% = \left(1 - \frac{\rho}{\rho_a}\right) \times 100\% \qquad (1-14)$$

式中： n ——集料的空隙率（%）；

$\quad\quad V_f$ ——集料颗粒的堆积体积（cm³），其值为： $V_f = V_s + V_n + V_i + V_v$；

V_v、V_i——分别为集料颗粒间空隙与矿物实体开口孔隙的体积（cm^3）；

ρ——集料的堆积密度（g/cm^3）；

ρ_a——集料的表观密度（g/cm^3）。

空隙率反映了集料颗粒间相互填充的致密程度。

4. 集料的颗粒形状与表面特征

（1）颗粒形状

集料中颗粒形状有蛋圆形、棱角形、针状和片状四种类型，比较理想的形状是接近球体或立方体。《公路工程集料试验规程》（JTG 3432—2024）中对水泥混凝土用粗集料采用规准仪法测定，当颗粒的最小厚度（或直径）与最大长度（或宽度）方向的尺寸之比小于规定值时即为针片状颗粒；沥青混合料或基层用粗集料采用游标卡尺法测定，当颗粒的最大长度（或宽度）方向与最小厚度（或直径）的尺寸之比大于 3 时即为针片状颗粒。

（2）表面特征

集料的表面特征主要指集料表面的粗糙程度及孔隙特征等，表面粗糙的集料颗粒间的摩阻力较表面光滑、无棱角颗粒的要大；表面粗糙、具有吸收水泥浆或沥青中轻质组分的孔隙特征的集料，与结合料间的黏结能力较强，而表面光滑的集料与结合料间的黏结能力一般较差。

5. 含泥量和泥块含量

存在于集料中或包裹在集料颗粒表面的泥土会降低集料与水泥（或沥青）的界面黏结力，显著影响混合料的整体强度与耐久性，对其含量应加以限制。

（1）含泥量与石粉含量

含泥量是指集料中粒径小于 0.075mm 的颗粒含量，石粉含量是指人工砂中粒径小于 0.075mm 的颗粒含量，两者均按照式（1-15）计算。

$$Q_a = \frac{m_0 - m_1}{m_0} \times 100\% \tag{1-15}$$

式中： Q_a——集料的含泥量和石粉含量（%）；

m_0——试验前烘干集料试样的质量（g）；

m_1——经筛洗后，0.075mm 筛上烘干试样的质量（g）。

含泥量应是集料中的泥土含量，而采用筛洗法得到的粒径小于 0.075mm 的颗粒中实际上包含了矿粉、细砂与黏土成分，而筛洗法很难将这些成分加以区别。将通过 0.075mm 筛孔的颗粒部分全部都当作"泥土"的做法欠妥，因此，《公路工程集料试验规程》（JTG 3432—2024）以"砂当量"代替含泥量指标，将筛洗法测定的结果称为粒径 < 0.075mm 的颗粒含量；《建设用砂》（GB/T 14684—2022）增加了"甲基蓝MB值"指标。砂当量值越大，表明在粒径小于 0.075mm 部分所含的矿粉和细砂比例越高。亚甲蓝MB值较小时表明粒径 ≤ 0.075mm 的颗粒主要是母岩化学成分相同的石粉。

（2）泥块含量

泥块含量是指粗集料中原尺寸大于 4.75mm（细集料中大于 1.18mm），但经水浸洗、手捏后尺寸小于 2.36mm（细集料为小于 0.6mm）的颗粒含量，按照式（1-16）计算。集料中的泥块主要以 3 种类型存在：由纯泥土组成的团块，由砂、石屑与泥土组成的团块，包裹在集料颗粒表面的泥。

$$Q_b = \frac{G_1 - G_2}{G_1} \times 100\% \tag{1-16}$$

式中： Q_b——集料中的泥块含量（%）；

G_1——4.75mm（粗集料）或1.18mm（细集料）筛上试样的质量（g）；

G_2——4.75mm（粗集料）或1.18mm（细集料）筛上试样经水洗后，2.36mm（粗集料）或0.6mm（细集料）筛上烘干试样的质量（g）。

（3）砂当量

砂当量用于测定细集料中所含的黏性土和杂质含量，判定集料的洁净程度，对集料中粒径小于0.075mm的矿粉、细砂与泥土加以区别，砂当量值越大，表明粒径小于0.075mm部分所含的矿粉和细砂比例越高，细集料越洁净。

（4）亚甲蓝MB值

亚甲蓝MB值用于判别人工砂中粒径<0.075mm颗粒含量主要是泥土还是与被加工母岩化学成分相同的石粉。亚甲蓝MB值较小时表明粒径≤0.075mm颗粒主要是母岩化学成分相同的石粉。亚甲蓝值越小，细集料越洁净。

考点五：集料的力学性质及检测方法

在混合料中，粗集料起骨架作用，应具备一定的强度、抗磨耗和抗冲击性能等，这些性能分别用压碎值、磨光值、磨耗值和冲击值等指标表示。

1. 压碎值

集料压碎值用于衡量石料在逐渐增加的荷载下抵抗压碎的能力，是衡量石料力学性质的指标，以评定其在公路工程中的适用性。压碎值是对集料的标准试样在标准条件下进行加荷，测试集料被压碎后，标准筛上筛余质量的百分率。该值越大，说明抗压碎能力越差。

（1）粗集料的压碎值

粗集料压碎值按式（1-17）计算。

$$Q_a' = \frac{m_1}{m_0} \times 100\% \tag{1-17}$$

式中： Q_a'——集料的压碎值（%）；

m_0——试验前试样的质量（g）；

m_1——试验后通过2.36mm筛孔的细料质量（g）。

（2）细集料压碎值

细集料压碎值按单粒级进行试验，细集料分为2.36~4.75mm、1.18~2.36mm、0.6~1.18mm、0.3~0.6mm四档，分别测试这四档在逐渐增加的荷载下抵抗压碎的能力。按式（1-18）计算，取最大单粒级压碎值为细集料的压碎指标值。

$$Y_i = \frac{m_2}{m_1 + m_2} \times 100\% \tag{1-18}$$

式中： Y_i——第i粒级细集料的压碎指标值（%）；

m_1——试样的筛余量（g）；

m_2——试样的通过量（g）。

2. 磨光值

磨光值是反映石料抵抗轮胎磨光作用能力的指标，采用加速磨光机磨光石料，并用摆式摩擦系数测定仪测得磨光后集料的摩擦系数。用高磨光值的石料来铺筑道路路面表层，可以提高路表的抗滑能力，保障车辆的安全行驶。该值越高，表示其抗滑性越好。石料的磨光值PSV按式（1-19）计算。

$$PSV = PSV_{ra} + PSV_b - PSV_{bra} \tag{1-19}$$

式中：PSV_{bra}——4块标准试件磨光值的算术平均值；

PSV_{ra}——被测集料4块试件磨光值的算术平均值；

PSV_b——标准集料磨光值标称值，按 JTG 3432—2024 确定。

3. 冲击值

冲击值反映石料抵抗冲击荷载的能力，对道路表层用集料非常重要。粗集料冲击值试验用击碎后粒径小于 2.36mm 部分的质量百分率表示。该值越大，说明集料抵抗冲击荷载能力越差。

集料冲击值按式（1-20）计算。

$$AIV = \frac{m_1}{m_0} \times 100\% \tag{1-20}$$

式中：AIV——集料的冲击值（%）；

m_0——试样的总质量（g）；

m_1——冲击试验后，通过 2.36mm 筛的石屑质量（g）。

4. 磨耗值

磨耗值用于确定石料抵抗表面磨损的能力，适用于对路面抗滑表层所用集料抵抗车轮撞击及磨耗能力的评定。该值越大，说明抗磨损能力越差。

磨耗值的试验方法为道瑞试验法。集料的磨耗值按式（1-21）计算。

$$AAV = \frac{3(m_1 - m_2)}{\rho_s} \tag{1-21}$$

式中：AAV——集料的道瑞磨耗率；

m_1——磨耗前试样的质量（g）；

m_2——磨耗后试样的质量（g）；

ρ_s——集料的表干密度（g/cm³）。

考点六：矿物混合料的级配

在水泥混凝土或沥青混合料中，需要将两种或两种以上的集料配合使用，构成所谓的矿质混合料，简称矿料。矿料组成设计的目的就是根据目标级配范围要求，确定各档集料在矿质混合料中的合理比例。进行矿料组成设计，必备的已知条件是各档集料的级配组成和矿质混合料的设计级配范围。

级配是指集料中大小粒径颗粒的搭配比例或分布情况。

1. 级配的表示方法

（1）标准筛

矿质集料的级配通常采用筛分试验确定。标准筛是指形状和尺寸规格符合要求的系列样品筛，以方孔筛为准，标准筛尺寸依次为 75mm、63mm、53mm、37.5mm、31.5mm、26.5mm、19mm、16mm、13.2mm、9.5mm、4.75mm、2.36mm、1.18mm、0.6mm、0.3mm、0.15mm 和 0.075mm。

（2）级配参数

在筛分试验中，分别称量集料试样存留在各筛上的筛余质量，然后计算出反映该集料试样级配的有关参数：分计筛余百分率a_i、累计筛余百分率A_i和通过百分率P_i。

分计筛余百分率a_i是指某号筛上的筛余质量占试样总质量的百分率，按式（1-22）计算。

$$a_i = \frac{m_i}{M} \times 100\% \tag{1-22}$$

式中：m_i——存留在某筛孔上的试样质量（又称为筛上质量或者筛余质量）（g）；

　　　　M——集料风干试样的总质量（g）。

累计筛余百分率A_i是指某筛孔的分计筛余百分率和大于该筛孔尺寸筛的各筛分计筛余百分率之和，可按式（1-23）计算。

$$A_i = a_1 + a_2 + \cdots + a_i \tag{1-23}$$

式中：a_1、a_2、$\cdots$、a_i——各筛的分计筛余百分率（%）。

通过百分率P_i是指通过某号筛的试样质量占试样总质量的百分率，即100与某号筛累计筛余百分率之差，按式（1-24）计算。

$$P_i = 100 - A_i \tag{1-24}$$

式中：A_i——某号筛累计筛余百分率（%）。

2. 细集料的细度模数

细度模数是用于评价细集料粗细程度的指标，为细集料筛分试验中各号筛上的累计筛余百分率之和，按式（1-25）计算。

$$M_f = \frac{A_{0.15} + A_{0.3} + A_{0.6} + A_{1.18} + A_{2.36} - 5A_{4.75}}{100 - A_{4.75}} \tag{1-25}$$

式中：　　　M_f——砂的细度模数；

$A_{0.15}$、$\cdots$、$A_{4.75}$——0.15mm、$\cdots$、4.75mm各筛上的累计筛余百分率（%）。

细度模数越大，表示细集料越粗。砂按细度模数分为粗、中、细三种规格，相应的细度模数分别为：粗砂$M_f = 3.7 \sim 3.1$，中砂$M_f = 3.0 \sim 2.3$，细砂$M_f = 2.2 \sim 1.6$，特细砂$M_f = 1.5 \sim 0.7$。

细度模数的数值主要决定于0.15mm筛到2.36mm筛5个粒径的累积筛余量，与粒径小于0.15mm的颗粒含量无关，细度模数在一定程度上能反映砂的粗细程度，但未能全面反映砂的粒径分布情况，不同级配的砂可以具有相同的细度模数。

3. 集料的级配曲线

集料的筛分试验结果可以用级配曲线反映。在级配曲线图中，通常用纵坐标表示通过百分率（或累计筛余百分率），横坐标表示某号筛的筛孔尺寸。横坐标通常采用对数坐标，纵坐标通常采用常数坐标。绘制级配曲线时，首先在横坐标上标明筛孔尺寸的对数坐标位置，在纵坐标上标出通过百分率（或累计筛余百分率）的常数坐标位置，然后将筛分试验计算结果点绘于坐标图上，最后将各点连成级配曲线。矿质集料级配曲线按形状划分为连续级配、间断级配、开级配三种。

考点七：矿质混合料的配合比设计方法

矿质混合料的配合比设计方法有数解法和图解法两大类，两类设计方法均需要在两个已知条件的基础上进行：第一个条件是各种集料的级配参数；第二个条件是根据设计要求、技术规范或理论计算，确定矿质混合料目标级配范围。以下仅介绍常用的数解法。

数解法的基本原理是将几种已知级配的集料 j 配制成满足目标级配要求的矿质混合料 M ，混合料 M 在某一筛孔 i 上的颗粒是由这几种集料提供的。混合料的级配参数由式（1-26）或式（1-27）确定。

$$a_{M(i)} = \sum a_{j(i)} \times X_{j(i)} \tag{1-26}$$
$$P_{M(i)} = \sum P_{j(i)} \times X_{j(i)} \tag{1-27}$$

式中： $a_{M(i)}$ ——矿质混合料在筛孔 i 上的分计筛余百分率（%）；

$a_{j(i)}$ ——某一集料 j 在筛孔 i 上的分计筛余百分率（%）；

$P_{M(i)}$ ——矿质混合料在筛孔 i 上的通过百分率（%）；

$P_{j(i)}$ ——某一集料 j 在筛孔 i 上的通过百分率（%）；

$X_{j(i)}$ ——某一集料 j 在矿质混合料中的质量百分率（%）。

将已知集料的级配参数和矿质混合料的目标级配参数代入式（1-26）或式（1-27），建立数个方程，方程的个数等于标准筛的个数，然后用正则方程法求解，或用试算法或规划求解法确定各个集料的用量。

求解出的各种集料用量比例也是根据部分筛孔确定的，需要对矿料的合成级配进行校核，当超出级配范围时，应调整各集料的用量。

例 题 解 析

例题 1 ［2019-1］集料的几种密度中，最小的是（   ）。

  A. 表观密度   B. 表干密度   C. 毛体积密度   D. 堆积密度

解析：见考点三。集料的几种密度从大到小为：表观密度＞表干密度＞毛体积密度＞堆积密度。

答案：D

例题 2 粗集料的压碎值试验中需将集料过（   ）mm 的标准筛。

  A. 1.18   B. 2.36   C. 4.75   D. 0.6

解析：见考点四。压碎值是对粗集料的标准试样在标准条件下进行加载，测试集料被压碎后，粒径小于 2.36mm 的试样质量占压碎前质量的百分率。

答案：B

例题 3 ［2021-1］洛杉矶磨耗试验中，磨耗机的转动速率是（   ）。

  A. 25~28r/min B. 28~32r/min C. 30~33r/min D. 33~35r/min

解析：见考点二。磨耗试验是将一定质量且有一定级配的石料试样和钢球置于洛杉矶磨耗试验机中，以 30~33r/min 的转速转动至要求次数后停止，取出试样过筛并称量。

答案：C

例题 4 ［2021-2］细集料试验中，各筛的累计筛余用 A_i 来表示。现有一细集料，各筛孔累计筛余分别为： $A_{4.75} = 3.6$ ， $A_{2.36} = 15.6$ ， $A_{1.18} = 34.2$ ， $A_{0.6} = 63.6$ ， $A_{0.3} = 90.1$ ， $A_{0.15} = 97.2$ ，则该细集料是（   ）。

  A. 粗砂   B. 中砂   C. 细砂   D. 粉砂

解析：见考点六。按公式（1-25）计算细度模数 M_f ，该砂的细度模数为 2.93，属于中砂。粗砂 $M_f = 3.7~3.1$ ；中砂 $M_f = 3.0~2.3$ ；细砂 $M_f = 2.2~1.6$ 。

答案：B

例题5 〔2022-5〕沥青混凝土粗集料最小粒径是（　　　　）。

    A. 4.75mm   B. 2.36mm   C. 1.18mm   D. 0.075mm

解析： 见考点四。在沥青混合料（除 SMA-13、SMA-16、SMA-20 外）中，粗集料是指粒径大于 2.36mm 的碎石、破碎砾石、筛选砾石和矿渣等；细集料是指粒径小于 2.36mm 的天然砂、人工砂（包括机制砂及石屑）。在水泥混凝土中，粗集料是指粒径大于 4.75mm 的碎石、砾石和破碎砾石；细集料是指粒径小于 4.75mm 的天然砂、人工砂。

答案： B

例题6 〔2023-1〕水泥混凝土粗集料表观密度为 2730kg/m³，堆积密度为 1560kg/m³，振实密度为 1650kg/m³，振实状态下空隙率为（　　　　）。

    A. 60.4%   B. 42.9%   C. 39.6%   D. 5.5%

解析： 见考点四。本题求振实状态下的空隙率，则应使用振实密度。

$$n = \frac{V_{\mathrm{v}} + V_i}{V_{\mathrm{f}}} \times 100\% = \left(1 - \frac{\rho}{\rho_{\mathrm{a}}}\right) \times 100\% = \left(1 - \frac{1650}{2730}\right) \times 100\% = 39.6\%$$

答案： C

例题7 〔2023-2〕沥青混合料粗集料压碎值试样粒径范围是（　　　　）。

    A. 9.5~16mm   B. 4.75~13.2mm   C. 9.5~13.2mm   D. 4.75~16mm

解析： 见考点五。根据《公路工程集料试验规程》（JTG 3432—2024）中的 T 0316—2005 粗集料压碎值试验的第 3.1 条的要求，风干石料用 13.2mm 和 9.5mm 标准筛过筛，取 9.5~13.2mm 的试样 3 组各 3000g，供试验用。

答案： C

例题8 〔2024-1〕表示材料耐水性的指标是（　　　　）。

    A. 吸水率   B.含水率   C.渗透系数   D.软化系数

解析： 见考点二。石料的饱水状态强度 R_{W} 与干燥状态强度 R_{D} 的比值 K_{R}，称为软化系数。

答案： D

自 测 模 拟

1. 对同一料源的矿料，其四项指标从小到大的正确排列是（　　　　）。

    ①真实密度；②毛体积密度；③表观密度；④堆积密度

    A. ①④②③   B. ④③②①   C. ①②③④   D. ④②③①

2. 含水率为 5% 的湿砂的质量为 220g，将其干燥后的质量是（　　　　）。

    A. 209.0g   B. 209.52g   C. 210.0g   D. 210.52g

3. 用来评价粗集料力学性能的指标是（　　　　）。

    A. 抗压强度   B. 压碎值   C. 坚固性   D. 磨耗率

4. 石料磨光值越高，表示其（　　　　）越好；石料磨耗率越高，表示其耐磨耗性（　　　　）。

    A. 抗滑性、好   B. 抗压性、好   C. 抗滑性、差   D. 抗压性、差

5. 砂的细度模数越大表示砂（　　　　）。

    A. 越粗   B. 越细   C. 级配越好   D. 级配越差

参 考 答 案

1. D　　2. B　　3. B　　4. C　　5. A

第二节　水泥和石灰

考 点 分 析

本节重点：硅酸盐水泥熟料各矿物成分特性、凝结硬化，硅酸盐水泥的技术性质及质量检定方法，掺混合料硅酸盐水泥的特性及应用，石灰的生产、消化和硬化过程。以考核水泥矿物成分及特性、凝结时间、安定性、胶砂强度、掺混合料水泥特性、石灰成分、消化等概念、试验方法和结果处理为主。

本节难点：水泥的技术性质要求及质量检定方法。

考 点 精 讲

考点一：硅酸盐水泥熟料各矿物成分特性

由硅酸盐水泥熟料、0~5%石灰石或粒化高炉矿渣、适量石膏磨细制成的水硬性胶凝材料，称为硅酸盐水泥。硅酸盐水泥熟料是由主要含CaO、SiO_2、Al_2O_3、Fe_2O_3的原料，按适当比例磨成细粉烧至部分熔融所得的以硅酸钙为主要矿物成分的水硬性胶凝物质。熟料的主要矿物有硅酸三钙、硅酸二钙、铝酸三钙、铁铝酸四钙四种，水泥熟料四种矿物的技术特性见表1-1。

水泥熟料矿物的技术特性　　　　　　　　　　　　　　　表 1-1

名　称	硅酸三钙 $3CaO \cdot SiO_2$（C_3S）	硅酸二钙 $2CaO \cdot SiO_2$（C_2S）	铝酸三钙 $3CaO \cdot Al_2O_3$（C_3A）	铁铝酸四钙 $4CaO \cdot Al_2O_3 \cdot Fe_2O_3$（$C_4AF$）
水化速率	快	慢	最快	快
28d水化放热量	多	少	最多	中
早期强度	高	低	低	低
后期强度	高	高	低	低
耐化学腐蚀性	较差	较好	差	好

水泥熟料中除了以上四种主要的矿物成分外，还有少量游离氧化钙（f–CaO）、游离氧化镁（f–MgO）、三氧化硫（SO_3）及碱性氧化物等次要成分。

考点二：硅酸盐水泥的水化、凝结和硬化

硅酸盐水泥是由多种化合物组成的，这些化合物与水接触，发生水化作用，最终将导致水泥的凝结、硬化。

1. 水化

硅酸盐水泥的性能是由其熟料矿物的性能决定的。熟料矿物与水发生的水解或水化作用统称为水化。熟料矿物与水发生水化反应，生成水化产物，并放出一定的热量。

水化硅酸钙（$x\text{CaO} \cdot \text{SiO}_2 \cdot y\text{H}_2\text{O}$）几乎不溶于水，生成后立即以胶体颗粒析出并凝聚成凝胶（C-S-H），附着于水泥颗粒的表面。

石膏可调节水泥的凝结时间，是水泥的缓凝剂，掺量必须要适量，过量将引起水泥的体积安定性不良。

2. 凝结、硬化

水泥加水拌和形成具有一定流动性和可塑性的浆体，经过自身的物理化学变化逐渐变稠失去可塑性的过程称为水泥的凝结。失去可塑性的浆体随着时间的增长产生明显的强度，并逐渐发展成为坚硬的水泥石的过程，称为水泥的硬化。

水泥的凝结硬化按水化反应速率和水泥浆体结构特征分为初始反应期、潜伏期、凝结期和硬化期四个阶段。水泥凝结硬化过程的各个阶段不是彼此截然分开，而是交错进行的。

影响水泥凝结硬化的主要因素有：熟料矿物成分、水泥的种类和细度、石膏掺量、掺合料掺量、温度和湿度等。

考点三：硅酸盐水泥的技术性质及质量检定方法

国家标准《通用硅酸盐水泥》（GB 175—2023）对硅酸盐水泥的性能要求有不溶物、氧化镁、三氧化硫、烧失量、细度、凝结时间、安定性、强度、碱含量等指标。其中不溶物、氧化镁、三氧化硫、烧失量为化学指标，凝结时间、安定性、强度为物理指标，碱含量、细度为选择性指标。以下对细度、凝结时间、体积安定性、强度分别进行介绍。

1. 细度

细度是指水泥颗粒的粗细程度。水泥颗粒越细，比表面积越大，水化反应越快越充分，早期和后期强度越高，但在空气中的硬化收缩也较大，成本也高。若水泥颗粒过粗，又不利于水泥活性的发挥。《通用硅酸盐水泥》（GB 175—2023）规定：硅酸盐水泥细度用比表面积表示，其比表面积不小于 $300\text{m}^2/\text{kg}$。其他通用硅酸盐水泥的细度用筛余表示，其 45μm 方孔筛筛余不小于 5%。

2. 凝结时间

水泥的凝结时间分为初凝时间和终凝时间。初凝时间是指水泥全部加入水中至初凝状态的时间，用"min"计；当试针沉至距底板（4±1）mm 时，为水泥达到初凝状态。终凝时间是指水泥全部加入水中至终凝状态的时间，用"min"计；当试针沉入试件 0.5mm 时，即环形附件开始不能在试件上留下痕迹时，为水泥达到终凝状态。

水泥的凝结时间用凝结时间测定仪测定，试样用标准稠度水泥净浆。国家标准规定，硅酸盐水泥初凝时间不小于 45min，终凝时间不大于 390min。其他通用硅酸盐水泥的初凝时间不得早于 45min，终凝时间不得迟于 10h。

水泥的初凝时间不宜太短，以保证在施工时有充足的时间完成搅拌、运输、成型等各种工艺；终凝时间不宜太长，以保证施工完毕后水泥能尽快硬化，产生强度。

用于公路路面基层的水泥，初凝时间应大于 3h，终凝时间应大于 6h 且小于 10h；用于极重、特重、重交通荷载等级的公路面层水泥混凝土用水泥，初凝时间应大于 1.5h，终凝时间应不大于 10h；用于中、轻交通荷载等级的公路面层水泥混凝土用水泥，初凝时间应大于 0.75h，终凝时间应不大于 10h。

3. 体积安定性

水泥的体积安定性是指水泥浆体在凝结硬化过程中体积变化的均匀性。水泥体积安定性不良，容易产生翘曲和开裂，降低工程质量甚至出现严重事故。

引起水泥安定性不良的因素主要有熟料中所含的游离氧化钙、游离氧化镁过多或掺入的石膏过多三种。根据国家标准规定，由熟料中游离氧化钙引起的安定性不良可用沸煮法检验。沸煮法分为雷氏夹法及试饼法。雷氏夹法是测定标准稠度的水泥净浆在雷氏夹中沸煮后的膨胀值；试饼法是观察标准稠度的水泥净浆试饼沸煮后的外形变化。水泥安定性经沸煮法检验（CaO）必须合格。为避免因过量游离氧化镁或石膏引起的体积安定性不良，国家标准规定，硅酸盐水泥中氧化镁（MgO）含量不得超过 5.0%，如果水泥经压蒸安定性试验合格，则氧化镁的含量允许放宽到 6.0%；三氧化硫（SO_3）的含量不得超过 3.5%。

4. 强度

水泥强度是表征水泥质量的重要指标，也是划分水泥强度等级的依据。国家标准规定，采用水泥胶砂法测定水泥强度，即采用水泥与标准砂和水以 1∶3∶0.5 的比例拌和，并按规定方法制成 40mm×40mm×160mm 的胶砂试件，试件连模一起在养护箱中养护 24h，养护箱温度保持在（20±1）℃，相对湿度不低于 90%；再脱模放在标准温度（20±1）℃的水中养护，分别测定 3d 和 28d 抗压强度和抗折强度。硅酸盐水泥强度等级分为 42.5、42.5R、52.5、52.5R、62.5、62.5R 共 6 个等级，其中 R 代表早强型水泥。各强度等级通用硅酸盐水泥不同龄期的强度不得低于表 1-2 中的数值。

通用硅酸盐水泥不同龄期强度要求（GB 175—2023）　　　　　　　　　　表 1-2

强 度 等 级	抗压强度（MPa）		抗折强度（MPa）	
	3d	28d	3d	28d
32.5	12.0	32.5	3.0	5.5
32.5R	17.0	32.5	4.0	5.5
42.5	17.0	42.5	4.0	6.5
42.5R	22.0	42.5	4.5	6.5
52.5	22.0	52.5	4.5	7.0
52.5R	27.0	52.5	5.0	7.0
62.5	27.0	62.5	5.0	8.0
62.5R	32.0	62.5	5.5	8.0

考点四：掺混合材料的硅酸盐水泥

掺混合材料的水泥包括普通硅酸盐水泥、矿渣硅酸盐水泥、火山灰质硅酸盐水泥、粉煤灰硅酸盐水泥、复合硅酸盐水泥等。

1. 混合材料的品种及性质

在生产水泥时，为了改善水泥的性能、调节水泥的强度、增加水泥品种、提高产量、节约水泥熟料、降低成本，要掺入一定量的混合材料。混合材料分为活性混合材料和非活性混合材料两大类。

活性混合材料是常温下能与氢氧化钙和水发生反应的混合材料。活性混合材料与水泥水化产生的氢氧化钙发生反应，生成水化硅酸钙，该反应称为火山灰效应。主要有粒化高炉矿渣、粉煤灰、火山灰质混合材料。主要作用是改善水泥的某种性能、调节水泥强度、降低水化热和成本、增加水泥产量。

非活性混合材料是常温下不与氢氧化钙和水反应的混合材料。主要有石灰石、石英砂及矿渣等。其作用是调节水泥强度，降低水化热，增加水泥的产量，降低水泥成本等。

2. 掺混合材料的硅酸盐水泥

国家标准《通用硅酸盐水泥》（GB 175—2023）规定，矿渣硅酸盐水泥、火山灰质硅酸盐水泥、粉煤灰硅酸盐水泥的强度等级分为 32.5、32.5R、42.5、42.5R、52.5、52.5R 六个等级，普通硅酸盐水泥的强度等级分为 42.5、42.5R、52.5、52.5R、62.5、62.5R，复合硅酸盐水泥的强度等级分为 42.5、42.5R、52.5、52.5R 四个等级，各龄期的强度应符合标准的规定。

考点五：通用水泥的组成、性质和适用范围

硅酸盐水泥、普通硅酸盐水泥、矿渣硅酸盐水泥、火山灰质硅酸盐水泥、粉煤灰硅酸盐水泥、复合硅酸盐水泥是土木工程中应用最广、用量最大的六种水泥（通用硅酸盐水泥），其主要特性及适用范围见表 1-3 和表 1-4。

六种常用水泥的组成、性质与适用范围　　　　　　　　　　　　表 1-3

项目	硅酸盐水泥（P·I，P·II）	普通水泥（P·O）	矿渣水泥（P·S·A，P·S·B）	火山灰水泥（P·P）	粉煤灰水泥（P·F）	复合水泥（P·C）
组分	硅酸盐水泥熟料、0~5%混合材料、适量石膏	硅酸盐水泥熟料、6%~20%混合材料、适量石膏	硅酸盐水泥熟料、粒化高炉矿渣（21%≤P·S·A≤50%、51%≤P·S·B≤70%）、适量石膏	硅酸盐水泥熟料、21%~40%的火山灰质混合材料、适量石膏	硅酸盐水泥熟料、21%~40%的粉煤灰、适量石膏	硅酸盐水泥熟料、大量（21%~50%）的两种或两种以上规定的混合材料、适量石膏
特性	（1）快凝、早强、高强；（2）抗冻性好；（3）水化热高；（4）耐腐蚀性差；（5）耐热性差；（6）抗碳化性好；（7）干缩小；（8）耐磨性好	（1）早期强度较高；（2）抗冻性较好；（3）水化热较大；（4）耐腐蚀性差；（5）耐热性差	（1）早期强度低，后期强度增长快；（2）强度发展对养护温（湿）度敏感；（3）水化热较低；（4）耐腐蚀性较好；（5）耐热性较好；（6）耐磨性一般	（1）抗渗性较好，但干缩大；（2）耐磨性差；（3）耐热性不及矿渣水泥；（4）其他同矿渣水泥	（1）流动性较好；（2）干缩较小，抗裂性好；（3）其他同矿渣水泥	（1）耐腐蚀性好；（2）水化热小；（3）抗冻性较差；（4）干缩较大；（5）抗碳化性较差

通用水泥的选用　　　　　　　　　　　　表 1-4

混凝土工程特点及所处环境特点		优先选用	可以选用	不宜选用
普通混凝土	在一般气候环境中的混凝土	普通水泥	矿渣水泥、火山灰水泥、粉煤灰水泥、复合水泥	—
	在干燥环境中的混凝土	普通水泥	矿渣水泥	火山灰水泥、粉煤灰水泥
	在高温、湿度环境中或长时间处于水中的混凝土	矿渣水泥	普通水泥、火山灰水泥、粉煤灰水泥、复合水泥	—
	厚大体积混凝土	矿渣水泥、火山灰水泥、粉煤灰水泥、复合水泥	—	硅酸盐水泥

混凝土工程特点及所处环境特点		优 先 选 用	可 以 选 用	不 宜 选 用
有特殊要求的混凝土	快硬混凝土	快硬硅酸盐水泥、硅酸盐水泥	普通水泥	矿渣水泥、火山灰水泥、粉煤灰水泥、复合水泥
	高强（大于C40级）混凝土	硅酸盐水泥	普通水泥、矿渣水泥	火山灰水泥、粉煤灰水泥
	严寒地区的露天混凝土，寒冷地区的处在水位升降范围内的混凝土	普通水泥	矿渣水泥	火山灰水泥、粉煤灰水泥
	严寒地区处于水位升降范围内的混凝土	—	—	火山灰水泥、矿渣水泥、粉煤灰水泥、复合水泥
	有抗渗要求的混凝土	普通水泥、火山灰水泥	—	矿渣水泥
	有耐磨要求的混凝土	—	矿渣水泥	火山灰水泥、粉煤灰水泥

考点六：石灰的生产

石灰属气硬性胶凝材料，只能在空气中硬化，且只能在空气中保持和连续增长其强度。一般只适用于干燥环境中，而不宜用于潮湿环境，更不可用于水中。

石灰包括生石灰（块状）、生石灰粉和消石灰粉。生产石灰的原料是以$CaCO_3$为主要成分的石灰石。石灰石原料经过适当温度煅烧，得到以CaO为主要成分的块状生石灰。

考点七：石灰的消化和硬化

1. 消化

生石灰（CaO）加水反应生成氢氧化钙的过程，称为石灰的消化或熟化。反应生成的产物氢氧化钙称为熟石灰或消石灰。

石灰消化时放出大量的热，体积增大1~2.5倍。煅烧良好、氧化钙含量高的石灰消化较快，放热量和体积增大也较多。

由于有过火石灰和欠火石灰的存在，为了防止过火石灰体积膨胀引起的隆起和开裂，石灰浆应在储灰坑中存放两周以上，此为"陈伏"。"陈伏"期间，石灰浆表面应保持一层水分，与空气隔绝，以免碳化。

2. 硬化

石灰浆在空气中逐渐硬化，包括结晶和碳化两个同时进行的过程。硬化石灰浆体的强度一般不高，受潮后更低，强度增长慢。硬化过程中体积收缩大，易开裂。

考点八：石灰的性质及技术要求

1. 性质

（1）保水性和可塑性好。

（2）硬化慢、强度低。

（3）耐水性差。

（4）体积收缩大。

2. 技术要求

建筑生石灰的化学、物理性质应分别满足表 1-5 和表 1-6 的要求；建筑消石灰的化学成分和物理性质应符合表 1-7 的规定；公路用生石灰和消石灰的技术要求见表 1-8 和表 1-9。

建筑生石灰的化学成分（%）　　　　　　　　　　表 1-5

名　称	（氧化钙＋氧化镁）（CaO＋MgO）	氧化镁（MgO）	二氧化碳（CO_2）	三氧化硫（SO_3）
CL90-Q CL90-QP	≥90	≤5	≤4	≤2
CL85-Q CL85-QP	≥85	≤5	≤7	≤2
CL75-Q CL75-QP	≥75	≤5	≤12	≤2
ML85-Q ML85-QP	≥85	＞5	≤7	≤2
ML80-Q ML80-QP	≥80	＞5	≤7	≤2

注：生石灰块在代号后面加 Q，生石灰粉在代号后面加 QP。

建筑生石灰的物理性质　　　　　　　　　　表 1-6

名　称	产浆量（dm³/10kg）	细　度	
		0.2mm 筛余量（%）	90μm 筛余量（%）
CL90-Q	≥26	—	—
CL90-QP	—	≤2	≤7
CL85-Q	≥26	—	—
CL85-QP	—	≤2	≤7
CL75-Q	≥26	—	—
CL75-QP	—	≤2	≤7
ML85-Q	—	—	—
ML85-QP	—	≤2	≤7
ML80-Q	—	—	—
ML80-QP	—	≤7	≤2

建筑消石灰的化学成分和物理性质（%）　　　　　　　　　　表 1-7

名　称	氧化钙＋氧化镁（CaO＋MgO）	氧化镁（MgO）	三氧化硫（SO_3）	游离水	细　度		安定性
					0.2mm 筛余量	90μm 筛余量	
HCL90	≥90	≤5	≤2	≤2	≤2	≤7	合格
HCL85	≥85						
HCL75	≥75						
HML85	≥85	＞5					
HML80	≥80						

生石灰技术要求　　　　　　　　表 1-8

指　标	钙质生石灰			镁质生石灰			试验方法
	I	II	III	I	II	III	
有效氧化钙加氧化镁含量（%）	≥85	≥80	≥70	≥80	≥75	≥65	T 0813
未消化残渣含量（%）	≤7	≤11	≤17	≤10	≤14	≤20	T 0815
钙镁石灰的分类界限，氧化镁含量（%）	≤5			>5			T 0812

消石灰技术要求　　　　　　　　表 1-9

指　标		钙质消石灰			镁质消石灰			试验方法
		I	II	III	I	II	III	
有效氧化钙加氧化镁含量（%）		≥65	≥60	≥55	≥60	≥55	≥50	T 0813
含水率（%）		≤4	≤4	≤4	≤4	≤4	≤4	T 0801
细度	0.60mm 方孔筛的筛余（%）	0	≤1	≤1	0	≤1	≤1	T 0814
	0.15mm 方孔筛的筛余（%）	≤13	≤20	—	≤13	≤20	—	T 0814
钙镁石灰的分类界限，氧化镁含量（%）		≤4			>4			T 0812

例 题 解 析

例题 1　［2019-2］改变水泥熟料矿物的含量，可使水泥性质发生相应的变化。如果要使水泥具有比较低的水化热，应降低（　　）的含量。

A. C_3S　　　　　　B. C_2S　　　　　　C. C_3A　　　　　　D. C_4AF

解析：见考点一中的表 1-1。硅酸盐水泥水化时，放热量最大且放热速度最快的是 C_3A。

答案：C

例题 2　对水泥胶砂强度进行试验检测时，水泥与标准砂和水的比例为（　　）。

A. 1：2.5：0.5　　　　B. 1：2.5：0.45　　　　C. 1：3：0.5　　　　D. 1：3：0.45

解析：见考点三。在进行水泥胶砂强度试验时，水泥、标准砂和水以 1：3：0.5 的比例拌和，并按规定方法制成 40mm×40mm×160mm 的胶砂试件。

答案：C

例题 3　［2019-5］消石灰的主要化学成分为（　　）。

A. 氧化钙　　　　　B. 氧化镁　　　　　C. 氢氧化钙　　　　　D. 硫酸钙

解析：见考点七。生石灰（CaO）加水反应生成氢氧化钙的过程，称为石灰的消化或熟化。反应生成的产物氢氧化钙称为熟石灰或消石灰。

答案：C

例题 4　［2020-3］水泥熟料中掺加适量石膏的目的是（　　）。

A. 降低发热量　　　　　　　　　　B. 增加产量

C. 减少收缩　　　　　　　　　　　D. 调节水泥凝结速度

解析：见考点二。石膏的主要作用是作为缓凝剂，在没有石膏的情况下水泥熟料磨细后加水会很快凝结，影响施工和检验，添加适量石膏后，石膏中的硫酸钙与水泥熟料中的铝酸三钙反应生成钙矾石，减少水泥的水化速度，从而起到缓凝的作用。

答案： D

例题 5 ［2021-3］石灰可用于道路与桥梁工程，下列技术要求中，不属于石灰的技术要求的是（ 　　 ）。

  A. 氧化铝的含量   B. 氧化镁和氧化钙的含量

  C. 二氧化碳的含量   D. 细度

解析： 见考点八。表 1-5～表 1-7，生石灰的技术要求有氧化镁和氧化钙、二氧化碳、氧化镁、三氧化硫的含量，细度和产浆量；消石灰的技术要求有氧化镁和氧化钙、氧化镁、三氧化硫的含量，游离水（含水率）、细度和安定性。

答案： A

例题 6 ［2021-4］我国现行标准中规定，硅酸盐水泥细度的测定方法是（ 　　 ）。

  A. 负压筛析法 B. 手工筛析法 C. 水筛法 D. 比表面积法

解析： 见考点三。《通用硅酸盐水泥》（GB 175—2023）规定：硅酸盐水泥的细度用比表面积表示，其比表面积不小于 300m²/kg（2022-2 考查内容）。其他通用硅酸盐水泥的细度用筛余表示，其 45μm 方孔筛筛余不小于 5%。

《公路工程水泥及水泥混凝土试验规程》（JTG 3420—2020）规定：水泥细度试验方法为筛析法（包括负压筛析法、水筛法和手工筛法）；负压筛法与水筛法测定的结果发生争议时，以负压筛法为准。

答案： A

例题 7 ［2022-6］优质消石灰的氧化钙、氧化镁含量至少应该在（ 　　 ）以上。

  A. 70%   B. 65%   C. 60%   D. 55%

解析： 见考点八。I 级钙质消石灰中的有效氧化钙加氧化镁含量应大于 65%。

答案： B

例题 8 ［2022-7］水泥胶砂强度试件，脱模前应在（ 　　 ）温度、（ 　　 ）湿度的条件下进行养护。

  A. 20℃±1℃，90%   B. 20℃±1℃，95%

  C. 20℃±2℃，90%   D. 20℃±2℃，95%

解析： 见考点三。《水泥胶砂强度检验方法》（GB/T 17671—2021）规定：试件脱模前，放置在养护箱中进行养护，养护箱温度保持在 20℃±1℃，相对湿度不低于 90%；试件脱模后，放置在 20℃±1℃的水中养护。

答案： A

例题 9 ［2023-3］生石灰分为钙质生石灰和镁质生石灰，分类依据是（ 　　 ）。

  A. MgO   B. CaO   C. Mg(OH)₂   D. Ca(OH)₂

解析： 见考点八。表 1-8，生石灰分为钙质生石灰和镁质生石灰。钙质生石灰，氧化镁的含量不大于 5%。镁质生石灰，氧化镁的含量大于 5%。

答案： A

例题 10 ［2023-4］硅酸盐水泥终凝时间不大于（ 　　 ）min。

  A. 45   B. 390   C. 450   D. 600

解析： 见考点三。硅酸盐水泥初凝时间不应少于 45min，终凝时间不应超过 390min。

答案： B

例题 11 ［2024-7］钙质生石灰中 MgO 的含量是（ 　　 ）。

  A. 小于或等于 5% B. 小于 5% C. 小于或等于 4% D. 小于 4%

解析：见考点八。生石灰中MgO的含量≤5%属于钙质生石灰，MgO的含量＞5%属于镁质生石灰。

答案：A

自 测 模 拟

1. 硅酸盐水泥熟料的主要矿物成分为（ ）。
   A. C_3S、C_2S、C_3A、C_4AF
   B. CaO、Al_2O_3、Fe_2O_3、SiO_2
   C. 水化硅酸钙
   D. $Ca(OH)_2$

2. 生产水泥的过程中加入石膏的目的是为（ ）。
   A. 使水泥色泽均匀
   B. 快凝作用
   C. 调节凝结时间
   D. 促凝作用

3. 硅酸盐水泥适用于（ ）混凝土工程。
   A. 快硬高强
   B. 大体积
   C. 与海水接触的
   D. 受热的

4. 矿渣水泥较普通水泥耐腐蚀性强的主要原因是矿渣水泥硬化后，其水泥石中（ ）。
   A. $Ca(OH)_2$ 含量少
   B. C-S-H 凝胶多
   C. C_3AH_6 含量少
   D. 选项 A 和 C

5. 为避免引起水泥的体积安定性不良，需严格控制（ ）。
   A. 氧化铝的含量
   B. 氧化镁、三氧化硫的含量
   C. C_3A 的含量
   D. C_4AF 的含量

6. 关于水泥混合材料的叙述，不正确的为（ ）。
   A. 可分为活性混合材料和非活性混合材料
   B. 粒化高炉矿渣、粉煤灰属于活性混合材料
   C. 活性混合材料是因为自身的成分能与水发生水化反应从而具有活性性质
   D. 火山灰硅酸盐水泥中掺入了活性混合材料

7. 下列方法不能用来检测水泥细度的是（ ）。
   A. 比表面积法
   B. 负压筛法
   C. 雷氏法
   D. 水筛法

8. 水泥胶砂强度试验是为了测试（ ）的强度等级。
   A. 水泥砂浆
   B. 水泥混凝土
   C. 水泥
   D. 砂

9. 水泥的初凝时间不宜太（ ），终凝时间不宜太（ ）。
   A. 长，短
   B. 短，长
   C. 长，长
   D. 短，短

10. 气硬性胶凝材料（ ）。
    A. 只能在水中凝结硬化而不能在空气中凝结硬化
    B. 只能在空气中凝结硬化而不能在水中凝结硬化
    C. 既能在空气中凝结硬化又能在水中凝结硬化
    D. 既不能在空气中也不能在水中凝结硬化

11. 钙质生石灰的主要成分是（ ）；熟石灰的主要成分是（ ）；硬化中石灰的主要成分是（ ）。

A. CaO；$Ca(OH)_2$；$Ca(OH)_2 \cdot nH_2O$ 晶体 + $CaCO_3$

B. $CaCO_3$；$Ca(OH)_2$；$Ca(OH)_2 \cdot nH_2O$ 晶体 + $CaCO_3$

C. $Ca(OH)_2$；CaO；$Ca(OH)_2 \cdot nH_2O$ 晶体 + $CaCO_3$

D. CaO；$Ca(OH)_2$；$Ca(OH)_2 \cdot nH_2O$ 晶体

12. 石灰等级划分主要是依据（　　）的含量。

A. 有效氧化钙加氧化镁   B. 氧化镁

C. 氧化钙   D. 氢氧化钙

13. 初凝时间是指水泥全部加入水中至初凝状态的时间，以"min"计；当试针沉至距底板（　　）时，为水泥达到初凝状态。

A. （4 ± 1）mm   B. （5 ± 1）mm

C. （6 ± 1）mm   D. （7 ± 1）mm

参 考 答 案

1. A   2. C   3. A   4. D   5. B   6. C   7. C   8. C   9. B   10. B

11. A   12. A   13. A

第三节　无机结合料稳定材料

考 点 分 析

本节重点：石灰稳定粒料、水泥稳定粒料、石灰粉煤灰稳定粒料的技术性质，无机结合料稳定材料配合比设计方法，石灰粉煤灰稳定粒料的强度形成机理。以考核水泥稳定碎石的技术性质和配合比设计方法为主。

本节难点：无机结合料稳定材料配合比设计方法。

考 点 精 讲

考点一：无机结合料稳定材料的技术性质

无机结合料稳定材料是指在各种被稳定材料（如碎石、砾石、石屑、土或工业废渣）中，掺入一定数量的无机结合料（如石灰、水泥）及水，共同拌和得到的混合料。这类混合料经拌和、摊铺、压实与养生后，可形成具有一定强度和稳定性的板体结构，当其抗压强度和使用性能符合设计要求时，可用于道路路面结构的基层与底基层。

无机结合料稳定材料按所用无机结合料种类分为：石灰稳定材料、水泥稳定材料、综合稳定材料、工业废渣稳定材料。无机结合料稳定材料结构层按其混合料结构状态分为骨架密实型、骨架空隙型、悬浮密实型和均匀密实型四种结构类型。这类结构层具有稳定性好、结构本身自成板体、抗冻性能较好等特点，但易产生干缩和温缩裂缝，耐磨性差，广泛用于路面结构基层或底基层。作为公路工程材料，无机结合料稳定材料必须具有：①合适的强度和耐久性；②用作高等级道路路面基层时，应具有较小的收缩变形能力和较强的抗冲刷能力；③技术可行，经济合理，便于施工。

细粒材料是指颗粒最大粒径不大于 4.75mm，公称最大粒径不大于 2.36mm 的材料，包括各种黏质土、粉质土、砂和石屑等。中粒材料是指颗粒最大粒径不大于 26.5mm，公称最大粒径大于 2.36mm 且不大于 19mm 的土或集料，包括砂砾土、碎石土、级配砂砾、级配碎石等。粗粒材料是指颗粒最大粒径不大于 53mm，公称最大粒径大于 19mm 且不大于 37.5mm 的土或集料，包括砂砾土、碎石土、级配砂砾、级配碎石等。

1. 强度

无机结合料稳定材料的刚性介于柔性与刚性材料之间，是一种半刚性材料，具有一定的抗拉强度。测定半刚性材料的抗拉强度有 3 种方法：第一种方法是利用梁式试件，采用三分点加载进行弯拉试验，测得的抗拉强度为抗弯拉强度；第二种方法是用圆柱体试件直接拉伸测得直接抗拉强度；第三种方法是用圆柱体试件沿其直径方向用线压力进行试验，直到被破坏，该强度称为间接抗拉强度或劈裂强度。同一种材料，用不同的方法测得的抗拉强度是不同的。广泛使用的无机结合料稳定材料强度指标通常是 7d 无侧限抗压强度。

7d 无侧限抗压强度是无机结合料稳定材料配合比设计与施工质量控制的主要指标。路面结构设计时采用 90d 或 180d 龄期的抗压回弹模量与劈裂强度，水泥稳定类采用 90d 龄期的试验结果，石灰与二灰稳定类采用 180d 龄期的试验结果。半刚性基层材料的力学性能都是标准养生到规定龄期前一天，再饱水 24h 后的力学特征，因而也可反映水稳定性能。

无侧限抗压强度试验的试件制作，细粒材料试件的直径×高 = $\phi 50mm \times 50mm$ 或 $\phi 100mm \times 100mm$；中粒材料试件的直径×高 = $\phi 100mm \times 100mm$ 或 $\phi 150mm \times 150mm$；粗粒材料试件的直径×高 = $\phi 150mm \times 150mm$。施工质量控制的强度试验中，细粒材料的试件直径应为 100mm，中、粗粒材料试件直径应为 150mm。为保证无侧限抗压强度试验结果的可靠性和准确性，每组试件的数量要求为：小试件数量不少于 6 个，中试件数量不少于 9 个，大试件数量不少于 13 个。

无机结合料稳定材料的强度标准根据相应的公路等级和在路面结构中的层位而定。无机结合料稳定材料抗压强度试件采用高径比 1∶1 的圆柱体试件，在规定温度保湿养生 6d、浸水 1d 后无侧限抗压强度标准见表 1-10。高速公路和一级公路还应验证所用材料的 7d 无侧限抗压强度与 90d 或 180d 龄期弯拉强度的关系。

无机结合料稳定材料的 7d 无侧限抗压强度标准R_d（MPa） 表 1-10

名　　称	结构层	公　路　等　级	极重、特重交通	重交通	中、轻交通
石灰稳定材料[①]	基层	高速公路和一级公路	—		
		二级和二级以下公路	≥0.8[②]		
	底基层	高速公路和一级公路	≥0.8		
		二级和二级以下公路	0.5~0.7[③]		
水泥稳定材料[④]	基层	高速公路和一级公路	5.0~7.0	4.0~6.0	3.0~5.0
		二级和二级以下公路	4.0~6.0	3.0~5.0	2.0~4.0
	底基层	高速公路和一级公路	3.0~5.0	2.5~4.5	2.0~4.0
		二级和二级以下公路	2.5~4.5	2.0~4.0	1.0~3.0

名　称	结构层	公路等级	极重、特重交通	重交通	中、轻交通
石灰粉煤灰稳定材料⑤	基层	高速公路和一级公路	≥1.1	≥1.0	≥0.9
		二级和二级以下公路	≥0.9	≥0.8	≥0.7
	底基层	高速公路和一级公路	≥0.8	≥0.7	≥0.6
		二级和二级以下公路	≥0.7	≥0.6	≥0.5
水泥粉煤灰稳定材料	基层	高速公路和一级公路	4.0~5.0	3.5~4.5	3.0~4.0
		二级和二级以下公路	3.5~4.5	3.0~4.0	2.5~3.5
	底基层	高速公路和一级公路	2.5~3.5	2.0~3.0	1.5~2.5
		二级和二级以下公路	2.0~3.0	1.5~2.5	1.0~2.0

注：① 石灰土强度达不到表中规定的抗压强度标准时，可添加部分水泥，或改用另一种土。塑性指数过小的土，不宜用石灰稳定，宜改用水泥稳定。

② 在低塑性土（塑性指数小于 7）地区，石灰稳定砂砾土和碎石土的 7d 龄期无侧限抗压强度应大于 0.5MPa（100g平衡锥测液限）。

③ 低限用于塑性指数小于 7 的黏性土，且低限值宜仅用于二级以下公路。高限用于塑性指数大于 7 的黏性土。

④ 公路等级高或交通荷载等级高或结构安全性要求高时，推荐取上限强度标准。

⑤ 石灰粉煤灰稳定材料强度不满足表中的要求时，可外加混合料质量 1%~2% 的水泥。

对于碾压贫混凝土，依据《公路路面基层施工技术细则》（JTG/T F20—2015）第 4.2.5 条，碾压贫混凝土应符合下列规定：7d 龄期无侧限抗压强度应不低于 7MPa，且宜不高于 10MPa；水泥剂量不宜大于 13%；需提高材料强度时，应优化混凝土级配，并验证混合料收缩性能、弯拉强度和模量等指标。

2. 应力—应变特性

采用三轴压缩试验方法测定应力—应变特性关系，无机结合料稳定材料的应力—应变关系曲线呈现出非线性性状。在不具备三轴压缩试验条件时，可采用室内承载板法测定无机结合料稳定材料早期抗压回弹模量。无机结合料稳定材料的回弹模量主要同土类、结合料剂量及龄期、侧限应力有关，在较大范围内变动。采用不同结合料稳定半刚性材料的回弹模量值高达 1500~1600MPa。

3. 疲劳特征

疲劳破坏是在小于材料极限强度的应力反复作用下所产生的累积破坏。疲劳性能是指某种材料对不同水平应力的反复作用的反应，以构成破坏所需荷载作用次数（疲劳寿命）来表示。

试验表明，半刚性材料的力学特性接近于线弹性材料，在疲劳试验中，残余应变随荷载作用次数的增加而增大，但与回弹应变的比值很小。半刚性材料的回弹应变随荷载作用次数增加而增大，试件临近破坏时，回弹应变会有一个迅速增大的短暂过程。在一定的应力条件下，材料的疲劳寿命取决于材料的强度和刚度。

4. 收缩特性

半刚性基层的收缩主要表现为干燥收缩和温度收缩。干燥收缩是由于半刚性基层中水分不断减少所引起的材料体积收缩现象；温度收缩是由于不同矿物颗粒所组成的固相、液相和气相等在温度变化特别是降温过程中相互作用，使得材料产生体积收缩造成的。虽然干缩和温缩发生的原因不同，但都会引起半刚性结构体积的变化，从而诱发裂缝。

半刚性基层的干、温缩特性与结合料的类型、剂量、试件的含水率和龄期等因素有关，干缩特性常用最大干缩应变与平均干缩系数表征，温缩特性多用温缩系数表征。干缩破坏主要发生在基层成型的初期，尚未被沥青面层覆盖的阶段；而温缩破坏主要是由基层在使用初期昼夜交替产生温差引起的。集料中粒径在 0.075mm 以下的含量对半刚性基层材料的收缩影响非常大，因此，在施工时应严格控制粒径 0.075mm 以下的材料用量。

收缩裂缝的危害主要表现在两个方面：外界水分通过裂缝渗入会引起面层的冲刷剥落或基层的冲刷唧泥；过小的裂缝间距破坏了路面结构的整体性，改变了受力状态。

无机结合料稳定材料的干缩试验方法和温缩试验方法分别见《公路工程无机结合料稳定材料试验规程》（JTG 3441—2024）中的"T 0854—2009"和"T 0855—2009"。

5. 冲刷特性

沥青路面开裂或水泥混凝土路面接缝的填缝料丧失，通过面层进入基层的水若不能及时排出，路表水进入基层顶面，基层遇水后湿软，原本非结合料联结的颗粒间联结力减弱或丧失，在高速、重载车辆的作用下产生很大的动水压力，将细料冲刷带到路表，造成唧泥和路面面层脱空。基层冲刷破坏的程度与水量和材料中细集料含量有关，水量越大、细集料含量越多，冲刷破坏越严重。

有试验研究表明，通常混合料的抗压强度越高，其抗冲刷性能越好，因此可通过适当提高抗压强度的方法来提高半刚性基层的抗冲刷性能。

6. 水稳定性和抗冻性

无机结合料稳定材料作基层材料时，除了具有适当的强度，能承受设计荷载外，还应具备一定的水稳定性和抗冻性，评价方法分别为浸水强度和冻融循环试验。通常稳定类基层因面层开裂、渗水或两侧路肩渗水使稳定材料含水率增加，强度降低，引发路面早期破坏；在严寒冰冻地区，冰冻亦会加剧这种破坏。

考点二：无机结合料稳定材料的组成设计

无机结合料稳定材料组成设计包括原材料检验、混合料的目标配合比设计、混合料的生产配合比设计和施工参数确定四方面的内容。

1. 原材料检验

原材料检验包括结合料、被稳定材料及其他相关材料的试验，所有检测指标均应满足相关设计标准或技术文件的要求。

2. 目标配合比设计

（1）设计目的与内容

目标配合比设计是根据强度标准选择适宜稳定的材料，确定必需的或最佳的无机结合料组成与剂量、验证混合料相关的设计及施工技术指标。设计内容包括选择级配范围、确定结合料类型及掺配比例与验证混合料相关的设计及施工技术指标三个方面。

（2）组成设计步骤

①选择级配范围

根据当地材料特点和混合料设计要求，结合工程实践经验和混合料推荐级配范围［详见《公路路面基层施工技术细则》（JTG/T F20—2015）］，选择最优的工程级配。

②选择不少于 5 个不同结合料剂量制备混合料试件

水泥稳定材料的水泥剂量以水泥质量占全部干燥被稳定材料质量的百分率表示，即水泥剂量 ＝水泥质量/干燥被稳定材料质量；石灰稳定材料的石灰剂量以石灰质量占全部干燥被稳定材料质量的百分率表示，即石灰剂量 = 石灰质量/干燥被稳定材料质量；石灰工业废渣混合料采用质量配合比计算，以石灰：工业废渣：被稳定材料的质量比表示。

③确定混合料最佳含水率和最大干密度

采用重型击实方法或振动压实法确定不同结合料剂量混合料的最佳含水率和最大干（压实）密度。

④根据压实度计算干密度

按规定的压实度，分别计算不同结合料剂量的试件应有的干密度。

⑤按最佳含水率和计算干密度制备试件

采用静压法成型径高比为 1：1 的标准试件，其中无机结合料稳定细粒材料的试件直径为 100mm，无机结合料稳定中、粗粒材料的试件直径为 150mm。进行强度试验时，作为平行试验的最少试件数量根据公称最大粒径和变异系数确定，一般细粒材料 6 个，中粒材料 9 个，粗粒材料 13 个。

⑥强度试验及计算

试件在标准养护室温度（20±2）℃，相对湿度 95% 以上标准养生 6d，浸水 24h 后，按《公路工程无机结合料稳定材料试验规程》（JTG E51—2009）进行无侧限抗压强度试验。根据试验结果计算强度代表值 R_d^0。

$$R_d^0 = \overline{R} \cdot (1 - Z_\alpha C_v) \tag{1-28}$$

式中：$\overline{R}$ —— 一组试验的强度平均值（MPa）；

Z_α ——标准正态分布表中随保证率（或置信度 α）而变的系数，高速公路和一级公路应取保证率 95%，即 $Z_\alpha = 1.645$；二级及二级以下公路应取保证率 90%，即 $Z_\alpha = 1.282$；

C_v —— 一组试验的强度变异系数。

强度数据处理时，宜按 3 倍标准差的标准剔除异常数值，且同一组试验样本异常数值剔除应不多于 2 个。强度代表值 R_d^0 应不小于强度标准值 R_d，如不满足应重新进行配合比试验。

⑦选定结合料剂量

根据表 1-10 的强度标准，选定合适的结合料剂量。

⑧级配曲线优化

在目标级配曲线优化选择过程中，应选择不少于 4 条级配曲线，试验级配曲线可按推荐的级配范围和以往工程经验或数学模型设计确定。

⑨合成目标级配曲线并进行性能验证

按确定的目标级配，根据各档材料的平均筛分曲线，确定其使用比例，得到混合料的合成级配。再根据合成级配进行混合料击实试验和 7d 龄期无侧限抗压强度试验，验证混合料性能。

⑩波动范围的上、下限验证性能

应根据已确定的各档材料使用比例和各档材料级配的波动范围，计算实际生产中混合料的级配波动范围；并应针对这个波动范围的上、下限验证性能。

3. 生产配合比设计

（1）根据目标配合比确定各档材料比例后，应对拌和设备进行调试和标定，确定合理的生产参数。

（2）拌和设备的调试和标定包括料斗称量精度的标定、结合料剂量的标定和拌和设备加水量的控制等内容。绘制不少于 5 个点的水泥剂量标定曲线。按各档材料的比例关系，设定相应的称量装置，调节拌和设备各个料仓的进料速度。按设定好的施工参数进行第一阶段试生产，验证生产级配。不满足要求时，应进一步调整施工参数。

（3）进行不同成型时间条件下的混合料强度试验，绘制相应的延迟试件曲线，并根据设计要求确定容许延迟时间。

（4）在第一阶段试生产试验的基础上，进行第二阶段试验。分别按不同结合料剂量和含水率进行混合料试拌，并取样、试验。

通过混合料中实际含水率的测定，确定施工过程中水流量计的设定范围。通过混合料中实际结合料剂量的测定，确定施工过程中掺加结合料的相关技术参数。通过击实试验，确定结合料剂量变化、含水率变化对混合料最大干密度的影响。通过抗压强度试验，确定材料的实际强度水平和拌和工艺的变异水平。

（5）混合料生产参数的确定包括结合料剂量、含水率和最大干密度等指标。工地实际采用的结合料剂量宜比室内试验确定的剂量多 0.5%~1.0%，集中厂拌法施工时，可只增加 0.5%；路拌法施工时，宜增加 1%。含水率可增加 1%~2%，最大干密度以最终合成级配击实试验的结果为标准。

4. 确定施工参数

（1）确定施工中结合料的剂量。

（2）确定施工的最佳含水率及最大干密度。

（3）验证混合料强度技术指标。

5. 水泥或石灰剂量标准曲线

（1）取样

取工地用石灰和被稳定材料，风干后用烘干法测其含水率（如为水泥，可假定含水率为 0 ）。

（2）混合料组成的计算

$$干料质量 = \frac{湿料质量}{1 + 含水率}$$

$$干混合料质量 = \frac{湿混合料质量}{1 + 最佳含水率}$$

$$被稳定材料的干质量 = \frac{干混合料质量}{1 + 石灰或水泥剂量}$$

干石灰或水泥质量 ＝ 干混合料质量 － 被稳定材料的干质量

被稳定材料的湿质量 ＝ 被稳定材料的干质量 ×(1 ＋ 被稳定材料的风干含水率)

湿石灰质量 ＝ 干石灰质量 ×(1 ＋ 石灰的风干含水率)

石灰稳定材料中应加入的水 ＝ 湿混合料质量 － 被稳定材料的湿质量 － 湿石灰质量

（3）准备试样

准备 5 种试样，每种 2 个样品（以水泥稳定材料为例），如为水泥稳定中、粗粒材料，每个样品取 1000g 左右（如为细粒材料，则可称取 300g 左右）准备试验，为了减少中粗粒材料的离散，宜按设计级配单份掺配的方式备料。

5 种混合料的水泥剂量应为：水泥剂量为 0，最佳水泥剂量左右、最佳水泥剂量的±2%和+4%，每种剂量取 2 个（为湿质量）试样，共 10 个试样，并分别放在 10 个大口聚乙烯桶（如为稳定细粒材料，可用搪瓷杯或 1000mL 具塞三角瓶；如为粗粒材料，可用 5L 大口聚乙烯桶）内。被稳定材料的含水率应等于工地预期达到的最佳含水率，被稳定材料中所加的水应与工地所用的水相同。

准备标准曲线的水泥剂量可为 0、2%、4%、6%、8%，如水泥剂量较高或较低，应保证工地实际所用水泥或石灰的剂量位于标准曲线所用剂量的中间。

（4）制备样品

取一个盛有试样的盛样器，在盛样器内加入 2 倍试样质量（湿料质量）体积的 10%氯化铵溶液（如湿料质量为 300g，则氯化铵溶液为 600mL；湿料重为 1000g，则氯化铵溶液为 2000mL）。料为 300g，则搅拌 3min（每分钟搅 110~120 次）；料为 1000g，则搅拌 5min。如用 1000mL，具塞三角瓶，则手握三角瓶（瓶口向上）用力振荡 3min（每分钟 120 次±5 次），以代替搅拌棒搅拌。放置沉淀 10min，然后将上部清液转移到 300mL 烧杯内，搅匀，加盖表面皿待测。

（5）滴定

用移液管吸取上层（液面下 10~20mm）悬浮液 10.0mL 放入 200mL 的三角瓶内，用量筒量取 1.8%氢氧化钠（内含三乙醇胺）溶液 50mL 倒入三角瓶中，此时溶液 pH 值为 12.5~13.0（可用 pH 值为 12~14 精密试纸检验），然后加入钙红指示剂（质量约为 0.2g），摇匀，溶液呈玫瑰红色。记录滴定管中 EDTA 二钠标准溶液的体积V_1，然后用 EDTA 二钠标准溶液滴定，边滴定边摇匀，并仔细观察溶液的颜色；在溶液颜色变为紫色时，放慢滴定速度，并摇匀；直到纯蓝色为终点，记录滴定管中 EDTA 二钠标准溶液体积V_2（以 mL 计，读至 0.1mL）。计算$V_1 - V_2$，即为 EDTA 二钠标准溶液的消耗量。

（6）绘制 EDTA 标准曲线

以同一水泥或石灰剂量稳定材料 EDTA 二钠标准溶液消耗量（mL）的平均值为纵坐标，以水泥或石灰剂量（%）为横坐标制图。两者的关系应是一根顺滑的曲线。如素土、水泥或石灰改变，必须重做标准曲线。

考点三：石灰粉煤灰稳定材料强度形成机理

1. 石灰粉煤灰稳定材料的强度形成机理

石灰粉煤灰稳定材料时，石灰在水的作用下形成饱和的 $Ca(OH)_2$ 溶液，粉煤灰中的活性氧化硅和氧化铝在 $Ca(OH)_2$ 溶液中产生火山灰反应，生成水化硅酸钙和铝酸钙凝胶，使颗粒胶凝在一起。随水化物不断产生而结晶硬化，在温度较高时，混合料强度不断增长。石灰粉煤灰稳定材料基层具有水硬性、缓凝性、强度高、稳定性好，成板体，且强度随龄期不断增加，抗水、抗冻、抗裂且收缩性小，能适应各种气候环境和水文地质条件的特点。

石灰粉煤灰稳定材料的强度形成主要依靠集料的骨架作用和石灰粉煤灰的水硬性胶结及填充作用。由于粉煤灰能提供较多的活性氧化硅和活性氧化铝成分，在石灰的碱性激发作用下生成较多的水化硅酸钙、水化铝酸钙，具有较高的强度和稳定性。

2. 影响强度的因素

石灰粉煤灰稳定材料的强度随龄期的增长速率缓慢，早期强度较低，但到后期仍然保持一定的强度增长速率，有着较高的后期强度。石灰粉煤灰稳定材料中粉煤灰的用量越多，初期强度就越低，后期的强度增长幅度也越大。如果需要提高石灰粉煤灰稳定材料的早期强度，可以掺加少量水泥或某些早强剂。

养生温度对石灰粉煤灰稳定材料的抗压强度有明显影响，较高的温度会促使火山灰反应进程加快。而当气温低于 4℃时，石灰粉煤灰混合料的抗压强度几乎停止增长。

3. 石灰稳定材料的强度形成机理

石灰稳定材料强度的形成与发展是通过机械压实、离子交换反应、氢氧化钙结晶和碳酸化反应，以及火山灰反应等一系列复杂的物理与化学作用过程完成的。

（1）离子交换作用

二价 Ca^{2+} 和 Mg^{2+} 能当量替换土粒中的一价阳离子 Na^+、K^+，交换的结果使得胶体扩散层的厚度减薄，范德华引力增大，促使土粒凝集和凝聚，并形成稳定团粒结构，导致被稳定材料的分散性、湿坍性和膨胀性降低。这种离子交换作用在初期进行得很迅速，并随着 Ca^{2+} 和 Mg^{2+} 在被稳定材料中扩散地进行，这是被稳定材料加入石灰后初期性质得到改善的主要原因。

（2）结晶作用

在石灰稳定材料中绝大部分 $Ca(OH)_2$ 溶解于水，形成 $Ca(OH)_2$ 的饱和溶液，随着水分的蒸发和石灰土反应的进行，特别是石灰剂量较高时，有可能会引起溶液中某种程度的过饱和。$Ca(OH)_2$ 晶体即从过饱和溶液中析出，产生 $Ca(OH)_2$ 的结晶反应。此过程使 $Ca(OH)_2$ 由胶体逐渐转变成晶体，晶体相互结合，并与被稳定材料等结合起来形成共晶体。结晶的 $Ca(OH)_2$ 溶解度较小，因而使石灰稳定材料强度和水稳性有所提高。

（3）火山灰作用

石灰加入被稳定材料中后，$Ca(OH)_2$ 与稳定材料中的活性 SiO_2 和 Al_2O_3 作用生成含水的硅酸钙和铝酸钙，此种作用称为火山灰作用。

生成物具有水硬性，强度较高、水稳性较好，增加了被稳定材料颗粒之间的固化凝聚力，提高了石灰稳定材料的强度和水稳定性，并促使石灰土在相当长的时期内增长强度，是石灰稳定材料具有早期强度的主要原因。

（4）碳酸化作用

石灰加入被稳定材料中后，$Ca(OH)_2$ 从空气中吸收水分和 CO_2 可以生成不溶解的碳酸钙，此种作用称为碳酸化作用。

碳酸化作用实际上是 CO_2 与水形成碳酸，然后与 $Ca(OH)_2$ 反应生成碳酸钙，所以碳酸化作用不能在没有水分的全干状态下进行。$CaCO_3$ 是坚硬的结晶体，具有较高的强度和水稳性，它对土的胶结作用使被稳定材料得到了加固。

例 题 解 析

例题 1　无机结合料稳定材料无侧限抗压强度试件的标准养生温度为（　　）、相对湿度 $\geqslant 95\%$，在此条件下养生 6d，然后浸水 1d。

　　　　A. $20℃ \pm 1℃$　　　　B. $20℃ \pm 2℃$　　　　C. 常温　　　　D. $20℃ \pm 5℃$

解析：见考点二。无机结合料稳定材料试件标准养生温度为（20 ± 2）℃，相对湿度不小于 95%。以上标准养生到规定龄期前 1d，浸水 24h 后进行性能试验。

答案：B

例题 2　［2020-1］无机结合料稳定土无侧限抗压强度试验时，试件的养生方法是（　　）。

　　　　A. 在潮湿空气中养生 7d

　　　　B. 在潮湿空气中养生 14d

C. 在潮湿空气中养生 6d，浸水 1d

D. 在潮湿空气中养生 13d，浸水 1d

解析： 见考点一。根据《公路工程无机结合料稳定材料试验规程》（JTG E51—2009）第3.1.3条，对无侧限抗压强度试验，标准养生龄期是 7d，最后一天浸水。对弯拉强度、间接抗拉强度，水泥稳定材料类的标准养生龄期是 90d，石灰稳定材料类的标准养生龄期是 180d。

答案： C

例题3 〔2020-2〕下列因素中，不属于影响石灰稳定土强度的因素是（ ）。

A. 土质   B. 灰质   C. 含水率   D. 和易性

解析： 见考点三。石灰稳定土强度的影响因素包括土质、含水率、灰质。和易性通常用于水泥混凝土和水泥砂浆。

答案： D

例题4 〔2020-10〕二灰土的主要组成材料是（ ）。

A. 石灰、水泥、土   B. 石灰、煤渣、土

C. 石灰、粉煤灰、土   D. 粉煤灰、水泥、土

解析： 见考点三。二灰土是以石灰、粉煤灰与土按一定的配比混合，加水拌匀碾压而成的一种基层结构。二灰即石灰、粉煤灰。

答案： C

例题5 〔2021-5〕拌和好的灰土 1100g，经检测，该灰土含水率为 10%，石灰剂量为 4.2%，则该石灰土中石灰质量为（ ）。

A. 42.0g   B. 41.6g   C. 40.3g   D. 39.3g

解析： 见考点二。

干灰土质量 = 1100/(1 + 含水率) = 1000g；

干石灰质量 = 干灰土质量 - 干土质量；

石灰剂量 = 干石灰质量/干土质量 = (干灰土质量 - 干土质量)/干土质量

               = 1000/干土质量 - 1 = 4.2%；

解得：干土质量 = 959.7g；则：干石灰质量 = 1000 - 959.7 = 40.3g。

答案： C

例题6 〔2022-9〕水泥稳定土不易掺塑性指数大于（ ）的土。

A. 15   B. 20   C. 17   D.无限制

解析： 根据《公路路面基层施工技术细则》（JTG/T F20—2015）第4.5.1条，采用水泥稳定时，被稳定材料的液限应不大于 40%，塑性指数应不大于 17。塑性指数大于 17 时宜采用石灰稳定或用水泥和石灰综合稳定。土的类别和性质对水泥稳定土的强度有重要影响，宜选用粗粒土（碎石、砾石、砂砾）和中粒土（砂）。

答案： C

例题7 〔2023-7〕二灰碎石无侧限抗压试件高与直径相同，尺寸为（ ）。

A. $\phi 100mm \times 100mm$ B. $\phi 150mm \times 150mm$

C. $\phi 50mm \times 50mm$ D. $\phi 150mm \times 300mm$

解析： 见考点一。粗粒材料是指颗粒最大粒径不大于 53mm，公称最大粒径大于 19mm 且不大于

37.5mm 的土或集料，包括砂砾土、碎石土、级配砂砾、级配碎石等。由此可知，二灰碎石属于粗粒材料。粗粒材料试件的直径×高＝ϕ150mm×150mm。

答案： B

例题 8 ［2024-7］碾压贫混凝土要求其 7 天无侧限强度不低于（　　　）。

A. 6MPa　　　　　　B. 7MPa　　　　　　C. 8MPa　　　　　　D. 9MPa

解析： 见考点一。依据JTG/T F20—2015 第 4.2.5 条，7d 龄期无侧限抗压强度应不低于 7MPa，且宜不高于 10MPa。

答案： B

自 测 模 拟

1. 无机结合料稳定材料无侧限抗压强度试验所用试样（圆柱体）的径高比为（　　　）。

A. 1∶0.5　　　　　B. 1∶1　　　　　　C. 1∶1.5　　　　　D. 2∶1

2. 水泥稳定材料劈裂强度试验，试件正确的养生方法应是（　　　）。

A. 先标准养生 2d，再浸水养生 1d

B. 先标准养生 6d，再浸水养生 1d

C. 先标准养生 27d，再浸水养生 1d

D. 先标准养生 89d，再浸水养生 1d

3. 无机结合料材料的最佳含水率和最大干（压实）密度采用（　　　）确定。

A. 重型击实方法　　B. 经验法　　　　　C. 计算法　　　　　D. 称重法

4. 无机结合料稳定材料组成设计时，需选择不少于（　　　）个不同结合料剂量制备混合料试件。

A. 3　　　　　　　　B. 4　　　　　　　　C. 5　　　　　　　　D. 6

5. 水泥稳定土的最佳水泥剂量 5%，准备水泥剂量标准曲线不会用到的水泥剂量（　　　）。

A. 0　　　　　　　　B. 1　　　　　　　　C. 3　　　　　　　　D. 9

参 考 答 案

1. B　　　2. D　　　3. A　　　4. C　　　5. B

第四节　水泥混凝土和砂浆

考 点 分 析

本节重点： 普通水泥混凝土拌合物和易性、硬化混凝土强度、变形性能、耐久性及其影响因素，普通混凝土配合比设计方法，混凝土质量评定，水泥混凝土的特性，砂浆的特性，水泥混凝土强度测定方法，混凝土常用外加剂的作用和品种。以考核普通水泥混凝土拌合物和易性、硬化混凝土强度、变形性能、耐久性的概念、测试方法及其影响因素，配合比设计方法为主。

本节难点： 普通混凝土配合比设计方法。

考 点 精 讲

考点一：普通混凝土拌合物的和易性

混凝土是指用胶凝材料将粗细集料（或填料）胶结为整体的复合固体材料的总称。普通混凝土是指以水泥为胶凝材料，石子、砂为粗、细集料，经加水搅拌、浇筑成型、凝结硬化而成的"人工石材"，即通称的水泥混凝土。在水泥混凝土中，砂石集料起到骨架、填充和体积稳定作用；水泥浆在混凝土凝结硬化前起填充、包裹、润滑作用，混凝土凝结硬化后起胶结作用。

混凝土拌合物是指将水泥，粗、细集料，必要时还掺加外加剂和/或混合材，按确定的比例加水搅拌所得的具有流动性与可塑性的混合物，是处于生产与施工阶段尚未凝结硬化的混凝土，也常称为新拌混凝土。

1. 和易性的含义

混凝土拌合物的和易性又常称为工作性，是指其易于搅拌、运输、浇捣成型，并能获得质量均匀密实的混凝土的一项综合技术性能。

混凝土的和易性通常包括流动性、黏聚性、保水性三个方面。流动性是拌合物在自重或外力作用下产生流动的难易程度；黏聚性是混凝土拌合物在生产、运输、施工过程中其组成材料之间有一定的黏聚力，不致产生分层和离析的现象；保水性是拌合物不产生严重泌水现象、保持水分的能力。

2. 和易性的测试与评定

根据《普通混凝土拌合物性能试验方法标准》（GB/T 50080—2016），混凝土拌合物和易性的测试采用坍落度、维勃稠度法两种方法。

（1）坍落度法

坍落度试验是将搅拌均匀的混凝土拌合物分三层装入一上口内径为100mm、下底内径为200mm、高度为300mm的圆锥形坍落筒内，每层用弹头棒均匀地捣插25次，将上口表面混凝土抹平，然后垂直提起坍落度筒，测试混凝土在自重作用下克服内摩阻力所坍落的高度（以mm为单位）。坍落度越大，则拌合物的流动性越好。

坍落度法评定和易性通常适用于坍落度 ≥ 10mm 和粗集料最大粒径 ≤ 31.5mm 的塑性混凝土拌合物。

（2）维勃稠度试验法

对于坍落度值小于10mm和粗集料最大粒径大于31.5mm的干硬性混凝土拌合物，坍落度法已不能客观准确地反映其流动性大小，故一般采用维勃稠度法测定其工作性。

我国《普通混凝土拌合物性能试验方法标准》（GB/T 50080—2016）规定：维勃稠度试验法是将坍落度筒放在直径为240mm、高度为200mm圆筒中，圆筒安装在专用的振动台上。按坍落度试验的方法将新拌混凝土装入坍落度筒内后再拔去坍落度筒，并在新拌混凝土顶上置一透明圆盘。开动振动台并记录时间，从开始振动至透明圆盘底面被水泥浆布满瞬间止，所经历的时间，以 s 计（准确至1s），即为新拌混凝土的维勃稠度值。

3. 影响混凝土拌合物和易性的主要因素

（1）单位用水量

单位用水量实际上决定了混凝土拌合物中水泥浆的数量，因而是混凝土流动性的决定因素之一。组成材料确定的情况下，混凝土拌合物的流动性随单位用水量的增加而增大。当水胶比一定时，若单位用水量过小，则水泥浆数量过少，集料颗粒间缺乏足够的润滑与黏结浆体，拌合物的流动性与黏聚性较差，易发生离析与崩坍，且不易成型密实；若单位用水量过多，虽然混凝土拌合物的流动性会增大，但黏聚性和保水性也会随之变差，易产生泌水、分层、离析，从而严重影响混凝土的匀质性、强度和耐久性。此外，当水胶比一定时，水泥用量也会随着单位用水量的增加而增加，单方（m^3）混凝土成本提高。

进行配合比设计时可通过固定用水量保证混凝土坍落度的同时，在一定范围内调整水泥用量，即调整水胶比，来满足强度和耐久性要求；也就是可以配制出坍落度相近而强度不同的混凝土。在进行混凝土配合比设计时，单位用水量可根据施工要求的坍落度和粗集料的种类、规格，根据《普通混凝土配合比设计规程》（JGJ 55—2011）按表1-11选用，再通过试配调整，最终确定单位用水量。

混凝土单位用水量选定表　　　　　　　　　　　　　　　　表1-11

项　　目	指标	卵石最大粒径（mm）				碎石最大粒径（mm）			
		10	20	31.5	40	16	20	31.5	40
坍落度（mm）	10~30	190	170	160	150	200	185	175	165
	35~50	200	180	170	160	210	195	185	175
	55~70	210	190	180	170	220	205	195	185
	75~90	215	195	185	175	230	215	205	195
维勃稠度（s）	16~20	175	160	—	145	180	170	—	155
	11~15	180	165	—	150	185	175	—	160
	5~10	185	170	—	155	190	180	—	165

注：1. 本表用水量系采用中砂时的平均取值，如采用细砂，每立方米混凝土用水量可增加5~10kg，采用粗砂时则可减少5~10kg。

　　2. 掺用各种外加剂或掺合料时，可相应增减用水量。

　　3. 本表不适用于水胶比小于0.4时的混凝土以及采用特殊成型工艺的混凝土。

（2）浆集比

浆集比是指单位水泥浆用量与单位砂石集料用量之比值。当水胶比一定时，浆集比越大，即水泥浆量越多，混凝土流动性越大。浆集比太大，易发生流浆现象，使黏聚性下降。浆集比太小，因集料间缺少润滑层与黏结体，拌合物易发生崩塌现象。因此，合理的浆集比是混凝土拌合物和易性的良好保证。

（3）水胶比

水胶比是指混凝土中用水量与胶凝材料用量之比。在胶凝材料用量和集料用量一定时，水胶比的变化即反映水泥浆稠度的变化。水胶比小，则水泥浆稠度大，混凝土拌合物流动性小，造成施工困难，不能保证混凝土的密实成型。反之，拌合物的流动性会随水胶比的增加而增大；但水胶比过大会严重影响混凝土拌合物的黏聚性和保水性。当水胶比超过某一极限值时，会造成混凝土拌合物严重的离析、泌水，进而导致混凝土强度与耐久性显著降低。因此，水胶比是影响混凝土主要性能的至关重要的参数，应严格按混凝土设计强度和耐久性要求合理选用。

（4）砂率

砂率是指砂（细集料）占砂石（全部集料）总重量的百分率。当水泥用量和水胶比一定时，增大砂率，混凝土流动性增大，砂率超过一定值时，流动性随砂率增加而下降。砂率减小，混凝土的黏聚性和保水性均下降，易产生泌水、离析和流浆现象。合理砂率是指砂在填满石子间的空隙后有一定的富余量，能在石子间形成一定厚度的砂浆层，以减少粗集料间的摩擦阻力，使混凝土流动性达最大值；或者在保持流动性不变的情况下，使水泥用量为最小值。

对重要的大型混凝土工程，合理砂率通常根据上述原则通过试验确定；对普通混凝土工程，可根据经验或根据《普通混凝土配合比设计规程》（JGJ 55—2011）参照表1-12选用。

混凝土砂率选用表　　　　　　　　　　　　表 1-12

水胶比（W/B）	卵石最大粒径（mm）			碎石最大粒径（mm）		
	10	20	40	16	20	40
0.40	26~32	25~31	24~30	30~35	29~34	27~32
0.50	30~35	29~34	28~33	33~38	32~37	30~35
0.60	33~38	32~37	31~36	36~41	35~40	33~38
0.70	36~41	35~40	34~39	39~44	38~43	36~41

注：1. 表中数值系中砂的选用砂率，对细砂或粗砂，可相应地减小或增大砂率。
　　2. 本砂率适用于坍落度为10~60mm的混凝土，当坍落度大于60mm或小于10mm时，应相应增大或减小砂率；按每增大20mm，砂率增大1%的幅度予以调整。
　　3. 只用一个单粒级粗集料配制混凝土时，砂率值应适当增大。
　　4. 掺入各种外加剂或掺合料时，其合理砂率值应经试验或参照其他有关规定选用。
　　5. 对薄壁构件砂率取偏大值。

（5）水泥品种及细度

水泥品种不同时，达到相同流动性的需水量不同，从而影响混凝土流动性。另一方面，不同水泥品种对水的吸附作用也有差别，从而影响混凝土的保水性和黏聚性。同品种水泥越细，比表面积越大，吸附水分越多，流动性越差，但黏聚性和保水性越好。

（6）集料的品种和粗细程度

当水泥用量和用水量一定时，集料中针片状颗粒含量较少、圆形颗粒较多，级配较好时，混凝土拌合物可获得较大的流动性，黏聚性和保水性也比较好。卵石表面光滑，碎石粗糙且多棱角，因而卵石配制的混凝土流动性较好，但黏聚性和保水性则相对较差。集料粒径越大，砂的细度模数越大，则流动性越大，但黏聚性和保水性有所下降。

（7）外加剂

改善混凝土和易性的外加剂主要有减水剂和引气剂，减水剂和引气剂能使混凝土在不增加用水量的条件下增加流动性，并具有良好的黏聚性和保水性。

（8）时间、气候条件

混凝土拌合物的流动性随着时间的延长而逐渐减低。环境气温越高、湿度越小、风速越大，水分蒸发越快，拌合物的流动性损失越快。

考点二：普通混凝土强度

足够的强度是混凝土结构能承受各种荷载作用的前提，是配合比设计、施工控制和质量检验评定的主要技术指标。混凝土的强度主要有抗压强度、抗折强度、抗拉强度和抗剪强度等。

1. 立方体抗压强度 f_{cu} 和强度等级

我国《混凝土物理力学性能试验方法标准》（GB/T 50081—2019）规定，将混凝土拌合物按标准方法制作成标准尺寸为150mm × 150mm × 150mm的立方体试件,在温度为(20±2)℃、相对湿度大于95%的空气[或不流动的 Ca(OH)$_2$ 饱和溶液中]的标准养护条件下养护至龄期为28d时,测得的单位面积上所能承受的抗压极限荷载,称为混凝土立方体抗压强度,以 f_{cu} 表示。

$$f_{cu} = \frac{F}{A} \tag{1-29}$$

式中:f_{cu} ——混凝土试件抗压强度(MPa);

$\quad\ F$ ——试件破坏荷载(N);

$\quad\ A$ ——试件承压面积(mm^2)。

混凝土抗压强度计算精确至 0.1MPa。

根据粗集料最大粒径和实际试验条件,可采用尺寸为100mm × 100mm × 100mm或200mm × 200mm × 200mm的立方体试件,但应分别乘以 0.95 和 1.05 的换算系数。

在混凝土中将具有 95%强度保证率的立方体抗压强度值称为立方体抗压强度标准值($f_{cu,k}$),即在混凝土强度总体分布中强度值低于$f_{cu,k}$的百分率不超过 5%。立方体抗压强度标准值是划分混凝土强度等级的依据。强度等级采用符号 C 和相应的标准值表示,混凝土划分为 C10、C15、C20、C25、C30、C35、C40、C45、C50、C55、C60、C65、C70、C75、C80、C85、C90、C95 和 C100 共 19 个强度等级。

2. 轴心抗压强度f_{cp}

轴心抗压强度也称为棱柱体抗压强度。采用 150mm × 150mm × 300mm 的棱柱体试件,经标准养护到 28d 测试而得的单位面积所能承受的极限抗压荷载,其测试和计算方法与立方体抗压强度类似。同一材料的轴心抗压强度f_{cp}小于立方体强度f_{cu},其比值为$f_{cp} = (0.7 \sim 0.8)f_{cu}$。具有 95%强度保证率的轴心抗压强度称为轴心抗压强度标准值,该值是混凝土结构计算强度的取值依据。

3. 抗弯拉强度(抗折强度)f_{cf}

抗弯拉强度亦称抗折强度。在路面和机场道面混凝土结构中,混凝土主要承受弯拉荷载作用,因此以弯拉强度作为结构设计和质量控制的强度指标。混凝土抗弯拉强度是按标准方法制作标准尺寸为150mm × 150mm × (550～600)mm 的直角棱柱体小梁试件,在标准养护条件下养护 28d 后,采用三分点双点加载方式进行试验,所测得的单位面积所能承受的极限荷载。混凝土抗弯拉强度按式(1-30)计算。

$$f_f = \frac{Fl}{bh^2} \tag{1-30}$$

式中:f_f ——混凝土抗弯拉强度(MPa,精确至 0.1MPa);

$\quad F$ ——试件破坏荷载(N);

$\quad\ l$ ——支座间跨度(mm);

$\quad\ b$ ——试件截面宽度(mm);

$\quad\ h$ ——试件截面高度(mm)。

采用 100mm × 100mm × 400mm 非标准试件时,在三分点加荷的试验方法同前,但所取得的弯拉强度值应乘以尺寸换算系数0.85。当混凝土强度等级大于或等于C60时,应采用 150mm × 150mm × 550mm 的标准试件。

4. (劈裂)抗拉强度f_{ts}

混凝土的抗拉强度很低,只有抗压强度的1/20～1/10;混凝土强度等级越高,抗拉强度与抗压强度的比值越小。抗拉强度是结构设计中裂缝宽度和裂缝间距计算控制的主要指标,也是抵抗由于收缩和温度变形而导致开裂的主要指标。

普遍采用劈裂法间接测定混凝土的抗拉强度，即劈裂抗拉强度。

劈拉试验标准试件尺寸为边长 150mm 的立方体试件，在上下两相对面的中心线上施加均布线荷载，使试件内竖向平面上产生均布拉应力。

此拉应力可通过弹性理论计算得出，按式（1-31）计算。

$$f_{ts} = \frac{2F}{\pi A} = 0.637 \frac{F}{A} \tag{1-31}$$

式中：f_{ts}——混凝土劈裂抗拉强度（MPa）；

  F——破坏荷载（N）；

  A——试件劈裂面积（mm²）。

5. 影响混凝土强度的主要因素

影响混凝土强度的因素很多，从内因来说主要有胶凝材料强度、水胶比和集料质量；从外因来说，则主要有施工条件、养护温度、湿度、龄期、试验条件等。

（1）胶凝材料强度和水胶比

胶凝材料强度越高，则胶凝材料自身强度及与集料的黏结强度就越高，混凝土强度也越高。试验证明，混凝土与胶凝材料强度成正比关系。

在胶凝材料强度和其他条件相同的情况下，水胶比越小，混凝土强度越高，水胶比越大，混凝土强度越低。但水胶比太小，混凝土过于干稠，使得不能保证振捣均匀密实，强度反而降低。试验证明，在相同的情况下，混凝土的强度（f_{cu}）与水胶比呈有规律的曲线关系，而与胶水比则呈线性关系。

通过大量试验资料的数理统计分析，建立了混凝土强度经验公式（又称鲍罗米公式）

$$f_{cu} = \alpha_a f_b \left(\frac{B}{W} - \alpha_b \right) \tag{1-32}$$

式中：f_{cu}——混凝土的立方体抗压强度（MPa）；

  f_b——胶凝材料 28d 胶砂抗压强度（MPa）；

  B/W——混凝土的胶水比，即 1m³ 混凝土中胶凝材料与水用量之比，其倒数是水胶比；

  α_a、α_b——与集料种类有关的经验系数。

胶凝材料 28d 胶砂抗压强度值（f_b）根据水泥胶砂强度试验方法测定。在进行混凝土配合比设计和实际施工中，需要事先确定胶凝材料强度。当无条件实测时，可按式（1-33）计算。

$$f_b = \gamma_f \gamma_s f_{ce} \tag{1-33}$$

式中：γ_f、γ_s——粉煤灰影响系数和粒化高炉矿渣粉影响系数，可按表 1-13 选取。

粉煤灰影响系数（γ_f）和粒化高炉矿渣粉影响系数（γ_s）   表 1-13

掺量（%）	粉煤灰影响系数 γ_f	粒化高炉矿渣粉影响系数 γ_s
0	1.00	1.00
10	0.85~0.95	1.00
20	0.75~0.85	0.95~1.00
30	0.65~0.75	0.90~1.00
40	0.55~0.65	0.80~0.90
50	—	0.70~0.85

水泥 28d 胶砂抗压强度（f_{ce}）无实测值时，可按经验公式 $f_{ce} = \gamma_c f_{ce,g}$ 计算，水泥强度等级值富余系

数 γ_c 取值为：32.5级水泥取1.12，42.5级水泥取1.16，52.5级水泥取1.10；如水泥已存放一定时间，则取1.0；如存放时间超过3个月，或水泥已有结块现象，可能小于1.0，必须通过试验实测。

经验系数 α_a、α_b 可通过试验或本地区经验确定。根据所用集料品种，《普通混凝土配合比设计规程》（JGJ 55—2011）提供的参数，碎石：$\alpha_a = 0.53$，$\alpha_b = 0.20$；卵石：$\alpha_a = 0.49$，$\alpha_b = 0.13$。

（2）集料的品质

集料中的有害物质含量高，则混凝土强度低；集料自身强度不足，也可能降低混凝土强度。

碎石表面较粗糙，多棱角，与水泥砂浆的机械啮合力（即黏结强度）提高，混凝土强度较高。相反，卵石表面光洁，强度也较低。粗集料中针片状颗粒含量较高时，将降低混凝土强度，对抗折强度的影响更显著。

（3）施工条件

施工条件主要指搅拌和振捣成型。机械搅拌强度相对较高；搅拌时间越长，混凝土强度越高。投料方式对强度也有一定影响，如先投入粗集料、水泥和适量水搅拌一定时间，再加入砂和其余水，能比一次全部投料搅拌提高强度10%左右。

（4）养护条件

养护环境温度高，水泥水化速度加快，混凝土强度发展也快，早期强度高；反之亦然。空气相对湿度低，天气干燥，混凝土中的水分挥发加快，致使混凝土缺水而停止水化，混凝土强度发展受阻。另一方面，混凝土在强度较低时失水过快，极易引起干缩，影响混凝土耐久性。

（5）龄期

随养护龄期增长，水泥水化程度提高，凝胶体增多，自由水和孔隙率减少，密实度提高，混凝土强度也随之提高。最初的7d内强度增长较快，而后增幅减小，28d以后，强度增长更趋缓慢；但如果养护条件得当，则在数十年内仍将有所增长。

普通硅酸盐水泥配制的混凝土，在标准养护条件下，混凝土强度的发展大致与龄期（d）的对数成正比关系，因此可根据某一龄期的强度推定另一龄期的强度，特别是以早期强度推算28d龄期强度，如下式

$$f_{cu,28} = \frac{\lg 28}{\lg n} \cdot f_{cu,n} \tag{1-34}$$

式中：$f_{cu,28}$、$f_{cu,n}$——第28d和第nd时的混凝土抗压强度，$n \geqslant 3$。

当采用早强型普通硅酸盐水泥时，由3~7d强度推算28d强度会偏大。

（6）外加剂

在混凝土中掺入减水剂，可在保证相同流动性前提下，减少用水量，降低水胶比，从而提高混凝土的强度；掺入早强剂，则可有效加速水泥水化速度，提高混凝土早期强度，但对28d强度不一定有利，后期强度还有可能下降。

（7）试验条件

试验条件是指试件的尺寸、形状、表面状态和加载速度等。

试件的尺寸越小，测得的强度相对越高。试件形状主要指棱柱体和立方体试件之间的强度差异。由于"环箍效应"的影响，所测的棱柱体强度较低。试件表面平整，则受力均匀，所测强度较高；而表面粗糙或凹凸不平，则受力不均匀，所测强度偏低。若试件表面涂润滑剂及其他油脂物质时，"环箍效应"减弱，所测强度较低。混凝土含水率较高时，由于软化作用，强度较低；而混凝土干燥时，则强度较高。且混凝土强度等级越低，差异越大。当加载速度较快时，材料变形的增长落后于荷载的增加速度，故破

坏时的强度值偏高；相反，当加载速度很慢时，混凝土将产生徐变，使强度偏低。

考点三：混凝土的变形性能

混凝土在凝结硬化过程中和凝结硬化以后，均将产生一定量的体积变形。主要包括化学收缩、干湿变形、自收缩、温度变形及荷载作用下的变形。

1. 化学收缩

由水泥水化和凝结硬化而产生的自身体积减缩，称为化学收缩。其收缩值随混凝土龄期的增加而增大，大致与时间的对数成正比，亦即早期收缩大，后期收缩小。水泥用量越大，化学收缩值越大。化学收缩是不可逆变形。

2. 湿胀干缩

因混凝土内部水分蒸发引起的体积变形，称为干燥收缩。混凝土吸湿或吸水引起的膨胀，称为湿胀。在混凝土凝结硬化初期，如空气过于干燥或风速大、蒸发快，可导致混凝土塑性收缩裂缝。在混凝土凝结硬化以后，当收缩值过大，收缩应力超过混凝土极限抗拉强度时，可导致混凝土干缩裂缝。

3. 自收缩

自收缩和干缩产生的机理实质上是一致的，常温条件下主要由毛细孔失水，形成水凹液而产生收缩应力。自收缩是因水泥水化导致混凝土内部缺水，外部水分未能及时补充而产生。干缩则是混凝土内部水分向外部挥发而产生。研究结果表明，当混凝土的水胶比低于 0.3 时，自收缩率高达 $200 \times 10^{-6} \sim 400 \times 10^{-6}$。胶凝材料的用量增加和硅灰、磨细矿粉的使用都将增加混凝土的自收缩值。

影响混凝土收缩值的因素主要有水泥用量、水胶比、水泥品种和强度、环境条件等。在水胶比一定时，水泥用量越大，混凝土干缩值也越大。相反，若集料含量越高，水泥用量越少，则混凝土干缩越小。在水泥用量一定时，水胶比越大，多余水分越多，蒸发收缩值也越大。一般情况下，矿渣水泥比普通水泥收缩大。高强度水泥比低强度水泥收缩大。气温越高、环境湿度越小或风速越大，混凝土的干燥速度越快，在混凝土凝结硬化初期特别容易引起干缩开裂。空气相对湿度越低，最终的极限收缩也越大。

4. 温度变形

混凝土的温度膨胀系数大约为 $10 \times 10^{-6} \text{m}/(\text{m} \cdot \text{℃})$，即温度每升高或降低 1℃，长 1m 的混凝土将产生 0.01mm 的膨胀或收缩变形。混凝土的温度变形对大体积混凝土、纵长结构混凝土及大面积混凝土工程等极为不利，极易产生温度裂缝。

5. 荷载作用下的变形

（1）短期荷载作用下的变形

混凝土在外力作用下的变形包括弹性变形和塑性变形两部分。塑性变形主要由水泥凝胶体的塑性流动和各组成材料间的滑移产生。混凝土是一种弹塑性材料，在短期荷载作用下，其应力—应变关系为一条曲线。

（2）混凝土的静力弹性模量

弹性模量为应力与应变之比值。混凝土是弹塑性材料，不同应力水平的应力与应变的比值为变数。应力水平越高，塑性变形比重越大，故测得的比值越小。我国《混凝土物理力学性能试验方法标准》（GB/T 50081—2019）规定，混凝土的弹性模量是以棱柱体（150mm×150mm×300mm）试件抗压强度的 1/3 作为控制值，在此应力水平下重复加荷—卸荷至少 2 次，基本消除塑性变形后测得的应力—应变之比值，是一个条件弹性模量，在数值上近似等于初始切线的斜率。表达式如下：

$$E_s = \frac{F_a - F_0}{A} \times \frac{L}{\varepsilon_a - \varepsilon_0}$$ (1-35)

式中： E_s ——混凝土静力抗压弹性模量（MPa）；

F_a ——应力为1/3棱柱轴心抗压强度时的荷载（N）；

F_0 ——应力为0.5MPa时的初始荷载（N）；

A ——试件承压面积（mm²）；

ε_a —— F_a 时试件两侧变形的平均值（mm）；

ε_0 —— F_0 时试件两侧变形的平均值（mm）。

影响弹性模量的因素主要有混凝土强度、集料含量、集料弹性模量、水胶比、养护龄期等。混凝土强度越高，弹性模量越大。集料含量越高，集料自身的弹性模量越大，则混凝土弹性模量越大。混凝土水胶比越小，混凝土越密实，弹性模量越大。混凝土养护龄期越长，弹性模量也越大。早期养护温度较低时，弹性模量较大，亦即蒸汽养护混凝土的弹性模量较小。掺入引气剂将使混凝土弹性模量下降。

（3）长期荷载作用下的变形——徐变

混凝土在一定的应力水平（如50%~70%的极限强度）下，保持荷载不变，随着时间的延续而增加的变形称为徐变。对普通钢筋混凝土构件，徐变能消除混凝土内部温度应力和收缩应力，减弱混凝土的开裂现象。对预应力混凝土结构，混凝土的徐变使预应力损失大大增加，这是极其不利的。因此预应力结构一般要求较高的混凝土强度等级以减小徐变及预应力损失。

影响混凝土徐变变形的因素主要有水泥用量、水胶比（ W/B ）、龄期、结构密度、强度、集料用量、弹性模量、级配、最大粒径与应力水平等。水泥用量越大（水胶比一定时），徐变越大。水胶比越小，徐变越小。龄期长、结构致密、强度高，则徐变小。集料用量多，弹性模量高，级配好，最大粒径大，则徐变小。应力水平越高，徐变越大。此外还与试验时的应力种类、试件尺寸、温度等有关。

考点四：混凝土的耐久性

混凝土的耐久性是指在外部和内部不利因素的长期作用下，保持其原有设计性能和使用功能的性质。外部因素包括酸、碱、盐的腐蚀作用，冰冻破坏作用，水压渗透作用，碳化作用，干湿循环引起的风化作用，荷载应力作用和振动冲击作用等。内部因素主要指的是碱集料反应和自身体积变化。通常用混凝土的抗渗性、抗冻性、抗碳化性能、抗腐蚀性能和碱集料反应综合评价混凝土的耐久性。

《混凝土结构设计规范》（GB 50010—2010）对混凝土结构耐久性做了明确界定；而《普通混凝土长期性能和耐久性能试验方法标准》（GB/T 50082—2024）规定，普通混凝土长期性能及耐久性试验主要内容包括：①抗冻试验；②动弹性模量试验；③抗水渗透试验；④抗氯离子渗透试验；⑤收缩试验；⑥早期抗裂试验；⑦受压徐变试验；⑧碳化试验；⑨混凝土中钢筋锈蚀试验；⑩抗压疲劳变形试验；⑪抗硫酸盐侵蚀试验；⑫碱—集料反应试验。

1. 抗渗性

混凝土的抗渗性是指混凝土抵抗压力液体（水、油、溶液等）渗透作用的能力。抗渗性是决定混凝土耐久性最主要的技术指标。

混凝土的抗渗性能用抗渗等级表示。抗渗等级的测定是采用6个圆台体标准试件，在规定的试验条件下，加水压至6个试件中有3个试件端面渗水时为止（即达6个试件中3个试件未出现渗水时的最大水压力为止），混凝土的抗渗等级按式（1-36）计算。

$$P = 10H - 1 \qquad (1-36)$$

式中：P——混凝土的抗渗等级（MPa）；

H——6个试件中3个试件表面渗水时的水压力（MPa）。

根据《混凝土质量控制标准》（GB 50164—2011）的规定，混凝土抗渗性能分为 P4、P6、P8、P10、P12 和大于 P12 共 6 个等级，分别表示混凝土能抵抗 0.4MPa、0.6MPa、0.8MPa、1.0MPa、1.2MPa 和大于 1.2MPa 的水压力而不渗漏。

影响混凝土抗渗性的主要因素有：水泥品种、掺混合料种类、水胶比、水泥用量、集料含泥量和级配、施工质量和养护条件等。水胶比越大，混凝土抗渗性能越差。集料含泥量高，则总表面积增大，混凝土达到同样流动性所需用水量增加，毛细孔道增多，含泥量大的集料界面黏结强度低，从而降低了混凝土的抗渗性能。集料级配差，空隙率大，填满空隙所需水泥浆增大，同样导致毛细孔增加，影响抗渗性能。搅拌均匀、振捣密实是混凝土抗渗性能的重要保证。适当的养护温度和保湿养护是保证混凝土抗渗性能的基本措施。

2. 抗冻性

混凝土的抗冻性是指混凝土在吸水饱和状态下，能经受多次冻融循环而不破坏，同时也不严重降低强度的性能。

混凝土抗冻性以抗冻等级表示，抗冻等级可通过慢冻法或快冻法试验来确定。慢冻法以标准养护 28d 龄期的立方体试块（100mm × 100mm × 100mm）在浸水饱和状态下，承受（−20~20）℃反复冻融循环，以抗压强度下降不超过 25%，且质量损失不超过 5% 时所承受的最大冻融循环次数来确定混凝土的抗冻等级。快冻法冻结时棱柱体试件（100mm × 100mm × 400mm）中心温度（−18±2）℃，融化终了时试件中心温度（5±2）℃，每次循环在 2~5h 完成，以相对动弹性模量不小于 60%，且质量损失不超过 5% 时所承受的最大冻融循环次数来确定混凝土的抗冻等级。混凝土的抗冻等级（快冻法）分为 F50、F100、F150、F200、F250、F300、F350、F400 和大于 F400 共 9 个等级；混凝土的抗冻等级（慢冻法）分为 D50、D100、D150、D200 和大于 D200 共 5 个等级；其中的数字表示混凝土能经受的最大冻融循环次数。

影响混凝土抗冻性的主要因素有：原材料性能、水胶比或孔隙率、孔隙特征、吸水饱和程度、混凝土的自身强度、降温速度和冰冻温度等。水胶比大，则孔隙率大，吸水率增大，冰冻破坏严重，抗冻性差。连通毛细孔易吸水饱和，冻害严重。混凝土的孔隙非完全吸水饱和，冰冻过程产生的压力促使水分向孔隙处迁移，从而降低冰冻膨胀应力，对混凝土破坏作用小。在相同的冰冻破坏应力作用下，混凝土强度越高，冻害程度也就越低。

3. 抗碳化性能

混凝土碳化是指混凝土内水化产物 $Ca(OH)_2$ 与空气中的 CO_2 在一定湿度条件下发生化学反应，产生 $CaCO_3$ 和水的过程。碳化使混凝土的碱度下降，故也称混凝土中性化。

碳化速度与混凝土的原材料、孔隙率和孔隙构造、CO_2 浓度、温度、湿度等条件有关。

碳化作用使混凝土的碱度降低，削弱了混凝土中的强碱环境对钢筋的保护作用，导致钢筋锈蚀膨胀。碳化作用还使混凝土的收缩增大，降低混凝土的抗拉强度和抗折强度，严重时直接导致混凝土开裂。碳化作用能适当提高混凝土的抗压强度，但对混凝土结构工程而言，碳化作用造成的危害远远大于抗压强度的提高。

影响混凝土碳化速度的因素主要有水胶比、水泥品种、水泥用量、施工质量、环境条件等。水胶比越大，混凝土的碳化速度越快。水泥水化产物中 $Ca(OH)_2$ 含量越高，碳化速度越快。水泥用量大，碳化速度慢。搅拌均匀、振捣成型密实、养护良好的混凝土，碳化速度较慢。蒸汽养护的混凝土碳化速度相对较快。空气中 CO_2 的浓度高，碳化速度加快。当空气相对湿度为 50%~75% 时，碳化速度最快。

4. 碱—集料反应

碱—集料反应是指混凝土中的碱与具有碱活性的集料发生膨胀性反应。碱—集料反应必须具备 3 个条件：混凝土中有一定数量的碱，集料具有碱活性，有一定的湿度。3 个条件同时存在即可产生破坏性膨胀。碱集料反应引起的破坏，一般要经过若干年后才会显现，而一旦发生则很难阻止、补救和修复，因此也称为"碱癌"。大型水工结构、桥梁结构、高等级公路、机场跑道一般均要求对集料进行碱活性试验或对水泥的碱含量加以限制。

影响碱—集料反应的因素主要有混凝土中的碱含量、集料的碱活性成分含量、集料颗粒大小、温度、湿度、受限力等。集料碱活性的检测可采用岩相法、化学法、砂浆长度法、混凝土棱柱体法、压蒸法等。

5. 抗侵蚀性

环境介质对混凝土的侵蚀主要是化学侵蚀，通常有软水侵蚀、硫酸盐侵蚀、镁盐侵蚀、碳酸盐侵蚀等。若是海水侵蚀，通常还伴随着干湿、结晶、冲击等物理作用对混凝土的侵蚀。腐蚀介质主要是通过对水泥石的侵蚀使混凝土性能劣化。

6. 氯离子渗透及钢筋锈蚀

（1）钢筋锈蚀

钢筋锈蚀是一个电化学过程。混凝土中的钢筋表面存在一层致密的钝化膜，钝化膜一旦遭到破坏，在有足够的水和氧的条件下就会产生电化学腐蚀。钢筋的锈蚀，一方面使钢筋有效截面积减小；另一方面，锈蚀产物体积膨胀使混凝土保护层胀裂甚至脱落，钢筋与混凝土黏结作用下降，破坏共同工作的基础，从而影响混凝土结构物的安全和正常使用性能。

通常采用的钢筋锈蚀试验主要用于测定在给定条件下混凝土中钢筋的锈蚀程度，以对比不同混凝土对钢筋的保护作用，但不适用于在侵蚀性介质中使用的混凝土内钢筋锈蚀试验。试验采用尺寸为 $100mm \times 100mm \times 300mm$ 的棱柱体试件，试件中定位埋置直径为 6mm、普通低碳钢热轧盘条调直制成的钢筋。试件成型后标准养护 28d，再在二氧化碳浓度 20%±3%、温度（20±5）℃、相对湿度 70%±5% 条件下碳化 28d，碳化处理后再在标准养护室潮湿养护 56d。破型，测混凝土碳化深度及钢筋锈蚀失重率，以此评价钢筋锈蚀程度及混凝土的护筋作用。

影响钢筋锈蚀的因素主要有 pH 值、温度、Cl^- 浓度、水胶比、养护龄期、保护层厚度、水泥品种与掺合料等。

（2）氯离子渗透

混凝土中的氯离子来源于内、外部。内部是指拌制混凝土时随原材料而加入的氯离子；外部是指环境中的氯离子通过混凝土孔溶液逐步向内渗透的。氯离子对混凝土耐久性的影响表现在两方面：一方面是氯离子侵蚀导致混凝土破坏；另一方面是氯离子渗入导致钢筋锈蚀。

氯盐的侵蚀作用强度取决于氯盐溶液浓度以及与氯离子结合的阳离子种类。氯离子浓度越大，对钝化膜的破坏作用越大，钢筋锈蚀速度越快。氯盐对混凝土的侵蚀作用可用氯离子扩散速率表示，用稳定态扩散和非稳定态扩散测定。混凝土抗氯离子侵蚀能力与水胶比、胶凝材料组成等有关。

7. 耐磨性

混凝土的耐磨性是指其抵抗表面磨损的能力。混凝土的表面磨损表现在 3 个方面：一是机械磨耗，如路面、机场跑道、厂房地坪等受到的反复摩擦和冲击等；二是冲磨，如水工泄水结构物、桥墩等受水流及其夹带的泥沙与杂物的磨蚀作用；三是空蚀，水工结构物、桥墩等受水流速度和方向改变形成的空穴冲击作用造成的磨蚀。

《公路工程水泥及水泥混凝土试验规程》（JTG 3420—2020）规定，路面混凝土耐磨性可用在规定试验条件下单位面积的磨耗量表示。以 150mm×150mm×150mm 立方体试件经标准养护至 27d 龄期，在（60±5）℃烘箱中，烘 12h 至恒重。在带花轮磨头的混凝土磨耗试验机上，在 200N 负荷下先磨削 30 转，取下试件刷净表面粉尘称取试件的初始质量，然后在 200N 负荷下磨削 60 转，称取试件的剩余质量，计算测试试件单位面积的磨耗量。

影响混凝土耐磨性的因素主要有混凝土强度、粗集料品种和性能、细集料品种与砂率、水泥与掺合料、养护方法与质量等。

8.提高混凝土耐久性的措施

（1）控制混凝土最大水胶比和最小水泥用量。

（2）合理选择水泥品种。

（3）选用良好的集料质量和级配。

（4）加强施工质量控制。

（5）采用适宜的外加剂。

（6）掺入粉煤灰、矿粉、硅灰或沸石粉等活性掺合料。

考点五：混凝土外加剂的品种和作用

外加剂是指能有效改善混凝土某项或多项性能的一类材料。

1.外加剂的分类

混凝土外加剂一般根据其主要功能分为以下几类。

（1）改善混凝土流变性能的外加剂。主要有减水剂、引气剂、泵送剂等。

（2）调节混凝土凝结硬化性能的外加剂。主要有缓凝剂、速凝剂、早强剂等。

（3）调节混凝土含气量的外加剂。主要有引气剂、加气剂、泡沫剂等。

（4）改善混凝土耐久性的外加剂。主要有引气剂、防水剂、阻锈剂等。

（5）提供混凝土特殊性能的外加剂。主要有防冻剂、膨胀剂、着色剂、引气剂和泵送剂等。

2.减水剂

减水剂是指在混凝土坍落度相同的条件下，能减少拌和用水量；或者在混凝土配合比和用水量均不变的情况下，能增加混凝土坍落度的外加剂。根据减水率大小或坍落度增加幅度分为普通减水剂和高效减水剂两大类。此外，尚有复合型减水剂，如引气减水剂，既具有减水作用，又具有引气作用；早强减水剂，既具有减水作用，又具有提高早期强度作用；缓凝减水剂，同时具有延缓凝结时间的功能等。

（1）减水剂的主要功能

①配合比不变时，显著提高混凝土流动性。

②流动性和水泥用量不变时，减少用水量，降低水胶比，提高强度。

③保持流动性和强度不变时，节约水泥用量，降低成本。

④配制高强高性能混凝土。

（2）减水剂的作用机理

减水剂提高混凝土拌合物流动性的作用机理主要包括吸附分散作用、润滑作用和空间位阻效应。减水剂实际上为一种表面活性剂，长分子链的一端易溶于水——亲水基，另一端难溶于水——憎水基，主链、支链、侧链形成梳状吸附网络。空间位阻斥力越大，对水泥颗粒间凝聚作用的阻碍也越大，使得混凝土的坍落度保持良好。

（3）常用减水剂品种

常用减水剂品种有以下6种：木质素系减水剂、萘系减水剂、树脂系减水剂、聚羧酸系减水剂、糖蜜系减水剂和复合减水剂。木素质系减水剂主要有木质素磺酸钙（简称木钙）、木质素磺酸钠（简称木钠）和木质素磺酸镁（简称木镁）三大类。

3. 早强剂

早强剂是指能加速混凝土早期强度发展的外加剂。主要功能是缩短混凝土施工养护期，加快施工进度，提高模板的周转率。主要适用于有早强要求的混凝土工程及低温、负温施工的混凝土、有防冻要求的混凝土、预制构件、蒸汽养护等。早强剂主要品种有氯盐、硫酸盐和有机胺三大类，但更多使用的是它们的复合早强剂。

4. 引气剂

引气剂是指掺入混凝土拌合物后，经搅拌能在混凝土拌合物中引入大量分布均匀的微小气泡，以改善其工作性，并在混凝土硬化后能保留微小气泡以改善其抗冻融耐久性的物质。常用的引气剂有松香树脂、烷基苯磺碱盐、脂及醇磺酸盐等。

5. 缓凝剂

缓凝剂是指能延长混凝土的初凝和终凝时间的外加剂。最常用的缓凝剂为木钙和糖蜜。缓凝剂的主要功能有：降低大体积混凝土的水化热和推迟温峰出现时间，有利于减小混凝土内外温差引起的应力开裂；便于夏季施工和连续浇捣的混凝土，防止出现混凝土施工缝；便于泵送施工、滑模施工和远距离运输；通常具有减水作用，故亦能提高混凝土后期强度或增加流动性或节约水泥用量。

6. 速凝剂

速凝剂是指能使混凝土迅速硬化的外加剂。一般初凝时间小于5min，终凝时间小于10min，1h内即产生强度，3d强度可达基准混凝土3倍以上，但后期强度一般低于基准混凝土。速凝剂主要用于喷射混凝土和紧急抢修工程、军事工程、防洪堵水工程等，如矿井、隧道、引水涵洞、地下工程岩壁衬砌、边坡和基坑支护等。

7. 膨胀剂

膨胀剂是指能使混凝土产生一定体积膨胀的外加剂。掺入膨胀剂的目的是补偿混凝土自身收缩、干缩和温度变形，防止混凝土开裂，并提高混凝土的密实性和防水性能。常用膨胀剂品种有硫铝酸钙、氧化钙、氧化镁、铁屑膨胀剂、铝粉膨胀剂等。

8. 泵送剂

能赋予混凝土拌合物泵送性能的外加剂称为泵送剂。泵送性是指混凝土拌合物具有能顺利通过输送管、不阻塞、不离析、塑性良好的性能。泵送剂是流化剂中的一种，能大大提高拌合物流动性，还能在60~180min内保持其流动性，剩余坍落度应不小于原始的55%。它不是缓凝剂，缓凝时间不宜超过120min（特殊情况除外）。

9. 加气剂

以化学反应的方法引入大量封闭气泡，用以调节混凝土的含气量和表观密度，也可以用来生产轻混凝土。常用的加气剂有：

①H_2 释放型加气剂：主要是较活泼的金属 Al、Mg、Zn 等在碱性条件下与水反应放出 H_2。

②O_2 释放型加气剂：H_2O_2 在氧化剂 $Ca(ClO)_2$、$KMnO_4$ 等作用下放出 O_2。

③N_2 释放型加气剂：主要是分子中含有 N-N 键的化合物（如偶氮类或肼类化合物），在活化剂如铝酸盐、铜盐的作用下释放出 N_2。

④C_2H_2 释放型加气剂：碳化钙与水反应生成乙炔气体。

⑤空气释放型加气剂：通过 30 目筛的流化焦或活性炭在混凝土拌制过程中逐渐释放吸附的空气。

⑥高聚物型加气剂：异丁烯-马来酸酐共聚物的 Mg 盐、天然高分子物质（如水解蛋白南和适量增稠剂），配成水溶液，用发泡机制得密度为 0.1～0.2kg/L 的泡沫，引入水泥砂浆或混凝土中，硬化后即得轻质砂浆或混凝土。

考点六：普通混凝土配合比设计方法

混凝土配合比是指为配制有一定性能要求的混凝土，单位体积的混凝土中各组成材料的用量或其之间的比例关系。混凝土配合比设计的任务是在满足混凝土工作性（和易性）、强度和耐久性等技术要求的条件下，比较经济合理地确定水泥、水、细集料、粗集料等材料的用量比例关系。混凝土配合设计的关键是要控制好水胶比（W/B）、单位用水量（m_{wo}）和砂率（β_s）三个基本参数。混凝土配合比设计的基本方法有两种：一是体积法（又称绝对体积法）；二是重量法（又称假定表观密度法）。

混凝土配合比设计步骤为：先计算初步配合比；后经试配调整获得满足和易性要求的基准配合比；再经强度和耐久性检验确定出满足设计要求、施工要求和经济合理的试验室配合比；最后根据施工现场砂、石料的含水率换算成施工配合比。

1. 初步配合比的计算

（1）计算混凝土配制强度（$f_{cu,o}$）。

① 当混凝土的设计强度等级小于 C60 时，配制强度按式（1-37）计算。

$$f_{cu,o} = m_{f_{cu}} = f_{cu,k} + 1.645\sigma \tag{1-37}$$

② 当设计强度等级不小于 C60 时，配制强度不小于 $1.15f_{cu,k}$。

当具有近 1~3 个月的同一品种、同一强度等级混凝土的强度资料，且试件不少于 30 组时，混凝土标准差 σ 按式（1-38）计算。

$$\sigma = \frac{\sqrt{\sum_{i=1}^{n} f_{cu,i}^2 - nm_{f_{cu}}^2}}{n-1} \tag{1-38}$$

对于强度等级不大于 C30 的混凝土，当混凝土标准差计算值不小于 3.0MPa 时，按计算结果取值，当计算值小于 3.0MPa 时，应取 3.0MPa；对于强度等级大于 C30 且小于 C60 的混凝土，当混凝土标准差计算值不小于 4.0MPa 时，按计算结果取值，当计算值小于 4.0MPa 时，应取 4.0MPa。当无统计资料和经验时，可参考表 1-14 取值。

标准差的取值表 表 1-14

混凝土设计强度等级 $f_{cu,k}$	≤C20	C25~C45	C50~C55
σ（MPa）	4.0	5.0	6.0

（2）根据配制强度和耐久性要求计算水胶比（W/B）。

① 根据强度要求计算水胶比。

由

$$f_{\text{cu,o}} = \alpha_{\text{a}} f_{\text{b}} \left(\frac{B}{W} - \alpha_{\text{b}} \right) \tag{1-39}$$

则有

$$\frac{W}{B} = \frac{\alpha_{\text{a}} f_{\text{b}}}{f_{\text{cu,o}} + \alpha_{\text{a}} \alpha_{\text{b}} f_{\text{b}}} \tag{1-40}$$

② 根据耐久性要求确定最大水胶比限值。

③ 比较强度要求的水胶比和耐久性要求的水胶比，取两者中最小值。

（3）根据施工要求的坍落度和集料品种、粒径，由表 1-11 选取每立方米混凝土的用水量（m_{wo}）。掺外加剂时，每立方米流动性或大流动性混凝土的单位用水量按式（1-41）计算。

$$m_{\text{wo}} = m'_{\text{wo}}(1 - \beta) \tag{1-41}$$

式中：　m_{wo} ——计算配合比每立方米用水量（kg/m^3）；

　　　　m'_{wo} ——未掺外加剂时推定的满足实际坍落度要求的每立方米用水量（kg/m^3）；

　　　　β ——外加剂的减水率（%）。

（4）计算每立方米混凝土的各胶凝材料用量。

① 计算胶凝材料用量（m_{bo}）。

$$m_{\text{bo}} = m_{\text{wo}} \times \frac{B}{W} \tag{1-42}$$

② 复核是否满足耐久性要求的最小胶凝材料用量，取两者中的较大值。

③ 每立方米混凝土的矿物掺合料用量 $m_{\text{fo}} = m_{\text{bo}} \beta_{\text{f}}$，$\beta_{\text{f}}$ 为矿物掺合料掺量，参照相关规定确定。

④ 每立方米混凝土的水泥用量 $m_{\text{co}} = m_{\text{bo}} - m_{\text{fo}}$。

（5）确定合理砂率（β_{s}）。

① 可根据集料品种、粒径及 W/B 查表 1-12 选取。实际选用时可采用内插法，并根据附加说明进行修正。

② 有条件时，可通过试验确定最优砂率。

（6）计算砂、石用量（m_{so}、m_{go}），并确定初步计算配合比。

① 重量法

$$\left. \begin{array}{l} m_{\text{co}} + m_{\text{fo}} + m_{\text{go}} + m_{\text{so}} + m_{\text{wo}} = m_{\text{cp}} \\[2mm] \beta_{\text{s}} = \dfrac{m_{\text{so}}}{m_{\text{so}} + m_{\text{go}}} \end{array} \right\} \tag{1-43}$$

② 体积法

$$\left. \begin{array}{l} \dfrac{m_{\text{co}}}{\rho_{\text{c}}} + \dfrac{m_{\text{fo}}}{\rho_{\text{f}}} + \dfrac{m_{\text{go}}}{\rho_{\text{g}}} + \dfrac{m_{\text{so}}}{\rho_{\text{s}}} + \dfrac{m_{\text{wo}}}{\rho_{\text{w}}} + 0.01\alpha = 1 \\[2mm] \beta_{\text{s}} = \dfrac{m_{\text{so}}}{m_{\text{so}} + m_{\text{go}}} \end{array} \right\} \tag{1-44}$$

③ 配合比的表达方式

a. 根据上述方法求得的 m_{co}、m_{fo}、m_{wo}、m_{so}、m_{go}，直接以每立方米混凝土材料的用量（kg）表示。

b. 根据各材料用量间的比例关系表示：$m_{co} : m_{so} : m_{go} : m_{fo} = 1 : X : Y : Z$，再加上$W/B$值。

2. 基准配合比和试验室配合比的确定

初步计算配合比是根据经验公式和经验图表估算而得，不一定符合实际情况，必经经过试拌验证。当不符合设计要求时，需通过调整各材料比例使和易性满足施工要求，使W/B满足强度和耐久性要求。

（1）和易性调整——确定基准配合比。根据初步计算配合比配成混凝土拌合物，先测定混凝土坍落度，同时观察黏聚性和保水性。如不符合要求，按下列原则进行调整：

① 当坍落度小于设计要求时，可在保持水胶比不变的情况下，增加用水量和相应的水泥用量（水泥浆）。

② 当坍落度大于设计要求时，可在保持砂率不变的情况下，增加砂、石用量（相当于减少水泥浆用量）。

③ 当黏聚性和保水性不良时（通常是砂率不足），可适当增加砂量，即增大砂率。

④ 当拌合物中砂浆过多时，可单独加入适量石子，即降低砂率。

在混凝土和易性满足要求后，测定拌合物的实际表观密度（m_{cp}），并按下式计算每立方米混凝土的各材料用量，即基准配合比：

令

$$A = C_{拌} + F_{拌} + W_{拌} + S_{拌} + G_{拌}$$

则有

$$\left.\begin{aligned} C_j &= \frac{C_{拌}}{A} \times m_{cp} \\ F_j &= \frac{F_{拌}}{A} \times m_{cp} \\ W_j &= \frac{W_{拌}}{A} \times m_{cp} \\ S_j &= \frac{S_{拌}}{A} \times m_{cp} \\ G_j &= \frac{G_{拌}}{A} \times m_{cp} \end{aligned}\right\} \qquad (1-45)$$

式中：　　　　　　　A——试拌调整后，各材料的实际总用量（kg）；

m_{cp}——混凝土的实测表观密度（kg/m³）；

$C_{拌}$、$F_{拌}$、$W_{拌}$、$S_{拌}$、$G_{拌}$——试拌调整后，水泥、矿物掺合料、水、砂、石子实际拌和用量（kg）；

C_j、F_j、W_j、S_j、G_j——基准配合比中 1m³ 混凝土的各材料用量（kg）。

如果按初步计算配合比拌制的混凝土和易性完全满足要求而无须调整，也必须测定实际混凝土拌合物的表观密度，并利用上式计算C_j、F_j、W_j、S_j、G_j。当混凝土表观密度实测值与计算值之差的绝对值不超过计算值的 2%时，则初步计算配合比即为基准配合比，无须调整。

（2）强度和耐久性复核——确定试验室配合比。根据和易性满足要求的基准配合比和水胶比，配制一组混凝土试件；并保持用水量不变，水胶比分别增加或减少 0.05 再配制 2 组混凝土试件，用水量应与基准配合比相同，砂率可分别增加或减少 1%。制作混凝土强度试件时，应同时检验混凝土拌合物的流动性、黏聚性、保水性和表观密度，并以此结果代表相应配合比的混凝土拌合物的性能。

3 组试件经标准养护 28d，测定抗压强度，以 3 组试件的强度和相应胶水比作图，确定与配制强度相对应的胶水比，并重新计算水泥和砂石等用量。当对混凝土的抗渗、抗冻等耐久性指标有要求时，则制作相应试件进行检验。强度和耐久性均合格的水胶比对应的配合比，称为混凝土试验室配合比，计作 C、F、W、S、G。

3. 施工配合比

试验室配合比是以干燥（或饱和面干）材料为基准计算而得，但现场施工所用的砂、石料常含有一定水分，因此，在现场配料时，必须先测定砂石料的实际含水率，在用水量中将砂石带入的水扣除，并相应增加砂石料的称量值。设砂的含水率为 $a\%$，石子的含水率为 $b\%$，则施工配合比按下列各式计算：

水泥：$C' = C$；

矿物掺合料：$F' = F$；

砂：$S' = S(1 + a\%)$；

石子：$G' = G(1 + b\%)$；

水：$W' = W - S \cdot a\% - G \cdot b\%$。

考点七：混凝土质量评定

1. 混凝土的质量控制

引起混凝土质量波动的因素有正常因素和异常因素两大类。正常因素是不可避免的微小变化的因素，如砂、石材料质量的微小变化，它们引起的质量波动一般较小，称为正常波动。异常因素是不正常的变化因素，如原材料的称量错误等，它们引起的质量波动一般较大，称为异常波动。

混凝土的质量控制包括初步控制、生产控制和合格性控制三个过程：

（1）混凝土生产前的初步控制，主要包括人员配备、设备调试、组成材料的检验及配合比的确定与调整等内容。

（2）混凝土生产过程中的生产控制，包括控制称量、搅拌、运输、浇筑、振捣及养护等内容。

（3）混凝土配制、浇筑后的合格性控制，包括批量划分、确定批取样数、确定检测方法和验收界限等内容。

工程中通常以混凝土抗压强度作为评定和控制其质量的主要指标。

2. 混凝土强度的合格评定

（1）混凝土强度的波动规律

通过对同一种混凝土进行系统的随机抽样测试，结果表明混凝土强度的波动规律符合正态分布，其正态分布状态可用两个特征统计量——强度平均值（$m_{f_{cu}}$）和强度标准差（σ）来进行描述。

强度平均值按式（1-46）计算。

$$m_{f_{cu}} = \frac{1}{n} \sum_{i=1}^{n} f_{cu,i} \tag{1-46}$$

标准差按式（1-47）确定。

$$\sigma = \sqrt{\frac{\sum\limits_{i=1}^{n} f_{cu,i}^2 - n m_{f_{cu}}^2}{n-1}} \tag{1-47}$$

式中：$f_{cu,i}$——检验期内同一品种、同一强度等级的第 i 组混凝土试件的立方体抗压强度代表值；

n——检验期内的样本数量。

强度平均值对应于正态分布曲线中的概率密度峰值处的强度值，故强度平均值反映了混凝土总体强度的平均水平，但不能反映混凝土强度的波动情况。

强度标准差是正态分布曲线上两侧的拐点离开强度平均值处对称轴的距离，它反映了强度离散性（即波动）的情况。σ值越大，强度分布曲线越矮而宽，说明强度的离散程度较大，反映了生产管理水平低下，强度质量不稳定。

在相同的生产管理水平情况下，对于平均强度不同的混凝土，其强度标准差会随着平均强度的提高而增大。因此，平均强度不同的混凝土之间质量稳定性的比较，可用变异系数C_v［式（1-48）］表征。C_v值越小，说明混凝土强度质量越稳定。

$$C_v = \frac{\sigma}{m_{f_{cu}}} \tag{1-48}$$

（2）混凝土强度保证率

在混凝土强度质量控制中，除了须考虑混凝土强度质量的稳定性之外，还必须考虑符合设计要求的强度等级的合格率，即强度保证率。它是指在混凝土强度总体中，不小于设计要求的强度等级标准值（$f_{cu,k}$）的概率$P(\%)$。$P=$统计周期内试件强度不低于要求强度等级的组数/统计周期内相同强度等级的混凝土试件组数。

（3）混凝土强度的合格评定

混凝土强度评定分为统计法和非统计法两种。

① 当混凝土的生产条件在较长时间内能保持一致，且同一品种混凝土的强度变异性能保持稳定时，应由连续的三组试件代表一个验收批，计算强度平均值和最小值等特征值。其强度应同时符合式（1-49）和式（1-50）的要求。

$$m_{f_{cu}} \geqslant f_{cu,k} + 0.7\sigma_0 \tag{1-49}$$

$$f_{cu,min} \geqslant f_{cu,k} - 0.7\sigma_0 \tag{1-50}$$

当混凝土强度等级不高于 C20 时，尚应符合式（1-51）的要求。

$$f_{cu,min} \geqslant 0.85 f_{cu,k} \tag{1-51}$$

当混凝土强度等级高于 C20 时，尚应符合式（1-52）的要求。

$$f_{cu,min} \geqslant 0.90 f_{cu,k} \tag{1-52}$$

式中：$m_{f_{cu}}$——同一验收批混凝土强度的平均值（MPa）；

$f_{cu,k}$——设计的混凝土强度的标准值（MPa）；

σ_0——验收批混凝土强度的标准差（MPa）；

$f_{cu,min}$——同一验收批混凝土强度的最小值（MPa）。

检验批混凝土立方体抗压强度的标准差，精确到0.01MPa，当检验批混凝土强度标准差计算值小于2.5MPa时，应取2.5MPa。检验批混凝土立方体抗压强度的标准差按式（1-53）确定。

$$\sigma_0 = \sqrt{\frac{\sum\limits_{i=1}^{n} f_{cu,i}^2 - n m_{f_{cu}}^2}{n-1}} \tag{1-53}$$

式中：$f_{cu,i}$——前一检验期内同一品种、同一强度等级的第i组混凝土试件的立方体抗压强度代表值，检验期不应少于60d，也不得大于90d；

n——前一检验期内的样本数量，在该期间内样本数量不应少于45。

② 当混凝土的生产条件不能满足上述条件的规定时，或在前一检验期内的同一品种混凝土没有足够的强度数据用以确定验收批混凝土强度标准差时，应由不少于 10 组的试件代表一个验收批，其强度应同时符合式（1-54）和式（1-55）的要求。

$$m_{f_{cu}} \geqslant f_{cu,k} + \lambda_1 \cdot S_{f_{cu}} \tag{1-54}$$

$$f_{cu,min} \geqslant \lambda_2 f_{cu,k} \tag{1-55}$$

式中： $S_{f_{cu}}$——同一检验批混凝土立方体抗压强度的标准差，精确到 0.01MPa，当检验批混凝土强度标准差 $S_{f_{cu}}$ 计算值小于 2.5MPa 时，应取 2.5MPa；

λ_1、λ_2——合格判定系数，按表 1-15 取值。

合 格 判 定 系 数　　　　　　　　　　表 1-15

试件组数	10~14	15~19	≥20
λ_1	1.15	1.05	0.95
λ_2	0.90	0.85	

③ 当用于评定的样本容量小于 10 组时，应采用非统计方法评定混凝土强度，验收批强度必须同时符合式（1-56）和式（1-57）的规定。

$$m_{f_{cu}} \geqslant \lambda_3 \cdot f_{cu,k} \tag{1-56}$$

$$f_{cu,min} \geqslant 0.95 f_{cu,k} \tag{1-57}$$

式中，混凝土强度等级不大于 C60 时，λ_3 取 1.15；混凝土强度等级大于 C60 时，λ_3 取 1.10。

④ 当对混凝土的试件强度代表性有怀疑时，可采用从结构、构件中钻取芯样或其他非破损检验方法，对结构、构件中的混凝土强度进行推定，作为是否应进行处理的依据。

考点八：水泥混凝土强度测定方法

1. 试件法检测混凝土强度

按标准方法制作尺寸为 150mm × 150mm × 150mm 的立方体试件，并在标准条件下养护至 28d，用标准试验方法测试，按规定计算方法得到的强度值。

（1）仪器设备

压力试验机或万能试验机，测量精度为 ±1%，试件破坏荷载应大于压力机全量程的 20% 且小于压力机全量程的 80%。

（2）试验步骤

① 取出试件，先检查其尺寸及形状，相对两面应平行，试件承压面的平面度公差不得超过 0.0005d（d 为试件边长）。量出棱边长度，精确至 1mm。试件受力截面积按其与压力机上下接触面的平均值计算。试件如有蜂窝，应在试验前 3d 用浓水泥浆填补平整，并在报告中说明。在破型前，保持试件原有湿度，在试验时擦干试件。

② 以成型时的侧面为上下受压面，试件安放在球座上，几何对中（指试件或球偏离机台中心在 5mm 以内）。开动试验机，当上压板与试件或钢垫板接近时，调整球座，使接触均衡。

③ 在试验过程中应连续均匀加荷，当混凝土强度等级 < C30 时加荷速度为 0.3~0.5MPa/s，混凝土强度等级 ≥ C30，且 < C60 时加荷速度为 0.5~0.8MPa/s，混凝土强度等级 ≥ C60 时加荷速度为 0.8~1.0MPa/s。

④ 当试件接近破坏而开始急剧变形时,应停止调整试验机油门,直至破坏,记录破坏极限荷载 F(N)。

(3)试验结果计算

① 混凝土立方体试件抗压强度 f_{cu}(以 MPa 表示)按式(1-58)计算。

$$f_{cu} = \frac{F}{A}$$

(1-58)

式中: F ——极限荷载(N);

A ——受压面积(mm^2)。

② 以 3 个试件测试值的算术平均值为测定值。如任一个测试值与中值的差超过中值的 15%,则取中值为测定值;如有 2 个测试值的差值均超过上述规定,则该组试验结果无效。试验结果计算至 0.1MPa。

③ 混凝土抗压强度以尺寸为 150mm × 150mm × 150mm 的立方体为标准试件。混凝土强度等级小于 C60 时,采用尺寸为 100mm × 100mm × 100mm 或 200mm × 200mm × 200mm 的立方体试件,应分别乘以 0.95 和 1.05 的换算系数。

2. 回弹法检测混凝土强度

(1)主要仪器设备

回弹仪、碳化深度测试仪、榔头、凿子等。

(2)试验方法及步骤

① 在需要测试的构件上按规定要求画出测区,标记测区编号。

② 用回弹仪以垂直表面的方式测试各测区的回弹值。每测区布置 16 个测点,测试 16 个回弹值,精确至 1。测点不应在气孔或外露石子上,每个测点只允许回弹一次。

③ 测量代表性测区或全部测区的碳化深度。

(3)试验结果的计算与评定

① 测区回弹值的计算。将一个测区的 16 个回弹值中剔除 3 个最大值和 3 个最小值,计算余下 10 个回弹值的算术平均值 $\overline{R}$,即测区平均回弹值,精确至 0.1。

② 非水平方向检测混凝土浇筑侧面时,对所得回弹值进行角度影响修正,得到修正后的测区平均回弹值 $\overline{R'}$,修正值 R_a 可查阅相关规范。

③ 水平方向检测混凝土浇筑表面和底面时,对回弹值进行浇筑面修正,得到修正后的测区平均回弹值 $\overline{R''}$,修正值 R_b 可查阅相关规范。

④ 当回弹仪为非水平方向且测试面为混凝土的非浇筑侧面时,应先对回弹值进行角度修正,并应对修正后的回弹值进行浇筑面修正。

⑤ 测区混凝土强度换算值 $f_{cu,i}^c$ 的计算。

a. 根据测区平均回弹值或修正后的测区平均回弹值和碳化深度值,查相关规范或根据回归公式得到测区混凝土强度换算值。

b. 泵送混凝土需对混凝土回弹值进行泵送修正,得到泵送修正后的测区混凝土强度换算值。

c. 若采用同条件试件或混凝土芯样的修正,则需再将测区混凝土强度换算值乘以修正系数 η 进行修正,得到经试块或芯样强度修正后的测区混凝土强度换算值。

⑥ 结构或构件混凝土强度推定值。

a. 结构或构件测区数少于 10 个时,按下式计算该结构或构件的混凝土强度推定值 $f_{cu,e}^c$,精确至 0.1MPa。

$$f_{cu,e}^c = f_{cu,min}^c$$

(1-59)

式中： $f_{cu,min}^{c}$ ——经修正或未修正的最小测区混凝土强度换算值。

b. 结构或构件测区数不少于 10 个和按批量检测时，应按下式计算该结构或构件和该批构件的混凝土强度推定值$f_{cu,e}^{c}$，精确至 0.1MPa。

$$f_{cu,e}^{c} = m_{f_{cu}^{c}} - 1.645S_{f_{cu}^{c}} \tag{1-60}$$

$$m_{f_{cu}^{c}} = \frac{\sum\limits_{i=1}^{n} f_{cu,i}^{c}}{n} \tag{1-61}$$

$$S_{f_{cu}^{c}} = \sqrt{\frac{\sum\limits_{i=1}^{n}\left(f_{cu,i}^{c}\right)^{2} - n\left(m_{f_{cu}^{c}}\right)^{2}}{n-1}} \tag{1-62}$$

式中： $m_{f_{cu}^{c}}$ ——结构或构件测区混凝土强度换算值的平均值，精确至 0.1MPa；

$S_{f_{cu}^{c}}$ ——结构或构件测区混凝土强度换算值的标准差，精确至 0.01MPa；

n ——对于单构件，取该构件的测区数；对于批量构件，取所有构件测区数之和。

3. 超声回弹法检测混凝土强度

超声波的传播速度与介质的物理性质以及结构存在密切关系，通过混凝土时其速度与混凝土的弹性模量、强度以及密实程度相关联，超声波波速可在相当程度上反映出混凝土的整体质量。

（1）主要仪器设备

① 回弹仪。

② 超声波检测仪，要求使用的环境温度应为 0~40℃。

③ 换能器，频率宜为 50~100kHz。

④ 空气中实测声速与理论值相对误差不应超过 0.5%。

（2）试验方法及步骤

① 在需要测试的构件两侧面上画出对称测区，标记测区编号，并在对称位置标记出超声波探头位置，每测区为 3 点。

② 用回弹仪以垂直表面的方式测试各测区的回弹值，每个测点只允许弹一次。在构件测区内超声波的发射和接收面各测试 8 个回弹值R_i，精确至 1。回弹仪使用方法同回弹法检测混凝土抗压强度试验。

③ 测试 3 点的声时t_i，精确至 0.1μs。

（3）试验结果计算与评定

① 测区回弹值的计算与修正。测区回弹值的计算方法、非水平方向检测时的角度影响修正、检测面为混凝土浇筑表面或底面时的浇筑面修正与回弹法检测混凝土抗压强度相同。

② 超声声速的计算。按式（1-63）计算测区声速值代表值v，精确至 0.01km/s。

$$v = \frac{1}{3}\sum_{i=1}^{3}\frac{l_i}{t_i} \tag{1-63}$$

③ 测区混凝土强度换算值$f_{cu,i}^{c}$。根据规范推荐的经验公式计算测区混凝土强度换算值$f_{cu,i}^{c}$，精确至 0.1MPa。

④ 结构或构件混凝土强度推定值。用超声回弹法检测混凝土强度，结构或构件混凝土强度推定值计算同回弹法检测混凝土强度。

4. 取芯法检测混凝土强度

从混凝土结构或构件中直接钻取混凝土，并加工成高径比为 1∶1 的试件，测试得到混凝土的真实强度。

（1）主要仪器设备

钻芯机、磨平机、钢筋探测仪、压力试验机、钢直尺、钢卷尺等。

（2）试验方法及步骤

① 确定需要测试混凝土强度的构件。

② 根据构件受力特点和其他要求确定出取芯的大概区域，并在此区域用钢筋探测仪确定出钢筋位置。

③ 根据钢筋位置结合构件截面的受力特点，画出取芯和取芯机固定的位置。

④ 按取芯机操作要求钻取混凝土芯样。

⑤ 将芯样按适当方式编号，并记录构件和芯样的位置。

⑥ 把芯样加工成高径比为 1∶1 的试件，并根据构件所处的潮湿状况调节芯样的干湿状态。

⑦ 在芯样中部两垂直方向测量直径，取平均值d，精确至 0.5mm；同时检查垂直度、平整度等是否符合要求。

⑧ 按混凝土立方体抗压强度试验方法测试芯样的抗压强度。

（3）试验结果计算与评定

① 混凝土芯样试件的抗压强度。

② 单构件混凝土强度推定值。

单构件混凝土强度推定值取芯样试件抗压强度值中的最小值。

③ 批量检测混凝土强度推定值。

a. $f_{cu,e1}$ 和 $f_{cu,e2}$ 之间的差值不宜大于 5.0MPa 和 $0.10f_{cu,cor,m}$ 两者中的较大值。

b. 宜以 $f_{cu,e1}$ 作为批量检测混凝土强度推定值。

考点九：砂浆

砂浆是由胶凝材料、细集料、掺合料和水按适当比例配合、拌制并经硬化而成的材料，用于砌筑、抹面、修补和装饰等工程。按所用胶凝材料的不同，可分为水泥砂浆、石灰砂浆和混合砂浆等；按用途可分为砌筑砂浆、抹面砂浆、装饰砂浆和特种砂浆等。下面主要介绍砌筑砂浆的特性。

1. 新拌砂浆的和易性

新拌砂浆的和易性是指新拌砂浆是否便于施工并保证质量的综合性质。新拌砂浆的施工和易性包括流动性和保水性两方面的性能。

（1）流动性

砂浆流动性也称为稠度，是指其在重力或外力作用下流动的性质。砂浆流动性用砂浆稠度测定仪测定。试验时，将按预定配合比的砂浆装入圆锥体中，使标准的滑针自由下沉，以沉入度（单位：mm）作为流动性的指标，沉入度越大，表示砂浆的流动性越好。

影响砂浆稠度的因素主要有胶凝材料及掺和料用量、用水量、外加剂品种与掺量、砂的级配与粗细程度、拌和时间、周围环境等。

（2）保水性

砂浆保水性是指新拌砂浆在停放、运输和使用过程中保持水分的能力，也即各组成材料是否容易分离的性能。保水性良好的砂浆，水分不易流失，容易摊铺成均匀的砂浆层，且与基底的黏结性好，强度较高；而保水性不好的砂浆对砌体质量及使用过程均有不良影响。

砂浆保水性按《建筑砂浆基本性能试验方法标准》（JGJ/T 70—2009）的保水性试验方法测定，以保水率表示。保水率过小，则保水性差，容易离析，不便于施工和质量保证。

砂浆分层度用以确定在运输和停放时砂浆拌合物的稳定性，按《建筑砂浆基本性能试验方法标准》（JGJ/T 70—2009）分层度试验方法测定。

2. 凝结时间

砂浆的凝结时间是指在规定条件下，自加水拌和起，直至砂浆凝结时测定仪的贯入阻力为 0.5MPa 时所需的时间。在（20±2）℃的试验条件下，将制备好的砂浆［砂浆稠度值为（100±10）mm］装入砂浆容器中，抹平，从成型后 2h 开始测定砂浆的贯入阻力（贯入试针压入砂浆内部 25mm 时所受的阻力），直到贯入阻力达到 0.7MPa 时为止，并根据记录时间和相应的贯入阻力值绘图，从而得到砂浆的凝结时间。对于水泥砂浆，其凝结时间不宜超过 8h；对于混合砂浆，其凝结时间不宜超过 10h。

影响砂浆凝结时间的因素主要有胶凝材料的种类及用量、用水量和气候条件等，必要时可加入调凝剂进行调节。

3. 硬化后砂浆的力学性能

砂浆的抗压强度是指三块边长为 70.7mm 的立方体试件，在标准养护条件下［温度为（20±2）℃，相对湿度 90%以上］养护 28d 的抗压强度平均值，以 MPa 计，用 $f_{m,0}$ 表示。水泥砂浆及预拌砌筑砂浆的强度等级可分为 M5、M7.5、M10、M15、M20、M25、M30；水泥混合砂浆的强度等级可分为 M5、M7.5、M10、M15。对于强度等级 M10 的砂浆，其强度代表值取值范围为 7.5~16.0MPa，在 11.5~14.5MPa 之间较好。标准养护试块按统计方法评定低于 11.5MPa 为不合格。

砂浆的强度与其组成材料、配合比以及砌体材料等很多因素有关。

（1）对于不吸水基面（如致密的石材），砂浆强度的影响因素与混凝土相似，主要为水泥的强度和水胶比，其经验公式为：

$$f_{m,28} = 0.293 f_{b,28} \left(\frac{B}{W} - 0.4 \right) \tag{1-64}$$

式中：$f_{m,28}$——砂浆 28d 抗压强度（MPa）；

$f_{b,28}$——胶凝材料 28d 抗压强度（MPa）；

B/W——砂浆的胶水比。

（2）对于吸水基面（如烧结砖），无论砂浆拌和时用多少水，基底吸水后保留在砂浆中的水量基本相同。砂浆强度主要与胶凝材料强度和胶凝材料用量有关，其关系式见式（1-65）。

$$f_{m,28} = \alpha \cdot f_{b,28} \frac{m_{b0}}{1000} \tag{1-65}$$

式中：$f_{m,28}$——砂浆 28d 强度（MPa）；

$f_{b,28}$——胶凝材料 28d 抗压强度（MPa）；

m_{b0}——砂浆中单位体积胶凝材料用量（kg/m³）；

α——经验系数，可由试验测定。

例 题 解 析

例题 1 表示新拌水泥混凝土的工作性的是（　　　）。

  A. 坍落度、维勃稠度值、坍落扩展度

  B. 坍落度、维勃稠度值、黏聚性

  C. 可塑性、流动性、易密性

  D. 流动性、保水性、黏聚性

解析： 见考点一。混凝土拌合物的和易性又常称为工作性，混凝土拌合物的和易性通常包括流动性、黏聚性、保水性三个方面。

答案： D

例题 2 对水泥混凝土配合比设计中的耐久性进行校核，校核的是（　　　）。

  A. 配制强度

  B. 粗集料的最大粒径

  C. 最大水胶比和最小胶凝材料用量

  D. 以上三项

解析： 见考点六。根据强度要求计算水胶比，根据耐久性要求确定最大水胶比限值，比较强度要求的水胶比和耐久性要求的水胶比，取两者中较小值。计算胶凝材料用量，复核是否满足耐久性要求的最小胶凝材料用量，取两者中的较大值。

答案： C

例题 3 ［2020-4］路面水泥混凝土配合比设计中，调节水泥浆用量，经过工作性调整的配合比称为（　　　）。

  A. 初步配合比   B. 基准配合比

  C. 试验室配合比   D. 工地配合比

解析： 见考点六，和易性调整——确定基准配合比。

答案： B

例题 4 ［2020-5］建筑砂浆在硬化前应具有良好的和易性，和易性包括流动性与（　　　）。

  A. 保水性   B. 维勃稠度   C. 坍落度   D. 捣实性

解析： 见考点九。

答案： A

例题 5 ［2020-11］路面水泥混凝土配合比设计的强度指标是（　　　）。

  A. 抗压强度 B. 抗劈裂强度 C. 抗弯强度 D. 抗弯拉强度

解析： 见考点二。水泥路面配合比设计以抗弯拉强度为主要强度指标。

答案： D

例题 6 ［2021-6］混凝土拌合物的稠度试验方法有坍落度与坍落扩展度试验和维勃稠度试验两种，其中坍落度与坍落扩展度试验要求新拌混凝土的坍落度不小于（　　　）。

  A. 5mm   B. 10mm   C. 15mm   D. 20mm

解析： 见考点一。坍落度法评定和易性通常适用于坍落度≥10mm 和粗集料最大粒径≤31.5mm 的塑性混凝土拌合物。

答案： B

例题 7 ［2021-7］有一组边长为 150mm 的水泥混凝土立方体试块，各试块的极限荷载分别为 929.25kN，963.08kN，789.75kN，则该混凝土抗压强度的测定值为（　　）。

        A. 35.1MPa   B. 39.7MPa   C. 41.3MPa   D. 42.8MPa

解析： 见考点八。抗压强度以三个试件测试值的平均值作为该组试件的代表值。若任一个测试值超过中值的15%，则取中值为强度值；若有两个测值均超过上述规定，则该组试验结果无效。

    由于 $(929.25 - 789.75)/929.25 \times 100\% = 15.01\%$，超过15%，取中值 929.25kN，则强度为：$929.25 \times 1000/(150 \times 150) = 41.3$MPa。

答案： C

例题 8 ［2021-8］确定砂浆抗压强度等级所采用的试件尺寸是（　　）。

        A. $40mm \times 40mm \times 160mm$ B. $50mm \times 50mm \times 50mm$

        C. $70.7mm \times 70.7mm \times 70.7mm$ D. $100mm \times 100mm \times 100mm$

解析： 见考点九。砂浆的抗压强度是指三块边长为 70.7mm 的立方体试件，在标准养护条件下［温度为(20 ± 2)℃，相对湿度 90%以上］养护 28d 的抗压强度平均值，以 MPa 计。

答案： C

例题 9 ［2021-11］普通混凝土计算初步配合比为 1：1.92：2.66，水灰比为 0.42，为提高其流动性增加 5%水泥浆用量，此时该混凝土的水灰比为（　　）。

        A. 0.38   B. 0.4   C. 0.42   D. 0.44

解析： 见考点六。工作性如不符合要求，按下列原则进行调整：当坍落度小于设计要求时，可在保持水胶比不变的情况下，增加用水量和相应的水泥用量（水泥浆）。

答案： C

例题 10 ［2022-4］混凝土棱柱体抗冻性试件标准尺寸是（　　）。

        A. $150mm \times 150mm \times 150mm$ B. $100mm \times 100mm \times 400mm$

        C. $150mm \times 150mm \times 550mm$ D. $100mm \times 100mm \times 350mm$

解析： 见考点四。《普通混凝土长期性能和耐久性能试验方法标准》（GB/T 50082—2009）规定，混凝土抗冻试验可以采用慢冻法和快冻法。慢冻法试验采用尺寸为 $100mm \times 100mm \times 100mm$ 的立方体试件，快冻法试验采用尺寸为 $100mm \times 100mm \times 400mm$ 的棱柱体试件。

答案： B

例题 11 ［2022-8］已知水泥砂浆强度等级设计为 M10，施工工艺优良，可以将强度提高至（　　）。

        A. 10.5MPa   B.11MPa   C.11.5MPa   D.12MPa

解析： 见考点九。M10 砂浆强度代表值取值范围是 7.5~16.0MPa，在 11.5~14.5MPa 之间是最好。标准养护试块按统计方法评定低于 11.5MPa 为不合格。

答案： C

例题 12 ［2023-8］混凝土立方体抗压强度试验试件的标准养护条件是（　　）。

        A. 20℃ $\pm$ 1℃，95%   B. 20℃ $\pm$ 1℃，90%

        C. 20℃ $\pm$ 2℃，95%   D. 20℃ $\pm$ 2℃，90%

解析： 见考点二。将混凝土拌合物按标准方法制成尺寸为 $150mm \times 150mm \times 150mm$ 的立方体试件，在温度为 20℃ $\pm$ 2℃、相对湿度大于 95%的空气的标准养护条件下养护至龄期 28d 时，测得的单位面积上所能承受的抗压极限荷载，为混凝土立方体抗压强度。

答案： C

例题 13 ［2023-10］有抗冻要求的水泥混凝土，宜添加的外加剂是（　　　）。

    A. 缓凝剂　　　　　　B. 阻锈剂　　　　　　C. 引气剂　　　　　　D. 速凝剂

解析： 见考点五。引气剂可以增加混凝土的含气量，并在混凝土硬化后能保留微小气泡以改善其抗冻融耐久性。

答案： C

例题 14 ［2023-6］关于坍落度法和维勃稠度法，下列说法正确的是（　　　）。

    A. 坍落度法适合的情况是最大粒径 ≤ 31.5mm，坍落度大于 10mm

    B. 坍落度法适合的情况是最大粒径 ≤ 37.5mm，坍落度大于 10mm

    C. 维勃稠度法适合的情况是最大粒径 ≤ 37.5mm，维勃稠度 5~30s

    D. 维勃稠度法适合的情况是最大粒径 ≤ 31.5mm，维勃稠度 5~25s

解析： 见考点一。坍落度法适用于测定坍落度大于 10mm 且集料最大粒径不大于 31.5mm 的水泥混凝土的坍落度。维勃稠度法适用于测定集料最大粒径不大于 31.5mm 的水泥混凝土及维勃时间在 5~30s 的干稠性水泥混凝土的稠度。

答案： A

例题 15 ［2024-6］水泥砂浆保水性的指标是（　　　）。

    A. 坍落度　　　　　　B. 分层度　　　　　　C. 沉入度　　　　　　D. 和易性

解析： 见考点九。砂浆保水性按《建筑砂浆基本性能试验方法标准》（JGJ/T 70—2009）的保水性试验方法测定，以保水率表示。保水率过小，则保水性差，容易离析，不便于施工和质量保证。砂浆分层度用以确定在运输和停放时砂浆拌合物的稳定性，也反映保水性，按《建筑砂浆基本性能试验方法标准》（JGJ/T 70—2009）分层度试验方法测定。

答案： B

自 测 模 拟

1. 表示混凝土的流动性的是（　　　）。

    A. 坍落度、稠度 　　　　　　　　　　　　B. 坍落度、维勃稠度

    C. 坍落度、黏聚性 　　　　　　　　　　　D. 坍落度、保水性

2. 当水泥浆体积和稠度一定时，改善混凝土混合物流动性的主要措施是（　　　）。

    A. 采用较大砂率 　　　　　　　　　　　　B. 增加碎石用量

    C. 采用较小砂率 　　　　　　　　　　　　D. 增加水泥用量

3. 试拌调整混凝土时，发现拌合物的保水性较差，应采用的改善措施是（　　　）。

    A. 增加砂率 　　　　　　　　　　　　　　B. 减小砂率

    C. 增加水泥 　　　　　　　　　　　　　　D. 减小水胶比

4. 混凝土配合比设计的三个主要参数是（　　　）。

    A. 单位用水量、砂率、水胶比

    B. 单位用水量、胶凝材料用量、水胶比

    C. 砂率、胶凝材料用量、水胶比

    D. 单位用水量、胶凝材料用量、砂率

5. 水泥混凝土配合比设计时需要适当增加砂率，其原因在于（   ）。

  A. 混凝土的流动性不好   B. 混凝土空隙率偏大

  C. 黏聚性或保水性不好   D. 难以振捣成型

6. 关于砂率的叙述，正确的为（   ）。

  A. 砂率越大，混凝土拌合物的和易性越差

  B. 砂率越小，混凝土拌合物的和易性越好

  C. 混凝土拌合物的和易性与砂率无关

  D. 以上回答都不正确

7. 下列不属于碱—集料反应应具备的条件是（   ）。

  A. 水泥中含超量的碱   B. 充分的水

  C. 集料中含有碱活性颗粒   D. 合适的温度

8. 混凝土立方体标准试件为（   ）。

  A. 100mm 立方体   B. 150mm 立方体

  C. 200mm 立方体   D. 70.7mm 立方体

9. 路面用水泥混凝土配合比的设计指标是（   ）。

  A. 抗压强度   B. 抗折强度

  C. 劈裂强度   D. 轴心抗压强度

10. 反映水泥混凝土在持续荷载作用下变形特征的变形量是（   ）。

  A. 弹性变形   B. 徐变

  C. 温度变形   D. 干燥收缩变形

11. 新拌砂浆的和易性可表现在（   ）。

  A. 流动性、保水性   B. 坍落度、稠度

  C. 黏聚性、保水性   D. 黏度、分层度

12. 影响不吸水基面（如致密的石材）砂浆强度的因素主要为（   ）。

  A. 流动性、胶凝材料用量   B. 胶凝材料强度、水胶比

  C. 胶凝材料用量、胶凝材料强度   D. 胶凝材的强度、胶凝材料品种

参 考 答 案

1. B 2. A 3. A 4. A 5. C 6. D 7. D 8. B 9. B 10. B

11. A 12. B

第五节 沥青材料

考 点 分 析

本节重点： 石油沥青的组成结构、黏滞性、低温性能、感温性、耐久性、黏附性及测定方法，改性沥青含义及制备方法，改性沥青的弹性恢复、黏韧性、储存稳定性、耐久性及测定方法，常用改性沥青

的性质及应用，乳化沥青的形成及分裂机理，乳化沥青的技术性质。以考核沥青基本技术性质的含义、试验方法及评价指标为主。

本节难点： 石油沥青的基本技术性质及测定方法。

考 点 精 讲

考点一：石油沥青的组成结构

1. 化学组分

四组分分析方法采用液相色谱和溶剂分离，将沥青的组分大致分为饱和酚、芳香酚、胶质、沥青质四个组分。

2. 沥青的胶体结构

根据沥青中各个组分比例和流变学特性，沥青胶体的结构类型可以分为溶胶、溶—凝胶和凝胶三种结构。

工程上常采用沥青的针入度指数（PI）法来评价胶体结构类型。$PI > +2$ 属于凝胶结构，$-2 \leqslant PI \leqslant +2$ 属于溶—凝胶结构，$PI < -2$ 属于溶胶结构。

考点二：石油沥青的技术性质及测定方法

1. 黏滞性

黏滞性是沥青在外力作用下沥青粒子产生相互位移时抵抗剪切变形的能力。沥青的黏滞性通常用黏度表示。稠度高的沥青，其黏度也高；但稠度低的沥青，其黏度则不一定低。从高温稳定性来说，需采用高稠度和高黏度的沥青；从低温抗裂性能来说，则需采用低稠度、高黏度的沥青。

沥青黏度的测试方法有毛细管黏度计法、真空减压毛细管黏度计法、布洛克菲尔德黏度计法、流出型黏度计法、针入度法和软化点法。

针入度试验是国际上普遍采用测定黏稠沥青稠度的一种方法，也是划分沥青标号采用的一项指标。该法是沥青材料在规定的温度条件下，以规定质量的标准针及荷载经过规定时间贯入沥青试样的深度，以 0.1mm 计。《公路工程沥青及沥青混合料试验规程》（JTG E20—2011）中 T 0604—2011 规定：常用的试验条件温度为 25℃，标准针及连杆和砝码总质量 100g，刺入时间 5s。

我国石油沥青以沥青 25℃针入度大小来划分沥青的标号。针入度值越大，标号越高，表示沥青越软，稠度越小；反之，针入度值越小，标号越低，表示沥青越硬，稠度越大。通常，稠度高的沥青，其黏度亦高。

沥青材料是一种非晶体高分子材料，它由液态凝结为固态，或由固态熔化为液态时，没有明确的固化点或液化点，通常采用条件硬化点和滴落点来表示，取滴落点和硬化点之间温度间隔的 87.21% 作为软化点。我国现行试验法（T 0606—2011）是采用环球法测软化点 [《公路工程沥青及沥青混合料试验规程》（JTG E20—2011）]。

针入度是在规定温度下测定沥青的条件黏度，而软化点则是沥青达到规定条件黏度时的温度。所以软化点既是反映沥青材料热稳定性的一个指标，也是沥青条件黏度的一种量度。

2. 低温性能

沥青的低温性质与沥青路面的低温抗裂性有密切关系，沥青的低温延性与低温脆性是重要的性能，多以沥青的低温延度试验和脆点试验来表征。

（1）延性

沥青的延性是指当其受外力的拉伸作用时，所能承受的塑性变形的总能力，是沥青内聚力的衡量。通常用延度作为条件延性指标来表征。延度试验方法是用延度仪将沥青标准试件在规定拉伸速度和规定温度下拉到断裂时的长度，以 cm 计。延度、针入度、软化点简称为黏稠石油沥青三大指标。

（2）脆性

沥青材料在低温下受到瞬时荷载作用时，常表现为脆性破坏。通常采用 A·弗拉斯脆点试验方法可以求出沥青达到临界硬度发生开裂时的温度作为条件脆性指标。

3. 感温性

沥青黏度随温度的不同而产生明显的变化，这种黏度随温度变化的感应性称为感温性。对于路用沥青，温度和黏度的关系是极其重要的性能。首先，正是沥青存在感温性才使其在高温下黏度显著降低，这样才有可能实现沥青与石料均匀拌和以及沥青混合料碾压成型。其次，沥青路面运营过程中，又要求沥青在使用温度范围内保持较小的感温性，以保障沥青路面高温不软化、低温不断裂。

常用的测试方法有针入度指数（PI）法、针入度—黏度指数（PVN）法等。软化点试验也可以作为反映沥青温度敏感性的方法。

针入度指数（PI）是应用针入度和软化点的试验结果来表征沥青感温性的一种指标。同时也可采用针入度指数值来判别沥青的胶体结构状态。PI值大表示沥青的感温性小。一般认为PI值在−1～＋1之间的沥青适宜修筑沥青路面。

针入度—温度指数（PTI）是根据不同温度条件下的针入度值的比率来评价沥青的感温性。针入度—温度指数值越小，表明沥青的感温性越小。

4. 耐久性

沥青在运输、施工和沥青路面的使用过程中，受到加热、拌和、摊铺、碾压、交通荷载以及温度、光照、雨水等各种因素的作用，会发生一系列物理化学变化，使沥青的化学组成发生变化，逐渐改变其原有的性能而变硬、变脆、开裂。这种变化称为沥青的老化。沥青在长期的使用过程中要求有较好的抗老化性，即耐久性。

（1）沥青老化的特征

沥青老化最显著的特征是针入度变小、软化点增大、延度减小、脆点上升；沥青质明显增加，饱和酚、芳香酚含量变化不大，胶质含量有所降低；溶胶向溶—凝胶转化，溶—凝胶向凝胶转化。在老化过程中沥青的密度增大，线收缩系数减小。沥青老化后黏度增大，复合流动度也随老化的加深而减小，非牛顿性质越加明显。

（2）沥青老化的原因

引起沥青老化的因素很多，主要有暗处氧化、光照氧化、加热蒸发损失及热氧化、水及机械力作用等。

（3）沥青耐久性的评价方法

现行评价沥青老化性能的试验方法分为模拟沥青在拌和过程中热老化条件以及在使用过程的老化条件。包括薄膜烘箱加热试验、旋转薄膜加热试验和压力老化容器法（PAV）。

5. 黏附性

沥青以薄膜形式涂覆在集料颗粒表面,由于沥青与集料之间相互作用所产生的物理吸附和化学吸附,将松散的集料黏结为一个整体。沥青与集料之间的这种作用能力即沥青的黏附性。

评价沥青与矿料黏附性的方法通常有两大类:一类是沥青—集料的黏附性试验;另一类是沥青混合料的黏附性试验。水煮法适用于粒径大于 13.2mm 的碎石。水浸法适用于集料最大粒径小于 13.2mm 的粗集料。观察集料表面沥青膜被水移动剥落的程度,按五个等级评定其黏附性。5 级黏附性最好,1 级最差。

6. 黏弹性

路用沥青多为溶—凝胶沥青,在低温或瞬间荷载作用下,表现为明显的弹性性质;在高温或长时间荷载作用下,表现为较强的黏性性质;在常温下黏性和弹性共存,是一种典型的黏弹性物体。黏弹性材料在受力状态下有其特殊的应变特性,这就是蠕变和松弛。

物体在应力保持不变的情况下,应变随时间的延长而增大,这种现象称之为蠕变,蠕变是不可恢复的变形,其变形大小与荷载作用时间的长短有关。松弛是物体在恒定的应变条件下,应力随时间逐渐减小的力学行为。应力松弛在路面工程中有时是有利的。沥青的劲度模量是某温度和时间下应力与应变的比值。

7. 安全性

沥青材料在施工过程中常需要加热,当加热至一定温度时,沥青中挥发性的油蒸汽与周围空气形成一定浓度的油气混合体,遇火则易发生闪火。若继续加热,油气混合物浓度增加,遇火极易燃烧,引发安全事故。

沥青闪点是试样在规定的开口杯盛样器内按规定的升温速度受热时所挥发的气体以规定的方法与试焰接触,初次发生一瞬即灭的火焰时的试样温度,以℃表示。燃点是出现持续燃烧 5s 以上的试样温度。道路石油沥青闪点采用克利夫兰开口杯法(COC)。为保证施工安全,需要控制沥青材料的加热温度。

考点三:改性沥青的技术性质及评价指标

1. 改性沥青含义

改性沥青是指掺加橡胶、树脂、高分子聚合物、磨细的橡胶粉或其他填料等外掺剂(改性剂),经过充分混熔,使之均匀分散在沥青中,或采取对沥青轻度氧化加工等措施,使沥青或沥青混合料的性能得以改善而制成的沥青结合料。改性剂是指在沥青或沥青混合料中加入的天然的或人工的有机或无机材料,可熔融、分散在沥青中,改善或提高沥青路面性能(与沥青发生反应或裹覆在集料表面上)的材料,如聚合物、纤维、抗剥落剂、岩沥青、填料(如硫黄、炭黑等)。

2. 改性沥青制备方法

改性沥青的制备方法有母体法、直接投入法、机械搅拌法、胶体磨法和高速剪切法等。

3. 改性沥青技术性质及评价指标

现行评价改性沥青性能的方法有三类:采用沥青性能指标的变化程度来衡量(如针入度、软化点、延度、黏度等),针对改性沥青的特点开发的试验方法(如弹性恢复试验、测力延度试验、冲击板试验、离析试验等),美国的 SHRP 沥青胶结料评价方法(如旋转薄膜烘箱 RTFOT、压力老化试验 PAV、弯曲梁流变试验 BBR、直接拉伸试验 DTT、动态剪切流变试验 DSR 等)。

(1)弹性恢复

弹性恢复试验采用一般的沥青延度试验设备,首先按规定浇注沥青试样,冷却后放在 25℃的水中保温 1h，接着脱模并在延度仪上进行拉伸，拉伸温度为 25℃，拉伸速率为 5cm/min。当拉伸到 10cm 时，停止拉伸并从中间剪断试样，在水中原封不动地保持1h后，把剪断的试样两头对接起来并测量其恢复后的长度。弹性恢复率按式（1-66）计算。

$$弹性恢复率 = \frac{10 - X}{10} \times 100\%$$

(1-66)

式中：X——恢复后的试样长度（cm）。

弹性恢复率越大，表明沥青的弹性性质越好。

（2）黏韧性

沥青材料在低温下表现为良好的柔韧性或是脆硬性，是改性沥青性能优劣的重要指标。

① 测力延度

在做延度试验时加装一只测力传感器并接上记录仪即可进行测力延度试验。试验温度通常为 5℃，拉伸速度为 5cm/min。试验结果由 X-Y 函数记录仪记录拉力—变形（延度）曲线。

结合测力延度的拉力—变形曲线的形态，考虑选用单位峰值力所产生的变形，即 D/F_{max} 定义为延度拉伸柔量，它反映了变形和应力两个参数。D/F_{max} 越大，表示柔度越大，沥青的抗变形能力越好。

② 拉拔试验

将金属半球埋在沥青中，在 25℃条件下以 500mm/min 速度拉拔，测定沥青与金属半球的黏韧性及韧性。

（3）储存稳定性

沥青热储存稳定性主要通过离析试验和热储存性试验进行评价。对于 SBR、SBS 类改性沥青，离析时表现为聚合物上浮，采用离析试验来反映聚合物改性沥青中改性剂与沥青的离析程度。对于 EVA 和PE等聚合物改性沥青，离析时表现为向四面的容器壁吸附，表面结皮，通常采用观察法来定性描述这类聚合物和沥青之间的热储存性，试验评价见表 1-16。

EVA、PE 类改性沥青的热储存性试验评价　　　　　　　　　　表 1-16

记 述	报 告
均匀，无结皮和沉淀	均匀
在杯边缘有轻微的聚合物结皮	边缘轻微结皮
在整个表面有薄的聚合物结皮	薄的全面结皮
在整个表面有厚的聚合物结皮（大于 0.8mm）	厚的全面结皮
无表面结皮但容器底部有薄的沉淀	薄的底部沉淀
无表面结皮但容器底部有厚的沉淀（大于 0.635cm）	厚的底部沉淀

（4）耐久性

① 残留针入度比

残留针入度比反映了沥青在薄膜加热试验前后稠度的变化，采用老化后针入度与老化前针入度的比值。采用温度为 25℃，针及连杆与砝码总重为 100g，时间为 5s 的试验标准，以其残留针入度比作为评价沥青抗老化性能的一个指标。残留针入度比越大，说明沥青的抗老化性能越好。

② 低温残留延度

沥青老化后，选用温度为 10℃，拉伸速率为 5cm/min的延度值作为评价沥青抗老化性能的一个指标。

③残留弹性恢复

残留弹性恢复试验是用于测定和评价改性沥青老化后即薄膜加热试验后，在外力的作用下产生变形，外力取消后可恢复变形的能力。

考点四：常用改性沥青的性质及应用

1. 常用聚合物改性沥青的技术特性

（1）热塑性橡胶类改性沥青

热塑性丁苯橡胶（即 SBS）广泛用于沥青改性。

SBS 改性沥青的主要特点有：

① 温度高于 160℃后，改性沥青的黏度与原沥青基本相近，可与普通沥青一样拌和使用。

② 温度低于 90℃后，改性沥青的黏度是原沥青的数倍，高温稳定性好，因而改性沥青混合料路面的抗车辙能力大大提高。

③ 改性沥青的低温延度、脆点较原沥青均有明显改善，因而改性沥青混合料的低温抗裂能力及疲劳寿命均明显提高。

（2）橡胶类改性沥青

橡胶类改性材料用得最多的是丁苯橡胶（SBR）和氯丁橡胶（CR）。这类改性剂常以胶乳的形式加入沥青之中，制成橡胶沥青，可以提高沥青的黏度、韧性、软化点，降低脆点，使沥青的延度和感温性得到改善。

SBR 的性能与结构随苯乙烯与丁二烯的比例和聚合工艺而变化，选择沥青改性剂时应通过试验加以确定。SBR 改性沥青的热稳定性、延性以及黏附性，均较原沥青有所改善，且热老化性能也有所提高。

（3）热塑性树脂改性沥青

常采用的品种为乙烯—乙酸乙烯酯共聚物（EVA）。

EVA是应用较普遍的热塑性树脂，较之聚乙烯（PE）富有弹性和柔韧性，与沥青的相容性好。EVA改性沥青的热稳定性有所提高，但耐久性改变不大。

（4）热固性树脂改性沥青

热固性树脂分为聚氨酯（PV）、环氧树脂（EP）、不饱和聚酯树脂（VP）等类，其中环氧树脂已应用于改性沥青。环氧树脂是指含有两个或两个以上环氧或环氧基团的醚或酚的低聚物或聚合物。环氧树脂改性沥青的延伸性不好，但其强度很高，具有优越的抗永久变形能力，并具有特别高的耐燃料油和润滑油的能力，适用于公共汽车停靠站、加油站等。

2. 改性沥青的选择

（1）改性沥青的选择必须考虑地理位置、气候条件、道路等级、路面结构等多方面因素。

SBR 类改性沥青最大特点是高温、低温性能都好，具有良好的弹性恢复性能。无论在炎热地区、温暖地区，还是寒冷地区都是适用的。

橡胶类 SBR 改性沥青最大特点是低温柔软性好，主要适宜在寒冷气候条件下使用。

EVA 改性沥青除寒冷地区不宜使用外，炎热地区和一般温暖地区都可使用。PE 改性沥青主要适宜于炎热地区，寒冷地区不适用，一般温暖地区也不宜采用 PE 改性沥青。在西欧、北美地区以及日本 PE 的应用日趋减少，基本被淘汰。

我国聚合物改性沥青适用地区：

①I类是 SBS 热塑性橡胶类聚合物改性沥青：I-C 型用于较热地区，I-D 型用于炎热地区及重交通路段。

②II类是SBR橡胶类聚合物改性沥青：II-A 型用于寒冷地区，II-B 和II-C 型适用于较热地区。

③III类是树脂类聚合物改性沥青：如乙烯—醋酸乙烯酯（EVA）、聚乙烯（PE）改性沥青，适用于较热和炎热地区。通常要求软化点温度比最高月使用温度的最大日空气温度要高 20℃左右。

（2）根据沥青改性的目的和要求选择改性剂。

①为提高抗永久变形能力，宜使用热塑性橡胶类、热塑性树脂类改性剂。

②为提高抗低温变形能力，宜使用热塑性橡胶类、橡胶类改性剂。

③为提高抗疲劳开裂能力，宜使用热塑性橡胶类、橡胶类、热塑性树脂类改性剂。

④为提高抗水损坏能力，宜使用各类抗剥落剂等外掺剂。

（3）改性沥青的选择还与制备的条件有关。

SBS、PE 改性沥青的制备必须使用专门的加工设备；EVA 与沥青有较好的相容性，用对流式搅拌器或者简单的高剪切混溶机就能使 EVA 分散，制备较方便。

考点五：乳化沥青的形成及分裂机理

乳化沥青是黏稠沥青经热熔和机械作用以微滴状态分散于含有乳化剂（稳定剂）的水中，形成水包油（O/W）型的沥青乳液。

乳化沥青主要由沥青、乳化剂、稳定剂、水和酸碱助剂等组分所组成。

1.乳化沥青的形成机理

（1）乳化剂降低界面能作用

乳化剂带有亲油基与亲水基，在沥青—水的体系中，亲油基端朝向沥青，亲水基端朝向水，吸附于沥青和水这两个相互排斥的界面上，从而降低了沥青—水的界面张力，使沥青—水体系形成稳定的分散系。

（2）界面膜的保护作用

乳化剂在沥青微滴的周围形成"界面膜"，此膜具有一定的强度，对沥青微滴起着保护作用，使其在相互碰撞时，不至于产生"聚结"现象，从而保证沥青—水体系的稳定性。

（3）界面双电层的稳定作用

沥青—水界面上的电荷层的结构，一般是双电层分布，第一层称为吸附层，基本固定在界面上，这层电荷与沥青微滴的电荷相反；第二层称为扩散层，由吸附层向外，电荷向水介质中扩散。双电层厚度越大，则乳化沥青越稳定。

乳化沥青能形成高稳定的分散体系，主要是由于乳化剂降低了体系的界面能、界面膜的形成和界面电荷的作用。

2.乳化沥青的分裂机理

为发挥乳化沥青的黏结功能，沥青液滴必须从乳化液中分裂出来，聚集在集料的表面而形成连续的沥青薄膜，这一过程称为"分裂"。乳化沥青的分裂主要取决于以下因素：水的蒸发作用，集料的吸附作用，电荷的吸附作用，酸碱中和作用，机械的激波作用等。

（1）水的蒸发作用

由于路面施工环境气温、相对湿度和风速等因素的影响，乳液中的水分蒸发，破坏乳液的稳定性，造成分裂、破乳。

（2）集料的吸附作用

多孔、粗糙、干燥的集料易吸收乳液水分，破坏乳液的平衡，加速破乳。

（3）电荷的吸附作用

沥青乳液与集料接触后，乳液中沥青微粒所带电荷与集料表面所带电荷的相互吸附作用是乳液破乳的主要原因。阴离子沥青乳液与表面上带正电荷的碱性集料（如石灰石、白云石）有较好的吸附，阳离子沥青乳液与表面上带负电荷的酸性石料（如硅质岩石，花岗岩等）有较好的吸附。在潮湿状态下，集料表面普遍带负电荷，因此阳离子沥青乳液易与潮湿集料结合。

（4）酸碱中和作用

研究认为，阳离子沥青乳液有一定的游离酸，pH值小，游离酸与碱性集料起作用，生成了氯化钙和带负电荷的碳酸离子，它与裹覆在沥青微粒周围的阳离子中和，因此沥青微粒能与集料表面紧密相连，形成牢固的沥青膜，使乳液中的水分很快分离出来。

（5）机械的激波作用

在施工过程中，压路机的碾压和开放交通后汽车的行驶，各种机械力对路面的震颤而产生激波作用，也能促使乳化沥青稳定性的破坏和沥青薄膜结构的形成。

考点六：乳化沥青的技术性能及评价方法

1.筛上剩余量

检验乳液中沥青微粒的均匀程度，是确定乳化沥青质量的重要指标。检测方法为：待乳液完全冷却或基本消泡后，将乳液过1.18mm筛，求出筛上残留物占过筛乳液质量的百分比。

2.蒸发残留物含量及残留物性质

蒸发残留物含量是将一定量的乳液加热（不超过160℃）脱水后，求出其蒸发残留物占乳液的百分比，用以检验乳液中实际的沥青含量。乳液中沥青含量过高会使乳液黏度变大，储存稳定性不好，不利于施工和储存；乳液中沥青含量过低，乳液黏度较低，施工时容易流失，不能保证要求的沥青用量，同时增加乳液的运输成本，提高乳化剂用量。

蒸发残留物的性质以针入度、延度和软化点表征，沥青乳化后与原沥青相比在技术性能上有所变化。

3.黏度

不同的施工方法、施工季节和路面结构层次对沥青乳液的黏度要求不同。乳液黏度不当可能造成路面过早损坏。我国采用道路沥青标准黏度计或恩氏黏度计测定乳液的黏度。测试条件为：温度60℃，流孔直径3mm。

4.黏附性

阳离子乳化沥青的黏附性是将洗净烘干的粒径为19~31.5mm的5颗碎石在水中浸泡1min后，放入乳液中浸泡1min，取出后置于空气中存放24h，再于水中浸煮3min，然后观察石料颗粒表面沥青膜的裹覆面积。阴离子乳化沥青是将干净的粒径的13.2~19mm的约50g碎石排列在滤筛上，将滤筛连同石料一起浸入阴离子乳液1min后，取出在室温下置放24h，然后在40℃温水中浸泡5min，观察乳液与石料表面的黏附情况。

5.储存稳定性

储存稳定性是检验乳液的存放稳定性。将乳液在容器中置放规定的储存时间后，检测容器上下乳液的浓度变化。一般采用 5d 的储存稳定性，如时间紧迫也可用 1d 的稳定性。

5d 储存稳定性的具体做法是：将经 1.18mm 圆筛过滤的沥青乳液试样缓慢注入稳定管，用橡皮塞盖好管口；然后在(20±5)℃温度条件下，于试管架上静置 5 昼夜；取出上部 50g 试液及下部的 50g 试液，分别进行蒸发试验；以两者残留物质量的差值小于 5% 为储存稳定性合格。

1d 储存稳定性的测试方法与上述方法相同，只是将装好试液的稳定管于试管架上静置 24h 后，即测定上、下两部分试液的蒸发残留量，以其差值不超过 1% 为储存稳定性合格。

6. 低温储存稳定性

低温储存稳定性是检测乳液经受冰冻后，其状态发生的变化。将乳液加热到 25℃，然后在−5℃的温度下置放 30min，再在 25℃下放置 10min，循环两次后，将试样过 1.18mm 筛，如果筛上没有结块等残留物，则低温储存稳定性合格。

7. 微粒离子电荷性

微粒离子电荷性用于确定乳液是否属于阳离子或阴离子类型。在乳液中放入两块电极板，通入 6V 直流电，3min 后观察电极板上沥青微粒的黏附量。如果负极板上吸附大量沥青微粒，表明沥青微粒带正电荷，则该乳液为阳离子型，反之亦然。

8. 破乳速度

破乳速度试验是将乳液与规定级配的矿料拌和后，由矿料表面被乳液薄膜裹覆的均匀程度，判断乳液的拌和效果，并鉴别乳液属于快裂、中裂或慢裂类型。

9. 水泥拌和试验与矿料拌和试验

水泥拌和试验的目的是评定慢裂型乳液在与水泥的拌和过程中乳液的凝结情况，是乳化沥青用于加固稳定砂石土基层、稀浆封层等施工的一项重要性能。将 50g 水泥与 50g 乳液试样拌和均匀后，加入 150mL 蒸馏水拌匀，然后过 1.18mm 筛，结果用筛上残留物占水泥和沥青总质量的百分比表示。

矿料拌和试验是将乳液试样与规定级配的混合料在室温下拌和后，以乳液能与矿料均匀裹覆并且没有沥青结块与粗团粒来检验乳化沥青的拌和稳定性。

例 题 解 析

例题 1 工程上常用（　　　）确定沥青的胶体结构。

    A. 针入度指数法   B. 马歇尔稳定度试验法

    C. 环与球法   D. 溶解—吸附法

解析：见考点一。沥青胶体的结构类型可以分为溶胶、溶—凝胶和凝胶三种结构。工程上常采用沥青的针入度指数（PI）法来评价胶体结构类型。

答案：A

例题 2 石油沥青经老化后，其针入度值较原沥青将（　　　），延度较原沥青将（　　　）。

    A. 增大、减小   B. 减小、增大

    C. 增大、增大   D. 减小、减小

解析：见考点二。沥青老化最显著的特征是针入度变小、软化点增大、延度减小、脆点上升。沥青质明显增加，饱和酚、芳香酚含量变化不大，胶质含量有所降低。

答案：D

例题3 ［2020-6］评价沥青与集料黏附性最常用的方法是（　　）。

    A. 水煮法　　　　　　B. 拉拔法　　　　　　C. 马歇尔法　　　　　　D. 维姆法

解析：见考点二。水煮法适用于粒径大于13.2mm的粗集料。水浸法适用于集料最大粒径小于13.2mm的粗集料。

答案：A

例题4 ［2020-8］下列影响沥青耐久性因素中，可不予考虑的是（　　）。

    A. 热　　　　　　B. 氧　　　　　　C. 风　　　　　　D. 光

解析：见考点二。沥青耐久性受热、氧、光、雨水、交通强度等因素的影响。风对沥青路面的影响极小。

答案：C

例题5 ［2021-9］沥青的针入度值越大，则该沥青（　　）。

    A. 脆性越大　　　　　　　　　　　　　B. 黏附性越好

    C. 抗老化性能越好　　　　　　　　　　D. 越软，稠度越小

解析：见考点二。针入度值越大，标号越高，表示沥青越软，稠度越小；反之，针入度值越小，标号越低，表示沥青越硬，稠度越大。

答案：D

例题6 ［2023-9］沥青黏附性试验，水煮法要求集料粒径范围是（　　）。

    A. 4.75～9.5mm　　　　　　　　　　B. 9.5～13.2mm

    C. 13.2～19mm　　　　　　　　　　D. 19～26.5mm

解析：见考点二。水煮法适用于粒径大于13.2mm的碎石，水浸法适用于集料最大粒径小于13.2mm的粗集料。

答案：C

自 测 模 拟

1. 石油沥青的黏滞性可用（　　）表示。

    A. 针入度　　　　　B. 延度　　　　　C. 针入度指数　　　　　D. 溶解度

2. 沥青的标号越高，表示沥青（　　）。

    A. 黏稠性越低　　　　　　　　　　　　B. 针入度越小

    C. 针入度指数越大　　　　　　　　　　D. 更适宜在环境温度偏高的地区使用

3. 石油沥青老化后与组分的关系是（　　）。

    A. 饱和酚增多　　　　　　　　　　　　B. 芳香酚增多

    C. 沥青质增多　　　　　　　　　　　　D. 石蜡增多

4. 针入度指数＞＋2时沥青的胶体结构为（　　）。

    A. 溶胶结构　　　　　　　　　　　　　B. 凝胶结构

    C. 溶—凝胶结构　　　　　　　　　　　D. 无法判定

5. 黏稠石油沥青三大性能指标是针入度、延度和（　　）。

    A. 软化点　　　　　B. 燃点　　　　　C. 脆点　　　　　D. 闪点

6. 若测得某沥青 $P_{25℃,100g,5s} = 95$，则该沥青的标号有可能是（　　）。

    A. 130 号　　　　　　B. 110 号　　　　　　C. 70 号　　　　　　　D. 90 号

7. 石油沥青的下列指标中，为施工安全而考虑的技术指标是（　　）。

    A. 延度　　　　　　　　　　　　　　　B. 溶解度

    C. 闪点和燃点　　　　　　　　　　　　D. 相对密度

8. 下列哪个试验不能用来评价沥青老化性能（　　）。

    A. 薄膜加热试验　　　　　　　　　　　B. 旋转薄膜烘箱试验

    C. PAV 压力老化试验　　　　　　　　　D. 沥青溶解度试验

9. 乳化沥青筛上剩余量试验，乳液通过孔径（　　）筛。

    A. 0.3mm　　　　　　　　　　　　　　B. 0.6mm

    C. 1.18mm　　　　　　　　　　　　　D. 2.36mm

10. 储存稳定性是检验乳液的存放稳定性。将乳液在容器中置放规定的储存时间后，检测容器上下乳液的浓度变化。一般采用（　　）的储存稳定性，如时间紧迫也可用 1d 的稳定性。

    A. 3d　　　　　　　　B. 5d　　　　　　　　C. 7d　　　　　　　　D. 10d

参 考 答 案

1. A　　2. A　　3. C　　4. B　　5. A　　6. D　　7. C　　8. D　　9. C　　10. B

第六节　沥青混合料

考 点 分 析

本节重点：沥青混合料的结构类型、强度形成原理，沥青路面使用性能的气候分区，沥青混合料的高温稳定性、低温抗裂性、耐久性、抗滑性及施工和易性等技术性质及试验方法，沥青混合料技术标准，现行沥青混合料配合比设计方法。以考核沥青混合料的结构类型特点，沥青混合料的高温稳定性、低温抗裂性、耐久性、抗滑性及施工和易性等技术性质的含义、试验方法、评价指标，现行沥青混合料矿料级配调整方法，沥青用量与马歇尔试验结果的关系等为主。

本节难点：沥青混合料的高温稳定性、低温抗裂性、耐久性、抗滑性及施工和易性等技术性质，现行沥青混合料配合比设计方法。

考 点 精 讲

考点一：沥青混合料的组成结构和强度形成原理

沥青混合料是由矿料与沥青结合料拌和而成的混合料的总称。常采用的沥青混合料有沥青混凝土混合料和沥青碎石混合料两种类型。沥青混凝土混合料（简称 AC），是按照密级配原理设计组成的各种粒径颗粒的矿料与沥青拌和而成、设计空隙率较小的密实式沥青混合料。沥青稳定碎石混合料是由矿料和沥青组成的具有一定级配要求的混合料。按空隙率、集料最大粒径、添加矿粉数量多少，分为密级配沥青碎石混合料（ATB）、开级配沥青碎石混合料（OGFC 表面层及 ATPB 基层）和半开级配沥青碎石混合料（AM）。沥青玛碲脂碎石混合料，由沥青结合料与少量的纤维稳定剂、细集料及较多量的填料（矿粉）组成的沥青玛碲脂，填充于间断级配的粗集料骨架的间隙，组成一体的沥青混合料，简称 SMA。

1. 沥青混合料的组成结构类型

在沥青混合料中，由于组成材料用量比例的不同，压实后沥青混合料内部的矿料分布状态、剩余空隙率也呈现出不同的特征，形成不同的组成结构。按照沥青混合料的矿料级配组成特点，可将沥青混合料分为悬浮—密实结构、骨架—空隙结构和骨架—密实结构，如图 1-2 所示。

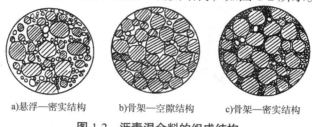

a)悬浮—密实结构　　b)骨架—空隙结构　　c)骨架—密实结构

图 1-2　沥青混合料的组成结构

（1）悬浮—密实结构

采用连续密级配矿料配制的沥青混合料，矿料颗粒由大到小连续存在，粒径较大的颗粒被较小一档的颗粒挤开，不能直接接触形成嵌挤骨架结构，粗集料悬浮于较小颗粒和沥青胶浆之间，而较小颗粒与沥青胶浆较为密实，形成了所谓悬浮—密实结构（图 1-2a）。按照连续密级配原理设计的 AC 型沥青混合料是典型的悬浮—密实结构。

悬浮—密实结构的沥青混合料经压实后，密实度较大，水稳定性、低温抗裂性和耐久性较好，一般不发生粗细集料离析，便于施工，是使用较为广泛的沥青混合料。但这种沥青混合料粗集料较少、相互不接触，不能形成骨架作用，在高温条件下使用时，由于沥青黏度降低，可能会导致沥青混合料强度和稳定性的下降。

（2）骨架—空隙结构

当采用连续开级配矿料与沥青组成沥青混合料时，粗集料颗粒较多，颗粒彼此接触形成互相嵌挤的骨架，但细集料数量较少，不足以充分填充骨架空隙，压实后混合料的空隙较大，形成了所谓的骨架空隙结构（图 1-2b）。沥青碎石混合料（AM）和开级配磨耗层沥青混合料（OGFC）是典型的骨架—空隙结构。

在形成骨架—空隙结构的沥青混合料中，粗集料之间的嵌挤力对沥青混合料的强度和稳定性起着重要作用，结构强度受沥青性质和物理状态的影响较小，因而高温稳定性较好。但压实后的剩余空隙率较大，渗透性较大，在使用过程中，气体和水分易进入沥青混合料内部，引发沥青老化或将沥青从集料表面剥落，因此这种结构沥青混合料的耐久性值得关注。

（3）骨架—密实结构

当采用间断级配时，粗集料能互相靠拢，不被细集料所推开，形成骨架，提高嵌挤力，使集料之间的摩阻力增大。细集料仍按连续级配保持密实结构，具有较高的黏聚力（图 1-2c）。

骨架—密实结构是因为粗集料充分发挥了嵌挤作用，细集料又具有最大密实性和内聚力，整个结构能够形成较高的强度，是一种比连续级配更为理想的组成结构。沥青玛蹄脂碎石混合料（SMA）是典型的骨架—密实结构。

2. 沥青混合料的强度形成原理

沥青混合料在常温和较高温度下，由于沥青的黏结力不足而产生变形或由于抗剪强度不足而破坏，一般采用库仑理论来分析其强度和稳定性，沥青混合料的力学强度是由矿质集料颗粒之间的嵌挤力（内摩阻力）和沥青与集料之间的黏结力以及沥青的黏聚力所构成的。

沥青混合料抗剪强度可按莫尔—库仑定律予以表征，即在外力作用下材料不发生剪切滑移的必要条件是沥青混合料抗剪强度大于外界剪应力，抗剪强度按式（1-67）计算。

$$\tau = c + \sigma \tan\varphi \tag{1-67}$$

式中： τ ——沥青混合料的抗剪强度（MPa）；

c ——沥青混合料的黏聚力（MPa）；

σ ——试验时的正应力（MPa）；

φ ——沥青混合料的内摩阻角（rad）。

沥青混合料的黏聚力 c 和内摩阻角 φ 可以通过三轴剪切试验确定。在规定的条件下，对沥青混合料试件实施不同的侧向应力 σ_3，测试法向应力 σ_1。由试件的侧向应力和法向应力，可以得到一组莫尔应力圆。应力圆的公切线为莫尔—库仑应力包络线，即抗剪强度曲线，该包络线与纵轴的截距表示沥青混合料的黏聚力 c，与横轴的交角为沥青混合料的内摩阻角 φ。

影响沥青混合料抗剪强度的因素主要有沥青的黏度、集料岩石的种类、集料表面特性、集料的形状、集料的级配、沥青与矿料在界面上的交互作用、矿料比面、沥青结合料用量、温度与荷载。

考点二：沥青路面使用性能的气候分区

沥青混合料的物理力学性质与使用环境的气温和湿度关系密切。《公路沥青路面施工技术规范》（JTG F40—2004）中，提出了沥青路面使用性能气候分区。

1. 气候分区指标

采用工程所在地最近 30 年内最热月份平均最高气温的平均值，作为反映沥青路面在高温和重载条件下出现车辙等流动变形的气候因子，并作为气候分区的一级指标，按照设计高温指标，一级区划分为 3 个区。

采用工程所在地最近 30 年内的极端最低气温，作为反映沥青路面由于温度收缩产生裂缝的气候因子，并作为气候分区的二级指标。按设计低温指标，二级区划分为 4 个区。

采用工程所在地最近 30 年内的年降雨量的平均值，作为反映沥青路面受水影响的气候因子，并作为气候分区的三级指标。按照设计雨量指标，三级区划分为 4 个区。

2. 气候分区的确定

沥青路面使用性能气候分区由一、二、三级区划组合而成，以综合反映该地区的气候特征，见表 1-17。每个气候分区用 3 个数字表示：第一个数字代表高温分区，第二个数值代表低温分区，第三个数字代表雨量分区，每个数字越小，表示气候对沥青路面的影响越严重。

沥青路面使用性能分区 表 1-17

气候分区指标		气 候 分 区			
按照高温指标	高温气候区	1	2	3	—
	气候区名称	夏炎热区	夏热区	夏凉区	
	最热月平均最高气温（℃）	>30	20~30	<20	
按照低温指标	低温气候区	1	2	3	4
	气候区名称	冬严寒区	冬寒区	冬冷区	冬温区
	极端最低气温（℃）	<−37.0	−37.0~−21.5	−21.5~−9.0	>−9.0
气候分区指标		气 候 分 区			
按照雨量指标	雨量气候分区	1	2	3	4
	气候区名称	潮湿区	湿润区	半干区	干旱区
	年降雨量（mm）	>1000	1000~500	500~250	<250

考点三：沥青混合料的技术性质及试验方法

沥青混合料作为沥青路面的面层材料，在使用过程中将承受车辆荷载反复作用以及环境因素的作用，因此沥青混合料应具有足够的高温稳定性、低温抗裂性、耐久性、抗滑性、施工和易性等技术性能，以保证沥青路面优良的服务性能，且经久耐用。

1.高温稳定性

高温稳定性是指沥青混合料在高温条件下，能够抵抗车辆荷载的反复作用，不发生显著永久变形，保证路面平整度的特性。沥青混合料的强度和模量随温度升高而急剧下降，在交通荷载的作用下易产生车辙、推移、拥包、泛油等病害。

工程中常用马歇尔稳定度试验和车辙试验评价沥青混合料高温稳定性。

（1）马歇尔稳定度试验

马歇尔试验是将沥青混合料制备成尺寸为 101.6mm（直径）× 63.5mm（高）或 152.4mm（直径）× 95.3mm（高）的圆柱形试件，试验时将试件侧向置于半圆状的压模中，使试件受到一定的侧限。在规定温度（60℃）和（50±5）mm/min 的加荷速度下，对试件施加压力直至试件破坏，测定稳定度 MS、流值 FL 两项指标。稳定度是试件压缩至破坏时承受的最大荷载，以 kN 计；流值是达到最大破坏荷载时试件的垂直变形，以 0.1mm 计。

（2）车辙试验

采用标准方法成型沥青混合料板块状试件，尺寸为 300mm × 300mm ×（50~100）mm。在 60℃的温度条件下，试验轮（轮压 0.7MPa）以（42±1）次/min 的频率，沿着试件表面同一轨迹上反复行走，时间约 1h 或最大变形达到 25mm 时为止，测试试件表面在试验轮反复作用下所形成车辙深度。以变形趋于稳定的 45min（或 t_1）到 60min（或 t_2）这一段时间内，产生 1mm 车辙变形所需要的行走次数即动稳定度指标 DS（次/min）来评价沥青混合料的抗永久变形能力。

$$DS = \frac{(t_1 - t_2)N}{D_2 - D_1} \cdot C_1 \cdot C_2 \tag{1-68}$$

式中： D_1、D_2 ——对应于时间 t_1 和 t_2 时的变形量（mm）；

C_1 ——车辙试验机类型系数，曲柄连杆驱动试件的变速行走方式为 1.0；

C_2——试件系数，试验室制备的宽 30cm 的试件系数为 1.0；

N——试验轮往返碾压速度，通常为 42次/min。

影响高温稳定性的主要因素有集料特性、沥青用量、沥青黏度、沥青混合料配合比。

（1）集料特性

通常，破碎、坚硬、纹理粗糙、多棱角、颗粒接近立方体的集料，经压实后集料颗粒间能够形成紧密的嵌挤作用，增大沥青混合料的内摩阻角，相应沥青混合料的高温稳定较好。

（2）沥青用量

适当减少沥青用量有利于提高混合料抗车辙能力，但沥青用量不宜过少，否则混合料碾压困难，易产生水损害。

（3）沥青黏度

沥青的高温黏度越大，劲度越高，与石料的黏附性越好，相应的沥青混合料抗高温的能力越强。通过添加合适的改性剂可以提高沥青的高温黏性，从而改善沥青混合料的高温性能。

（4）沥青混合料配合比

对于沥青混合料，仅仅依靠沥青是无法承受车辆荷载水平推挤力和水平剪力，此时粗细集料和矿粉组成的矿料级配起到了重要作用，对于密级配沥青混凝土，如果集料悬浮在沥青浆中，嵌挤作用不能很好形成，沥青的性能成为影响高温稳定性的主要因素。对于以集料嵌挤作用为主的混合料，高温稳定性主要依靠粗集料的嵌挤作用，其抗车辙能力较强。

2. 低温抗裂性

沥青混合料抵抗低温收缩裂缝的能力称为低温抗裂性。目前评价沥青混合料低温抗裂性的方法可以分为三类：预估沥青混合料的开裂温度，评价沥青混合料的低温变形能力或应力松弛能力，评价沥青混合料断裂能力。相关的试验主要包括：等应变加载的破坏试验，如间接拉伸试验、直接拉伸试验；低温收缩试验；低温弯曲蠕变试验；低温劈裂蠕变试验；弯曲破坏试验；温度应力试验；应力松弛试验等。

（1）预估沥青混合料的开裂温度

通过间接拉伸试验或直接拉伸试验，建立沥青混合料的低温强度与温度的关系，再根据理论方法，由沥青混合料的劲度模量、温度收缩系数及降温幅度计算沥青可能出现的温度应力与温度的关系，从而预估沥青面层出现的温缩裂缝温度，温度越低，沥青混合料的低温抗裂性能越好。

（2）弯曲蠕变试验

蠕变试验沥青混合料小梁为 250mm（长）×30mm（宽）×35mm（高）的棱柱体，在规定温度下（低温性能宜采用 0℃），对试件的跨中施加恒定的集中荷载，荷载水平为破坏荷载的 10%，测定试件随时间不断增长的蠕变变形。

蠕变变形曲线可分为三个阶段：第一阶段为蠕变迁移阶段，第二阶段为蠕变稳定阶段，第三阶段为蠕变破坏阶段。以蠕变稳定阶段的蠕变速率评价沥青混合料的低温变形能力，蠕变速率按式（1-69）计算。

$$\varepsilon_{\text{speed}} = \frac{\varepsilon_2 - \varepsilon_1}{t_2 - t_1} \cdot \frac{1}{\sigma_0} \tag{1-69}$$

式中： $\varepsilon_{\text{speed}}$——试件的低温弯曲蠕变速率［1/(s·MPa)］；

σ_0——试件跨中梁底的蠕变弯拉应力（MPa）；

t_1、t_2——分别为蠕变稳定期直线段起始点和终止点的时间（s）；

ε_1、ε_2 ——分别与时间t_1和t_2对应的跨中梁底应变。

蠕变速率越大，沥青混合料在低温下的变形能力越大，松弛能力越强，低温抗裂性能越好。

（3）低温弯曲破坏试验

低温弯曲破坏试验试件小梁为250mm（长）×30mm（宽）×35mm（高）的棱柱体，跨径200mm，在试验温度−10℃的条件下，以50mm/min速率，对沥青混合料小梁试件跨中施加集中荷载至断裂破坏，应变由跨中挠度求算。沥青混合料的破坏弯拉应变按式（1-70）计算。沥青混合料低温下破坏弯拉应变越大，低温柔韧性越好，抗裂性能越好。

$$\varepsilon_B = \frac{6hd}{L^2} \tag{1-70}$$

式中：ε_B ——试件破坏时的最大弯拉应变；

h ——跨中断面试件的高度（mm）；

d ——试件破坏时的跨中挠度（mm）；

L ——试件的跨径（mm）。

采用低温弯曲试验的破坏应变指标作为评价改性沥青混合料的低温抗裂性能更合理。

影响低温抗裂性能的因素主要有沥青性质、沥青混合料组成、沥青混合料组成结构、环境温度与荷载作用时间。

3. 耐久性

耐久性是指沥青混合料在使用过程中抵抗环境因素（如空气中氧气、水、紫外线等）及行车荷载反复作用的能力。包括沥青混合料的水稳性、抗老化性和耐疲劳性能。我国现行规范采用空隙率、沥青饱和度（即沥青填隙率）和残留稳定度等指标来表征沥青混合料的耐久性。

（1）水稳定性

沥青混合料的水稳定性是指沥青混合料抵抗由于水侵蚀而发生沥青膜剥落、松散、坑槽等破坏的能力。水稳定性差的沥青混合料在有水存在的情况下，会使沥青与矿料颗粒表面产生局部分离，同时在车辆荷载作用下，沥青与矿料的剥落加剧，形成松散薄弱块，从而造成路面缺失，并逐渐形成坑槽，即所谓的水损害。当沥青混合料的压实空隙率较大，路面排水系统不完善时，将加剧沥青路面的水损害现象。

沥青混合料水稳定性可根据它在浸水条件下物理力学性能降低的程度来表征。试验方法主要有沥青与集料黏附性试验、浸水马歇尔试验、浸水劈裂强度试验、真空饱水冻融劈裂强度试验、浸水车辙试验等。

① 浸水马歇尔试验

采用两组马歇尔试件，一组在60℃水浴中浸泡30min后测其稳定度MS；另一组在60℃水中浸泡48h后测其稳定度MS_1。按式（1-71）计算残留稳定度MS_0，用来表示沥青混合料的耐水性。

$$MS_0 = \frac{MS_1}{MS} \times 100\% \tag{1-71}$$

② 冻融劈裂试验

用两面击实各50次的马歇尔试件两组，一组在25℃水浴中浸泡2h后测试劈裂强度R_1；另一组试件先放入真空干燥器中，关闭进水胶管，开动真空泵，使干燥器的真空度达到97.3~98.7kPa（730~740mmHg）条件保持15min；然后打开进水胶管，靠负压进入冷水流使试件全部浸入水中，浸水15min后恢复常压，试件在水中放置30min，再在（−18±2）℃恒温冰箱中冷冻（16±1）h，然后在60℃水浴中放置24h，完成一次冻融循环，再在25℃水中浸泡2h后测试其劈裂强度R_2，计算劈裂强度比TSR。

影响水稳定性的因素主要有集料特性、沥青性质、沥青膜的厚度、沥青混合料的空隙率、沥青混合料的成型方式。

（2）抗老化性

抗老化性是指沥青混合料抵抗热、自然因素及荷载等作用而保持原有性能的能力。

沥青材料在沥青混合料的拌和、摊铺、碾压时受加热作用，路面建成后受自然因素和交通荷载作用，因此沥青的技术性能向着不理想的方向发生不可逆的变化即沥青的老化。

SHRP 根据沥青混合料生产和沥青路面使用过程中的老化现象，将沥青混合料的老化分为两个阶段，即短期老化和长期老化。短期老化表征沥青路面建设期沥青混合料因受热引起的老化，开始于拌和厂，终止于沥青路面压实后温度降至自然温度；长期老化表征沥青路面使用期内沥青混合料因光照、温度、降水和交通荷载的综合作用导致的老化，开始于路面建成之后，终止于路面服务性能下降直至不满足行车的要求。室内模拟沥青混合料老化的试验方法可以分为短期老化试验和长期老化试验两种方式。

影响抗老化性能的因素主要有沥青的性质、沥青的用量、沥青混合料的残留空隙率、施工工艺与自然因素的强烈程度等。

（3）抗疲劳性能

抗疲劳性是沥青混合料在反复荷载作用下抵抗疲劳破坏的能力。

疲劳试验方法有大型的车辆环道疲劳破坏试验、规模较小的足尺路面结构模拟车辆荷载疲劳试验。目前使用较为普遍的方法是室内小型沥青混合料试件疲劳试验。

在室内小型试件疲劳试验中，可采用中点加载或三分点加载的简单弯曲试验，可采用控制应力或控制应变两种不同的加载模式。《公路工程沥青及沥青混合料试验规程》（JTG E20—2011）中"T 0739—2011"采用四点弯曲疲劳寿命试验，采用恒应变控制的连续偏正弦加载模式。

影响抗疲劳性能的因素主要有沥青混合料的劲度、沥青用量、混合料的空隙率、集料的表面性状。

4. 抗滑性

沥青路面应具有足够的抗滑能力，以保证在最不利的情况下（当路面潮湿时），车辆能够高速安全地行驶，且在外界因素作用下其抗滑能力不致很快降低。

沥青混合料路面的抗滑性取决于路面的宏观构造和微观构造，而这两种构造的发达程度依赖于材料组成和材料特性。材料组成主要表现在集料级配、粗细集料的含量控制等方面。材料特性主要指粗集料的颗粒形状、表面粗糙程度和各种综合力学指标，其中力学性能（粗集料的磨光值、磨耗率、冲击值）影响路面构造的耐久性。

抗滑性评价方法分为两类：一类是测定路面表面纹理构造发达程度；另一类是测定路表面的摩擦因数和摩擦力。

影响抗滑性的因素主要有矿料的表面微观构造深度、颗粒形状与尺寸、抗磨光性、矿料级配、沥青用量和沥青组分。沥青用量对抗滑性的影响相当敏感，当沥青量超过最佳用量 0.5%时就会导致抗滑系数明显降低。沥青较高的含蜡量将会降低车辆在路表面的附着力，从而降低路面的抗滑性。

5. 施工和易性

沥青混合料应具备良好的施工和易性，以便在拌和、摊铺及碾压过程中使集料颗粒以设计级配要求的状态分布，集料表面被沥青膜完整覆盖，并能被压实到规定的密度。

影响沥青混合料施工和易性的因素主要有气温、施工条件、混合料性质、拌和设备、摊铺机械和压实工具等。

考点四：沥青混合料的技术标准

1. 沥青混合料的体积特征参数

在沥青混合料技术标准里，除了马歇尔试验涉及的性能参数指标稳定度、流值、残留稳定度等以外，还包括诸如空隙率、饱和度及矿料间隙率等一些物理指标，这些参数取决于沥青混合料中沥青与矿料的性质、组成材料的比例、混合料成型条件等因素，对沥青混合料的性能有显著影响，也是沥青混合料配合比设计的重要参数。其中涉及的主要指标及概念叙述如下。

（1）油石化

油石比（P_a）是沥青混合料中沥青质量与矿料质量的比例，以百分数计。沥青含量（P_b）是沥青混合料中沥青质量与沥青混合料总质量的比例，以百分数计。

（2）体积吸水率

体积吸水率（S_a）是试件吸水体积占沥青混合料毛体积的百分率。

$$S_a = \frac{m_f - m_a}{m_f - m_w} \times 100\% \tag{1-72}$$

式中：m_f——试件的表干质量（g）；

$\quad\quad m_a$——干燥试件在空气中的质量（g）；

$\quad\quad m_w$——试件在水中的质量（g）。

（3）沥青混合料的密度

① 沥青混合料的表观密度、毛体积密度

表观密度（ρ_s）是压实沥青混合料在常温干燥条件下单位体积质量（g/cm³）（含沥青混合料实体体积与不吸收水分的内部闭口孔隙之和）。

表观相对密度（γ_s）是表观密度与同温度水的密度之比值。

毛体积密度（ρ_f）是压实沥青混合料在常温干燥条件下单位体积质量（g/cm³）（含沥青混合料实体体积、不吸收水分的内部闭口孔隙、能吸收水分的开口孔隙等颗粒表面轮廓线所包含的全部毛体积）。

毛体积相对密度（γ_f）是毛体积密度与同温度水的密度之比值。

当试件的吸水率小于2%时，用水中重法测定其表观密度，表干法测定其毛体积密度；当试件的吸水率大于2%时，用蜡封法测定其毛体积密度。

$$\gamma_s = \frac{m_a}{m_a - m_w}；\quad \rho_s = \gamma_s \cdot \rho_w \tag{1-73}$$

$$\gamma_f = \frac{m_a}{m_f - m_w}；\quad \rho_f = \gamma_f \cdot \rho_w \tag{1-74}$$

式中：ρ_w——常温水的密度（g/cm³），约等于1；

$\quad\quad m_a$、m_w、m_f意义同前。

② 沥青混合料的理论最大密度

理论最大密度是假设沥青混合料试件被压实至完全密实，在没有空隙的理想状态下的最大密度，即压实沥青混合料试件全部为矿料（包括矿料自身内部的孔隙）及沥青所占有时（空隙率为零）的最大密度。对于非改性的普通沥青混合料，采用真空法和溶剂法实测沥青混合料的理论最大密度，对于改性沥青或SMA混合料宜按式（1-75）或式（1-76）计算。

$$\gamma_t = \frac{100 + P_a}{\frac{100}{\gamma_{se}} + \frac{P_a}{\gamma_b}} \qquad (1-75)$$

$$\gamma_t = \frac{100 + P_a + P_x}{\frac{P_s}{\gamma_{se}} + \frac{P_b}{\gamma_b} + \frac{P_x}{\gamma_x}} \qquad (1-76)$$

式中： γ_t ——相对于油石比 P_a 或沥青含量 P_b 时，沥青混合料的最大理论相对密度，无量纲；

$\qquad \gamma_{se}$ ——矿料的有效相对密度，无量纲；

$\qquad \gamma_b$ ——沥青的相对密度（25℃），无量纲；

$\qquad \gamma_x$ ——25℃时纤维的相对密度，由厂方提供或实测得到，无量纲；

$\qquad P_a$ ——所计算的沥青混合料中的油石比（%）；

$\qquad P_b$ ——所计算的沥青混合料的沥青含量（%）， $P_b = P_a/(1 + P_a)$ ；

$\qquad P_s$ ——所计算的沥青混合料的矿料含量（%）， $P_s = 100 - P_b$ ；

$\qquad P_x$ ——纤维用量，即纤维质量占矿料总质量的百分比（%）。

对于非改性沥青混合料，宜以预估的最佳油石比拌和两组混合料，采用真空法实测最大相对密度，取平均值。然后按式（1-77）计算合成矿料的有效相对密度。对于改性沥青或 SMA 等难以分散的混合料，以矿料的合成毛体积相对密度与合成表观密度按式（1-78）确定矿料的有效相对密度。

$$\gamma_{se} = \frac{100 - P_b}{\frac{100}{\gamma_t} - \frac{P_b}{\gamma_b}} \qquad (1-77)$$

$$\gamma_{se} = C \cdot \gamma_{sa} + (1 - C) \cdot \gamma_{sb} \qquad (1-78)$$

式中： γ_{sb} ——矿料混合料的合成毛体积相对密度，无量纲，按式（1-79）求取；

$\qquad \gamma_{sa}$ ——矿料混合料的合成表观相对密度，无量纲，按式（1-80）求取；

$\qquad C$ ——合成矿料的沥青吸收系数，可按矿料的合成吸水率由式（1-81）求取；

γ_t 、 γ_{se} 意义同前。

$$\gamma_{sb} = \frac{100}{\frac{P_1}{\gamma_1} + \frac{P_2}{\gamma_2} + \cdots + \frac{P_n}{\gamma_n}} \qquad (1-79)$$

$$\gamma_{sa} = \frac{100}{\frac{P_1}{\gamma_1'} + \frac{P_2}{\gamma_2'} + \cdots + \frac{P_n}{\gamma_n'}} \qquad (1-80)$$

式中： γ_1 、 γ_2 、 $\cdots$ 、 γ_n ——各种矿料的毛体积相对密度，无量纲；采用《公路工程集料试验规程》（JTG 3432—2024）的方法进行测定，矿粉（含消石灰、水泥）采用表观相对密度；

$\qquad \gamma_1'$ 、 γ_2' 、 $\cdots$ 、 γ_n' ——各种矿料的表观相对密度，无量纲；

$\qquad P_1$ 、 P_2 、 $\cdots$ 、 P_n ——各种矿料占矿料总质量的百分比（%）， $\sum\limits_{i=1}^{n} P_i = 100$ 。

$$C = 0.033w_x^2 - 0.2936w_x + 0.9339 \qquad (1-81)$$

式中： w_x ——矿料合成吸水率（%），按式（1-82）计算。

$$w_x = \left(\frac{1}{\gamma_{sb}} - \frac{1}{\gamma_{sa}}\right) \times 100 \qquad (1-82)$$

（4）沥青混合料试件空隙率

试件空隙率是压实沥青混合料内矿料及沥青实体以外的空隙（不包括自身内部的孔隙）体积占试件总体积的百分率（%）。计算公式见式（1-83）。

$$VV = \left(1 - \frac{\gamma_f}{\gamma_t}\right) \times 100 \tag{1-83}$$

式中：VV ——试件的空隙率（%）；

γ_f、γ_t意义同前。

（5）矿料间隙率（VMA）

矿料间隙率是压实沥青混合料试件内矿料部分以外体积（沥青及空隙体积）占试件总体积的百分率，即试件空隙率与沥青体积百分率之和（%）。计算公式见式（1-84）。

$$VMA = \left(1 - \frac{\gamma_f}{\gamma_{sb}} \times \frac{P_s}{100}\right) \times 100 \tag{1-84}$$

式中：VMA——试件的矿料间隙率（%）；

γ_f、P_s、γ_{sb}意义同前。

（6）沥青饱和度（VFA）

沥青饱和度是压实沥青混合料试件内沥青部分的体积占矿料骨架以外的空隙部分体积的百分率（%），又称沥青填隙率。计算公式见式（1-85）。

$$VFA = \frac{VMA - VV}{VMA} \times 100 \tag{1-85}$$

式中：VFA——试件的有效沥青饱和度（有效沥青含量占VMA的体积比例）（%）；

VMA、VV意义同前。

2. 沥青混合料的技术标准

热拌沥青混合料（HMA）适用于各种等级公路的沥青路面。其种类可按集料公称最大粒径、矿料级配、空隙率划分，如表1-18所示。

热拌沥青混合料类型汇总表 表 1-18

混合料类型	密级配			开级配		半开级配	公称最大粒径（mm）	最大粒径（mm）
	连续级配		间断级配	间断级配				
	沥青混凝土	沥青稳定碎石	沥青玛琋脂碎石	排水式沥青磨耗层	排水式沥青碎石基层	沥青稳定碎石		
特粗式	—	ATB-40	—		ATPB-40	—	37.5	53.0
粗粒式	—	ATB-30	—		ATPB-30	—	31.5	37.5
	AC-25	ATB-25	—		ATPB-25	—	26.5	31.5
中粒式	AC-20	—	SMA-20		—	AM-20	19.0	26.5
	AC-16	—	SMA-16	OGFC-16	—	AM-16	16.0	19.0
细粒式	AC-13	—	SMA-13	OGFC-13	—	AM-13	13.2	16.0
	AC-10	—	SMA-10	OGFC-10	—	AM-10	9.5	13.2
砂粒式	AC-5	—	—	—	—	AM-5	4.75	9.5
设计空隙率（%）	3~5	3~6	3~4	>18	>18	6~12	—	—

注：空隙率可按配合比设计要求做适当调整。

沥青混合料的矿料级配应符合工程规定的设计级配范围。密级配沥青混合料宜根据公路等级、气候及交通条件按表1-19选择采用粗型（C型）或细型（F型）混合料，并在表1-20范围内确定工程设计级配范围，一般情况下工程设计级配范围不宜超出表1-20的规定。

粗型和细型密级配沥青混凝土的关键性筛孔通过率　　　　表 1-19

混合料类型	公称最大粒径（mm）	用以分类的关键性筛孔（mm）	粗型密级配		细型密级配	
			名称	关键性筛孔通过率（%）	名称	关键性筛孔通过率（%）
AC-25	26.5	4.75	AC-25C	<40	AC-25F	>40
AC-20	19	4.75	AC-20C	<45	AC-20F	>45
AC-16	16	2.36	AC-16C	<38	AC-16F	>38
AC-13	13.2	2.36	AC-13C	<40	AC-13F	>40
AC-10	9.5	2.36	AC-10C	<45	AC-10F	>45

沥青混合料矿料级配范围　　　　表 1-20

级配类型		通过下列筛孔（方孔筛，mm）的质量百分率（%）														
		53.0	37.5	31.5	26.5	19.0	16.0	13.2	9.5	4.75	2.36	1.18	0.6	0.3	0.15	0.075
密级配沥青混凝土 DAC																
粗粒	AC-25			100	90~100	75~90	65~83	56~76	46~65	24~52	16~42	12~33	8~24	5~17	4~13	3~7
中粒	AC-20				100	90~100	78~92	62~80	50~72	26~56	16~44	12~33	8~24	5~17	4~13	3~7
	AC-16					100	90~100	76~92	60~80	34~62	20~48	13~36	9~26	7~18	5~14	4~8
细粒	AC-13						100	90~100	68~85	38~68	24~50	15~38	10~28	7~20	5~15	4~8
	AC-10							100	90~100	45~75	30~58	20~44	13~32	9~23	6~16	4~8
砂粒	AC-5								100	90~100	55~75	35~55	20~40	12~28	7~18	5~10
密级配沥青稳定碎石 ATB																
特粗	ATB-40	100	90~100	75~92	65~71	49~63	43~57	37~50	30~40	20~32	15~25	10~18	8~14	5~10	3~6	2~6
粗粒	ATB-30		100	90~100	70~90	53~72	44~66	39~60	31~51	20~40	15~32	10~25	8~18	5~14	3~10	2~6
	ATB-25			100	90~100	60~80	48~68	42~62	32~52	20~40	15~32	10~25	8~18	5~14	3~10	2~6
半开级配沥青稳定碎石 AM																
中粒	AM-20				100	90~100	60~85	50~75	40~65	15~40	5~22	2~16	1~12	0~10	0~8	0~5
	AM-16					100	90~100	60~85	45~68	18~42	6~25	3~18	1~14	0~10	0~8	0~5
细粒	AM-13						100	90~100	50~80	20~45	8~28	4~20	2~16	0~10	0~8	0~6
	AM-10							100	90~100	35~65	10~35	5~22	2~16	0~12	0~9	0~6
开级配沥青稳定碎石 ATPB																
特粗	ATPB-40	100	70~100	65~90	55~85	43~75	32~70	20~65	12~50	0~3	0~3	0~3	0~3	0~3	0~3	0~3
粗粒	ATPB-30		100	80~100	70~95	53~85	36~80	26~75	14~60	0~3	0~3	0~3	0~3	0~3	0~3	0~3
	ATPB-25			100	80~100	60~100	45~90	30~82	16~70	0~3	0~3	0~3	0~3	0~3	0~3	0~3
开级配排水性磨耗层混合料 OGFC																
中粒	OGFC-16					100	90~100	70~90	45~70	12~30	10~22	6~18	4~15	3~12	3~8	2~6
细粒	OGFC-13						100	90~100	60~80	12~30	10~22	6~18	4~15	3~12	3~8	2~6
	OGFC-10							100	90~100	50~70	10~22	6~18	4~15	3~12	3~8	2~6

我国《公路沥青路面施工技术规范》（JTG F40—2004）规定，对密级配沥青混凝土采用马歇尔试验方法进行配合比设计时，特征体积参数、稳定度与流值试验结果应符合表1-21的技术要求。在配合比设计的基础上，还需对其高温稳定性、低温抗裂性、水稳定性、抗渗性进行检验，其技术指标应满足表1-22~表1-25的要求。

密级配沥青混凝土马歇尔试验技术指标　　　　　　　　表 1-21

试 验 指 标		单位	高速公路、一级公路				其他等级公路	行人道路
			夏炎热区（1-1、1-2、1-3、1-4 区）		夏热区及夏凉区（2-1、2-2、2-3、2-4、3-2 区）			
			中轻交通	重载交通	中轻交通	重载交通		
击实次数（双面）		次	75				50	50
试件尺寸		mm	$\phi101.6 \times 63.5$					
空隙率 VV	深约90mm以内	%	3~5	4~6	2~4	3~5	3~6	2~4
	深约90mm以下	%	3~6		2~4	3~6	3~6	—
稳定度MS，≥		kN	8				5	3
流值FL		mm	2~4	1.5~4	2~4.5	2~4	2~4.5	2~5
矿料间隙率 VMA（%），≥	设计空隙率（%）		相应于以下公称最大粒径（mm）的最小VMA及VFA技术要求（%）					
			26.5	19	16	13.2	9.5	4.75
	2		10	11	11.5	12	13	15
	3		11	12	12.5	13	14	16
	4		12	13	13.5	14	15	17
	5		13	14	14.5	15	16	18
	6		14	15	15.5	16	17	19
沥青饱和度VFA（%）			55~70		65~75		70~85	

注：1. 对空隙率大于5%的夏炎热重载交通路段，施工时压实度应至少提高1%。

　　2. 对改性沥青混合料，马歇尔试验的流值可适当放宽。

　　3. 当设计的空隙率不是整数时，由内插确定要求的VMA最小值。

对于沥青路面的上面层和中、下面层的沥青混合料进行配合比设计时，应通过车辙试验机对抗车辙能力进行检验，其要求见表1-22。

沥青混合料的车辙试验动稳定度技术要求　　　　　　　　表 1-22

气候条件与技术指标		相应于下列气候分区所要求动稳定度（次/mm）								试验方法
七月平均最高月平均气温（℃）及气候分区		>30（夏季炎热区）				20~30（夏热区）			<20（夏凉区）	
气候分区		1-1	1-2	1-3	1-4	2-1	2-2	2-3	2-4	3-2	
普通沥青混合料，≥		800		1000		600		800		600	
改性沥青混合料，≥		2400		2800		2000		2400		1800	
SMA 混合料	非改性，≥	1500									T 0719
	改性，≥	3000									
OGFC 混合料		1500（一般交通路段）、3000（重交通量路段）									

我国采用浸水马歇尔试验和冻融劈裂试验作为水稳定性的标准试验方法，其技术要求见表1-23。达不到要求时必须采取抗剥落措施，调整沥青用量再进行试验。

沥青混合料水稳定性检验技术要求　　　　　　　　　　　　　　　表1-23

气候条件与技术指标	相应于下列气候分区的技术要求（%）				试验方法
年降雨量（mm）及气候分区	>1000	500~1000	250~500	<250	
	1. 潮湿区	2. 湿润区	3. 半干区	4. 干旱区	
浸水马歇尔试验残留稳定度（%），≥					
普通沥青混合料	80		75		T 0790
改性沥青混合料	85		80		
SMA 混合料　普通沥青	75				T 0790
SMA 混合料　改性沥青	80				
冻融劈裂试验的残留强度比（%），≥					
普通沥青混合料	75		70		
改性沥青混合料	80		75		T 0729
SMA 混合料　普通沥青	75				
SMA 混合料　改性沥青	80				

宜对密级配沥青混合料在温度为−10℃、加载速率为50mm/min下进行弯曲试验，测定破坏强度、破坏应变、破坏劲度模量，并根据应力—应变曲线的形状，综合评价沥青混合料的低温抗裂性能。其中沥青混合料的破坏应变宜符合表1-24的要求。

沥青混合料低温弯曲试验破坏应变（ε_B）技术要求　　　　　　　　表1-24

气候条件与技术指标	相应于下列气候分区所要求的破坏应变（ε_B）									试验方法
年极端最低气温（℃）及气候分区	< −37.0		−21.5~−37.0			9.0~−21.5		> −9.0		试验方法
	冬严寒区（1）		冬寒区（2）			冬冷区（3）		冬温区（4）		
	1-1	2-1	1-2	2-2	3-2	1-3	2-3	1-4	2-4	
普通沥青混合料，≥	2600		2300			2000				T 0728
改性沥青混合料，≥	3000		2800			2500				

同时需对轮碾机成型的车辙试验试件进行渗水试验，并符合表1-25的要求。

沥青混合料渗水系数技术要求　　　　　　　　　　　　　　表1-25

级 配 类 型	渗水系数要求（mL/min）	试 验 方 法
密级配沥青混凝土，≤	120	
SMA 混合料，≤	80	T 0730
OGFC 混合料，≥	实测	

对使用钢渣作为集料的沥青混合料，应进行活性和膨胀性试验，钢渣沥青混凝土的膨胀量不得超过1.5%。

对改性沥青混合料的性能检验，应针对改性目的进行。以提高高温抗车辙性能为主要目的时，低温性能可按普通沥青混合料的要求执行；以提高低温抗裂性能为主要目的时，高温稳定性可按普通沥青混合料的要求执行。

考点五：沥青混合料配合比设计方法

沥青混合料配合比设计的内容就是确定粗集料、细集料、矿粉和沥青结合料的最佳组成比例，使之既能满足沥青混合料的技术要求又符合经济的原则。

热拌沥青混合料的配合比设计通过目标配合比设计、生产配合比设计及生产配合比验证三个阶段，确定沥青混合料的材料品种及配比、矿料级配、最佳沥青用量。

1. 目标配合比设计

目标配合比设计分两部分进行，即矿质混合料组成设计与最佳沥青用量的确定。

（1）选择热拌沥青混合料类型

热拌沥青混合料适用于各种等级公路的沥青路面。其种类应考虑集料公称最大粒径、矿料级配、空隙率等因素进行选择。

（2）确定工程设计级配范围

① 沥青路面工程的混合料设计级配范围由工程设计文件或招标文件规定，密级配沥青混合料的设计级配宜在规范规定的级配范围内，根据公路等级、工程性质、气候条件、交通条件、材料品种，通过对条件大体相当的工程的使用情况进行调查研究后调整确定，必要时允许超出规范级配范围。密级配沥青稳定碎石混合料可直接以规范规定的级配范围作工程设计级配范围使用。经确定的工程设计级配范围是配合比设计的依据，不得随意变更。

② 调整工程设计级配范围宜遵循下列原则：

a. 首先按设计要求确定采用粗型（C 型）或细型（F 型）的混合料。对夏季温度高、高温持续时间长、重载交通多的路段，宜选用粗型密级配沥青混合料（AC-C 型），并取较高的设计空隙率。对冬季温度低且低温持续时间长的地区，或者重载交通较少的路段，宜选用细型密级配沥青混合料（AC-F 型），并取较低的设计空隙率。

b. 通常情况下，合成级配曲线宜尽量接近设计级配的中限，尤其应使 0.075mm、2.36mm、4.75mm 等筛孔的通过量尽量接近设计级配范围的中限。对于交通量大、轴载重的道路，合成级配可以考虑偏向级配范围的下限，而对于中小交通量或人行道路等，合成级配宜偏向级配范围的上限。

c. 为确保高温抗车辙能力，同时兼顾低温抗裂性能的需要。配合比设计时宜适当减少公称最大粒径附近的粗集料用量，减少 0.6mm 以下部分细粉的用量，使中等粒径集料较多，形成 S 形级配曲线，并取中等或偏高水平的设计空隙率。

d. 沥青混合料的配合比设计应充分考虑施工性能，使沥青混合料容易摊铺和压实，避免造成严重的离析。

③ 矿料混合料配合比的计算。

a. 材料选择与性能测试。按规定方法对实际工程中使用的材料进行取样，测试材料密度，并进行筛分试验，确定各种规格集料的级配组成。

b. 确定各档矿料的用量比例。根据各档矿料的筛分结果，借助电子计算机的电子表格，用试算法或电算软件（图解法）确定各档矿料的用量比例，计算矿质混合料的合成级配。

c. 对高速公路和一级公路，宜在工程设计级配范围内计算 1~3 组粗细不同的配比，绘制设计级配曲线，分别位于工程设计级配范围的上方、中值及下方。设计合成级配不得有太多的锯齿形交错，且在

0.3~0.6mm范围内不出现"驼峰"。当反复调整不能满意时，宜更换材料设计。

（3）马歇尔试验

① 按确定的矿质混合料配合比，计算各种规格集料的用量。

② 根据矿质混合料的合成毛体积相对密度和合成表观密度等物理参数，预估沥青混合料适宜的油石比，预估的最佳油石比P_a按式（1-86）计算，预估的最佳沥青用量P_b按式（1-87）计算。

$$P_a = \frac{P_{a1} \cdot \gamma_{sb1}}{\gamma_{sb}} \tag{1-86}$$

$$P_b = \frac{P_a}{100 + P_a} \tag{1-87}$$

式中： P_a ——预估的最佳油石比（与矿料总量的百分比）（%）；

  P_b ——预估的最佳沥青用量（占混合料总量的百分数）（%）；

  P_{a1} ——已建类似工程沥青混合料的标准油石比（%）；

  γ_{sb} ——集料的合成毛体积相对密度；

  γ_{sb1} ——已建类似工程集料的合成毛体积相对密度。

注：作为预估最佳油石比的集料密度，原工程和新工程也可均采用有效相对密度。

③ 以预估的油石比为中值，按一定间隔（对密级配沥青混合料通常为0.5%），取5个或5个以上不同的油石比分别成型马歇尔试件。每一组试件的试样数按现行试验规程的要求确定，对粒径较大的沥青混合料，宜增加试件数量。

注：5个不同油石比不一定选整数，例如预估油石比4.8%，可选3.8%、4.3%、4.8%、5.3%、5.8%等。实测最大相对密度通常与此同时进行。

沥青混合料试件的制作温度参照《公路沥青路面施工技术规范》（JTG F40—2004）确定，并与施工实际温度相一致，普通沥青混合料如缺乏黏温曲线时可参照表1-26，改性沥青混合料的成型温度在此基础上再提高10~20℃。

热拌普通沥青混合料试件的制作温度（℃）　　　　　　表1-26

施工工序	石油沥青的标号				
	50号	70号	90号	110号	130号
沥青加热温度	160~170	155~165	150~160	145~155	140~150
矿料加热温度	集料加热温度比沥青温度高10~30（填料不加热）				
沥青混合料拌和温度	150~170	145~165	140~160	135~155	130~150
试件击实成型温度	140~160	135~155	130~150	125~145	120~140

注：表中混合料温度，并非拌和机的油浴温度，应根据沥青的针入度、黏度选择，不宜都取中值。

④ 计算矿料混合料的合成毛体积相对密度γ_{sb}和合成表观相对密度γ_{sa}。

⑤ 确定矿料的有效相对密度γ_{se}。

⑥ 测定压实沥青混合料试件的毛体积相对密度γ_f和吸水率S_a。

⑦ 确定沥青混合料的最大理论相对密度γ_t。

⑧ 计算沥青混合料试件的空隙率VV、矿料间隙率VMA、有效沥青的饱和度VFA等体积指标，取1位小数，进行体积组成分析。

⑨进行马歇尔试验，测定马歇尔稳定度及流值。

（4）确定最佳沥青用量（或油石比）

①以油石比或沥青用量为横坐标，以马歇尔试验的各项指标为纵坐标，将试验结果点入图中，连成圆滑的曲线。确定均符合沥青混合料技术标准的沥青用量范围$OAC_{min}\sim OAC_{max}$。选择的沥青用量范围必须涵盖设计空隙率的全部范围，并尽可能涵盖沥青饱和度的要求范围，并使密度及稳定度曲线出现峰值。如果没有涵盖设计空隙率的全部范围，试验必须扩大沥青用量范围重新进行。

②根据试验曲线的走势，按下列方法确定沥青混合料的最佳沥青用量OAC_1。

a. 在曲线图 1-3 上求取相应于密度最大值、稳定度最大值、目标空隙率（或中值）、沥青饱和度范围的中值的沥青用量a_1、a_2、a_3、a_4。按式（1-88）取平均值作为OAC_1。

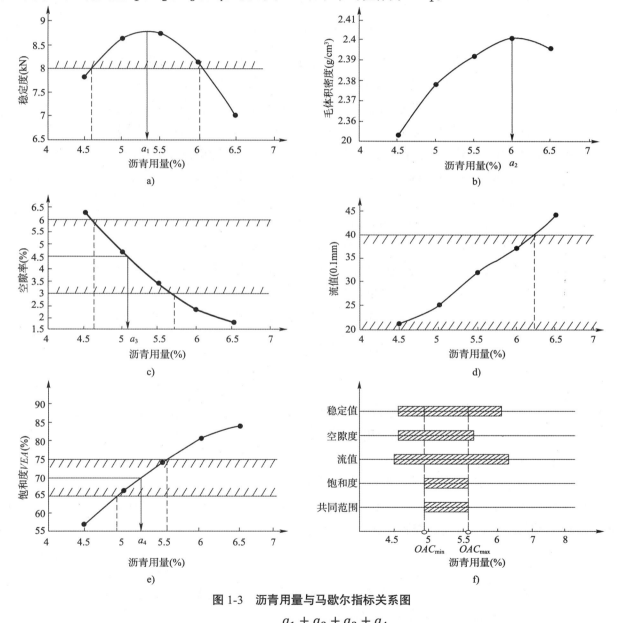

图 1-3　沥青用量与马歇尔指标关系图

$$OAC_1 = \frac{a_1 + a_2 + a_3 + a_4}{4} \tag{1-88}$$

b. 如果在所选择的沥青用量范围未能涵盖沥青饱和度的要求范围，按式（1-89）求取 3 者的平均值作为OAC_1。

$$OAC_1 = \frac{a_1 + a_2 + a_3}{3} \tag{1-89}$$

c. 当所选择试验的沥青用量范围，密度或稳定度没有出现峰值（最大值经常在曲线的两端）时，可直接以目标空隙率所对应的沥青用量a_3作为OAC_1，但OAC_1必须介于OAC_{min}~OAC_{max}的范围内，如图 1-3 所示，否则应重新进行配合比设计。

③ 以各项指标均符合技术标准（不含VMA）的沥青用量范围OAC_{min}~OAC_{max}的中值作为OAC_2。

$$OAC_2 = \frac{OAC_{min} + OAC_{max}}{2} \tag{1-90}$$

④ 通常情况下取OAC_1及OAC_2的中值作为计算的最佳沥青用量OAC。

$$OAC = \frac{OAC_1 + OAC_2}{2} \tag{1-91}$$

⑤ 根据实践经验和公路等级、气候条件、交通情况，调整确定最佳沥青用量OAC。

a. 调查当地各项条件相接近的工程的沥青用量及使用效果，论证适宜的最佳沥青用量。检查计算得到的最佳沥青用量是否相近，如相差甚远，应查明原因，必要时重新调整级配，进行配合比设计。

b. 对炎热地区公路以及高速公路、一级公路的重载交通路段，山区公路的长大坡度路段，预计有可能产生较大车辙时，宜在空隙率符合要求的范围内将计算的最佳沥青用量减小 0.1%~0.5%作为设计沥青用量。此时，除空隙率外的其他指标可能会超出马歇尔试验配合比设计技术标准，配合比设计报告或设计文件必须予以说明。但配合比设计报告必须要求采用重型轮胎压路机和振动压路机组合等方式加强碾压，以使施工后路面的空隙率达到未调整前的原最佳沥青用量时的水平，且渗水系数符合要求。如果试验段试拌试铺达不到此要求时，宜调整所减小的沥青用量的幅度。

c. 对寒区公路、旅游公路、交通量很少的公路，最佳沥青用量可以在OAC的基础上增加 0.1%~0.3%，以适当减小设计空隙率，但不得降低压实度要求。

⑥ 沥青结合料被集料吸收的比例及有效沥青含量按式（1-92）和式（1-93）进行计算。

$$P_{ba} = \frac{\gamma_{se} - \gamma_b}{\gamma_{se} \cdot \gamma_{sb}} \cdot \gamma_b \times 100 \tag{1-92}$$

$$P_{be} = P_b - \frac{P_{ba}}{100} \cdot P_s \tag{1-93}$$

式中：P_{ba}——沥青混合料中被集料吸收的沥青结合料比例（%）；

$\quad\quad P_{be}$——沥青混合料中的有效沥青用量（%）；

γ_{se}、γ_b、γ_{sb}、P_s、P_b意义同前。

⑦ 检验最佳沥青用量时的粉胶比和有效沥青膜厚度。

按式(1-94)计算沥青混合料的粉胶比，宜符合 0.6~1.6 的要求。对常用的公称最大粒径为 13.2~19mm 的密级配沥青混合料，粉胶比宜控制在 0.8~1.2 范围内。

$$FB = \frac{P_{0.075}}{P_{be}} \tag{1-94}$$

式中：FB ——粉胶比，沥青混合料的矿料中 0.075mm通过率与有效沥青含量的比值，无量纲；

$\quad\quad P_{0.075}$——矿料级配中 0.075mm的通过率（水洗法）（%）；

$\quad\quad P_{be}$——有效沥青含量（%）。

按式（1-95）计算集料的比表面，按式（1-96）估算沥青混合料的沥青膜有效厚度。各种集料粒径的表面积系数按表 1-27 采用。

$$SA = \sum(P_i \cdot FA_i) \tag{1-95}$$

$$DA = \frac{P_{be}}{\gamma_b \cdot SA} \times 10 \tag{1-96}$$

式中：　SA ——集料的比表面积（m²/kg）；

P_i ——各种粒径的通过百分率（%）；

FA_i ——相应于各种粒径的集料的表面积系数，如表 1-27 所列；

DA ——沥青膜有效厚度（μm）；

P_{be} ——有效沥青含量（%）；

γ_b ——沥青的相对密度（25℃/25℃），无量纲。

注：各种公称最大粒径混合料中尺寸大于 4.75mm 的集料的表面积系数 FA 均取 0.0041，且只计算一次，4.75mm 以下部分的 FA_i 如表 1-27 所示。该例的 SA = 6.60m²/kg。若混合料的有效沥青含量为 4.65%，沥青的相对密度为 1.03，则沥青膜厚度 DA = 4.65/1.03/6.60 × 10 = 6.83μm。

集料的表面积系数计算示例　　　　　表 1-27

筛孔尺寸（mm）	19	16	13.2	9.5	4.75	2.36	1.18	0.6	0.3	0.15	0.075	集料比表面总和SA（m²/kg）
表面积系数FA_i	0.0041	—	—	—	0.0041	0.0082	0.0164	0.0287	0.0614	0.1229	0.3277	
通过百分率P_i（%）	100	92	85	76	60	42	32	23	16	12	6	
比表面$FA_i \cdot P_i$（m²/kg）	0.41	—	—	—	0.25	0.34	0.52	0.66	0.98	1.47	1.97	6.60

（5）沥青混合料性能检验

① 沥青混合料的高温稳定性检验

按最佳沥青用量 OAC 制作车辙试验试件，在规定的条件下进行车辙试验，检验设计沥青混合料的高温抗车辙能力，动稳定度应符合表 1-22 的要求。当其动稳定度不符合规定时，应对矿料级配或沥青用量进行调整，重新进行配合比设计。

② 沥青混合料的水稳定性检验

按最佳沥青用量 OAC 制作马歇尔试件进行浸水马歇尔试验或冻融劈裂试验，检验试件的残留稳定度或冻融劈裂强度比是否满足表 1-23 的要求。

③ 沥青混合料低温抗裂性检验

对改性沥青混合料，应按照最佳沥青用量 OAC 制作车辙试验试件，再用切割机将试件锯成规定尺寸的棱柱体试件，按照规定方法进行低温弯曲试验，检验其破坏应变是否符合表 1-24 的要求，否则应对矿料级配或沥青用量进行调整，必要时更换改性沥青品种重新进行配合比设计。

④ 沥青混合料渗水性检验

宜利用轮碾机成型试验试件，脱模架起进行渗水试验，并应符合表 1-25 的要求。

2. 生产配合比设计

在目标配合比确定之后，应利用实际施工的拌和机（常用的拌和机见图 1-4）进行试拌以确定生产配合比。在操作前，首先根据级配类型选择振动筛的筛号，使几个热料仓的材料不致相差太大。最大筛孔应保证使超粒径料排出，使最大粒径筛孔通过量符合设计范围要求。试验时，按试验室配合比设计的冷料比例上料、烘干、筛分，然后取样筛分，与目标配合比设计一样进行矿料级配计算，得出不同料仓及矿料用量比例。按此比例进行马歇尔试验，取目标配合比得出的最佳油石比，并在此基础上±0.3%，得到三档配合比，进行试验。得出生产配合比的最佳油石比，供试拌试铺使用。生产配合比确定的最佳油石比与目标配合比的差值不宜大于0.2%。

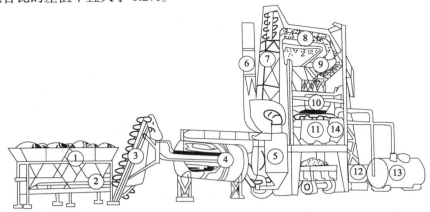

图 1-4　间歇式拌和机示意图

1-冷料仓；2-冷料送料器；3-冷料提升机；4-干燥鼓；5-集尘器；6-排气烟囱；7-热料提升机；8-筛屏单元；9-热料仓；10-称料仓；11-拌和单元或强制式拌和机；12-矿质填料储仓；13-热沥青储料罐；14-沥青称重桶

3. 生产配合比验证

此阶段即为试拌试铺阶段。施工单位进行试拌试铺时，应报告监理部门和业主，工程指挥部会同设计、监理、施工人员一起进行鉴别。按照生产配合比进行试拌，在场人员对混合料级配及油石比提出意见，必要时进行针对性调整，重新试拌，再进行观察，力求意见一致。然后用此混合料在试验路段上试铺，进一步观察摊铺、碾压过程和成型路面的表面状况，判断混合料的级配和油石比。如不满意应调整，重新试拌试铺，直至满意为止。

另一方面，试验室密切配合现场指挥，在拌和厂或摊铺机旁采集沥青混合料试样，进行马歇尔试验，同时还应进行浸水马歇尔试验和车辙试验，以进行水稳定性和高温稳定性检验。试验室还应到现场进行抽提试验，以确保现场用料的级配和油石比与设计相同。同时按照规范规定的试验段铺设要求进行各种试验，当全部满足要求时，验证通过，可进入正常生产，大批量拌和摊铺阶段。

例 题 解 析

例题 1　在沥青混合料中，既有较多数量的粗集料可形成空间骨架，同时又有相当数量的细集料可填充骨架的空隙，这种结构形式称之为（　　　）结构。

　　A. 骨架—空隙　　　　B. 骨架—密实　　　　C. 悬浮—密实　　　　D. 不能确定

解析：见考点一，沥青混合料的组成结构特点。

答案：B

例题 2　若沥青混合料的油石比为5.0%，则沥青含量为（　　　）。

　　A. 4.76%　　　　　　B. 4.56%　　　　　　C. 5.00%　　　　　　D. 5.26%

解析：见考点五，油石比和沥青含量的概念，按式（1-87）计算。

答案：A

例题3 〔2019-10〕沥青混合料抽提试验的目的是检查沥青混合料中的（　　　）。

  A. 沥青用量   B. 沥青针入度

  C. 沥青标号   D. 矿料与沥青的黏附性

解析： 见考点五，生产配合比验证。试验室还应到现场取样进行抽提试验，以确保现场用料的级配和油石比与设计相同。

答案： A

例题4 〔2020-7〕沥青路面的抗渗能力主要取决于沥青路面的（　　　）。

  A. 稳定度   B. 饱和度   C. 空隙率   D. 骨架间隙率

解析： 见考点三，沥青路面的抗渗能力主要取决于沥青路面的空隙率。空隙率越大，其抗渗能力越差。

答案： C

例题5 〔2020-9〕沥青路面混合料组成设计中，随着沥青用量的增加，沥青混合料的空隙率（　　　）。

  A. 减小   B. 增大   C. 先减小后增大 D. 先增大后减小

解析： 见考点五，沥青用量增加，填充混合料空隙，混合料孔隙率减小。

答案： A

例题6 〔2022-11〕改进沥青混合料高温稳定性可采取的措施是（　　　）。

  A. 增加粗集料用量   B. 采用针入度大的沥青

  C. 增加沥青用量   D. 采用光滑的粗集料

解析： 见考点三。影响高温稳定性的主要因素有：集料特性、沥青用量、沥青黏度、沥青混合料配合比。通常来说，破碎、坚硬、纹理粗糙、多棱角的粗集料，经压实后颗粒间能形成紧密的嵌挤作用，有助于提高沥青混合料的高温稳定性，选项 A 正确、D 错误；适当减少沥青用量，有利于提高沥青混合料的抗车辙能力（高温稳定性的一种），选项 C 错误；沥青的高温黏度大（即针入度小），与石料的黏附性好，沥青混合料的抗高温能力强，选项 B 错误。

答案： A

例题7 〔2024-10〕评价沥青混合料高温稳定性的试验方法是（　　　）。

  A. 马歇尔稳定度试验和车辙试验   B. 薄膜烘箱试验

  C. 加热质量损失试验   D. 残留稳定度试验

解析： 见考点三。工程中常用马歇尔稳定度试验和车辙试验评价沥青混合料高温稳定性。

答案： A

自 测 模 拟

1. 根据马歇尔试验结果，沥青混合料中稳定度与沥青含量关系为（　　　）。

 A. 随沥青含量增加而增加，达到峰值后随沥青含量增加而降低

 B. 随沥青含量增加而增加

 C. 随沥青含量增加而减少

 D. 沥青含量的增减对稳定度影响不大

2. 沥青混合料动稳定度用于评价沥青混合料的（　　　）性能。

 A. 耐久性   B. 空隙率   C. 高温抗车辙能力 D. 水稳定性

3. 测定沥青混合料水稳定性的试验是（　　　）。

A. 车辙试验   B. 沥青混合料保水率试验

C. 残留稳定度试验   D. 马歇尔稳定度试验

4. 我国现行规范采用（   ）等指标来表征沥青混合料的耐久性。

A. 空隙率、饱和度、残留稳定度   B. 稳定度、流值、马歇尔模数

C. 空隙率、含蜡量、含水率   D. 针入度、延度、软化点

5. 目前我国沥青配合比设计中，确定最佳沥青用量最常用的方法是（   ）。

A. 图解法   B. 马歇尔法   C. 理论法   D. 试算法

6. 沥青混合料中矿质混合料配合比设计时，尤其应使（   ）筛孔的通过量尽量接近设计级配范围中限。

A. 1.18mm、2.36mm、4.75mm   B. 0.075mm、2.36mm、4.75mm

C. 0.075mm、1.18mm、2.36mm   D. ＜0.075mm、2.36mm、9.5mm

7. 沥青混合料的配合比设计时，对矿料的配合比设计，在高速公路、一级公路、城市快车道、主干道等交通量大、轴载重的道路，级配范围宜（   ）。

A. 偏向下（粗）限   B. 靠近中限   C. 偏向上（细）限   D. 都不对

8. 提高沥青混合料路面的抗滑性，要特别注意沥青混合料中的（   ）。

A. 沥青用量   B. 沥青稠度   C. 粗集料的压碎值   D. 集料的化学性能

9. 在沥青混合料中掺加适量消石灰粉，可以有效提高沥青混合料的（   ）。

A. 黏附性   B. 抗疲劳性   C. 低温抗裂性   D. 抗车辙形成能力

10. 若沥青混合料的沥青含量为5.0%，则该沥青混合料的油石比为（   ）。

A. 4.76%   B. 4.56%   C. 5.00%   D. 5.26%

参 考 答 案

1. A   2. C   3. C   4. A   5. B   6. B   7. A   8. A   9. A   10. D

第 七 节   建 筑 钢 材

考 点 分 析

本节重点： 建筑钢材的技术性能、工艺性能、技术标准，钢材的拉伸试验方法和冷弯试验方法。以考核钢材的力学性能、冷弯性能的含义和拉伸及冷弯试验方法为主。

本节难点： 建筑钢材的技术性能。

考 点 精 讲

考点一：钢材的力学性能

建筑钢材是指在建筑工程中使用的各种钢材，具有组织均匀密实、强度高、弹性模量大、塑性及韧

性好、承受冲击荷载和动力荷载能力强、便于加工和装配等优点，因而在建筑结构中被广泛应用。

钢材主要的力学性能有抗拉性能、抗冲击韧性、疲劳强度和硬度。钢材是土木建筑工程中广泛应用的结构材料，使用中要承受拉力、压力、弯曲、扭曲等各种静力荷载作用，要求钢材具有一定的强度及其抵抗有限变形而不破坏的能力；对于承受动力荷载作用的钢材，还要求具有较高的冲击韧性而不致发生疲劳断裂。

1.抗拉性能

抗拉性能是建筑钢材最重要的技术性质。建筑钢材的抗拉性能可用低碳钢在拉伸试验中的应力—应变曲线来描述，如图 1-5 所示。根据曲线的特征，低碳钢在受拉过程中经历了弹性、屈服、强化和颈缩四个阶段，其力学性能可由屈服强度、极限抗拉强度和伸长率等指标来反映。

（1）屈服强度

应力超过 σ_p 后，应变急剧增加，而应力基本保持不变，这种现象称为屈服，如图 1-5 的 AB 阶段。在该阶段应力与应变不再成比例变化，应变增加的速度远大于应力增加的速度，若在该阶段卸载，试件的变形将有部分不能恢复，即试件发生了塑性变形。图 1-5 中 $B_上$ 点是该阶段的应力最高点，称为屈服上限，$B_下$ 点称为屈服下限。一般以 $B_下$ 点对应的应力为屈服强度，用 σ_s 表示。钢材受力达到 σ_s 后，变形迅速发展，已经不能满足使用要求，故设计中一般用屈服点作为强度取值的依据。常用低碳钢的 σ_s 为 185~235MPa。

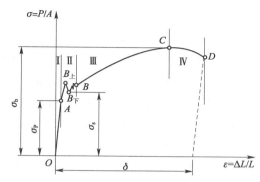

图 1-5 低碳钢受拉时的应力—应变曲线

（2）抗拉强度

荷载超过 σ_s 后，因塑性变形使钢材内部的组织结构发生变化，抵抗变形的能力有所增强，$\sigma - \varepsilon$ 曲线出现上升，进入强化阶段，如图 1-5 的 BC 阶段。此阶段虽然应力能够增加，表现为承载力提高，但变形速率比应力增加速率大，对应于最高点 C 的应力称为极限抗拉强度，用 σ_b 表示。常用低碳钢的 σ_b 为 375~500MPa。

钢材的屈强比用式（1-97）表示，它反映钢材的可靠性和利用率。屈强比小，钢材的可靠性大，结构安全。然而屈强比过小，则钢材利用率低。

$$n = \frac{\sigma_s}{\sigma_b} \tag{1-97}$$

（3）伸长率

应力超过 σ_b 后，试件的变形仍继续增大，而应力反而下降，$\sigma - \varepsilon$ 曲线出现下降，如图 1-5 的 CD 阶段。此时，试件某段的截面积逐渐减少，出现颈缩现象，直至 D 点试件断裂。

钢材在外力作用下发生塑性变形而不破坏的性能，称为塑性。塑性通常用拉伸试验中的伸长率 δ（%）和截面收缩率 ψ（%）表示。

$$\delta = \frac{l - l_0}{l_0} \times 100 \tag{1-98}$$

$$\psi = \frac{A_0 - A_1}{A_0} \times 100 \tag{1-99}$$

通常钢材拉伸试件取 $l_0 = 5d_0$ 或 $l_0 = 10d_0$，其伸长率分别以 δ_5 和 δ_{10} 表示。对同一钢材 δ_5 大于 δ_{10}。伸长率 δ 越大，说明材料的塑性越好。

中碳钢和高碳钢（硬钢）拉伸试验，与低碳钢（软钢）相比有明显不同，其特点是没有明显的屈服阶段，应力随应变持续增加，直至断裂。一般取残余应变为 0.2%时的应力作为高碳钢的名义屈服强度。

2. 冲击韧性

冲击韧性是钢材抵抗冲击荷载作用的能力。钢材的冲击韧性α_k（J/cm^2）是用标准试件（中部加工成V形或U形缺口），在试验机的一次摆锤冲击下，以破坏后缺口处单位面积上所消耗的功来表示。

冲击韧性α_k值越大，钢材的冲击韧性越好。钢材的化学成分、冶炼方式、加工工艺和环境温度对其冲击韧性都有明显影响。随温度下降，钢材的冲击韧性显著下降而表现出脆性的现象称为钢材的冷脆性。冲击韧性显著降低时的温度为脆性转变温度。脆性转变温度越低说明钢材的低温冲击韧性越好。

钢材的冲击韧性全面反映钢材的品质，对于直接承受荷载而且可能在负温下工作的重要结构，必须进行冲击韧性试验。

3. 耐疲劳性

钢材在交变荷载反复作用下，往往在远小于其抗拉强度时发生突然破坏，此现象称为疲劳破坏。试验证明，钢材承受的交变应力越大，则断裂时所经受的交变应力循环次数越少，反之则多。当交变应力下降至一定值时，钢材可以经受交变应力无数次循环而不发生疲劳破坏。

疲劳破坏的危险应力用疲劳强度表示。疲劳强度是指钢材在交变荷载作用下于规定的周期基数内不发生疲劳破坏的所能承受的最大应力。通常取交变应力循环次数$N = 10^7$时试件不发生破坏的最大应力作为疲劳强度。

钢材疲劳强度与其内部组织状态、成分偏析、杂质含量及各种缺陷有关，钢材表面光洁程度和受腐蚀等都会影响疲劳强度。一般钢材的抗拉强度高，耐疲劳强度也较高。

4. 硬度

硬度表示钢材表面局部体积抵抗变形或破坏的能力，是衡量钢材软硬程度的一个指标。硬度测定是将硬物压入钢材表面，根据压力大小及产生的压痕面积或深度来评价的。建筑钢材常用布氏法和洛氏法测定，相应的指标称为布氏硬度和洛氏硬度。

考点二：钢材的工艺性能

建筑钢材在使用前，需要根据实际情况进行多种形式的加工，良好的工艺性能可以满足施工工艺的要求。冷弯性能和焊接性能是建筑钢材重要的工艺性能。

1. 冷弯性能

冷弯性能是指钢材在常温下承受弯曲变形的能力，是钢材的重要工艺性能。钢材的单轴拉伸试验的伸长率反映钢材的均匀变形性能，而冷弯试验检验钢材在非均匀变形下的性能。因此，冷弯性能可更好地反映钢材内部组织结构的均匀性，如是否存在不均匀内应力、气泡、偏析和夹杂等缺陷。

冷弯性能是将钢材试件（圆形或板形）置于冷弯机上弯曲至规定角度（90°或180°），观察其弯曲部位是否有裂纹、起层或断裂现象，如无，则为合格。弯曲角度越大，弯芯直径对试件厚度（直径）比值越小，则表示钢材的冷弯性能越好。

2. 焊接性能

焊接是钢结构的主要连接方式，土木工程中的钢结构有 90%以上为焊接结构。焊接质量主要取决于钢材的可焊接性能、焊接材料性能和焊接工艺。

钢材的焊接性能是指在一定的焊接工艺条件下，在焊缝及其附近过热区不产生裂纹及硬脆倾向，焊接后钢材的力学性能，尤其是强度不得低于原有钢材的强度。

考点三：钢材的技术标准

1.碳素结构钢

碳素结构钢是建筑用钢最常用的钢种之一，适用于一般结构工程中，可以加工成各种型钢、钢筋和钢丝，国家标准是《碳素结构钢》（GB/T 700—2006）。

（1）命名

碳素结构钢的牌号由四部分组成，依次为：代表钢材屈服点的汉语拼音 Q；表示钢材屈服点的数字，分别为 195、215、235、255 和 275，以 MPa 计；表示质量等级的符号，按钢材中硫、磷含量由大到小划分，随 A、B、C、D 的顺序质量逐级提高；代表钢脱氧程度的符号，沸腾钢 F、镇定钢 Z、半镇定钢 b、特殊镇定钢 TZ（Z 和 TZ 在钢的牌号中可予以省略）。

例如 Q235-AF，表示屈服强度为 235MPa、质量等级为A级的沸腾钢；Q215-C，表示屈服强度为 215MPa、质量等级为 C 级的镇定钢。

（2）技术要求

随着钢号的增加，其含碳、含锰量增加，强度和硬度逐步提高，但伸长率和冷弯性能则下降。特殊镇定钢优于镇定钢，镇定钢优于半镇定钢，更优于沸腾钢。同一钢号的质量等级越高，其硫、磷含量越低，钢材质量越好。碳素结构钢的选用主要根据以下原则：以冶炼方法和脱氧程度来区分钢材品质，选用时根据结构的工作条件、承受的荷载类型、受荷方式、连接方式等综合考虑来选择钢号和材质。碳素结构钢的力学性能和冷弯试验指标分别如表 1-28 和表 1-29 所示。

碳素结构钢的力学性能（GB/T 700—2006） 表 1-28

牌号	等级	屈服强度[①]R_{eH}（MPa），不小于						抗拉强度[②]R_m（MPa）	断后伸长率A（%），不小于					冲击试验（V形缺口）	
		厚度（或直径）（mm）							厚度（或直径）（mm）					温度（℃）	冲击吸收功（纵向）（J），不小于
		≤16	>16~40	>40~60	>60~100	>100~150	>150~200		≤40	>40~60	>60~100	>100~150	>150~200		
Q195	—	195	185	—	—	—	—	315~430	33	—	—	—	—	—	—
Q215	A	215	205	195	185	175	165	335~450	31	30	29	27	26	—	—
	B													+20	27
Q235	A	235	225	215	215	195	185	370~500	26	25	24	22	21	—	—
	B													+20	27[③]
	C													0	
	D													-20	
Q275	A	275	265	255	245	225	215	410~540	22	21	20	18	17	—	—
	B													+20	27
	C													0	
	D													-20	

注：① Q195 的屈服强度值仅供参考，不作为交货条件。

　　② 厚度大于 100mm 的钢材，抗拉强度下限允许降低 20MPa。宽带钢（包括剪切钢板）抗拉强度上限不作为交货条件。

　　③ 厚度小于 25mm 的 Q235B 级钢材，如供方能保证冲击吸收功值合格，经需方同意，可不做检验。

碳素结构钢冷弯试验指标（GB/T 700—2006） 表 1-29

牌　号	试样方向	冷弯试验180°，$B = 2a$①	
		钢材厚度（或直径）②（mm）	
		≤60	>60~100
		弯芯直径d	
Q195	纵	0	—
	横	0.5a	
Q215	纵	0.5a	1.5a
	横	a	2a
Q235	纵	a	2a
	横	1.5a	2.5a
Q275	纵	1.5a	2.5a
	横	2a	3a

注：① B 为试样宽度，a 为试样厚度（或直径）。
②钢材厚度（或直径）大于100mm时，弯曲试验由双方协商确定。

（3）碳素结构钢的应用

由于碳素结构钢性能稳定、易加工、成本低，因此，在土木工程中广泛使用。

Q235 具有较高强度，良好的塑性、韧性及可焊接性，综合性能好，故能满足一般钢结构和钢筋混凝土结构的用钢要求。Q235A 一般仅适用于只承受静荷载作用的钢结构；Q235B 和 Q235C 分别适用于承受动荷载焊接的普通钢结构和重要钢结构；Q235D 则适合用于低温环境下承受动荷载焊接的重要钢结构。

Q195、Q215 强度低，塑韧性好，具有良好的可焊性，易于冷加工，常用作钢钉、铆钉、螺栓及钢丝等。

Q255、Q275 强度高，但塑韧性和可焊接性差，可用于轧制钢筋、制作螺栓配件等，更多用于机械零件和工具。

2. 桥梁用结构钢

桥梁用结构钢是桥梁建筑的专用钢，根据《桥梁用结构钢》（GB/T 714—2015）的规定，其牌号为 Q345q、Q370q、Q420q、Q500q、Q550q、Q620q、Q690q，质量等级分别为 C、D、E、F 级。该标准还规定了桥梁结构钢的尺寸、外形、质量和允许偏差、技术要求、试验方法、检测规则及质量证明书等。

用于桥梁建筑的钢材，技术要求为：良好的综合力学性能、良好的焊接性、良好的抗蚀性。

3. 钢筋混凝土结构用钢

钢筋混凝土结构用钢筋和钢丝是用碳素结构钢或低合金结构钢经加工而成的。目前主要有钢筋混凝土用热轧钢筋、冷拔钢筋及冷轧带肋钢筋、预应力混凝土用热处理钢筋、钢丝和钢绞线。

（1）热轧钢筋

热轧钢筋是一种条形钢材，由碳素结构钢或低合金结构钢加工而成。按其表面形状不同分为光圆钢筋和带肋钢筋两类。钢筋的公称尺寸是与其公称截面积相等的圆的直径。

热轧光圆钢筋由碳素结构钢轧制，横截面为圆形，表面光滑，推荐的公称直径有 6mm、8mm、10mm、

12mm、16mm、20mm 六种。热轧钢筋的力学性能和工艺性能见表 1-30。

热轧钢筋的力学性能和工艺性能 表 1-30

牌　号	公称直径a（mm）	屈服强度σ（或$\sigma_{0.2}$）（MPa）	抗拉强度σ_b（MPa）	伸长率δ_5（%）	180°弯曲试验d（弯芯直径）
HPB300	6~20	300	420	25	$d=a$
HRB400 HRBF400 HRB400E HRBF400E	6~25 28~40 >40~50	400	540	16	$d=4a$ $d=5a$ $d=6a$
HRB500 HRBF500 HRB500E HRBF500E	6~25 28~40 >40~50	500	630	15	$d=6a$ $d=7a$ $d=8a$
HRB600	6~25 28~40 >40~50	600	730	14	6~25 28~40 >40~50

热轧带肋钢筋是采用低合金钢轧制，其表面带有两条纵肋和沿长度方向均匀分布的横肋。纵肋是平行于钢筋轴线的均匀连续肋，横肋为与纵肋不平行的其他肋；月牙肋钢筋是指横肋的纵截面呈月牙形，且与纵肋不相关的钢筋。

按照《钢筋混凝土用钢　第 2 部分：热轧带肋钢筋》（GB/T 1499.2—2024）的规定，热轧带肋钢筋分为普通热轧钢筋和细晶粒热轧钢筋，钢筋牌号分别对应 HRB400、HRB500、HRB600、HRBF400、HRBF500、HRB400E、HRB500E、HRBF400E、HRBF500E。

HPB300 级热轧光圆钢筋的强度较低，但塑性及焊接性能较好，主要用作非预应力混凝土的受力筋或构造筋；由于便于各种冷加工，可用作冷拉钢筋或冷拔钢丝的原材料。HRB400 的强度、塑性及焊接的综合性能较好，且其表面月牙肋增强了与混凝土间的结合力，可用于大、中型如桥梁、水坝等钢筋混凝土构件的主筋，经冷拉后也可作为预应力钢筋。目前，提倡用 HRB400 级钢筋作为我国钢筋混凝土结构的主力钢筋。HRB500 钢筋强度高，但塑性和焊接性能较差，多用于预应力钢筋。

（2）冷轧带肋钢筋

冷轧带肋钢筋是热轧圆盘条经冷轧或冷拔减径后，在其表面带有沿长度方向均匀分布的三面或二面横肋的钢筋。按照《冷轧带肋钢筋》（GB/T 13788—2017）的规定，冷轧带肋钢筋的牌号由 CRB 和钢筋的抗拉强度最小值构成，分为 CRB550、CRB650、CRB800、CRB970 四个牌号，其中，CRB550 用于普通钢筋混凝土，其他牌号钢筋则用于预应力钢筋混凝土。各牌号钢筋的力学和工艺性能应符合表 1-31 的规定。

冷轧带肋钢筋的力学性能和工艺性能（GB/T 13788—2017） 表 1-31

牌　号	抗拉强度σ_b（MPa）不小于	伸长率（%）δ_{10}	伸长率（%）δ_{100}	180°弯曲试验[D（弯芯直径）、d（钢筋公称直径）]	反复弯曲次数	松弛率初始应力$\sigma_{con}=0.7\sigma_b$ 1000h（%）不大于
CRB500	550	8.0		$D=3d$		—
CRB650	650	—	4.0		3	8
CRB800	800	—	4.0		3	8
CRB970	970	—	4.0		3	8

考点四：建筑钢材的试验方法

（一）钢材拉伸试验

1. 主要仪器设备

（1）万能材料试验机，精度为 1%。

（2）钢板尺，精度为 1mm。

（3）天平，精度为 1g。

（4）游标卡尺、千分尺、钢筋标点机等。

2. 试件的制作与准备

（1）测量试样的实际直径d_0和实际横截面面积S_0。

① 光圆钢筋。可在标点的两端和中间三处，用游标卡尺或千分尺分别测量两个互相垂直方向的直径，精确至 0.1mm，计算三处截面的平均直径，精确至 0.1mm，再按$S_0 = \pi d^2/4$分别计算钢筋的实际横截面面积，取四位有效数字。实际直径d_0和实际横截面面积S_0分别取三个值中的最小值。

② 带肋钢筋。

a. 用钢尺测量试样的长度L，精确至 1mm。

b. 称量试样的质量m，精确至 1g。

c. 按$S_0 = \dfrac{m}{\rho L} = \dfrac{m}{7.85 L \times 1000}$计算实际横截面面积，取四位有效数字。

（2）确定原始标距l_0。

$l_0 = 5.65\sqrt{S_0} = 5.65\sqrt{\pi d_0^2/4}$，约修至最接近 5mm 的倍数。

（3）根据原始标距l_0、公称直径d和试验机夹具长度h确定截取钢筋试样的长度L。L应大于（$l_0 + 1.5d + 2h$），若需测试最大力总伸长率，则应增大试样长度。

（4）在试样中部用标点机标点，相邻两点之间的距离可为 10mm 或 5mm。

3. 试验方法与步骤

（1）按试样的强度选用合适量程的试验机。

（2）将试样固定在试验机夹头内，开机均匀拉伸，采用应力速率控制的试验速率（方法 B）时，屈服前，试验机夹头的分离速率应尽量保持恒定，在$6\sim60$MPa/s之间；屈服期间，试样平行长度的应变速率为$0.00025\sim0.0025\,\text{s}^{-1}$；屈服后，试样平行长度的应变速率不大于$0.0025\,\text{s}^{-1}$，直至试件拉断。

（3）拉伸结束后，可从力—延伸曲线上获取屈服荷载F_s（N）或屈服强度（MPa）和极限荷载F_b（N）或极限强度（MPa）。

（4）将试样断裂部分仔细配接在一起，使其轴线位于一条直线上，并采用特别措施确保试样断裂部分适当接触后测量试样断后标距L_u。

① 断后伸长率。

a. 以断口处为中点，分别向两侧数出标距对应的格数，用卡尺直接测出断后标距L_u，精确至 0.25mm。

b. 若短段断口与最外标记点距离小于原始标距的1/3，则可按《金属材料　拉伸试验　第 1 部分：室温试验方法》（GB/T 228.1—2010）附录 G 的移位方法进行测量。

c. 在工程检验中，若断后伸长率满足规定值要求，则不论断口位置位于何处，测量结果均为有效。

断后伸长率A按式（1-100）计算。

$$A = \frac{L_u - L_o}{L_o} \times 100 \tag{1-100}$$

式中：L_u ——断后标距（mm）；

L_o ——原始标距（mm）。

② 最大力总伸长率。在用引伸计得到的力—延伸曲线上测定最大力总延伸。最大力总延伸率A_{gt}按式（1-101）计算。

$$A_{gt} = \frac{\Delta L_m}{L_e} \times 100 \tag{1-101}$$

式中：ΔL_m ——最大力下的延伸（mm）；

L_e ——引伸计标距（mm）。

（二）钢筋冷弯试验

1. 主要仪器设备

万能试验机或弯曲试验机、冷弯压头等。

2. 试验方法及步骤

（1）试件长度根据试验设备确定，一般可取$(5d + 150)$mm，d为公称直径。

（2）按规范要求确定弯芯直径D和弯曲角度。

（3）调整两支辊间距离使其等于$(D + 3a) \pm a/2$。

（4）装置试件后，平稳地施加荷载，弯曲到要求的弯曲角度。

3. 试验结果评定

试样弯曲后，应按相关产品标准的要求评定弯曲试验结果。若未规定具体要求，则检查试样弯曲处的外表面之后，可按《金属材料 弯曲试验方法》（GB/T 232—2010）规定评定为合格或不合格。

例 题 解 析

例题 1 ［2019-11］设计钢结构时，确定钢结构容许应力的主要依据是（   ）。

A. 屈服强度   B. 抗拉强度   C. 抗压强度   D. 弹性极限

解析： 见考点一。钢材受力达到σ_s后，变形迅速发展，已经不能满足使用要求，故设计中一般用屈服点作为强度取值的依据。

答案： A

例题 2 ［2023-11］钢筋牌号为 HRB400E，其中 400 是指（   ）。

A. 屈服强度   B. 强屈比   C. 抗拉强度   D. 断后伸长率

解析： HRB400E 为普通热轧钢筋（Hot Rolled Bars），其中，HRB 为英文缩写；400 为屈服强度特征值；E 为地震（Earthquake）缩写，表示用于抗震。

答案： A

例题 3 ［2024-11］下列表示低碳热扎盘条的是（   ）。

A. Q235 钢   B. HPB300   C. HRB400   D. HRBF400

解析： 见考点三。热轧带肋钢筋 HRB，热轧光圆钢筋 HPB，低碳热轧盘条 Q。

答案： A

自 测 模 拟

1. 牌号表示为 Q235AF 的钢材是（   ）。
   - A. 抗拉强度为 235MPa 的 A 级沸腾钢
   - B. 屈服点为 235MPa 的 A 级沸腾钢
   - C. 抗拉强度为 235MPa 的 A 级镇静钢
   - D. 屈服点为 235MPa 的 A 级半沸腾钢

2. 钢材的主要力学性质包括（   ）。
   - A. 强度、变形、焊接性能、硬度
   - B. 强度、塑性、冷弯性能、硬度
   - C. 弹性、韧性、变形、硬度
   - D. 强度、塑性、韧性、硬度

3. 伸长率（   ），断面收缩率（   ），钢材的塑性越好。
   - A. 越大、越大
   - B. 越大、越小
   - C. 越小、越大
   - D. 越小、越小

4. 钢材拉伸试验选用万能试验机精度宜为（   ）。
   - A. 1%
   - B. 2%
   - C. 3%
   - D. 0.5%

5. 钢筋拉伸试验采用应力速率控制时，屈服前，试验机夹头的分离速率应尽量保持恒定，在（   ）之间。
   - A. 6~60MPa/s
   - B. 0.6~6MPa/s
   - C. 10~30MPa/s
   - D. 20~30MPa/s

6. 冷弯试验时，调整两支辊间距离使其等于（   ）。
   - A. $2D$
   - B. $D + 3a$
   - C. $(D + 3a) \pm a/2$
   - D. $(D + 2a) \pm a/2$

7. 衡量钢材的塑性变形能力的技术指标为（   ）。
   - A. 屈服强度
   - B. 抗拉强度
   - C. 断后伸长率
   - D. 冲击韧性

8. 衡量钢材均匀变形时的塑性变形能力的技术指标是（   ）。
   - A. 冷弯性能
   - B. 抗拉强度
   - C. 伸长率
   - D. 冲击韧性

参 考 答 案

1. B   2. D   3. A   4. A   5. A   6. C   7. C   8. A

第八节　其他建筑材料

考 点 分 析

本节重点：木材的主要技术性能，土工合成材料的分类，土工合成材料的单位面积质量、厚度、孔隙率、孔径、强度、渗透系数等含义及试验方法。

本节难点：土工合成材料的要技术性能及评价指标。

考 点 精 讲

考点一：木材的主要技术性能

1. 含水率

（1）木材中的水

木材中的水可分为自由水与吸附水两部分。

（2）纤维饱和点

对于在干燥空气中的湿木材，首先是自由水的蒸发，当自由水恰好蒸发完毕而吸附水尚处于饱和时的状态，即为纤维饱和点。

当含水率大于纤维饱和点含水率时，含水率变化对木材强度与体积无影响。当含水率小于纤维饱和点含水率时，含水率变化对木材强度与体积有影响。因为纤维饱和点是一个临界含水率。

（3）平衡含水率

平衡含水率是指木材与环境空气水分交换达到平衡时的含水率。

2. 湿胀与干缩

湿胀与干缩主要发生在含水率小于纤维饱和点含水率的范围内。干湿变化引起的胀缩变化，弦向最大，径向次之，纵向最小。

3. 强度

木材强度的特性是各向异性，顺纹抗拉强度最大，顺纹抗弯次之，顺纹抗压再次。其他强度较低。

4. 木材强度的影响因素

（1）含水率：在纤维饱和点以下时，强度随水分的增多而下降。

（2）环境温度：强度随温度的升高而降低，当环境温度高于50℃时，不应采用木结构。

（3）外力作用时间：木材长期负荷下的强度，一般仅为极限强度的50%~60%。

（4）缺陷。

考点二：土工合成材料的分类

土工合成材料是工程建设中以人工合成或天然的聚合物（如塑料、化纤、合成橡胶等）为原料制成的各种类型产品，可置于岩土体或其他工程结构内部、表面或各结构层之间，具有加强、保护岩土或其他结构功能的一种新型工程材料。

土工合成材料具有强度高、柔性大、耐腐蚀性好、造价低、运输和施工方便、适应性好、质量易于保证等经济和技术上的优势。在护坡、堤坝、航道整治、挡土墙、软基处理、公路和铁路路基、机场跑道、各种蓄水池等诸多工程中得到了广泛的应用。

我国通常按照《土工合成材料应用技术规范》（GB/T 50290—2014）分为土工织物、土工膜、复合型土工合成材料和特种土工合成材料等四大类。

土工织物是一种透水性的平面土工合成材料，成布状，故俗称土工布。土工织物按制造方法可进一步分为有纺（织造）土工织物和无纺（非织造）土工织物。

土工膜是在工程中起防水作用的具有极低渗透性的膜状材料。土工膜一般可分为沥青和聚合物（合成高聚物）两大类。

复合型土工合成材料是由两种或两种以上的土工合成材料组合在一起的产品。它将各组合材料的性质结合起来，更好地满足具体工程的需要，能起到多种功能的作用，如过滤、排水、隔离、加筋、防渗和防护等。常用的有复合土工膜和复合排水材料两类。

特种土工材料包括土工模袋、土工网、土工网垫、土工格室、土工织物膨润土垫、聚苯乙烯泡沫塑料（EPS）等。

考点三：土工合成材料的物理性质及试验方法

1. 单位面积质量

单位面积质量是单位面积土工合成材料具有的质量，能反映土工合成材料的均匀程度，还能反映材料的抗拉强度、顶破强度等力学性能以及孔隙率、渗透性等水力学性能等多方面的性能。它是土工合成材料的主要物理性能之一。

测定单位面积质量采用称量法。测试前要求试样在标准大气压下恒温［(20±2)℃］、恒湿(65%±5%)24h。按制样方法在样品上剪取 10 块试样，每块面积为100cm²，剪裁和测量精度为 1mm，用感量 0.01g 天平测量，单位面积质量按式（1-102）计算。

$$M = \frac{m}{A} \tag{1-102}$$

式中：　M ——单位面积质量（g/m²）；

　　　　m ——试样质量（g）；

　　　　A ——试样面积（m²）。

土工织物和土工膜的单位面积质量受原材料密度的影响，同时受厚度、含水率和外加剂的影响。

2. 厚度

土工合成材料的厚度是指承受一定压力（一般指 2kPa）下织物上下两个平面之间的距离，单位为 mm。有些土工合成材料如无纺织物和一些复合材料，受压时厚度变化很大，且随加压持续时间的延长而减小，故测定厚度应按要求施加一定的压力，并规定加压 30s 时读数。有时根据工程需要还应测试在 20kPa、200kPa 压力下的厚度。

土工织物厚度可采用专门的厚度测试仪，土工膜厚度可直接用千分尺测定。一般要求加压面积为 25cm²，基准板和试样面积为50cm²，加压时间 30s，试样数量不少于 10 块。

厚度测量时需保证精度，因为厚度变化对织物的孔隙率、透水性和过滤性等水力学特性有很大的影响。

3. 孔隙率

土工合成材料的孔隙率是指其孔隙体积占总体积的比值，以n（%）表示，它是无纺织物的主要物理性质之一。孔隙率的确定不需要直接进行试验，而是通过计算求得。孔隙率可按式（1-103）计算。

$$n = \left(1 - \frac{m}{\rho\delta}\right) \times 100\% \tag{1-103}$$

式中：　m ——单位面积质量（g/m²）；

　　　　ρ ——原材料的密度（g/m³）；

　　　　δ ——织物的厚度（m）。

土工织物的孔隙率与孔径的大小有关，直接影响到织物的透水性、导水性和阻止土粒随水流流失的能力。无纺织物的孔隙率随其所承受的压力不同而不同。在不承压情况，一般在90%以上，承压后孔隙率明显降低。

4. 孔径

土工合成材料的孔径反映材料的透水性能与保持土颗粒的能力，是一个重要的特征指标。孔径的符号以O表示，单位为 mm。并用下标表示织物孔径的分布情况。例如O_{95}表示材料中95%的孔径低于该值。土工织物具有各种形状和大小不同的孔径，其孔径大小的分布曲线类似于土的颗粒级配曲线。

表示土工合成材料特征孔径的方法包括有效孔径O_e和等效孔径EOS。目前普遍等效孔径EOS，其含义接近于土工合成材料的表观最大孔径，也就是能通过土颗粒的最大粒径。不同的标准对EOS的规定不同，目前我国多取O_{95}。

孔径的测量方法有直接法和间接法两类。直接法包括显微镜法和投影放大测读法；间接法有干筛法、湿筛法、水动力法、水银压入法、吸引法和渗透法等。

考点四：土工合成材料的力学性质及试验方法

反映土工合成材料力学性质的指标主要有抗拉强度、握持强度、撕裂强度、顶破强度、刺破强度、穿透强度及蠕变特性等。

1. 抗拉强度

土工合成材料是柔性材料，大多通过自身的抗拉强度来承受荷载以发挥工程作用。因此抗拉强度及其应变是土工合成材料主要的力学性质指标。

土工合成材料的抗拉强度与测定时的试样宽度、形状、约束条件有关，因此必须在规定的标准条件下测定。土工织物在受力过程中厚度是变化的，不易精确测定，故其受力大小一般以单位宽度所承受的力来表示，单位为kN/m或N/m。

土工合成材料的抗拉强度是指试样在拉力机上拉伸至断裂的过程中，单位宽度所承受的最大拉力，单位为kN/m。测定方法为条带拉伸试验，试样分宽条和窄条两种。宽条试样宽200mm，长100mm，宽长比$B/L=2$；窄条试样宽50mm，长100mm，宽长比$B/L=1/2$。规定拉伸速度为50mm/min。

对土工合成材料抗拉强度和伸长率的影响因素主要有原材料的种类、结构形式、试样的宽度和拉伸速率。此外，由于土工合成材料的各向异性，沿不同方向拉伸也会得到不同的结果。

2. 撕裂强度

土工织物和土工膜在铺设和使用过程中，常常会有不同程度的破损。撕裂强度反映了试样抵抗扩大破损裂口的能力，可评价不同土工织物和土工膜扩大破损的难易，是土工合成材料应用中的重要力学指标。

测试撕裂强度有梯形法、翼形法以及舌形法。目前多采用梯形法测定土工膜及土工织物的撕裂强度。撕裂强度值单位为 N。

3. 顶破强度

顶破强度是反映土工织物（或土工膜）抵抗垂直织物平面的法向压力的能力。工程应用中，土工织物和土工膜常被置于两种不同粒径的材料之间，不仅受到粒料的顶压作用，而且受到施工时抛填粒料引起的法向荷载作用。根据粒径大小和形状，土工织物及土工膜按接触面的受力特征和破坏形式，可分为顶破、刺破和穿透几种受力状态。

测试顶破强度有液压胀破试验、圆球顶破试验和CBR顶破试验。

4. 刺破强度

刺破强度是反映土工织物和土工膜在小面积上受到法向集中荷载，直到刺破所能承受的最大作用力，单位为 N。刺破试验是模拟土工合成材料受到尖锐棱角的石子或树根的压入而刺破的情况。

5. 穿透强度

穿透强度是模拟工程施工过程中，一些具有尖角的石块或其他锐利物掉落在土工织物和土工膜上时，土工织物或土工膜抵御穿透的能力。通常以落锤穿透试验所得孔眼的大小来评价土工合成材料抗冲击刺破的能力。

考点五：土工合成材料的水力学性质及试验方法

土工合成材料水力学性质主要包括两个方面：一是导水和透水的能力，二是阻止颗粒流失的能力。这些性质涉及土工合成材料的孔隙率、孔径大小与分布情况、渗透特性等。

1. 渗透系数和透水率

土工织物起渗滤作用，水流的方向垂直于织物平面，应用中要求土工织物必须能阻止土颗粒随水流流失，同时还要具有一定的透水性。

土工织物的透水性主要用渗透系数来表示，渗透系数是在水力坡降等于 1 时的渗透流速。土工织物的渗透性还可以用透水率来表示，透水率是水位差等于 1 时的渗透流速。

土工织物的透水性能取决于织物本身的材料、结构、孔隙的大小和分布，还与实际实用中织物平面所受的法向应力、水质、水温和水中含气量等因素有关。

2. 沿织物平面的渗透系数和导水率

土工织物用作排水材料时，水在织物内部沿织物平面方向流动。土工织物在内部孔隙中输导水流的性能用沿织物平面的渗透系数或导水率表示。

沿织物平面的渗透系数定义为水力坡降等于 1 时的渗透流速。土工织物输导水流的性质还可以用导水率表示，导水率是水力梯度等于 1 时水流沿土工织物平面单位宽度内输导的水量，等于平面渗透系数与土工织物厚度的乘积。

土工织物的导水率和沿织物平面的渗透系数与织物的原材料、织物的结构有关。此外，还与织物平面的法向压力、水流状态、水流方向与织物经纬向夹角、水的含气量和水的温度等因素有关。

例 题 解 析

例题 1 ［2019-8］下列不属于土工合成材料力学性质的是（　　　）。

  A. 拉伸强度　　　　　B. 撕裂强度　　　　　C. 顶/刺破强度　　　　D. 耐久性

解析： 见考点四。土工合成材料力学性质有拉伸强度、撕裂强度、顶/刺破强度、穿透强度。

答案： D

例题 2 土工织物在拉伸过程中厚度是变化的，不易精确测定，故其受力大小一般以单位宽度所承受的力来表示，单位为（　　　）。

  A. kN/m　　　　　B. MPa　　　　　C. N　　　　　D. kPa

解析： 土工织物在拉伸受力过程中厚度是变化的，不易精确测定，故其受力大小一般以单位宽度所承受的力来表示，单位为 kN/m 或 N/m。

答案： A

自 测 模 拟

1. 土工织物宽条拉伸试验时，试样宽度应该为（　　　）。

　　A. 50mm　　　　　　　B. 100mm　　　　　　C. 200mm　　　　　　D. 80mm

2. 土工织物撕裂强度采用的计量单位是（　　　）。

　　A. Pa　　　　　　　　B. MPa　　　　　　　　C. N　　　　　　　　D. kN

3. 木材的主要力学性质为各向异性，表现为（　　　）。

　　A. 抗拉强度，顺纹方向最大　　　　　　　B. 抗拉强度，横纹方向最大

　　C. 抗剪强度，横纹方向最小　　　　　　　D. 抗弯强度，横纹与顺纹方向相近

4. 当木材的含水率大于纤维饱和点时，随含水率的增加，木材的（　　　）。

　　A. 强度降低，体积膨胀　　　　　　　　　B. 强度降低，体积不变

　　C. 强度降低，体积收缩　　　　　　　　　D. 强度不变，体积不变

5. 土工合成材料条带拉伸试验试样分为宽条和窄条两种。宽条试样宽（　　　）mm，宽长比$B/L = 2$。

　　A. 200　　　　　　　　B. 150　　　　　　　　C. 100　　　　　　　　D. 50

参 考 答 案

1. C　　2. C　　3. A　　4. D　　5. A

第二章　土质学与土力学

第一节　土的物理化学性质及工程分类

考 点 分 析

　　本节重点：掌握土的三相组成及相关知识，能够熟练运用三相比例指标之间的基本关系来研究土的工程力学性质；掌握砂土的密实度及评价方法，黏性土不同状态的分界含水率及状态指标、可塑性指标；掌握土的工程分类，土体工程性质。

　　本节难点：掌握颗粒级配，砂土密实度，相对密度，饱和度，孔隙率，孔隙比，标准贯入，分界含水率，液限，塑限，液性指数，塑性指数等概念。

考 点 精 讲

考点一：土的工程分类

　　土分为碎石土、砂土、粉土、黏性土及特殊土。

　　（一）碎石土

　　粒径大于 2mm 的颗粒质量超过总质量 50% 的土，定名为碎石土，并按表 2-1 进一步分类。

碎 石 土 分 类　　　　　　　　　　　　　　　　　　　　表 2-1

土 的 名 称	颗 粒 形 状	颗 粒 级 配
漂石	圆形及亚圆形为主	粒径大于 200mm 的颗粒质量超过总质量 50%
块石	棱角形为主	
卵石	圆形及亚圆形为主	粒径大于 20mm 的颗粒质量超过总质量 50%
碎石	棱角形为主	
圆砾	圆形及亚圆形为主	粒径大于 2mm 的颗粒质量超过总质量 50%
角砾	棱角形为主	

　　注：定名时，应根据颗粒级配由大到小以最先符合者确定。

　　（二）砂土

　　粒径大于 2mm 的颗粒质量不超过总质量 50%，粒径大于 0.075mm 的颗粒质量超过总质量 50% 的土，定名为砂土，并按表 2-2 进一步分类。

砂　土　分　类

表 2-2

土的名称	颗　粒　级　配
砾砂	粒径大于 2mm 的颗粒质量占总质量 25%~50%
粗砂	粒径大于 0.5mm 的颗粒质量超过总质量 50%
中砂	粒径大于 0.25mm 的颗粒质量超过总质量 50%
细砂	粒径大于 0.075mm 的颗粒质量超过总质量 85%
粉砂	粒径大于 0.075mm 的颗粒质量超过总质量 50%

注：定名时应根据颗粒级配由大到小以最先符合者确定。

（三）粉土

粒径大于 0.075mm 的颗粒质量不超过总质量的 50%，且塑性指数等于或小于 10 的土，定名为粉土。

（四）黏性土

塑性指数大于 10 的土定名为黏性土。黏性土应根据塑性指数分为粉质黏土和黏土。塑性指数大于 10，且小于或等于 17 的土，定名为粉质黏土；塑性指数（由相应于 76g 圆锥仪沉入土中深度为 10mm 时测定的液限计算而得）大于 17 的土定名为黏土。

（五）特殊土

特殊土分为黄土、膨胀土、红黏土、盐渍土以及冻土。

考点二：土的物理化学性质

（一）土的三相草图

为便于计算，在土力学中通常用三相草图来表示土的三相组成，如图 2-1 所示。

图 2-1 中符号的意义：V 为土的总体积；V_v 为土中孔隙体积；V_w 为土中水的体积；V_a 为土中气体的体积；V_s 为土中固体土粒的体积；m 为土的总质量；m_w 为土中水的质量；m_a 为土中气体的质量，$m_a \approx 0$；m_s 为土中固体土颗粒的质量。

在上述各项中，独立的量有 V_s、V_w、V_a、m_w、m_s 五个。

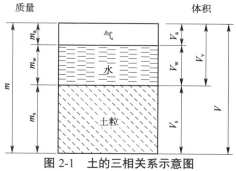

图 2-1　土的三相关系示意图

1cm³ 水的质量通常等于 1g，故在数值上 $V_w = m_w$。此外，当研究这些量的相对比例关系时，总是取某一定数量的土体来分析，例如取 $V = 1cm^3$，或 $m = 1g$，或 $V_s = 1cm^3$ 等，因此又可以消去一个未知量。这样，对于这一定数量的三相土体，只要知道其中三个独立的量，其他各个量就可从图中直接换算得到。

（二）基本试验指标

为了确定三相草图各量中的三个量，需要通过室内试验测定。通常做三个试验：土的密度试验，土粒相对密度（习惯上称为比重）试验，土的含水率试验。

1. 土的密度和重度

土的密度定义为单位体积土的质量，用 ρ 表示，以 g/cm³ 计，即

$$\rho = \frac{m}{V}$$

（2-1）

天然状态下土的密度变化范围较大。一般黏性土和粉土 $\rho = 1.8 \sim 2.0\text{g/cm}^3$；砂土 $\rho = 1.6 \sim 2.0\text{g/cm}^3$；腐殖土 $\rho = 1.5 \sim 1.7\text{g/cm}^3$。

土的重度定义为单位体积土的重量，是重力的函数，用 γ 表示，以 kN/m^3 计，即

$$\gamma = \frac{G}{V} = \frac{mg}{V} = \rho \cdot g \tag{2-2}$$

式中：G ——土的重量（N）；

$\quad\quad g$ ——重力加速度，$g = 9.80665\text{m/s}^2$，工程上为了计算方便，有时取 $g = 10\text{m/s}^2$。

2. 土粒相对密度

土粒密度（单位体积土粒的质量）与 4℃时纯水密度之比，称为土粒相对密度，用 d_s 表示，为无量纲量，即

$$d_s = \frac{m_s}{V_s} \cdot \frac{1}{\rho_{w1}} = \frac{\rho_s}{\rho_{w1}} \tag{2-3}$$

式中：ρ_s ——土粒的密度，即单位体积土粒的质量。土粒相对密度在数值上等于土粒的密度；

$\quad\quad \rho_{w1}$ ——4℃时纯水的密度，取 1g/cm^3。

土粒相对密度可在试验室内用比重瓶法测定。由于土粒相对密度变化不大，通常可按经验数值选用，一般参考值见表 2-3。

土粒相对密度参考值　　　　　　　　　　　　　表 2-3

土的名称	砂土	粉土	黏性土	
			粉质黏土	黏土
土粒相对密度	2.65~2.69	2.70~2.71	2.72~2.73	2.74~2.76

3. 土的含水率

土的含水率定义为土中水的质量与土粒质量之比，用 w 表示，以百分数计，即

$$w = \frac{m_w}{m_s} \times 100\% = \frac{m - m_s}{m_s} \times 100\% \tag{2-4}$$

含水率 w 是标志土的湿度的一个重要物理指标。天然土层的含水率变化范围很大，它与土的种类、埋藏条件及其所处的自然地理环境等有关。一般说来，对同一类土，当其含水率增大时，则其强度就降低。

土的含水率一般用"烘干法"测定。先称小块原状土样的湿土质量 m，然后置于烘箱内维持 100~105℃ 烘至恒重，再称干土质量 m_s，湿、干土质量之差 $m - m_s$ 与干土质量 m_s 之比值，就是土的含水率。

（三）其他常用指标

在测定土的密度 ρ、土粒相对密度 d_s 和土的含水率 w 这三个基本指标后，就可以根据三相草图计算出三相组成各自在体积上与质量上的含量。工程上，为了便于表示三相含量的某些特征，定义如下几种指标。

1. 表示土中孔隙含量的指标

工程上常用孔隙比 e 或孔隙率 n 表示土中孔隙的含量。孔隙比 e 的定义为土中孔隙体积与土粒体积之比，即

$$e = \frac{V_v}{V_s} \tag{2-5}$$

孔隙比用小数表示，它是一个重要的物理性能指标，可用来评价天然土层的密实程度。一般地，$e < 0.6$的土是密实的低压缩性土，$e > 1.0$的土是疏松的高压缩性土。孔隙率n的定义为土中孔隙体积与土总体积之比，以百分数计，即

$$n = \frac{V_v}{V} \times 100\% \tag{2-6}$$

孔隙比和孔隙率都是用来表示孔隙体积含量的概念。容易证明两者之间具有以下关系

$$\left. \begin{array}{l} n = \dfrac{e}{1+e} \times 100\% \\[2mm] e = \dfrac{n}{1-n} \end{array} \right\} \tag{2-7}$$

2. 表示土中含水程度的指标

含水率w是表示土中含水程度的一个重要指标。此外，工程上往往需要知道孔隙中充满水的程度，这可用饱和度S_r表示。土的饱和度S_r的定义为土中被水充满的孔隙体积与孔隙总体积之比，即

$$S_r = \frac{V_w}{V_v} \times 100\% \tag{2-8}$$

砂土根据饱和土S_r的指标值分为稍湿、很湿和饱和三种湿度状态，其划分标准见表2-4。显然，干土的饱和度$S_r = 0$，而完全饱和土的饱和度$S_r = 100\%$。

砂土湿度状态的划分

表 2-4

砂土湿度状态	稍湿	很湿	饱和
饱和度S_r(%)	$S_r \leqslant 50$	$50 < S_r \leqslant 80$	$S_r > 80$

3. 表示土的密度和重度的几种指标

除了天然密度ρ（有时也叫湿密度）以外，工程计算中还常用如下两种土的密度：饱和密度ρ_{sat}和干密度ρ_d。土的饱和密度的定义为土中孔隙被水充满时土的密度，表示为

$$\rho_{sat} = \frac{m_s + V_v \rho_w}{V} \tag{2-9}$$

土的干密度的定义为单位土体积中土粒的质量，表示为

$$\rho_d = \frac{m_s}{V} \tag{2-10}$$

在计算土中自重应力时，须采用土的重力密度，简称重度。与上述几种土的密度相应的有土的天然重度γ、饱和重度γ_{sat}、干重度γ_d。在数值上，它们等于相应的密度乘以重力加速度g，即$\gamma = \rho \cdot g$，$\gamma_{sat} = \rho_{sat} \cdot g$，$\gamma_d = \rho_d \cdot g$。另外，对于地下水位以下的土体，由于受到水的浮力作用，将扣除水浮力后单位体积土所受的重力称为土的有效重度，以γ'表示，当认为水下土是饱和时，它在数值上等于饱和重度γ_{sat}与水的重度$\gamma_w (\gamma_w = \rho_w \cdot g)$之差，即

$$\gamma' = \frac{m_s g - V_s \gamma_w}{V} = \gamma_{sat} - \gamma_w \tag{2-11}$$

显然，几种密度和重度在数值上有如下关系：

$$\rho_{sat} \geqslant \rho \geqslant \rho_d$$

$$\gamma_{sat} \geqslant \gamma \geqslant \gamma_d > \gamma'$$

（四）黏土的物理化学性质

黏土矿物可以分为蒙脱石、伊利石和高岭石三种类型。黏土矿物具有独特的结晶结构特征，即组成

矿物的原子和分子的排列以及原子与原子之间或分子与分子之间的联结力，这种联结力统称为键力。黏性土的工程性质主要受上述各种因素与颗粒周围介质之间的相互作用所制约，这也是黏性土物理化学性质特性的本质。

1. 键力的概念

键力主要有化学键、分子键和氢键三种。不同元素的原子通过化学反应构成一种新的物质分子，异性原子之间的联结力称为离子键；两个同性原子形成同一元素分子的联结力称为共价键；通过自由电子而将原子或离子联结成结晶格架的联结力称为金属键。

黏性土的土粒本身，大部分是由硅酸盐矿物质所组成。土粒本身的强度是由主键形成的，而土粒与土粒之间，土粒与水分子之间的吸引力则是由次键及氢键形成的，土粒之间的联结力远比土粒本身的强度小，因此，土体的强度主要取决于土粒之间的联结。

2. 黏土矿物颗粒的结晶结构

黏土矿物的结晶结构主要由两个基本结构单元组成，即硅氧四面体和氢氧化铝八面体。四面体片与八面体片的不同组合堆叠，形成了不同类型的黏土矿物，土中常见的黏土矿物主要有高岭石、蒙脱石和伊利石三大类。

高岭石的膨胀性和压缩性都较小。蒙脱石的膨胀性及压缩性都比高岭石大得多。伊利石的膨胀性和压缩性介于高岭石和蒙脱石之间。

3. 黏土颗粒的胶体化学性质

黏土颗粒粒径非常微小，小于 $5\mu m$，在介质中具有明显的胶体化学特性，这起源于黏土颗粒表面带电性。认识这一基本属性，在工程上具有非常重要的意义。

不同类型的黏土矿物，由于其结晶构造不同，工程性质的差异也就很大。表 2-5 为高岭石、蒙脱石和伊利石三类矿物性质的有关资料。

黏土矿物的性质　　　　　　　　　　　　　　　　　　表 2-5

黏土矿物类型	符号	平均比表面积S（$m^2/g \cdot m$）直径d（μm）厚度t（μm）	单位晶包负电荷	阳离子交换容量（mcq/100g）	液限w_L	塑限I_p	活动性d_e	压缩指数C_e	排水后的内摩擦角
高岭石	强的H^+键	$S = 10$ $d = 0.3\sim4$ $t = 0.05\sim5$	−0.01	3	50	20	0.2	0.2	20°~30°
伊利石	强的K^+键	$S = 100$ $d = 0.1\sim2$ $t = 0.01\sim0.2$	−1.0	25	100~120	50~65	0.6	0.6~1	20°~25°
蒙脱石	非常弱的键	$S = 800$ $d = 0.1\sim1$ $t = 0.001\sim0.01$	−0.03	100	150~700	100~650	1~6	1~3	12°~20°

注：mcq/100g = 毫克当量/100克干土。

黏土矿物晶格构造的不同对工程性质的影响，本质上是这些矿物的颗粒与土中水相互作用的反映。土中水与固体颗粒之间并不是机械地混合，而是有机地参加土的结构，是一种复杂的物理化学作用。土的性质不仅取决于水的绝对含量，而且还取决于水的形态、结构以及介质的物理条件及化学成分。

4. 土中水

根据水受颗粒表面静电引力作用的强弱，可以将土中水划分为三种类型：强结合水、弱结合水和自由水。

（1）强结合水

强结合水是指紧靠颗粒表面的水，受表面电荷静电引力最强。静电引力把极性水分子和水化阳离子牢固地吸附在颗粒表面形成固定层。这部分水的特征是没有溶解能力，不能传递静水压力，不能自由移动，只有吸热变成蒸汽时才能移动。它极其牢固地结合在土粒表面上，其性质接近于固体，具有极大的黏滞性。如果将完全干燥的土置于天然湿度的空气中，则土的质量将增加，直到土中吸着强结合水达到最大容量为止。土颗粒越细，土的比表面越大，吸湿容量就越大。强结合水层称为吸附层或固定层。

（2）弱结合水

弱结合水是紧靠强结合水外围的一层水膜。在这层水膜范围内，水分子和水化阳离子仍受到一定程度的静电引力，离颗粒表面越远，受静电引力越小。这部分水仍然不能传递静水压力，但水膜较厚的弱结合水能向邻近较薄水膜处缓慢转移。弱结合水层称为扩散层。固定层和扩散层与土粒表面负电荷一起构成所谓双电层。黏土颗粒表面称为内层，内层所具有的电位称为热力电位ε，热力电位的大小与土粒的矿物成分、分散度等因素有关。当这部分电位被强结合水平衡一部分后，在固定层界面上的电位变成ε电位，称为电动电位。电动电位继续吸引水分子和水化阳离子，直到其对水的影响完全消失为止。

扩散层的厚度首先取决于内层的热力电位。当内层电位一定时，扩散层的厚度可随外界条件的变化而变化。比如：阳离子的原子价高，扩散层的厚度变小；阳离子的浓度大，扩散层的厚度变小；阳离子直径大，扩散层的厚度变大。

弱结合水的存在是黏性土在某一含水量范围内表现出可塑性的原因。水膜厚度大，土的可塑性高；颗粒之间的距离相对也大，因此，土体的膨胀性和收缩性也大，土的压缩性也大，而强度相对降低。所以，工程实践中，可利用这一机理来改良土质，增加土的稳定性。

（3）自由水

自由水又称重力水，是指不受土粒表面电荷电场影响的水。它的性质和普通水一样，能传递静水压力，在水头差作用下流动，具有溶解能力。自由水可分为毛细水和重力水。

毛细水分布在土粒间相互贯通的孔隙中，可以认为这些孔隙组成许多形状不一、直径互异、彼此连通的毛细管。毛细区域内的水压力与一般静水压力的概念相同，其绝对值与水头高度成正比，负号表示张力。自由水位以下的水承受压力；自由水位以上，毛细区域内的毛细水承受张力。因此，自由水位以下，土骨架受浮力，减小了颗粒间的压力。自由水位以上，毛细区域内骨架中的颗粒承受水的张拉作用而使颗粒间受压，称为毛细压力。毛细压力呈倒三角形分布，弯液面处最大，自由水面处为零。

根据地下埋藏条件的不同，地下水可分为上层滞水、潜水和承压水三大类。上层滞水为存在于潜水面以上包气带中的局部不透水层上的重力水。潜水为存在于地表以下第一个稳定隔水层上的地下水。潜水的水面（潜水面）一般也被称为地下水水位，其水质不稳定，受外界扰动影响比较大。承压水（稳定地下水）是埋藏较深、存在于两个隔水层之间的地下水（一般位于潜水含水层下方）。

5. 黏土工程性质的利用与改良

黏土矿物具有特殊的结晶构造和带电的特性。因此黏土矿物的成分和含量对黏土的工程性质具有非常重要的影响。工程实践中，可以利用其特性为工程服务，也可根据其特性，正确有效地选择处理的措施，达到改良加固的目的。

（1）电渗排水和电化学加固

在电场作用下，带有负电荷的黏土颗粒向阳极移动，这种电动现象称为电泳；水分子及水化阳离子向阴极移动，这种现象称为电渗。

电渗排水：在渗透系数小于10^{-6}cm/s的饱和软黏土地层中开挖基坑或其他地下工程活动中，可以采用电渗排水的方法降低地下水位。

电化学加固：利用电渗电泳原理来改良黏土的工程性质，方法很多。比如双液灌浆，生成不可溶的二氧化硅胶，既填充了土中的孔隙，又可提高土颗粒之间的胶结力，从而提高土体的强度。

（2）利用离子交换改良黏土的工程性质

膨胀土在我国分布很广泛，对工程的危害十分严重。膨胀土的黏土颗粒主要由强亲水性的蒙脱石和伊利石所组成。对于蒙脱石来说，吸附一价钠离子比吸附三价铁离子液限大5倍。低价离子使土颗粒周围的水膜变厚，其可塑性明显地显示出来，这些可用双电层中扩散层变化理论来解释。在工程实践中，可以利用高价阳离子置换低价离子的方法来改善土的性质。

除了黏土矿物的成分对工程性质有明显影响外，黏土颗粒的含量也有较大的影响。在工程实践中，提出了一个既能反映黏土矿物成分，又能反映黏土颗粒的含量影响的综合指标A_c，称为胶体活动性指数，表达式为

$$A_c = \frac{I_p}{p_{<0.002}} \tag{2-12}$$

式中：I_p——土的塑性指数；

$p_{<0.002}$——黏粒（<0.002mm）的百分含量。

从上式可以看出，如果两个黏土试样的塑性指数相同，则黏粒含量$p_{<0.002}$小的黏土，含有黏土矿物的活动性比较大。因此，就可以根据A_c的大小，从宏观上来判断黏土矿物的成分。不同黏土矿物的A_c的范围大致如下：蒙脱石为1~7；伊利石为0.5~1；高岭石为0.2~0.5。工程上通常按A_c的值把黏土分为：

非活动性黏土，$A_c < 0.75$；

正常黏土，$0.75 < A_c < 1.25$；

活动性黏土，$A_c > 1.25$。

A_c越大，黏粒对土的可塑性影响越大。

（3）黏土的结构性

土的颗粒表面带有电荷，表面电荷与矿物成分和颗粒大小有关。对于粗颗粒土，如碎石土和砂土等，其表面电荷非常微弱，粒间没有联结存在。因此，在沉积过程中只表现为重力堆积，称为单粒结构。在荷载作用下，尤其是在振动荷载作用下，疏松的单粒结构会趋于紧密；而在剪应力作用下，紧密的单粒结构则会发生膨胀。

黏土颗粒的沉积过程就复杂得多。由于高分散度，破键产生的电荷在颗粒表面分布不均匀。在黏土颗粒薄片的面上分布着负电荷，在边角处分布着正电荷。因此黏土颗粒在沉积过程中除受到重力作用外，还受到静电的吸力和斥力作用。排斥力势随距离按指数关系衰减；吸引力势与距离的7次方成反比。在沉积过程中，因排斥作用使各颗粒相互分开称为分散状态，在分散状态情况下，黏土颗粒处于悬浮状态，直到它们在其本身重力作用下沉至底部。如果两个土颗粒在运动中相互碰撞，它们就吸引在一起，逐渐形成一个大的颗粒集合体，由于其重力大，很快就下沉于底部，这个过程称为絮凝作用。

吸引势和排斥势都会受到离子的浓度、离子价以及温度等因素的影响。在成土过程中如果某种因素发生变动，吸引势和排斥势也会随之变动。例如，当离子浓度增大，就会促进絮凝沉积。反之，就会发生分散作用。如果吸引势是均匀分布于黏土颗粒表面，两个颗粒就会相互平行地靠拢在一起，因为这是能量最小的位置。颗粒相互大致平行堆积，这种沉积结构类型为片堆结构，如图2-2a）所示。颗粒的边或角被吸附到带负电荷的面上来，边—面接触，这种结构称为絮凝结构，如图2-2b）所示。较多的黏土

介于这两种极端结构之间，称为重塑结构，如图 2-2c）所示。

a)片堆结构   b)絮凝结构   c)重塑结构

图 2-2　黏土结构

把原状结构的强度与破坏后的强度之比定义为灵敏度S_t，絮凝结构土的灵敏度比片堆结构土的灵敏度要高得多。

在工程实践中，根据灵敏度的大小把黏性土分成四类：

中灵敏性黏性土，$2 < S_t \leqslant 4$；

高灵敏性黏性土，$4 < S_t \leqslant 8$；

极灵敏性黏性土，$8 < S_t \leqslant 16$；

流性，$S_t > 16$。

在灵敏性土中进行施工活动时，要特别注意避免对土体的扰动，以防止产生过大的变形。尤其是在边坡附近打桩、爆破等，更要避免由于振动导致土的强度丧失而造成事故。

（4）黏土的触变性和触变泥浆

在工程实践中，可利用黏土矿物颗粒带电的特性为工程建设服务。将纯黏土矿物与水制成泥浆时，矿物颗粒吸附大量水化离子和水分子，由于颗粒的水膜很厚，颗粒与颗粒之间的引力很小，可以长时间悬浮在水中。当悬浮液在静止状态时，颗粒之间的微弱引力，使其聚集起来悬液成为糊状、黏滞度较大的流体。一旦受到振动或扰动，颗粒之间的联结会立即丧失，又恢复为流动的液体，这种性质为触变性。

触变泥浆稳定槽壁的机理，主要是利用黏土矿物能长期呈悬浮状态、不发生沉淀的特点，从而维持悬液较高的重度，使得孔壁的应力差减小。

由于黏土矿物泥浆具有触变的特性，在桩基、地下连续墙等施工过程中，广泛地用来保护孔壁和沟槽的稳定。

考点三：黏土的界限含水率

（一）界限含水率

黏土由某一状态转入另一状态时的分界含水率，称为土的界限含水率。

（二）液限、塑限和缩限

（1）液限　土由流动状态变成可塑状态的界限含水率称为液限，以符号w_L表示。

（2）塑限　土由可塑状态变化到半固体状态的界限含水率称为塑限，以符号w_p表示。

（3）缩限　由半固体状态变化到固体状态的界限含水率称为缩限，以符号w_s表示。

（三）塑性指数I_p

液限与塑限之差值（省去%）即为塑性指数，它反映在可塑状态下的含水率范围。此值可作为黏性土分类的指标。计算公式为

$$I_p = w_L - w_p \tag{2-13}$$

就物理概念而言，它大体表示土所能吸着的弱结合水质量与土粒质量之比。吸附结合水的能力是土的黏性大小的标志；同时，弱结合水是使土有可塑性的原因。黏性与可塑性是黏性土的一种重要属性，因此，塑性指数为细粒土工程分类的重要依据。

（四）液性指数I_L

液性指数的计算公式为

$$I_L = \frac{w - w_p}{I_p} = \frac{w - w_p}{w_L - w_p} \tag{2-14}$$

液性指数为天然含水率和塑限之差与塑性指数之比值，反映土在天然条件下所处的状态（软硬程度）。黏性土中水的含量对其性质、状态的影响：土中多含自由水时，处于流动状态；土中多含弱结合水时，处于可塑状态；弱结合水减少，水膜变薄，土向半固态转化，土中为强结合水时处于固态。

考点四：砂土的相对密实度

当砂土处于最密实状态时，其孔隙比称为最小孔隙比e_{min}；而砂土处于最疏松状态时的孔隙比则称为最大孔隙比e_{max}。试验标准规定了一定的方法测定砂土的最小孔隙比和最大孔隙比，然后可按式（2-15）计算砂土的相对密实度D_r。

$$D_r = \frac{e_{max} - e}{e_{max} - e_{min}} \tag{2-15}$$

土的最大孔隙比e_{max}的测定方法，是将松散的风干土样，通过长颈漏斗轻轻地倒入容器，求得土的最小干密度，再经换算确定；土的最小孔隙比e_{min}的测定方法，是将松散的风干土样分批装入金属容器内，按规定的方法进行振动或锤击夯实，直至密实度不再提高，求得最大干密度，再经换算确定。

当砂土的天然孔隙比e接近最小孔隙比e_{min}时，则其相对密实度D_r较大，砂土处于较密实状态。当e接近最大孔隙比e_{max}时，则其D_r较小，砂土处于较疏松状态。用相对密实度D_r判定砂土密实度的标准为：

$0 \leqslant D_r \leqslant 1/3$时，松散。

$1/3 < D_r \leqslant 2/3$时，中密。

$2/3 < D_r \leqslant 1$时，密实。

考点五：黏土颗粒与水的相互作用

土体孔隙及裂隙中含水，不只改变了土的密度与重度，地下水位以下的水还受到水深度向上的静水压力（浮力）的作用，工程上计算时，按照有效重度计算。黏土颗粒与水的相互作用对土的力学性质还有着很大的影响。由于土颗粒带有负电荷，从而会产生电泳现象。土体中的水分子向与土颗粒电泳相反的方向移动的现象称为电渗。工程中的电渗排水法就利用了黏土颗粒表面带电的现象。

带电土粒与水相互作用时，周围产生了一个电场，在其范围内的水分子与水溶液中的阳离子一起吸附在土粒表面，这些阳离子一方面受到土粒电场的静电引力作用，另一方面还受到布朗运动的扩散力作用。土粒表面处静电引力强，阳离子与水分子牢牢地吸附在颗粒表面形成固定层，在固定层外围静电引力较小，阳离子与水分子活动较大，形成扩散层。因此结合水又分为强结合水和弱结合水。水中阳离子的价越高，与土粒之间的静电力越强，扩散层厚度越薄，因此工程实践中可以利用这个原理来改良土质。例如用三价或二价阳离子处理黏土，使扩散层变薄，从而增加土的水稳性，减少膨胀性，提高土的强度。同样，可以利用一价阳离子处理黏土，增厚扩散层，从而降低土的透水性。

土中水并非处于静止不变的状态，而是运动着的。在水位差作用下，水穿过土中相互连通的孔隙。一方面造成水量损失，如挡水土坝体和坝基渗水、输水渠道渗漏等。此外引起土体内部应力的变化，使土体产生内部变形，给工程带来很多问题。工程实践中的流土、管涌、冻胀、渗透固结、渗流时的边坡稳定等问题，都与土中水的运动有关。如1998年洪灾，长江大堤多处险情都是由于渗流造成的。土中水的运动原因和形式很多，本章着重讨论土中自由水，即重力水和毛细水在土中的运动规律。

考点六：土体工程性质的变化

土体的工程性质主要包含土体的物理性质、变形性质、力学性质和渗透性质。不同的土体，工程性质不一致。主要的土体工程性质如下。

（1）碎石土　碎石土的工程性质与黏粒的含量及孔隙中充填物的性质和数量有关。一般构成良好地基。由于透水性强，常使基坑涌水较大，坝基、渠道渗漏。

（2）砂土　砂土的工程性质与砂粒大小和密度有关，一般构成良好地基，为较好的建筑材料，但可能产生涌水或渗漏。粉、细砂土的工程性质相对差，特别是饱水粉土、细砂土受振动后易产生液化。

（3）黏性土　黏性土的工程性质取决于联结和密实度，即与其黏粒含量、稠度、孔隙比有关。从亚砂土到黏土，其塑性指数、胀缩量、黏聚力逐渐增大，而渗透系数和内摩擦角则逐渐减小。

例 题 解 析

例题 1 ［2019-12］粒径大于 0.075mm 的颗粒含量不超过总质量的 50%，且 $I_p > 17$ 的土称为（　　　）。

    A. 碎石土　　　　　B. 砂土　　　　　C. 粉土　　　　　D. 黏土

解析：见考点一。粒径大于 0.075mm 的颗粒质量不超过总质量的 50%，且塑性指数等于或小于 10 的土，定名为粉土；塑性指数大于 17 的土定名为黏土。

答案：D

例题 2 ［2019-13］对填土，要保证其具有足够的密实度，就要控制填土的（　　　）。

    A. 土粒密度　　　B. 土的密度　　　C. 干密度　　　D. 饱和密度

解析：见考点二。

答案：C

例题 3 ［2019-14］某原状土的液限 $w_L = 46\%$，塑限 $w_p = 24\%$，天然含水率 $w = 40\%$，则该土的塑性指数为（　　　）。

    A. 22　　　　　　B. 22%　　　　　C. 16　　　　　D. 16%

解析：见考点三。塑性指数是液限与塑限之差值（省去%），反映在可塑状态下的含水率范围。此值可作为黏性土分类的指标，即 $I_p = w_L - w_p = 46 - 24 = 22$。

答案：A

例题 4 ［2019-15］松砂受振时土颗粒在其跳动中会调整相互位置，土的结构趋于（　　　）。

    A. 松散　　　　　B. 稳定和密实　　　C. 液化　　　　　D. 均匀

解析：见考点四。

答案：B

例题 5 ［2019-16］土体具有压缩性的主要原因是（　　　）。

A. 因为水被压缩引起的　　　　　　　　B. 由孔隙的减少引起的

C. 由土颗粒的压缩引起的　　　　　　　D. 土体本身压缩模量较小引起的

解析：见考点二。孔隙比用小数表示，它是一个重要的物理性能指标，可用来评价天然土层的密实程度。

答案：B

例题 6　〔2020-12〕土的含水率是指（　　　　）。

A. 土中水的质量与土体总质量的比值

B. 土中水的质量与土粒质量的比值

C. 土中水的体积与孔隙的体积的比值

D. 土中水的体积与土颗粒体积的比值

解析：见考点二，含水率的定义，以百分数计。

答案：B

例题 7　〔2020-13〕评价砂土的密实程度，最常用的指标是（　　　　）。

A. 相对密实度　　　　　　　　　　　　B. 表观密实

C. 孔隙率　　　　　　　　　　　　　　D. 稠度

解析：见考点四。当孔隙比e接近最大孔隙比e_{max}时，则其相对密实度D_r较小，砂土处于较疏松状态；当孔隙比e接近最小孔隙比e_{min}时，则其相对密实度D_r较大，砂土处于较密实状态。

答案：A

例题 8　〔2020-14〕粉、细砂在饱和状态下，突然发生振动而且排水不畅，此时砂土可能会出现（　　　　）。

A. 管涌　　　　　　B. 稳定　　　　　　C. 液化　　　　　　D. 密实

解析：见考点六。粉、细砂土的工程性质相对差，特别是饱水粉、细砂土受振动后易产生液化。

答案：C

例题 9　〔2021-12〕关于土的界限含水率，说法正确的是（　　　　）。

A. 固态与半固态的界限含水率为塑限w_p

B. 半固态与可塑状态的界限含水率为缩限w_s

C. 固态与液态的界限含水率为液限w_L

D. 可塑状态与流动状态的界限含水率为液限w_L

解析：见考点三。土由流动状态变成可塑状态的界限含水率称为液限，以符号w_L表示。土由可塑状态变化到半固体状态的界限含水率称为塑限，以符号w_p表示。土由半固体状态变化到固体状态的界限含水率称为缩限，以符号w_s表示。

答案：D

例题 10　〔2021-13〕关于砂土的相对密实度，说法正确的是（　　　　）。

A. 相对密实度越大，孔隙比e越小

B. 相对密实度越大，孔隙比e越大

C. 砂土的相对密实度D_r接近于1，表明砂土接近于最松散的状态

D. 砂土的相对密实度D_r接近于0，表明砂土接近于最密实的状态

解析：见考点四。当砂土处于最密实状态时，其孔隙比称为最小孔隙比e_{min}；而砂土处于最疏松状态时的孔隙比则称为最大孔隙比e_{max}。当$D_r = 0$时，$e = e_{max}$，表示土处于最疏松状态；当$D_r = 1$时，

$e = e_{\min}$，表示土处于最密实状态。

答案：A

例题 11〔2021-14〕关于土的工程分类，以下说法正确的是（　　　）。

  A. 碎石土是指粒径大于 2mm 的颗粒含量超过总质量 50% 的土

  B. 碎石土是指粒径大于 2mm 的颗粒含量超过总质量 45% 的土

  C. 砂土是指粒径大于 2mm 的颗粒含量不超过总质量 45% 的土

  D. 粉土是指粒径大于 0.075mm 的颗粒含量超过总质量 50% 的土

解析： 见考点一。碎石土指粒径大于 2mm 的颗粒含量超过颗粒全重 50% 的土。砂土指粒径大于 2mm 的颗粒含量不超过全重 50% 而粒径大于 0.075mm 的颗粒含量超过全重 50% 的土。粉土指粒径大于 0.075mm 的颗粒含量不超过全重 50% 而塑性指数 $I_P \leqslant 10$ 的土。

答案：A

例题 12〔2022-21〕下列指标中，哪一项可作为判定土的软硬程度的指标（　　　）。

  A. 液限   B. 塑限   C. 液性指数   D. 塑性指数

解析： 见考点三。液性指数是判定土的软硬程度的指标，塑性指数是判断土体可塑性和黏性大小的指标，液限是土从塑性状态转变为液性流态时的含水率，塑限是土从半固体状态转变为塑性状态时的含水率。

答案：C

例题 13〔2023-13〕某原状土，天然土密度 $\rho = 1.7 \times 10^3 \, \text{kg/m}^3$，含水率 $w = 22.0\%$，土粒相对密度 $d_s = 2.72$，则该土的孔隙比 e 是（　　　）。

  A. 0.73   B. 0.83   C. 0.92   D. 0.95

解析： 见考点二。

$$w = \frac{m_w}{m_s}, \quad 即 \, m_w = wm_s, \quad 则$$

$$\rho = \frac{m}{V} = \frac{m_s + m_w}{V} = \frac{m_s(1+w)}{V}$$

$$因 e = \frac{V_v}{V_s}, \quad n = \frac{V_v}{V}, \quad n = \frac{e}{1+e}, \quad 则$$

$$\rho = \frac{m_s(1+w)}{V} = \frac{m_s(1+w)}{\dfrac{V_v}{n}} = \frac{m_s(1+w)}{V_v} \frac{e}{1+e} = \frac{m_s(1+w)}{eV_s} \frac{e}{1+e} = \frac{m_s(1+w)}{V_s} \frac{1}{1+e}$$

$$= \frac{\rho_s(1+w)}{1+e}$$

$$e = \frac{\rho_s(1+w)}{\rho} - 1 = \frac{d_s \rho_w(1+w)}{\rho} - 1 = \frac{2.72 \times 1 \times (1+22\%)}{1.7} - 1 = 0.95$$

答案：D

例题 14 黏土处于可塑状态，其含有大量的（　　　）。

  A. 强结合水   B. 弱结合水   C. 重力水   D. 毛细水

解析： 见考点二。弱结合水的存在是黏性土在某一含水量范围内表现出可塑性的原因。水膜厚度大，土的可塑性高，颗粒之间的距离相对也大。

答案：B

自测模拟

1. 已知某土样孔隙比 $e = 1$，饱和度 $S_r = 0$，则以下几项正确的是（　　　）。

①土粒、水、气三相体积相等；②土粒、气两相体积相等；③土粒体积是气体体积的两倍；④此土样为干土

A. ①②　　　　　　B. ①③　　　　　　C. ②③　　　　　　D. ②④

2. 反映黏性土状态的指标是（　　　　）。

A. w　　　　　　B. I_L　　　　　　C. w_p　　　　　　D. S_r

3. 某原状土样，试验测得重度$\gamma = 17\text{kN/m}^3$，含水率$w = 22.0\%$，土粒相对密度$d_s = 2.72$，则该土样的孔隙率及有效重度分别为（　　　　）。

A. 48.8%，8.81kN/m³　　　　　　　　　B. 1.66%，18.81kN/m³

C. 1.66%，8.81kN/m³　　　　　　　　　D. 48.8%，18.81kN/m³

4. 某住宅地基勘察中，一个钻孔原状土试样的试验结果为：土的密度$\rho = 1.8\text{g/cm}^3$，土粒相对密度$d_s = 2.70$，土的含水率$w = 18.0\%$，则此试样1cm³的土样中气体体积为（　　　　）。

A. 0.12cm³　　　B. 0.19cm³　　　C. 0.14cm³　　　D. 0.16cm³

5. 完全饱和的土样含水率为30%，由76g圆锥仪沉入土中深度10mm时测得的液限为29%，塑限为17%，土样的塑性指数和液性指数为（　　　　）。

A. 12，1.08　　　B. 1.08，12　　　C. 0.98，12　　　D. 12，0.98

6. 黏性土具有一定的可塑性是由于黏性土中含有较多的（　　　　）。

A. 强结合水　　　B. 弱结合水　　　C. 重力水　　　D. 毛细水

参 考 答 案

1. D　　2. B　　3. A　　4. D　　5. A　　6. B

第二节　土中水的运动规律

考 点 分 析

本节重点：渗透试验，层流渗透定律（达西定律），渗透系数及其影响因素；掌握渗透系数。

本节难点：掌握土体毛细特性冻胀机理，冻胀，达西定律等概念。

考 点 精 讲

考点一：土的毛细特性、冻胀机理与影响因素

通常土体都是多孔介质，土中的孔隙很复杂，形成了无数的毛细管，因为水的表面张力作用，水可以上升到某一高度，这种现象称为毛细管作用（或毛细现象），这种细微孔隙中的水被称为毛细水。

当大气温度降至负温时，土层中的温度也随之降低，土体孔隙中的自由水首先在0℃时冻结成冰晶体。随着气温的继续下降，弱结合水的外层也开始冻结，使冰晶体渐渐扩大。这样使冰晶体周围土粒的

结合水膜减薄，土粒就产生剩余的分子引力，另外，由于结合水膜的减薄，使得水膜中的离子浓度增加（因为结合水中的水分子结成冰晶体，使离子浓度相应增加），这样，就产生渗透压力（当两种水溶液的浓度不同时，会在它们之间产生一种压力差，使浓度较小的溶液中的水向浓度较大的溶液渗流），在这两种引力作用下，附近未冻结区水膜较厚处的结合水，被吸引到冻结区的水膜较薄处。一旦水分被吸引到冻结区后，因为负温作用，水即冻结，使冰晶体增大，而不平衡引力继续存在。若未冻结区存在着水源（如地下水距冻结区很近）及适当的水源补给通道（即毛细通道），就能够源源不断地补充被吸收的结合水，则未冻结的水分就会不断地向冻结区迁移积聚，使冰晶体扩大，在土层中形成冰夹层，土体积发生隆胀，即冻胀现象。

考点二：层流渗透定律（达西定律）、渗透系数及其影响因素

达西定律只适用于层流条件。所谓层流条件是指在土孔隙中移动的水，流体质点互不干扰，迹线有条不紊地沿着细微管道流动，也即要求土中水的流速不能超过某一定值，故达西定律也称为土的层流渗透定律。一般中砂、细砂、粉砂等细颗粒土中水的流速满足层流条件；而粗砂、砾石、卵石等粗颗粒土中水的渗流速度较大，是紊流而不是层流，故不能使用达西定律。

达西根据对不同尺寸的圆筒和不同类型及长度的土样所进行的试验发现，渗出水量Q与土样横断面积A和水力坡降i成正比，且与土体的透水性质有关，达西定律表达式为

$$v = \frac{Q}{A} = ki \tag{2-16}$$

式中：v——平均渗流速度；

k——土体的渗透系数；

i——水力坡降，$i = \Delta h / L$，L为渗径，Δh为水头损失。

在黏土中，土颗粒周围存在着结合水，结合水因受到分子引力作用而呈现黏滞性，黏土中自由水的渗流受到结合水的黏滞作用而产生很大阻力，只有克服结合水的抗剪强度后才能开始渗流。故黏土中的渗流规律须按达西定律进行修正。土的渗透系数参考值见表2-6。

土的渗透系数参考值 表2-6

土 的 类 别	渗透系数（m/s）	土 的 类 别	渗透系数（m/s）
黏土	$< 5 \times 10^{-8}$	细砂	$1 \times 10^{-5} \sim 5 \times 10^{-5}$
粉质黏土	$5 \times 10^{-8} \sim 1 \times 10^{-6}$	中砂	$5 \times 10^{-5} \sim 2 \times 10^{-4}$
粉土	$1 \times 10^{-6} \sim 2.5 \times 10^{-6}$	粗砂	$2 \times 10^{-4} \sim 5 \times 10^{-4}$
黄土	$2.5 \times 10^{-6} \sim 5 \times 10^{-6}$	圆砾	$5 \times 10^{-4} \sim 1 \times 10^{-3}$
粉砂	$5 \times 10^{-6} \sim 1 \times 10^{-5}$	卵石	$1 \times 10^{-3} \sim 5 \times 10^{-3}$

土的渗透系数与土和水两方面的多种因素有关，影响土的渗透性的因素主要有以下几种。

（一）土的粒度成分及矿物成分

土的颗粒大小、形状及级配，影响土中孔隙大小及形状，因而影响土的渗透性。土颗粒越粗、越浑圆、越均匀时，渗透性就越强。砂土中有较多粉土及黏土颗粒时，其渗透性就大大降低。

土的矿物成分对于卵石、砂土和粉土的渗透性影响不大，但对于黏土的渗透性影响较大。黏性土中有亲水性较大的黏土矿物（如蒙脱石）或有机质时，由于它们具有很大的膨胀性，就大大降低土的渗透性。有大量有机质的淤泥几乎不透水。

（二）结合水膜的厚度

黏性土中若结合水膜较厚，会减小土的孔隙，降低土的渗透性。如钠黏土，由于钠离子的存在，使土粒的扩散层厚度增加，所以透水性很低。又如在粒土中加入高价离子的电解质（如 Al、Fe 等），会使土粒扩散层厚度减薄，土粒颗粒会凝聚成粒团，土的孔隙因而增大，这也将使土的渗透性增大。

（三）土的结构构造

天然土层通常不是各向同性的，在渗透性方面往往也是如此。如黄土具有竖直方向的大孔隙，所以竖直方向的渗透系数要比水平方向大得多。层状黏土常有薄的粉砂层，它的水平方向的渗透系数要比竖直方向大得多。

（四）水的黏滞度

水在土中的渗流速度与水的密度及黏滞度有关。一般水的密度随温度变化很小，可略去不计，但水的动力黏滞系数η随温度变化（表 2-7）。故室内渗透试验时，同一种土在不同温度下会得到不同的渗透系数。在天然土层中，除了靠近地表的土层外，一般土中的温度变化很小，故可忽略温度的影响；但是室内试验的温度变化较大，故应考虑它对渗透系数的影响。目前常以水温为 10℃时的 k_{10} 作为标准值，在其他温度测定的渗透系数 k_t 可按式（2-17）进行修正，即

$$k_{10} = k_t \frac{\eta_t}{\eta_{10}} \tag{2-17}$$

式中：η_t、η_{10} ——$t℃$、10℃时水的动力黏滞系数（N·s/m²），其比值与温度的关系参见表 2-7。

表 2-7

η_t / η_{10} 与温度的关系

温度（℃）	η_t/η_{10}	温度（℃）	η_t/η_{10}	温度（℃）	η_t/η_{10}
−10	1.988	10	1.000	22	0.735
−5	1.636	12	0.945	24	0.707
0	1.369	14	0.895	26	0.671
5	1.161	16	0.850	28	0.645
6	1.121	18	0.810	30	0.612
8	1.060	20	0.773	40	0.502

（五）层状土的等效渗透系数

1. 水平渗流情况

一个发生水平向渗流的多层土如图 2-3 所示。已知各土层的渗透系数分别为 $k_1, k_2, k_3 \cdots$，各土层厚度相应为 $H_1, H_2, H_3 \cdots$。渗透水流自断面 1-1 水平向流至断面 2-2，距离为 L，水头损失为 Δh。

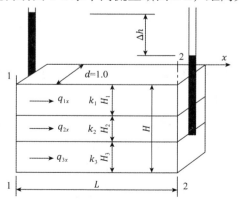

图 2-3　多层土的水平向渗流

这种平行于各土层面的水平渗流的特点是：

（1）各层土中的水力坡降和等效土层的平均水力坡降相同；

（2）通过等效土层的总渗流量等于通过各层土的渗流量之和。

应用达西定律，可得出水平方向的等效渗透系数为

$$k_x = \frac{1}{H} \sum_{j=1}^{n} k_j H_j$$

2. 竖直渗流情况

一个多层土在下部承压水作用下发生垂直渗流的情况如图 2-4 所示。设承压水流经各土层的总水头损失为 Δh，流经每一土层的水头损失分别为 $\Delta h_1, \Delta h_2, \Delta h_3, \cdots$。

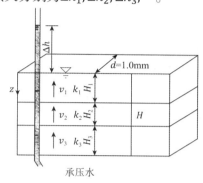

图 2-4　多层土在下部承压水作用下的垂直渗流

这种垂直于各层面的渗流的特点是：

（1）流经各土层的流速与流经等效土层的流速相同；

（2）总水头损失 Δh 等于流经各土层的水头损失之和。

应用达西定律，可得出垂直层面方向的等效渗透系数为

$$k_z = \frac{H}{\sum_{j=1}^{n} \dfrac{H_j}{k_j}}$$

（六）土中气体

当土孔隙中存在密闭气泡时，会阻止水的渗流，从而降低土的渗透性。这种密闭气泡有时是由溶解于水中的气体分离出来而形成的，故室内渗透试验有时规定要用不含溶解空气的蒸馏水。

考点三：动水力及流土的特性

水在土体中渗流，受到土骨架的阻力，同时水也对土骨架施加推力，单位体积内土骨架所受到的水推力称为渗透力（或动水力）。

图 2-5 为渗水地基中的一个水平土柱，土柱的长度为 L，假定水从土柱断面 1-1 流至断面 2-2 的水头损失为 h_f，作用在两个断面上的总水压力差为 F_s，即

$$F_s = \gamma_w H_1 A - \gamma_w H_2 A = \gamma_w h_f A \qquad (2-18)$$

式中：H_1、H_2——断面 1-1 和断面 2-2 中心处测压管水头高度(m)；

A——土柱过水断面面积（m^2）。

水从断面 1-1 流至断面 2-2 因克服土骨架阻力所损失的总水

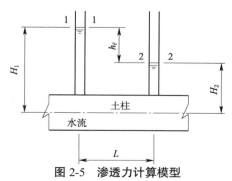

图 2-5　渗透力计算模型

头压力即为F_s。

由于渗流速度一般很小，流动水体的惯性力可以忽略不计。根据力的平衡条件，渗流作用于土柱的总渗透力J应和土柱中土骨架对水流的阻力大小相等、方向相反。即

$$J = \gamma_w h_f A \tag{2-19}$$

作用在单位体积土柱上的渗透力（简称渗透力）应为

$$G_D = \frac{J}{AL} = \frac{\gamma_w h_f A}{AL} = \gamma_w \frac{h_f}{L} = \gamma_w i \tag{2-20}$$

G_D称为渗透力，等于水的重度和水力坡降的乘积。因为i是无量纲，所以渗透力的量纲与重度相同，是一种体积力，单位为kN/m^3，其大小与水力坡降成正比，方向与渗流方向一致。该力对土体稳定性有重要影响，也是造成常见渗透破坏的直接原因。

当渗透力与土的有效重度相等时，土颗粒之间的压力就等于零，土颗粒将处于悬浮状态而失去稳定，这种现象称为流土现象。

流土现象发生在土体表面渗流逸出处，不发生于土体内部。其主要发生在细砂、粉砂及轻亚黏土等土层中，而在粗颗粒土及黏土中则不易发生。

例 题 解 析

例题1　〔2019-18〕下列因素中，与水在土中的渗透速度无关的是（　　　）。

  A. 渗流路径　　　　　　　　　　　　B. 水头差

  C. 土渗透系数　　　　　　　　　　　D. 土重度

解析： 见考点二。由达西定律表达式可知与土重度无关。

答案： D

例题2　〔2020-15〕在持续负温作用下，地下水位较高处的粉砂、粉土、粉质黏土等土层冻胀危害（　　　）。

  A. 程度较小　　　　　　　　　　　　B. 程度较大

  C. 程度不明　　　　　　　　　　　　D. 与地下水位的高低无关

解析： 见考点一，冻胀的机理。有水更容易发生冻胀。

答案： B

例题3　〔2020-23〕土的层流渗透定律（达西定律）一般只适用于（　　　）。

  A. 弹性理论公式　　　　　　　　　　B. 中砂、细砂和粉砂

  C. 粗砂　　　　　　　　　　　　　　D. 卵石

解析： 见考点二。达西定律只适用于层流条件。所谓层流条件是指在土孔隙中移动的水，流体质点互不干扰，迹线有条不紊地沿着细微管道流动，也即要求土中水的流速不能超过某一定值，故达西定律也称为土的层流渗透定律。一般中砂、细砂、粉砂等细颗粒土中水的流速满足层流条件。

答案： B

例题4　〔2021-15〕水流作用在单位体积土体中土颗粒上的力称为动水力，以下关于动水力的说法错误的是（　　　）。

  A. 动水力也称为渗透力

  B. 动水力的大小与水力梯度成正比

C. 动水力的大小与水的重度成正比

D. 动水力的作用方向与水流方向一致

解析：见考点三。水在土体中渗流，受到土骨架的阻力，同时水也对土骨架施加推力，单位体积内土骨架所受到的水推力称为渗透力（或动水力）。渗透力等于水的重力密度（重度）和水力坡降（梯度）的乘积。因为 i 是无量纲，所以渗透力的量纲与重度相同，是一种体积力，其大小与水力坡降成正比，方向与渗流方向一致。对于各向同性土体，渗流速度方向和水力坡降方向一致；对于各向异性土体，渗流速度方向和水力坡降方向不一致。

答案：D

例题5　［2021-16］根据土的层流渗透定律，其他条件相同时，以下说法错误的是（　　　）。

A. 渗透系数越大时，流速越大

B. 渗透系数越大时，流速越小

C. 水力梯度越大时，流速越大

D. 水力梯度越大时，渗透流量越大

解析：见考点二。根据达西定律，在层流状态的渗流中，存在关系式 $v = \dfrac{Q}{A} = ki$（其中 v 为渗流速度，k 为渗透系数，i 为水力梯度）。显然，渗透系数越大，流速越大。

答案：B

例题6　［2022-12］以下渗透性最大的是（　　　）。

A. 纯砾　　　　　　　　　　　　B. 优质砂和砾混合料

C. 细砂　　　　　　　　　　　　D. 黏土

解析：见考点二。渗透性的大小与土的孔隙大小成正比。土的颗粒大小、形状和级配影响土的孔隙大小，进而影响土的渗透性。土颗粒越粗、越浑圆、越均匀，渗透性越强；土颗粒越细，级配越良好，渗透性越弱。因此，纯砾的渗透性最大。

答案：A

例题7　［2022-13］关于流砂现象，以下不正确的是（　　　）。

A. 发生在渗流溢出处

B. 主要发生在土体内部

C. 主要发生在砂土、粉土土层

D. 发生流砂破坏时，土颗粒间压力为0

解析：见考点三。流砂（土）是指土中渗透力与土的有效重度相等时，土颗粒之间的压力等于零，土颗粒处于悬浮状态而失去稳定。流砂（土）现象发生在土体表面渗流逸出处，不发生于土体内部。流砂（土）现象主要发生在细砂、粉砂及轻亚黏土中。

答案：B

例题8　［2024-14］不透水基岩上有水平分布的三层土，厚度均为1m，渗透系数分别为 $k_1 = \dfrac{0.06m}{d}$，$k_2 = \dfrac{0.5m}{d}$，$k_3 = \dfrac{10m}{d}$，则等效土层的竖向渗透系数 k_z 为（　　　）。

A. $3.52\dfrac{m}{d}$　　　　　　B. $10\dfrac{m}{d}$　　　　　　C. $0.16\dfrac{m}{d}$　　　　　　D. $9\dfrac{m}{d}$

解析：见考点二。$k_z = \dfrac{H}{\sum\limits_{j=1}^{n}\dfrac{H_j}{k_j}} = \dfrac{3}{\dfrac{1}{0.06} + \dfrac{1}{0.5} + \dfrac{1}{10}} = 0.16\dfrac{m}{d}$。

答案：C

自 测 模 拟

1. 相应于任意确定的基准面，土中一点的总水头h包括（ ）。

    A. 势水头   B. 势水头 + 静水头

    C. 静水头 + 动水头   D. 势水头 + 动水头 + 静水头

2. 达西定律描述的渗透规律对应的状态是（ ）。

    A. 层流   B. 紊流   C. 渗流   D. 急流

3. 已知土体$d_s = 2.7$，$e = 1$，则该土的临界水力梯度为（ ）。

    A. 1.8   B. 1.25   C. 0.85   D. 1.0

4. 下述关于渗透力的描述正确的为（ ）。

    ①数值与水力梯度成正比；②方向与渗流路径方向一致；③是体积力

    A. 仅①③正确   B. 全正确   C. 仅①②正确   D. 仅②③正确

5. 下列说法正确的是（ ）。

    ①土的渗透系数越大，土的透水性也越大，土中的水力梯度越大

    ②任何一种土只要渗透坡降足够大就可能发生流土和管涌

    ③土中一点渗透力大小取决于该点孔隙水总水头的大小

    ④地基中产生渗透破坏的主要原因是土粒受渗透力作用。地基中孔隙水压力越高，土粒受的渗透力越大，越容易产生渗透破坏

    A. ②对   B. ②③对   C. ③对   D. 全不对

参 考 答 案

1. D   2. A   3. C   4. B   5. D

第三节 土中应力计算

考 点 分 析

本节重点：掌握自重应力计算，附加应力计算。

本节难点：有效应力原理及其工程应用。

考 点 精 讲

考点一：自重应力计算方法

在计算土中自重应力时，假设天然地面是半空间（半无限体）表面的一个无限大的水平面，土体在自身重力作用下竖直切面都是对称面，因此在任意竖直面和水平面上均无剪应力存在，仅作用有竖向的

自重应力δ_{cz}和水平向的侧向应力$\delta_{cx} = \delta_{cy}$。所以，在深度$z$处平面上，土体因自重产生的竖向应力，也就是自重应力，$\delta_{cx} = \gamma z$，即单位面积上土柱体的重力。

（一）均质地基土的自重应力

当地基土是均质土时，如图2-6所示，假设在天然地面以下任意深度z处a-a水面上有一横截面为F的土柱，土柱重为W，则作用在土柱底面的竖向自重应力为

$$\sigma_{cz} = \frac{W}{F} = \frac{\gamma F z}{F} = \gamma z \tag{2-21}$$

式中：γ——土的天然重度（kN/m³）；

$\quad z$——计算点距地表的深度（m）。

可见，自重应力σ_{cz}沿水平面呈均匀分布，且随深度呈线性增加。

地基中除了有竖向的自重应力以外，在竖直面上还作用有水平向的侧向自重应力σ_{cx}和σ_{cy}，可按下式计算：

$$\sigma_{cx} = \sigma_{cy} = K_0 \sigma_{cz} = K_0 \gamma z \tag{2-22}$$

式中：K_0——土的静止侧压力系数。

（二）成层地基土的自重应力

地基土往往是成层的，因而各层具有不同的重度。如图2-7所示，各土层厚度为$h_1, h_2, \cdots, h_n$，所对应各层的重度为$\gamma_1, \gamma_2, \cdots, \gamma_n$，根据上述自重应力的计算原理，在深度$z$处土的自重应力也等于单位面积上土柱体中各层土重之和，计算公式为

$$\sigma_{cz} = \sum_{i=1}^{n} \gamma_i h_i \tag{2-23}$$

式中：n——深度z范围内的土层总数；

$\quad \gamma_i$——第i层土的天然重度（kN/m³）；

$\quad h_i$——第i层土的厚度（m）。

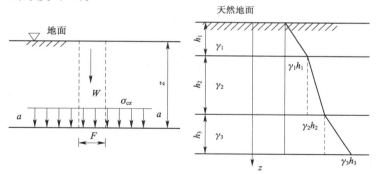

图2-6　均质土的竖向自重应力　　图2-7　成层土的自重应力分布

（三）有地下水时的自重应力

计算地下水位以下土的自重应力时，应根据土的性质，确定是否考虑水对土体的浮力作用。

通常认为水下的砂性土应该考虑浮力作用，黏性土则要视黏性土的性质而定。一般来说：

（1）如果水下黏性土的液性指数$I_L \geqslant 1$，则土处于流动状态，土颗粒之间存在着大量自由水，此时认为土体受到水的浮力作用。

（2）如果$I_L \leqslant 0$，则土处于固体状态，土中自由水受到土颗粒间结合水膜的阻碍不能传递静水压力，认为土体不受水的浮力影响。

（3）如果$0 < I_L < 1$，土处于塑性状态，土颗粒是否受到浮力影响不易确定，在实际中一般按不利

状态来考虑。

如果地下水位以下的土受到水的浮力作用，那么水下部分的土应按浮重度 γ' 计算。因此，地下水位面也应该作为分层界面。计算方法如同成层地基土的情况。

土层剖面及各土层厚度、重度如图 2-8a）所示，有效自重应力沿深度的分布如图 2-8b）所示，计算过程如下：

$$\sigma'_{za} = \gamma_1 z_1 = 19 \times 3 = 57\text{kPa}$$

$$\sigma'_{zb} = \gamma_1 z_1 + \gamma'_2 z_2 = 19 \times 3 + 10.5 \times 2.2 = 80.1\text{kPa}$$

$$\sigma'_{zc1} = \gamma_1 z_1 + \gamma'_2 z_2 + \gamma'_3 z_3 = 19 \times 3 + 10.5 \times 2.2 + 9.2 \times 2.5 = 103.1\text{kPa}$$

$$\sigma'_{zc2} = \gamma_1 z_1 + \gamma_{\text{sat2}} z_2 + \gamma_{\text{sat3}} z_3 = 19 \times 3 + 20.5 \times 2.2 + 19.2 \times 2.5 = 150.1\text{kPa}$$

$$\sigma'_{zd} = \gamma_1 z_1 + \gamma_{\text{sat2}} z_2 + \gamma_{\text{sat3}} z_3 + \gamma_{\text{sat4}} z_4 = 19 \times 3 + 20.5 \times 2.2 + 19.2 \times 2.5 + 22 \times 2 = 194.1\text{kPa}$$

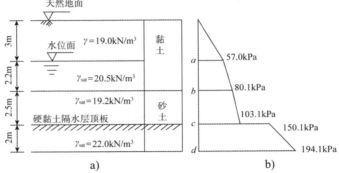

图 2-8　有效自重应力的分布

考点二：土中附加应力计算方法

土中附加应力是由建筑物荷载引起的应力增量。计算地基附加应力时，假定土体是各向同性的、均质的线性变形体，而且在深度和水平方向都是无限延伸的，即把地基看成是均质各向同性的线性变形半无限空间体，从而可以直接应用弹性力学中关于弹性半空间的理论解答。

首先讨论在竖向集中力作用下地基附加应力的计算，然后据此解答，通过积分或叠加原理得到各种分布荷载作用下土中附加应力的计算公式。当地基面上作用满布均匀荷载时，地基土中各处的附加应力等同于均布荷载的强度。

（一）集中力下的地基附加应力

1. 竖向集中力作用下的地基附加应力——布辛奈斯克解

如图 2-9 所示，当半无限地基表面作用集中力 P 时，地基内任意一点 $M(x, y, z)$ 将产生六个应力分量和三个位移分量。由法国数学家布辛奈斯克（J.Boussinesq）于 1885 年用弹性理论推导出解析解：

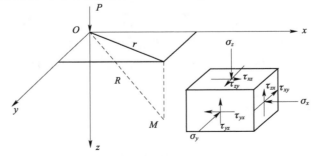

图 2-9　竖向集中力作用下地基中一点附加应力状态

$$\sigma_x = \frac{3P}{2\pi}\left\{\frac{x^3 z}{R^5} + \frac{1-2\mu}{3}\left[\frac{1}{R(R+z)} - \frac{(2R+z)x^2}{(R+z)^2 R^3} - \frac{z}{R^3}\right]\right\}$$

$$\sigma_y = \frac{3P}{2\pi}\left\{\frac{y^3 z}{R^5} + \frac{1-2\mu}{3}\left[\frac{1}{R(R+z)} - \frac{(2R+z)y^2}{(R+z)^2 R^3} - \frac{z}{R^3}\right]\right\}$$

$$\sigma_z = \frac{3P}{2\pi}\times\frac{z^3}{R^5}$$

$$\tau_{xy} = \tau_{yx} = \frac{3P}{2\pi}\left[\frac{xyz}{R^5} - \frac{1-2\mu}{3}\times\frac{(2R+z)xy}{(R+z)^2 R^3}\right]$$

$$\tau_{yz} = \tau_{zy} = \frac{3P}{2\pi}\times\frac{yz^2}{R^5}$$

$$\tau_{zx} = \tau_{xz} = \frac{3P}{2\pi}\times\frac{xz^2}{R^5}$$

$$u = \frac{P(1+\mu)}{2\pi E}\left[\frac{xz}{R^3} - (1-2\mu)\frac{x}{R(R+z)}\right]$$

$$v = \frac{P(1+\mu)}{2\pi E}\left[\frac{yz}{R^3} - (1-2\mu)\frac{y}{R(R+z)}\right]$$

$$w = \frac{P(1+\mu)}{2\pi E}\left[\frac{z^2}{R^3} + 2(1-\mu)\frac{1}{R}\right]$$

$$(2-24)$$

式中：σ_x、σ_y、σ_z——x、y、z方向的法向应力；

τ_{xy}、τ_{yz}、τ_{zx}——剪应力；

u、v、w——M点沿坐标轴x、y、z方向的位移；

E——弹性模量（或土的变形模量）；

μ——泊松比；

R——M点至坐标原点O的距离，$R = \sqrt{x^2+y^2+z^2} = \sqrt{r^2+z^2}$。

$$\sigma_z = \frac{3P}{2\pi}\times\frac{z^3}{R^5} = \frac{3P}{2\pi z^2}\times\frac{1}{\left[1+\left(\frac{r}{z}\right)^2\right]^{\frac{5}{2}}} = \alpha\frac{P}{z^2} \qquad (2-25)$$

式中：r——如图 2-9 所示，$r = \sqrt{x^2+y^2}$；

α——集中力作用下地基竖向附加应力系数，简称集中应力系数。

$\alpha = \dfrac{3}{2\pi\left[1+\left(\frac{r}{z}\right)^2\right]^{\frac{5}{2}}}$，它是$\left(\frac{r}{z}\right)$的函数，可制成表格查用，见表2-8。

集中力作用下的应力系数α值　　　　　　表 2-8

r/z	α	r/z	α	r/z	α	r/z	α	r/z	α
0.00	0.4775	0.50	0.2733	1.00	0.0844	1.50	0.0251	2.00	0.0085
0.05	0.4745	0.55	0.2466	1.05	0.0744	1.55	0.0224	2.20	0.0058
0.10	0.4657	0.60	0.2214	1.10	0.0658	1.60	0.0200	2.40	0.0040
0.15	0.4516	0.65	0.1978	1.15	0.0581	1.65	0.0179	2.60	0.0029
0.20	0.4329	0.70	0.1762	1.20	0.0513	1.70	0.0160	2.80	0.0021

r/z	α	r/z	α	r/z	α	r/z	α	r/z	α
0.25	0.4103	0.75	0.1565	1.25	0.0454	1.75	0.0144	3.00	0.0015
0.30	0.3849	0.80	0.1386	1.30	0.0402	1.80	0.0129	3.50	0.0007
0.35	0.3577	0.85	0.1226	1.35	0.0357	1.85	0.0116	4.00	0.0004
0.40	0.3294	0.90	0.1083	1.40	0.0317	1.90	0.0105	4.50	0.0002
0.45	0.3011	0.95	0.0956	1.45	0.0282	1.95	0.0095	5.00	0.0001

因为竖向集中力作用下地基中的状态是轴对称空间问题，因此，可以对通过P作用线所切出的任意竖直面进行σ_z分布特征的讨论（图2-10）。

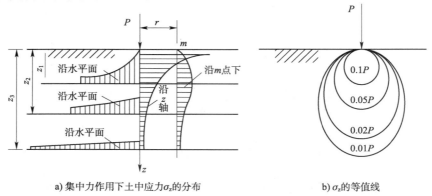

a) 集中力作用下土中应力σ_z的分布　　　　b) σ_z的等值线

图 2-10　集中力作用下土中应力σ_z的分布和等值线

（1）在集中力P作用线上的分布

在P作用线上，$r = 0$，可知$\sigma_z = \dfrac{3}{2\pi} \times \dfrac{P}{z^2}$。

当$z = 0$时，$\sigma_z = \infty$，地基土已发生塑性变形，弹性理论已不适用，因此在选择计算点时，不应过于接近集中力作用点。

当$z = \infty$时，$\sigma_z = 0$。

可见，沿P作用线上σ_z的分布是随深度增加而递减。

（2）在$r > 0$的竖直线上的分布

从式（2-24）可以得出，$z = 0$时，$R > 0$，$\sigma_z = 0$；随着z的增加σ_z逐渐增大，至一定深度后又随着z的增加而逐渐减小。如图2-10a）所示。

（3）在z为常数的水平面上的分布

从式（2-25）可以看出，σ_z的值在$r = 0$，即集中力P作用线上最大，并随r的增加而逐渐减小。随着z的增加，集中力P作用线上的σ_z减小，而水平面上的应力分布趋于均匀。

若在空间将σ_z相同的点连接成曲面，可以得到如图2-10b）所示的σ_z等值线图，其形如泡，称为压力泡或应力泡。

通过上述讨论，可以看出：集中力P在地基中引起的附加应力σ_z的分布是向下、向四周无限扩散的。

2. 水平集中力作用下的地基附加应力——西罗提解

当地基表面作用有平行于xOy面的水平集中力F时，求解在地基中任意点$M(x,y,z)$所引起的问题，已经由西罗提（V.Cerruti）用弹性理论解出。这里只介绍与沉降计算关系最大的垂直竖向法应力σ_z的表

达式，即

$$\sigma_z = \frac{3F}{2\pi} \times \frac{xz^2}{R^5} \tag{2-26}$$

式中符号意义见图 2-11。

（二）矩形荷载和圆形荷载下的地基附加应力

1. 均布的竖向矩形荷载

（1）均布的竖向矩形荷载角点c下σ_z

在图 2-12 所示的均布荷载p作用下，计算矩形面积角点c下深度z处M点的竖向应力σ_z值。

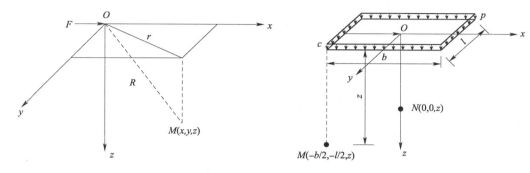

图 2-11　水平集中力作用下的附加应力　　图 2-12　均布竖向矩形荷载角点下的附加应力σ_z

同样由式（2-24）中σ_z的表达式积分求得

$$\sigma_z = \frac{p}{2\pi}\left[\frac{mn(1+m^2+2n^2)}{\sqrt{1+m^2+n^2}(1+n^2)(m^2+n^2)} + \arctan\frac{m}{n\sqrt{1+m^2+n^2}}\right] = \alpha_c p \tag{2-27}$$

式中：α_c——应力系数，$\alpha_c = \frac{1}{2\pi}\left[\frac{mn(1+m^2+2n^2)}{\sqrt{1+m^2+n^2}(1+n^2)(m^2+n^2)} + \arctan\frac{m}{n\sqrt{1+m^2+n^2}}\right]$，$m = \frac{l}{b}$，$n = \frac{z}{b}$，$l$为矩形长边，$b$为矩形短边。$\alpha_c$的值可从表 2-9 中查得。

均布竖向矩形荷载作用时角点下的应力系数α_c值　　　　　　　表 2-9

z/b	l/b										
	1.0	1.2	1.4	1.6	1.8	2.0	3.0	4.0	5.0	6.0	≥10.0
0.0	0.250	0.250	0.250	0.250	0.250	0.250	0.250	0.250	0.250	0.250	0.250
0.2	0.249	0.249	0.249	0.249	0.249	0.249	0.249	0.249	0.249	0.249	0.249
0.4	0.240	0.242	0.243	0.243	0.244	0.244	0.244	0.244	0.244	0.244	0.244
0.6	0.223	0.228	0.230	0.232	0.232	0.233	0.234	0.234	0.234	0.234	0.234
0.8	0.200	0.207	0.212	0.215	0.216	0.218	0.220	0.220	0.220	0.220	0.220
1.0	0.175	0.185	0.191	0.195	0.198	0.200	0.203	0.204	0.204	0.204	0.205
1.2	0.152	0.163	0.171	0.176	0.179	0.182	0.187	0.188	0.189	0.189	0.189
1.4	0.131	0.142	0.151	0.157	0.161	0.164	0.171	0.173	0.174	0.174	0.174
1.6	0.112	0.124	0.133	0.140	0.145	0.148	0.157	0.159	0.160	0.160	0.160
1.8	0.097	0.108	0.117	0.124	0.129	0.133	0.143	0.146	0.147	0.148	0.148
2.0	0.084	0.095	0.103	0.110	0.116	0.120	0.131	0.135	0.136	0.137	0.137
2.2	0.073	0.083	0.092	0.098	0.104	0.108	0.121	0.125	0.126	0.127	0.128

z/b	l/b										
	1.0	1.2	1.4	1.6	1.8	2.0	3.0	4.0	5.0	6.0	≥10.0
2.4	0.064	0.073	0.081	0.088	0.093	0.098	0.111	0.116	0.118	0.118	0.119
2.6	0.057	0.065	0.072	0.079	0.084	0.089	0.102	0.107	0.110	0.111	0.112
2.8	0.050	0.058	0.065	0.071	0.076	0.080	0.094	0.100	0.102	0.104	0.105
3.0	0.045	0.052	0.058	0.064	0.069	0.073	0.087	0.093	0.096	0.097	0.099
3.2	0.040	0.047	0.053	0.058	0.063	0.067	0.081	0.087	0.090	0.092	0.093
3.4	0.036	0.042	0.048	0.053	0.057	0.061	0.075	0.081	0.085	0.086	0.088
3.6	0.033	0.038	0.043	0.048	0.052	0.056	0.069	0.076	0.080	0.082	0.084
3.8	0.030	0.035	0.040	0.044	0.048	0.052	0.065	0.072	0.075	0.077	0.080
4.0	0.027	0.032	0.036	0.040	0.044	0.048	0.060	0.067	0.071	0.073	0.076
4.2	0.025	0.029	0.033	0.037	0.041	0.044	0.056	0.063	0.067	0.070	0.072
4.4	0.023	0.027	0.031	0.034	0.038	0.041	0.053	0.060	0.064	0.066	0.069
4.6	0.021	0.025	0.028	0.032	0.035	0.038	0.049	0.056	0.061	0.063	0.066
4.8	0.019	0.023	0.026	0.029	0.032	0.035	0.046	0.053	0.058	0.060	0.064
5.0	0.018	0.021	0.024	0.027	0.030	0.033	0.043	0.050	0.055	0.057	0.061
6.0	0.013	0.015	0.017	0.020	0.022	0.024	0.033	0.039	0.043	0.046	0.051
7.0	0.009	0.011	0.013	0.015	0.016	0.018	0.025	0.031	0.035	0.038	0.043
8.0	0.007	0.009	0.010	0.011	0.013	0.014	0.020	0.025	0.028	0.031	0.037
9.0	0.006	0.007	0.008	0.009	0.010	0.011	0.016	0.020	0.024	0.026	0.032
10.0	0.005	0.006	0.007	0.007	0.008	0.009	0.013	0.017	0.020	0.022	0.028

（2）均布的竖向矩形荷载中点下σ_z

在图 2-12 所示的均布荷载p作用下，计算矩形面积中点O下深度z处N点的竖向应力σ_z值。

同样由式（2-24）中σ_z的表达式积分求得

$$\sigma_z = \frac{2p}{\pi}\left[\frac{2mn(1+m^2+8n^2)}{\sqrt{1+m^2+4n^2}(1+4n^2)(m^2+4n^2)} + \arctan\frac{m}{2n\sqrt{1+m^2+4n^2}}\right] = \alpha_o p \qquad (2-28)$$

式中：α_o——应力系数，$\alpha_o = \frac{2}{\pi}\left[\frac{2mn(1+m^2+8n^2)}{\sqrt{1+m^2+4n^2}(1+4n^2)(m^2+4n^2)} + \arctan\frac{m}{2n\sqrt{1+m^2+4n^2}}\right]$，$m$、$n$的意义同前。$\alpha_o$

的值可从表 2-10 中查得。

均布竖向矩形荷载作用时中点下的应力系数α_o值 表 2-10

z/b	l/b									
	1.0	1.2	1.4	1.6	1.8	2.0	3.0	4.0	5.0	≥10
0.0	1.000	1.000	1.000	1.000	1.000	1.000	1.000	1.000	1.000	1.000
0.2	0.960	0.968	0.972	0.974	0.975	0.976	0.977	0.977	0.977	0.977
0.4	0.800	0.830	0.848	0.859	0.866	0.870	0.879	0.880	0.881	0.881
0.6	0.606	0.651	0.682	0.703	0.717	0.727	0.748	0.753	0.754	0.755

z/b	l/b									
	1.0	1.2	1.4	1.6	1.8	2.0	3.0	4.0	5.0	≥ 10
0.8	0.449	0.496	0.532	0.558	0.579	0.593	0.627	0.636	0.639	0.642
1.0	0.334	0.378	0.414	0.441	0.463	0.481	0.524	0.540	0.545	0.550
1.2	0.257	0.294	0.325	0.352	0.374	0.392	0.442	0.462	0.470	0.477
1.4	0.201	0.232	0.260	0.284	0.304	0.321	0.376	0.400	0.410	0.420
1.6	0.160	0.187	0.210	0.232	0.251	0.267	0.322	0.348	0.360	0.374
1.8	0.130	0.153	0.173	0.192	0.209	0.224	0.278	0.305	0.320	0.337
2.0	0.108	0.127	0.145	0.161	0.176	0.189	0.237	0.270	0.285	0.304
2.5	0.072	0.085	0.097	0.109	0.210	0.131	0.174	0.202	0.219	0.249
3.0	0.051	0.060	0.070	0.178	0.087	0.095	0.130	0.155	0.172	0.208
3.5	0.038	0.045	0.052	0.059	0.066	0.072	0.100	0.123	0.139	0.180
4.0	0.029	0.035	0.040	0.046	0.051	0.056	0.080	0.095	0.113	0.158
5.0	0.019	0.022	0.026	0.030	0.033	0.037	0.053	0.067	0.079	0.128

（3）均布的竖向矩形荷载作用下，土中任意点σ_z（角点法）

如图 2-13 所示，$abcd$ 为矩形荷载作用面积，计算 M 点下 z 深度处的附加应力 σ_z。

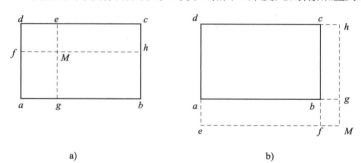

a)　　　　　　　　　b)

图 2-13　角点法的应用

① M 点在 $abcd$ 范围内 [图 2-13a ）]。

$$\sigma_z = \sum \sigma_{zi} = \sigma_{z(agMf)} + \sigma_{z(gbhM)} + \sigma_{z(Mhce)} + \sigma_{z(fMed)} \tag{2-29}$$

② M 点在 $abcd$ 范围外 [图 2-13b ）]。

$$\sigma_z = \sigma_{z(eMhd)} - \sigma_{z(eMga)} - \sigma_{z(fMhc)} + \sigma_{z(fMgb)} \tag{2-30}$$

能够引起地基变形的荷载只有新增的土工结构荷载，即作用于地基表面的附加压力，也就是扣除基础埋深以上的土层自重应力的基底压力。实际上，一般基础都埋置于地面以下一定深度 h，该处原有自重应力为 $\sigma = \gamma h$，σ 因基坑开挖而卸除。因此，在计算由土工结构引起的基底反力时，应扣除基底高程处土层原有的自重应力后，才是基底面处新增于地基的基底附加压力，即 $p_0 = p - \gamma h$。

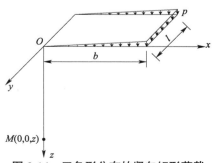

图 2-14　三角形分布的竖向矩形荷载

2. 三角形分布的竖向矩形荷载

如图 2-14 所示，在地基表面作用矩形面积的三角形分布荷载，计算荷载为 0 的角点下深度 z 处 M 点的竖向应力 σ_z 时，同样可以积分求得，取如图 2-14 所示坐标系，得

$$\sigma_z = \frac{mn}{2\pi}\left[\frac{1}{\sqrt{m^2+n^2}} - \frac{n^2}{(1+n^2)\sqrt{1+m^2+n^2}}\right]p = \alpha_t p \tag{2-31}$$

式中：α_t——应力系数，$\alpha_t = \frac{mn}{2\pi}\left[\frac{1}{\sqrt{m^2+n^2}} - \frac{n^2}{(1+n^2)\sqrt{1+m^2+n^2}}\right]$，$m$、$n$ 意义同前。

α_t 的值可从表 2-11 中查得。注意 b、l 的几何意义，如图 2-14 所示，b 为荷载呈三角形分布边的边长，l 为荷载最大边的边长。

竖向三角形分布荷载作用时压力为 0 的角点下的应力系数 α_t 值 表 2-11

z/b	l/b							
	0.2	0.6	1.0	1.4	1.8	3.0	8.0	10.0
0.0	0.0000	0.0000	0.0000	0.0000	0.0000	0.0000	0.0000	0.0000
0.2	0.0233	0.0296	0.0304	0.0305	0.0306	0.0306	0.0306	0.0306
0.4	0.0269	0.0487	0.0531	0.0543	0.0546	0.0548	0.0549	0.0549
0.6	0.0259	0.0560	0.0654	0.0684	0.0694	0.0701	0.0702	0.0702
0.8	0.0232	0.0553	0.0688	0.0739	0.0759	0.0773	0.0776	0.0776
1.0	0.0201	0.0508	0.0666	0.0735	0.0766	0.0790	0.0796	0.0796
1.2	0.0171	0.0450	0.0615	0.0698	0.0738	0.0774	0.0783	0.0783
1.4	0.0145	0.0392	0.0554	0.0644	0.0692	0.0739	0.0752	0.0753
1.6	0.0123	0.0339	0.0492	0.0586	0.0639	0.0697	0.0715	0.0715
1.8	0.0105	0.0294	0.0453	0.0528	0.0585	0.0652	0.0675	0.0675
2.0	0.0090	0.0255	0.0384	0.0474	0.0533	0.0607	0.0636	0.0636
2.5	0.0063	0.0183	0.0284	0.0362	0.0419	0.0514	0.0547	0.0548
3.0	0.0046	0.0135	0.0214	0.0280	0.0331	0.0419	0.0474	0.0476
5.0	0.0018	0.0054	0.0088	0.0120	0.0148	0.0214	0.0296	0.0301
7.0	0.0009	0.0028	0.0047	0.0064	0.0081	0.0124	0.0204	0.0212
10.0	0.0005	0.0014	0.0024	0.0033	0.0041	0.0066	0.0128	0.0139

3. 均布的水平矩形荷载

当地基表面作用有均布的水平矩形荷载 p 时（图 2-15），可利用西罗提解式对矩形荷载积分，求出矩形角点 1、2 下任意深度 z 处 M 点的竖向附加应力 σ_z，即

$$\frac{\sigma_{z1}}{\sigma_{z2}} = \mp\frac{p}{2\pi}\left[\frac{m}{\sqrt{m^2+n^2}} - \frac{mn^2}{(1+n^2)\sqrt{1+m^2+n^2}}\right] = \mp\alpha_h p \tag{2-32}$$

式中：α_h——应力系数，$\alpha_h = \frac{1}{2\pi}\left[\frac{m}{\sqrt{m^2+n^2}} - \frac{mn^2}{(1+n^2)\sqrt{1+m^2+n^2}}\right]$，$m$、$n$ 意义同前，α_h 的值可从表 2-12 中查得。

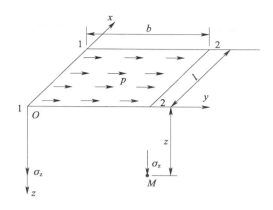

图 2-15 均布水平矩形荷载作用时角点下竖向附加应力

σ_{z1}是水平荷载矢量起始端角点 1 下的附加应力，取"－"号；σ_{z2}是水平荷载矢量终止端角点 2 下的附加应力，取"＋"号。

均布水平矩形荷载作用时角点下的应力系数α_h值 表 2-12

z/b	l/b										
	1.0	1.2	1.4	1.6	1.8	2.0	3.0	4.0	5.0	6.0	10.0
0.0	0.1592	0.1592	0.1592	0.1592	0.1592	0.1592	0.1592	0.1592	0.1592	0.1592	0.1592
0.2	0.1518	0.1523	0.1526	0.1528	0.1529	0.1529	0.1530	0.1530	0.1530	0.1530	0.1530
0.4	0.1328	0.1347	0.1356	0.1362	0.1365	0.1367	0.1371	0.1372	0.1372	0.1372	0.1372
0.6	0.1091	0.1121	0.1139	0.1150	0.1156	0.1160	0.1168	0.1169	0.1170	0.1170	0.1170
0.8	0.0861	0.090	0.0924	0.0939	0.0948	0.0955	0.0967	0.0969	0.0970	0.0970	0.0970
1.0	0.0666	0.0708	0.0735	0.0753	0.0766	0.0774	0.0790	0.0794	0.0795	0.0796	0.0796
1.2	0.0512	0.0553	0.0582	0.0601	0.0615	0.0624	0.0645	0.0650	0.0652	0.0652	0.0652
1.4	0.0395	0.0433	0.0460	0.0480	0.0494	0.0505	0.0528	0.0534	0.0537	0.0537	0.0538
1.6	0.0308	0.0341	0.0366	0.0385	0.0400	0.0410	0.0436	0.0443	0.0446	0.0447	0.0447
1.8	0.0242	0.0270	0.0293	0.0311	0.0325	0.0336	0.0362	0.0370	0.0374	0.0375	0.0375
2.0	0.0192	0.0217	0.0237	0.0253	0.0266	0.0277	0.0303	0.0312	0.0317	0.0318	0.0318
2.5	0.0113	0.0130	0.0145	0.0157	0.0167	0.0176	0.0202	0.0211	0.0217	0.0219	0.0219
3.0	0.0070	0.0083	0.0093	0.0102	0.0110	0.0117	0.0140	0.0150	0.0156	0.0158	0.0159
5.0	0.0018	0.0021	0.0024	0.0027	0.0030	0.0032	0.0043	0.0050	0.0057	0.0059	0.0060
7.0	0.0007	0.0008	0.0009	0.0010	0.0012	0.0013	0.0018	0.0022	0.0027	0.0029	0.0030
10.0	0.0002	0.0003	0.0003	0.0004	0.0004	0.0005	0.0007	0.0008	0.0011	0.0013	0.0014

4.均布的竖向圆形荷载

如图 2-16 所示，均布的竖向圆形荷载为p，作用半径为R，计算土中深度z处M点的竖向应力σ_z值。同样可以用公式积分求得，即

$$\sigma_z = \alpha_r p \tag{2-33}$$

式中： α_r ——应力系数，是 $\frac{r}{R}$ 及 $\frac{z}{R}$ 的函数，可查表 2-13 得到；

r ——应力计算点 M 到 z 轴的水平距离。

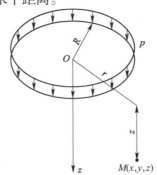

图 2-16 均布圆形荷载作用时 σ_z 计算

均布竖向圆形荷载作用下的应力系数 α_r 值 　　　　　　表 2-13

z/R	r/R										
	0	0.2	0.4	0.6	0.8	1.0	1.2	1.4	1.6	1.8	2.0
0.0	1.000	1.000	1.000	1.000	1.000	0.500	0.000	0.000	0.000	0.000	0.000
0.2	0.998	0.991	0.987	0.970	0.890	0.468	0.077	0.015	0.005	0.002	0.001
0.4	0.949	0.943	0.920	0.860	0.712	0.435	0.181	0.065	0.026	0.012	0.006
0.6	0.864	0.852	0.813	0.733	0.591	0.400	0.224	0.113	0.056	0.029	0.016
0.8	0.756	0.742	0.699	0.619	0.504	0.366	0.237	0.142	0.083	0.048	0.029
1.0	0.646	0.633	0.593	0.525	0.434	0.332	0.235	0.157	0.102	0.065	0.042
1.2	0.547	0.535	0.502	0.447	0.377	0.300	0.226	0.162	0.113	0.078	0.053
1.4	0.461	0.452	0.425	0.383	0.329	0.270	0.212	0.161	0.118	0.086	0.062
1.6	0.390	0.383	0.362	0.330	0.288	0.243	0.197	0.156	0.120	0.090	0.068
1.8	0.332	0.327	0.311	0.285	0.254	0.218	0.182	0.148	0.118	0.092	0.072
2.0	0.285	0.280	0.268	0.248	0.224	0.196	0.167	0.140	0.114	0.092	0.074
2.2	0.246	0.242	0.233	0.218	0.198	0.176	0.153	0.131	0.109	0.090	0.074
2.4	0.214	0.211	0.203	0.192	0.176	0.159	0.140	0.122	0.104	0.087	0.073
2.6	0.187	0.185	0.179	0.170	0.158	0.144	0.129	0.113	0.098	0.084	0.071
2.8	0.165	0.163	0.159	0.151	0.141	0.130	0.118	0.105	0.092	0.080	0.069
3.0	0.146	0.145	0.141	0.135	0.127	0.118	0.108	0.097	0.087	0.077	0.067
3.4	0.117	0.116	0.114	0.110	0.105	0.098	0.091	0.084	0.076	0.068	0.061
3.8	0.096	0.095	0.093	0.091	0.087	0.083	0.078	0.073	0.067	0.061	0.055
4.2	0.079	0.079	0.078	0.076	0.073	0.070	0.067	0.063	0.059	0.054	0.050
4.6	0.067	0.067	0.066	0.064	0.063	0.060	0.058	0.055	0.052	0.048	0.045
5.0	0.057	0.057	0.056	0.055	0.054	0.052	0.050	0.048	0.046	0.043	0.041
5.5	0.048	0.048	0.047	0.046	0.045	0.044	0.043	0.041	0.039	0.038	0.036
6.0	0.040	0.040	0.040	0.039	0.039	0.038	0.037	0.036	0.034	0.033	0.031

（三）线荷载和条形荷载下的地基附加应力

1. 线荷载作用下的地基附加应力——弗拉曼（Flamant）解

线荷载是作用于半无限空间表面、宽度趋于零、沿无限长直线均布的荷载。如图 2-17 所示，设线荷载为 p（kN/m），在 xOz 地基剖面上，任一点 $M(x,0,z)$ 的附加应力可根据布辛奈斯克公式积分求得，即

$$\left.\begin{array}{l} \sigma_z = \dfrac{2pz^3}{\pi(x^2+z^2)^2} \\[2mm] \sigma_x = \dfrac{2px^2z}{\pi(x^2+z^2)^2} \\[2mm] \tau_{xz} = \dfrac{2pxz^2}{\pi(x^2+z^2)^2} \end{array}\right\} \tag{2-34}$$

式（2-34）就是著名的弗拉曼解。

2. 均布的竖向条形荷载

设均布的竖向条形荷载为 p，作用宽度为 b，如图 2-18 所示。应用式（2-29）沿宽度 b 积分，可求得地基中任意 M 点的附加应力，即

$$\left.\begin{array}{l} \sigma_z = \alpha_s^z p \\[2mm] \sigma_x = \alpha_s^x p \\[2mm] \tau_{xz} = \alpha_s^\tau p \end{array}\right\} \tag{2-35}$$

式中：α_s^z、α_s^x、α_s^τ——应力系数，是 $\dfrac{x}{b}$ 及 $\dfrac{z}{b}$ 的函数，可查表 2-14 得到。

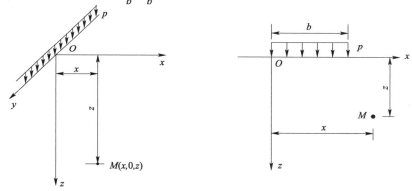

图 2-17　均布线荷载作用时土中应力计算　图 2-18　均布条形荷载作用时土中应力计算

注意图 2-18 中坐标轴原点是在均布荷载的边界处。

实际工程中，当荷载长宽比 $\dfrac{l}{b} \geqslant 10$ 时，就可以当作条形荷载求解。

均布竖向条形荷载作用时的应力系数值　　　　表 2-14

x/b		z/b									
		0.01	0.1	0.2	0.4	0.6	0.8	1.0	1.2	1.4	2.0
−0.50	α_s^z	0.001	0.002	0.011	0.056	0.111	0.155	0.186	0.202	0.210	0.205
	α_s^x	0.008	0.082	0.147	0.208	0.204	0.177	0.146	0.117	0.094	0.049
	α_s^τ	0.000	−0.001	−0.038	−0.103	−0.144	−0.158	−0.157	−0.147	−0.133	−0.096
−0.25	α_s^z	0.000	0.011	0.091	0.174	0.243	0.276	0.288	0.287	0.279	0.242
	α_s^x	0.021	0.180	0.270	0.274	0.221	0.169	0.127	0.096	0.073	0.035
	α_s^τ	−0.001	−0.042	−0.116	−0.119	−0.212	−0.197	−0.175	−0.153	−0.132	−0.085

x/b		z/b									
		0.01	0.1	0.2	0.4	0.6	0.8	1.0	1.2	1.4	2.0
0.00	α_s^z	0.500	0.499	0.498	0.489	0.468	0.440	0.409	0.375	0.348	0.275
	α_s^x	0.494	0.437	0.376	0.269	0.188	0.130	0.091	0.067	0.047	0.020
	α_s^τ	−0.318	−0.315	−0.306	−0.274	−0.234	−0.194	−0.159	−0.131	−0.108	−0.064
0.25	α_s^z	0.999	0.988	0.936	0.797	0.679	0.586	0.511	0.450	0.401	0.298
	α_s^x	0.935	0.685	0.469	0.215	0.143	0.087	0.055	0.037	0.026	0.010
	α_s^τ	−0.001	−0.039	−0.103	−0.159	−0.147	−0.121	−0.096	−0.078	−0.061	−0.034
0.50	α_s^z	0.999	0.997	0.978	0.881	0.756	0.642	0.549	0.478	0.420	0.306
	α_s^x	0.849	0.752	0.538	0.260	0.129	0.070	0.040	0.026	0.017	0.006
	α_s^τ	0.000	0.000	0.000	0.000	0.000	0.000	0.000	0.000	0.000	0.000
0.75	α_s^z	0.999	0.988	0.936	0.797	0.679	0.586	0.511	0.450	0.401	0.298
	α_s^x	0.935	0.685	0.469	0.215	0.143	0.087	0.055	0.037	0.026	0.010
	α_s^τ	0.001	0.039	0.103	0.159	0.147	0.121	0.096	0.078	0.061	0.034
1.00	α_s^z	0.500	0.499	0.498	0.489	0.468	0.440	0.409	0.375	0.348	0.275
	α_s^x	0.494	0.437	0.376	0.269	0.188	0.130	0.091	0.067	0.047	0.020
	α_s^τ	0.318	0.315	0.306	0.274	0.234	0.194	0.159	0.131	0.108	0.064
1.25	α_s^z	0.000	0.011	0.091	0.174	0.243	0.276	0.288	0.287	0.279	0.242
	α_s^x	0.021	0.180	0.270	0.274	0.221	0.169	0.127	0.096	0.073	0.035
	α_s^τ	0.001	0.042	0.116	0.199	0.212	0.197	0.175	0.153	0.132	0.085

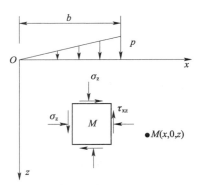

图 2-19　三角形分布竖向条形荷载
作用下地基附加应力

3. 三角形分布的竖向条形荷载

如图 2-19 所示，地基表面作用有三角形分布条形荷载，其最大值为 p，作用宽度为 b，按弗拉曼公式（2-34）在宽度 b 范围内积分可得

$$\left.\begin{aligned} \sigma_z &= \alpha_t^z p \\ \sigma_x &= \alpha_t^x p \\ \tau_{xz} &= \alpha_t^\tau p \end{aligned}\right\} \tag{2-36}$$

式中：α_t^z、α_t^x、α_t^τ——应力系数，是 $\dfrac{x}{b}$ 及 $\dfrac{z}{b}$ 的函数，可查表 2-15 得到。

注意图 2-19 中坐标轴原点是在三角形荷载的零点处。

三角形分布竖向条形荷载作用时的应力系数值　　表 2-15

x/b		z/b									
		0.01	0.1	0.2	0.4	0.6	0.8	1.0	1.2	1.4	2.0
−0.50	α_t^z	0.000	0.000	0.002	0.014	0.031	0.049	0.065	0.076	0.084	0.089
	α_t^x	0.003	0.027	0.051	0.081	0.093	0.090	0.074	0.063	0.056	0.029
	α_t^τ	0.000	−0.003	−0.011	−0.032	−0.051	−0.063	−0.068	−0.067	−0.064	−0.050

x/b		z/b									
		0.01	0.1	0.2	0.4	0.6	0.8	1.0	1.2	1.4	2.0
−0.25	α_t^z	0.000	0.002	0.009	0.036	0.066	0.089	0.104	0.111	0.114	0.108
	α_t^x	0.025	0.049	0.084	0.114	0.108	0.091	0.074	0.058	0.045	0.022
	α_t^τ	0.000	−0.008	−0.025	−0.060	−0.080	−0.085	−0.083	−0.077	−0.069	−0.048
0.00	α_t^z	0.003	0.032	0.061	0.010	0.140	0.155	0.159	0.154	0.151	0.127
	α_t^x	0.026	0.116	0.146	0.142	0.114	0.085	0.061	0.047	0.033	0.015
	α_t^τ	−0.005	−0.044	−0.075	−0.108	−0.112	−0.104	−0.091	−0.081	−0.066	−0.041
0.25	α_t^z	0.249	0.251	0.255	0.263	0.258	0.243	0.244	0.204	0.186	0.143
	α_t^x	0.249	0.233	0.219	0.148	0.096	0.062	0.041	0.028	0.019	0.008
	α_t^τ	−0.010	−0.078	−0.129	−0.138	−0.123	−0.100	−0.079	−0.065	−0.051	−0.028
0.50	α_t^z	0.500	0.498	0.489	0.441	0.378	0.321	0.275	0.239	0.210	0.153
	α_t^x	0.487	0.376	0.269	0.130	0.065	0.035	0.020	0.013	0.008	0.003
	α_t^τ	−0.010	−0.075	−0.108	−0.104	−0.077	−0.056	−0.040	−0.030	−0.023	−0.012
0.75	α_t^z	0.750	0.737	0.682	0.534	0.421	0.343	0.286	0.246	0.215	0.155
	α_t^x	0.718	0.452	0.259	0.099	0.046	0.025	0.013	0.009	0.007	0.002
	α_t^τ	−0.009	−0.040	−0.016	0.020	0.025	0.021	0.017	0.014	0.010	0.006
1.00	α_t^z	0.497	0.468	0.437	0.379	0.328	0.285	0.250	0.221	0.198	0.147
	α_t^x	0.467	0.321	0.230	0.127	0.074	0.046	0.029	0.020	0.014	0.005
	α_t^τ	0.313	0.272	0.231	0.167	0.122	0.090	0.068	0.053	0.042	0.023
1.25	α_t^z	0.000	0.010	0.050	0.137	0.177	0.188	0.184	0.176	0.165	0.134
	α_t^x	0.015	0.132	0.186	0.160	0.112	0.077	0.053	0.038	0.027	0.012
	α_t^τ	0.001	0.034	0.091	0.139	0.132	0.112	0.092	0.076	0.062	0.037

4. 均布的水平条形荷载

如图 2-20 所示，当地基表面作用有均布的水平条形荷载 p 时（作用宽度为 b），地基下任一点的附加应力可利用弹性力学求得，即

$$\left.\begin{array}{l} \sigma_z = \alpha_h^z p \\ \sigma_x = \alpha_h^x p \\ \tau_{xz} = \alpha_h^\tau p \end{array}\right\} \tag{2-37}$$

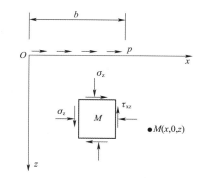

图 2-20　均布水平条形荷载作用下地基附加应力

式中：α_h^z、α_h^x、α_h^τ——应力系数，是 $\dfrac{x}{b}$ 及 $\dfrac{z}{b}$ 的函数，可查表 2-16 得到。

均布水平条形荷载作用下的应力系数值　　　　　　　　　　表 2-16

x/b		z/b									
		0.01	0.1	0.2	0.4	0.6	0.8	1.0	1.2	1.4	2.0
−0.50	α_h^z	0.000	−0.011	−0.038	−0.103	−0.144	−0.158	−0.157	−0.147	−0.133	−0.096
	α_h^x	−0.669	−0.677	−0.619	−0.467	−0.319	−0.217	−0.147	−0.102	−0.072	−0.027
	α_h^τ	0.008	0.082	0.147	0.208	0.204	0.177	0.146	0.117	0.094	0.049

续上表

x/b		z/b									
		0.01	0.1	0.2	0.4	0.6	0.8	1.0	1.2	1.4	2.0
−0.25	α_h^z	−0.001	−0.042	−0.116	−0.199	−0.212	−0.197	−0.175	−0.153	−0.132	−0.085
	α_h^x	−1.204	−0.935	−0.756	−0.453	−0.270	−0.167	−0.105	−0.068	−0.045	−0.017
	α_h^τ	0.021	0.180	0.270	0.274	0.221	0.169	0.127	0.096	0.073	0.035
0.00	α_h^z	−0.318	−0.315	−0.306	−0.274	−0.234	−0.194	−0.159	−0.131	−0.108	−0.064
	α_h^x	−2.645	−1.154	−0.734	−0.356	−0.189	−0.105	−0.061	−0.037	−0.024	−0.007
	α_h^τ	0.494	0.437	0.376	0.269	0.188	0.130	0.091	0.067	0.047	0.020
0.25	α_h^z	−0.001	−0.039	−0.103	−0.159	−0.147	−0.121	−0.096	−0.078	−0.061	−0.034
	α_h^x	−0.697	−0.618	−0.459	−0.216	−0.101	−0.050	−0.027	−0.013	−0.009	−0.003
	α_h^τ	0.935	0.685	0.469	0.215	0.143	0.087	0.055	0.037	0.026	0.010
0.50	α_h^z	0.000	0.000	0.000	0.000	0.000	0.000	0.000	0.000	0.000	0.000
	α_h^x	0.000	0.000	0.000	0.000	0.000	0.000	0.000	0.000	0.000	0.000
	α_h^τ	0.848	0.752	0.538	0.260	0.129	0.070	0.040	0.026	0.017	0.006
0.75	α_h^z	0.001	0.039	0.103	0.109	0.147	0.121	0.096	0.078	0.061	0.034
	α_h^x	0.697	0.618	0.459	0.216	0.101	0.050	0.027	0.013	0.009	0.003
	α_h^τ	0.935	0.685	0.469	0.215	0.143	0.087	0.055	0.037	0.026	0.010
1.00	α_h^z	0.318	0.315	0.306	0.274	0.234	0.194	0.159	0.131	0.108	0.064
	α_h^x	2.645	1.154	0.731	0.356	0.189	0.105	0.061	0.037	0.024	0.070
	α_h^τ	0.494	0.437	0.376	0.269	0.188	0.130	0.091	0.067	0.047	0.020
1.25	α_h^z	0.001	0.042	0.116	0.199	0.212	0.197	0.175	0.153	0.132	0.085
	α_h^x	1.024	0.937	0.759	0.456	0.272	0.167	0.105	0.068	0.045	0.015
	α_h^τ	0.021	0.180	0.270	0.274	0.221	0.169	0.127	0.096	0.073	0.035

考点三：土的有效应力原理

在土体中只有通过土粒接触点传递的应力，才能使土粒彼此挤紧，从而引起土体变形。此应力称为粒间应力，又称有效应力，用σ'表示。其中孔隙水传递的部分，称为静压力，在饱和土中受外荷载作用又以超静孔隙水压力（通称孔隙水压力）出现，以u表示。如用σ代表外荷载作用下的总应力，则有效应力原理可用下式表达，即

$$\sigma = \sigma' + u \tag{2-38}$$

土中任意点的孔隙水压力u对各个方向的作用是相等的，因此它只能使土颗粒产生压缩（由于土颗粒本身的压缩量是很微小的，在土力学中均不考虑），而不能使土颗粒产生位移。土颗粒间的有效应力作用，则会引起土颗粒的位移，使孔隙体积改变，土体发生压缩变形。同时有效应力的大小也影响土的抗剪强度。由此，得到土力学中很重要的有效应力原理：

（1）饱和土体的有效应力σ'等于总应力σ减去孔隙水压力u。

（2）土的有效应力控制了土的变形（压缩）及强度。

考点四：基底压力计算

作用在基底表面的各种分布荷载，都是通过建筑物的基础传到地基中的，基础底面传递给地基表面的压力称为基底压力，也称为基底接触压力。

（一）基底压力分布规律

基底压力的大小与分布形式是一个很复杂的问题，涉及上部结构、基础、地基三者间的共同作用，与三者的变形特性有关，影响因素很多。为将问题简化，暂不考虑上部结构的影响。

1. 基础刚度的影响

（1）弹性地基上的完全柔性基础

当柔性基础上作用如图 2-21a）所示的均布条形荷载时，由于该基础不能承受任何弯矩，所以基础上下的力必须完全一致。如果上部荷载是均匀的，这种均布荷载在半无限弹性地基表面上引起的沉降为中间大两端小的锅底形凹曲线，如图 2-21b）、c）所示。

（2）弹性地基上的绝对刚性基础

假设基础为绝对刚性，在均布荷载作用下，基础只能保持平面下沉而不能弯曲。如果假设地基上基底压力也是均匀的，地基将产生不均匀沉降，如图 2-22a）所示的虚线，结果基础变形与地基变形不协调，基底中部会与地面脱开。为使基础与地基的变形保持协调，如图 2-22c）所示，必然要重新调整基底压力的分布形式，使两端应力增大，中间应力减小，从而使地面保持均匀下沉。如果地基是完全弹性体，根据弹性理论解得的基底压力分布为图 2-22b）所示的实线，基础边缘处的压力趋于无限大。

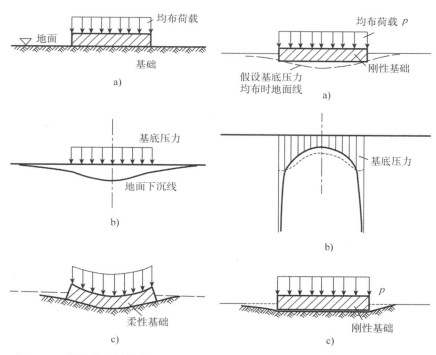

图 2-21　柔性基础的基底压力分布　　图 2-22　刚性基础的基底压力分布

（3）弹塑性地基上有限刚性的基础

这是实践中最常见的情况，如图 2-22b）所示的虚线。由于绝对刚性基础只是一种理想情况，地基也不是完全弹性体。具体的压力分布形状与地基、基础的材料特性以及基础尺寸、荷载分布形状、大小等因素有关。

2. 荷载及土性的影响

实测资料表明，刚性基础底面上的压力分布形状大致有图 2-23 所示的几种情况。当荷载较小时，基底压力分布形状如图 2-23a）所示，接近弹性理论解；荷载增大后，基底压力分布形状如图 2-23b）所示，呈马鞍形；荷载再增大时，边缘塑性区逐渐扩大，所增加的荷载必须靠基底中部应力的增大来平衡，基底压力分布形状可变为抛物线形以致倒钟形，如图 2-23d）、c）所示。

实测资料还表明，当刚性基础放在砂土地基表面时，由于砂颗粒之间无黏结力，浅埋基础边缘处砂土的强度很低，基底压力分布更易发展成抛物线形；在黏性土地基表面上的刚性基础，基底压力分布易发展成马鞍形。

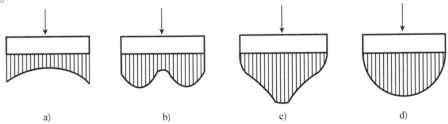

a)　　　　　　b)　　　　　　c)　　　　　　d)

图 2-23　实测刚性基础底面上的压应力分布

（二）基底压力的简化计算

1. 中心荷载作用

竖向集中荷载作用于基底形心时，产生的基底压力按均匀分布。对于矩形基础，按下式计算：

$$p = \frac{P}{A} \tag{2-39}$$

式中：　p——基底压力（kPa）；

　　　　P——基础底面的竖向荷载（kN）；

　　　　A——基底面积（m²）。

对于条形基础，在长度方向取 1m，按下式计算：

$$p = \frac{P}{b} \tag{2-40}$$

式中：P——沿长度方向取 1m 的竖向荷载（kN/m）。

2. 偏心荷载作用

若矩形基础受双向偏心作用，如图 2-24 所示，基底任意点的基底压力为

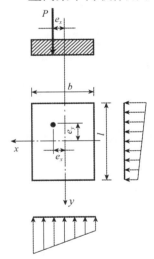

图 2-24　双向偏心荷载下的
基底压力

$$p_{(x,y)} = \frac{P}{A} \pm \frac{M_x \cdot y}{I_x} \pm \frac{M_y \cdot x}{I_y} \tag{2-41}$$

式中：$p_{(x,y)}$——基底内任意点的基底压力（kPa）；

　　M_x、M_y——偏心荷载 P 对基础底面 x 轴和 y 轴的力矩（kN·m）；

　　I_x、I_y——基础底面对 x 轴和 y 轴的惯性矩（m⁴）。

若基础受单向偏心作用，如图 2-25 所示，力作用在 x 轴上时，基底两端的压力为

$$p_{\substack{max \\ min}} = \frac{P}{A}\left(1 \pm \frac{6e}{b}\right) \tag{2-42}$$

当$e < \frac{b}{6}$时，基底压力为梯形分布〔图 2-25a）〕；当$e = \frac{b}{6}$时，基底压力为三角形分布〔图 2-25b）〕；当$e > \frac{b}{6}$时，基底压力将出现负值，即拉力，实际上土与基础之间不可能出现拉力，因此基础底面下的压力将重新分布〔图 2-25c）〕，此时基底边缘最大压力为

$$p_{\max} = \frac{2P}{3al} \tag{2-43}$$

式中：$a = \frac{b}{2} - e$。

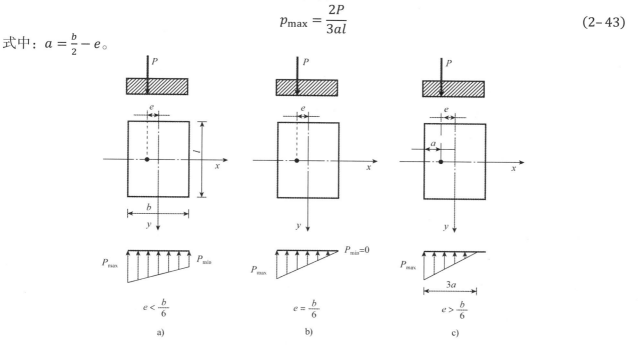

图 2-25　单向偏心荷载下的基底压力

例 题 解 析

例题 1 〔2019-19〕下列有关地基土自重应力的说法中，错误的是（　　　）。

　　A. 自重应力随深度的增加而增大

　　B. 在求地下水位以下的自重应力时，应取其有效重度计算

　　C. 地下水位以下的同一土的自重应力按直线变化，或按折线变化

　　D. 土的自重应力分布曲线是一条折线，拐点在土层交界处和地下水位处

解析： 见考点一。地下水位面作为分层界面，自重应力计算方法如同成层地基土的情况。

答案： C

例题 2 〔2019-20〕由建筑物荷载作用在地基内引起的应力增量称之为（　　　）。

　　A. 自重应力　　　　　　　　　　　　B. 附加应力

　　C. 基底压力　　　　　　　　　　　　D. 基底附加压力

解析： 见考点二。土中附加应力是由建筑物荷载引起的应力增量。

答案： B

例题 3 〔2020-16〕地基表面作用着均布的矩形荷载，在矩形的中心点下，随着深度的增加，则（　　　）。

　　A. 附加应力不变，自重应力增大

　　B. 附加应力线性增大，自重应力减小

　　C. 附加应力线性减小，自重应力增大

D. 附加应力非线性减小，自重应力增大

解析：见考点一，自重应力沿水平面呈均匀分布，随深度呈线性增加。

见考点二，$\sigma_z = \alpha_c \cdot P$，其中$\alpha_c$随深度增加非线性减小。

答案：D

例题 4 ［2020-17］土的有效应力作用会引起土体发生压缩，同时有效应力也影响土的抗剪强度，有效应力等于（　　　）。

A. 总应力减去孔隙压力

B. 总应力减去孔隙水压力

C. 总应力减去孔隙中空气压力

D. 孔隙中的空气压力与孔隙水压力之和

解析：见考点三。有效应力σ'等于总应力σ减去孔隙水压力u。

答案：B

例题 5 ［2021-17］某场地从天然地面算起，自上而下分别为：粉土，厚度 6m；黏土，厚度 30m。两层土的天然重度均按 20kN/m³计算，勘察发现有一层地下水，埋深 3m，水的重度按 10kN/m³计算，含水层为粉土，黏土为隔水层，深度 4m 处的有效自重应力为（　　　）。

A. 70kPa　　　　B. 80kPa　　　　C. 90kPa　　　　D. 100kPa

解析：见考点三。$\gamma' = 20 \times 3 + 10 \times 1 = 70$kPa。

答案：A

例题 6 ［2021-18］矩形基础受单向偏心荷载作用，b为基底偏心方向长度，当基底压力分布为梯形时，荷载偏心距e的大小为（　　　）。

A. $e = 0$　　　　B. $e > b/6$　　　　C. $e = b/6$　　　　D. $e < b/6$

解析：见考点四。当荷载偏心距$e < b/6$时，基底压力分布为梯形。

答案：D

例题 7 ［2022-15］受荷载作用的土体，颗粒间传递的应力是（　　　）。

A. 附加应力　　　　B. 有效应力　　　　C. 总应力　　　　D. 孔隙水压力

解析：见考点三。在土体中只有通过土颗粒接触点传递的应力，才能使土颗粒彼此挤紧，从而引起土体变形。此应力就是有效应力。

答案：B

例题 8 ［2022-22］矩形基础底面荷载偏心距为 0.5m，偏心方向的基础边长为 4m，基底边缘最小压力和基底平均压力的比值为（　　　）。

A. 0.20　　　　B. 0.25　　　　C. 0.40　　　　D. 0.50

解析：见考点四。

基底平均压力：$p = \dfrac{P}{A}$

基底边缘最小压力：$p_{\min} = \dfrac{P}{A} - \dfrac{M}{W}$

最小压力与平均压力的比值：

$$\frac{p_{\min}}{p} = 1 - \frac{M}{W} \cdot \frac{A}{P} = 1 - \frac{Pe}{\frac{bh^2}{6}} \cdot \frac{bh}{P} = 1 - \frac{6e}{h} = 1 - \frac{6 \times 0.5}{4} = 0.25$$

答案： B

例题 9 ［2023-16］成层土体自重应力沿土层深度的分布形状是（　　　）。

    A. 矩形   B. 折线   C. 曲线   D. 三角形

解析： 见考点一。根据公式 $\sigma_{cz} = \sum_{i=1}^{n} \gamma_i h_i$，自重应力沿土层深度的分布形状是折线。

答案： B

例题 10 有效应力原理的要点不包括（　　　）。

    A. 变形取决于有效应力

    B. 强度取决于有效应力

    C. 总应力可分为有效应力和孔隙水压力

    D. 土的强度和变形与孔隙水压力的变化无关

解析： 见考点三。$\sigma = \sigma' + u$，饱和土体的有效应力 σ' 等于总应力 σ 减去孔隙水压力 u。土的有效应力控制土的变形（压缩）及强度。

答案： D

例题 11 由于地下水位上升，地基中地下水位上升部分的有效自重应力的变化是（　　　）。

    A. 增大   B. 减少   C. 不变化   D. 先减小后增大

解析： 见考点一。如果地下水位以下的土受到水的浮力作用，则水下部分土的有效自重应力应按浮重度 γ' 计算。

答案： B

例题 12 绝对刚性基础受均布荷载作用，在硬黏土地基上不出现塑性区变形的情况下，基底压分布形态是（　　　）。

    A. 均匀分布   B. 边缘大，中间小   C. 边缘小，中间大   D. 为倒钟形分布

解析： 见考点四。

刚性基础底面上的压力分布形状大致有：当荷载较小时，基底压力分布形状为边缘大，中间小，接近弹性理论解；荷载增大后，基底压力分布形状呈马鞍形；荷载再增大时，边缘塑性区逐渐扩大，所增加的荷载必须靠基底中部应力的增大来平衡，基底压力分布形状可变为抛物线形以致倒钟形。

答案： B

自 测 模 拟

1. 土的自重应力起算点的位置为（　　　）。

    A. 室内设计地面   B. 室外设计地面

    C. 天然地面   D. 基础底面

2. 地基附加应力沿深度的分布是（　　　）。

    A. 逐渐增大，曲线变化   B. 逐渐减小，曲线变化

    C. 逐渐减小，直线变化   D. 均匀分布

3. 成层土中竖向自重应力沿深度的分布为（　　　）。

    A. 折线增大   B. 折线减小   C. 斜线增大   D. 斜线减小

4. 基础中心点下地基中竖向附加应力沿深度的分布为（　　　）。

A. 折线增大　　　　　　B. 折线减小　　　　　　C. 曲线增大　　　　　　D. 曲线减小

5. 矩形面积上作用三角形分布荷载时，地基中附加应力系数是 l/b、z/b 的函数，b 指的是（　　　）。

A. 矩形的短边

B. 三角形分布荷载变化方向的边长

C. 矩形的长边

D. 矩形的短边与长边的平均值

6. 刚性基础在均布荷载作用时，基底反力的分布计算图形为（　　　）。

A. 矩形　　　　　　B. 抛物线形　　　　　　C. 钟形　　　　　　D. 马鞍形

7. 计算基底净反力时，不需要考虑的荷载为（　　　）。

A. 建筑物自重

B. 上部结构传来轴向力

C. 基础及上覆土自重

D. 上部结构传来弯矩

参 考 答 案

1. C　　2. B　　3. A　　4. D　　5. B　　6. A　　7. C

第四节　土的力学性质

考 点 分 析

本节重点： 掌握土的抗剪强度理论、土体的变形和压实特性，直剪试验，三轴试验。

本节难点： 三轴试验的类型及各种三轴试验的适用范围，根据抗剪强度理论对土体是否破坏的判断。

考 点 精 讲

考点一：土的强度、变形、压实特性及压实土的力学特性

1. 土的强度

土的强度通常是指土体抵抗剪切破坏的极限能力，也称为抗剪强度。

2. 土的变形

土体受力后的变形可分为体积变形和形状变形。变形主要是由正应力引起，当剪应力超过一定范围时，土体将产生剪切破坏，此时的变形将不断发展。通常在地基中是不允许发生大范围剪切破坏的。

3. 土的压实特性

土体的变形或沉降是同土的压缩性能密切相关的。对于土体来说，体积变形通常表现为体积缩小，我们把这种外力作用下土颗粒重新排列、土体体积缩小的特性称为土的压缩性。土的压缩性主要有两个特点：①土的压缩主要是由于孔隙体积减小而引起，其中土颗粒本身的压缩量是非常小的，可不考虑，但土中水、气具有流动性，在外力作用下会沿着土中孔隙排出，从而引起土体积减小而发生压缩；②饱和黏性土体中水体的排出需要时间，则由水体排出产生的压缩量是随时间变化的，这种土的压缩随时间增长的过程称为土的固结。

有时建筑物建在填土上，为了提高填土的强度，增加土的密实度，降低其透水性和压缩性，通常用分层压实的办法来处理地基。实践经验表明，对过湿的土进行夯实或碾压时就会出现软弹现象（俗称"橡皮土"），此时土的密实度是不会增大的。对很干的土进行夯实或碾压，显然也不能把土充分压实。所以，要使土的压实效果最好，其含水率一定要适当。在一定的压实能量下使土最容易压实，并能达到最大密实度时的含水率，称为土的最优含水率（或称最佳含水率），用 w_{op} 表示。相对应的干重度叫作最大干重度，用 γ_{dmax} 表示。土的最优含水率可在试验室内通过击实试验测得。试验时将同一种土，配制成若干份不同含水率的试样，用同样的压实能量分别对每一份试样进行击实［试验的仪器和方法见《土工试验方法标准》（GB/T 50123—2019）］，然后测定各试样击实后的含水率 w 和干重度 γ_d，从而绘制含水率与干重度关系曲线，称为压实曲线。从图中可以知道，当含水率较低时，随着含水率的增大，土的干重度也逐渐增大，表明压实效果逐步提高；当含水率超过某一限值 w_{op} 时，干重度则随着含水率增大而减小，即压实效果下降。这说明土的压实效果随含水率的变化而变化，并在击实曲线上出现一个干重度峰值（即最大干重度 γ_{dmax}），相应于这个峰值的含水率就是最优含水率。最优含水率与塑限比较接近，通常略高于塑限。

试验还证明，最优含水率与压实能量有关。对同一种土，用人力夯实时，因能量小，要求土粒之间有较多的水分使其更为润滑，因此，最优含水率较大而得到的最大干重度却较小。当用机械夯实时，压实能量较大，最优含水率较小而得到的最大干重度却较大，所以当填土压实程度不足时，可以改用大的压实能量补夯，以达到所要求的密实度。在同类土中，土的颗粒级配对土的压实效果影响很大，颗粒级配不均匀的容易压实，均匀的则不易压实。必须指出：室内击实试验与现场夯实或碾压的最优含水率是不一样的。所谓最优含水率，是针对某一种土，在一定的压实机械、压实能量和填土分层厚度等条件下测得的。如果这些条件改变，就会得出不同的最优含水率。因此，要指导现场施工，还应该进行现场试验。

4. 压实土的力学特性

路基填土的强度特性和压缩特性直接关系到路基的长期稳定性。为研究含水率和压实度对路基填土的力学特性的影响，对某路基填土进行了直剪和压缩试验，得到了不同初始含水率和压实度下土体的抗剪强度指标和压缩特性指标，讨论了黏聚力、内摩擦角和压缩系数随含水率和压实度变化的规律，并从水分变化和土体结构差异的角度分析了其影响机理。结果表明：相同含水率下，黏聚力随压实度的增大而增大；相同压实度下，黏聚力在最优含水率 w_{op} 附近有峰值，相同含水率下，内摩擦角 φ 随压实度的增大而增大，路基填土的压缩系数随压实度的增大而减小，随含水率的增大而增大。

考点二：土体强度理论的应用与应力—应变关系

库仑公式（$\tau = c + \sigma \tan \varphi$ 或 $\tau = \sigma \tan \varphi$）表示的摩尔包络线的理论，称为摩尔-库仑强度理论，即土的抗剪强度理论。

（一）摩尔应力圆与包络线的三种关系

（1）当土体中任意一点在某一平面上的剪应力达到土的抗剪强度时，就发生剪切破坏，该点即处于极限平衡状态。摩尔应力圆与包络线相切，见图 2-26（Ⅱ）。由此图可求得用主应力表示的极限平衡条件。

（2）包络线与摩尔应力圆相离，见图 2-26（Ⅰ），表示该点任何平面上剪应力均小于抗剪强度，该点处于弹性平衡状态。

（3）包络线与摩尔应力圆相割，见图 2-26（Ⅲ），表示该点某些平面上剪应力已大于抗剪强度，该点已处于破坏状态。实际此情况不存在。

（二）极限平衡条件

在图 2-27 中延长包络线与 σ 轴交于 R 点，由直角三角形 ARD 得

$$\sin \varphi = \frac{\overline{AD}}{\overline{RD}} = \frac{\frac{\sigma_1 - \sigma_3}{2}}{c \cot \varphi + \frac{\sigma_1 + \sigma_3}{2}} \tag{2-44}$$

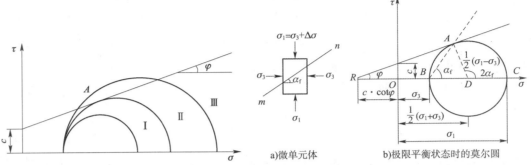

图 2-26 摩尔应力圆与抗剪强度之间的关系　图 2-27 土体中一点达极限平衡状态时的摩尔应力圆

利用三角函数关系可得黏性土的极限平衡条件，有

$$\sigma_1 = \sigma_3 \tan^2 \left(45° + \frac{\varphi}{2}\right) + 2c \tan \left(45° + \frac{\varphi}{2}\right) \tag{2-45}$$

或

$$\sigma_3 = \sigma_1 \tan^2 \left(45° - \frac{\varphi}{2}\right) - 2c \tan \left(45° - \frac{\varphi}{2}\right) \tag{2-46}$$

对于无黏性土，由于 $c = 0$，极限平衡条件为

$$\sigma_1 = \sigma_3 \tan^2 \left(45° + \frac{\varphi}{2}\right) \tag{2-47}$$

或

$$\sigma_3 = \sigma_1 \tan^2 \left(45° - \frac{\varphi}{2}\right) \tag{2-48}$$

当土中某点处于极限平衡条件时，破裂面与大主应力作用面的夹角（破裂角 α_f）为 $\left(45° + \frac{\varphi}{2}\right)$。

考点三：软土在荷载作用下的强度增长规律

外荷载作用下的软土地基，随着加荷时间的推移，软土中孔隙水逐渐被挤出，孔隙水压力不断消散，有效应力不断增加，软土的抗剪强度随之而增加。图 2-28 表示正常固结土在自重应力 p_0 作用下固结后，再受到附加应力作用时的抗剪强度变化规律。

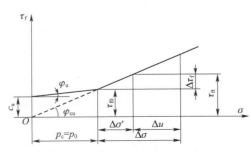

图 2-28 正常固结土的强度变化曲线

若假设软土的天然强度（即软土的结构、含水率以及土中应力历史等都保持天然原有状态的强度）为 τ_{f0}，在外荷载作用时间 t 后，其抗剪强度的增量为 $\Delta\tau_f$，则此时软土实际的抗剪强度为

$$\tau_{\mathrm{ft}} = \tau_{\mathrm{f0}} + \Delta\tau_{\mathrm{f}} \tag{2-49}$$

若荷载作用时间足够长，软土达到完全固结，则

$$\Delta\tau_{\mathrm{f}} = \Delta\sigma \cdot \tan\varphi_{\mathrm{cu}} \tag{2-50}$$

若t时刻软土的固结度为U，则

$$\Delta\tau_{\mathrm{f}} = \Delta\sigma' \tan\varphi_{\mathrm{cu}} = \frac{\Delta\sigma'}{\Delta\sigma} \cdot \Delta\sigma \cdot \tan\varphi_{\mathrm{cu}} = U \cdot \Delta\sigma \cdot \tan\varphi_{\mathrm{cu}} \tag{2-51}$$

式中：$\Delta\sigma'$——t时刻软土中有效附加应力；

　　　U——t时刻土的固结度。

将式（2-50）和式（2-51）代入式（2-49）便可得到t时刻软土中实际的抗剪强度另一表达式，即

$$\tau_{\mathrm{ft}} = \tau_{\mathrm{f0}} + \Delta\tau_{\mathrm{f}} = c_{\mathrm{u}} + p_0 \tan\varphi_{\mathrm{u}} + U \cdot \Delta\sigma \cdot \tan\varphi_{\mathrm{cu}} \tag{2-52}$$

式中：c_{u}、φ_{u}——不固结不排水抗剪强度指标；

　　　φ_{cu}——固结不排水抗剪强度指标。

应指出，式（2-52）中所用指标为总应力指标，只是一种近似的估算公式。若考虑到固结度的修正，比较正确的方法是应用有效强度指标估算强度的增长。以图 2-29 中的O_1圆表示天然状态下可能发挥的摩尔应力圆，则强度τ_{f0}与半径R_1及大主应力σ'的关系为

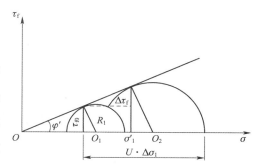

图 2-29　强度增长与固结度的关系

$$\tau_{\mathrm{f0}} = R_1 \cos\varphi' = \overline{OO_1} \cdot \sin\varphi' \cdot \cos\varphi' \tag{2-53}$$

$$\sigma' = R_1 + \overline{OO_1} = \frac{\tau_{\mathrm{f0}}}{\cos\varphi'}\left(1 + \frac{1}{\sin\varphi'}\right) \tag{2-54}$$

因此

$$\tau_{\mathrm{f0}} = \sigma' \frac{\sin\varphi' \cos\varphi'}{1 + \sin\varphi'} \tag{2-55}$$

若总应力增量为$\Delta\sigma_1$，某一时刻达到的固结度为U，则有效应力圆为图 2-29 中的O_2圆。从图中可得

$$\tau_{\mathrm{f0}} + \Delta\tau_{\mathrm{f}} = (\sigma_1' + U\Delta\sigma_1)\frac{\sin\varphi' \cos\varphi'}{1 + \sin\varphi'} \tag{2-56}$$

以及强度增长规律

$$\Delta\tau_{\mathrm{f}} = U \cdot \Delta\sigma_1 \cdot \frac{\sin\varphi' \cos\varphi'}{1 + \sin\varphi'} \tag{2-57}$$

考点四：土体抗剪强度直剪试验及相应的强度指标

测定土的抗剪强度的最简单方法是直接剪切试验。试验所使用的仪器称为直剪仪，按加荷方式的不同，直剪仪可分为应变控制式和应力控制式两种。前者是以等速水平推动试样产生位移并测定相应的剪应力；后者则是对试样分级施加水平剪应力，同时测定相应的位移。我国目前普遍采用的是应变控制式直剪仪，如图 2-30 所示。该仪器的主要部件由固定的上盒和活动的下盒组成，试样放在盒内上下两块透水石之间。

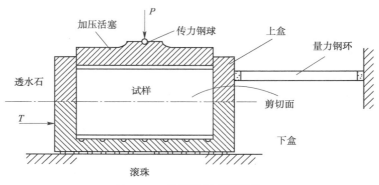

图 2-30 应变控制式直剪仪

试验时，由杠杆系统通过加压活塞和透水石对试样施加某一垂直压力P（如土质松软，宜分次施加以防土样挤出），然后以规定的速率等速转动手轮来对下盒施加水平推力T，使试样在沿上下盒之间的水平面上产生剪切变形，同时每隔一定时间测记量力环表读数，直至剪坏。根据试验记录，由量力环的变形值计算出剪切过程中剪应力的大小，并绘制出剪应力τ和剪切位移Δl的关系曲线（图 2-31a），通常取该曲线上的峰值点或稳定值作为该级垂直压力下的抗剪强度。

对同一种土取3~4个试样，分别在不同的垂直压力下剪切破坏，可将试验结果绘制成以抗剪强度τ_f为纵坐标，法向应力σ为横坐标的平面图，通过图上各试验点绘一条直线，此即抗剪强度包线，如图 2-31b）所示。该直线与横轴的夹角为内摩擦角φ，在纵轴上的截距为黏聚力c，直线方程可用库仑公式表示；对于砂性土，抗剪强度与法向应力之间的关系则是一条通过原点的直线。

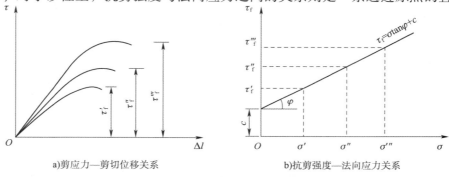

a)剪应力—剪切位移关系   b)抗剪强度—法向应力关系

图 2-31 直剪试验成果

试验和工程实践都表明，土的抗剪强度与土受力后的排水固结状况有关，对同一种土，即使施加同一法向应力，但若剪切前试样的固结过程和剪切时试样的排水条件不同，其强度指标也不尽相同。因而在土工工程设计中所需要的强度指标试验方法必须与现场的施工加荷实际相结合。如软土地基上快速堆填路堤，由于加荷速度快，地基土体渗透性低，则这种条件下的强度和稳定问题是处于不能排水条件下的稳定分析问题，这就要求室内的试验条件能模拟实际加荷状况，即在不能排水的条件下进行剪切试验。但是直剪仪的构造无法做到任意控制土样是否排水，为了近似模拟土体在现场受剪的排水条件，按剪切前的固结程度、剪切时的排水条件及加荷速率，把直接剪切试验分为快剪、固结快剪和慢剪三种试验方法。

（1）快剪 对试样施加竖向压力后，立即以0.8mm/min的剪切速率快速施加剪应力使试样剪切破坏。一般从加荷到剪坏只需3~5min。由于剪切速率较大，可认为对于渗透系数小于10^{-6}cm/s的黏性土在这样短暂时间内还没来得及排水固结。得到的抗剪强度指标用c_q、φ_q表示。

（2）固结快剪 对试样施加压力后，让试样充分排水，待固结稳定后，再以0.8mm/min快速施加水平剪应力使试样剪切破坏。固结快剪试验同样只适用于渗透系数小于10^{-6}cm/s的黏性土，得到的抗剪强度指标用c_{cq}、φ_{cq}表示。

（3）慢剪　对试样施加竖向压力后，让试样充分排水，待固结稳定后，再以0.6mm/min的剪切速率施加水平剪应力直至试样剪切破坏，从而使试样在受剪过程中一直充分排水和产生体积变形。得到的抗剪强度指标用c_s、φ_s表示。

直剪试验具有设备简单，土样制备及试验操作方便等优点，因而至今仍为国内一般工程所广泛应用。但也存在不少缺点，主要有：

（1）剪切面限定在上下盒之间的平面，而不是沿土样最薄弱的面剪切破坏。

（2）剪切面上剪应力分布不均匀，且竖向荷载会发生偏转（上下盒的中轴线不重合），主应力的大小及方向都是变化的。

（3）在剪切过程中，土样剪切面逐渐缩小，而在计算抗剪强度时仍按土样的原截面积计算。

（4）试验时不能严格控制排水，并且不能量测孔隙水压力。

（5）试验时上下盒之间的缝隙中易嵌入砂粒，使试验结果偏大。

考点五：三轴试验及相应的强度指标

三轴压缩试验也称三轴剪切试验，是测定抗剪强度的一种较为完善的方法。

（一）三轴试验的基本原理

三轴压缩仪主要由三部分组成：压力室、加压系统以及量测系统。它是一个由金属上盖、底座以及透明有机玻璃圆筒组成的密闭容器，压力室底座通常有三个小孔分别与稳压系统以及体积变形和孔隙水压力量侧重点系统相连。试样为圆柱形，规范要求试样的高度与直径之比为2~2.5。试样安装在压力室中，外用橡皮膜包裹，橡皮膜扎紧在试样帽和底座上，以防止压力室中的水进入试样。试样上、下两端放置透水石，试验时试样的排水条件由与顶部连通的排水阀来控制。

加压系统由压力泵、调压阀和压力表等组成。试验时通过压力室对试样施加周围压力，并在试验过程中根据不同的试验要求对压力予以控制或调节，如保持恒压或变化压力等。试样的轴向压力增量，由与顶部试样帽直接接触的活塞杆来传递（轴向力的大小可由经过率定的量力环或压力传感器测定，轴向力除以试样的横断面积后为附加轴向压力q，亦称偏应力或轴向应力增量$\Delta\sigma_1$），附加轴向压力q增加使试样受剪，直至剪坏。

量测系统由排水管、体变管和孔隙水压力量测装置等组成。试验时分别测出试样受力后土中排出的水量变化以及土中孔隙水压力的变化。对于试样的竖向变形，则利用置于压力室上方的测微表或位移传感器测读。常规三轴试验的一般步骤如下：

（1）将土样切制成圆柱体套在橡胶膜内，放在密闭的压力室中，然后向压力室内注入气压或液压，使试件在各向均受到周围压力σ_3，并使该周围压力在整个试验过程中保持不变，这时试件内各向的主应力都相等，因此在试件内不产生任何剪应力（图2-32a）。

（2）然后通过轴向加荷系统对试件施加竖向压力，当作用在试件上的水平压力保持不变，而竖向压力逐渐增大时，相应的应力圆也不断增大（图2-32b）。当应力圆达到一定大小时，试件终因受剪而破坏，此时的应力圆为极限应力圆。

（3）设剪切破坏时轴向加荷系统加在试件上的竖向压应力为$\Delta\sigma_1$，则试件上的大主应力为$\sigma_1 = \sigma_3 + \Delta\sigma_1$，而小主应力为$\sigma_3$，据此可作出一个摩尔极限应力圆〔图2-32c）中的圆I〕，用同一种土样的若干个试件（三个以上）分别在不同的周围压力σ_3下进行试验，可得一组摩尔极限应力圆，并作一条公切线，该线即为土的抗剪强度包线，通常取此包线为一条直线，由此可得土的抗剪强度指标c、φ值。

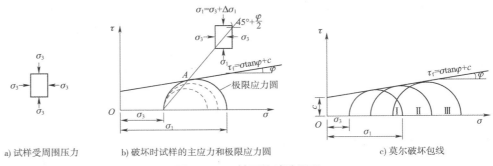

a) 试样受周围压力　　b) 破坏时试样的主应力和极限应力圆　　c) 莫尔破坏包线

图 2-32　三轴压缩试验原理

如果要量测试验过程中的排水量，可以打开排水阀，让试样中的水排入排水管，根据排水管中水位的变化可算出试样的排水量；若测出了排水量随时间的变化，还可了解试样的固结过程。如果要量测试样中的孔隙水压力，可打开孔隙水压力阀，在试件上施加压力以后，由于土中孔隙水压力增加迫使零位指示器的水银面下降。为量测孔隙水压力，可用调压筒调整零位指示器的水银面始终保持原来的位置，这样，孔隙水压力表中的读数就是孔隙水压力值。

（二）三轴试验方法

根据土样在周围压力作用下固结的排水条件和剪切时的排水条件，三轴试验可分为以下三种试验方法：

1. 不固结不排水剪试验（UU 试验）

试样在施加周围压力和随后施加偏应力直至剪坏的整个试验过程中都不允许排水，这样从开始加压直至试样剪坏，土中的含水率始终保持不变，孔隙水压力也不可能消散。这种试验方法所对应的实际工程条件相当于饱和软黏土中快速加荷的应力状况，得到的抗剪强度指标用c_u、φ_u表示。

2. 固结不排水剪试验（CU 试验）

在施加周围压力σ_3时，将排水阀门打开，允许试样充分排水，待固结稳定后关闭排水阀门，然后再施加偏应力，使试样在不排水条件下剪切破坏。由于不排水，试样在剪切过程中没有任何体积变形。若要在受剪过程中量测孔隙水压力，则要打开试样与孔隙水压力量测系统间的管路阀门。得到的抗剪强度指标用c_{cu}、φ_{cu}表示。

固结不排水剪试验是经常要做的工程试验，它适用的实际工程条件常常是一般正常固结土层在工程竣工或使用阶段受到大量、快速的活荷载或新增加的荷载的作用时所对应的受力情况。

3. 固结排水剪试验（CD 试验）

在施加周围压力和随后施加偏应力直至剪坏的整个过程中都将排水阀门打开，并给予充分的时间让试样中的孔隙水压力能够完全消散。得到的抗剪强度指标用c_d、φ_d表示。

三轴试验的突出优点是能够控制排水条件以及可以量测土样中孔隙水压力的变化。

（三）三轴试验结果的整理与表达

从以上对试验方法的讨论可以看到，对同一种土施加的总应力σ虽然相同，但若试验方法不同，或者说控制的排水条件不同，则所得的强度指标就不同，故土的抗剪强度与总应力之间没有唯一的对应关系。有效应力原理指出，土中某点的总应力σ等于有效应力σ'与孔隙水压力u之和，即$\sigma = \sigma' + u$，因此，若在试验时量测土样的孔隙水压力，据此算出土中的有效应力，从而就可以用有效应力与抗剪强度的关系式表达试验结果。

$$\tau_f = c' + (\sigma - u) \cdot \tan\varphi' \tag{2-58}$$

式中，c'、φ'分别为有效黏聚力和有效内摩擦角，统称为有效应力抗剪强度指标。

考点六：土的压缩性指标

（一）压缩曲线及压缩性指标

土在侧限条件下的压缩性通常用土的孔隙比e和竖向压应力p的关系曲线表示，如图 2-33 所示。

如图 2-33 所示，曲线的割线斜率作为土在侧限条件下的压缩系数a（单位：kPa^{-1}或MPa^{-1}），即

$$a = -\frac{\Delta e}{\Delta p} \tag{2-59}$$

负号表示孔隙比e随压力的增加而减小，Δe为相应于Δp的孔隙比变化。

土在侧限压缩条件下，竖向应力p和竖向应变ε的关系曲线如图 2-34 所示，OA为初次加载段，AB、CD为卸载段，BA'为再加载段，$A'C$基本上又回到初始加载曲线上。通常取初始加载曲线上任意一小段割线斜率作为相应于该段应力范围内土的侧限压缩模量E_s（单位：kPa 或 MPa），即压缩模量为

$$E_s = -\frac{\Delta p}{\Delta \varepsilon_z} \tag{2-60}$$

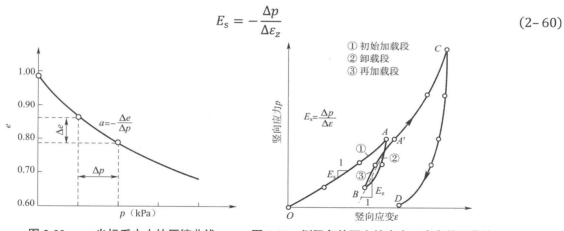

图 2-33　e-p坐标系中土的压缩曲线　　图 2-34　侧限条件下土的应力—应变关系曲线

土的侧限压缩模量不是常数，随应力的增大而增大。

根据式（2-59）和式（2-60），并考虑$\Delta\varepsilon = \frac{\Delta e}{1+e_0}$，可得

$$E_s = \frac{1 + e_0}{a} \tag{2-61}$$

对于现场取样的原状土，初始孔隙比e_0即为其在原位竖向有效自重应力作用下的孔隙比，但由于取样的扰动，e_0无法直接确定，所以认为室内压缩试验的p_1对应的孔隙比$e_1 \approx e_0$。沉降量计算时，采用的土层厚度应与e_0对应。侧限压缩模量的倒数为土的体积压缩系数m_v，即

$$m_v = \frac{1}{E_s} = \frac{a}{1 + e_0} \tag{2-62}$$

侧限压缩试验中，体积压缩系数的单位与压缩系数相同。压缩系数表示单位压应力变化引起的孔隙比变化，而体积压缩系数表示单位压应力变化引起的体应变的变化。

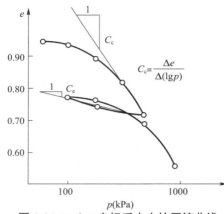

图 2-35 e-$\lg p$ 坐标系中土的压缩曲线

侧限压缩试验的结果还可用 e-$\lg p$ 曲线表示,如图 2-35 所示。用这种形式表示的特点是,在压力较大部分,e-$\lg p$ 关系接近直线,其直线段的斜率称为土的压缩指数 C_c,接近于一个常量,不随 p 而变化,即

$$C_c = -\frac{\Delta e}{\Delta(\lg p)} \tag{2-63}$$

C_c(无量纲)表示压应力 p 每变化一个对数周(10 倍)所引起的孔隙比的变化。卸载段和再加载段的平均斜率为土的回弹指数或再压缩指数 C_e,C_e 也基本不随压力 p 的变化而变化,且 $C_e \ll C_c$。

E_s、a、m_v、C_c 都是常用的土的变形参数,表示侧限条件下土的压缩性。E_s 值越大,土的压缩性越小;a、m_v、C_c 越大,土的压缩性越大。通常根据表 2-17 大致判断土的压缩性大小。

土的压缩性参考值 表 2-17

土 的 类 别	参 数 值	
	$a(\text{MPa}^{-1})$	C_e
高压缩性	> 0.5	> 0.167
中等压缩性	0.1~0.5	0.033~0.167
低压缩性	< 0.1	< 0.033

(二)先期固结压力

土层在地质历史上曾经受过的最大竖向有效压力称为先期固结压力 p_c。如果土层目前承受的上覆固结压力 p_s 等于 p_c,称为正常固结土。

由于冰川融化、覆盖土层剥蚀、人工开挖或地下水位上升等原因,原来长期存在于土层中的竖向有效压力减小了,即先期固结压力 p_c 大于土层目前的固结压力 p_s,这种土为超固结土。p_c 与 p_s 的比值为超固结比 OCR,即

$$\text{OCR} = p_c/p_s$$

OCR > 1 的土为超固结土,OCR = 1 的土为正常固结土,超固结土的压缩性要比正常固结土小得多。OCR 越大,土的超固结度越高,压缩性越小。正常固结土三轴试验的应力—应变曲线与松砂相似,超固结土的应力—应变曲线与密砂相似。

处于沉积过程中的泥土,土体尚未完成固结,目前的上覆固结应力尚未完全转化为有效应力,即 $p_c < p_s$,称为欠固结土,OCR < 1。

考点七:十字板剪切试验

十字板剪切试验,试验方法和仪器已基本标准化,这种试验方法用于正常固结饱和黏性土的原位不排水强度较为有效,特别适用于均匀饱和软黏土。这种土常因取样操作和试样形成过程中不可避免地受到扰动而破坏其天然结构,致使室内试验测得的强度值低于原位土的强度。

十字板剪切仪由板头、加力装置和测量装置三部分组成。板头是两片正交的金属板,厚 2mm,刃口成 60°,常用尺寸为 D(宽)× H(高)= 50mm × 100mm。试验通常在钻孔内进行,先将钻孔钻进至要

求测试的深度以上 75cm 左右。清理孔底后，将十字板头压入土中至测试的深度。然后，通过安放在地面上的施加扭力装置，旋转钻杆并带动十字板头扭转，这时可在土体内形成一个直径为 D、高度为 H 的圆柱形剪切面。剪切面上的剪应力随扭矩的增加而增大，当达到最大扭矩 M_{max} 时，土体沿该圆柱面破坏，圆柱面上的剪应力达到土的抗剪强度 τ_f。

最大扭矩 M_{max} 由柱体上顶面与下底面的抗剪强度对中心轴所产生的抗扭力矩和柱体侧面上的剪应力对中心轴所产生的抗扭力矩两部分组成。

抗剪强度 τ_f 的计算如下：

$$\tau_f = \frac{M_{max}}{\dfrac{\pi D^2}{2}\left(\dfrac{D}{3}+H\right)}$$

例 题 解 析

例题 1〔2019-21〕某点土体处于极限平衡状态时，则 $\tau - \sigma$ 坐标系中抗剪强度直线和摩尔应力圆的关系为（　　）。

  A. 相切   B. 相割   C. 相离   D. 不确定

解析： 见考点二。

答案： A

例题 2〔2019-22〕在一定压实功作用下，土样中粗粒含量越多，则该土样的（　　）。

  A. 最佳含水率和最大干重度越大

  B. 最大干重度越大，而最佳含水率越小

  C. 最佳含水率和最大干重度越小

  D. 最大干重度越小，而最佳含水率越大

解析： 见考点一，土的压实特性。

答案： B

例题 3〔2020-19〕室内测定土的压缩性指标的试验为（　　）。

  A. 剪切试验   B. 侧限压缩试验

  C. 静载荷试验   D. 无侧限压缩试验

解析： 侧限压缩试验是研究土压缩性的基本方法。剪切试验是测定抗剪强度，静载荷试验是测定承载力，无侧限压缩试验是测定无侧限抗压强度。

答案： B

例题 4〔2020-20〕有 A、B 两土样，如果其中 A 的压缩性大于 B 的压缩性，则（　　）。

  A. 土样 B 的压缩曲线陡   B. 土样 A 的压缩系数小

  C. 土样 A 的压缩模量小   D. 土样 B 易产生变形

解析： 见考点六。

答案： C

例题 5〔2020-21〕饱和软土地基在外荷载作用下，其抗剪强度逐渐增长的原因是（　　）。

  A. 总应力的减小   B. 有效应力的减小

  C. 孔隙水压力的消散   D. 孔隙水压力的增加

解析：见考点四。外荷载作用下的软土地基，随着加荷时间的推移，软土中孔隙水逐渐被挤出，孔隙水压力不断消散，有效应力不断增加，软土的抗剪强度随之而增加。

答案：C

例题 6［2021-20］某土样取土深度为 10.0m，测得先期固结压力为 160kPa，土的重度为 $20kN/m^3$。该土样的超固结比（OCR）为（　　　）。

　　　A. 2.0　　　　　　　B. 1.5　　　　　　　C. 1.0　　　　　　　D. 0.8

解析：见考点六。先期固结压力与现有覆盖土重之比定义为超固结比 OCR，即 $160/(10 \times 20) = 0.8$。

答案：D

例题 7［2021-21］绘制土的三轴剪切试验成果摩尔-库仑强度包线时，摩尔应力圆的正确画法是（　　　）。

　　　A. 在 σ 轴上以 σ_1 为圆心，以 $(\sigma_1 - \sigma_3)/2$ 为半径

　　　B. 在 σ 轴上以 σ_3 为圆心，以 $(\sigma_1 - \sigma_3)/2$ 为半径

　　　C. 在 σ 轴上以 $(\sigma_1 - \sigma_3)/2$ 为圆心，以 $(\sigma_1 + \sigma_3)/2$ 为半径

　　　D. 在 σ 轴上以 $(\sigma_1 + \sigma_3)/2$ 为圆心，以 $(\sigma_1 - \sigma_3)/2$ 为半径

解析：见考点二。摩尔应力圆是在 σ 轴上以 $(\sigma_1 + \sigma_3)/2$ 为圆心，以 $(\sigma_1 - \sigma_3)/2$ 为半径画出来的。

答案：D

例题 8［2021-22］为了近似模拟土体在现场受剪的排水条件，将直剪试验分为（　　　）。

　　　A. 快剪、固结快剪和慢剪

　　　B. 固结排水剪、固结慢剪和慢剪

　　　C. 固结慢剪、快剪和不排水剪

　　　D. 不排水剪、排水剪和固结快剪

解析：见考点四。为了近似模拟土体在现场受剪的排水条件，将直剪试验分为快剪、固结快剪、慢剪。

答案：A

例题 9［2022-16］最佳含水率对应的是（　　　）。

　　　A. 最大含水率　　　　　　　　　　B. 最大干重度

　　　C. 最小含水率　　　　　　　　　　D. 最小干重度

解析：见考点一。在一定的压实能量下使土最容易压实，并能达到最大密实度时的含水率，称为土的最优含水率（或称最佳含水率）。相对应的干重度称为最大干重度。土的最优含水率可在试验室内通过击实试验测得。

答案：B

例题 10［2022-17］下列说法正确的是（　　　）。

　　　A. 压缩指数是无量纲

　　　B. 压缩模量的单位是 MPa^{-1}

　　　C. 压缩系数的单位是 MPa

　　　D. 回弹指数的单位是 MPa

解析：见考点六。压缩指数和回弹指数是 $e\text{-}\lg p$ 曲线里衡量压缩性的指标，无量纲；压缩模量的单位是 MPa；压缩系数的单位是 MPa^{-1}。

答案： A

例题 11 ［2023-17］关于压实土的压缩性，错误的是（　　　）。

    A. 取决于它的密度与加荷时的含水率

    B. 填土在压实到一定密度后，其压缩模量显著提高

    C. 压实土遇水饱和可能产生附加压缩

    D. 越接近饱和的黏土，其压缩性越高

解析： 见考点一。土的压缩性指的是土受压时体积缩小的性能，主要是其中孔隙体积被压缩而引起，所以压缩性取决于它的密度与加荷时的含水率，选项 A 正确。压缩模量是指土在完全侧限条件下，竖向应力增量与相应的竖向应变增量的比值，所以压缩模量和密度没有必然关系，选项 B 错误。压实土遇水饱和，浸水软化，强度降低，可能产生附加压缩，选项 C 正确。黏土接近饱和状态时，孔隙水在压力作用下逐渐排出，导致土体的体积减小，表现出较高的压缩性，选项 D 正确。

答案： B

例题 12 ［2023-18］当施工进度快，地基土透水性低且排水条件不良时，测定土的抗剪强度指标应选择的三轴试验方法是（　　　）。

    A. 慢剪法　　　　　　　　　　　　　B. 固结排水剪法

    C. 固结不排水法　　　　　　　　　　D. 不固结不排水法

解析： 见考点五。不固结不排水法得到的抗剪强度指标适合加荷速率快、排水条件差的情况。

答案： D

例题 13 ［2024-18］下列关于最优含水率的说法正确的是（　　　）。

    A. 土的最优含水率一般接近缩限

    B. 细砂和砾砂一般不存在最优含水率

    C. 细砂的最优含水率为 26%

    D. 最优含水率应根据饱和曲线确定

解析： 见考点一。在一定的压实能量下使土最容易压实，并能达到最大密实度时的含水率，称为土的最优含水率（或称最佳含水率），用 w_{op} 表示。相对应的干重度叫作最大干重度，用 γ_{dmax} 表示。土的最优含水率可在试验室内通过击实试验测得。试验时将同一种土，配制成若干份不同含水率的试样，用同样的压实能量分别对每一份试样进行击实［试验的仪器和方法见《土工试验方法标准》（GB/T 50123—2019）］，然后测定各试样击实后的含水率 w 和干重度 γ_d，从而绘制含水率与干重度的关系曲线，称为压实曲线。

答案： B

例题 14 黏土压实实验中，w_{op} 代表最优含水率，γ_{dmax} 代表该击实功对应的最大干密度，当击实功增加时，以下说法正确的是（　　　）。

    A. w_{op} 和 γ_{dmax} 均不变　　　　　　　B. w_{op} 减小，γ_{dmax} 增大

    C. w_{op} 和 γ_{dmax} 均增大　　　　　　　D. w_{op} 减小，γ_{dmax} 不变

解析： 见考点一。最优含水率与压实能量有关。对同一种土，用人力夯实时，因能量小，要求土粒之间有较多的水分使其更为润滑，因此，最优含水率较大，而得到的最大干重度却较小。当用机械夯实时，压实能量较大，最优含水率较小，而得到的最大干重度却较大。

答案： B

例题 15 以下各种土的变形参数中，不是仅针对侧限应力状态的是（　　　）。

    A. 压缩系数　　　　B. 侧限压缩模量　　　　C. 变形模量　　　　D. 压缩指数

解析： 见考点六。曲线的割线斜率为土在侧限条件下的压缩系数 a。侧限压缩试验的结果还可用 $e\text{-}\lg p$ 曲线表示，用这种形式表示的特点是，在压力较大部分，$e\text{-}\lg p$ 关系接近直线，其直线段的斜率称为土的压缩指数 C_c。

答案： C

例题 16 饱和软黏土地基稳定性中，$\varphi = 0$ 的土体抗剪强度指标可采用的试验方法是（　　　）。

    A. 三轴固结排水试验　　　　　　　　B. 三轴固结不排水试验

    C. 直剪试验中的固结快剪试验　　　　D. 地基现场十字板剪切试验

解析： 见考点五、七。固结试验是在施加周围压力 σ_3 时，将排水阀门打开，允许试样充分排水，待固结稳定后关闭排水阀门，然后再施加偏应力，使试样剪切破坏。所以，固结试验充分排水的条件与饱和软黏土地基稳定性中土体抗剪强度的测定不适用。十字板剪切试验，试验方法和仪器已基本标准化，这种试验方法用于正常固结饱和黏性土的原位不排水强度较为有效，特别适用于均匀饱和软黏土。

答案： D

例题 17 某黏土试样的有效应力抗剪强度参数 $c' = 0$，$\varphi' = 20°$，进行常规固结三轴不排水试验，三轴室压力保持不变，破坏时大小主应力差为 200kPa，试问破坏时的有效小主应力 σ_3' 为（　　　）。

    A. 192kPa　　　　B. 392kPa　　　　C. 250kPa　　　　D. 292kPa

解析： 见考点四。根据三轴压缩原理，$(200 \div 2) \div \sin 20° - 100 = 192\text{kPa}$。

答案： A

例题 18 建立土的极限平衡条件的依据是（　　　）。

    A. 摩尔应力圆与抗剪强度包线相切的几何关系

    B. 摩尔应力圆与抗剪强度包线相离的几何关系

    C. 摩尔应力圆与抗剪强度包线相割的几何关系

    D. 静力平衡条件

解析： 见考点二。当土体中任意一点在某一平面上的剪应力达到土的抗剪强度时，就会发生剪切破坏，该点即处于极限平衡状态。摩尔应力圆与包络线相切。

答案： A

自 测 模 拟

1. 在排水不良的软黏土地基上快速施工，在基础设计时，应选择的抗剪强度指标为（　　　）。

    A. 快剪指标　　　　B. 慢剪指标　　　　C. 固结快剪指标　　　　D. 直剪指标

2. 通过直剪试验得到的土体抗剪强度线与水平线的夹角为（　　　）。

    A. 内摩擦角　　　　B. 有效内摩擦角　　　　C. 黏聚力　　　　D. 有效黏聚力

3. 某砂土样的内摩擦角为 30°，当土样处于极限平衡状态且最大主应力为 300kPa 时，其最小主应力为（　　　）。

    A. 934.6kPa　　　　B. 865.35kPa　　　　C. 100kPa　　　　D. 88.45kPa

4. 某内摩擦角为 20° 的土样，发生剪切破坏时，破坏面与最小主应力面的夹角为（　　　）。

    A. 55°　　　　B. 35°　　　　C. 70°　　　　D. 110°

5. 三轴试验的抗剪强度线为（　　　）。

    A. 一个摩尔应力圆的切线

    B. 不同试验点所连斜线

    C. 一组摩尔应力圆的公切线

    D. 不同试验点所连折线

参 考 答 案

1. A　　2. A　　3. C　　4. B　　5. C

第五节　地基沉降计算与地基承载力

考 点 分 析

本节重点：掌握地基破坏的类型，地基承载力的确定方法，分层总和法一维固结理论的应用，地基容许承载力及其修正方法。

本节难点：掌握地基沉降量的计算，地基承载力的确定方法，分层总和法一维固结理论的应用，地基容许承载力及其修正方法。

考 点 精 讲

考点一：地基破坏性状

（一）地基剪切破坏的三种模式

地基的剪切破坏模式主要有三种：整体剪切破坏、刺入剪切破坏和局部剪切破坏。

1. 整体剪切破坏

有轮廓分明的从地基到地面的连续剪切滑动面，邻近基础的土体有明显的隆起，可使上部结构随基础发生突然倾斜，造成灾难性破坏。

2. 刺入剪切破坏

地基不出现明显连续的剪切滑动面，以竖向下沉变形为主。随荷载的增加，地基土不断被压缩，基础竖向下沉，垂直刺入地基中，基础之外的土体无变形。基础除在竖向有突然的小移动之外，既没有明显的失稳，也没有大的倾斜。

3. 局部剪切破坏

随荷载的增加，紧靠基础的土层会出现轮廓分明的剪切滑动面，滑动面不露出地表，在地基内某一深度处终止。基础竖向下沉显著，基础周边地表有隆起现象。只有产生大于基础宽度一半的下沉量时，滑动面才会露于地表。任何情况下，建筑物均不会发生灾难性倾倒，基础总是下沉，深埋于地基之中。

（二）破坏模式$p\text{-}s$曲线的特点

三种破坏模式的$p\text{-}s$曲线虽然各有特点，但整体剪切破坏明显存在三个变形阶段，见图2-36。

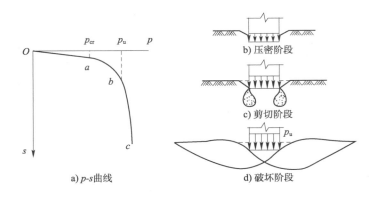

图 2-36　地基破坏过程的三个阶段

1. 压密阶段（或称直线变形阶段）

相当于 p-s 曲线上的 Oa 段。在这一阶段 p-s 曲线接近于直线，土中各点的剪应力均小于土的抗剪强度，土体处于弹性平衡状态。在这一阶段，载荷板的沉降主要是由于土的压密变形引起的，见图 2-36b）。把 p-s 曲线上相应于 a 点的荷载称为比例界限 p_{cr}。

2. 剪切阶段

相当于 p-s 曲线上的 ab 段。在这一阶段 p-s 曲线已不再保持线性关系，沉降的增长率 $\frac{\Delta s}{\Delta p}$ 随荷载的增大而增加。在这个阶段，地基土中局部范围内（首先在基础边缘处）的剪应力达到土的抗剪强度，土体发生剪切破坏，这些区域也称塑性区。随着荷载的继续增加，土体塑性区的范围也逐步扩大，直到土中形成连续的滑动面，由载荷板两侧挤出而破坏。因此，剪切阶段也是地基中塑性区的发生与发展阶段。p-s 曲线上相应于 b 点的荷载称为极限荷载 p_u。

3. 破坏阶段

相当于 p-s 曲线上的 bc 段。当荷载超过极限荷载后，荷载便急剧下沉，即使不增加荷载，沉降也不能稳定，因此，p-s 曲线陡直下降。在这一阶段，由于土中塑性区范围的不断扩展，最后在土中形成连续滑动面，土从载荷板四周挤出隆起，地基土失稳而破坏。

考点二：地基承载力及分层总和法

（一）地基承载力

地基承载力是指单位面积上地基所能承受的荷载。地基承受这一荷载时，在强度方面，相对于破坏状态的极限荷载有足够大的安全储备；而所产生的变形均在容许的范围内。

（二）分层总和法、一维固结理论的应用

分层总和法是假定地基土为线弹性体，在外荷载作用下的变形只发生在有限厚度的范围内（即压缩层），将地基压缩层厚度内的基础中心点下地基土分层，分别求出各分层的应力，然后用土的应力—应变关系求出各分层的变形量 s_i，累加起来即为地基的沉降量。

即

$$s = \sum_{i=1}^{n} s_i \tag{2-64}$$

式中：n ——计算尝试范围内土的分层数。

1. 计算所需的基本资料

（1）基础（即荷载面积）的形状、尺寸大小以及埋置深度。

（2）荷载：来自上部结构传给基础以及地基的荷载，包括静荷载和活荷载，但沉降计算只考虑全部静荷载而不考虑活荷载对地基沉降的影响。根据总的静荷载（包括基础重力和基础台阶上土的重力，需要时还要加上相邻基础的影响荷载值）计算作用于基底的压力。

（3）地基土层剖面（包括地下水位）和各土层的物理力学指标以及压缩曲线。

2. 计算过程

如图2-37所示桥墩基础，在基础条形荷载作用下，求其最终沉降量。

（1）选择沉降计算剖面，在每一个剖面上选择若干计算点，在计算基底压力和地基中附加应力时，根据基础的尺寸及所受荷载的性质，求得基底压力的大小和分布；再结合地基地层的性状，选择沉降计算点的位置。

（2）将地基分层。在分层时天然土层的交界面和地下水位面应为分层面，同时在同一类土层中分层的厚度不宜过大，一般取分层厚$h_i \leqslant 0.4$或$h_i = 1 \sim 2\text{m}$，b为基础宽度。

（3）求得计算点垂线上各分层层面上土的自重应力σ_c（应从地面算起）并绘制分布曲线，见图2-37。

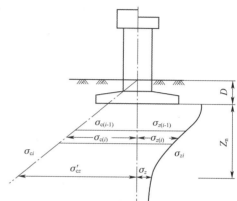

图2-37 分层总和法沉降计算

（4）求出计算点垂线上各分层层面上土的竖向附加应力σ_z并绘制分布曲线，取$\sigma_z = 0.2\sigma_c$（中、低压缩土）或$\sigma_z = 0.1\sigma_c$（高压缩土）处的土层深度为沉降计算的土层深度。

（5）求出各分层的平均自重应力$\sigma_{c(i)}$和平均附加应力$\sigma_{z(i)}$，即

$$\sigma_{c(i)} = \frac{1}{2}\left[\sigma_{c(i-1)} + \sigma_{ci}\right] \tag{2-65}$$

$$\sigma_{z(i)} = \frac{1}{2}\left[\sigma_{z(i-1)} + \sigma_{zi}\right] \tag{2-66}$$

式中：$\sigma_{c(i-1)}$、σ_{ci}——分层i的顶面和底面的自重应力；

$\sigma_{z(i-1)}$、σ_{zi}——分层i的顶面和底面的附加应力。

（6）计算各分层土的压缩变形量s_i，将式（2-65）计算平均自重应力$\sigma_{c(i)}$作为作用于分层i上的初始压力p_{1i}，将公式（2-66）计算的平均附加应力$\sigma_{z(i)}$作为作用在分层i上的压力增量Δp_i，亦即

$$p_{1i} = \sigma_{c(i)} \tag{2-67}$$
$$p_{2i} = p_{1i} + \Delta p_i = \sigma_{c(i)} + \sigma_{z(i)} \tag{2-68}$$

按式（2-64）总和计算基础各点的沉降量。基础中点沉降量可视为基础平均沉降。

有效自重应力分布曲线由天然地面起算，基底压力p由作用于基础底面以上的荷载计算。如果基础底面因卸载减少的压力γd与重加载增加的压力相等，则地面不产生沉降。因此，基底压力中只有一部分$p_0 = p - \gamma d$才是引起沉降的压力，p_0称为基底附加应力。

考点三：地基沉降的历时特征

地基土在外力作用下的变形经历着三种不同的阶段，表现为三种类型的变形特征：瞬时变形S_d、固结变形S_c以及次固结变形S_s，则地基的总变形量S应为

$$S = S_d + S_c + S_s \tag{2-69}$$

（1）瞬时变形（瞬时沉降）S_d　在加荷瞬间，土中孔隙水来不及排出，孔隙体积没有变化即土体不产生体积变化，但荷载使土产生偏斜变形。这一种变形与地基的侧向变形密切相关，是考虑了侧向变形的地基沉降计算，在实用上可以用弹性理论的公式计算。

（2）固结变形（固结沉降）S_c　即孔隙水排出，孔隙压力转换成有效应力，土体逐渐压密产生的体积压缩变形。计算方法可采用分层总和法。

（3）次固结变形（次固结沉降）S_s　这一变形阶段是在土中孔隙水完全排除，土固结已经结束以后发生的变形，目前认为这是土骨架黏滞蠕变所致。

几种沉降的相对大小和时间过程，随土的类型而异。干净砂土孔隙水挤出很快，且次固结现象不显著，所以沉降量几乎全在加荷后即时发生；而饱和软黏土则沉降时间很长，实测的瞬时沉降量往往占最终沉降量的30%~40%。次固结沉降一般不重要，但对于很软的土，尤其是土中含有一些有机质（如胶态腐殖质等），或是在深处的可压缩土层中，当附加应力与自重应力比较小时，次固结沉降必须引起注意。

考点四：地基承载力确定方法

应按《公路桥涵地基与基础设计规范》（JTG 3363—2019）规定确定地基承载力。地基承载力特征值也可由载荷试验或其他原位测试公式计算，并结合工程实践经验等方法综合确定。

（一）按载荷试验确定地基承载力

载荷试验是地基承载力的原位测试方法。

1. 浅层平板载荷试验

（1）地基土浅层平板载荷试验可适用于确定浅部地基土层的承压板下应力主要影响范围内的承载力。承压板面积不应小于0.25m²，特殊情况下应符合下列规定：

① 对于软土地基，不应小于0.5m²。

② 对于复合地基，不应小于一根桩加固的面积。

③ 对于强夯处理后的地基，不应小于2.0m²。

（2）试验基坑宽度不应小于承压板宽度或直径的 3 倍。应保持试验土层的原状结构和天然湿度。宜在拟试压表面用粗砂或中砂层找平，其厚度不超过 20mm。

（3）加荷分级不应少于 8 级，最大加载量不应小于设计要求的 2 倍。

（4）每级加载后，按间隔 10min、10min、10min、15min、15min，以后为每隔半小时测读一次沉降量，当在连续两小时内，每小时的沉降量小于 0.1mm 时，则认为已趋稳定，可加下一级荷载。

（5）当出现下列情况之一时，即可终止加载：

① 承压板周围的土明显地侧向挤出。

② 沉降量s急骤增大，荷载—沉降（p-s）曲线出现陡降段。

③ 在某一级荷载下，24h 内沉降速率不能达到稳定。

④ 沉降量与承压板宽度或直径之比大于或等于 0.06。

当满足前三种情况之一时，将其对应的前一级荷载定为极限荷载。

（6）承载力特征值的确定应符合下列规定：

① 当p-s曲线上有比例界限时，取该比例界限所对应的荷载值。

② 当极限荷载小于对应比例界限的荷载值的 2 倍时，取极限荷载值的一半。

③ 当不能按上述两款要求确定时，当压板面积为0.25~0.5m²，可取$s/b = 0.01~0.015$所对应的荷载，但其值不应大于最大加载量的一半。

（7）同一土层参加统计的试验点不应少于 3 个，当试验实测值的极差不超过其平均值的30%时，取此平均值作为该土层的地基承载力特征值f_{ak0}。极差不满足要求时，应查明原因，必要时重新划分地基统计单元进行评价。

2. 深层平板载荷试验

（1）深层平板载荷试验适用于确定深部地基土层及大直径桩桩端土层在承压板下主要影响范围内的承载力。

（2）深层平板载荷试验的承压板采用直径为 0.8m 的刚性板，紧靠承压板周围外侧的土层高度应不少于 80cm。

（3）加荷等级可按预估极限承载力的1/15 ~ 1/10分级施加。

（4）每级加荷后，第一个小时内按间隔 10min、10min、10min、15min、15min，以后为每隔半小时测读一次沉降量。当在连续两小时内，每小时的沉降量小于 0.1mm 时，则认为已趋稳定，可加下一级荷载。

（5）当出现下列情况之一时，即可终止加载：

① 沉降量s急骤增大，荷载—沉降（p-s）曲线上有可判定极限承载力的陡降段，且沉降量超过 0.04d（d为承压板直径）。

② 在某级荷载下，24h 内沉降速率不能达到稳定。

③ 本级沉降量大于前一级沉降量的 5 倍。

④ 当持力层土层坚硬，沉降量很小时，最大加载量不小于设计要求的 2 倍。

（6）承载力特征值的确定应符合下列规定：

① 当p-s曲线上有比例界限时，取该比例界限所对应的荷载值。

② 满足第（5）条终止加载条件之一时，其对应的前一级荷载定为极限荷载，当该值小于对应比例界限的荷载值的 2 倍时，取极限荷载值的一半。

③ 不能按上述两款要求确定时，可取$s/d = 0.01~0.015$所对应的荷载值，但其值不应大于最大加载量的一半。

（7）同一土层参加统计的试验点不应少于三点，当试验实测值的极差不超过平均值的30%时，取此平均值作为该土层的地基承载力特征值f_{ak0}。极差不满足要求时，应查明原因，必要时重新划分地基统计单元进行评价。

（二）按土的抗剪强度指标计算地基承载力

当荷载偏心距e小于或等于 0.033 的基础底面宽度（即：$e \leqslant 0.033L$，而L指的是弯矩作用方向的基础底面尺寸）时，根据由试验和统计得到的土的抗剪强度指标标准值，可按下式计算地基承载力特征值。

$$f_a = M_b\gamma b + M_d\gamma_m d + M_c c_k \tag{2-70}$$

式中：　f_a ——由土的抗剪强度指标确定的地基承载力特征值（kPa）；

M_b、M_d、M_c ——承载力系数，可查相应表格；

b ——基础底面宽度，$b > 6m$时按6m计，对于砂土$b < 3m$时按3m计；

c_k ——基底下一倍基宽深度范围内的黏聚力标准值（kPa）；

d、γ、γ_m ——基础埋深（m）、天然重度（kN/m³）、基础埋置深度d范围内土的加权平均重度（kN/m³）。

（三）按理论计算公式确定地基承载力

1. 斯肯普顿地基极限承载力公式

斯肯普顿公式应用于饱和软黏土地基（$\varphi = 0$）。

$$p_u = (\pi + 2)c + q = 5.14c + q = 5.14c + \gamma_m d \tag{2-71}$$

它是饱和软黏土地基在条形荷载作用下的极限承载力公式，是普朗特尔—雷斯诺极限荷载公式在$\varphi = 0$时的特例。

对于矩形基础，参考前人的研究成果，斯肯普顿（A. W.Skempton, 1952）给出的地基极限承载力公式为

$$p_u = 5c\left(1 + \frac{d}{5l}\right)\left(1 + \frac{d}{5b}\right) + \gamma_m d \tag{2-72}$$

式中：　c ——地基土黏聚力（kPa）取基底以下$0.707d$深度范围内的平均值，考虑饱和黏性土和粉土在不排水条件下的短期承载力时，黏聚力应采用土的不排水抗剪强度c_u；

b、l、d ——基础的宽度、长度和埋深（m）；

γ_m ——基础埋置深度d范围内土的加权平均重度（kN/m^3）。

用斯肯普顿公式计算的软土地基承载力与实际情况是比较接近的，安全系数K可取1.1~1.3。

2. 太沙基地基极限承载力公式

太沙基（K Terzaghi, 1943）提出了条形浅基础的极限荷载公式。太沙基从实用的角度考虑认为，当基础的长宽比$l/b \geqslant 5$及基础的埋置深度$d \leqslant b$时，就可视为是条形浅基础。基底以上的土体看作是作用在基础两侧底面上的均布荷载$q = \gamma_m d$，可以不考虑基础底面以上土体的抗剪强度，并假定基础底面是粗糙的。

太沙基的极限承载力公式

$$p_u = \frac{1}{2}\gamma b N_\gamma + q N_q + c N_c \tag{2-73}$$

式中：N_γ、N_q、N_c ——承载力系数，它们都是无量纲系数，仅与土的内摩擦角φ有关。

公式只适用于条形基础，对于圆形或方形基础，太沙基提出了半经验的极限荷载公式。

（1）圆形基础

$$p_u = 0.6\gamma R N_\gamma + q N_q + 1.2c N_c \tag{2-74}$$

式中：R ——圆形基础的半径；

其余符号意义同前。

（2）方形基础

$$p_u = 0.4\gamma b N_\gamma + q N_q + 1.2c N_c \tag{2-75}$$

式（2-73）~式（2-75）只适用于地基土是整体剪切破坏的情况，即地基土较密实，其$p\text{-}s$曲线有明显的转折点，破坏前沉降不大等。对于松软土质，地基破坏是局部剪切破坏，沉降较大，其极限荷载较小。太沙基建议在这种情况下采用较小的$\bar{\varphi}$、$\bar{c}$值代入上述各式计算极限承载力。

即令

$$\tan\bar{\varphi} = \frac{2}{3}\tan\varphi，\ \bar{c} = \frac{1}{3}c$$

根据$\bar{\varphi}$值查表得到承载力系数，并用$\bar{c}$代入公式计算。

用太沙基极限承载力公式计算地基承载力时，其安全系数一般取为3。

3. 汉森地基承载力公式

汉森（B. Hanson, 1961, 1970）提出的在中心倾斜荷载作用下，不同基础形状及不同埋置深度时的极限承载力计算公式，即

$$p_{\mathrm{u}} = \frac{1}{2}\gamma b N_\gamma i_\gamma s_\gamma d_\gamma + q N_{\mathrm{q}} i_{\mathrm{q}} s_{\mathrm{q}} d_{\mathrm{q}} + c N_{\mathrm{c}} i_{\mathrm{c}} s_{\mathrm{c}} d_{\mathrm{c}} \tag{2-76}$$

式中：N_γ、N_{q}、N_{c}——承载力系数；

i_γ、i_{q}、i_{c}——荷载倾斜系数；

s_γ、s_{q}、s_{c}——基础形状系数；

d_γ、d_{q}、d_{c}——深度系数；

其余符号意义同前。

以上所有系数均可查有关表格。

考点五：地基容许承载力及其修正方法

地基容许承载力是指在保证地基不发生剪切破坏且基础沉降不超过允许值时，地基土单位面积上所能承受荷载的能力，单位为 kPa，用 f_{a} 表示。地基容许承载力与土的性质、基础宽度以及基础埋置深度三个因素有关。下面介绍根据《公路桥涵地基与基础设计规范》（JTG 3363—2019）提供的经验公式和数据确定地基容许承载力的方法，其步骤如下。

（一）确定土的分类名称

根据塑性指数、粒径、工程地质特性等，通常把地基土分为 6 类，即黏性土、粉土、砂土、碎石土、岩石和特殊性岩土。

（二）确定土的状态

土的状态是指土层所处的天然松密和稠度状况。黏性土的天然状态按液性指数可分为坚硬、硬塑、可塑、软塑和流塑五个状态；砂土和碎石土则按密实度分为密实、中密、稍松及松散四个状态。

（三）确定地基土的基本容许承载力 f_{a0}

一般黏性土和砂土的基本容许承载力可从表 2-18 和表 2-19 中取得。

一般黏性土的基本容许承载力 f_{a0}（kPa） 表 2-18

e	I_{L}												
	0	0.1	0.2	0.3	0.4	0.5	0.6	0.7	0.8	0.9	1.0	1.1	1.2
0.5	450	440	430	420	400	380	350	310	270	240	220	—	—
0.6	420	410	400	380	360	340	310	280	250	220	200	180	—
0.7	400	370	350	330	310	290	270	240	220	190	170	160	150
0.8	380	330	300	280	260	240	230	210	180	160	150	140	130
0.9	320	280	260	240	220	210	190	180	160	140	130	120	100
1.0	250	230	220	210	190	170	160	150	140	120	110	—	—
1.1	—	—	160	150	140	130	120	110	100	90	—	—	—

注：1. 一般黏性土地基承载力特征值取值大于 300kPa 时，应有原位测试数据作依据。

2. 土中含有粒径大于 2mm 的颗粒质量超过总质量的 30% 以上的，f_{a0} 可适当提高。

3. 当 $e < 0.5$ 时，取 $e = 0.5$；当 $I_{\mathrm{L}} < 0$ 时，取 $I_{\mathrm{L}} = 0$。此外，超过表列范围的一般黏性土，$f_{\mathrm{a0}} = 57.22 E_{\mathrm{a}}^{0.57}$。

砂土的基本容许承载力 f_{a0}（kPa） 表 2-19

土 名	湿 度	密实程度			
		密实	中密	稍密	松散
砾砂、粗砂	与湿度无关	550	430	370	200
中砂	与湿度无关	450	370	330	150
细砂	水上	350	270	230	100
	水下	300	210	190	—
粉砂	水上	300	210	190	—
	水下	200	110	90	—

（四）确定地基容许承载力 f_a

当基础宽度 b 超过 2m，基础埋置深度 h 超过 3m，且 $h/b \leqslant 4$ 时，地基的容许承载力按下式计算。

$$f_a = f_{a0} + k_1\gamma_1(b-2) + k_2\gamma_2(h-3) \tag{2-77}$$

式中：f_a ——地基修正后的容许承载力（kPa）；

f_{a0} ——地基的基本容许承载力（kPa）；

b ——基础底面的最小宽度（或直径），当 $b < 2$m 时，取 $b = 2$m；当 $b > 10$m 时，按10m计算；

h ——基础底面的埋置深度（m），自天然地面算起，对于受水流冲刷的基础，由一般冲刷线算起；当 $h < 3$m 时，取 $h = 3$m；当 $h/b > 4$ 时，取 $h = 4b$；

γ_1 ——基底下持力层土的天然重度（kN/m³），如持力层在水面以下且为透水者，应采用浮重度 γ'；

γ_2 ——基底以上土的重度（kN/m³），或不同土层的加权平均重度，如持力层在水面以下，且为不透水者，不论基底以上土的透水性质如何，应一律采用饱和重度；如持力层为透水者，水中部分采用浮重度；

k_1、k_2 ——地基容许承载力随基础宽度、深度的修正系数，按持力层土决定，见表2-20。

地基土容许承载力宽度、深度修正系数 表 2-20

系数	黏 性 土				粉土	砂 土								碎 砂 土			
	老黏性土	一般黏性土 $I_L \geqslant 0.5$	一般黏性土 $I_L < 0.5$	新近沉积黏性土	—	粉砂		细砂		中砂		砾砂、粗砂		碎石、角砾、圆砾		卵石	
						中密	密实	中密	密实	中密	密实	中密	密实	中密	密实	中密	密实
k_1	0	0	0	0	0	1.0	1.2	1.5	2.0	2.0	3.0	3.0	4.0	3.0	4.0	3.0	4.0
k_2	2.5	1.5	2.5	1.0	1.5	2.0	2.5	3.0	4.0	4.0	5.5	5.0	6.0	5.0	6.0	6.0	10.0

注：1. 对于稍密状态和松散状态的砂、碎石土，k_1、k_2 值可采用表列中数值的 50%。

2. 强风化和全风化的岩石，可参照所风化成的相应土类取值；其他状态下的岩石不修正。

当基础位于水中不透水层上时，f_a 按平均水位至一般冲刷线的水深每米再增大 10kPa。

例 题 解 析

例题 1 ［2020-22］饱和黏性土地基瞬时沉降的计算可采用（　　）。

　　A. 库仑理论　　　　　B. 分层总和法　　　　C. 经验公式　　　　D. 弹性理论公式

解析：见考点四。在加荷瞬间，土中孔隙水来不及排出，孔隙体积没有变化，即土体不产生体积变化，但荷载使土产生偏斜变形。这一种变形与地基的侧向变形密切相关，是考虑了侧向变形的地基沉降计算，在实用上可以用弹性理论的公式计算。

答案：D

例题 2 ［2021-19］关于太沙基条形浅基础极限荷载计算公式的假定，以下说法正确的是（　　）。

　　A. 基础的长宽比＜5

　　B. 假定基础底面与土之间无摩擦力

　　C. 地基土破坏形式是刺入剪切破坏

　　D. 基底以上的土体看作是作用在基础两侧的均布荷载

解析：见考点四。太沙基地基极限承载力理论考虑了地基土有重量、基底粗糙，不考虑基底以上填土的抗剪强度，极限荷载作用下基础发生整体剪切破坏，基底以上地基土以均布荷载代替。

答案：D

例题 3 ［2022-19］地基土的总沉降一般包括（　　）。

　　A. 瞬时沉降、固结沉降、工后沉降　　　　　B. 瞬时沉降、固结沉降、次固结沉降

　　C. 瞬时沉降、次固结沉降、工后沉降　　　　D. 固结沉降、次固结沉降、工后沉降

解析：见考点三。地基土在外力作用下的变形经历着三种不同的阶段，表现为三种类型的变形特征：瞬时变形（瞬时沉降）、固结变形（固结沉降）和次固结变形（次固结沉降）。

答案：B

例题 4 ［2023-20］地基破坏有不同形式，在基础荷载作用下，形成连续滑动面，并延伸到地表，土从基础两侧挤出，基础沉降急剧增加的破坏形式是（　　）。

　　A. 冲剪破坏　　　　B. 局部剪切破坏　　　　C. 刺入剪切破坏　　　　D. 整体剪切破坏

解析：见考点一。在基础荷载作用下，形成连续滑动面，并延伸到地表，土从基础两侧挤出，基础沉降急剧增加的破坏形式是整体剪切破坏。

答案：D

例题 5 ［2023-23］饱和黏性土沉降过程中地基土孔隙水逐渐被挤出，孔隙体积逐渐减小的沉降是（　　）。

　　A. 瞬时沉降　　　　B. 固结沉降　　　　C. 徐变沉降　　　　D. 次固结沉降

解析：见考点三。饱和黏性土固结过程就是孔隙水压力消散、有效应力增加的过程，有效应力增加则地基土发生固结沉降。

答案：B

例题 6 太沙基的地基极限承载力计算中，没有考虑的因素是（　　）。

　　A. 地基土的重量　　　　　　　　B. 基底的摩擦

　　C. 基底以上填土的抗剪强度　　　D. 条形基础

解析：见考点四。太沙基从实用的角度考虑认为，当基础的长宽比$l/b \geqslant 5$及基础的埋置深度$d \leqslant b$时，就可视为是条形浅基础。基底以上的土体看作是作用在基础两侧底面上的均布荷载$q = \gamma_m d$，可以不考虑基础底面以上土体的抗剪强度，并假定基础底面是粗糙的。

答案：C

自 测 模 拟

1. 地基承载力需进行深度、宽度修正的条件是（　　）。

①$h > 3\text{m}$；②$2\text{m} < b < 10\text{m}$；③$h > 1\text{m}$；④$3\text{m} < b \leqslant 6\text{m}$

　A. ①②　　　　　　B. ①④　　　　　　C. ②③　　　　　　D. ③④

2. 若地基表面产生较大隆起，基础发生严重倾斜，则地基的破坏形式为（　　）。

　A. 局部剪切破坏　　B. 整体剪切破坏　　C. 刺入剪切破坏　　D. 冲剪破坏

3. 浅基础的极限承载力是指（　　）。

　A. 地基中将要出现但尚未出现塑性区时的荷载

　B. 地基中塑性区开展的最大深度为1/4基底宽时的荷载

　C. 地基中塑性区开展的最大深度为1/3基底宽时的荷载

　D. 地基中达到整体剪切破坏时的荷载

4. 在$\varphi = 15°$（$N_\gamma = 1.8$，$N_q = 4.45$，$N_c = 12.9$），$c = 15\text{kPa}$，$\gamma = 18\text{kN/m}^3$的地表面有一个宽度为3m的条形均布荷载，对于整体剪切破坏的情况，按太沙基承载力公式计算的极限承载力为（　　）。

　A. 80.7kPa　　　　B. 193.5kPa　　　　C. 242.1kPa　　　　D. 50.8kPa

参 考 答 案

1. A　　2. B　　3. D　　4. C

第六节　土坡稳定分析

考 点 分 析

本节重点：掌握边坡失稳机理及影响因素，砂性土土坡稳定分析方法；掌握砂性土土坡稳定系数的计算，黏性土土坡稳定系数的计算。

本节难点：黏性土土坡圆弧滑动体整体稳定分析方法，条分法，土坡特殊问题分析。

考 点 精 讲

考点一：砂性土土坡稳定分析方法

任一坡度为β的均质无黏性土坡［图2-38a）］。假设坡体及其地基为同一种土，并且完全干燥或完全浸水，即不存在渗流作用。由于无黏性土土粒间缺少黏聚力，因此，只要位于坡面上的土单元体能保持稳定，则整个土坡就是稳定的。

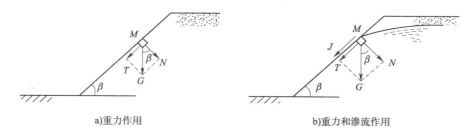

a)重力作用　　　　　　　　　　　　　b)重力和渗流作用

图 2-38　无黏性土坡的稳定分析

在坡面上任取一侧面竖直，底面与坡面平行的土单元微体M，不计微单元体两侧应力对稳定性的影响，设单元体的自重为G，土的内摩擦角为φ时，故使单元体下滑的剪切力T为G在顺坡方向的分力，即$T = G \sin\beta$；而阻止土体下滑的力则为单元体与下面土体之间的抗剪力T_f，其等于单元体的自重在坡面法线方向的分力N引起的摩擦力，即$T_f = N \tan\varphi = G \cos\beta \tan\varphi$。

抗滑力和滑动力的比值称为稳定安全系数，用K表示，亦即

$$K = \frac{T_f}{T} = \frac{G \cos\beta \tan\varphi}{G \sin\beta} = \frac{\tan\varphi}{\tan\beta} \tag{2-78}$$

由此可见，对于均质无黏性土坡，理论上土坡的稳定性与坡高无关，只要坡角小于土的内摩擦角（$\beta < \varphi$），$K > 1$，土体就是稳定的。当坡角与土的内摩擦角相等（$\beta = \varphi$）时，稳定安全系数$K = 1$，此时抗滑力等于滑动力，土坡处于极限平衡状态，相应的坡角就等于松散无黏性土的内摩擦角，特称之为自然休止角。通常为了保证土坡具有足够的安全储备，可取$K \geqslant 1.3 \sim 1.5$。

土坡（或土石坝）在很多情况下，会受到由于水位差的改变所引起的水力坡降或水头梯度，从而在土坡（或土石坝）内形成渗流场，对土坡稳定性带来不利影响，如图 2-38b）所示。此时在坡面上渗流溢出处以下取一单元体，它除了本身重量外，还受到渗透力$J = \gamma_w i$（i是水头梯度，$i = \sin\beta$）的作用。若渗流为顺坡出流，则溢出处渗流及渗透力方向与坡面平行，此时使土单元体下滑的剪切力为$T + J = G \sin\beta + \gamma_w i$，且此时对于单位土体来说，土体自重$G$就等于有效重度$\gamma'$，故土坡的稳定安全系数变为

$$K = \frac{T_f}{T + J} = \frac{\gamma' \cos\beta \tan\varphi}{(\gamma' + \gamma_w) \sin\beta} = \frac{\gamma' \tan\varphi}{\gamma_{sat} \tan\beta} \tag{2-79}$$

可见，与式（2-78）相比，相差γ'/γ_{sat}倍，此值约为$1/2$。因此，当坡面有顺坡渗流作用时，无黏性土坡的稳定安全系数约降低一半。

考点二：黏性土土坡圆弧滑动体整体稳定分析方法

（一）土坡的稳定安全系数

1. 均质简单土坡

假定土坡失稳破坏时滑动面为一圆柱面（图 2-39）。将滑动面以上土体视为刚体，并以其为脱离体，分析在极限平衡条件下其上作用的各种力，而以整个滑动面上的平均抗剪强度与平均剪应力之比来定义土坡的稳定安全系数，即

$$K = \frac{\tau_f}{\tau} \tag{2-80}$$

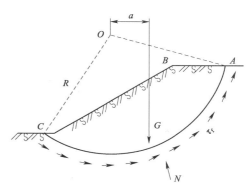

图 2-39　均质土坡的圆弧滑动

若以滑动面上的最大抗滑力矩与滑动力矩之比来定义，其结果完全一致，如图 2-39 所示，AC 为假定的滑动面，圆心为 O，半径为 R。当土体 ABC 保持稳定时必须满足力矩平衡条件（滑弧上的法向反力 N 通过圆心），故稳定安全系数为

$$K = \frac{抗滑力矩}{滑动力矩} = \frac{\tau_f \cdot \overset{\frown}{AC} \cdot R}{Ga} \tag{2-81}$$

式中：$\overset{\frown}{AC}$ ——滑弧弧长；

　　　a ——土体重心与弧圆心的水平距离。

2. 饱和黏土

一般情况下，土的抗剪强度由黏聚力和内摩擦力 $\sigma \tan \varphi$ 两部分组成，土体中法向应力 σ 沿滑动面并非常数，因此土的抗剪强度亦随滑动面的位置不同而变化。但对饱和黏土来说，在不排水剪条件下，$\varphi_u = 0$，故 $\tau_f = c_u$，因此式（2-81）可写为

$$K = \frac{c_u \cdot \overset{\frown}{AC} \cdot R}{Ga} \tag{2-82}$$

（二）最危险滑动面圆心经验方法

1. 均质黏性土坡

均质黏性土的土坡失稳破坏时，通常可近似地假定为圆弧滑动面，根据土坡的坡脚大小、土体强度指标以及土中硬层位置的不同，滑动面分为坡脚圆、坡面圆和中点圆。

当土的内摩擦角 $\varphi = 0$ 时，其最危险滑动面常通过坡脚。其圆心位置可由 BO 与 CO 两线的交点确定 [图 2-40a)]，图中 β_1、β_2 的值可根据坡角由表 2-21 查出。当 $\varphi > 0$ 时，最危险滑动面的圆心位置可能在 EO 的延长线上 [图 2-40b)]。自 O 点向外取圆心 $O_1, O_2 \cdots\cdots$ 分别作滑弧，并求出相应的抗滑安全系数 $K_1, K_2 \cdots\cdots$ 然后绘曲线找出最小值，即为所求最危险滑动面的圆心 O_m 和土坡的稳定安全系数 $K_{\min}$。

不同边坡的 β_1、β_2 数据表　　　　　　　　　表 2-21

坡比	坡角	β_1	β_2	坡比	坡角	β_1	β_2
1 : 0.58	60°	29°	40°	1 : 3	18.43°	25°	35°
1 : 1	45°	28°	37°	1 : 4	14.04°	25°	37°
1 : 1.5	33.79°	26°	35°	1 : 5	11.32°	25°	37°
1 : 2	26.57°	25°	35°				

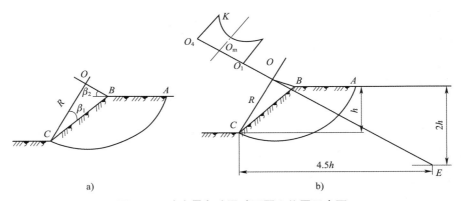

图 2-40　确定最危险滑动面圆心位置示意图

2.非均质土坡

坡面形状及荷载情况比较复杂时，其最危险滑动面圆心位置，有时并不在EO延长线上，而可能在其左右附近，因此，还需自O_m作OE线的垂直线，并在垂线上再取若干点为圆心进行计算比较，才能找出最危险滑动面的圆心和土坡稳定安全系数。

当土坡外形和土层分布都比较复杂时，最危险滑动面不一定通过坡脚。目前电算分析表明，无论多么复杂的土坡，其最危险滑弧圆心的轨迹都是一根类似于双曲线的曲线，位于土坡坡线中心的竖直线与法线之间。若采用电算，可在此范围内有规律地选取若干圆心坐标，结合不同的滑弧弧脚，求出相应滑弧的安全系数，再通过比较求得最小值K_{min}。但需注意，对于成层土土坡，其低值区不止一个，可能存在多个K_{min}值。

（三）简化的图表计算法

根据计算资料整理得到的极限状态时均质土坡内摩擦角φ、坡角β与稳定数N_s（数值范围$0 \sim 0.25$）之间的关系曲线（图2-41），其中

$$N_s = \frac{c}{\gamma h}$$

(2-83)

式中：c —— 土坡的黏聚力；

γ —— 土的重度；

h —— 土坡的高度。

从图2-41可直接由已知的c、φ、γ、β确定土坡极限高度h，也可由已知的c、φ、γ、h及安全系数K确定土坡的坡角β。

（1）求极限坡高　根据坡角和土体的内摩擦角，查得稳定数，按$h_{max} = \frac{c}{\gamma N_s}$计算。

（2）求极限坡角　根据已知条件计算稳定数，然后查图求得极限坡角。

（3）求最小安全系数　由已知数据查得稳定数，根据$c_1 = N_s \gamma h$，$K_{min} = \frac{c}{c_1}$。

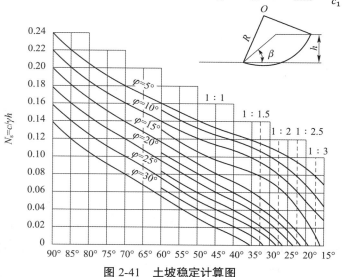

图2-41　土坡稳定计算图

考点三：条分法的应用

实际工程中土坡轮廓形状比较复杂，由多层土构成，$\varphi > 0$，有时尚存在某些特殊外力（如渗透力、地震力作用等），此时滑弧上各区段土的抗剪强度各不相同，并与各点法向应力有关。为此，常将滑动

土体分成若干条块，分析每一条块上的作用力，然后利用每一土条上的力和力矩的静力平衡条件，求出安全系数表达式，其统称为条分法（Slice Method），可用于圆弧或非圆弧滑动面情况。

条分法的简化与假设，大体上分为三种类型：

（1）不考虑条间作用力或仅考虑其中的一个分量，瑞典条分法和简化毕肖普法属于此类。

（2）假定条间力的作用方向或规定法向力和切向力的比值，折线滑动面分析的推力传递法属于此类。

（3）假定条间力的作用位置，普遍条分法属于此类。

瑞典条分法除假定滑动面为圆柱面及滑动土体为不变形的刚体外，并忽略土条两侧面上的作用力，因此其未知量个数为（$n+1$），然后利用土条底面法得N_i的大小和土坡的稳定安全系数K的表达式。

当为均质土坡时（图2-42），设滑动面为AC，圆心为O，半径为R，并将滑动土体ABC分成若干土条（第i条）分析其受力情况，则土条上作用的力有以下几种。

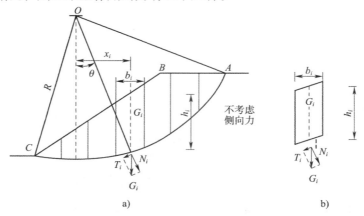

a)　　　　　　　　　　　b)

图 2-42　瑞典条分法计算图式

（1）土条自重G_i，方向竖直向下，其值为

$$G_i = \gamma b_i h_i \tag{2-84}$$

式中：γ——土的重度；

b_i、h_i——该土条的宽度和平均高度。

将G_i引至分条滑动面上，可分解为通过滑弧圆心的法向力N_i和与滑弧相切的剪切力T_i。若以θ_i表示该土条底面中点的法线与竖直线的交角，则有

$$N_i = G_i \cos \theta_i \tag{2-85}$$

$$T_i = G_i \sin \theta_i \tag{2-86}$$

（2）作用于土条底面的法向力N_i与反力N_i'大小相等，方向相反。

（3）作用于土体底面的抗剪力T_i'，可能发挥的最大值等于土条底面上土的抗剪强度与滑弧长度的乘积，方向与滑动方向相反。当土坡处于稳定状态，并假定各土条底部滑动面上的安全系数均等于整个滑动面上的安全系数时，其抗剪力为

$$T_{\mathrm{fi}} = \frac{\tau_{\mathrm{fi}} l_i}{K} = \frac{(c + \sigma_i \tan \varphi) l_i}{K} = \frac{c l_i + N_i' \tan \varphi}{K} \tag{2-87}$$

若将整个滑动土体内各土条对圆心O取力矩平衡，则

$$\sum T_i R = \sum T_{\mathrm{fi}} R \tag{2-88}$$

故安全系数

$$K = \frac{\sum(cl_i + N_i' \tan\varphi)}{\sum T_i} = \frac{\sum(cl_i + G_i \cos\theta_i \tan\varphi)}{\sum G_i \sin\theta_i} = \frac{\sum(cl_i + \gamma b_i h_i \cos\theta_i \tan\varphi)}{(\sum \gamma b_i h_i \sin\theta_i)} \tag{2-89}$$

若取各土条宽度相等，上式可简化为

$$K = \frac{c\widehat{L} + \gamma b \tan\varphi \sum h_i \cos\theta_i}{\gamma b \sum h_i \sin\theta_i} \tag{2-90}$$

式中：$\widehat{L}$ ——滑弧的弧长。

此外，计算时尚需注意土条的位置［图 2-42a）］，当土条底面中心在滑弧圆心 O 的垂线右侧时，剪切力 T_i 方向与滑动方向相同，起抗滑作用，取正号；而当土条底面中心在圆心的垂线左侧时，T_i 方向与滑动方向相反，起抗剪作用，取负号。

需要指明的是，使用瑞典条分法仍然要假设很多滑动面并通过试算分析，求出不同的 K 值，其中最小的 K 值即为土坡的稳定安全系数。

当土坡中有孔隙水压力作用时，且已知第 i 个土条在滑动面上的孔隙水压力为 u_i 时（图 2-42），要用有效指标 c' 及 φ' 代替原来的 c 和 φ。

考虑土的有效强度，根据摩尔-库仑强度理论，则

$$\tau_{\mathrm{fi}} = c' + (\sigma_i - u_i)\tan\varphi' \tag{2-91}$$

$$T_i = \tau l_i = \frac{\tau_{\mathrm{fi}}}{K} l_i = \frac{c'l_i}{K} + \frac{(cl_i - u_i l_i)\tan\varphi'}{K} = \frac{c'l_i}{K} + \frac{(N_i - u_i l_i)\tan\varphi'}{K} \tag{2-92}$$

取法线方向力的平衡，可得

$$N_i = G_i \cos\theta_i \tag{2-93}$$

各土条对圆弧中心 O 的力矩和为 0，即

$$\sum G_i x_i - \sum T_i R = 0 \tag{2-94}$$

式中：x_i ——圆心 O 至 G_i 作用线的水平距离，$x_i = R \sin\theta_i$。

将式（2-92）代入式（2-94），可得

$$K = \frac{\sum[c'l_i + (G_i \cos\theta_i - u_i l_i)\tan\varphi']}{\sum G_i \sin\theta_i} \tag{2-95}$$

式（2-95）就是用有效应力方法表示的瑞典条分法计算 K 的公式。

经过多年工程实践，对瑞典条分法已积累了大量的经验。用该法计算的安全系数一般比其他较严格的方法低 10%~20%；在滑动面圆弧半径较大并且孔隙水压力较大时，安全系数计算值估计会比其他较严格的方法小一半。因此，这种方法是偏于安全的。

坡顶有超载和土成层时，就要作相应的修正。如当土坡由多层土构成（图 2-43），在使用公式时应作如下修正：

（4）如果同一土条跨越多层土，计算其重量时应分层取相应的高度和厚度，计算相应重量后叠加。如第 i 个土条包括 k 层土，则

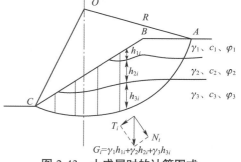

图 2-43　土成层时的计算图式

$$G_i = b_i(\gamma_{1i}h_{1i} + \gamma_{2i}h_{2i} + \cdots + \gamma_{ki}h_{ki}) \tag{2-96}$$

（5）计算滑动面上的抗剪强度时，所用的土条参数 c、φ 应按土条滑动面所在的具体土层位置来选取相应的数值。

当第 i 个土条的滑动面在第 m 层内时，则

$$T_{fi} = c_{mi}l_{mi} + N_i \tan \varphi_{mi} \tag{2-97}$$

当第i个土条的滑动面跨越m层土时，则

$$T_{fi} = (c_{1i}l_{1i} + c_{2i}l_{2i} + \cdots + c_{mi}l_{mi}) + N_i(\tan \varphi_{1i} + \tan \varphi_{2i} + \cdots + \tan \varphi_{mi}) \tag{2-98}$$

值得注意的是，N_i是第i条土滑动面上的法向反力之和，$N_i = G_i \cos \theta_i$，与土条自重有关，而与滑动面上土层土性没有直接关系。因此，对于成层土坡，可用式（2-99）计算其安全系数。

$$K = \frac{\sum T_{fi}}{\sum T_i} \tag{2-99}$$

上式中，T_{fi}根据实际情况按式（2-97）或式（2-98）计算；$T_i = G_i \sin \theta_i$，G_i按式（2-96）取值。

如果在土坡坡顶作用着超载q，如图 2-44 所示，计算的基本原则和程序不变，只是在土条受力分析

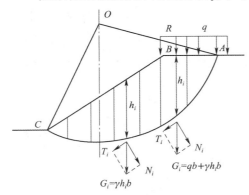

时，需要将土条上作用的超载加进土条的自重中去考虑；如果超载作用在坡面上，处理方法相似。当然可能某些土条并没有超载，则该土条仅考虑自重。当仅在坡顶有超载时，按下式计算安全系数，即

$$K = \frac{\sum[cl_i + (G_i + qb_i) \cos \theta_i \tan \varphi_i]}{\sum(G_i + qb_i) \sin \theta_i} \tag{2-100}$$

瑞典条分法是忽略条间力影响的一种简化方法，它只满足各土条在径向力和滑动土体整体力矩平衡条件，而不满足各土条的所有静力平衡条件。此法应用时间很长，积累了丰富的工程经验，一般计算得到的安全系数偏低。

图 2-44　坡顶有超载时的计算图式

考点四：毕肖普条分法的具体应用

毕肖普（A W Bishop, 1955）假定各土条底部滑动面上的抗滑安全系数均相同，即等于整个滑动面的平均安全系数，取单位长度土坡按平面问题计算（图 2-45）。设可能滑动面为一圆弧AC，圆心为O，半径R。将滑动土体ABC分成若干土条，而取其中任一条（第i条）分析其受力情况。作用在该土条上的力有：

（1）土条自重$G_i = \gamma b_i h_i$，其中b_i、h_i分别为该土条的宽度与平均高度。

（2）作用于土条底面的抗剪力T_{fi}、有效法向反力N_i'及孔隙水压力$u_i l_i$，其中u_i、l_i分别为该土条底面中点处孔隙水压力和滑弧弧长。

（3）作用于该土条两侧的法向力E_i和E_{i+1}及切向力X_i和X_{i+1}，$\Delta X_i = X_{i+1} - X_i$。且$G_i$、$T_{fi}$、$N_i'$及$u_i l_i$的作用均在土条底面中点。

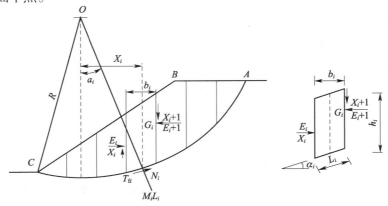

图 2-45　毕肖普条分法的计算图式

对第i土条竖向取力的平衡得

$$G_i + \Delta X_i - T_{fi}\sin\alpha_i - N_i'\cos\alpha_i - u_il_i\cos\alpha_i = 0 \tag{2-101}$$

或

$$N_i'\cos\alpha_i = G_i + \Delta X_i - T_{fi}\sin\alpha_i - u_ib_i \tag{2-102}$$

当土坡尚未破坏时，土条滑动面上的抗剪强度只发挥了一部分，若以有效应力表示，土条滑动面上的抗剪力为

$$T_{fi} = \frac{\tau_{fi}l_i}{K} = \frac{c'l_i}{K} + N_i'\frac{\tan\varphi'}{K} \tag{2-103}$$

式中：c'——土的有效黏聚力；

　　　φ'——土的有效内摩擦角；

　　　K——安全系数。

代入式（2-102），可解得N_i'为

$$N_i' = \frac{1}{m_{\alpha_i}}\left(G_i + \Delta X_i - u_ib_i - \frac{c'l_i}{K}\sin\alpha_i\right) \tag{2-104}$$

式中：$m_{\alpha_i} = \cos\alpha_i\left(1 + \frac{\tan\varphi'\tan\alpha_i}{K}\right)$。

然后就整个滑动土体对圆心O求力矩平衡，此时相邻土条之间侧壁作用力的力矩将互相抵消，而各土条的N_i'及u_il_i的作用线均通过圆心，故有

$$\sum G_ix_i - \sum T_{fi}R = 0 \tag{2-105}$$

将式（2-103）、式（2-104）代入式（2-105），且$x_i = R\sin\alpha_i$，$b = b_i = l_i\cos\alpha_i$，可得

$$K = \frac{\sum\dfrac{1}{m_{\alpha_i}}[c'b + (G_i - u_ib + \Delta X_i)\tan\varphi']}{\sum G_i\sin\alpha_i} \tag{2-106}$$

此为毕肖普条分法计算土坡安全系数的普遍公式，但ΔX_i仍为未知。为了求出K，需估算ΔX_i值，可通过逐次逼近法求解，而X_i及E_i的试算值均应满足每个土条的平衡条件，且整个滑动土体的$\sum\Delta X_i$及$\sum\Delta E_i$均等于零。毕肖普证明，若令各土条的$\Delta X_i = 0$，所产生的误差仅为1%，由此可得国内外使用相当普遍的毕肖普简化公式，即

$$K = \frac{\sum\dfrac{1}{m_{\alpha_i}}[c'b + (G_i - u_ib)\tan\varphi']}{\sum G_i\sin\alpha_i} \tag{2-107}$$

由于式（2-107）中m_{α_i}的计算式含有安全系数K，故上述安全系数K仍需计算。通常试算时可先假定$K = 1$，求出m_{α_i}，再按式（2-107）求出K，若计算的K与假定K值不等，则以计算的K值代入m_{α_i}计算式再求出新的m_{α_i}和K，如此反复迭代，直至前后两次K值满足所要求的精度为止。通常迭代3~4次即可满足工程精度要求，且迭代总是收敛的。

尚需注意，当α_i为负时，m_{α_i}有可能趋近于零，此时N_i'将趋近于无限大，显然不合理，故此时简化毕肖普法不能应用。国外某些学者建议，当任一土条的$m_{\alpha_i} \leqslant 0.2$时，简化毕肖普法计算的$K$值误差较大，最好采用其他方法。此外，当坡顶土条的$\alpha_i$很大时，$N_i'$可能出现负值。

毕肖普条分法考虑了土条两侧的作用力，计算结果比较合理。分析时先后利用每一土条竖向力的平衡及整个滑动土体的力矩平衡条件，避开了E_i及其作用点的位置，并假定所有的ΔX_i均等于零，使分析过程得到了简化，但同样不能满足所有的平衡条件，还不是一个严格的方法，由此产生的误差为2%~7%。同时，毕肖普条分法也可用于总应力分析，即在上述公式中略去孔隙水压力u_il_i的影响，并采

用总应力强度c计算即可。

进一步假定，认为条块间只有水平作用力，不存在切向力，式（2-107）进一步简化为

$$K = \frac{\sum \frac{1}{m_{\alpha_i}}[c'b + G_i \tan \varphi']}{\sum G_i \sin \alpha_i}$$

这称为简化毕肖普公式，不能直接计算出安全系数，需要采用试算的方法，迭代求算K。由于考虑了条间水平力的作用，得到的安全系数较瑞典条分法高一些。

考点五：土坡稳定分析中一些特殊问题的考虑

（一）填方土坡的稳定性问题

假设土坡由同一种饱和黏性土组成。土中A点的应力状态如图2-46所示。A点的剪应力随填土高度

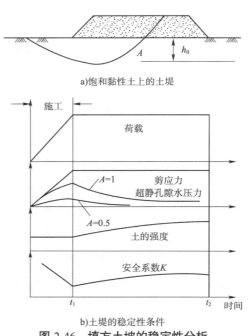

a) 饱和黏性土上的土堤

b) 土堤的稳定性条件

图 2-46 填方土坡的稳定性分析

增加而增大，并在竣工时达到最大值。初始的孔隙水压力u_0等于静水压力$h_0\gamma_w$，由于黏土具有低渗透性，假定在施工过程中不发生排水，孔隙水压力u也不消散。一直到竣工前孔隙水压力随填土增高而增大［图2-46b）］。按照复杂应力状态下孔隙水压力计算式：$u = B[\Delta\sigma_3 + A(\Delta\sigma_1 - \Delta\sigma_3)]$（$A$、$B$为孔隙水压力系数。对于饱和土，$B = 1$），除非$A$具有较大的负值，孔隙水压力$u$总是正值。竣工时土的抗剪强度继续保持与施工开始时的不排水强度c_u相等。

竣工以后，总应力保持常数，而超静孔隙水压力u则由于固结而消散。固结使孔隙水压力下降，同时使有效应力与抗剪强度增加。在较长的一段时间之后，在时间t_2时超静孔隙水压力$u = 0$即排水条件。只要孔隙水压力已知，任何时间的抗剪强度可由有效应力指标c'和φ'估计而得。由于在时间t_2时超静孔隙水压力为零，因此，有效应力可由外荷载、土体重力和静水压力算出。

竣工时土坡的稳定性用总应力法和不排水强度c_u来分析；而土坡的长期稳定性则用有效应力法和有效应力指标c'和φ'来分析。可清楚地看出，在时间t_1即施工刚结束时，土坡的稳定性是最小的［图2-46b）］。如果超过了这个状态，则安全系数会迅速增加。

（二）挖方土坡的稳定性问题

假设土坡由同一种饱和黏性土组成。挖土使A点的平均土覆压力减小，并引起孔隙水压力的降低，即出现负值的超静孔隙水压力（图2-47）。这种下降取决于孔隙压力系数A以及应力变化的大小，因土体完全饱和，$B = 1$，因此，孔隙水压力的变化量$\Delta u = \Delta\sigma_3 + A(\Delta\sigma_1 - \Delta\sigma_3)$。开挖过程中土中的小主应力$\Delta\sigma_3$要比大主应力$\Delta\sigma_1$下降得多。于是，$\Delta\sigma_3$为负值，而$(\Delta\sigma_1 - \Delta\sigma_3)$为正值。

A点的剪应力在施工结束时达到最大值。假定施工期间土处于不排水状态，则竣工时土的抗剪强度等于土的不排水强度c_u。负的超静

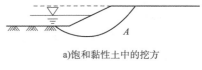

a) 饱和黏性土中的挖方

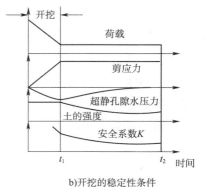

b) 开挖的稳定性条件

图 2-47 挖方土坡的稳定性分析

孔隙水压力随时间增长而消散,同时伴随着黏性土的膨胀和抗剪强度的下降。在开挖后较长时间土中负的超静孔隙水压力完全消散,$\Delta u = 0$。

因此,竣工时土坡的稳定性用总应力法和不排水强度c_u来分析;而土坡的长期稳定性则用有效应力法和有效应力指标c'和φ'来分析。但是,最不利的条件是土坡的长期稳定性。

（三）邻近土坡加载引起的土坡稳定性问题

土坡的稳定性条件如图 2-48 所示。假设有一饱和黏性土土坡,在离坡顶一定距离处作用有荷载q。由于荷载q作用在一定距离处,故它并不改变沿滑弧上的应力,且剪应力随时间恒为常数。荷载q的施加使B点的孔隙水压力瞬时上升,又随固结而消散。A点的孔隙水压力由于从B点开始的辐射向排水而暂时增大;孔隙水压力的增大使土的抗剪强度和安全系数下降。可以看到,在某一中间时间t_2,抗滑稳定安全系数达到最小值。这种情况潜伏着很大的危险,因为,不管土坡具有足够的瞬时或长期的稳定性,土坡的滑动仍然有可能会发生。图 2-48b ）说明了一种孔隙水压力随时间而先增大后减小的情况,这种条件产生在由于建造建筑物或打桩引起超静孔隙水压力的情况。在荷载q作用下的超静孔隙水压力由辐射向排水而消散,从而使水从B点向A点流动,并使A点的孔隙水压力增加。

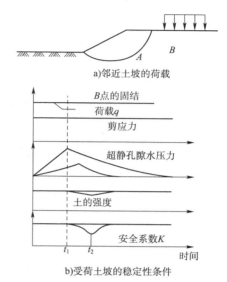

a)邻近土坡的荷载

b)受荷土坡的稳定性条件

图 2-48　邻近土坡加载引起的土坡稳定性分析

例 题 解 析

例题 1〔2020-18〕黏性土坡整体滑动的稳定安全系数表达式为（　　）。

　　A. $K = $ 稳定力矩/滑动力矩　　　　　　B. $K = $ 抗滑力/滑动力

　　C. $K = $ 抗滑力/剪应力　　　　　　　　D. $K = $ 抗剪切力矩/剪切力

解析：见考点二。

答案：A

例题 2〔2021-23〕均质黏性土的土坡失稳破坏时,通常可近似地假定为圆弧滑动面,圆弧滑动面的形式一般有以下三种：坡脚圆、坡面圆和中点圆,与这三种圆弧滑动面的产生无关的因素是（　　）。

　　A. 土坡的坡角大小　　　　　　　　　B. 土的强度指标

　　C. 土中硬层的位置　　　　　　　　　D. 土坡的长度

解析：见考点二。根据土坡的坡脚大小、土体强度指标以及土中硬层位置的不同,滑动面分为坡脚圆、坡面圆和中点圆。

答案：D

例题 3〔2022-14〕某透水土质边坡,当高水位快速下降后,岸坡出现失稳,其主要原因最合理的是（　　）。

　　A. 土的抗剪强度下降　　　　　　　　B. 土的有效应力增加

　　C. 土的渗透力增加　　　　　　　　　D. 土的潜蚀作用

解析：见考点一。高水位快速下降,说明水顺着岸坡中的孔隙通道发生渗流,渗透力增加,滑动力也增加，岸坡失稳。

答案：C

例题 4　［2022-18］能用$\dfrac{\tan\varphi}{\tan\alpha}$验算边坡稳定性的是（　　　）。

　　　　A. 砂土　　　　　　　B. 黏土　　　　　　　C. 粉土　　　　　　　D. 粉质黏土

解析：见考点一。对无黏性土边坡进行稳定性分析时，采用稳定安全系数，即$\dfrac{\tan\varphi}{\tan\alpha}$。本题中的无黏性土是砂土。

答案：A

例题 5　［2023-22］忽略土条间竖向剪切力并规定滑动面上切向力大小的是（　　　）。

　　　　A. 瑞典圆弧法　　　　B. 瑞典条分法　　　　C. 毕肖普法　　　　D. 简布法

解析：考点四。简化毕肖普法是在不考虑条块间切向力的前提下，满足力多边形闭合条件，就是说，隐含着条块间有水平力的作用。简化毕肖普法的特点是：①满足整体力矩平衡条件；②考虑了各条块力的多边形闭合条件，但不满足条块的力矩平衡条件；③假设条块间作用力只有法向力没有切向力；④满足极限平衡条件。

答案：C

例题 6　针对瑞典条分法和简化毕肖普法，下面说法正确的是（　　　）。

　　　　A. 简化毕肖普法忽略了条间力的作用，安全系数偏低

　　　　B. 简化毕肖普法忽略了条间法向力的作用，安全系数偏高

　　　　C. 瑞典条分法忽略了条间法向力的作用，安全系数偏低

　　　　D. 瑞典条分法忽略了全部条间力的作用，安全系数偏高

解析：考点三、四。简化毕肖普公式，认为条块间只有水平作用力，不存在切向力。由于考虑了条间水平力的作用，得到的安全系数较瑞典条分法高一些。瑞典条分法是忽略条间力影响的一种简化方法，它只满足各土条在径向力和滑动土体整体力矩平衡条件，而不满足各土条的所有静力平衡条件。此法应用时间很长，积累了丰富的工程经验，一般计算得到的安全系数偏低。

答案：B

自 测 模 拟

1. 若某砂土坡的稳定安全系数$K = 1.0$，则该土坡稳定应满足的条件为（　　　）。

　　A. 坡角 ＝ 天然休止角　　　　　　　　　　B. 坡角 ＜ 1.5倍天然休止角

　　C. 坡角 ＞ 1.5倍天然休止角　　　　　　　D. 1.5倍坡角 ＜ 天然休止角

2. 分析黏性土坡稳定时，假定滑动面为（　　　）。

　　A. 斜平面　　　　　　B. 曲面　　　　　　　C. 圆筒面　　　　　　D. 水平面

参 考 答 案

1. A　　2. C

第三章　工 程 地 质

第一节　矿物与岩石

考 点 分 析

本节重点：矿物的性质、三大类岩石的结构与构造、常见的三大类岩石、岩石的工程地质性质、影响岩石工程地质性质的因素。以考核矿物、硬度、解理、条痕、岩石、结构、构造、岩浆岩、沉积岩、变质岩，岩石工程性质各指标的概念为主。

本节难点：常见矿物和岩石鉴别。岩浆岩的结构构造，沉积岩的物质组成、结构构造、分类及常见岩石，岩石的力学性质及影响岩石工程性质的因素等。

考 点 精 讲

考点一：矿物的物理性质

矿物是存在于地壳中的具有一定化学成分和物理性质的自然元素和化合物。绝大多数矿物为固态，只有极少数呈液态（汞 Hg）和气态（如 CO_2、SO_2 等）。目前已发现的矿物有 3000 多种，但组成岩石的主要矿物有 30 多种，这些组成岩石的矿物称为造岩矿物，如常见的石英（SiO_2）、正长石（$KAlSi_3O_8$）、方解石（$CaCO_3$）等。

（一）矿物颜色

矿物吸收可见光后产生的颜色。按成色原因，有自色、他色、假色三种。

1. 自色

自色是矿物固有的颜色，颜色比较固定。一般来说，含铁、锰多的矿物颜色较深，如黑云母、普通角闪石、普通辉石等，多呈灰绿、褐绿、黑绿以至黑色；含硅、铝、钙等成分多的矿物颜色较浅，如石英、长石、方解石等，多呈白、灰白、淡红、淡黄等各种浅色。

2. 他色

他色是矿物混入了某些杂质所引起的。他色不固定，随杂质的不同而异。如纯净的石英晶体是无色透明的，含碳时呈烟灰色，含锰时呈紫色，含铁时呈玫瑰色。

3. 假色

假色是矿物内部的裂隙或表面的氧化薄膜对光的折射、散射所引起的。如方解石解理面上常出现的虹彩，斑铜矿表面常出现斑驳的蓝色和紫色。

（二）矿物条痕

矿物在无釉白色瓷板上划擦时留下的粉末的颜色，称为矿物条痕。矿物的条痕可以消除假色，减弱他色，比矿物颜色稳定得多，是鉴定矿物的重要标志之一。矿物条痕的颜色主要对于金属矿物具有鉴定意义。

（三）矿物光泽

矿物表面呈现的光亮程度，称为光泽。它是矿物表面的可见光反射能的表现，按其强弱程度，分为金属光泽、半金属光泽和非金属光泽。造岩矿物绝大部分属于非金属光泽。矿物的不同光泽见表 3-1。

矿物的不同光泽　　　　　　　　　　　　　　　　　表 3-1

序号	光　泽	描　　　述	举　　　例
1	金属光泽	犹如一般的金属磨光面那样的光泽	如黄铁矿、方铅矿的光泽
2	半金属光泽	如同一般未经磨光的金属表面的那种光泽	如磁铁矿的光泽
3	金刚光泽	像钻石、金刚石所呈现的那种光泽	如金刚石、闪锌矿的光泽
4	玻璃光泽	像普通平板玻璃所呈现的那种光泽	如长石、方解石的光泽
5	珍珠光泽	在解理面上看到那种像贝壳凹面上呈现的柔和而多色彩的光泽	如云母、滑石等
6	丝绢光泽	具有像蚕丝或丝织品那样的光泽	如纤维石膏、绢云母、石棉等
7	油脂光泽	如同油脂面上见到的那种光泽	如石英断口为油脂光泽
8	蜡状光泽	像石蜡表面呈现的那种光泽	如蛇纹石、滑石等
9	土状光泽	表面暗淡如土	如高岭石等松粒块体矿物表面所呈现的光泽

（四）矿物硬度

矿物抵抗外力刻划、研磨的能力，称为硬度。硬度对比的标准，从软到硬依次由下列 10 种矿物组成，称为摩氏硬度计。可以看出，摩氏硬度只反映矿物相对硬度的顺序，它并不是矿物绝对硬度的等级。

滑石（1）＜石膏（2）＜方解石（3）＜萤石（4）＜磷灰石（5）＜正长石（6）＜石英（7）＜黄玉（8）＜刚玉（9）＜金刚石（10）。

矿物硬度的确定，是根据两种矿物对刻时互相是否刻伤的情况而定。如将需要鉴定的矿物与标准硬度矿物中的磷灰石对刻，结果被磷灰石所刻伤而自己又能刻伤萤石，说明它的硬度大于萤石而小于磷灰石，在 4~5 之间，即可定为 4.5。野外工作中，常用指甲（2~2.5）、铁刀刃（3~3.5）、玻璃（5~5.5）、钢刀刃（6~6.5）鉴别矿物的硬度。注意：在鉴别矿物的硬度时，要注意在矿物的新鲜晶面或解理面上进行。

（五）矿物解理、断口

矿物在外力作用下，沿着一定方向裂开成光滑平面的性质，称为解理。裂开的光滑平面称为解理面。不具方向性的不规则破裂面，称为断口。

根据解理出现方向的数目，有一个方向的解理，如云母等；有两个方向的解理，如长石等；有三个方向的解理，如方解石等。根据解理的完全程度，可将解理分为以下几种：

（1）极完全解理　极易裂开成薄片，解理面大而完整，平滑光亮，如云母。

（2）完全解理　常沿解理方向开裂成小块，解理面平整光亮，如方解石。

（3）中等解理　既有解理面，又有断口，如正长石。

（4）不完全解理　常出现断口，解理面很难出现，如磷灰石。

矿物解理的完全程度和断口是互相消长的，解理完全时则不显断口。

此外，如滑石的滑腻感，方解石遇盐酸起泡等，都可作为鉴别该种矿物的特征。

常见的造岩矿物及其物理性质，见表 3-2。

常见造岩矿物物理性质简表

表 3-2

矿物名称及化学成分	形状	物理性质				主要鉴定特征
		颜色	光泽	硬度	解理、断口	
石英 SiO_2	六棱柱状或双锥状、粒状、块状	无色、乳白或其他色	玻璃光泽、断口为油脂光泽	7	无解理，贝壳状断口	形状，硬度，油脂光泽
正长石 $K[AlSi_3O_8]$	短柱状、板状、粒状	肉色、浅玫瑰或近于白色	玻璃光泽	6	二向完全解理，近于正交	解理，颜色，硬度
斜长石 $Na[AlSi_3O_8]Ca[Al_2Si_2O_8]$	长柱状、板条状	白色或灰白色	玻璃光泽	6	二向完全解理，斜交	颜色，解理面有细条纹，硬度
白云母 $KAl_3[AlSi_3O_{10}][OH]_2$	板状、片状	无色、灰白至浅灰色	玻璃或珍珠光泽	2~3	一向极完全解理	解理，薄片有弹性
黑云母 $K(Mg,Fe)_3[AlSi_3O_{10}][OH]_2$	板状、片状	深褐、黑绿至黑色	玻璃或珍珠光泽	2.5~3	一向极完全解理	解理，颜色，薄片有弹性
角闪石 $(Ca,Na)(Mg,Fe)_4(Al,Fe)[(Si,Al)_4O_{11}]_2[OH]_2$	长柱状、纤维状	深绿至黑色	玻璃光泽	5.5~6	二向完全解理，交角近56°	形状，颜色
辉石 $(Na,Ca)(Mg,Fe,Al)[(Si,Al)_2O_6]$	短柱状、粒状	褐黑、棕黑至深黑色	玻璃光泽	5~6	二向完全解理，交角近90°	形状，颜色
橄榄石 $(Fe,Mg)_2[SiO_4]$	粒状	橄榄绿、淡黄绿色	油脂或玻璃光泽	6.5~7	通常无解理，贝壳状断口	颜色，硬度
方解石 $CaCO_3$	菱面体、块状、粒状	白、灰白或其他色	玻璃光泽	3	三向完全解理	解理，硬度，遇盐酸强烈起泡
白云石 $CaMg[CO_3]_2$	菱面体、块状、粒状	灰白、淡红或淡黄色	玻璃光泽	3.5~4	三向完全解理，晶面常弯曲呈鞍状	解理，硬度，晶面弯曲，遇盐酸起泡微弱
石膏 $CaSO_4·2H_2O$	板状、条状、纤维状	无色、白色或灰白色	玻璃或丝绢光泽	2	一向完全解理	解理，硬度，薄片无弹性和挠性
高岭石 $Al_4[Si_4O_{10}][OH]_8$	鳞片状、细粒状	白、灰白或其他色	土状光泽	1	一向完全解理	性软，黏舌，具可塑性
滑石 $Mg_3[Si_4O_{10}][OH]_2$	片状、块状	白、淡黄、淡绿或浅灰色	蜡状或珍珠光泽	1	一向完全解理	颜色，硬度，触摸有油腻感
绿泥石 $(Mg,Fe)_5Al(AlSi_3O_{10})[OH]_8$	片状，土状	深绿色	珍珠光泽	2~2.5	一向完全解理	颜色，薄片无弹性有挠性
蛇纹石 $Mg_6[Si_4O_{10}][OH]_8$	块状、片状、纤维状	淡黄绿、淡绿或淡黄色	蜡状或丝绢光泽	3~3.5	无解理，贝壳状断口	颜色，光泽
石榴子石 $(Mg,Fe,Mn,Ca)_3(Al,Fe,Cr)_2[SiO_4]_3$	菱形十二面体、二十四面体、粒状	棕、棕红或黑红色	玻璃光泽	6.5~7.5	无解理，不规则断口	形状，颜色，硬度
黄铁矿 FeS_2	立方体、粒状	浅黄铜色	金属光泽	6~6.5	贝壳状或不规则断口	形状，颜色，光泽

考点二：岩石的组成、结构与构造

岩石按组成分为单矿岩、复矿岩。主要由一种矿物组成的岩石，称为单矿岩，如石灰岩就是由方解石组成的单矿岩；由两种或两种以上的矿物组成的岩石，称为复矿岩，如花岗岩，主要是由正长石、石英和云母等矿物组成的复矿岩。岩石按成因，可分为岩浆岩、沉积岩和变质岩三大类。

（一）岩浆岩的物质组成、结构与构造

岩浆岩亦称火成岩。岩浆岩是由岩浆冷凝形成的岩石。岩浆存在于地壳的深处，是处于高温、高压下的硅酸盐熔融体，它的主要成分是硅酸盐，还有其他元素、化合物以及溶解的气体（H_2O、CO_2等）。

岩浆上升侵入围岩，在地壳深处结晶形成的岩石，称为深成岩，在地面以下较浅处形成的岩石，称为浅成岩，两者统称为侵入岩。由喷出地面的熔岩凝固形成的岩石，称为喷出岩。

岩浆侵入体和喷出体的产出状态，如图3-1所示。

1. 岩浆岩的物质组成

（1）化学成分　岩浆岩的主要元素是O、Si、Al、Fe、Mg、Cu、Na、K、Ti，其含量占岩浆岩的99.25%。

（2）矿物成分　组成岩浆岩的矿物，根据颜色，可分为浅色矿物和深色矿物两类：常见的浅色矿物有石英、正长石、斜长石及白云母等；常见的深色矿物有黑云母、角闪石、辉石及橄榄石等。

（3）根据SiO_2的含量，岩浆岩可分为下面几类：

①酸性岩类（SiO_2含量 > 65%）：矿物成分以石英、正长石为主，并含有少量的黑云母和角闪石。岩石的颜色浅，相对密度小。常见岩石有花岗岩、花岗斑岩、流纹岩。

②中性岩类（SiO_2含量52%~65%）：矿物成分以正长石、斜长石、角闪石为主，并含有少量的黑云母及辉石。岩石的颜色比较深，相对密度比较大。常见岩石有正长岩、正长斑岩、粗面岩、闪长岩、闪长玢岩、安山岩。

③基性岩类（SiO_2含量45%~52%）：矿物成分以斜长石、辉石为主，含有少量的角闪石及橄榄石。岩石的颜色深，相对密度也比较大。常见岩石有辉长岩、辉绿岩、玄武岩。

④超基性岩类（SiO_2 < 45%）：矿物成分以橄榄石、辉石为主，其次有角闪石，一般不含硅铝矿物。岩石的颜色很深，相对密度很大。

2. 岩浆岩的结构和构造

（1）结构

岩浆岩的结构，是指组成岩石的矿物的结晶程度、晶粒大小、晶体形状及其相互结合的情况。

①按岩石中矿物的结晶程度划分（图3-2）

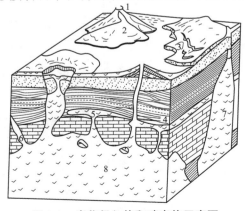

图3-1　岩浆侵入体和喷出体示意图

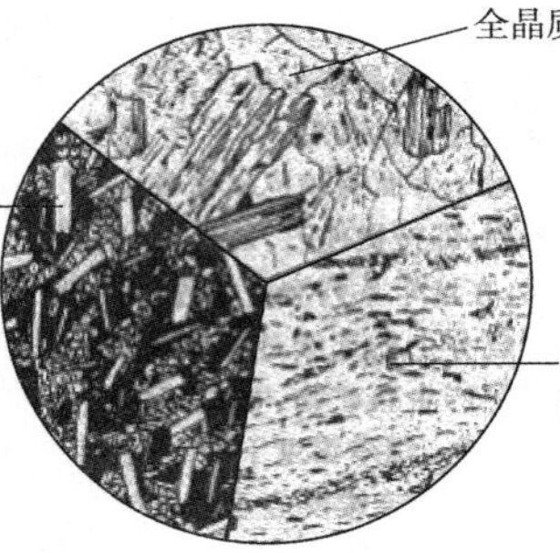

图3-2　按结晶程度划分三种结构

1-火山锥；2-熔岩流；3-岩被；4-岩床；5-岩盘；6-岩墙；
7-岩株；8-岩基

a. 全晶质结构：岩石全部由结晶矿物组成。它通常是侵入岩特有的结构，如花岗岩、正长岩。

b. 半晶质结构：岩石由结晶矿物和非晶质矿物组成。它主要为浅成岩具有的结构，有时在喷出岩中也能见到，如流纹岩。

c. 非晶质结构（玻璃质结构）：岩石全部由非晶质矿物组成，又称玻璃质结构。它为喷出岩特有的结构，如浮岩、黑曜岩。

②按岩石中矿物的晶粒大小划分

a. 显晶质结构：岩石全部由结晶较大的矿物组成，用肉眼或放大镜即可辨认。

b. 隐晶质结构：岩石全部由结晶微小的矿物组成，用肉眼和放大镜均看不见晶粒，只有在显微镜下可识别。

c. 玻璃质结构：岩石全部由非晶质矿物所组成，均匀致密似玻璃。

③按岩石中矿物晶粒的相对大小划分

a. 等粒结构：岩石中的矿物全部是显晶质颗粒，同种主要矿物结晶颗粒大小大致相等的结构。等粒结构是深成岩特有的结构。

b. 不等粒结构：岩石中同种主要矿物结晶颗粒大小不等，相差悬殊。其中晶形完好、颗粒粗大的称为斑晶，小的称为石基。这种结构多见于深成侵入岩边部或浅成侵入岩中。按其颗粒相对大小又可分为：斑状结构（石基为隐晶质或玻璃质，此结构是浅成岩或喷出岩的重要特征）和似斑状结构（石基为显晶质，此结构多见于深成岩体的边缘或浅成岩中）。

（2）构造

岩浆岩的构造，是指矿物在岩石中排列和充填方式所反映出来的外貌特征。常见的岩浆岩构造有以下几类。

①块状构造：矿物在岩石中分布比较均匀，无定向排列的现象。这种构造在深成岩中分布最广，如花岗岩、闪长岩、辉长岩等。

②流纹状构造：岩石中不同颜色的条纹、拉长的气孔以及长条形矿物沿一定方向排列所形成的流动状构造。这种构造是流纹岩等喷出岩所具有的构造。它反映岩浆喷出地表后流动的痕迹。

③气孔状构造：岩浆喷出地表后，由于压力急剧降低，岩浆凝固时，挥发性气体未能及时逸出，以致在岩石中留下许多圆形、椭圆形或长管形的孔洞。气孔状构造常为玄武岩、浮岩等喷出岩所具有。

④杏仁状构造：岩石中的气孔，为后期矿物（如方解石、石英等）充填所形成的一种形似杏仁的构造，如某些玄武岩和安山岩的构造。

3. 常见的岩浆岩

（1）花岗岩　属于酸性岩类，是深成侵入岩。多呈肉红、浅灰、灰白等色。矿物成分主要为石英和正长石，其次有黑云母、角闪石和其他矿物，全晶质等粒结构，块状构造。花岗岩分布广泛，性质均匀坚固，是良好的建筑物地基和天然建筑装饰石料。但是，在花岗岩地区进行工程建设时，要特别注意其风化程度和节理发育情况。

（2）流纹岩　属于酸性岩类，是喷出岩。呈岩流状产出，颜色一般较浅，常呈灰白、灰红、浅黄褐等色。矿物成分同花岗岩，具典型的流纹构造，隐晶质斑状结构。细小的斑晶常由石英或长石组成，基质多由隐晶质和玻璃质矿物组成。

（3）正长岩　属于中性岩类，是深成侵入岩。多呈肉红色、浅灰或浅黄色，全晶质等粒结构，块状构造。主要矿物成分为正长石，其次为黑云母和角闪石，一般石英含量极少。其物理力学性质与花岗岩相似，但不如花岗岩坚硬，且易风化。

（4）粗面岩　属于中性岩类，是喷出岩。常呈浅灰、浅褐黄或淡红色，斑状结构，斑晶为正长石，石基多为隐晶质，具细小孔隙，表面粗糙。

（5）闪长岩　属于中性岩类，是深成侵入岩。呈灰白、深灰至黑灰色。主要矿物为斜长石和角闪石，其次有黑云母和辉石，全晶质等粒结构，块状构造。闪长岩结构致密，强度高，且具有较高的韧性和抗风化能力，是良好的建筑石料。

（6）安山岩　属于中性岩类，是喷出岩。呈灰色、紫色或灰紫色，斑状结构，斑晶常为斜长石。气孔状或杏仁状构造，安山岩与粗面岩在颜色、外观上较为接近，但不具粗面岩的粗糙感。

（7）辉长岩　属于基性岩类，是深成侵入岩。呈灰黑至黑色，全晶质等粒结构，块状构造。主要矿物为斜长石和辉石，其次有橄榄石、角闪石和黑云母。辉长岩强度高，抗风化能力强。

（8）玄武岩　属于基性岩类，是喷出岩。呈灰黑至黑色。主要矿物成分与辉长岩相同。呈隐晶质细粒或斑状结构，气孔或杏仁状构造。玄武岩致密坚硬、性脆，强度很高，具有抗磨损、耐酸性强的特点。

（二）沉积岩的物质组成、结构与构造

沉积岩是早期出露地表的各种岩石经过风化、剥蚀、搬运、沉积、硬结成岩等作用形成的岩石。它是地表面分布最广的一种岩石，体积占地壳的 5%，出露面积约占陆地表面积的 75%。

1. 沉积岩的物质组成

沉积岩主要由陆源碎屑物质、黏土矿物、化学沉积矿物和有机质及生物残骸等物质组成。

（1）陆源碎屑物质　由先成岩石经物理风化作用产生的碎屑物质组成。

（2）黏土矿物　主要是一些由含铝硅酸盐类矿物组成的岩石，经化学风化作用形成的次生矿物。如高岭石、伊利石及蒙脱石等。这类矿物的颗粒极细（粒径＜0.005mm），具有很大的亲水性、可塑性及膨胀性。

（3）化学沉积矿物　是由纯化学作用或生物化学作用从溶液中沉积结晶产生的沉积矿物。

（4）有机质及生物残骸　由生物残骸或经有机化学变化而成的物质。

在沉积岩的组成物质中还有胶结物，而碎屑岩类岩石物理力学性质的好坏，与其胶结物有密切关系。常见的胶结物有以下几种：

①硅质：胶结成分为石英及其他二氧化硅。颜色浅，强度高。

②铁质：胶结成分为铁的氧化物及氢氧化物。颜色深，呈红色，强度仅次于硅质胶结。

③钙质：胶结成分为碳酸钙一类的物质。颜色浅，强度比较低，具有可溶性。

④泥质：胶结成分为黏土。多呈黄褐色，胶结松散，强度低，易湿软、风化。

同一种胶结物胶结的岩石，若胶结方式不同，岩石强度差异也很大。常见的胶结方式有基底式胶结、孔隙式胶结和接触式胶结三种（图3-3）。碎屑颗粒互不接触，散布于胶结物中，称为基底式胶结。它胶结紧密，岩石孔隙度小，较其他胶结方式的岩石强度高，其强度和稳定性完全取决于胶结物的成分。碎屑颗粒之间直接接触，胶结物充填于碎屑间的孔隙中，称为孔隙式胶结。其工程性质与碎屑颗粒成分、形状及胶结物成分都有关系，强度变化较大。碎屑颗粒之间直接接触，只在颗粒接触处有胶结物联结，其余颗粒间孔隙未被胶结物充填，称为接触式胶结。接触胶结的岩石，一般都是孔隙度大、重度小、吸水率高、强度低、透水性强。

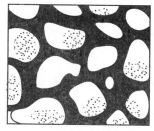
a)基底式胶结

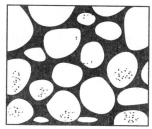
b)孔隙式胶结

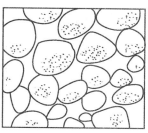
c)接触式胶结

图 3-3　沉积岩的胶结类型

2. 沉积岩的结构和构造

（1）结构

沉积岩的结构是指沉积岩的组成物质的颗粒大小、形状及结晶程度。按组成物质、颗粒大小及形状等方面的特点，一般分为碎屑结构、泥质结构、结晶结构及生物结构四种。

①碎屑结构：由碎屑物质被胶结物胶结而成，是沉积岩所特有的结构。按碎屑粒径的大小可分为：

a. 砾状结构：碎屑粒径＞2mm。碎屑有棱角者，称为角砾状结构；碎屑呈浑圆状或具有一定磨圆度者，称为砾状结构。

b. 砂质结构：碎屑粒径介于 0.05~2mm。其中 0.5~2mm 的为粗粒结构，如粗粒砂岩；0.25~0.5mm 的为中粒结构，如中粒砂岩；0.05~0.25mm 的为细粒结构，如细粒砂岩。

c. 粉砂质结构：碎屑粒径介于 0.005~0.05mm，如粉砂岩。

②泥质结构：由粒径＜0.005mm 的黏土矿物颗粒组成，是泥岩、页岩等黏土岩的主要结构。

③结晶结构：由溶液中沉淀或经重结晶所形成的结构，是石灰岩、白云岩等化学岩的主要结构。

④生物结构：由生物遗体或碎片所组成，如贝壳结构、珊瑚结构等，是生物化学岩所具有的结构。

（2）构造

沉积岩的构造是指其组成部分的空间分布及其相互间的排列关系。沉积岩最主要的构造是层理构造、层面构造和化石。

①层理构造：先后沉积的物质在颗粒大小、形状、颜色和成分上发生变化，从而显示出来的成层现象，称为层理构造。

层与层之间的界面，称为层面。上下两个层面间连续不断沉积所形成的岩石，称为岩层。一个岩层上下层面之间的垂直距离，称为岩层的厚度。

岩层按厚度可分为块状（＞1m）、厚层（0.5~1m）、中厚层（0.1~0.5m）和薄层（＜0.1m），大厚度岩层中所夹的薄层，称为夹层。有些岩层一端较厚，而另一端逐渐变薄以至消失，这种现象称为尖灭。若在不大的距离内两端都尖灭，而中间较厚则称为透镜体。

当层理与层面延长方向相互平行时，称为平行层理。其中，当层理面平直时称为水平层理，当层理面波状起伏时称为波状层理。当层理与层面斜交时称为斜层理。若是多组不同方向的斜交层理相互交错，则称为交错层理。

②层面构造：层面上有时还保留有反映沉积岩形成时的某些特征，如波痕、泥裂、雨痕等，称为层面构造。

a. 波痕：沉积过程中，沉积物由于受风力或水流的波浪作用，在沉积岩层面上遗留下来的波浪痕迹。

b. 泥裂：黏土沉积物表面，由于失水收缩而形成不规则的多边形裂缝。

c. 雨痕：沉积物表面经受雨点、冰雹打击后遗留下来的痕迹。

③化石：在沉积岩中经过石化交替作用保存下来的动植物的遗骸和痕迹，如蚌壳、三叶虫、树叶等。根据化石可以推断岩石形成的地理环境和地质年代。化石是沉积岩的重要特征。

3. 常见的沉积岩

（1）砾岩及角砾岩 砾状结构，由50%以上粒径＞2mm的粗大碎屑胶结而成，黏土含量＜25%。碎屑为砾石的称为砾岩；碎屑为角砾的称为角砾岩。

（2）砂岩 砂质结构，由50%以上粒径介于0.05~2mm的砂粒胶结而成，黏土含量＜25%。砂岩分布很广，易于开采加工，是工程上广泛采用的建筑石料。

（3）粉砂岩 粉砂质结构，常有清晰的水平层理。由50%以上粒径介于0.005~0.05mm的粉砂胶结而成，黏土含量＜25%，结构较疏松，强度和稳定性不高。

（4）页岩 是由黏土脱水胶结而成，以黏土矿物为主，大部分有明显的薄层理，呈页片状。页岩岩性软弱，易风化成碎片，强度低，与水作用易于软化而丧失稳定性。

（5）泥岩 成分与页岩相似，常呈厚层状，吸水性强，遇水后易软化。

（6）石灰岩 也称灰岩。矿物成分以方解石为主，其次含有少量的白云石和黏土矿物，结晶结构。常呈深灰、浅灰色，纯质灰岩呈白色。石灰岩分布相当广泛，岩性均一，易于开采加工，是一种用途很广的建筑石料。

（7）白云岩 主要矿物成分为白云石，也含有方解石和黏土矿物，结晶结构。纯质白云岩为白色，随所含杂质的不同，可呈现不同的颜色。性质与石灰岩相似，但强度和稳定性比石灰岩高，是一种良好的建筑石料。

（8）泥灰岩 标准的泥灰岩含50%~75%的方解石，25%~50%的黏土物质。泥灰岩常产于石灰岩和黏土岩的过渡地带，夹于薄石灰岩或黏土岩之中，呈透镜状或薄层状产出。

（三）变质岩的物质组成、结构与构造

地壳内部原有的岩石（岩浆岩、沉积岩），由于受到高温、高压及化学成分加入的影响，改变原来的矿物成分和结构、构造，形成新的岩石，称为变质岩。

1. 变质岩的矿物成分

变质岩的矿物成分可分为两大类：一类是与岩浆岩、沉积岩所共有的，如石英、长石、云母、角闪石、辉石、方解石等，它们大多是原岩残留下来的，有的是在变质作用中形成的；另一类是在变质作用中产生的变质岩所特有的矿物，以此将变质岩与其他岩石区别开来，如石墨、滑石、蛇纹石、石榴子石、绿泥石、绢云母、硅灰石、蓝晶石、红柱石等，称为变质矿物。

2. 变质岩的结构和构造

（1）结构

岩石在变质过程中，由于矿物的重结晶和新矿物的生成，相应地也要出现一些新的结构。变质岩的结构是指变质岩的变质程度、颗粒大小和连接方式，分为下列主要结构：

①变余结构：有些岩石经过变质以后，原岩的矿物成分和结构特征一部分被保留下来，即构成变余结构。

②变晶结构：原来岩石基本上在固态条件下，由重结晶作用形成的结晶质结构，岩石均为全晶质。

③碎裂结构：指岩石受挤压应力作用，矿物发生弯曲、破裂，甚至粉碎后，又被黏结在一起形成的结构。碎裂结构具有明显的条带和片理。

（2）构造

变质岩的构造是指变晶矿物集合体之间的分布与充填方式。可分为下列几种：

①板状构造：岩石中矿物颗粒细小，肉眼不能分辨，片理面平直，沿片理面偶有绢云母、绿泥石出现，光泽微弱，易沿片理面裂开成厚度一致的薄板，如板岩。

②千枚状构造：岩石中矿物颗粒细小，肉眼难以分辨，片理面较平直，沿片理面有绢云母出现，呈丝绢光泽，易沿片理面劈成薄片状，如千枚岩。

③片状构造：岩石中含有大量片状、板状或柱状矿物，沿片理面富集，平行排列，光泽较强，沿片理面易剥开成不规则的薄片，如云母片岩。

④片麻状构造：岩石由粒状矿物和片状或柱状矿物相间平行排列，呈条带状，沿片理面不易劈开，如片麻岩。

⑤块状构造：岩石由粒状结晶矿物组成，无定向排列，呈均匀分布，也不能定向裂开，如大理岩、石英岩等。

板状、千枚状、片状、片麻状等片理构造是变质岩所特有的，是识别变质岩的显著标志。

3.常见的变质岩

（1）片麻岩　具典型的片麻状构造，变晶或变余结构，一般晶粒粗大，肉眼可以辨识。主要矿物为石英和长石，其次有云母、角闪石、辉石等，此外有时含有少许石榴子石等变质矿物。因具片理构造，故较易风化。

（2）片岩　具片状构造，变晶结构。矿物成分主要是一些片状矿物，如云母、绿泥石、滑石等，此外尚含有少许石榴子石等变质矿物。片岩的片理一般比较发育，片状矿物含量高，强度低，抗风化能力差，极易风化剥落。

（3）千枚岩　结晶程度比片岩差，晶粒极细，肉眼不能直接辨别，片理面常有微弱的丝绢光泽，外表常呈黄绿、褐红、灰黑等色。矿物成分主要为石英、绢云母、绿泥石等。千枚岩的质地松软，强度低，抗风化能力差，容易风化剥落。

（4）板岩　具板状构造，变余结构，有时具变晶结构。矿物颗粒细小，主要由绢云母、石英、绿泥石和黏土组成。常为深灰至黑灰色，也有绿色及紫色。易裂开成薄板。打击时有清脆之声，可与页岩区别。能加工成各种尺寸的石板。板岩在水的长期作用下易于软化、泥化形成软弱夹层。

（5）大理岩　由石灰岩或白云岩经重结晶变质而成，等粒变晶结构，块状构造。主要矿物成分为方解石。大理岩常呈白色、浅红色、淡绿色、深灰色以及其他各种颜色，常因含有其他带色杂质而呈现出美丽的花纹。大理岩强度中等，易于开采加工，色泽美丽，是一种很好的建筑装饰石料。

（6）石英岩　等粒变晶结构，块状构造。石英岩强度很高，抵抗风化的能力很强，是良好的建筑石料，但硬度很高，开采加工相当困难。

考点三：岩石的工程地质性质

岩石的工程地质性质包括物理性质、水理性质和力学性质三个主要方面。

（一）岩石工程地质性质的常用指标

1.岩石的物理性质

（1）岩石的密度（ρ）

岩石单位体积的质量称为岩石的密度。可用下式表示：

$$\rho = \frac{m}{V}$$

(3-1)

岩石孔隙中完全没有水存在时的密度,称为干密度。岩石中孔隙全部被水充满时的密度,称为岩石的饱和密度。常见岩石的密度为2.3~2.8g/cm³。

(2)岩石的相对密度(D,无因次)

岩石的相对密度,是固体岩石的质量m_s与同体积4℃水的质量$V_s\rho_w$的比值。

$$D = \frac{m_s}{V_s\rho_w} = \frac{\rho_s}{\rho_w}$$

(3-2)

岩石相对密度的大小,取决于组成岩石的矿物的相对密度及其在岩石中的相对含量。常见的岩石,其相对密度一般介于2.5~3.3之间。

(3)岩石的孔隙率(n)

岩石的孔隙率(或孔隙度)是指岩石中孔隙、裂隙的体积V_v与岩石总体积V之比值,常以百分数表示,即

$$n = \frac{V_v}{V} \times 100\%$$

(3-3)

岩石孔隙率的大小,主要取决于岩石的结构和构造,同时也受风化或构造作用等因素的影响。一般坚硬岩石的孔隙率小于2%~3%,但砾岩、砂岩等多孔岩石,则经常具有较大的孔隙率。

(4)岩石的吸水率

岩石的吸水率(W_1)是指在常压条件下岩石的吸水能力,以该条件下岩石所吸水分质量m_{W_1}与干燥岩石质量m_S之比,用百分数表示,即

$$W_1 = \frac{m_{W_1}}{m_S} \times 100\%$$

(3-4)

岩石的饱水率(W_2)是指在高压(15MPa)或真空条件下岩石的吸水能力,以该条件下岩石所吸水分质量与干燥岩石质量之比,用百分数表示。

岩石的吸水率与饱水率的比值,称为岩石的饱水系数。饱水系数越大,岩石的抗冻性越差。一般认为饱水系数小于0.8的岩石是抗冻的。

2. 岩石的水理性质

岩石的水理性质,是指岩石与水作用时的性质,如透水性、溶解性、软化性、抗冻性等。

(1)岩石的透水性

岩石的透水性,是指岩石允许水通过的能力。岩石的透水性用渗透系数(K)来表示。渗透系数等于水力坡降为1时,水在岩石中的渗透速度,其单位用m/d或cm/s表示。

(2)岩石的溶解性

岩石的溶解性,是指岩石溶解于水的性质,常用溶解度或溶解速度来表示。

(3)岩石的软化性

岩石的软化性,是指岩石在水的作用下,强度及稳定性降低的一种性质。岩石软化性的指标是软化系数。它等于岩石在饱水状态下的极限抗压强度与岩石在风干状态下极限抗压强度的比值。其值越小,表示岩石在水作用下的强度和稳定性越差。未受风化作用的岩浆岩和某些变质岩,软化系数大都接近于1,是弱软化的岩石,其抗水、抗风化和抗冻性强;软化系数小于0.75的岩石,认为是强软化的岩石,工程性质比较差。

（4）岩石的抗冻性

岩石抵抗孔隙中的水因结冰导致体积膨胀而产生的压力的能力，称为岩石的抗冻性。在冰冻地区，抗冻性是评价岩石工程性质的一个重要指标。

岩石的抗冻性，有不同的表示方法，一般用岩石的抗冻试验前后抗压强度的降低率表示。抗压强度降低率小于20%~25%的岩石，认为是抗冻的；大于25%的岩石，认为是非抗冻的。

3. 岩石的力学性质

（1）岩石的强度指标

岩石的强度指标主要有抗压强度、抗拉强度和抗剪强度。

①抗压强度（f_r）：岩石在单向压力作用下，抵抗压碎破坏的能力，为岩石抗压强度，即

$$f_r = \frac{P_F}{A} \tag{3-5}$$

式中：f_r ——岩石抗压强度（kPa）；

　　P_F ——岩石受压破坏时总压力（kN）；

　　A ——岩石受压面积（m²）。

②抗拉强度（σ_t）：岩石单向拉伸时，抵抗拉断破坏的能力称为岩石的抗拉强度，即

$$\sigma_t = \frac{P_t}{A} \tag{3-6}$$

式中：　σ_t ——岩石抗拉强度（kPa）；

　　P_t ——岩石在受拉破坏时总拉力（kN）；

　　A ——岩石受拉面积（m²）。

③抗剪强度（τ）：岩石抵抗剪切破坏的能力称为岩石的抗剪强度。它又可分抗剪断强度、抗剪强度和抗切强度。

抗剪断强度是指在垂直压力作用下的岩石剪断强度，即

$$\tau = \sigma \tan \varphi + c \tag{3-7}$$

式中：　τ ——岩石抗剪断强度（kPa）；

　　σ ——破裂面上的法向应力（kPa）；

　　φ ——岩石的内摩擦角（°）；

　　$\tan \varphi$ ——岩石的摩擦因数；

　　c ——岩石的黏聚力（kPa）。

抗剪强度是沿已有的破裂面发生剪切滑动时的指标，即

$$\tau = \sigma \tan \varphi \tag{3-8}$$

抗切强度是指压应力等于零时的抗剪断强度，即

$$\tau = c$$

岩石的抗压强度最高，抗剪强度居中，抗拉强度最小。岩石越坚硬，其值相差越大。岩石的抗剪强度和抗压强度是评价岩石稳定性的重要指标。

常见岩石的抗压、抗剪及抗拉强度，见表3-3。

常见岩石的抗压、抗剪及抗拉强度（MPa）　　　　　　　　　　表 3-3

岩石名称	抗压强度	抗剪强度	抗拉强度
花岗岩	100~250	14~50	7~25
闪长岩	150~300		15~30
辉长岩	150~300		15~30
玄武岩	150~300	20~60	10~30
砂岩	20~170	8~40	4~25
页岩	5~100	3~30	2~10
石灰岩	30~250	10~50	5~25
白云岩	30~250		15~25
片麻岩	50~200		5~20
板岩	100~200	15~30	7~20
大理岩	100~250		7~20
石英岩	150~300	20~60	10~30

（2）岩石的变形指标

岩石的变形指标主要有弹性模量、变形模量和泊松比。

①弹性模量（ E ）：应力与弹性应变的比值称岩石的弹性模量，即

$$E = \frac{\sigma}{\varepsilon_e}$$ 　　　　　　　　　　(3-9)

②变形模量（ E_0 ）：应力与总应变（ ε_e —弹性应变、 ε_p —塑性应变）的比值称为岩石的变形模量，即

$$E_0 = \frac{\sigma}{\varepsilon_e + \varepsilon_p} = \frac{\sigma}{\varepsilon}$$ 　　　　　　　　　　(3-10)

③泊松比（ μ ）：岩石在轴向压力作用下的横向应变和纵向应变的比值，称为泊松比，即

$$\mu = \frac{\varepsilon_x}{\varepsilon_y}$$ 　　　　　　　　　　(3-11)

岩石的泊松比一般在 0.2~0.4 之间。

（二）影响岩石工程地质性质的因素

影响岩石工程地质性质的因素，一是岩石自身的内在条件所决定的，如岩石的矿物成分、结构、构造；二是来自外部的客观因素，如水的作用及风化作用等。

1. 矿物成分

组成岩石的矿物成分对岩石的工程性质有直接影响。一般来说，组成岩石的矿物硬度大，则岩石的强度较高；岩石的相对密度大，则岩石的强度大。但也不能简单地认为，含有高强度矿物的岩石，其强度一定就高。因为岩石受力作用后，内部应力是通过矿物颗粒的直接接触来传递的，如果强度较高的矿物在岩石中互不接触，则应力的传递必然会受中间低强度矿物的影响，岩石不一定就能显示出高的强度。

2. 结构

岩石的结构特征也是影响岩石物理力学性质的一个重要因素。结晶联结的岩石比胶结联结的岩石具有较高的强度和稳定性。结晶联结的岩石，结晶颗粒的大小对岩石的强度有明显影响。一般结晶颗粒小的岩石强度大于结晶颗粒大的岩石强度。胶结联结的岩石，其强度和稳定性主要决定于胶结物的成分

和胶结的形式，同时也受碎屑成分的影响，变化很大。就胶结物的成分来说，硅质胶结的强度和稳定性高，泥质胶结的强度和稳定性低，铁质和钙质胶结的介于两者之间。如泥质胶结的砂岩，其抗压强度一般只有60~80MPa，钙质胶结的可达120MPa，而硅质胶结的则可高达170MPa。

胶结联结的形式，有基底式胶结、孔隙式胶结和接触式胶结三种（见图3-3及相关说明）。

3. 构造

矿物成分在岩石中分布的不均匀性和岩石结构的不连续性决定了岩石物理力学性质。前者是指某些岩石所具有的片状构造、板状构造、千枚状构造、片麻构造以及流纹构造等，这些构造使矿物成分在岩石中的分布极不均匀，一些强度低、易风化的矿物，多沿一定方向富集，或呈条带状分布，或呈局部的聚集体，从而使岩石的物理力学性质在局部发生很大变化。后者是指岩石中存在着层理、裂隙和各种成因的孔隙，致使岩石结构的连续性与整体性受到一定程度的影响，从而使岩石的强度和透水性在不同的方向上发生明显的差异。一般来说，垂直层面的抗压强度大于平行层面的抗压强度，平行层面的透水性大于垂直层面的透水性。假如上述两种情况同时存在，则岩石的强度和稳定性将会明显降低。

4. 水

当岩石受到水的作用时，水就沿着岩石中孔隙、裂隙浸入，削弱矿物颗粒间的联结，使岩石的强度降低。当其他条件相同时，孔隙度大的岩石，被水饱和后其强度降低的幅度也大。

5. 风化

风化作用能促使岩石的结构、构造和整体性遭到破坏，孔隙度增大，重度减小，吸水性和透水性显著提高，甚至改变化学成分，使岩石的强度和稳定性大为降低。

例 题 解 析

例题 1　以下矿物中，硬度最高的是（　　　）。

  A. 正长石   B. 石英   C. 云母   D. 方解石

解析：见考点一。矿物硬度对比的标准，从软到硬依次由下列10种矿物组成，称为摩氏硬度计。滑石（1）＜石膏（2）＜方解石（3）＜萤石（4）＜磷灰石（5）＜正长石（6）＜石英（7）＜黄玉（8）＜刚玉（9）＜金刚石（10）。

答案：B

例题 2　［2019-24］按成因，岩石可分为（　　　）。

  A. 岩浆岩、沉积岩、变质岩   B. 岩浆岩、变质岩、花岗岩

  C. 沉积岩、酸性岩、黏土岩   D. 变质岩、碎屑岩、岩浆岩

解析：见考点二。岩石按组成，分为单矿岩、复矿岩；按成因，可分为岩浆岩、沉积岩和变质岩三大类。

答案：A

例题 3　［2019-25］根据组成沉积岩的物质成分，通常把沉积岩分为（　　　）。

  A. 黏土岩类、化学岩类、生物岩类

  B. 碎屑岩类、黏土岩类、生物岩类

  C. 晶土岩类、化学岩类、生物化学岩类

  D. 碎屑岩类、黏土岩类、化学及生物化学岩类

解析：见考点二。沉积岩主要由陆源碎屑物质、黏土矿物、化学沉积矿物、有机质及生物残骸等物

质组成。按组成物质、颗粒大小及形状等方面的特点，一般分为碎屑结构、泥质结构、结晶结构及生物结构四种。

答案：D

例题 4　［2019-26］同一岩石的各种强度中，最大的是（　　　）。

　　　　A. 抗压强度　　　　　B. 抗剪强度　　　　　C. 抗弯强度　　　　　D. 抗拉强度

解析：见考点三。岩石的抗压强度最高，抗剪强度居中，抗拉强度最小。岩石越坚硬，其值相差越大。岩石的抗剪强度和抗压强度是评价岩石稳定性的重要指标。

答案：A

例题 5　［2020-2］下列岩石为变质岩的是（　　　）。

　　　　A. 花岗岩　　　　　　B. 片麻岩　　　　　　C. 流纹岩　　　　　　D. 泥岩

解析：见考点二。常见的变质岩有片麻岩、片岩、千枚岩、板岩、理岩、石英岩。

答案：B

例题 6　［2020-25］下列全部属于岩浆岩构造类型的是（　　　）。

　　　　A. 板状、块状、流纹状、杏仁状　　　　　　B. 片麻状、流纹状、气孔状、杏仁状
　　　　C. 块状、流纹状、气孔状、杏仁状　　　　　　D. 千枚状、流纹状、气孔状、杏仁状

解析：见考点二。岩浆岩的构造，是指矿物在岩石中排列和充填方式所反映出来的外貌特征。常见的岩浆岩构造有以下几类：块状构造、流纹状构造、气孔状构造、杏仁状构造。

答案：C

例题 7　［2020-26］结晶联结的岩石，结晶颗粒的大小与岩石强度有一定关系，一般晶粒越大强度（　　　）。

　　　　A. 越小　　　　　　　B. 越大　　　　　　　C. 不变化　　　　　　D. 无规律

解析：见考点三。结晶联结的岩石，结晶颗粒的大小对岩石的强度有明显影响。一般是结晶颗粒小的岩石强度大于结晶颗粒大的岩石强度，如粗粒花岗岩的抗压强度比细粒花岗岩的抗压强度小。

答案：A

例题 8　［2021-24］玄武岩属于岩浆岩，按其 SiO_2 含量属于（　　　）。

　　　　A. 基性岩类　　　　　B. 中性岩类　　　　　C. 酸性岩类　　　　　D. 超基性岩类

解析：见考点二。根据 SiO_2 的含量，岩浆岩可分为下面几类：①酸性岩类（SiO_2 含量＞65%），常见岩石有花岗岩、花岗斑岩、流纹岩。②中性岩类（SiO_2 含量 52%~65%），常见岩石有正长岩、正长斑岩、粗面岩、闪长岩、闪长玢岩、安山岩。③基性岩类（SiO_2 含量 45%~52%），常见岩石有辉长岩、辉绿岩、玄武岩。

答案：A

例题 9　［2021-25］岩石的工程地质性质包括（　　　）。

　　　　A. 矿物成分、力学性质、吸水性质　　　　　　B. 力学性质、水理性质、抗冻性质
　　　　C. 物理性质、水理性质、力学性质　　　　　　D. 物理性质、化学性质、力学性质

解析：见考点三。岩石的工程地质性质主要包括物理性质、水理性质和力学性质三个方面。

答案：C

例题 10　下列岩石中，最容易遇水软化的是（　　　）。

　　　　A. 白云岩　　　　　　B. 砂岩　　　　　　　C. 石灰岩　　　　　　D. 钙质页岩

解析：见考点二。页岩是由黏土脱水胶结而成，以黏土矿物为主，大部分有明显的薄层理，呈页片状。页岩岩性软弱，易风化成碎片，强度低，遇水易软化而丧失稳定性。并且，钙质页岩中含有较多的碳酸钙，会与水中的酸性物质发生反应，造成软化。

答案：D

例题 11 下列构造中，不属于沉积岩的构造的是（　　　）。

　　A. 片理　　　　　　　B. 结核　　　　　　　C. 斜层理　　　　　　D. 波痕

解析：见考点二。沉积岩主要的构造是层理构造（水平层理、斜层理、交错层理等），层面构造（波痕、泥裂、雨痕），化石及结核。变质岩的构造有：①板状构造，②千枚状构造，③片状构造，④片麻状构造，⑤块状构造。板状构造、千枚状构造、片状构造、片麻状构造统称为片理构造。

答案：A

例题 12 黏土矿物产生于（　　　）。

　　A. 岩浆作用　　　　B. 风化作用　　　　C. 沉积作用　　　　D. 变质作用

解析：见考点二。黏土矿物主要是一些由含铝硅酸盐类矿物组成的岩石，经化学风化作用形成的次生矿物。

答案：B

例题 13 ［2022-29］下列属于沉积岩的是（　　　）。

　　A. 板岩　　　　　　　B. 玄武岩　　　　　　C. 砂岩　　　　　　　D. 大理岩

解析：见考点二。板岩属于变质岩，玄武岩属于岩浆岩，砂岩属于沉积岩，大理岩属于变质岩。

答案：C

例题 14 ［2022-30］下列全部属于变质岩构造类型的是（　　　）。

　　A. 层理构造、千枚状、片状、片麻状　　　　　B. 层理构造、千枚状、块状、片麻状

　　C. 板状、千枚状、片状、片麻状　　　　　　　D. 块状、流纹状、气孔状、杏仁状

解析：见考点二。变质岩构造类型有板状、千枚状、片状、片麻状、块状。选项 A 和 B 的层理构造属于沉积岩的构造类型。选项 D 的流纹状、气孔状、杏仁状属于岩浆岩的构造类型。

答案：C

例题 15 ［2023-24］某岩石呈浅灰色，可见结晶颗粒遇稀盐酸强烈起泡，具有层理构造，则该岩石是（　　　）。

　　A. 大理岩　　　　　　B. 花岗岩　　　　　　C. 石灰岩　　　　　　D. 流纹岩

解析：见考点一、二。常见造岩矿物物理性质简表（表3-2）中，方解石的主要鉴定特征为遇盐酸强烈起泡；石灰岩也称灰岩，矿物成分以方解石为主，其次含有少量的白云石和黏土矿物，结晶结构；常呈深灰、浅灰色，纯质灰岩呈白色；石灰岩分布相当广泛，岩性均一，易于开采加工，是一种用途很广的建筑石料。

答案：C

例题 16 ［2023-25］岩石在水的作用下，强度和稳定性降低，该性质称为（　　　）。

　　A. 吸水性　　　　B. 软化性　　　　C. 溶解性　　　　D. 抗冻性

解析：见考点三。岩石的软化性，是指岩石在水的作用下，强度及稳定性降低的一种性质。岩石软化性的指标是软化系数，它等于岩石在饱水状态下的极限抗压强度与岩石在风干状态下的极限抗压强度的比值，其值越小，表示岩石在水作用下的强度和稳定性越差。未受风化作用的岩浆岩和某些变质岩，

软化系数大都接近于1，是弱软化的岩石，其抗水、抗风化和抗冻性强；软化系数小于0.75的岩石，认为是强软化的岩石，工程性质比较差。

答案： B

例题17［2024-26］花岗岩属于（　　　）。

　　　　A. 喷出岩　　　　　　B. 深成岩　　　　　　C. 沉积岩　　　　　　D. 浅成岩

解析： 见考点二。花岗岩属于酸性岩类，是深成侵入岩。深成侵入岩即深成岩。

答案： B

例题18 火成岩分为酸性岩、中性岩、基性岩和超基性岩四类的分类依据是（　　　）。

　　　　A. 基质含量　　　　　B. SiO_2 含量　　　　C. SiO_4^{2-}　　　　D. 岩浆含量

解析： 见考点二。岩浆岩亦称火成岩。根据 SiO_2 的含量，岩浆岩可分为下面几类：

①酸性岩类（SiO_2 含量 ＞65%）：矿物成分以石英、正长石为主，并含有少量的黑云母和角闪石。岩石的颜色浅，相对密度小。常见岩石有花岗岩、花岗斑岩、流纹岩。

②中性岩类（SiO_2 含量 52%~65%）：矿物成分以正长石、斜长石、角闪石为主，并含有少量的黑云母及辉石。岩石的颜色比较深，相对密度比较大。常见岩石有正长岩、正长斑岩、粗面岩、闪长岩、闪长玢岩、安山岩。

③基性岩类（SiO_2 含量 45%~52%）：矿物成分以斜长石、辉石为主，含有少量的角闪石及橄榄石。岩石的颜色深，相对密度也比较大。常见岩石有辉长岩、辉绿岩、玄武岩。

④超基性岩类（SiO_2 ＜45%）：矿物成分以橄榄石、辉石为主，其次有角闪石，一般不含硅铝矿物。岩石的颜色很深，相对密度很大。

答案： B

自 测 模 拟

1. 沉积岩分类的关键因素是（　　　）。

　　A. 结构特征　　　　　B. 构造特征　　　　　C. 矿物成分　　　　　D. 胶结物成分

2. 碎屑岩的胶结类型有（　　　）。

　　①孔隙式；②基底式；③片理式；④板状式；⑤接触式

　　A. ①②③　　　　　　B. ②③④　　　　　　C. ②③④⑤　　　　　D. ①②⑤

3. 以下全部为岩浆岩结构类型的选项是（　　　）。

　　A. 等粒结构、不等粒结构、生物结构　　　　B. 变晶结构、变余结构、碎裂结构

　　C. 斑状结构、似斑状结构　　　　　　　　　D. 碎屑结构、泥质结构、化学结构

4. 下列岩石中为岩浆岩类的是（　　　）。

　　A. 花岗岩　　　　　　B. 白云岩　　　　　　C. 千枚岩　　　　　　D. 大理岩

5. 条痕是指矿物的（　　　）。

　　A. 固有颜色　　　　　　　　　　　　　　　B. 粉末的颜色

　　C. 杂质的颜色　　　　　　　　　　　　　　D. 表面氧化物的颜色

6. 呈菱面体、白色、玻璃光泽、具3组完全解理、硬度为3，且遇稀盐酸剧烈起泡的矿物是（　　　）。

　　A. 石英　　　　　　　B. 白云母　　　　　　C. 方解石　　　　　　D. 正长石

7. 地壳表面分布最广的岩石是（　　　）。

    A. 岩浆岩　　　　　　　B. 玄武岩　　　　　　　　C. 变质岩　　　　　　　　D. 沉积岩

参 考 答 案

1. A　　2. D　　3. C　　4. A　　5. B　　6. C　　7.D

第二节　地　质　构　造

考 点 分 析

本节重点： 地质作用、地质年代、岩层产状、水平构造、倾斜构造、褶皱构造、断裂构造、"V"字形法则、接触关系。以考核地质作用类型、区分地质年代单位和时间地层单位、判别地层的新老关系、产状三要素的概念和意义、褶皱和断裂构造的基本类型和野外识别、各种地质构造的工程地质评价和在地质图上的表现形式为主。

本节难点： 沉积岩接触关系的判定、褶皱类型的识别、断层类型的识别、"V"字形法则的运用、地质图上辨别褶皱与断层的类型。

考 点 精 讲

考点一：地壳运动及地质作用的类型

（一）地壳运动

地球作为一个天体，自形成以来就一直不停地运动着。地壳运动按其运动方向分为水平运动和垂直运动两种基本形式。水平运动是指地壳沿地表切线方向产生的运动；主要表现为岩石圈的水平挤压、拉伸及剪切，引起岩体的弯曲和断裂，可以形成巨大的褶皱山系、裂谷和大陆漂移等。垂直运动是指地壳沿地表法线方向产生的运动。主要表现为岩石圈的垂直上升或下降，引起地壳大面积的隆起和凹陷，形成海侵和海退等。水平运动和垂直运动是紧密联系的，在时间和空间上往往交替发生。

（二）地质作用

引起地壳物质组成、地壳结构和地表形态不断发生变化的作用，统称为地质作用。根据发生地质作用的能量来源，又分为内力地质作用和外力地质作用两种基本类型。

1. 内力地质作用

内力地质作用是指地球自转、重力和放射性元素蜕变等能量，在地壳深处产生的动力对地球内部及地表的地质作用。根据内动力地质作用方式的不同，可以分为构造运动、地震作用、岩浆及火山作用和变质作用四种类型。

（1）构造运动　使地壳发生变形、变位的动力作用，如地壳的垂直升降运动及水平运动。

（2）地震作用　是由地球内动力而引起的地壳岩石圈的快速颤动或波动。

（3）岩浆及火山作用　地球内部的高温、高压岩浆，由地下深处侵入地壳上部冷凝成岩，甚至喷出地表而形成火山及熔岩。

（4）变质作用 指地壳中的原岩受高温、高压及其他化学因素的作用，而使原有岩石的成分、结构、构造发生变化的作用。

2.外力地质作用

外力地质作用是指来自地壳以外的能量在地壳表层所进行的各种地质作用。根据外力地质作用方式的不同，可以分为风化作用、剥蚀作用、搬运作用、沉积作用和固结成岩作用五种类型。

（1）风化作用 地壳表层岩石在太阳辐射、水、大气和生物等因素的共同作用下，发生物理和化学的变化，使岩石崩解破碎以致逐渐分解的作用，称为风化作用。

（2）剥蚀作用 地壳表层岩石受风力、地表流水、地下水、湖泊、海洋或冰川等动力作用，而遭受破坏并被剥离原地的作用，如风蚀作用、河流的侵蚀作用、地下水的潜蚀作用、冰川的刨蚀作用等。

（3）搬运作用 指风化、剥蚀后的岩石碎屑、胶体、分子或离子等不同状态的物质，被各种外动力和流水、风、冰川、地下水、海浪等以不同方式迁移或搬运到他处的过程。

（4）沉积作用 搬运过程中，由于搬运介质的物理及化学条件的改变导致被搬运物质堆积下来的现象。

（5）固结成岩作用 指使松散沉积物变成坚硬岩石的作用，包括胶结作用、压实作用和结晶作用。

上述各种内、外动力地质作用长期反复地进行，从而促使地壳不断地变化和发展，这就是地壳和地球的永恒运动。

考点二：地质年代表

地质学家根据几次大的地壳运动和生物界大的演变，把地质历史划分为五个"代"，每个代又分为若干"纪"，纪内因生物发展及地质情况不同，又进一步划分为若干"世"和"期"，以及一些更细的段落，这些统称为地质年代单位。在特定的时间间隔内所形成的岩石体，称为时间地层单位，它可以包括多种不同的岩石类型。与地质年代单位对应的时间地层单位列于表3-4。

地质年代单位与时间地层单位　　　　表3-4

地质年代单位	代	纪	世	期
时间地层单位	界	系	统	阶

第一个地质年代表是1756年由莱曼和以后的维尔纳提出的。现代的地质年代表是在19世纪发展起来的。

地壳运动和生物演化，在代、纪、世期间，世界各地都有普遍性的显著变化。所以，代、纪、世是国际通用的地质年代单位，次一级的单位只具有区域性或地区性的意义。

中国地质年代表，见表3-5。

地 质 年 代 表　　　　表3-5

代	纪	世	距今年代（百万年）	主要地壳运动	主 要 现 象
新生代 K_z	第四纪 Q	全新世Q_4 晚更新世Q_3 中更新世Q_2 早更新世Q_1			冰川广布，黄土沉积，地壳发育成现代形势 人类出现，发展
			2~3	喜马拉雅运动	

代	纪		世	距今年代（百万年）	主要地壳运动	主 要 现 象
新生代 K_z	第三纪 R	晚第三纪 N	上新世 N_2 中新世 N_1	2~3	喜马拉雅运动	地壳初具现代轮廓，哺乳类动物、鸟类急速发展，并开始分化
				25		
		早第三纪 E	渐新世 E_3 始新世 E_2 古新世 E_1			
				70	燕山运动	
中生代 M_z	白垩纪 K		晚白垩世 K_2 早白垩世 K_1			地壳运动强烈，岩浆活动
				135		
	侏罗纪 J		晚侏罗世 J_3 中侏罗世 J_2 早侏罗世 J_1	180	印支运动	除西藏等地区外，中国广大地区已上升为陆地，恐龙极盛，出现鸟类
	三叠纪 T		晚三叠世 T_3 中三叠世 T_2 早三叠世 T_1	225	海西运动 （华力西运动）	华北为陆地，华南为浅海，恐龙、哺乳类动物发育
古生代 P_z	上古生代 P_{z2}	二叠纪 P	晚二叠世 P_2 早二叠世 P_1			华北至此为陆地，华南为浅海。冰川广布，地壳运动强烈，间有火山爆发
				270		
		石炭纪 C	晚石炭世 C_3 中石炭世 C_2 早石炭世 C_1			华北时陆时海，华南为浅海，陆生植物繁盛，珊瑚、腕足类、两栖类动物繁盛
				350		
		泥盆纪 D	晚泥盆世 D_3 中泥盆世 D_2 早泥盆世 D_1		加里东运动	华北为陆地，华南为浅海，火山活动，陆生植物发育，两栖类动物发育，鱼类极盛
				400		
	下古生代 P_{z1}	志留纪 S	晚志留世 S_3 中志留世 S_2 早志留世 S_1			华北为陆地，华南为浅海，局部地区火山爆发，珊瑚、笔石发育
				440		
		奥陶纪 O	晚奥陶世 O_3 中奥陶世 O_2 早奥陶世 O_1			海水广布，三叶虫、腕足类、笔石极盛
				500		
		寒武纪 ∈	晚寒武世 $∈_3$ 中寒武世 $∈_2$ 早寒武世 $∈_1$			浅海广布，生物开始大量发展，三叶虫极盛
				600	蓟县运动	

代	纪	世	距今年代（百万年）	主要地壳运动	主 要 现 象
元古代 P_t	晚元古代 P_{t2}	震旦纪Z_z		700		浅海与陆地相间出露，有沉积岩形成，藻类繁盛
		青白口纪Z_q		1000		
		蓟县纪Z_j		1400		
		长城纪Z_c		1800		
	早元古代 P_{t1}			2500	吕梁运动 五台运动	海水广布，构造运动及岩浆活动强烈，开始出现原始生命现象
	太古代A_r			3650		
	地球初期发展阶段			6000	鞍山运动	

考点三：地质构造的类型、识别方法及其工程地质评价

构造运动在岩层和岩体中遗留下来的各种变形、变位形迹称为地质构造。地质构造分为水平构造、倾斜构造、垂直构造、褶皱构造和断裂构造等几种基本类型。

（一）岩层的产状

岩层的产状是指岩层在空间位置的展布状态。岩层产状用岩层面的走向、倾向和倾角三个要素的数值来表示。岩层产状通常是用地质罗盘仪在野外测量得到。任何面状构造或地质体界面的产状，都可用产状三要素来表示。

1. 走向

岩层层面与水平面的交线称为岩层的走向线，走向线所指的方向就是岩层的走向。它表示了岩层在空间的水平延伸的方向，如图3-4中的AB直线。走向线两端延伸方向均是走向，彼此相差180°。

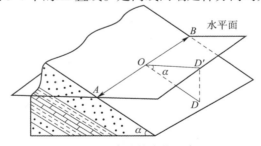

图3-4 岩层的产状要素

AB-走向；OD'-倾向；α-倾角

2. 倾向

层面上与走向线垂直并沿斜面向下所引的直线叫倾斜线，它表示岩层的最大坡度；倾斜线在水平面上的投影所指示的方向称岩层的倾向（图3-4中的OD'线），又称真倾向，真倾向只有一个。它表示岩层在空间的倾斜方向。岩层的走向和倾向相差90°。

3. 倾角

层面上的倾斜线和它在水平面上投影的夹角（图3-4中的α），称倾角，又称真倾角；倾角表示岩层

的倾斜程度。视倾斜线和它在水平面上投影的夹角称视倾角。真倾角只有一个，而视倾角可有无数个，任何一个视倾角都小于该层面的真倾角。

在地质图上，岩层产状要素用符号表示，常用符号有：┐30° 长线代表走向，短线代表倾向，度数是倾角，长短线必须按实际方位标绘在图上；━━━岩层水平（倾角为0°~5°）；岩层直立（倾角＞85°），箭头指向较新岩层；岩层倒转，箭头指向倒转后的倾向。

（二）水平构造、直立构造与倾斜构造

1. 水平构造

先沉积的老岩层在下，后沉积的新岩层在上，形成产状近于水平的岩层称水平构造，亦称水平岩层（图3-5）。水平构造多分布在大范围内均匀抬升或下降的地区，如陕北的中生界地层等。

a)　　　　　　　　　　　　　　　　b)

图 3-5　水平构造

2. 直立构造

岩层层面与水平面垂直或近于垂直时，称为直立构造，亦称直立岩层（图3-6）。在强烈构造运动挤压下，常可形成直立岩层。

a)　　　　　　　　　　　　　　　　b)

图 3-6　直立构造

3. 倾斜构造

岩层层面与水平面之间有一定夹角的岩层，称为倾斜构造，亦称倾斜岩层（图3-7）。它常常是褶皱的一翼或断层的一盘，也可以是大区域内的不均匀抬升或下降所形成的。

图 3-7　倾斜构造

4.水平构造、倾斜构造（岩层）对公路工程建设的影响

（1）岩层产状与公路工程的关系，如图 3-8 所示。

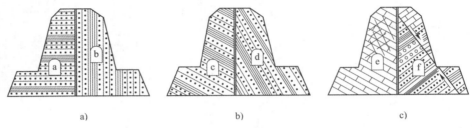

图 3-8　岩层产状与公路工程的关系

a、b、c-三种情况对公路边坡稳定有利；d、e-两种情况易形成边坡坍塌和滑动；f-这种情况极易形成滑坍

（2）岩层产状与隧道工程的关系，如图 3-9 所示。

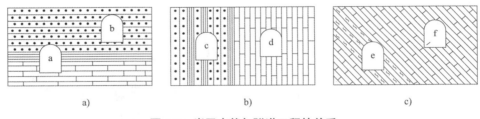

图 3-9　岩层产状与隧道工程的关系

a、c、e-三种岩层产状及岩性，布设隧道可能引起隧道边墙坍塌或顺层滑动；b、d、f-三种岩层产状及岩性，布设隧道一般是稳定的

（三）褶皱构造

组成地壳的岩层，受构造应力的强烈作用，使岩层形成一系列波状弯曲而未丧失其连续性，这种弯曲的地层形态称为褶皱构造。

1.褶皱要素

褶皱构造形体的各个组成部分称为褶皱要素，它是用以描述和研究褶皱构造的形态特征和空间展布规律的。褶皱要素主要有核、翼、轴面、轴（线）、枢纽、转折端等（图 3-10）。

（1）核部　核部是褶皱的中心部分，通常指位于褶皱中央最内部的一个岩层。

（2）翼　泛指核部两侧的岩层。

（3）轴面　以褶皱顶平分两翼的面称为褶皱轴面。轴面是为了标定褶皱方位及产状而划定的一个假想面。轴面可以是直立的，也可以是倾斜的或平卧的。

（4）轴　轴面与水平面的交线称为褶皱的轴。轴的方向就是褶皱的延伸方向。轴的长度表示褶皱延伸的规模。

（5）枢纽　轴面与褶皱同一岩层层面的交线称为褶皱的枢纽。褶皱枢纽有水平的、倾斜的，也有波状起伏的。枢纽可以反映褶皱在延伸方向产状的变化情况。

（6）转折端　从一翼向另一翼过渡的弯曲部分。

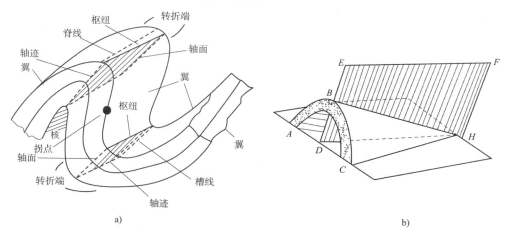

图 3-10　褶皱要素

ABC-所包围的内部岩层为核；*ABH*、*CBH*-翼；*DEFH*-轴面；*DH*-轴；*BH*-枢纽

2. 褶皱的基本形态

褶皱构造的基本形态是背斜和向斜（图 3-11）。

（1）背斜　岩层向上弯曲，核心部分岩层时代较老，两侧岩层依次变新并对称分布。

（2）向斜　岩层向下弯曲，核心部分岩层时代较新，两侧岩层依次变老并对称分布。

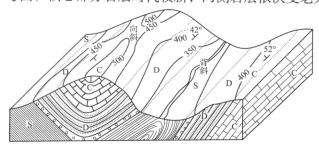

图 3-11　向斜和背斜

3. 褶皱的形态分类

褶曲的形态多种多样，不同形态的褶曲反映了褶曲形成时不同的力学条件及成因。为了更好地描述褶曲在空间的分布，研究其成因，常以褶曲的形态为基础，对褶曲进行分类。

（1）按褶曲横剖面形态分类，即按横剖上轴面和两翼岩层产状分类，见图 3-12。

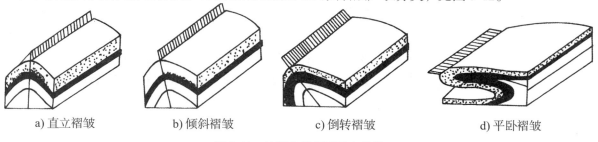

a) 直立褶皱　　　　b) 倾斜褶皱　　　　c) 倒转褶皱　　　　d) 平卧褶皱

图 3-12　按褶曲横剖面形态分类

直立褶皱：轴面直立，两翼岩层倾向相反，倾角大致相等。

倾斜褶皱：轴面倾斜，两翼岩层倾向相反，倾角不相等。

倒转褶皱：轴面倾斜，两翼岩层倾向相同，其中一翼为倒转岩层。

平卧褶皱：轴面近水平，两翼岩层近水平，其中一翼为倒转岩层。

（2）按褶曲纵剖面形态分类，即按枢纽产状分类，见图3-13。

水平褶皱：枢纽近于水平，呈直线状延伸较远，两翼岩层界线基本平行，参见图3-13a）。若褶曲长宽比大于10：1，则在平面上呈长条状，称为线状褶皱。

倾伏褶皱：枢纽向一端倾伏，另一端昂起，两翼岩层界线不平行，在倾伏端交会成封闭弯曲线。参见图3-13b）。若枢纽两端同时倾伏，则两翼岩层界线呈环状封闭，其长宽比在10：1~3：1之间时，称为短轴褶皱。其长宽比小于3：1时，背斜称为穹窿构造，向斜称为构造盆地。

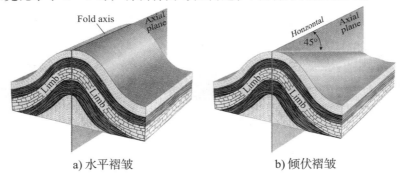

a) 水平褶皱   b) 倾伏褶皱

图3-13 按褶曲纵剖面形态分类

4. 褶皱构造的野外观察方法

在野外常采用穿越的方法和追索的方法来综合观察褶皱。

穿越法就是垂直岩层走向进行观察的方法。当岩层重复出现并对称分布时，肯定有褶皱构造，再根据岩层出露的层序及其新老关系，判断是背斜还是向斜，然后进一步分析两翼岩层的产状和两翼与轴面之间的关系，从而判断褶皱的形态类型。

追索法就是平行岩层走向进行观察的方法。平行岩层走向进行追索观察，便于查明褶曲延伸的方向及其构造变化的情况。当两翼岩层在平面上彼此平行展布时，为水平褶曲；当两翼岩层在转折端闭合或呈"S"形弯曲时，则为倾伏褶曲。

穿越法和追索法，不仅是野外观察褶曲的主要方法，同时也是野外观察和研究其他地质构造现象的一种基本方法。实践中，一般以穿越法为主，追索法为辅，根据不同情况，穿插运用。

5. 褶皱构造对工程建设的影响

（1）褶皱核部岩层由于受水平挤压作用，产生许多裂隙，直接影响岩体的完整。褶皱的核部是岩层强烈变形部位，变形强烈时，沿褶皱核部常有断层产生，造成岩石破碎或形成构造角砾岩带；地下水多聚积在向斜核部，背斜核部的裂隙也往往是地下水富集和流动的通道，必须注意岩层的坍落、漏水及涌水问题；在石灰岩地区往往岩溶较为发育。由于岩层构造变形和地下水的影响，所以公路、隧道工程或桥梁工程在褶皱核部易遇到工程地质问题，如图3-14中a、c的位置。

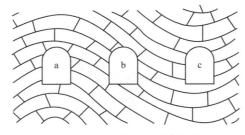

图3-14 隧道布置与褶皱的关系

（2）在翼部布置工程建筑物时，如果开挖边坡的走向近于平行岩层走向，且边坡坡向与岩层倾向一致，边坡坡角大于岩层倾角，则容易造成顺层滑动现象。尤其是当岩层中有软弱夹层，如云母片岩、滑石片岩等软弱夹层存在时，应慎重对待。

（3）对于深埋地下的隧道工程，从褶皱的翼部通过一般比较有利，如图 3-14 中 b 的位置。因为隧道通过均一岩层有利于稳定，而背斜顶部岩层受张力作用可能塌落，向斜核部则是储水较丰富的地段，但如果中间有松软岩层或软弱构造面时，则在顺倾向一侧的洞壁，有时会出现明显的偏压现象，甚至导致支撑破坏，发生局部坍塌。

（4）对于深挖路堑和高边坡来说，存在以下三种情况：

①有利情况：路线垂直于岩层走向，或路线与岩层走向平行但岩层倾向与边坡坡向相反时，就岩层产状与路线走向的关系而言，对路基边坡的稳定性是有利的。

②不利情况：路线与岩层走向平行，边坡坡向与岩层倾向一致，特别是松软岩石分布地区，坡面容易发生风化剥蚀，产生严重碎落坍塌，对路基边坡及路基排水系统造成经常性危害。

③最不利情况：路线与岩层走向平行，岩层倾向与路基边坡坡向一致，而且边坡的坡角大于岩层倾角，特别是在软硬岩互层，且有地下水作用时，如路堑开挖过深，边坡过陡，或者由于开挖使软弱构造面暴露，都容易引起斜坡岩层发生大规模的顺层滑动，从而破坏路基稳定。

（四）断裂构造

地应力使岩石的连续性和完整性遭到破坏，产生各种大小不一的断裂称为断裂构造。断裂构造主要分为裂隙和断层两大类。凡岩石沿破裂面没有明显位移的称为裂隙，也称为节理；岩石沿破裂面两侧发生了明显位移或较大错动的称为断层。

1. 裂隙

裂隙普遍存在于岩体或岩层中，以构造应力作用形成的构造裂隙为主。构造裂隙具有明显的方向性和规律性，其成因与褶皱和断层形成过程密切相关。

根据裂隙的力学成因，可把构造裂隙分为剪裂隙（亦称扭裂隙）和张裂隙两类。

（1）剪裂隙

岩石受剪（扭）应力作用形成的破裂面称为剪裂隙，其两组剪切面一般形成 X 形的裂隙，故又称为 X 裂隙（图 3-15a）。剪裂隙常与褶皱、断层相伴生。剪裂隙的主要特征是：裂隙产状稳定，沿走向和倾向延伸较远；裂隙面平直光滑，常有剪切滑动留下的擦痕，可用来判断两侧岩石相对移动方向；剪裂隙面两壁间的裂缝很小，一般呈闭合状；在砾岩中可以切穿砾石。剪裂隙一般发育较密，裂隙之间距离较小，特别是软弱薄层岩石中常密集成带。由于剪裂隙交叉互相切割岩层成碎块体，破坏岩体的完整性，故剪裂隙面常是易于滑动的软弱面。

（2）张裂隙

岩层受张应力作用而形成的破裂面称为张裂隙。在褶皱岩层中，多在弯曲顶部产生与褶皱轴走向一致的张裂隙（图 3-15b）。张裂隙的主要特征是：裂隙产状不稳定，延伸不远即行消失。裂隙面弯曲且粗糙，张裂隙两壁间的裂缝较宽，呈开口或楔形，并常被岩脉充填；张裂隙一般发育较稀，裂隙间距较大，很少密集成带，张裂隙往往是渗漏的良好通道，在砾岩中常绕开砾石。

除了构造裂隙之外，还有非构造裂隙。非构造裂隙是由成岩作用、外动力和重力等非构造因素所形成的裂缝，如原生裂隙（岩石形成过程中形成的裂隙）、风化裂隙和卸荷裂隙等。其中具有普遍意义的是风化裂隙。风化裂隙广泛发育在岩层（体）靠近地面的部分，分布零乱、无明显的方向性，但相互间连通性强。风化裂隙使地表岩石破碎甚至完全松散，岩石工程地质性质降低，也是基岩山区浅层地下水的赋存空间，风化裂隙对山区公路路堑、隧道进出口的边坡稳定性影响极大。

a)X裂隙   b)张裂隙

图 3-15 构造裂隙

裂隙的工程地质评价：

（1）裂隙破坏了岩体的完整性，使岩体的稳定性降低。

（2）裂隙为大气和水进入岩体内部提供了通道，加速了岩石的风化和破坏。

（3）裂隙会降低岩石的承载能力。

（4）裂隙常造成边坡的坍塌和滑动，以及地下室围岩的冒落。

（5）在挖方和采石中，裂隙的存在可以提高工作效率。

（6）裂隙是地下水的良好通道，水文地质意义重大。

2. 断层

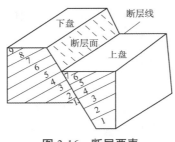

图 3-16 断层要素
1~9-地层顺序

岩石受力作用断裂后，两侧岩块沿断裂面发生了显著位移的断裂构造，称为断层（图 3-16）。断层规模大小不一，小的几米，大的上千米，相对位移从几厘米到几十千米。

（1）断层要素

①断层面和破碎带：两侧岩块发生相对位移的断裂面。断层的产状，是用断层面的走向、倾向和倾角表示的。规模大的断层，往往是沿着一个错动带发生，称为断层破碎带。由于两侧岩块沿断层面发生错动，所以在断层面上常留有擦痕，在断层带中常形成糜棱岩、断层角砾和断层泥等。

②断层线：断层面与地面的交线。断层线表示断层的延伸方向，其形状决定于断层面的形状和地面的起伏情况。

③断盘：断层面两侧发生相对位移的岩块。当断层面倾斜时，位于断层面上部的称为上盘；位于断层面下部的称为下盘。当断层面直立时，常用断块所在的方位表示，如东盘、西盘等。如以断盘位移的相对关系为依据，则将相对上升的一盘称为上升盘；相对下降的一盘称为下降盘。

④断距：断层两盘沿断层面相对移动开的距离。

（2）断层的分类

根据断层走向与两盘岩层产状的关系可将断层分为走向断层、倾向断层、斜交断层及顺层断层四种，如图 3-17 所示。走向断层中断层的走向与岩层的走向一致，倾向断层中断层的走向与岩层的走向垂直，斜交断层中断层的走向与岩层的走向斜交，顺层断层中断层的走向与岩层的岩层面大致平行。

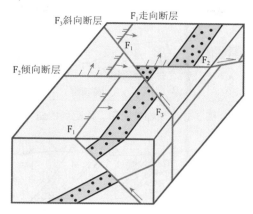

图 3-17 断层走向分类示意图

根据断层走向与褶皱轴向（或区域构造线）之间的几何关系可将断层分为纵断层、横断层和斜断层。

纵断层是指断层走向与褶皱轴向一致或断层走向与区域构造线基本一致的断层，又称为走向断层；横断层指断层走向与褶皱的轴向直交或断层走向与区域构造线基本直交的断层；斜断层是指断层走向与褶皱轴向斜交或断层走向与区域构造线斜交的断层。

根据断层两盘相对位移的关系可将断层分为正断层、逆断层和平移断层三种，这三种类型也称为断层的基本类型。

①正断层：上盘沿断层面相对下降，下盘沿断层面相对上升的断层。正断层一般是由于岩体受到水平张应力及重力作用，使上盘沿断层面向下错动而成。一般规模不大，断层线比较平直，断层面倾角较陡，常大于45°（图 3-18a）。在野外有时见到由数条正断层排列组合在一起，形成阶梯式断层、地垒和地堑等（图 3-19）。

②逆断层：上盘沿断层面相对上升，下盘沿断层面相对下降的断层。逆断层一般是由于岩体受到水平方向强烈挤压力的作用，使上盘沿断面向上错动而成（图 3-18b）。断层线的方向常和岩层走向或褶皱轴的方向近于一致，和压应力作用的方向垂直。断层面从陡倾角至缓倾角都有。其中，断层面倾角大于45°的称为冲断层；介于25°~45°之间的称为逆掩断层；小于25°的称为辗掩断层。逆掩断层和辗掩断层常是规模很大的区域性断层。有时一系列冲断层或逆掩断层使岩层依次向上冲掩，形成叠瓦式构造（图3-20）。

③平移断层：由于岩体受水平扭应力作用，使两盘沿断层面发生相对水平位移的断层。平移断层的倾角很大，断层面近于直立，断层线比较平直（图 3-18c）。

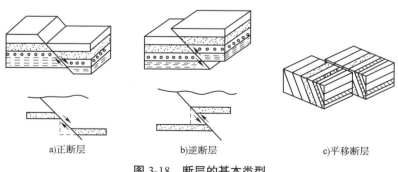

a)正断层　　　　　　　　b)逆断层　　　　　　　　c)平移断层

图 3-18 断层的基本类型

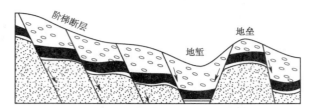

图 3-19　阶梯状断层、地堑和地垒

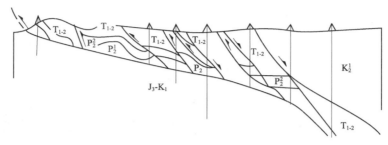

图 3-20　江苏茅山南段花山一带叠瓦式构造

（3）断层的野外识别方法

常根据地层分布、地貌特征、断层的伴生构造等现象来识别断层的类型。

①岩层中断

当断层横切岩层走向时，岩层沿走向延伸方向会突然中断，被错断开。如果断层横切褶皱轴表现为断层两侧核部岩层的宽窄度突然发生变化，在背斜核部相对变窄的一侧为下降盘，而向斜核部相对变窄的一侧为上升盘，如图 3-21 所示。

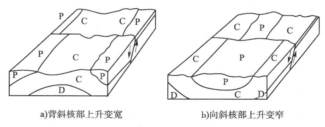

a)背斜核部上升变宽　　　　　　　　b)向斜核部上升变窄

图 3-21　断层横切褶皱核部立体示意图

②地层的重复与缺失

当地层走向与岩层走向大致平行时，断层使一盘上升或下降，地面遭受剥蚀夷平后，沿着地表顺倾向方向观察，会看到相同地层的不对称重复出现，或者该出现的地层却没有出现的现象，如图 3-22 所示。

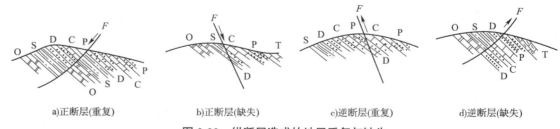

a)正断层(重复)　　　　b)正断层(缺失)　　　　c)逆断层(重复)　　　　d)逆断层(缺失)

图 3-22　纵断层造成的地层重复与缺失

③断层面和断层带上的标志

a. 断层破碎带与构造岩：规模较大的断层常形成断层破碎带，其宽度为几厘米至数十米不等。断层破碎带中最常见的构造岩有断层角砾岩（常见于正断层或张性断层）、断层泥和糜棱岩（常见于逆断层、平移断层）。

b. 断层擦痕：断层面上的擦痕有时呈一头粗深一头浅细的"丁"字形，由粗向细的方向代表对盘运动的方向。用手抚摸擦痕，有不同方向的滑涩手感，光滑方向代表对盘移动方向（图 3-23）。

c. 断层阶步：断层面上所形成的小陡坎（台阶）称阶步。阶步常垂直擦痕方向延伸，但延伸一般不远，阶步间彼此平行排列。阶步陡坎方向指示对盘运动方向（图 3-24）。

图 3-23 断层擦痕

图 3-24 断层阶步

d. 断层滑（镜）面：铁、锰、钙、硅等成分的物质粉末重熔，敷在断层面上形成一层光滑的薄膜，称断层滑（镜）面。在扭性、压扭性断层面上更容易出现断层滑面。

e. 牵引构造：断层运动时，断层面附近的岩层受断层面上摩擦阻力的影响，在断层面附近形成弯曲现象，称为断层的牵引构造，其弯曲的方向指示本盘的运动方向（图 3-25）。

图 3-25 牵引弯曲

④地貌特征

如山区断层沿山脊在横切的断层处被切成陡崖，陡崖常形成三角形，故称为断层三角面（图 3-26）。河流常在断层处发生弯曲，地下水常沿断层渗出形成泉水。

图 3-26 河南偃师五佛山断层形成的断层三角面

（4）断层的工程地质评价

断层导致岩体裂隙增多、岩石风化破碎、风化严重、地下水充分发育，从而降低了岩石的强度和稳定性，对建筑工程造成不利影响。主要表现为：

①跨越断裂构造带的建筑物，由于上、下盘的岩性可能不同，易产生不均匀沉降。

②隧道工程通过断层时易发生坍塌。在断层发育地段修建隧道，是最不利的情况。

③施工穿越断层带时，会使施工十分困难。因此在确定隧道平面位置时，要尽量避开断层。

④隧道工程穿越断层带时，必须采取相应的工程加固措施，以免发生崩塌。

⑤断裂构造带在新的地壳运动影响下，可能发生新的移动，降低地基岩体的强度和稳定性，从而影响建筑物的稳定。

⑥断层破碎带力学强度低、压缩性大，建于其上的建筑物地基沉降较大，易产生断裂或倾斜。

⑦断裂面对岩质边坡、坝基及桥基均有重要影响。

考点四：各种地质构造在地质图中的表现形式和特点

在地质图上，通过地层分界线、地层年代符号、岩性符号、产状符号和地质构造符号，把不同地质构造的形态特征和分布情况反映出来。一幅完整的地质图应包括平面图、剖面图和柱状图。平面图反映地表地质条件，一般是通过野外地质勘测工作，直接填绘到地形图上编制出来的。剖面图反映地表以下某一断面地质条件，它可以通过野外测绘或勘探工作编制，也可以在室内根据地质平面图编制。综合地层柱状图综合反映一个地区各地质年代的地层特征、厚度和接触关系等。下面介绍不同构造形态在地质平面图上的主要表现形式。

（一）水平构造和直立岩层

在地质平面图上，水平构造的地层分界线与地形等高线平行或者一致。较新的岩层分布在地势较高的地方，较老的岩层出露在地势较低的地方（图 3-27a）。直立岩层的分界线在地质平面图上为一条直线，不受地形起伏的影响（图 3-27b）。

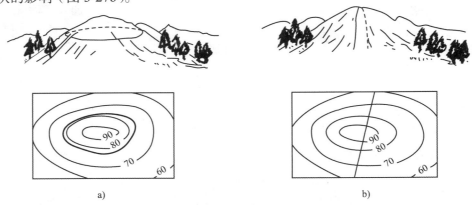

图 3-27　水平构造和直立岩层在平面图上的表现

（二）单斜构造

单斜构造的地层分界线在地质平面图上是一条与地形等高线相交的"V"字形曲线。当岩层倾向与地面倾斜方向相反时，在山脊处"V"字形的尖端朝向山麓，在沟谷处"V"字形的尖端朝向上游；当岩层倾向与地面倾斜方向一致且倾角大于地面坡度时则相反，在山脊处"V"字形的尖端朝向山顶，在沟谷处"V"字形的尖端朝向沟谷的下游；当岩层倾向与地面倾斜方向一致且倾角小于地面坡度时，在山脊处"V"字形的尖端朝向山麓，在沟谷处"V"字形的尖端朝向沟谷的上游（图 3-28~图 3-30）。

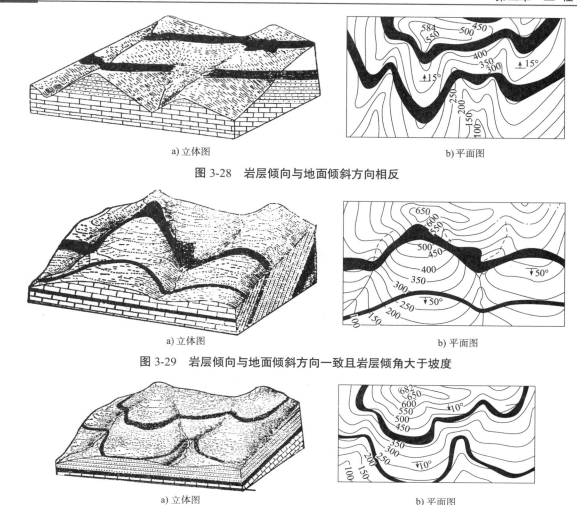

a) 立体图　　　　　　　　　　　　b) 平面图

图 3-28　岩层倾向与地面倾斜方向相反

a) 立体图　　　　　　　　　　　　b) 平面图

图 3-29　岩层倾向与地面倾斜方向一致且岩层倾角大于坡度

a) 立体图　　　　　　　　　　　　b) 平面图

图 3-30　岩层倾向与地面倾斜方向一致且岩层倾角小于坡度

（三）褶皱

遭受剥蚀的水平褶皱，其地层分界线在地质平面图上呈带状分布，对称地大致向一个方向平行延伸。倾伏褶皱的地层分界线在转折端闭合，当倾伏背斜与倾伏向斜相间排列时，地层分界线呈"S"形曲线，如图 3-31 所示。如前所述，从岩层的新老关系或产状特征，可以进一步反映是背斜还是向斜。

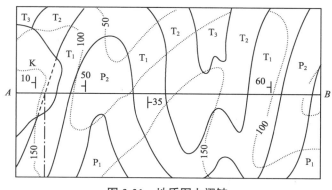

图 3-31　地质图上褶皱

（四）断层

断层在地质图上用断层线表示。由于断层倾角一般较大，所以断层线在地质平面图上通常是一段直线，或近于直线的曲线。在断层线两侧存在有岩层中断、重复、缺失、宽窄变化或前后错动现象。

（五）地层接触关系

沉积岩地层的接触关系基本上可以分为整合接触和不整合接触两种。

整合接触指上下两套岩层产状一致，相互平行，连续沉积形成，其间不缺失某个时代的岩层。它在地质图上的表现是相邻岩层的界线弯曲特征一致，相邻岩层时代连续。

不整合接触指上下岩层间的层序有了间断，即先后沉积的地层之间缺失了一部分地层。它分为平行不整合（也称假整合）和角度不整合（即狭义的不整合）。平行不整合在地质图上的表现是相邻岩层的界线弯曲特征一致，但相邻岩层时代不连续，如图 3-32a）中的下白垩统地层直接与中三叠统地层接触，中间缺失了上三叠统和侏罗统地层。角度不整合不仅上下两套岩层之间的地质年代不连续，而且产状也不相同。角度不整合在地质图上的特征是新岩层的分界线遮断了下部老岩层的分界线，如图3-32b）所示。

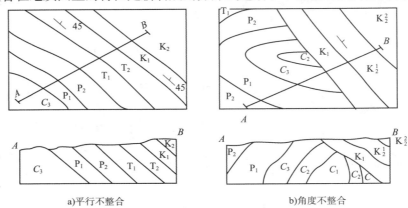

a)平行不整合　　　　　　　　　　b)角度不整合

图 3-32　平行不整合与角度不整合

例 题 解 析

例题 1　以下属于内力地质作用的是（　　　）。

　　A. 构造运动、火山作用、搬运作用　　　　B. 风化作用、剥蚀作用、变质作用

　　C. 岩浆作用、变质作用、地震作用　　　　D. 变质作用、构造作用、沉积作用

解析： 见考点一。根据内力地质作用方式的不同，可以分为构造运动、地震作用、岩浆及火山作用和变质作用四种类型。

答案： C

例题 2　以下术语中相对地质年代最新的是（　　　）。

　　A. 志留纪　　　　　　B. 侏罗纪　　　　　　C. 石炭纪　　　　　　D. 奥陶纪

解析： 见考点二，中国地质年代表（表 3-5）。

答案： B

例题 3　下列有关岩层倾向叙述正确的是（　　　）。

　　A. 岩层倾向与岩层走向无关

　　B. 岩层的倾向有两个数值，且两数值相差180°

C. 岩层的倾向只有一个数值

D. 岩层的倾向可由走向线的方位角表示

解析：见考点三。层面上与走向线垂直并沿斜面向下所引的直线叫倾斜线，它表示岩层的最大坡度；倾斜线在水平面上的投影所指示的方向称岩层的倾向（如图 3-4 中的 OD' 线），又称真倾向，真倾向只有一个。它表示岩层在空间的倾斜方向。岩层的走向和倾向相差 90°。

答案：C

例题 4　〔2019-27〕褶皱构造的两种基本形态是（　　　）。

    A. 背斜和向斜　　　　　　　　　　　B. 背斜和倾伏褶曲

    C. 向斜和倾伏褶曲　　　　　　　　　D. 倾伏褶曲和平卧褶曲

解析：见考点三。褶皱构造的基本形态是背斜和向斜。背斜：岩层向上弯曲，核心部分岩层时代较老，两侧岩层依次变新并对称分布。向斜：岩层向下弯曲，核心部分岩层时代较新，两侧岩层依次变老并对称分布。

答案：A

例题 5　〔2019-35〕断层有各种各样的类型，上盘相对上移，下盘相对下移的断层是（　　　）。

    A. 平移断层　　　　B. 正断层　　　　C. 走滑断层　　　　D. 逆断层

解析：见考点三。根据断层两盘相对位移的情况，可以分为正断层、逆断层和平移断层三种。正断层：上盘沿断层面相对下降，下盘相对上升的断层；逆断层：上盘沿断层面相对上升，下盘相对下降的断层；平移断层：由于岩体受水平扭应力作用，使两盘沿断层面发生相对水平位移的断层。

答案：D

例题 6　〔2019-28〕某一地区的地层为 C、P 和 J。当 P 和 J 地层之间成一定角度相交时，则 P 和 J 地层之间为（　　　）。

    A. 整合接触　　　　B. 沉积接触　　　　C. 假整合接触　　　　D. 不整合接触

解析：见考点四。沉积岩地层的接触关系基本上可以分为整合接触和不整合接触两种。整合接触指上下两套岩层产状一致，相互平行，连续沉积形成，其间不缺失某个时代的岩层。不整合接触指上下岩层间的层序有了间断，即先后沉积的地层之间缺失了一部分地层。它分为平行不整合（也称假整合）和角度不整合（即狭义的不整合）。角度不整合不仅上下两套岩层之间的地质年代不连续，而且产状也不相同。

答案：D

例题 7　〔2020-27〕岩石受力发生破裂时，未发生明显位移的断裂是（　　　）。

    A. 断层　　　　　　B. 解理　　　　　　C. 节理　　　　　　D. 背斜

解析：见考点三。断裂构造主要分为裂隙和断层两大类。凡岩石沿破裂面没有明显位移的称为裂隙，也称为节理；岩石沿破裂面两侧发生了明显位移或较大错动的称为断层。

答案：C

例题 8　〔2021-26〕在地质断面图中，地层年代从老到新再到老，该地质构造属于（　　　）。

    A. 向斜　　　　　　B. 背斜　　　　　　C. 单斜　　　　　　D. 褶皱

解析：见考点三。向斜，岩层向下弯曲，核心部分岩层时代较新，两侧岩层依次变老并对称分布，在地质断面图上，表现为地层年代从老到新再到老。

答案：A

例题 9 ［2021-27］当岩层倾向与山坡倾斜方向一致且岩层倾角小于山坡坡度时,在地质平面图上地层分界线与地形等高线（　　　）。

　　　　A. 平行　　　　　　　B. 弯曲方向相反　　　C. 弯曲方向相同　　　D. 垂直

解析:见考点四。单斜构造的地层分界线在地质平面图上是一条与地形等高线相交的"V"字形曲线。当岩层倾向与地面倾斜方向一致且倾角小于地面坡度时,在山脊处"V"字形的尖端朝向山麓,在沟谷处"V"字形的尖端朝向沟谷的上游,即在地质平面图上地层分界线与地形等高线弯曲方向相同。

答案:C

例题 10 ［2022-32］单斜构造岩层的倾向与地面倾斜的方向一致且倾角大于地面坡度时,在地质平面图上地层界线与地形等高线（　　　）。

　　　　A. 平行　　　　　　　　　　　　　　B. 垂直

　　　　C. 弯曲方向一致　　　　　　　　　　D. 弯曲方向相反

解析:见考点四。单斜构造岩层的倾向与地面倾斜的方向一致且倾角大于地面坡度时,在地质平面图上地层界线与地形等高线弯曲方向相反。

答案:D

例题 11 ［2023-26］断层可分为多种,由于形成的力学条件与褶皱近似,多与褶皱伴生的是（　　　）。

　　　　A. 正断层　　　　　　　　　　　　　B. 逆断层

　　　　C. 平移断层　　　　　　　　　　　　D. 走向断层

解析:见考点三。正断层:上盘沿断层面相对下降,下盘沿断层面相对上升的断层。逆断层:上盘沿断层面相对上升,下盘沿断层面相对下降的断层。平移断层:由于岩体受水平扭应力作用,使两盘沿断层面发生相对水平位移的断层。纵断层是指断层走向与褶皱轴向一致或断层走向与区域构造线基本一致的断层,又称为走向断层。

答案:D

例题 12 ［2023-27］一幅完整的地质图应包括三部分,分别是（　　　）。

　　　　A. 平面图、立面图、剖面图　　　　　B. 平面图、侧面图、剖面图

　　　　C. 平面图、剖面图、俯视图　　　　　D. 平面图、剖面图、柱状图

解析:见考点四。在地质图上,通过地层分界线、地层年代符号、岩性符号、产状符号和地质构造符号,把不同地质构造的形态特征和分布情况反映出来。一幅完整的地质图应包括平面图、剖面图和柱状图。

答案:D

例题 13 若断层面是倾斜的,则在断层面以上的断盘称为（　　　）。

　　　　A. 下盘　　　　　　　B. 上盘　　　　　　　C. 下降盘　　　　　　D. 上升盘

解析:见考点三。断盘:断层面两侧发生相对位移的岩块。当断层面倾斜时,位于断层面上部的称为上盘,位于断层面下部的称为下盘。当断层面直立时,常用断块所在的方位表示,如东盘、西盘等。

答案:B

自 测 模 拟

1. 国际性通用的地质年代单位是（　　　）。

A. 代、纪、时   B. 代、纪、世

C. 代、系、期   D. 代、系、世

2. 由地球内动力地质作用引起地壳变化，使岩层或岩体发生变形和变位的运动称为（   ）。

    A. 搬运作用   B. 地震作用

    C. 变质作用   D. 地壳运动

3. 下图为河谷纵剖面图，最佳的桥梁跨越位置为（   ）。

    A. 背斜倾向上游的一翼   B. 背斜核部

    C. 背斜倾向下游的一翼   D. 任意位置都可以

4. 任何一个视倾角与该层面的真倾角相比（   ）。

    A. 视倾角小于真倾角   B. 视倾角等于真倾角

    C. 视倾角大于真倾角   D. 两者没有关系

5. 如图所示，根据地形等高线与岩层产状分界线的关系，判断岩层倾向与地面倾斜方向的关系（   ）。

    A. 岩层倾斜方向与地面倾斜方向相同   B. 岩层倾斜方向与地面倾斜方向相反

    C. 岩层倾斜方向与地面倾斜方向平行   D. 岩层倾斜方向与地面倾斜方向垂直

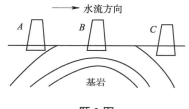 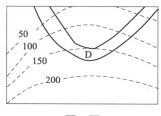

                题 3 图   题 5 图

6. 下图为平面图，图中构造为（   ）。

    A. 向斜、正断层   B. 背斜、正断层   C. 向斜、逆断层   D. 背斜、逆断层

7. 下图为地质平面图，图中 O—D 与 J—K 两套地层的接触关系为（   ）。

    A. 整合接触   B. 平行不整合接触

    C. 角度不整合接触   D. 侵入接触

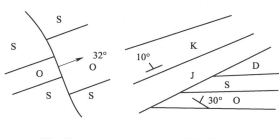

                题 6 图   题 7 图

8. 对地质构造进行野外观测时，常沿垂直于岩层走向的路线穿越观察，若在地表上观测到的岩层其地质年代依次由新到老，再由老到新，对称分布，这种地质构造为（   ）。

    A. 向斜构造   B. 背斜构造   C. 单斜构造   D. 褶皱构造

9. 对于单斜构造，当岩层倾向与坡向相反时，在地质平面图上地层分界线与地形等高线（   ）。

    A. 平行   B. 垂直   C. 弯曲方向相同   D. 弯曲方向相反

参 考 答 案

1. B　　2. D　　3. A　　4. A　　5. A　　6. D　　7. C　　8. B　　9. C

第三节　外动力地质作用及其产物特征

考 点 分 析

本节重点：风化作用的分类，影响风化作用的因素，河流地质作用方式的分类，流水地质作用及其特点，残积层、坡积层、洪积层、冲积层的地质特征及其工程地质性质。以考核风化作用，残积层、坡积层、洪积层、冲积层、河流的下蚀作用、侧蚀作用的概念和残积层、坡积层、洪积层、冲积层的地质特征及其工程地质性质为主。

本节难点：风化作用的后果、各种堆积体的工程地质性质分析，河流侵蚀作用对公路建设的影响。

考 点 精 讲

考点一：外动力地质作用

外动力作用实质上是以地壳表层的水、大气、生物为能源，改造雕塑地壳（主要是地壳表面）的过程。其主要类型有风化作用、剥蚀作用、搬运作用、沉积作用、负荷地质作用以及硬结作用。本节只介绍具有普遍意义的风化作用和地表流水地质作用。

（一）风化作用

风化作用是指地表或接近地表的岩石、矿物，在太阳辐射、大气、水和生物等风化营力作用下，产生物理、化学变化而在原地形成松散堆积物的全过程。风化作用在地表最显著，随着深度的增加，其影响就逐渐减弱以至消失。

1. 风化作用的类型

风化作用按其占优势的营力和岩石变化的性质分为：物理风化、化学风化、生物风化三种。

（1）物理风化作用

在地表或接近地表条件下，岩石、矿物在原地发生物理或机械破碎而不改变化学成分、不形成新矿物的作用，称为物理风化作用或机械风化作用。物理风化作用的方式主要有温差风化、水的冻结与融化、盐类的结晶与潮解及岩石的卸荷。

①温差风化

温差风化，或称为洋葱状风化、剥离作用、日晒风化等。白天岩石在阳光照射下，表层首先升温，由于岩石是热的不良导体，热向岩石内部传递很慢，遂使岩石内外之间出现温差，各部分膨胀不同，形成与表面平行的风化裂隙。到了夜晚，白天吸收的太阳辐射热继续以缓慢速度向岩石内部传递，内部仍在缓慢地升温膨胀，而岩石表面却迅速散热降温、体积收缩，于是形成与表面垂直的径向裂隙，久而久之，这些风化裂隙日益扩大、增多，导致岩石层层剥落，最后崩解成碎块，如图3-33所示。

图3-33 温差风化使岩石逐渐崩解的过程示意图

温差风化的强弱主要决定于温差变化的速度和幅度，昼夜温差变化的幅度越大，温差风化则越强烈。此外，温差风化的强弱还取决于岩石的性质，如矿物成分与岩石结构等。

②水的冻结与融化

雨水或融雪水侵入岩石裂隙，当岩石温度低到0°C以下时，水结冰，体积膨胀约9%，对裂隙产生膨胀压力，使原有裂隙进一步扩大，同时产生更多的新裂隙。当温度升高至冰点以上时，冰又融化成水，扩大的空隙中又有水渗入，反复作用使得岩石逐渐崩解成碎块。这种作用又称为冰劈作用或冰冻风化作用，如图3-34所示。冰冻风化作用主要发生在严寒的高纬度地区和低纬度的高寒山岳地区。

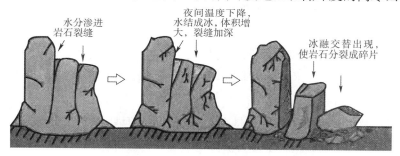

图3-34 水的冻结与融化引起岩石崩解过程示意图

③可溶盐的结晶与潮解

一些具有很大吸湿性的盐类能从空气中吸收大量的水分而潮解为溶液。温度升高，水分蒸发，盐分又结晶析出，体积显著增大对岩石的空隙和裂隙起到撑裂作用，使得裂隙逐渐扩大，导致岩石松散破坏。可溶盐的结晶撑裂作用，在干旱的内陆盆地是十分引人注目的。

④岩石释重

岩石可能因为上覆巨厚的岩层而承受巨大的静压力。一旦上覆岩层遭受剥蚀而卸荷，岩石释重随之产生向上或向外的膨胀作用，形成一系列与地表平行的裂隙。处于地下深处承受巨大静压力的岩石，其潜在的膨胀力是十分惊人的，一旦揭露，膨胀非常迅速，以致碎片炸裂飞出。

（2）化学风化作用

在地表或接近地表条件下，岩石、矿物在原地发生化学变化并产生新矿物的过程称化学风化作用。引起化学风化作用的主要因素是水和氧。化学风化有溶解、水化、水解、碳酸化和氧化等方式。

①溶解作用

溶解作用使岩石中的易溶物质被逐渐溶解而随水流失，难溶的物质则残留于原地。

②水化作用

水化作用的结果产生了含水矿物。含水矿物的硬度一般低于无水矿物，同时由于在水化过程中吸入水分子引起的体积膨胀，对岩石也具有一定的破坏作用。

③水解作用

水解作用是指某些矿物溶于水后，其离解产物可与水中的 H^+ 和 $(OH)^-$ 离子发生化学反应，形成新矿物的作用。例如正长石经水解作用后，K^+ 与水中 $(OH)^-$ 离子结合，形成 KOH 随水流失，析出的 SiO_2 可呈胶体溶液随水流失，或形成蛋白石（ $SiO_2 \cdot nH_2O$ ）残留于原地，其余部分可形成难溶于水的高岭石而残留于原地。

④碳酸化作用

当水中溶有 CO_2 时，水溶液中除 H^+ 和 $(OH)^-$ 离子外，还有 CO_3^{2-} 和 HCO_3^- 离子，碱金属及碱土金属与之相遇会形成碳酸盐，这种作用称为碳酸化作用。尤其是在石灰岩地区，经常会产生溶洞、溶穴等岩溶现象。

⑤氧化作用

矿物中的低价元素与大气中的游离氧化合变为高价元素的作用，称为氧化作用。氧化作用是地表极为普遍的一种自然现象。在湿润的情况下，氧化作用更为强烈。

（3）生物风化作用

生物的机械风化作用主要是通过生物的生命活动来进行。如树根生长对于岩石的压力可达 $10kg/cm^2$ ，这能使根深入岩石裂缝，劈开岩石，从而引起岩石崩解。又如穴居动物田鼠、蚂蚁等不停地挖掘洞穴，使岩石破碎、土粒变小。

生物的化学风化作用是通过生物的新陈代谢和生物死亡之后的遗体腐烂分解来进行的。植物和细菌在新陈代谢和死亡分解过程中能析出有机酸、亚硝酸、硝酸、碳酸和氢氧化铵等溶液而腐蚀岩石。生物特别是微生物的化学风化作用是很强烈的。

上述三类风化作用及其多种风化方式都具有其独立意义。但是，在许多情况下，它们相伴而生，并相互影响和促进，共同破坏岩石，使整块岩石破碎为块石，再破碎为碎石甚至粉末，若含有有机质则形成土壤。

2. 岩石风化的影响因素

影响岩石风化速度、深度、程度以及分布规律的因素可分为内因和外因。内因是指岩石的地质特征，包括岩石的矿物成分、结构和构造等几方面。外因主要包括气候、地形、地下水以及地质构造等方面。

（1）岩石成分

岩浆岩比变质岩和沉积岩易于风化。岩浆形成于高温高压，矿物质种类多，内部矿物抗风化能力差异大。岩浆岩中含暗色矿物较多、颜色深的岩石易于风化。沉积岩中的易溶岩石（如石膏、碳酸盐类等岩石）易于风化。

（2）岩石的结构、构造

岩石结构较疏松的易于风化；不等粒易于风化，粒度粗者较细者易于风化；构造破碎带易于风化，往往形成洼地或沟谷。

（3）气候条件

寒冷地区降水以固态形式为主，干旱区降水很少，生物稀少，以物理风化作用为主。岩石破碎，很少有化学风化形成的黏土矿物，以生物风化为主形成的土壤也很薄，如图 3-35 所示。气候潮湿炎热地区，降水量大，生物繁茂，化学风化和生物风化都十分强烈。

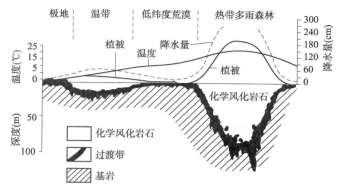

图 3-35　不同气候带风化作用的强度和深度

（4）地形条件

陡坡上，地下水位低，生物较少，以物理风化作用为主。地势平坦，受生物影响较大，以化学风化作用为主。

（5）地质构造

岩体中的结构面均能构成水、气等深入岩石内部的良好通道，加深和加速岩石风化。

3. 岩石风化程度的划分

（1）岩石风化程度的判断

岩石受到风化以后，不论其外观特征或物理力学性质，都会发生一系列的变化，根据这些变化，可以概略地判断岩石的风化程度。这些变化主要包括以下四个方面。

①岩石的颜色

岩石受到风化以后即引起岩石的颜色和光泽发生变化。未经风化的岩石，其造岩矿物保持着固有的颜色和光泽。岩石受到风化后，其中的深色矿物就会变浅变暗，并失去原来的光泽。例如，花岗岩受到风化后，具有玻璃光泽的正长石即变成土状光泽的白色粉末，而黑云母的色泽也变得深暗，因而使整个岩石失去原有色泽。观察时，一方面要注意岩石整体的颜色，同时，也要注意岩石的干湿情况以及颜色由表及里的变化情况。

②岩石的矿物成分

岩石受到风化后，首先会引起其中某些易风化的矿物发生次生变化，例如花岗岩中的正长石，当发生风化后就逐渐变为高岭石，黑云母最后将变为蛭石。对于沉积岩，特别是黏土岩，受到风化后成分的改变并不显著，但风化部分常有可溶盐类结晶析出及含水氧化铁产生。

③岩石的破碎程度

岩石风化后产生风化裂隙。风化程度越深，风化裂隙越发育，则岩体被裂隙割切得越破碎。所以，岩石的风化破碎程度，也是岩石风化程度的一个具体反映。

④岩石强度的变化

岩石遭受风化后，整体性破坏，矿物颗粒间的联结削弱，矿物成分发生次生变化，力学强度降低。某些岩石受到严重风化后，有的用手即可折断，有的用手可捏碎。野外调查时可用手锤敲击、小刀刻划、镐头挖掘或进行简单测试等方法确定其强度及变化。

（2）岩石风化程度的分级

根据上述四方面的变化，将岩石风化程度划分为五级，详见表 3-6。

岩石风化程度分级

表 3-6

岩石类别	风化程度	野 外 特 征	压缩波速度v_p（m/s）	波速比K_v	风化系数K_f
硬质岩石	未风化	岩质新鲜，未见风化痕迹	>5000	0.9~1.0	0.9~1.0
	微风化	组织结构基本未变，仅节理面有铁锰质渲染或矿物略有变色，有少量风化裂隙	4000~5000	0.8~0.9	0.8~0.9
	中等风化	组织结构部分破坏，矿物成分基本未变化，仅沿节理面出现次生矿物。风化裂隙发育。岩体被切割成20~50cm的岩块。锤击声脆，且不易击碎，不能用镐挖掘，岩芯钻方可钻进	2000~4000	0.6~0.8	0.4~0.8
	强风化	组织结构已大部分破坏，矿物成分已显著变化。长石、云母已风化成次生矿物。裂隙很发育，岩体破碎。岩体被切割成2~20cm 的岩块，可用手折断。用镐可挖掘，干钻不易钻进	1000~2000	0.4~0.6	<0.4
	全风化	组织结构已基本破坏，但尚可辨认，并且有微弱的残余结构强度，可用镐挖，干钻可钻进	500~1000	0.2~0.4	
残积土		组织结构已全部破坏。矿物成分除石英外，大部分已风化成土状，锹镐易挖掘，干钻易钻进，具可塑性	<500	<0.2	
软质岩石	未风化	岩质新鲜，未见风化痕迹	>4000	0.9~1.0	0.9~1.0
	微风化	组织结构基本未变，仅节理面有铁锰质渲染或矿物略有变色。有少量风化裂隙	3000~4000	0.8~0.9	0.8~0.9
软质岩石	中等风化	组织结构部分破坏。矿物成分发生变化，节理面附近的矿物已风化成土状。风化裂隙发育。岩体被切割成20~50cm的岩块，锤击易碎，用镐难挖掘。岩芯钻方可钻进	1500~3000	0.5~0.8	0.3~0.8
	强风化	组织结构已大部分破坏，矿物成分已显著变化，含大量黏土质黏土矿物。风化裂隙很发育，岩体破碎。岩体被切割成碎块，干时可用手折断或捍碎，浸水或干湿交替时可较迅速地软化或崩解。用镐或锹可挖掘，干钻可钻进	700~1500	0.3~0.5	<0.3
	全风化	组织结构已基本破坏，但尚可辨认并且有微弱残余结构强度，可用镐挖，干钻可钻进	300~700	0.1~0.3	
残积土		组织结构已基本破坏，矿物成分已全部改变并已风化成土状，锹镐易挖掘，干钻易钻进，具可塑性	<300	<0.1	

注：1. 波速比（K_v）为风化岩石与新鲜岩石压缩波速之比。
2. 风化系数（K_f）为风化岩石与新鲜岩石饱和单轴抗压强度之比。

岩石的风化是由表及里的，地表部分受风化作用的影响最显著，岩石风化程度也最高，由地表往下风化作用的影响逐渐减弱以至消失，因此在风化剖面的不同深度上，岩石的物理力学性质也有明显的差异。

一般来说，在保留完整的风化剖面上，风化程度不同的岩石是逐渐过渡的，其间并不像地层岩性那样，存在着较为清晰和确切的地质界面。但在整个风化剖面上，从上到下存在着性质迥然不同的岩石。主要是因为：不同深度的岩石与风化营力接触的时间不同。主要风化作用的分段性（例如，在潮湿温暖的气候条件下，硅酸盐的风化由开始到最终起主要化学作用的依次为：水化→淋滤→水解→氧化。因此，在风化壳剖面上，从上到下主要化学作用带依次为：氧化带→水解带→淋滤带→水化带。从而造成各带岩石风化程度的差异）。矿物的风化具有显著的阶段性（因为原生矿物形成与风化环境相适应的最终产物都不是直接完成的，而是经过一些中间阶段，形成一些过渡性矿物）。基于这几方面的原因，造成风化壳在铅直剖面上，岩体从上到下在颜色、破碎程度、矿物成分和水理及物理力学性质等方面存在着明显的不同，从而为岩石风化带的确定提供了依据。从工程地质的角度，一般把风化岩层自下而上分为微风化带、中等风化带、强风化带、全风化带四个带。

岩石风化带的界线，在公路工程实践中是一项重要的工程地质资料。在许多地方都需要运用风化带的概念来划分地表岩体不同风化带的分界线，作为拟定挖方边坡坡度，基坑开挖深度，以及采取相应的加固与补强措施的参考。但是到目前为止，还没有一个比较确切的定量指标作为划分界线的依据，通常只是根据当地的地质条件并结合实践经验予以确定。另一方面，虽然岩石的风化是由表及里的，但往往由于各地的岩性、地质构造、地形和水文地质条件不同，岩体风化带的分布情况变化很大，不一定都能清楚地划分出上述四个风化带；或者由于受到其他外力作用，部分风化层已被剥蚀，因而看不到完整的风化带的情况也是相当普遍的。

（二）暂时性流水的地质作用

暂时流水是一种季节性、间歇性流水。

1.坡面细流的地质作用

雨水或积雪融化时，地表水一部分渗入地下，其余的沿坡面形成网状坡面细流，携带着坡面上细小的风化岩屑和黏土物质沿坡面向下移动，最后在坡脚或山坡中下部低凹处沉积下来形成坡积层。雨水、融雪水对整个坡面所进行的这种比较均匀、缓慢的地质作用，称为洗刷作用。洗刷作用的强度和规模，在一定的气候条件下与山坡的岩性、风化程度和坡面植物的覆盖程度有关。一般在缺少植物的土质山坡或风化严重的软弱岩质山坡上洗刷作用比较显著。

2.山洪急流的地质作用

山洪急流是指在山区集中暴雨或积雪骤然大量融化所形成的坡面流水汇集于沟谷中，在短时间内形成流量大、流速高的流水。它具有极强的侵蚀和搬运能力，并把冲刷下来的碎屑物质带到山麓平原或沟谷口堆积下来，形成洪积层。

山洪急流沿沟谷流动时的沟底坡度大，流速快，拥有巨大的动能，如果地表岩石或土比较疏松、裂隙发育，地面坡度较陡，再加上地面缺少植物覆盖，则该地区极易形成冲沟（由冲刷作用形成的沟底狭窄、两壁陡峭的沟谷叫冲沟）。经常、反复进行的冲刷作用，先在地表低洼处形成小沟，小沟又不断被加深、扩宽形成大沟，大沟两侧及上游又形成许多新的小支沟，随着冲沟的形成和不断发展，使当地产生大量水土流失，地表被纵横交错的大、小冲沟切割得支离破碎，如图3-36所示。黄土高原地区，如陕北的绥德、吴旗，甘肃陇东的庆阳、宁县，冲沟系统规模之大，切割之深，发展之快，均为其他地区所罕见。在这些地区的冲沟使地形变得支离破碎，路线布局往往受到冲沟的控制，不仅增加路线长度和跨沟工程、增大工程费用，而且经常由于冲沟的不断发展，截断路基，中断交通，或者由于洪积物掩埋道路，淤塞涵洞，影响正常运输。

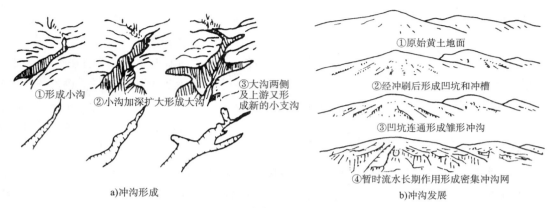

①形成小沟　②小沟加深扩大形成大沟　③大沟两侧及上游又形成新的小支沟

①原始黄土地面

②经冲刷后形成凹坑和冲槽

③凹坑连通形成雏形冲沟

④暂时流水长期作用形成密集冲沟网

a)冲沟形成　　　　　　　　　　　　b)冲沟发展

图 3-36　冲沟形成和发展示意图

（三）河流地质作用

由河流作用所形成的谷地称为河谷。河谷的形态要素包括谷坡和谷底两大部分，如图 3-37 所示。谷底中包括河床和河漫滩。平水期河水占据的谷底称为河床（也称河槽）。平水期不被河水淹没但可被洪水淹没的谷底称为河漫滩。谷坡是河谷两侧因河流侵蚀而形成的岸坡。古老的谷坡上常发育有洪水不能淹没的阶地。谷坡与谷底的交界称为坡麓，谷坡与山坡交界的转折处称为谷缘（也称谷肩）。

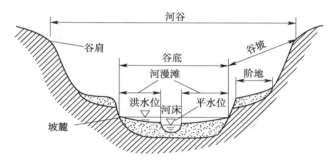

图 3-37　河谷要素示意图

河水通过侵蚀、搬运和堆积作用形成河床，并使河床的形态不断发生变化，河床形态的变化反过来又影响着河水的流速场，从而促使河床发生新的变化，两者互相作用，互相影响。河流的侵蚀、搬运和堆积作用，可以认为是河水与河床动平衡不断发展的结果。

河流地质作用的强弱，主要与河水的动能有关。河水的动能与流量和流速平方的乘积成正比。由于河流的长期作用，形成了河床、河漫滩、河流阶地和河谷等各种河流地貌，同时也形成了第四纪陆相堆积物的另一个成因类型，即冲积层。

一条河流从河源到河口一般可分为三段：上游、中游和下游。上游多位于高山峡谷中，急流险滩多，河道较直，流量不大但流速很高，河谷横断面多呈"V"字形。中游河谷较宽广，河漫滩和河流阶地发育，横断面多呈"U"字形。下游多位于平原地区，流量大而流速较低，河谷宽广，河曲发育，在河口处易形成三角洲。

1. 河流的侵蚀作用

河水在流动的过程中不断加深和拓宽河床的作用称为河流的侵蚀作用。按其作用的方式，可分为溶蚀和机械侵蚀两种。溶蚀是指河水对组成河床的可溶性岩石不断地进行化学溶解，使之逐渐随水流失。机械侵蚀包括流动的河水对河床组成物质的直接冲击和夹带的砂砾、卵石等固体物质对河床的磨蚀、撞击。河流的侵蚀作用，按照河床不断加深和拓宽的发展过程，可分为下蚀作用和侧蚀作用。

（1）下蚀作用

下蚀作用使河床逐渐下切加深。河水夹带固体物质对河床的机械破坏，是使河流下蚀的主要因素。

河流的侵蚀过程总是从河的下游逐渐向河源方向发展，这种溯源推进的侵蚀过程称为溯源侵蚀。溯源侵蚀使分水岭不断遭到剥蚀切割，河流长度不断增加，以及产生河流的袭夺现象。河流溯源侵蚀过程中的差异下蚀常常形成瀑布。

河流的下蚀作用达到一定的基准面后，河流的侵蚀作用将趋于消失。流入主流的支流，基本上以主流的水面为其侵蚀基准面；流入湖泊海洋的河流，则以湖面或海水面为其侵蚀基准面。大陆上的河流绝大部分都流入海洋，而且海洋的水面也较稳定，所以又把海平面称为基本侵蚀基准面。

（2）侧蚀作用

侧蚀作用使河谷加宽。中、下游以及平原区的河流，侧蚀作用占主导地位。横向环流作用是河流产生侧蚀的经常性因素。此外，如河水受支流或支沟排泄的洪积物以及其他重力堆积物的障碍顶托，致使主流流向发生改变，也引起对岸产生局部冲刷，这是一种在特殊条件下产生的河流侧蚀现象。在天然河道上能形成横向环流的地方很多，但在河湾部分最为显著（图3-38a）。横向环流使凹岸岸壁不断坍塌后退，并将冲刷下来的碎屑物质由底层流束带向凸岸堆积下来（图3-38b），其结果使河湾的曲率增大，并受纵向流的影响，使河湾逐渐向下游移动，因而导致河床发生平面摆动。这样天长日久，整个河床在河水的侧蚀作用下逐渐地拓宽（图3-39）。

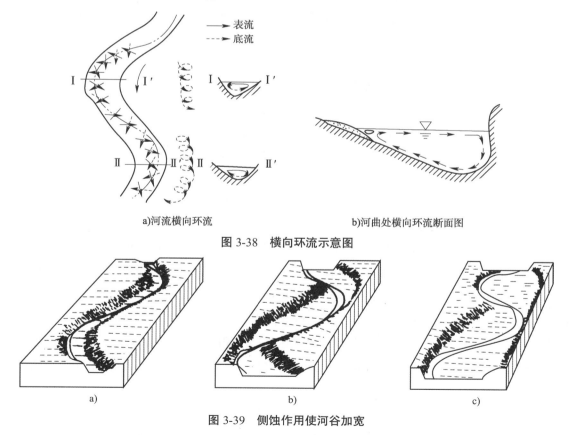

a)河流横向环流　　　　　　　　　　b)河曲处横向环流断面图

图3-38　横向环流示意图

a)　　　　　　　　　b)　　　　　　　　　c)

图3-39　侧蚀作用使河谷加宽

由于河流的水位变化及侧蚀，常使沿河布设的公路路基发生水毁现象，特别是河湾凹岸地段，最为显著。因此，在确定路线具体位置时，必须加以注意。由于在河湾部分横向环流作用明显加强，容易发生坍岸，并产生局部剧烈冲刷和堆积作用，河床容易发生平面摆动，因此对于桥梁建筑，也是很不利的。

由于河流侧蚀的不断发展，致使河流一个河湾接着一个河湾，并使河湾的曲率越来越大，河流越来越长，结果使得河床的比降逐渐减小，流速不断降低，侵蚀能量逐渐削弱，直至常水位时已无能量继续发生侧蚀为止。这时河流所特有的平面形态，称为蛇曲（图3-40b）。有些处于蛇曲形态的河湾，彼此之间十分靠近，一旦流量增大，河水会裁弯取直，流入新开拓的局部河道，而残留的原河湾的两端因逐渐淤塞而与原河道隔离，形成状似牛轭的静水湖泊，称为牛轭湖（图3-40c）。最终，牛轭湖由于主要承受淤积，逐渐成为沼泽，以至消失。

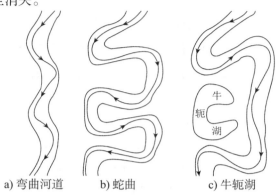

a) 弯曲河道　　　b) 蛇曲　　　c) 牛轭湖

图 3-40　蛇曲的发展与牛轭湖的形成

上述河湾的发展和消亡过程，一般只在平原区的某些河流中出现。这是因为河流的发展既受河流动力特征的影响，也受地区岩性和地质构造条件的制约，此外与河流夹沙量也有一定的关系。在山区，由于河床岩性以石质为主，所以河湾的发展过程较为缓慢；在一些输沙量大的平原河流中，曲率很大的河湾一般不容易形成，即使形成也会很快消失。

2. 河流的搬运作用

河流搬运作用是指河水在流动过程中将沿途冲刷侵蚀下来的物质（泥沙、石块）搬离原地的作用。流水搬运的方式主要有以下几种：

（1）悬移　颗粒细小的砂和黏性土，悬浮于水中或水面，顺流而下。

（2）跳移　搬运的物质一般为块石、卵石和粗砂，它们有时被急流、涡流卷入水中向前搬运，有时则被缓流推着沿河底滚动。

（3）推移　巨大的块石、砾石，它们只能在水流强烈冲击下，沿河底缓慢向下游滚（移）动。

（4）溶解　可溶解的盐类和胶体溶解于水中随水带走。

河流在搬运过程中，随着流速逐渐减小，被携带物质按其大小和重量陆续沉积在河床中，上游河床中沉积物较粗大，越向下游沉积物颗粒越细小；从河床断面上看，流速逐渐减小时，粗大颗粒先沉积下来，细小颗粒后沉积、覆盖在粗大颗粒之上，从而在垂直方向上显示出层理。在河流平面上和断面上，沉积物颗粒大小的这种有规律的变化，称河流的分选作用。另外，在搬运过程中，被搬运物质的棱角被逐渐磨去而呈浑圆形状，成为在河床中常常见到的砾石、卵石和砂，它们都具有一定的磨圆度。这种作用称河流的磨蚀作用。良好的分选性和磨圆度是河流沉积物区别于其他成因沉积物的重要特征。

3. 河流的沉积作用

河流在运动过程中，当河水夹带的泥沙、砾石等物质超过了河水的搬运能力时，被搬运的物质便在重力作用下逐渐沉积下来，称为沉积作用，河流的沉积物称为冲积层。河流沉积物几乎全部是泥沙、砾石等机械碎屑物，而化学溶解的物质多在进入湖盆或海洋等特定的环境后才开始发生沉积。

考点二：残积层、坡积层、洪积层、冲积层的特点

（一）残积层

地表岩石经过长期风化作用以后，改变了矿物成分、结构和构造，形成和原来岩石性质不同的风化产物，其中除一部分易溶物质被水溶解流失外，大部分物质残留在原地，这种物质称为残积物，这种风化层称为残积层（图3-41）。残积物向上逐渐过渡为土壤层。残积层向下经风化岩石逐渐过渡为新鲜岩石。土壤层、残积层和风化岩层形成完整的风化壳。

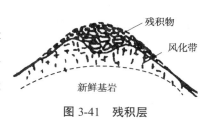

图 3-41　残积层

残积物不具有层理，碎屑物质大小不均匀、棱角显著，无分选，粒度和成分受气候条件和母岩岩性控制。在干旱或寒冷地区，化学风化作用微弱而以物理风化作用为主，岩石风化产物多为棱角状的砂、砾等粗碎屑物质，其中缺少黏土矿物。在垂直剖面上，上部碎屑的粒径较小，向下部逐渐粗大。半干旱地区，除物理风化作用外，尚可有化学风化作用进行，残积物中常形成黏土矿物、铁的氢氧化物与 Ca、Mg 碳酸盐和石膏等。气候潮湿地区，化学风化作用活跃，物理风化作用不发育，残积物主要由黏土矿物组成，厚度也相应增大。残积物成分与母岩岩性关系密切。残积物的厚度往往与地形条件有关，在陡坡和山顶部位常厚度小。平缓的斜坡和山谷低洼处厚度较大。

残积层的工程地质性质，主要取决于矿物成分、结构和构造等因素。残积层具有较多的孔隙和裂缝，易遭冲刷，强度和稳定性较差。由于残积层孔隙多，又加上成分和厚度很不均匀，所以作为建筑物的地基时，应考虑其承载能力和可能产生的不均匀沉陷。由于残积层结构比较松散，作为路堑边坡时，应考虑可能出现的坍塌和冲刷等问题。

（二）坡积层

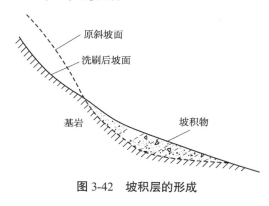

图 3-42　坡积层的形成

由坡面细流的侵蚀、搬运和沉积作用在坡脚或山坡低凹处形成新的沉积层称坡积层（图3-42）。坡积层是山区公路勘测设计中经常遇到的第四纪陆相沉积物中的一个成因类型，它顺着坡面沿山坡的坡脚或山坡的凹坡呈缓倾斜裙状分布，在地貌上称为坡积裙。

坡积层具有下述特征：

（1）坡积层可分为山地坡积层和山麓平原坡积层两个亚组：其厚度变化较大，一般是中下部较厚，向山坡上部及远离山脚方向均逐渐变薄尖灭。

（2）坡积层多由碎石和黏性土组成，其成分与下伏基岩无关，而与山坡上部基岩成分有关。山地坡积层一般以粉质黏土夹碎石为主，而山麓平原坡积层则以粉质黏土为主，夹有少量的碎石。在我国干旱、半干旱地区的山麓平原坡积层，常具有黄土的某些特征。

（3）坡积层层理不明显，碎石棱角清楚，组成物分选差，大小基本混杂在一起。

（4）坡积层松散、富水，作为建筑物地基强度很差。坡积层很容易发生滑动，概括起来影响坡积层稳定性的因素，主要有以下三个方面：

①下伏基岩顶面的倾斜程度。

②下伏基岩与坡积层接触带的含水情况。

③坡积层本身的性质。

当坡积层的厚度较小时，其稳定程度首先取决于下伏岩层顶面的倾斜程度，如下伏地形或岩层顶面与坡积层的倾斜方向一致且坡度较陡时，尽管地面坡度很缓，也易于发生滑动。山坡或河谷谷坡上的坡积层滑动，经常是沿着下伏地面或基岩顶面发生的。

当坡积层与下伏基岩接触带有水渗入而变得软弱湿润时，将显著降低坡积层与基岩顶面的摩阻力，更容易引起坡积层发生滑动。坡积层内的挖方边坡在久雨之后容易产生坍方，水的作用是一个带有普遍性的原因。

（三）洪积层

图 3-43　洪积扇

洪积层是由山洪急流搬运的碎屑物质组成的，多堆积在沟口外围一带。由于山洪急流的长期作用，在沟口一带就形成了扇形展布的堆积体，在地貌上称为洪积扇（图 3-43）。洪积扇的规模逐年增大，有时与相邻沟谷的洪积扇互相连接起来，形成规模更大的洪积裙或洪积平原。

洪积层是第四纪陆相堆积物中的一个类型，有以下主要特征：

（1）组成物质分选不良，粗细混杂，碎屑物质多带棱角，磨圆度不佳。

（2）有不规则的交错层理、透镜体、尖灭及夹层等。

（3）山前洪积层由于周期性的干燥，常含有可溶盐类物质，在土粒和细碎屑间，往往形成局部的软弱结晶联结，但遇水作用后，联结就会破坏。

洪积层主要分布于山麓坡脚的沟谷出口地带及山前平原，从地形上看，是有利于工程建筑的。洪积层一般可划分为三个工程地质条件不同的地段（图 3-44）：靠近山坡沟口的粗碎屑沉积地段，孔隙大，透水性强，地下水埋藏深，压缩性小，承载力比较高，是良好的天然地基；洪积层外围的细碎屑沉积地段，如果在沉积过程中受到周期性的干燥，黏土颗粒发生凝聚并析出可溶盐分时，则洪积层的结构颇为结实，承载力也是比较高的；在上述两地段之间和过渡带，因为常有地下水溢出，水文地质条件不良，对工程建筑不利。

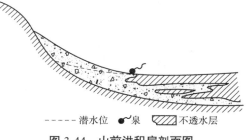

----- 潜水位　●泉　▨不透水层

图 3-44　山前洪积扇剖面图

（四）冲积层

河流的沉积物称冲积层（图 3-45）。冲积层分为河床相与河漫滩相两大部分。一般在上游，颗粒最粗，多由粗砾甚至巨砾组成，且分选性差，粗细混杂；在中、下游，颗粒较细，较均匀，多由粗砂、细砂等组成。河床相沉积物粗，属冲积物中粒度最粗的部分。河漫滩相沉积物多由粉砂与黏土组成，内侧较粗，向外逐渐变细。因河床侧向迁移，在河床相沉积层之上堆积了河漫滩相沉积，这一套沉积构成冲积层的二元结构：下部为河床相沉积物，颗粒粗；表层为河漫滩相沉积物，颗粒细，以黏土、粉土为主（图 3-46）。

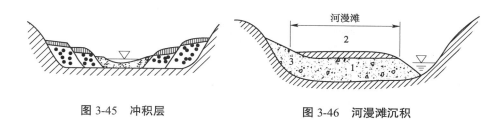

图 3-45 冲积层   图 3-46 河漫滩沉积

1-河床沉积物；2-河漫滩冲积物；3-山坡坡积裙

从河流纵向延伸来看，不同地段流速降低的情况不同，各处形成的沉积层特点也不同，基本可分为四大类型段。

（1）在山区，河床纵坡陡、流速大，侵蚀能力较强，沉积作用较弱。河床冲积层多为蚀余相，松散堆积物较薄，且以巨砾、卵石和粗砂为主。

（2）当河流由山区进入平原时，流速骤然降低，大量物质沉积下来，形成冲积扇。冲积扇的形状和特征与前述洪积扇相似，但冲积扇规模较大，冲积层的分选性及磨圆度更高。

（3）在河流中、下游，则由细小颗粒的沉积物组成广大的冲积平原，例如黄河下游、海河及淮河的冲积层构成的华北大平原。冲积平原也常分布有牛轭湖相沉积，如长江的江汉平原。

（4）在河流入海的河口处，流速几乎降到零，河流携带的泥沙绝大部分都要沉积下来。沉积物在水面以下呈扇形分布，扇顶位于河口，扇缘则伸入海中，露出水面的部分形如一个顶角指向河口的倒三角形，故称河口冲积层为三角洲（图 3-47）。三角洲的内部构造与洪积扇、冲积扇相似：下粗上细，即近河口处较粗，距河口越远越细。

从冲积层的形成过程，可知它具有以下特征：

（1）冲积层分布在河床、冲积扇、冲积平原或三角洲中。积层的成分非常复杂，河流汇水面积内的所有岩石和土都能成为该河流冲积层的物质来源。与前面讨论过的三种第四纪沉积层相比，冲积层物质分选性好，磨圆度高，且发育近水平层理。

（2）山区河流沉积物较薄，颗粒较粗，承载力较高且易清除，地基条件较好。

（3）冲积平原分布广，表面坡度比较平缓，多数大、中城市都坐落在冲积层上；道路也多选择在冲积层上通过。作为工程建筑物的地基，砂、卵石的承载力较高，黏性土较低。

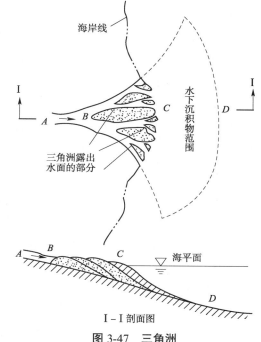

图 3-47 三角洲

A-河道；B-河口（扇顶）；C-三角洲水上水下分界位置；D-三角洲的水下部分前缘（扇缘）

在冲积平原特别应当注意冲积层中两种不良沉积物，一种是软弱土层，例如牛轭湖、沼泽地中的淤泥、泥炭等；另一种是容易发生流沙现象的细、粉砂层。遇到它们时应当采取专门的设计和施工措施。

（4）三角洲沉积物含水率高，常呈饱和状态，承载力较低。但其最上层，因长期干燥比较硬实，承载力较下面高，俗称硬壳层，可用作低层建筑物的天然地基。

（5）冲积层中的砂、卵石、砾石常被选用为建筑材料。厚度稳定、延续性好的砂、卵石层是丰富的含水层，可以作为良好的供水水源。

例 题 解 析

例题 1 ［2019-29］若岩石裂隙已扩展，并产生大量的风化裂隙，在裂隙面上出现了次生矿物，则此岩层属于（　　）。

  A. 整石带　 B. 块石带　 C. 碎石带　 D. 粉碎带

解析：见考点一。上述三类风化作用及其多种风化方式都具有其独立意义。但是，在许多情况下，它们相伴而生，并相互影响和促进，共同破坏岩石，使整块岩石破碎为块石，再破碎为碎石甚至粉末，若含有有机质则形成土壤。

答案：B

例题 2 因强烈蒸发使地下水浓缩结晶，导致岩石裂缝被结晶力扩大，称为（　　）。

  A. 热胀冷缩作用　 B. 冰劈作用

  C. 盐类结晶作用　 D. 碳酸化作用

解析：见考点一。一些具有很大吸湿性的盐类能从空气中吸收大量的水分而潮解为溶液。温度升高，水分蒸发，盐分又结晶析出，体积显著增大对岩石的空隙和裂隙起到撑裂作用，使得裂隙逐渐扩大，导致岩石松散破坏。

答案：C

例题 3 ［2019-30］坡积裙主要分布在（　　）。

  A. 山沟沟口处　 B. 河流漫滩处

  C. 山坡坡脚处　 D. 山顶处

解析：见考点二。坡积层是山区公路勘测设计中经常遇到的第四纪陆相沉积物中的一个成因类型，它顺着坡面沿山坡的坡脚或山坡的凹坡呈缓倾斜裙状分布，在地貌上称为坡积裙。

答案：C

例题 4 具有更好的分选性和磨圆度的土是（　　）。

  A. 坡积物　 B. 冲积物　 C. 洪积物　 D. 残积物

解析：见考点二。良好的分选性和磨圆度是河流沉积物区别于其他成因沉积物的重要特征。河流的沉积物称为冲积层。

答案：B

例题 5 ［2020-29］下列有关岩石风化作用的说法中，错误的是（　　）。

  A. 岩石的风化作用仅发生在地表

  B. 岩石的风化作用使岩体的结构构造发生变化

  C. 岩石的风化作用使岩石的强度及稳定性降低

  D. 岩石的风化作用使岩石的矿物成分和化学成分发生变化

解析：见考点一。风化作用是指地表或接近地表的岩石、矿物与大气、水及生物接触过程中产生物理、化学变化而在原地形成松散堆积物的全过程。风化作用在地表最显著，随着深度的增加，其影响就逐渐减弱以致消失。

答案：A

例题 6 ［2020-30］山区公路水毁的重要动因是河流的（　　）。

A. 溶蚀作用   B. 侧蚀作用   C. 下蚀作用   D. 机械侵蚀作用

解析： 见考点一。由于河流的水位变化及侧蚀，常使沿河布设的公路路基发生水毁现象，特别是河湾凹岸地段，最为显著。

答案： B

例题 7 ［2020-32］岩石的风化程度一般划分为全风化、强风化等（   ）。

     A. 二级   B. 三级   C. 四级   D. 五级

解析： 见考点一。根据四个方面的变化，将岩石风化程度划分为五级，详见表 3-6。

答案： D

例题 8 ［2021-28］河水流动的过程中不断加深和拓宽河床的作用称为河流的侵蚀作用，这种侵蚀作用可分为（   ）。

     A. 溶蚀作用和磨蚀作用   B. 下蚀作用和侧蚀作用

     C. 淘蚀作用和潜蚀作用   D. 溶蚀作用和机械侵蚀作用

解析： 见考点二。河流的侵蚀作用，按照河床不断加深和拓宽的发展过程，可分为下蚀作用和侧蚀作用。

答案： B

例题 9 ［2021-29］与岩石风化无关的作用是（   ）。

     A. 太阳辐射   B. 空气   C. 风   D. 地球引力

解析： 见考点一。风化作用是指地表或接近地表的岩石、矿物，在太阳辐射、大气、水和生物等风化营力作用下，产生物理、化学变化而在原地形成松散堆积物的全过程。

答案： D

例题 10 ［2022-34］物理风化最关键的因素是（   ）。

     A. 风   B. 温度   C. 水   D. 大气

解析： 见考点一。在地表或接近地表条件下，岩石、矿物在原地发生物理或机械破碎而不改变化学成分、不形成新矿物的作用，称为物理风化作用或机械风化作用。物理风化最关键的因素是温度的变化。

答案： B

例题 11 ［2023-28］从工程地质角度，岩石风化层自下而上分为 4 带，分别是（   ）。

     A. 微风化带、中风化带、强风化带、全风化带

     B. 全风化带、强风化带、中风化带、微风化带

     C. 微风化带、强风化带、中风化带、全风化带

     D. 微风化带、强风化带、全风化带、中风化带

解析： 见考点一。岩石风化程度分级表（表 3-6）中的风化程度：未风化、微风化、中等风化、强风化、全风化。因此，岩石风化层自下而上的 4 个风化带为：微风化带、中风化带、强风化带、全风化带。

答案： A

例题 12 ［2023-29］下列河流地质作用中，能形成蛇曲的是（   ）。

     A. 下蚀   B. 侧蚀   C. 搬运   D. 沉积

解析： 见考点一。由于河流侧蚀的不断发展，致使河流一个河湾接着一个河湾，且河湾的曲率越来越大，河流越来越长，结果使得河床的比降逐渐减小，流速不断降低，侵蚀能量逐渐削弱，直至常水位

时已无能量继续发生侧蚀为止。这时河流所特有的平面形态，即为蛇曲。

答案： B

例题 13 ［2024-29］河流的侵蚀作用，按照河床不断加深和拓宽的发展过程，可分为下蚀作用和侧蚀作用。下列关于河流下蚀作用和侧蚀作用的说法，错误的是（　　　）。

  A. 下蚀作用不可能无限下切   B. 侧蚀作用是导致源头后移的原因

  C. 下蚀作用和侧蚀作用同时进行   D. 侧蚀导致河床变弯变宽

解析： 见考点一。下蚀作用使河床逐渐下切加深。河水夹带固体物质对河床的机械破坏，是使河流下蚀的主要因素。河流的侵蚀过程总是从河的下游逐渐向河源方向发展，这种溯源推进的侵蚀过程称为溯源侵蚀。溯源侵蚀使分水岭不断遭到剥蚀切割，河流长度不断增加，以及产生河流的袭夺现象。河流溯源侵蚀过程中的差异下蚀常常形成瀑布。河流的下蚀作用达到一定的基准面后，河流的侵蚀作用将趋于消失。侧蚀作用使河谷加宽。由于河流侧蚀的不断发展，致使河流一个河湾接着一个河湾，并使河湾的曲率越来越大，河流越来越长，结果使得河床的比降逐渐减小，流速不断降低，侵蚀能量逐渐削弱，直至常水位时已无能量继续发生侧蚀为止。河流的下蚀作用和侧蚀作用是同时进行的，只是随时间和空间的不同，所占的主导地位不同。

答案： B

自 测 模 拟

1. 属于化学风化作用的方式有（　　　）。

  A. 冰劈作用   B. 温差风化   C. 水解作用   D. 岩石释荷

2. 残积层是（　　　）。

  A. 风化作用的产物   B. 洗刷作用的产物

  C. 冲刷作用的产物   D. 河流地质作用的产物

3. 河流入海或入湖的地方堆积了大量的碎屑物，构成一个三角形地段，称为（　　　）。

  A. 沙嘴   B. 漫滩   C. 冲积平原   D. 河口三角洲

4. 下列地貌中属于河流地质作用现象形成的是（　　　）。

  A. "V" 谷   B. 冰脊   C. 石芽   D. 天生桥

5. 洪积物主要分布在（　　　）。

  A. 山沟沟口处   B. 河流漫滩处   C. 山坡坡脚处   D. 山顶处

6. 路基发生水毁现象常常是因为（　　　）。

  A. 溯源侵蚀   B. 侧蚀作用   C. 搬运作用   D. 沉积作用

7. 以下说法错误的是（　　　）。

  A. 河流的下蚀作用是无止境的

  B. 到一定的基准面后，河流的侵蚀作用将趋于消失

  C. 流入湖泊海洋的河流，则以湖面或海水面为其侵蚀基准面

  D. 随着下蚀作用的发展，侵蚀能力逐渐削弱

8. 形成洪积扇的作用是（　　　）。

  A. 山坡细流的堆积作用   B. 山谷洪流堆积作用

C. 降雨淋滤作用　　　　　　　　　　　　　D. 淋滤与漫流堆积作用

9. 地壳表层的岩石，在风化营力的作用下，发生物理和化学的变化，使岩石崩解破碎以至逐渐分解的作用，称为风化作用，这些风化营力不包括（　　　）。

A. 太阳辐射　　　　　B. 水　　　　　　　　C. 生物　　　　　　　　D. 地球引力

参 考 答 案

1. C　　2. A　　3. D　　4. A　　5. A　　6. B　　7. A　　8. B　　9. D

第四节　地　貌

考 点 分 析

本节重点： 地貌的概念、地貌的形态分类、河流阶地的类型及其与公路建设的关系、平原地貌、山岭地貌的形态和类型。主要考核地貌、河流阶地、剥蚀平原、堆积平原、构造平原、平顶山、单面山、褶皱山、断块山、褶皱断块山、垭口等概念和各种地貌条件对公路工程建设的影响。

本节难点： 河流阶地与工程建设的关系、山岭地貌的类型及形成原因、道路选线与山岭地貌的关系、各类垭口的工程地质条件。

考 点 精 讲

考点一：地貌的形成和发展

地貌是指由于内、外力地质作用的长期进行，在地壳表面形成的各种不同成因、不同类型、不同规模的起伏形态。"地形"与"地貌"含义不同。"地形"专指地表既成形态的某些外部特征，如高低起伏、坡度大小和空间分布等，在地形图中以等高线表达。"地貌"含义广泛，它不仅包括地表形态的全部外部特征，还涉及这些形态的地质结构，以及这些形态的成因和发展。

公路常穿越不同的地貌单元，地貌条件是评价公路工程地质条件的重要内容之一。各种不同的地貌，都关系到公路勘测设计、桥隧位置选择的技术经济问题和养护工程等。

内力作用形成了地壳表面的基本起伏，对地貌的形成和发展起决定性作用。首先，地壳的构造运动不仅使地壳岩层受到强烈的挤压、拉伸或扭动而形成一系列褶皱带和断裂带，而且还在地壳表面造成大规模的隆起区和沉降区。隆起区将形成大陆、高原、山岭；沉降区则形成海洋、平原、盆地。其次，地下岩浆的喷发活动对地貌的形成和发展也有一定的影响，火山喷发可形成火山锥和熔岩盖等堆积物，后者的覆盖面积可达数百以至数十万平方千米，厚度可达数百、数千米。内力作用不仅形成了地壳表面的基本起伏，而且还对外力作用的条件、方式及过程产生深刻的影响。例如，地壳上升，侵蚀、剥蚀、搬运等作用增强，堆积作用就变弱；地壳下降，则情况相反。

外力作用对由内力作用所形成的基本地貌形态，不断地进行雕塑、加工，起着改造作用，其总趋势是削高补低，力图把地表夷平，即把由内力作用所造成的隆起部分进行剥蚀破坏，同时把破坏的碎屑物质搬运堆积到由内力作用所造成的低地和海洋中去。如同内力作用会引起外力作用的加剧一样，在外力作用把地表夷平的过程中，也会改变地壳已有的平衡，从而又为内力作用产生新的地面起伏提供新的条件。

地貌的形成和发展变化，首先取决于内、外力作用之间的量的对比。例如，在内力作用使地表上升的情况下，如果上升量大于外力作用的剥蚀量，地表就会升高，最后形成山岭地貌；反之，如果上升量小于外力作用的剥蚀量，地表就会降低或被削平，最后形成剥蚀平原。同样，在内力作用使地表下降的情况下，如果下降量大于外力作用所造成的堆积量，地表就会下降，形成低地；反之，如果下降量小于外力作用所造成的堆积量，地表就会被填平甚至增高，形成堆积平原或各种堆积地貌。

综上所述，地貌的形成和发展是内、外力共同作用的结果。现在能看到的各种地貌形态，就是地壳在内、外力作用下发展到现阶段的形态表现。

考点二：地貌的分类

（一）地貌的形态分类

一般按地貌的绝对高度、相对高度及地面的平均坡度等形态特征进行地貌的形态分类。表3-7是陆地上山地和平原的一种常见的分类方案。

大陆地貌的形态分类　　　　　　　　　　　　　　　　表3-7

形态类别		绝对高度（m）	相对高度（m）	平均坡度（°）	举例
山地	高山	>3500	>1000	>25	喜马拉雅山、天山
	中山	1000~3500	500~1000	10~25	大别山、庐山、雪峰山
	低山	500~1000	200~500	5~10	川东平行岭谷、华蓥山
	丘陵	<500	<200		闽东沿海丘陵
平原	高原	>600	>200		青藏、内蒙古、黄土、云贵高原
	高平原	>200			成都平原
	低平原	0~200			东北、华北、长江中下游平原
	洼地	低于海平面高度			吐鲁番洼地

在公路工程中，把表3-7中的丘陵进一步按相对高度划分为重丘和微丘，相对高度大于100m的为重丘，小于100m的为微丘。

（二）地貌的成因分类

根据公路工程的特点，这里介绍以地貌形成的主导因素作为分类基础的方案。

1.内力地貌

即以内力作用为主所形成的地貌，它又可分为：

（1）构造地貌　由地壳的构造运动所造成的地貌，其形态能充分反映原来的地质构造形态。如高地符合以构造隆起和上升运动为主的地区，盆地符合以构造拗陷和下降运动为主的地区。又如褶皱山、断块山等。

（2）火山地貌　由火山喷发出来的熔岩和碎屑物质堆积所形成的地貌为火山地貌，如熔岩盖、火山锥等。

2.外力地貌

即以外力作用为主所形成的地貌，根据外动力的不同又可分为以下几种：

（1）水成地貌　以水的作用为地貌形成和发展的基本因素。水成地貌又可分为面状洗刷地貌、线状冲刷地貌、河流地貌、湖泊地貌与海洋地貌等。

（2）冰川地貌　以冰雪的作用为地貌形成和发展的基本因素。冰川地貌又可分为冰川剥蚀地貌与冰川堆积地貌，前者如冰斗、冰川槽谷等，后者如侧碛、终碛等。

（3）风成地貌　以风的作用为地貌形成和发展的基本因素。风成地貌又可分为风蚀地貌与风积地貌，前者如风蚀洼地、蘑菇石等，后者如新月形沙丘、沙垄等。

（4）岩溶地貌　以地表水和地下水的溶蚀作用为地貌形成和发展的基本因素。其所形成的地貌如溶沟、石芽、溶洞、峰林、地下暗河等。

（5）重力地貌　以重力作用为地貌形成和发展的基本因素。其所形成的地貌如崩塌、滑坡等。

此外，还有湖成地貌、海成地貌、黄土地貌、冻土地貌等。

各种地貌类型众多，这里主要介绍与公路工程关系密切的河流阶地、平原地貌和山岭地貌。

考点三：河流阶地

河谷内河流侵蚀或沉积作用形成的阶梯状地形称河流阶地。若阶地延伸方向与河流方向垂直称横向阶地；若阶地延伸方向与河流方向平行称纵向阶地。通常所讲的阶地，多指纵向阶地（图3-48）。阶地有多级时，从河漫滩向上依次称为一级阶地、二级阶地、三级阶地等。阶地级数编号越大，出露时间越早，受风化剥蚀越严重，保存得越不完整，工程地质条件越差。

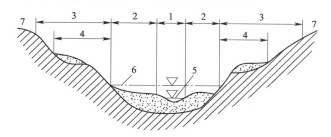

图3-48　河谷断面图

1-河床；2-河漫滩；3-谷坡；4-阶地；5-平水位；6-洪水位；7-谷缘

河流阶地通常为二元结构，上部颗粒较细，以黏土、粉土为主；下部颗粒较粗，以粗砂、中砂为主。根据河流阶地组成物质的不同，可以把阶地分为三种基本类型（图3-49）：

（1）侵蚀阶地　也称基岩阶地。由基岩石构成，阶地面较窄，没有或零星有冲积物。一般形成于构造抬升的山区河谷中。

（2）基座阶地　阶地面上为冲积层，下部为基岩，说明河流下蚀的深度大于原生沉积物的厚度，反映了后构造上升较大的特点。

（3）冲积阶地 也称堆积阶地或沉积阶地。冲积阶地由冲积物组成，在河流下游最常见，而且多是最新的低阶地。根据阶地形成时河流下切深度不同，又可分为上叠阶地和内叠阶地两种。上叠阶地是阶地形成时河流下切深度较前一周期下切深度小，没有切穿冲积物，河谷底部仍保留有一定厚度的早期冲积物。内叠阶地是在阶地形成时的下切侵蚀深度正好达到阶地前一周期的谷底。

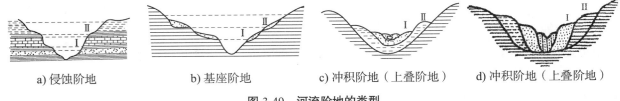

a）侵蚀阶地　　　b）基座阶地　　　c）冲积阶地（上叠阶地）　　　d）冲积阶地（上叠阶地）

图 3-49　河流阶地的类型

阶地一方面缓和了山谷坡脚地形的平面曲折和纵向起伏，有利于路线平纵面设计和减少工程量；另一方面又不易遭受山坡变形和洪水淹没的威胁，容易保证路基稳定。所以通常情况下，阶地是河谷地貌中敷设路线的理想地貌部位。当有几级阶地时，除考虑过岭高程外，一般首选一级阶地，其次是二级阶地，阶地级数不宜选择太高，否则不便于道路与峡谷外的公路连接。

考点四：平原地貌

平原地貌具有大地表面开阔平坦、地势高低起伏不大的外部形态。一般说来，平原地貌有利于公路选线，在选择有利地质条件的前提下，可以设计成比较理想的公路线形。

按高程，平原可分为高原、高平原、低平原和洼地（表3-7）；按成因，平原可分为构造平原、剥蚀平原和堆积平原。

（一）构造平原

此类平原主要由地壳构造运动所形成，其特点是地形面与岩层面一致，堆积物厚度不大。构造平原又可分为海成平原和大陆拗曲平原，前者由地壳缓慢上升海水不断后退所形成，其地形面与岩层面一致，上覆堆积物多为泥沙和淤泥，并与下伏基岩一起微向海洋倾斜；后者由地壳沉降使岩层发生拗曲所形成，岩层倾角较大，平原面呈凹状或凸状，其上覆堆积物多与下伏基岩有关。

由于基岩埋藏不深，所以构造平原的地下水一般埋藏较浅。在干旱或半干旱地区如排水不畅，常易形成盐渍化。在多雨的冰冻地区则常易造成道路的冻胀和翻浆。

（二）剥蚀平原

此类平原是在地壳上升微弱的条件下，经外力的长期剥蚀夷平所形成，其特点是地形面与岩层面不一致，上覆堆积物常常很薄，基岩常常裸露地表，只是在低洼地段有时才覆盖有厚度稍大的残积物、坡积物、洪积物等。按外力剥蚀作用的动力性质不同，剥蚀平原又可分为河成剥蚀平原、海成剥蚀平原、风力剥蚀平原和冰川剥蚀平原。其中较为常见的是前面两种剥蚀平原。河成剥蚀平原是由河流长期侵蚀作用所造成的侵蚀平原，亦称准平原，其地形起伏较大，并向河流上游逐渐升高，有时在一些地方则保留有残丘。海成剥蚀平原是由海流的海蚀作用所造成，其地形一般极为平缓，微向现代海平面倾斜。

剥蚀平原形成后，往往因地壳运动变得活跃，剥蚀作用重新加剧，使剥蚀平原遭到破坏，故其分布面积常常不大。剥蚀平原的工程地质条件一般较好。

（三）堆积平原

此类平原是在地壳缓慢而稳定下降的条件下，经各种外力作用的堆积填平所形成，其特点是地形开阔平缓，起伏不大，往往分布有厚度很大的松散堆积物。按外力堆积作用的动力性质不同，堆积平原又可分为河流冲积平原、山前洪积冲积平原、湖积平原、风积平原和冰碛平原，其中较为常见的是前面三种。

　　河流冲积平原地形开阔平坦，具有良好的工程建设条件，对公路选线也十分有利。但其下伏基岩往往埋藏很深，第四纪堆积物很厚，且地下水一般埋藏较浅，地基土的承载力较低，在冰冻潮湿地区道路的冻胀翻浆问题比较突出。此外，还应注意，为避免洪水淹没，路线应设在地形较高处，而在淤泥层分布地段，还应注意其对路基、桥基的强度和稳定性的影响。

　　洪积物或冲积物多沿山麓分布，靠近山麓地形较高，环绕着山前成一狭长地带，形成规模大小不一的山前洪积冲积平原。由于山前平原是由多个大小不一的洪（冲）积扇互相连接而成，因而呈高低起伏的波状地形。山前洪积冲积平原堆积物的岩性与山区岩层的分布有密切关系，其颗粒为砾石和砂，以至粉粒或黏粒。由于地下水埋藏较浅，常有地下水溢出，水文地质条件较差，往往对工程建筑不利。

　　湖积平原是河流注入湖泊时，将所挟带的泥沙堆积湖底使湖底逐渐淤高，湖水溢出、干涸所形成。其地形之平坦为各种平原之最。湖积平原中的堆积物，由于是在静水条件下形成的，故淤泥和泥炭的含量较多，其总厚度一般也较大，其中往往夹有多层呈水平层理的薄层细砂或黏土，很少见到圆砾或卵石，且土颗粒由湖岸向湖心逐渐由粗变细。湖泊平原地下水一般埋藏较浅。其沉积物由于富含淤泥和泥炭，常具可塑性和流动性，孔隙度大，压缩性高，故承载力很低。

考点五：山岭地貌

（一）山岭地貌的形态要素

　　山岭地貌具有山顶、山坡、山脚等明显的形态要素。

　　山顶是山岭地貌的最高部分，山顶呈长条状延伸时称山脊。山脊呈马鞍状的明显下凹处，称为垭口。一般来说，山体岩性坚硬、岩层倾斜或因受冰川的剥蚀时，多呈尖顶或很狭窄的山脊，如图3-50a）所示；在气候湿热，风化作用强烈的花岗岩或其他松软岩石分布地区，岩体经风化剥蚀，多呈圆顶，如图3-50b）所示；在水平岩层或古夷平面分布地区，则多呈平顶，如图3-50c）所示，典型的如方山、桌状山等。

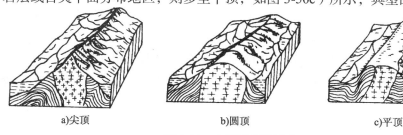

a)尖顶　　　　　　　　b)圆顶　　　　　　　　c)平顶

图 3-50　山顶的各种形态

　　山坡是山岭地貌的重要组成部分。在山岭区，山坡分布的面积最广。山坡的形状有直线形、凹形、凸形以及复合形等各种类型，这取决于新构造运动、岩性、岩体结构及坡面剥蚀和堆积的演化过程等因素。

　　山脚是山坡与周围平地的交接处。由于坡面剥蚀和坡脚堆积，使山脚在地貌上一般并不明显，在那里通常有一个起着缓和作用的过渡地带，它主要是由一些坡积裙、冲积锥、洪积扇及岩堆、滑坡堆积体等流水堆积地貌和重力堆积地貌组成。

（二）山岭地貌的类型

　　山岭地貌可以按形态或成因分类。按形态分类见表3-7。根据地貌成因，可以将山岭地貌划分为构造变动形成的山岭、火山作用形成的山岭和剥蚀作用形成的山岭三种类型。

1. 构造变动形成的山岭

（1）平顶山

平顶山是由水平岩层构成的一种山岭，多分布在顶部岩层坚硬和下卧岩层软弱的硬软相互层发育地区，在侵蚀、溶蚀和重力崩塌作用下，使四周形成陡崖或深谷，而顶面坚硬岩层兀立如桌面。由水平硬岩层覆面的分水岭，有可能成为平坦的高原。

（2）单面山

单面山是由单斜岩层构成的沿岩层走向延伸的一种山岭，其两坡一般不对称。与岩层倾向相反的一坡短而陡，称为前坡。前坡多是经外力的剥蚀作用所形成，故又称为剥蚀坡；与岩层倾向一致的一坡长而缓，称为后坡或构造坡。如果岩层倾角超过 40°，则两坡的坡度和长度均相差不大，其所形成的山岭外形很像猪背，所以又称猪背岭。猪背岭由硬岩层构成，山脊走线很平直。

单面山的前坡（剥蚀坡），由于地形陡峻，若岩层裂隙发育，风化强烈，则容易产生崩塌，且其坡脚常分布有较厚的坡积物和倒石堆，稳定性差，故对布设路线不利。后坡（构造坡）由于山坡平缓，坡积物较薄，故常常是布设路线的理想部位。不过在岩层倾角大的后坡上深挖路堑时，应注意边坡的稳定问题，因为开挖路堑后，与岩层倾向一致的一侧，会因坡脚开挖而失去支撑，特别是当地下水沿着其中的软弱岩层渗透时，容易产生顺层滑坡。

（3）褶皱山

褶皱山是由褶皱岩层所构成的一种山岭。这在新构造运动作用下形成高大的褶皱山系是褶皱地貌中最多的类型。

（4）断块山

断块山是由断裂变动所形成的山岭。它可能只在一侧有断裂，也可能两侧均为断裂所控制。断块山常发育断层崖，断层三角面，它们常是野外识别断层的一种地貌证据。

（5）褶皱断块山

由褶皱和断裂构造的组合形态构成的山岭称褶皱断块山，这里曾经是构造运动剧烈和频繁的地区。

2. 火山作用形成的山岭

火山作用形成的山岭，常见有锥状火山和盾状火山。锥状火山是多次火山活动造成的，其熔岩黏性较大、流动性小，冷却后便在火山口附近形成坡度较大的锥状外形。盾状火山是由黏性较小、流动性大的熔岩冷凝形成，故其外形呈基部较大、坡度较小的盾状。

3. 剥蚀作用形成的山岭

这种山岭是在山体地质构造的基础上，经长期外力剥蚀作用所形成的。例如，地表流水侵蚀作用所形成的河间分水岭，冰川刨蚀作用所形成的刃脊、角峰，地下水溶蚀作用所形成的峰林等。此类山体的构造形态对地貌形成的影响已退居不明显地位，其形态特征主要取决于山体的岩性、外力的性质及剥蚀作用的强度和规模。

（三）垭口与山坡

1. 垭口

对于公路工程来说，研究山岭地貌必须重点研究垭口。因为越岭的公路路线若能寻找合适的垭口，可以降低公路高程和减少展线工程量。从地质作用看，可以将垭口归纳为如下三个基本类型。

（1）构造型垭口

这是由构造破碎带或软弱岩层经外力剥蚀所形成的垭口。常见的有下列三种：

①断层破碎带型垭口：这种垭口的工程地质条件比较差。岩体的整体性被破坏，经地表水侵入和风化，岩体破碎严重，一般不宜采用隧道方案，如采用路堑，也需控制开挖深度或考虑边坡防护，以防止边坡发生崩塌，如图 3-51 所示。

②背斜张裂带型垭口：这种垭口虽然构造裂隙发育，岩层破碎，但工程地质条件较断层破碎带型好，这是因为垭口两侧岩层外倾，有利于排除地下水，有利于边坡稳定，一般可采用较陡的边坡坡度，使挖方工程量和防护工程量都比较小。如果选用隧道方案，施工费用和洞内衬砌也比较节省，是一种较好的垭口类型，如图 3-52 所示。

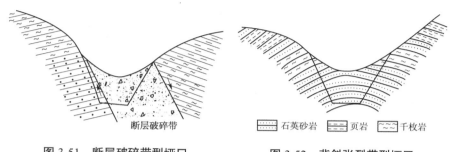

图 3-51　断层破碎带型垭口　　　　图 3-52　背斜张裂带型垭口

③单斜软弱层型垭口：这种垭口主要由页岩、千枚岩等易于风化的软弱岩层构成。两侧边坡多不对称，倾向坡外一侧略陡一些。由于岩性松软，风化严重，稳定性差，故不宜深挖，若采取路堑深挖方案，与岩层倾向一致的一侧的边坡坡角应小于岩层的倾角，两侧坡面都应有防风化的措施，必要时应设置护壁或挡土墙。穿越这一类垭口，宜优先考虑隧道方案，可以避免因风化带来的路基病害，还有利于降低越岭线的高程，缩短展线工程量或提高公路线形标准，如图 3-53 所示。

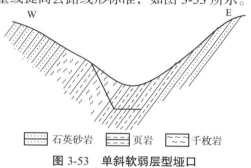

图 3-53　单斜软弱层型垭口

（2）剥蚀型垭口

这是以外力强烈剥蚀为主导因素所形成的垭口，其形态特征与山体地质结构无明显联系。此类垭口的共同特点是松散覆盖层很薄，基岩多半裸露。在气候干燥寒冷地带，岩性坚硬和切割较深的垭口本身较薄，宜采用隧道方案；采用路堑深挖也比较有利，是一种良好的垭口类型。在气候温湿地区和岩性较软弱的垭口，则本身较平缓宽厚，采用深挖路堑或隧道对穿都比较稳定，但工程量比较大。在石灰岩地区的溶蚀性垭口，无论是明挖路堑或开凿隧道，都应注意溶洞或其他地下溶蚀地貌的影响。

（3）剥蚀—堆积型垭口

这是在山体地质结构的基础上，以剥蚀和堆积作用为主导因素所形成的垭口。其开挖后的稳定条件主要决定于堆积层的地质特征和水文地质条件。这类垭口外形浑缓，垭口宽厚，宜于公路展线，但松散堆积层的厚度较大，有时还发育有湿地或高地沼泽，水文地质条件较差，故不宜降低过岭高程，通常多以低填或浅挖的断面形式通过。

2. 山坡

公路路线的绝大部分都是设置在山坡或靠近岭顶的斜坡上的。山坡的外部形态特征包括山坡的高度、坡度及纵向轮廓等。按纵向轮廓及坡度分类的山坡类型，见表3-8。

山 坡 的 类 型　　　　　　　　　　　　　　表 3-8

按山坡的纵向轮廓分类（图3-54）	按山坡的纵向坡度分类
直线形坡（图3-54a）：岩性单一的直线形山坡，其稳定性较高；单斜岩层构成的直线形山坡，其外形在山岭的两侧不对称，一侧坡度陡峻，另一侧则与岩层层面一致，坡度均匀平缓，从地形上看，有利于布设路线，开挖路基后遇到的均系顺倾向边坡，在不利的岩性和水文地质条件下，很容易发生大规模的顺层滑坡，因此不宜深挖；经长期剥蚀碎落和坡面堆积而形成的直线形山坡，这种山坡在青藏高原和川西峡谷比较发育，其稳定性最差，选作傍山公路的路基，应注意避免挖方内侧的坍方和路基沿山坡滑坍	微坡：坡度小于15°
凸形坡（图3-54b）：山坡上缓下陡，自上而下坡度渐增，下部甚至呈直立状态，坡脚界限明显，其稳定性主要决定于岩体结构，一旦发生坡体变形破坏，则会形成大规模的崩塌。凸形坡上部的缓坡可选作公路路基，但应注意考察岩体结构，避免因人工扰动和加速风化导致失去稳定	缓坡：坡度介于16°~30°
凹形坡（图3-54c）：山坡上部陡，下部急剧变缓，坡脚界线很不明显。分布在松软岩层中的凹形山坡，不少都是在过去特定条件下由大规模的滑坡、崩塌等山坡变形现象形成的，凹形坡面往往就是古滑坡的滑动面或崩塌体的依附面。凹形山坡在各种山坡地貌形态中是稳定性比较差的一种。在凹形坡的下部缓坡上，也可进行公路布线，但设计路基时，应注意稳定平衡；沿河谷的路基应注意冲刷防护	陡坡：坡度介于31°~70°
阶梯形坡（图3-54d）：由软硬不同的水平岩层或微倾斜岩层组成的基岩山坡，其表面剥蚀强烈，覆盖层薄，基岩外露，稳定性一般比较高；滑坡变形造成的阶梯状斜坡，多存在于山坡中下部，如果坡脚受到强烈冲刷或不合理的切坡，或者受到地震的影响，可能引起古滑坡复活，威胁建筑物的稳定	垂直坡：坡度大于70°

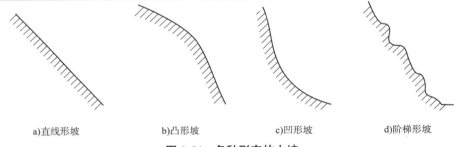

a)直线形坡　　　　b)凸形坡　　　　c)凹形坡　　　　d)阶梯形坡

图 3-54　各种形态的山坡

稳定性高，坡度平缓的山坡便于公路展线，对于布设路线是有利的，但应注意考察其工程地质条件。平缓山坡特别是在山坡的一些坳洼部分，通常有厚度较大的坡积物和其他重力堆积物分布，坡面径流也容易在这里汇聚；当这些堆积物与下伏基岩的接触面因开挖而被揭露后，遇到不良水文情况，就可能引起堆积物沿基岩顶面发生滑动。

例 题 解 析

例题 1　地貌学是研究（　　　）。

　　A. 地表的形态特征、成因　　　　　　　B. 地表的分布及其发育规律

　　C. 地表的形态特征、成因及其发育规律　　D. 以上答案都对

解析：见考点一。"地貌"含义广泛，它不仅包括地表形态的全部外部特征，还涉及这些形态的地

质结构，以及这些形态的成因和发展。

答案：C

例题2 桂林山水是（ ）。

    A. 岩溶地貌   B. 崖壁地貌   C. 峰林地貌   D. 风成地貌

解析：见考点二。岩溶地貌以地表水和地下水的溶蚀作用为地貌形成和发展的基本因素。其所形成的地貌如溶沟、石芽、溶洞、峰林、地下暗河等。桂林山水为岩溶地貌。

答案：A

例题3 阶地级数越高，其形成时代和所处的位置分别为（ ）。

    A. 越早、越低   B. 越晚、越低   C. 越早、越高   D. 越晚、越高

解析：见考点三。阶地级数编号越大，出露时间越早，受风化剥蚀越严重，保存得越不完整，工程地质条件越差。

答案：C

例题4 下列平原中工程地质条件较好的是（ ）。

    A. 洪积平原   B. 冲积平原   C. 剥蚀平原   D. 湖泊平原

解析：见考点四。剥蚀平原形成后，往往因地壳运动变得活跃，剥蚀作用重新加剧，使剥蚀平原遭到破坏，故其分布面积常常不大。剥蚀平原的工程地质条件一般较好。

答案：C

例题5 ［2019-31］从地质作用看，将垭口的基本类型归纳为（ ）。

    A. 构造型垭口、剥蚀型垭口、剥蚀—堆积型垭口

    B. 构造型垭口、剥蚀型垭口、堆积型垭口

    C. 构造型垭口、剥蚀型垭口、构造—剥蚀型垭口

    D. 构造型垭口、剥蚀型垭口、构造—堆积型垭口

解析：见考点五。从地质作用看，可以将垭口归纳为三个基本类型：①构造型垭口；②剥蚀型垭口；③剥蚀-堆积型垭口。

答案：A

例题6 ［2020-31］在某河谷上形成若干级河谷阶地，用于敷设路线最好的是（ ）。

    A. 一、二级阶地   B. 三、四级阶地

    C. 三级阶地   D. 四级阶地

解析：见考点三。阶地在通常情况下，是河谷地貌中敷设路线的理想地貌部位。当有几级阶地时，除考虑过岭高程外，一般首选一级阶地，其次是二级阶地，阶地级数不宜选择太高，否则不便于道路与峡谷外的公路连接。

答案：A

例题7 ［2021-30］在识别各级河流阶地形成年代的先后时，下列说法正确的是（ ）。

    A. 高阶地年代新，低阶地年代老

    B. 低阶地年代新，高阶地年代老

    C. 根据阶地二元结构表层地层的沉积年代确定，与阶地高低无关

    D. 根据阶地二元结构下部地层的沉积年代确定，与阶地高低无关

解析：见考点三。阶地有多级时，从河漫滩向上依次称为一级阶地、二级阶地、三级阶地等。阶地

级数编号越大，出露时间越早，受风化剥蚀越严重，保存得越不完整，工程地质条件越差。因此编号越大，阶地越高，年代越老；编号越小，阶地越低，年代越新。

答案： B

例题 8　[2022-28] 关于河流二元阶地，以下说法正确的是（　　　）。

    A. 上部是黏土，下部是砂　　　　　　　　B. 上部是砂，下部是黏土

    C. 上部是砂，下部是卵石　　　　　　　　D. 上部是卵石，下部是砂

解析： 见考点三。河流阶地为二元结构，上部为河漫滩相沉积，颗粒较细，以黏土、粉土为主；下部为河床相沉积，颗粒相对较粗，以粗砂、中砂为主。

答案： A

例题 9　[2023-30] 由于地壳急剧上升，河流下蚀很快而形成的河流阶地，其特点是多由基岩组成，阶地面较狭窄，但强度高，稳定性好，这种河流阶地是指（　　　）。

    A. 侵蚀阶地　　　　　　　　　　　　　　B. 堆积阶地

    C. 基座阶地　　　　　　　　　　　　　　D. 侵蚀阶地/堆积阶地

解析： 见考点三。侵蚀阶地也称基岩阶地。由基岩石构成，阶地面较窄，没有或零星有冲积物。一般形成于构造抬升的山区河谷中。

答案： A

例题 10　[2023-31] 在越岭线中，对于薄而瘦的垭口，常常采用深挖方式，以降低过岭高程，缩短展线长度，这种薄而瘦的垭口指的是（　　　）。

    A. 构造型垭口　　　　B. 剥蚀型垭口　　　　C. 堆积型垭口　　　　D. 剥蚀堆积型垭口

解析： 见考点五。剥蚀型垭口是以外力强烈剥蚀为主导因素所形成的垭口，其形态特征与山体地质结构无明显联系。此类垭口的共同特点是松散覆盖层很薄，基岩多半裸露。在气候干燥寒冷地带，岩性坚硬和切割较深的垭口本身较薄，宜采用隧道方案或路堑深挖方案。

答案： B

例题 11　河流阶地根据地貌形态特征可分为（　　　）。

    A. 堆积阶地、侵蚀阶地、基座阶地　　　　B. 基座阶地、堆积阶地

    C. 上叠阶地、内叠阶地　　　　　　　　　D. 横阶地、纵阶地

解析： 见考点三。河谷内河流侵蚀或沉积作用形成的阶梯状地形称河流阶地。若阶地延伸方向与河流方向垂直称横向阶地；若阶地延伸方向与河流方向平行称纵向阶地。根据河流阶地组成物质的不同，可以把阶地分为三种基本类型（图 3-49）：侵蚀阶地，也称基岩阶地。由基岩石构成，阶地面较窄，没有或零星有冲积物；基座阶地，阶地面上为冲积层，下部为基岩；冲积阶地，也称堆积阶地或沉积阶地。冲积阶地由冲积物组成，在河流下游最常见，而且多是最新的低阶地。根据阶地形成时河流下切深度不同又可分为上叠阶地和内叠阶地两种。

答案： D

自　测　模　拟

1. 低平原的绝对高程大约是（　　　）。

    A. ＞600m　　　　　　　　　　　　　　　B. ＞200m

    C. 0~200m
                          D. 低于海平面高度

2. 山地按地貌形态的分类是（   ）。

    A. 最高山、高山、中山、低山
                  B. 最高山、高山、中山、丘陵

    C. 最高山、高山、高原、丘陵
                  D. 高山、中山、低山

3. 主要由被侵蚀的岩石构成的阶地称为（   ）。

    A. 侵蚀阶地
                          B. 基座阶地

    C. 堆积阶地
                          D. 纵向阶地

4. 在各种山坡地貌形态中，稳定性较差的一种是（   ）。

    A. 直线形坡   B. 凸形坡   C. 凹形坡   D. 阶梯形坡

5. 如果地壳经历多次的间断性上升，则可在河谷上形成若干级河谷阶地，工程性质最好的是（   ）。

    A. 四级阶地   B. 三级阶地   C. 二级阶地   D. 一级阶地

6. 下列关于垭口在公路建设中的作用，说法错误的是（   ）。

    A. 降低公路高程   B. 减少展线工程量   C. 节约建设成本   D. 提高公路造价

7. 坡度介于31°~70°的坡是（   ）。

    A. 微坡   B. 缓坡   C. 陡坡   D. 垂直坡

参 考 答 案

1. C   2. D   3. A   4. C   5. D   6. D   7. C

第五节 水 文 地 质

考 点 分 析

    本节重点：地下水的埋藏类型及其特点、水文地质图的用途、地表水和地下水的补给关系。以考核潜水、上层滞水、承压水、孔隙水、裂隙水、岩溶水等的概念为主。

    本节难点：地表水和地下水的补给关系、等水位线图和等水压线图的用途、地下水对工程建设的影响。

考 点 精 讲

    赋存在地表面以下岩土体空隙（土体中的孔隙，岩体中的孔隙、裂隙、溶隙）中的水称为地下水，地下水有气态、液态和固态三种，但以液态为主。当水量少时，水分子受静电引力被吸附在碎屑颗粒和岩石的表面成为吸附水；薄层状的吸附水的厚度超过几百个水分子直径时，则为薄膜水。吸附水和薄膜水因受静电引力作用，不能自由移动。当水将岩土空隙填满时，如果空隙较小，则水受表面张力作用，可沿空隙上升形成毛细管水；如果空隙较大，水的重力大于表面张力，则水受重力的支配从高处向下渗流，形成重力水。

研究地下水的学科称为水文地质学，与地下水的赋存、补给、径流和排泄等有关的条件称为水文地质条件。地下水的富集必须具备三个条件：有较多的储水空间；有充足的补给水源；有良好的汇水条件。地下水在重力作用下不停地运动着，运动特点主要决定于岩土的透水性。岩土体按相对的透水能力划分为透水的、半透水的和不透水的三类。透水的（有时包括半透水的）岩土层称为透水层；不透水的岩土层称为隔水层；当透水层被水充满时称为含水层。

地下水分布很广，与人们的生产、生活和工程活动的关系也很密切。它一方面是饮用、灌溉和工业供水的重要水源之一，是宝贵的天然资源。但另一方面，它与土石相互作用会使土体和岩体的强度和稳定性降低，给工程的建设和正常使用造成危害。许多不良地质现象和工程病害，如滑坡、岩溶、潜蚀、土体盐渍化和路基盐胀、多年冻土和季节冻土中冰的富集、地基沉陷、道路冻胀和翻浆等都与地下水的存在和活动有关，地下水还常常给隧道施工和运营带来困难，甚至是灾害。

考点一：地下水的类型

地表以下岩土层中的空隙充满水的地带称为饱水带，在饱水带之上未被水充满的地带称为包气带，如图 3-55 所示。

地下水的埋藏条件是指含水岩层在地质剖面中所处的部位以及受隔水层限制的情况。根据地下水的埋藏条件，可以把地下水划分为包气带水、潜水和承压水（图 3-56）。按含水层空隙性质（含水介质）的不同，可将地下水区分为孔隙水、裂隙水和岩溶水，见表 3-9。

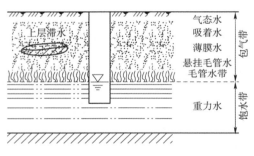

图 3-55　包气带及饱水带

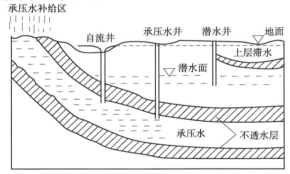

图 3-56　地下水的埋藏类型

地 下 水 分 类 表　　　　　　　　　　　　　　　　　表 3-9

埋 藏 条 件	含水介质类型		
	孔隙水	裂隙水	岩溶水
上层滞水	局部黏性土隔水层上季节性存在的重力水（上层滞水）	裂隙岩层浅部季节性存在的重力水及毛细水	裸露的岩溶化岩层上部岩溶通道中季节性存在的重力水
潜水	各类松散堆积物浅部的水	裸露于地表的各类裂隙岩层中的水	裸露于地表的岩溶化岩层中的水
承压水	山间盆地及平原松散堆积物深部的水，向斜构造的碎屑岩孔隙中的水	组成构造盆地、向斜构造或单斜断块的被掩覆的各类裂隙岩层中的水	组成构造盆地、向斜构造或单斜断块的被掩覆的岩溶化岩层中的水

考点二：上层滞水、潜水、承压水的分布规律及特点

（一）上层滞水

在包气带内局部隔水层上积聚的具有自由水面的重力水称为上层滞水。上层滞水接近地表，接受大气降水的补给，以蒸发形式或向隔水底板边缘排泄。其主要特征是：埋藏浅，在垂直和平面上分布均不稳定，分布区和补给区一致；水量和水质受气候控制，季节性变化明显，雨季水量多，旱季水量少，甚至干涸。包气带水的存在，可使地基土的强度减弱。在寒冷的北方地区，易引起道路的冻胀和翻浆。此外，由于其分布和水位变化大，常给工程的设计、施工带来困难。

（二）潜水

饱水带中第一个连续隔水层之上具有自由表面的含水层中的水称为潜水，潜水的水面为自由水面，称为潜水面。从潜水面到隔水底板的距离为潜水含水层厚度。潜水面到地面的距离为潜水埋藏深度。潜水含水层直接与包气带相接，在其分布范围内，通过包气带接受大气降水、地表水或凝结水的补给。

潜水在重力作用下，通常由水位高的地方向水位低的地方径流。流动快慢取决于含水层的渗透能力和水力坡度。潜水面的形状或水力坡度大小与地形有一定程度的一致性，地面坡度越大，潜水面的坡度越大，但比地形的起伏要平缓。因此，一般地形切割强烈，潜水形成径流、循环快，含水层厚度小，水的矿化度低；地形完整、开阔则相反。

潜水的排泄方式有两种：一种是径流到适当地形处，以泉、渗流等形式泄出地表或流入地表水，即径流排泄。另一种是通过包气带或植物蒸发进入大气，即蒸发排泄。水平排泄在地形切割强烈的山区最为普遍，而垂直排泄则在干旱和平原地区较为明显。

潜水面上各点的高程称作潜水位。将潜水位相等的各点连线即得潜水等水位线图，如图3-57所示。相邻两等水位线间作一垂直连线，即得此范围内的潜水的流向。根据等水位线图可以判断潜水与地表水的相互补给关系，如图3-58所示。

由于等水位线图能表明潜水的埋藏深度、流向、水力梯度、含水层厚度及其动态变化等，所以在工程上，特别是对于隧道工程有很大的实用价值，是评价工程所在地区水文地质条件的重要图件。应当指出，潜水位是在不断变化的，潜水等水位图只能反映某一特定时间的水位情况。应该注重湿季的最高等水位线图和旱季的最低等水位线图，其他时间的潜水位，是在二者之间变化。

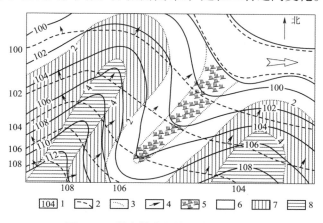

图3-57　潜水等水位线及埋藏深度图

1-地形等高线（m）；2-等水位线（m）；3-等埋深线（m）；4-潜水流向；5-埋深为零区；6-埋深0~2m区；7-埋深2~4m区；8-埋深大于4m区

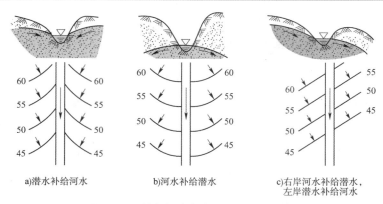

a)潜水补给河水　　　　b)河水补给潜水　　　　c)右岸河水补给潜水，
　　　　　　　　　　　　　　　　　　　　　　　　左岸潜水补给河水

图 3-58　潜水与地表水之间的补给关系

（三）承压水

充满于两个隔水层之间的含水层中的地下水称为承压水，如图 3-59 所示。承压水含水层上部的隔水层称为隔水顶板，下部的隔水层称为隔水底板。顶底板之间的距离为含水层厚度。承压性是承压水的一个重要特征。用钻孔揭露含水层，水位将上升到含水层顶板以上一定高度才静止下来。静止水位高出含水层顶板的距离便是承压水头。钻孔中静止水位的高程就是含水层在该点的测压水位。测压水位高于地表时，钻孔能够自喷出水。将某一承压含水层测压水位相等的各点连线，即得等水压线，在图上根据钻孔水位资料绘出等水压线，便得到等水压线图，如图 3-60 所示。根据等水压线图可以确定承压水的流向和水力梯度。

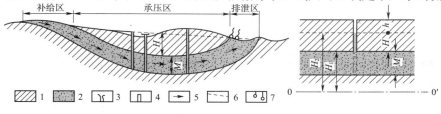

图 3-59　承压水

1-隔水层；2-含水层；3-喷水钻孔；4-不自喷钻孔；5-地下水流向；6-测压水位；7-泉；M-含水层厚度；h-水位埋深；H-承压水位；H_1-位置水位；H_2-测压水位；0-0'-大地水准面

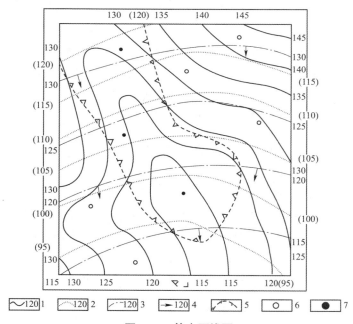

图 3-60　等水压线图

1-地形等高线（m）；2-含水层顶板等高线（m）；3-等水压线（m）；4-地下水流向；5-承压水自溢区；6-钻孔；7-自流井

承压水受隔水层的限制，与地表水联系较弱。因此气候、水文因素的变化对承压水的影响较小，承压水动态变化稳定。

过量抽取地下承压水会使得含水层空隙压缩变形，导致地面沉陷，治理的主要措施就是减少地下承压水的抽取量和向地下注水。

承压含水层在地形适宜处露出地表时，可以泉或溢流形式排向地表或地表水体。也可以通过导水断裂带向地表或其他含水层排泄。

承压水一般水量较大，隧道和桥基施工若钻透隔水层，会造成突然而猛烈的涌水，处理不当将给工程带来重大损失。

考点三：地下水按含水层性质分类

（一）孔隙水

孔隙水是指主要赋存在松散沉积物颗粒间孔隙中的地下水。孔隙水广泛分布于第四纪松散的沉积物中，在较老的岩石中也有较少分布。例如，在砂岩中就有少量的孔隙水存在。孔隙水是工农业和生活用水的重要供水水源。孔隙水的分布、补给、径流和排泄取决于沉积物的类型、地质构造和地貌等。一般情况下：孔隙水分布均匀，连续性好，水量也较大；成层状分布，水力联系密切，水交替条件较好，同一层水具有统一的水面；一般呈层流状态，符合达西定律。此外，孔隙水的分布特征，还直接受沉积物影响。岩土体颗粒粗大且均匀，则孔隙含水层的透水性好，地下水储量大、流速快、水质好；反之，则透水性差、地下水储量小、流速慢、水质差。

（二）裂隙水

裂隙水埋藏在基岩裂隙中。裂隙水分布很不均匀，水力联系也很复杂。由于裂隙类型不同，其分布规律、发育程度也不相同，并使含于其中的裂隙水的分布和埋藏特征呈现出差异性。按基岩裂隙成因的不同，可将裂隙水分为：风化裂隙水、成岩裂隙水和构造裂隙水三种类型。

风化裂隙水常埋藏于地表浅处，含水厚度小、储量有限，其渗透性随深度的增加而减弱，常以潜水甚至上层滞水的形式存在，就地补给，就地排泄，季节性变化明显。但风化裂隙水在基岩山区分布十分广泛，对边坡工程影响很大，常常是边坡失稳和浅层滑坡形成的重要原因。

成岩裂隙水分布于沉积岩和岩浆岩的成岩裂隙中。成岩裂隙水的水质、分布特点、储量大小等主要取决于岩体裂隙的产状和发育程度、岩石的性质以及补给条件，可以是潜水，也可以是承压水。

构造裂隙水的分布规律相当复杂，呈现出不均匀性和各向异性。一般是张应力作用下形成的，张开性好，为导水裂隙。剪应力造成的节理面平整而闭合，多半不导水。应力集中的部位，裂隙常较发育，岩层的透水性好。在同一裂隙含水层中，背斜轴部常较两翼富水，倾斜岩层常较平缓岩层富水，断层带附近往往格外富水。构造裂隙水一般水量比较丰富，常常是良好的供水水源，但对隧道施工往往造成危害，如产生突然涌水事故等。构造裂隙水可以是潜水，也可以是承压水。

（三）岩溶水

赋存与运移于可溶岩的空隙、裂隙以及溶洞中的地下水称为岩溶水。在岩溶地区，降水通过落水洞、溶蚀漏斗等直接流入，短时间内，通过顺畅的途径，迅速补给岩溶水。岩溶水具有分布的不均匀性、水力联系密切性。由于地下溶洞与溶洞、溶洞与溶蚀裂隙之间相互连通，因而使岩溶水具有密切的水力联系和较强的传递能力、水量动态多变、随季节变化大等特点。

由于岩溶地下水与地表水联系密切，所以岩溶地下水流量的季节变化幅度很大，基本与地表河流相同。另外，当溶蚀漏斗、落水洞和溶蚀裂隙与排泄条件较差的地下通道相联系，往往随季节表现为间歇性或周期性的消水与涌水。岩溶水可以是潜水,也可以是承压水。

岩溶水分布不均匀、水量大给工程预测预防带来困难,尤其是隧道施工难度大,也常造成路基水毁。因此,在岩溶地区进行公路建设,必须认真研究岩溶发育规律和岩溶水运动特点。

例 题 解 析

例题 1 上层滞水的主要补给来源是( )。

    A. 大气降水   B. 河流水   C. 承压水   D. 地表水

解析:见考点一。上层滞水接近地表,接受大气降水的补给,以蒸发形式或向隔水底板边缘排泄。

答案:A

例题 2 潜水是埋藏在第一个稳定隔水层上的( )。

    A. 饱气带水   B. 毛细水   C. 重力水   D. 上层滞水

解析:见考点二。饱水带中第一个连续隔水层之上具有自由表面的含水层中的水称为潜水。岩层潜水在重力作用下,通常由水位高的地方向水位低的地方径流。

答案:C

例题 3 〔2019-33〕承压水通常的排泄形式是( )。

    A. 泉   B. 直接排入地表

    C. 通过蒸发逸入大气   D. 通过透水通道排入潜水层

解析:见考点二。承压含水层在地形适宜处露出地表时,可以泉或溢流形式排向地表或地表水体。

答案:A

例题 4 涌水事故常产生于( )。

    A. 风化裂隙水   B. 成岩裂隙水   C. 构造裂隙水   D. 其他

解析:见考点三。构造裂隙水一般水量比较丰富,常常是良好的供水水源,但对隧道施工往往造成危害,如产生突然涌水事故等。

答案:C

例题 5 〔2020-34〕下列有关岩溶水的说法中,错误的是( )。

    A. 岩溶水与地表水的流域系统相似

    B. 岩溶水空间分布极不均匀

    C. 岩溶水水量变化受气候影响不大

    D. 岩溶水给工程预测预防带来困难

解析:见考点三。岩溶水具有分布的不均匀性、水力联系密切性。由于地下溶洞与溶洞、溶洞与溶蚀裂隙之间相互连通,因而使岩溶水具有密切的水力联系和较强的传递能力、水量动态多变、随季节变化大等特点。由于岩溶地下水与地表水联系密切,所以岩溶地下水流量的季节变化幅度很大,基本与地表河流相同。岩溶水分布不均匀、水量大给工程预测预防带来困难,尤其是隧道施工难度大,也常造成路基水毁。

答案:C

例题 6 〔2023-32〕地下水按埋藏条件可以分为三类,在包气带内、局部隔水层之上积聚的具有自由水面的重力水称为( )。

A. 潜水　　　　　　　B. 承压水　　　　　　　C. 岩溶水　　　　　　　D. 上层滞水

解析： 见考点二。在包气带内局部隔水层上积聚的具有自由水面的重力水称为上层滞水。

答案： D

例题 7 ［2023-33］地下水在基础工程施工过程中，可能引起基坑突涌，破坏坑底的稳定性，给施工带来一定困难的地下水是（　　　）。

A. 潜水　　　　　　　B. 裂隙水　　　　　　　C. 承压水　　　　　　　D. 上层滞水

解析： 见考点二。充满于两个隔水层之间的含水层中的地下水称为承压水。承压水含水层上部的隔水层称为隔水顶板，下部的隔水层称为隔水底板。承压性是承压水的一个重要特征。钻孔揭露含水层，水位将上升到含水层顶板以上一定高度才静止下来。承压水一般水量较大，隧道和桥基施工若钻透隔水层，会造成突然而猛烈的涌水，处理不当将给工程带来重大损失。所以，承压水有时会给工程施工带来一定的困难。

答案： C

例题 8 ［2024-31］上层滞水的主要补给来源是（　　　）。

A. 潜水　　　　　　　B. 地表水　　　　　　　C. 承压水　　　　　　　D. 大气降水

解析： 见考点二。在包气带内局部隔水层上积聚的具有自由水面的重力水称为上层滞水。上层滞水接近地表，接受大气降水的补给，以蒸发形式或向隔水底板边缘排泄。

答案： D

自 测 模 拟

1. 下列（　　　）不是地下水富集必须具备的条件。

A. 较多的储水空间　　　　　　　　　　B. 有充足的补给水源

C. 有良好的汇水条件　　　　　　　　　D. 有良好的排水条件

2. 基岩裂隙水的主要径流通道是（　　　）。

A. 岩石的孔隙　　　　B. 岩石的裂隙　　　　C. 溶洞　　　　　　　D. 岩层的层理

3. 右图为潜水等水位线图，潜水和地表水的补给关系是（　　　）。

A. 潜水补给河水

B. 河水补给潜水

C. 一岸潜水补给河水，另一岸河水补给潜水

D. 无法判断

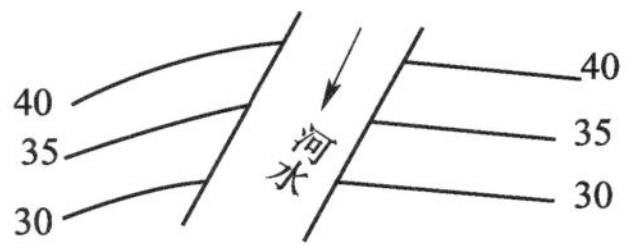

题 3 图

4. 水质最好的水是（　　　）。

A. 潜水　　　　　　　B. 上层滞水　　　　　　C. 承压水　　　　　　　D. 裂隙水

5. 岩溶水不具有的特点是（　　　）。

A. 分布的不均匀性　　B. 水力联系密切　　　　C. 水量动态多变　　　　D. 不易被污染

6. 从潜水等水位线图上不能获取的信息是（　　　）。

A. 潜水的埋藏深度　　　　　　　　　　B. 潜水的流向

C. 潜水的水力梯度　　　　　　　　　　D. 潜水的化学成分

7. 决定地下水流向的是（　　）。

    A. 压力的大小   B. 位置的高低   C. 水头的大小   D. 含水层类型

8. 对地下水动态的影响起主导作用的因素是（　　）。

    A. 气候和水文因素   B. 地形因素   C. 地质因素   D. 植被因素

9. 地下水降低可使降水周围的地面（　　）。

    A. 下降   B. 上升   C. 不变   D. 不确定

参 考 答 案

1. D   2. B   3. C   4. C   5. D   6. D   7. C   8. A   9. A

第六节　道路工程地质问题

考 点 分 析

本节重点：常见不良地质现象产生的条件、危害及防治措施，软土、黄土、膨胀土、盐渍土、多年冻土的工程地质特性，桥梁、隧道的选址问题，道路选线问题。以考核常见不良地质现象产生的条件、各类特殊土的工程地质性质、如何选择桥梁隧道的选址问题和道路选线问题为主。

本节难点：桥梁隧道的选址问题，道路选线问题，各种特殊性土及其工程性质。

考 点 精 讲

道路是带状建筑，线路绵延千里，穿越地形、地质条件复杂的不同构造单元，沿线各地段孕育着各种自然地质灾害，时时威胁着道路的安全。本节主要阐述道路工程中遇到的常见不良地质现象，路基、桥涵和隧道三种不同建筑物常见的工程地质问题及其发生的地质条件和背景。

考点一：常见不良地质现象

不良地质地区（地段）是多种多样的，常见的有崩塌、岩堆、滑坡、泥石流、岩溶、风沙、雪害等，本章只介绍其中最常见的崩塌、滑坡、泥石流和岩溶四种。

（一）崩塌

1. 崩塌的概念

崩塌是指陡峻的斜坡上的巨大岩块在重力作用下突然而猛烈地向下倾倒、翻滚、崩落的现象。崩塌经常发生在山区的陡峭山坡上，有时也发生在高陡的路堑边坡上。规模巨大的山坡崩塌称为山崩。斜坡的表层岩石由于强烈风化，沿坡面发生经常性的岩屑顺坡滚落现象，称为碎落。悬崖陡坡上个别较大岩块的崩落称为落石。崩塌常可摧毁路基和桥梁，堵塞隧道洞门，击毁行车，对公路交通造成直接危害。有时因崩塌堆积物堵塞河道，引起壅水或产生局部冲刷，导致路基水毁。崩塌可以由自然因素激发产生，也可以由人为因素激发产生。

2. 崩塌的形成条件及影响因素

崩塌形成的基本条件及影响因素，归纳起来，主要有以下几个方面：

（1）地形条件

斜坡高、陡是形成崩塌的必要条件。调查表明，规模较大的崩塌，一般多产生在高度大于 30m、坡度大于 45°（大多数介于55°~75°之间）的陡峻斜坡上。斜坡的外部形状，对崩塌的形成也有一定的影响。一般在上缓下陡的凸坡和凹凸不平的陡坡（图 3-61）上易于发生崩塌。

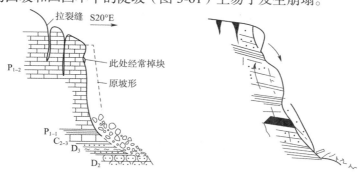

a)长江三峡月亮地二叠系灰岩陡坡的巨型崩塌   b)宝成铁路沿线砂页岩互层边坡的坠落

图 3-61 高陡边坡崩塌示意图

（2）岩性条件

坚硬的岩石具有较大的抗剪强度和抗风化能力，能形成高峻的斜坡，易发生崩塌。由软硬互层构成的陡峻斜坡，由于差异风化，斜坡外形凹凸不平，因而也容易产生崩塌。另外，由于老黄土强度较高且具有垂直节理，常能形成高陡斜坡，也可产生崩塌。

（3）构造条件

各种构造面对坡体的切割、分离，为产生崩塌创造了条件。当软弱结构面倾向临空且倾角较大时，易发生崩塌；或者坡面上两组成楔形相交的结构面，当其组合交线倾向临空时也会发生崩塌。

地形条件、岩性条件、构造条件是形成崩塌的 3 个基本条件。

（4）其他自然因素

岩石的强烈风化、裂隙水的冻融、流水冲掏坡脚、植物根系的楔入等，都能促使斜坡岩体发生崩塌现象。但大规模的崩塌多发生在暴雨、久雨或强震之后。

除此之外，人类不合理的工程活动也是引起崩塌发生的重要因素。如公路路堑开挖过深，边坡过陡，引起边坡发生崩塌；如坡顶弃方荷载过大或不妥当的爆破施工，也常促使斜坡发生崩塌现象。

3. 崩塌的防治原则

由于崩塌发生得突然而猛烈，治理比较困难而且复杂，特别是大型崩塌，所以一般多采取以防为主的原则。

（1）在选线时，应注意根据斜坡的具体条件，认真分析崩塌的可能性及其规律。对有可能发生大、中型崩塌的地段，有条件绕避时，宜优先采用绕避方案。若绕避有困难时，可调整路线位置，离开崩塌影响范围一定距离，尽量减少防治工程，或考虑其他通过方案（如隧道、明洞等），确保行车安全。对可能发生小型崩塌或落石的地段，如拟通过，路线应尽量争取设在崩塌停积区范围之外。如有困难，也应使路线离坡脚有适当距离，以便设置防护工程。

（2）在设计和施工中，避免使用不合理的高陡边坡，避免大挖大切，以维持山体的平衡。在岩体松散或构造破碎地段，不宜使用大爆破施工，以免由于工程技术上的错误而引起崩塌。

4.崩塌的防治措施

（1）清除坡面危石。

（2）坡面加固：如坡面喷浆、抹面、砌石铺盖等，以防止软弱岩层进一步风化；灌浆、勾缝、镶嵌、锚栓，以恢复和增强岩体的完整性。

（3）危岩支顶：如用石砌或混凝土作支垛、护壁、支柱、支墩、支墙等，以增加斜坡的稳定性。

（4）拦截防御：如修筑落石平台、落石网、落石槽、拦石网、拦石堤、拦石墙等。

（5）调整水流：如修筑截水沟、堵塞裂隙、封底加固附近的灌溉引水、排水沟渠等，防止水流大量渗入岩体而恶化斜坡的稳定性。

（6）遮盖：如修筑明洞、棚洞将公路工程保护起来。

（二）滑坡

1.滑坡的概念

斜坡大量土体和岩体在重力作用下，沿坡体内一定的滑动面（或带）整体向下滑动的现象，称为滑坡。滑坡是山区公路的主要病灾害之一，由于山坡或路基边坡发生滑坡，常造成交通中断，影响公路的正常运营。

规模大的滑坡一般是缓慢地、长期地向下滑动，其位移速度多在突变阶段才显著增大，滑动过程可以延续几年、十几年甚至更长的时间。有些滑坡的滑动速度很快，如1983年3月发生的甘肃东乡洒勒山滑坡，最大滑速可达30~40m/s。大规模的滑坡，可以堵塞河道，摧毁公路，破坏厂矿，掩埋村庄，对山区建设和交通设施危害很大。

2.滑坡的形态特征

一个发育完全的典型滑坡，一般具有下面一些基本组成部分（图3-62）。

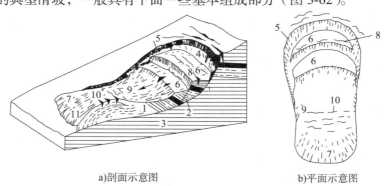

a)剖面示意图　　　　b)平面示意图

图3-62　滑坡要素示意图

1-滑坡体；2-滑动面；3-滑坡床；4-滑坡壁；5-滑坡周界；6-滑坡台阶；7-滑坡舌；8-拉张裂缝；9-剪切裂缝；10-鼓张裂缝；11-扇形裂缝

（1）滑坡体

斜坡沿滑动面向下滑动的土体或岩体称为滑坡体。其内部一般仍保持着未滑动前的层位和结构，但产生许多新的裂缝，个别部位还可能遭受较强烈的扰动。

（2）滑动面、滑动带和滑坡床

滑坡体沿其向下滑动的面称为滑动面。滑动面以上，被揉皱了的厚数厘米至数米的结构扰动带，称为滑动带。有些滑坡的滑动面（带）可能不止一个。在最后滑动面以下稳定的土体或岩体称为滑坡床。滑动面（滑动带）是表征滑坡内部结构的主要标志，它的位置、数量、形状和滑动面（带）土石的物理力学性质，对滑坡的推力计算和工程治理有重要意义。滑动面的形状，因地质条件而异。一般说来，发生在均质土中的滑坡，滑动面在滑坡纵轴线的剖面上多呈圆弧形；沿岩层层面或构造裂隙发育的滑坡，滑动面多呈直线形或折线形。

（3）滑坡壁

滑动面的上缘，即滑动体与斜坡断开下滑后形成的陡壁，称为滑坡壁。它在平面上多呈圈椅状，其高度自几厘米至几十米，陡度一般为 60°~80°。

（4）滑坡周界

滑坡体与周围未滑动的稳定斜坡在平面上的分界线，称为滑坡周界。滑坡周界圈定了滑坡的范围。

（5）滑坡台阶

有几个滑动面或经过多次滑动的滑坡，由于各段滑坡体的运动速度不同，而在滑坡体上出现的阶梯状的错台，称为滑坡台阶。

（6）滑坡舌

滑坡体的前缘，形如舌状伸出的部分，称为滑坡舌。

（7）滑坡裂缝

滑坡体的不同部分，在滑动过程中，因受力性质不同，形成不同特征的裂缝。按受力性质，滑坡裂缝可分为拉张裂缝、剪切裂缝、鼓张裂缝和扇形张裂四种。拉张裂缝分布在滑坡体上部，与滑坡壁的方向大致吻合，多呈弧形，是滑坡体向下滑动时产生的拉力形成，裂缝张开。剪切裂缝分布在滑坡体中部的两侧，是滑坡体向下滑动时在滑坡体两侧所产生的剪切作用形成的，与滑动方向大致平行，其两边常伴有呈羽毛状排列的次一级裂缝。鼓张裂缝主要分布于滑坡体的下部，是由于滑坡体上、下部分运动速度的不同或滑坡体下滑受阻，致使滑坡体鼓张隆起所形成的裂缝，其延伸方向大体上与滑动方向垂直。扇形张裂缝分布在滑坡体的中下部（尤以舌部为多），当滑坡体向下滑动时，滑坡体的前缘向两侧扩散引张而形成的张开裂缝，其方向在滑动体中部与滑动方向大致平行。

（8）滑坡洼地

滑坡滑动后，滑坡体与滑坡壁之间常拉开成沟槽，构成四周高中间低的封闭洼地，称为滑坡洼地。滑坡洼地往往由于地下水在此处出露，或者由于地表水的汇集，常成为湿地或水塘。

3.滑坡的形成条件和影响因素

（1）滑坡的形成条件

滑坡的发生，是斜坡岩（土）体平衡条件遭到破坏的结果。滑动面的形状有各种形式，基本的为平面形和圆柱状两种。二者表现虽有不同，但平衡关系的基本原理还是一致的。当总下滑力（力矩）大于总抗滑力（力矩）时，斜坡平衡条件已遭破坏而形成滑坡。因此，滑坡形成的基本条件为：坡体要具备临空面、切割面，特别是要形成一个贯通的滑动面；总下滑力（力矩）大于总抗滑力（力矩）。

一般地，均质无黏性土滑坡的滑动面为平面，均质黏性土滑坡的滑动面为圆弧面，其余滑坡多为复合滑动面。

（2）影响滑坡形成的因素

①岩性：滑坡主要发生在易于亲水软化的土层中和一些软质岩层中，当坚硬岩层或岩体内存在有利于滑动的软弱面时，在适当的条件下也可能形成滑坡。

②构造：埋藏于土体或岩体中倾向与斜坡一致的结构面，一般都是抗剪强度较低的软弱面，当斜坡受力情况突然变化时，都可能成为滑坡的滑动面或切割面。

③水：对斜坡岩土体的作用，是形成滑坡的重要条件。当水渗入滑坡体后，不但可以增大滑坡的下

滑力，而且将迅速改变滑动面（带）岩土体的性质，降低其抗剪强度，起到"润滑剂"的作用。

此外，如风化作用，降雨，人为不合理的切坡或坡顶加载，地表水对坡脚的冲刷以及地震等，都能促使上述条件发生有利于斜坡土石向下滑动的变化，激发斜坡产生滑动现象。

4. 滑坡的分类

为了对滑坡进行深入研究和采取有效的防治措施，需要对滑坡进行分类。但由于自然地质条件的复杂性，且分类的目的、原则和指标也不尽相同，因此，对滑坡的分类至今尚无统一的标准。结合我国的区域地质特点和道路工程实践。公路部门认为，按滑坡体的主要物质组成和滑动时的力学特征进行的分类，有一定的现实意义。

按滑坡的主要物质组成，可以把滑坡分为堆积层滑坡、黄土滑坡、黏土滑坡和岩层滑坡四个类型。

①堆积层滑坡是公路工程中经常碰到的一种滑坡类型，多出现在河谷缓坡地带或山麓的坡积、残积、洪积及其他重力堆积层中。它的产生往往与地表水和地下水直接参与有关。滑坡体一般多沿下伏的基岩顶面、不同地质年代或不同成因的堆积物的接触面，以及堆积层本身的松散层面滑动。滑坡体厚度一般从几米到几十米。

②发生在不同时期的黄土层中的滑坡，称为黄土滑坡。它的产生常与裂隙及黄土对水的不稳定性有关，多见于河谷两岸高阶地的前缘斜坡上，常成群出现，且大多为中、深层滑坡。其中有些滑坡的滑动速度很快，变形急剧，破坏力强，是属于崩塌性的滑坡。

③发生在均质或非均质黏土层中的滑坡，称为黏土滑坡。黏土滑坡的滑动面呈圆弧形，滑动带呈软塑状。黏土的干湿效应明显，干缩时多张裂，遇水作用后呈软塑或流动状态，抗剪强度急剧降低，所以黏土滑坡多发生在久雨或受水作用之后，多属中、浅层滑坡。

④发生在各种基岩岩层中的滑坡，属岩层滑坡，它多沿岩层层面或其他构造软弱面滑动。这种沿岩层层面、裂隙面和前述的堆积层与基岩交界面滑动的滑坡，统称为顺层滑坡，如图 3-63 所示。但有些岩层滑坡也可能切穿层面滑动而成为切层滑坡，如图 3-64 所示。岩层滑坡多发生在由砂岩、页岩、泥岩、泥灰岩以及片理化岩层（片岩、千枚岩等）组成的斜坡上。

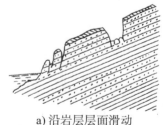

a) 沿岩层层面滑动　　b) 沿坡积层与基岩交界面滑动

图 3-63　顺层滑坡示意图

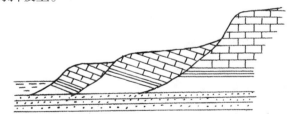

图 3-64　切层滑坡示意图

滑坡按滑坡体的体积 V 可分为：小型滑坡（$V \leqslant 4 \times 10^4 m^3$）、中型滑坡（$4 \times 10^4 m^3 < V \leqslant 3 \times 10^5 m^3$）、大型滑坡（$3 \times 10^5 m^3 < V \leqslant 1 \times 10^6 m^3$）和巨型滑坡（$V > 1 \times 10^6 m^3$）。

滑坡按滑动面的埋深 H 可分：为浅层滑坡（$H \leqslant 6m$）、中层滑坡（$6m < H \leqslant 20m$）和深层滑坡（$H > 20m$）。

按滑坡的力学性质，滑坡可分为牵引式滑坡和推动式滑坡两类。

①牵引式滑坡：主要是由于坡脚被切割（人为开挖或河流冲刷等）使斜坡下部先变形滑动，因而使斜坡的上部失去支撑，引起斜坡上部相继向下滑动。牵引式滑坡的滑动速度比较缓慢，但会逐渐向上延伸，规模越来越大。

②推动式滑坡：主要是由于斜坡上部不恰当地加荷（如建筑、填堤、弃渣等）或在各种自然因素作用下，斜坡的上部先变形滑动，并挤压推动下部斜坡向下滑动。推动式滑坡的滑动速度一般较快，但其规模在通常情况下不再有较大发展。

5. 滑坡的防治原则

滑坡的防治，要贯彻以防为主、整治为辅的原则。在选择防治措施前，要查清滑坡的地形、地质和水文地质条件，认真研究和确定滑坡的性质及其所处的发展阶段，了解产生滑坡的主、次要原因及其相互间的联系，结合公路的重要程度、施工条件及其他情况综合考虑。

（1）整治大型滑坡，技术复杂，工程量大，时间较长，因此在勘测阶段对于可以绕避且属经济合理的，首先应考虑路线绕避的方案。在已建成的路线上发生的大型滑坡，如改线绕避将会废弃很多工程，应综合各方面的情况，做出绕避、整治两个方案进行比较。对大型复杂的滑坡，常采用多项综合治理，应作整治规划，工程安排要有主次缓急，并观察效果和变化，随时修正整治措施。

（2）对于中型或小型滑坡连续地段，一般情况下路线可不绕避，但应注意调整路线平面位置，以求得工程量小、施工方便、经济合理的路线方案。

（3）路线通过滑坡地区，要慎重对待。对发展中的滑坡要进行整治，对古滑坡要防止复活，对可能发生滑坡的地段要防止其发生和发展。对变形严重、移动速度快、危害性大的滑坡或崩塌性滑坡，宜采取立即见效的措施，以防止其进一步恶化。

（4）整治滑坡一般应先做好临时排水工程，然后再针对滑坡形成的主要因素，采取相应措施。

6. 滑坡的防治措施

防治滑坡的工程措施，大致可分为三类。

（1）排水

①地表排水：如设置截水沟以截排来自滑坡体外的坡面径流，在滑坡体上设置树枝状排水系统汇集旁引坡面径流于滑坡体外排出；整平夯实坡面、砌石覆盖坡面等都可以起到防止地表水渗入坡体的作用。

②地下排水：目前常用的排除地下水的工程是各种形式的渗沟，其次有盲洞，近几年来已广泛使用平孔排除地下水的方法。平孔排水施工方便、工期短、节省材料和劳力，是一种经济有效的措施。

（2）力学平衡法

如在滑坡体下部修筑抗滑片石垛、抗滑挡墙、抗滑桩、锚索抗滑桩、锚固框架等支挡建筑物，以增加滑坡下部的抗滑力。在滑坡体的上部刷方减载以减小其滑动力，在滑体下部填方压脚以增大抗滑力等。

（3）改善滑动面（带）的土石性质

如焙烧、电渗排水、压浆及化学加固等，增加滑动面（带）岩土体的抗剪强度以直接稳定滑坡。

此外，还可针对某些影响滑坡滑动的因素进行整治，如为了防止流水对滑坡前缘的冲刷，可设置护坡、护堤、石笼及拦水坝等防护和导流工程。

（三）泥石流

1. 泥石流的概念

泥石流是山区突然暴发的一种含有大量泥沙、石块的特殊洪流。典型的泥石流流域可划分为形成区、流通区和堆积区。泥石流对公路的危害是多方面的，主要通过堵塞、淤埋、冲刷和撞击等方式对路基、桥涵及其附属构造物产生直接危害；同时也经常由于堆积物压缩和堵塞河道，使水位壅升，淹没上游沿河路基，或者迫使主河槽的流向发生变化，冲刷对岸路基，造成间接水毁。

2.泥石流的形成条件

（1）地质条件　凡是泥石流发育的地方，都是岩性软弱，风化强烈，地质构造复杂，褶皱、断裂发育，新构造运动强烈，地震频繁的地区。

（2）地形条件　泥石流流域的地形特征是山高谷深、地形陡峻、沟床纵坡大。完整的泥石流流域，它的上游多是三面环山、一面出口的漏斗状圈谷。

（3）水文气象条件　水既是泥石流的组成部分之一，也是泥石流活动的基本动力和触发条件。降雨，特别是强度大的暴雨，在我国广大山区泥石流的形成中具有普遍的意义。在高山冰川分布地区，冰川、积雪的急剧消融，往往能形成规模巨大的泥石流。

（4）人类活动的影响　良好的植被，可以减弱剥蚀过程，延缓径流汇集，防止冲刷，保护坡面。在山区建设中，如果滥伐山林，使山坡失去保护，将导致泥石流逐渐形成，或促使已经退缩的泥石流又重新发展。此外，矿山剥土、工程弃渣处理不当，也可导致发生泥石流。

综上所述，可以看出，形成泥石流有三个基本条件：①流域中有丰富的固体物质补给泥石流；②有陡峭的地形和较大的沟床纵坡；③流域的中、上游有强大的暴雨或冰雪强烈消融等形成的充沛水源。

3.泥石流的防治原则

（1）路线跨越泥石流沟时，首先应考虑从流通区或沟床比较稳定、冲淤变化不大的堆积扇顶部用桥跨越。这种方案可能存在以下问题：平面线形较差，纵坡起伏较大，沟口两侧路堑边坡容易发生崩塌、滑坡等病害。因此，应注意比较。还应注意目前的流通区有无转化为堆积区的趋势。

（2）当河谷比较开阔、泥石流沟距大河较远时，路线可以考虑走堆积扇的外缘。这种方案线形一般比较舒顺，纵坡也比较平缓，但可能存在以下问题：堆积扇逐年向下延伸，淤埋路基；河床摆动，路基有遭受水毁的威胁。

（3）对泥石流分布较集中、规模较大、发生频繁、危害严重的地段，应通过经济和技术比较，在有条件的情况下，可以采取跨河绕道走对岸的方案或其他绕避方案（图3-65）。

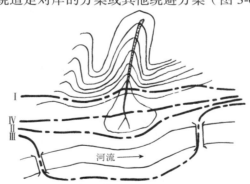

图3-65　公路通过泥石流地段的几种方案示意

I-从堆积扇顶部通过；II-从堆积扇外缘通过；III-跨河绕道通过；IV-从堆积扇中部通过

（4）如泥石流流量不大，在全面考虑的基础上，路线也可以在堆积扇中部以桥隧或过水路面通过。采用桥隧时，应充分考虑两端路基的安全措施。这种方案往往很难彻底克服排导沟的逐年淤积问题。

（5）通过散流发育并有相当固定沟槽的宽大堆积扇时，宜按天然沟床分散设桥，不宜改沟归并。如堆积扇比较窄小，散流不明显，则可集中设桥，一桥跨过。

（6）在处于活动阶段的泥石流堆积扇上，一般不宜采用路堑。路堤设计应考虑泥石流的淤积速度及公路使用年限，慎重确定路基高程。

4.泥石流的防治措施

防治泥石流应全面考虑跨越、排导、拦截以及水土保持等措施，采取因地制宜和就地取材的原则，注意总体规划，采取综合防治措施。

（1）水土保持 包括封山育林、植树造林、平整山坡、修筑梯田，修筑排水系统及支挡工程等措施。水土保持虽是根治泥石流的一种方法，但需要一定的自然条件，收效时间也较长，一般应与其他措施配合进行。

（2）跨越 根据具体情况，可以采用桥梁、涵洞、过水路面、明洞及隧道、渡槽等方式跨越泥石流。采用桥梁跨越泥石流时，既要考虑淤积问题，也要考虑冲刷问题。确定桥梁孔径时，除考虑设计流量外，还应考虑泥石流的阵流特性，应有足够的净空和跨径，保证泥石流能顺利通过。桥位应选在沟道顺直、沟床稳定处，并应尽量与沟床正交。不应把桥位设在沟床纵坡由陡变缓的变坡点附近。

（3）排导 采用排导沟、急流槽、导流堤等措施使泥石流顺利排走，以防止掩埋道路、堵塞桥涵。泥石流排导沟是常用的一种建筑物。设计排导沟应考虑泥石流的类型和特征。为减小沟道冲淤，防止决堤漫溢，排导沟应尽可能按直线布设。必须转变时，应有足够大的弯道半径。排导沟纵坡宜一坡到底，如必须变坡，则应从上往下逐渐弯陡。排导沟的出口处最好能与地面有一定的高差，同时必须有足够的堆淤场地，最好能与大河直接衔接。

（4）滞流与拦截 滞流措施是在泥石流沟中修筑一系列低矮的拦挡坝，其作用是拦蓄部分泥砂石块，减弱泥石流的规模；固定泥石流沟床，防止沟床下切和谷坡坍塌；减缓沟床纵坡，降低流速。拦截措施是修建拦渣坝或停淤场，将泥石流中的固体物质全部拦淤，只许余水过坝。

（四）岩溶

1.岩溶的概念

岩溶是指地表水和地下水对地表及地下可溶性岩石所进行的以化学溶解作用为主，机械侵蚀作用为辅的溶蚀作用、侵蚀—溶蚀作用以及与之相伴生的堆积作用的总称。在岩溶作用下所产生的地表形态和沉积物，称为岩溶地貌和岩溶堆积物。在岩溶地区所产生的特殊地质、地貌和水文特征，概称为岩溶现象。因此，岩溶即岩溶作用及其所产生的一切岩溶现象的总称。岩溶亦名喀斯特（Karst）。

在岩溶地区修筑公路的主要问题有：①由于地下岩溶水的活动，或因地面水的消水洞穴被阻塞，导致路基基底冒水、水淹路基、水冲路基以及隧道涌水等；②由于地下洞穴顶板的坍塌，引起位于其上的路基及其附属构造物发生坍陷、下沉或开裂；③如何正确地利用天生桥以跨越地表河流，利用暗河、溶洞以扩建隧道等岩溶形态的改造利用问题。

2.岩溶的发育条件和影响因素

（1）岩溶发育的基本条件

可溶性岩层是发生溶蚀作用的必要前提，它必须具有一定的透水性，使水能进入岩层内部进行溶蚀。纯水对钙、镁碳酸盐的溶解能力很弱，含有二氧化碳及其他酸类时，侵蚀能力才显著提高。具有侵蚀能力的水在碳酸盐岩中停滞而不交替，很快成为饱和溶液而丧失其侵蚀性，因此水的流动是保持溶蚀作用持续进行的必要条件。

岩溶发育条件归结为：可溶岩层的存在，可溶岩必须是透水的，具有侵蚀能力的水是流动的。

（2）影响岩溶发育的因素

影响岩溶发育的因素很多，除上述基本条件外，地质的因素还有地层（包括地层的组合、厚度）、构造（包括地层产状、大地构造、地质构造等）。地理因素有气候、覆盖层、植被和地形等。其中，气候因素对岩溶影响最为显著。

3. 岩溶发育地区公路选线应注意的问题

在岩溶地区选线，要想完全绕避是不大可能的，尤其是在我国中南和西南岩溶分布十分普遍的地区，更不可能。因此，宜按认真勘测、综合分析、全面比较、避重就轻、兴利防害的原则。根据岩溶发育和分布规律，注意以下几点：

①在可溶性岩石分布区，路线应选择在难溶岩石分布区通过。

②路线方向不宜与岩层构造线方向平行，而应与之斜交或垂直通过，因暗河多平行于岩层构造线发育。

③路线应尽量避开河流附近或较大断层破碎带；无法避开时，宜垂直或斜交通过，以免由于岩溶发育或岩溶水丰富而威胁路基的稳定。

④路线尽可能避开可溶岩与非可溶岩或金属矿床的接触带，因这些地带往往岩溶发育强烈，甚至岩溶泉成群出露。

⑤岩溶发育地区选线，应尽量在土层覆盖较厚的地段通过，因一般覆盖层起到防止岩溶继续发展、增加溶洞顶板厚度和使上部荷载扩散的作用。但应注意覆盖土层内有无土洞的存在。

⑥桥位宜选在难溶岩层分布区或无深、大、密的溶洞地段。

⑦隧道位置应避开漏斗、落水洞和大溶洞，并避免与暗河平行。

4. 岩溶的工程处理

目前，岩溶的工程处理措施可以概括为疏导、跨越、加固、堵塞与钻孔充气、恢复水位等。

（1）疏导 对岩溶水宜疏不宜堵。一般可以明沟、泄水洞等加以疏导。

（2）跨越 以桥涵等建筑物跨越流量较大的溶洞、暗河。

（3）加固 为防止溶洞塌陷和处理由于岩溶水引起的病害，常采用加固的方法。如洞径大，洞内施工条件好，可用浆砌片石支墙加固；洞深而小，不便洞内加固时，可用大块石或钢筋混凝土板加固；或炸开顶板，挖去填充物，换以碎石等换土加固；利用溶洞、暗河作隧道时，可用衬砌加固等。

（4）堵塞 对基本停止发展的干涸溶洞，一般以堵塞为宜。如用片石堵塞路堑边坡上的溶洞，表面以浆砌片石封闭。对路基或桥基下埋藏较深的溶洞，一般可通过钻孔向洞内灌注水泥砂浆或混凝土等加以堵填。

（5）钻孔充气 是为克服真空吸蚀作用所引起的地面塌陷的一种措施。通过钻孔，可消除岩溶在封闭条件下所形成的真空腔的作用。

（6）恢复水位 是从根本上消除因地下水位降低造成地面塌陷的一种措施。

考点二：路基工程地质问题

路基所出现的各种软化、变形和整体失稳一般称为路基病害。这里按照路基病害发生的特点和所处的位置，对路基不均匀变形和边坡面变形破坏进行简要介绍。

（一）路基不均匀变形

路基不均匀变形以路基沉陷变形较为常见，但也包括鼓胀变形。软土、湿陷性黄土、膨胀土、盐渍土、多年冻土等分布区域的路基常出现路基沉陷变形，而在盐渍土和膨胀土分布地区的路基则出现不均匀鼓胀变形。以下按各种特殊土类和地质条件对路基不均匀变形分别进行叙述，主要介绍各类土的性质及地质条件与路基病害的关系等。

1. 软土路基沉陷

（1）软土的工程性质

软土一般是指天然含水率大、压缩性高、承载力低和抗剪强度很低的呈软塑—流塑状态的黏性土。软土是一类土的总称，并非指某一种特定的土，一般将软土分为软黏性土、淤泥质土、淤泥、泥炭质土和泥炭等，即其性质大体与上述概念相近的土都可以归为软土。

软土一般具有下列工程性质：

①软土的孔隙比和含水率：软土具有较大的孔隙比和高含水率，孔隙比一般大于 1.0，高的可达 5.8（滇池淤泥），含水率大于液限达 50%~70%，最大可达 300%。但随沉积年代的久远和深度的加大，孔隙比和含水率降低。

②软土的透水性和压缩性：软土孔隙比大，但孔隙小，吸水、亲水性强，透水性差（一般渗透系数 K 小于 10^{-6}cm/s），在荷载作用下排水不畅，固结慢，压缩性高，压缩系数 $a = 0.7~2.0$MPa^{-1}，压缩模量 E_s 为 1~6MPa，压缩过程长，开始时压缩下沉很慢，完成下沉的时间很长。

③软土的强度：软土强度低，无侧限抗压强度为 10~40kPa。不排水直剪试验的 $\varphi = 2°~5°$，$c = 10~15$kPa；排水条件下 $\varphi = 10°~15°$，$c = 20$kPa。所以评价软土抗剪强度时，应根据建筑物加荷情况选用不同的试验方法。

④软土的触变性：软土受到振动，海绵状结构破坏，土体强度降低，甚至呈现流动状态，称为触变，也称振动液化。触变使地基土大面积失效，对建筑物破坏极大。软土触变用灵敏度（S_t）表示，即天然结构下的抗剪强度（c）与结构扰动后的抗剪强度（c'）的比值。一般，S_t 为 3~4，个别达 8~9，灵敏度越大，强度降低越明显，造成的危害也越大。

⑤软土的流变性：软土在长期荷载作用下，变形可以延续很长时间，最终引起破坏，这种性质称为流变性。破坏时软土的强度远低于常规试验测得的标准强度，一些软土的长期强度只有标准强度的40%~80%。

（2）软土路基的变形破坏

简单地说，软土地基的变形破坏主要是承载力低，导致地基变形大或发生挤出，造成建筑物的破坏。修建在软土地基上的道路路堤受强度限制，必须控制在临界高度以下，否则容易发生挤出破坏。

2. 黄土路基沉陷

黄土是第四纪以来，在干旱、半干旱气候条件下，陆相沉积的一种特殊土。

（1）黄土的沉积年代

我国黄土从第四纪初开始沉积，一直延续至现在，贯穿了整个第四纪。午城黄土（Q_1）和离石黄土（Q_2）因沉积年代早，大孔隙已退化，土质紧密，不具湿陷性；马兰黄土（Q_3）沉积年代较新，有强烈的湿陷性；而新近堆积的黄土（Q_4）结构疏松，压缩性强，工程性质最差。习惯上，把离石黄土、午城黄土称为老黄土，马兰黄土等称为新黄土。

（2）黄土的工程性质

黄土一般具有下列工程性质：

①黄土的粒度成分：黄土的粒度成分以粉粒为主，占 60%~70%，其次是砂粒和黏粒，各占 1%~29% 和 8%~26%。一般认为黏粒含量大于 20% 的黄土，湿陷性较小或无湿陷性。但是也有例外的情况，兰州西黄河北岸的次生黄土黏粒含量超过 20%，湿陷性仍十分强烈。

②黄土的相对密度和密度：黄土的相对密度一般在 2.54~2.84 之间，结构疏松，具有大孔隙，密度

为1.5~1.8g/cm³，干密度约为1.3~1.6g/cm³，一般认为干密度小于1.5g/cm³的黄土具有湿陷性。

③黄土的含水率：黄土含水率与当地年降雨量及地下水埋深有关，位于干旱、半干旱地区的黄土一般含水率较低。含水率与湿陷性有一定关系，含水率低，湿陷性强，含水率增加，湿陷性减弱，一般含水率超过25%时就不再具有湿陷性了。

④黄土的压缩性：土的压缩性由压缩系数（a）表示。一般认为a小于0.1MPa^{-1}的土为低压缩性土，a在0.1~0.5MPa^{-1}间的土为中等压缩性土，a大于0.5MPa^{-1}的土是高压缩性土。黄土多为中压缩性土，近代黄土是高压缩性的，年代越老的黄土压缩性越小。

⑤黄土的抗剪强度：一般黄土的内摩擦角$\varphi = 15°~25°$，凝聚力$c = 30~40$kPa，抗剪强度中等。

⑥黄土的湿陷性和黄土陷穴：天然黄土在一定的压力作用下，浸水后产生突然的下沉现象，称为湿陷。这个压力称为湿陷起始压力。如果湿陷发生在土的饱和自重压力下称为自重湿陷，如果湿陷发生在自重压力和建筑物的附加压力下称为非自重湿陷。黄土的非自重湿陷比较普遍，其工程意义比较大。根据我国地域特点，黄土湿陷性在西北强、东南弱。

黄土湿陷性评价目前都采用浸水压缩试验方法，将黄土原状土样放入固结仪内，在无侧限膨胀条件下进行压缩试验，测出天然湿度下变形稳定后的试样高度h_2及浸水饱和条件下变形稳定后的试样高度h_2'，然后计算相对湿陷系数$\delta_{sh} = (h_2 - h_2')/h_2$。

当$\delta_{sh} \geqslant 0.015$时，应定为湿陷性黄土；当$\delta_{sh} < 0.015$时，应定为非湿陷性黄土。

湿陷性黄土的湿陷程度划分：

当$0.015 \leqslant \delta_{sh} \leqslant 0.030$时，湿陷性轻微；

当$0.030 < \delta_{sh} \leqslant 0.070$时，湿陷性中等；

当$\delta_{sh} > 0.070$时，湿陷性强烈。

（3）黄土路基的变形破坏

黄土因其特殊的大孔隙、垂直节理发育等结构特性，强渗透和遇水崩解的水理特性，干燥时高强度、浸水后强度明显降低的强度特性，造成路基常出现路堤下沉、坡面冲刷、边坡滑塌和滑坡、冲沟侵蚀路基等工程病害。特别是湿陷性黄土质地疏松，大孔隙和垂直裂隙发育，富含可溶盐，浸水后结构迅速破坏而发生显著的附加下沉，工程病害更是经常发生而且强烈。

黄土路基各种病害的发生与水的关系密切。路堤沉陷常是地基湿陷、地下洞穴塌陷、路线通过冲沟时沟底地基湿软、冲沟溯源侵蚀路基等原因造成的；雨水造成坡面冲刷、滑塌，河流冲刷坡脚或地下水软化坡脚引起滑坡；地下水位较高造成路基软化和冻胀、翻浆。因此，黄土地区进行道路建设和道路病害治理必须重视排水问题，包括地表排水和地下排水。

黄土陷穴、人工坑洞、地下墓穴等人工洞穴在黄土地区较为多见。线路勘测时不易发现，运营一段时间后可能突然发生沉陷。因此，应查明陷穴、洞穴的分布规律，对已有的陷穴应回填夯实，平整地面，排除地表水和地下水的影响。

3. 膨胀土路基变形

膨胀土是一种黏性土，具有明显的膨胀、收缩特性。它的粒度成分以黏粒为主，黏粒的主要矿物是蒙脱石、伊利石，这两类矿物有强烈的亲水性，吸收水分后体积膨胀，失水后收缩，多次膨胀、收缩，强度很快衰减，导致修建在膨胀土上的工程建筑物开裂、下沉、失稳破坏。

（1）膨胀土的工程性质

①膨胀土的粒度成分：膨胀土的黏度成分以黏粒含量为主，高达50%以上，黏粒粒径小于0.005mm，

接近胶体颗粒，为准胶体颗粒，呈现出强亲水性。

②膨胀土的密度：天然状态下，膨胀土结构紧密、孔隙比小，干密度达 $1.6 \sim 1.8 \mathrm{g/cm^3}$，塑性指数为 $18 \sim 23$，膨胀土的天然含水率与塑限比较接近，一般为 $18\% \sim 26\%$，土体处于坚硬或硬塑状态，常被误认为是良好的天然地基。

③膨胀土的裂隙性：膨胀土中裂隙十分发育，是区别于其他土的明显标志。膨胀土的裂隙按成因有原生和次生之别。原生裂隙多闭合，裂面光滑，常有蜡状光泽，次生裂隙多以风化裂隙为主，在水的淋滤作用下，裂面附近蒙脱石含量显著增高，呈白色，构成膨胀土的软弱面，这种灰白土是引起膨胀土边坡失稳滑动的主要原因。

④膨胀土的强度：天然状态下，膨胀土的剪切强度、弹性模量都比较高，但遇水后强度显著降低，黏聚力小于 $50\mathrm{kPa}$，内摩擦角小于 $10°$，有的甚至接近饱和淤泥的强度。

⑤膨胀土具有超固结性：超固结性是指膨胀土在应力史上曾受到比现在土的上覆自重压力更大的压力，因而孔隙比小，压缩性低，一旦开挖，遇水膨胀，强度降低，造成破坏。

膨胀土的固结程度用土的超固结比 R（前期固结压力 p_c 与目前土层的上覆自重压力 p_0 之比）来表示。正常土 $R = 1$，超固结土 $R > 1$。

（2）膨胀土的胀缩性指标

一般来讲，黏性土都有一定的膨胀性，只是膨胀量小，没有达到危害程度。为了正确评价膨胀土与非膨胀土，必须测定其膨胀收缩指标。表示膨胀土的胀缩性指标有下列几种：

自由膨胀率（F_s）：指人工制备的烘干土，在水中吸水后体积增量（$V_w - V_0$）与原体积（V_0）之比的百分数。$F_s > 40\%$ 为膨胀土。

膨胀率（C_{sw}）：人工制备的烘干土，在一定的压力下，侧向受限水膨胀稳定后，试样增加的高度（$h_w - h_0$）与原高度（h_0）之比的百分数，$C_{sw} \geqslant 40\% \geqslant 4$ 为膨胀土。

线缩率（e_{sl}）：为土样收缩后高度减小量（$l_0 - l$）与原高度 l_0 之比的百分数。$e_{sl} \leqslant 5\%$ 为膨胀土。

（3）膨胀土的路基变形

膨胀土因特殊的工程性质对工程建筑产生多种危害，而且变形破坏具有反复性。在膨胀土地区，路面常出现随季节变化的大范围、大幅度的波浪变形；路基常出现的病害有不均匀鼓胀和沉陷，沿路肩部位的纵裂和坍肩，在路堑边坡和路堤边坡的剥落、冲蚀、溜塌、坍滑和滑坡，有"逢堑必滑，无堤不坍"之说。

这些病害的产生必须具备两个基本条件：一是土具有胀缩特性；二是水的渗入，没有含水率的变化，则不会产生路基的变形和破坏。因此，控制填土的性质或改善土的胀缩性，减小路基、路面水的渗入，是防治膨胀土道路病害的重要手段。膨胀土的膨胀潜势与土的初始密度和初始含水率有关，初始密度越大、初始含水率越小，土体膨胀潜力越大；反之，则小。因此，采用合理的填土压实标准和碾压含水率，是减轻胀缩危害的另一重要方面。

4. 盐渍土路基变形

盐渍土是不同程度的盐碱化土的统称。在公路工程，一般指易溶盐的含量大于或等于 0.3% 且小于 20% 的土。

（1）盐渍土的工程性质

①盐渍土的力学性质：土在潮湿状态时，土中的含盐量越大，则其强度越低。当含盐量增加到某一程度后，盐分能起胶结作用时，或土中含水量减小，盐分开始结晶，晶体充填于土孔隙中起骨架作用时，其强度反而比不含盐的同类土的强度高。

②盐渍土的湿陷性和水稳性：盐渍土不仅遇水发生膨胀，易溶盐遇水还会发生溶解，地基也会因溶蚀作用而下陷；水对盐渍土的稳定性影响很大，一般均表现为吸湿软化，使稳定性降低。

③盐渍土的压实性：当土中的含盐量增大时，其最佳密度逐渐减小，当含盐量超过一定限度时，就不易达到规定的标准密度。如果需要以含盐量较高的土作为填料，就需要加大夯实能量。硫酸盐渍土的含盐量增加到接近 2% 时，碳酸盐渍土的含盐量超过 0.5% 时，土的密度显著降低。氯盐渍土中的盐类晶体填充在土的孔隙中，能使土的密度增大，但当土湿化后，盐类溶解，土的密度就降低。

④盐渍土中的有害毛细水作用：盐渍土中的有害毛细水上升能直接引起地基土的浸湿软化和次生盐渍化，进而使土的强度降低，产生盐胀、冻胀等病害。

（2）盐渍土路基变形

我国沿海和内陆地区分布着大范围的盐渍土，当盐渍土中硫酸盐含量较高时，土的物理、力学性质和筑路性质会发生显著变化，引起许多路基病害。盐渍土地区的路基随着温度的变化出现胀缩现象，低温季节土体膨胀，路面出现鼓包、开裂；高温季节，由于硫酸盐脱水，路基出现松软和泥泞。内陆干旱地区季节温差和昼夜温差大，盐渍土地区道路、铁路、机场道面等的病害也相应严重。

影响路基盐胀的主要因素有土质、含盐类型、含盐量、土的含水量、土体密度、温度及其变化过程等。

一般来讲，盐胀最为强烈的土为粉性土。粉土的孔隙率较大且孔隙连通性好，孔隙的大小也有利于毛细水的迁移，毛细水上升的过程就是盐分集中的过程，所以粉土路基的盐胀作用最为强烈。空隙较小的黏性土和空隙较大的砂性土不利于水和盐分的迁移。因此，黏土或天然砂砾常被用作垫层以隔断地下水和盐分向路基及路面内的积聚。各种盐类中，以硫酸盐的胀缩最为明显，其中又以 Na_2SO_4 最强烈，氯盐和碳酸盐类的胀缩性较小。含盐量对膨胀影响的基本规律是：含盐量小于某一值时土体膨胀不明显，大于该值后膨胀量迅速增加，但盐分增加到不能被土中水完全溶解时，多余的盐分将不再形成盐胀，即盐胀量不再随含盐量的增加而增加。

5. 多年冻土路基变形

冻土是指温度等于或低于 0℃，并含有冰的各类土。冻土可分为季节冻土和多年冻土两种。季节冻土是指冬季冻结、夏季融化的土。持续三年以上处于冻结不融化的土称为多年冻土。

土冻结时发生冻胀，强度增高，融化时发生沉陷，强度降低，甚至出现软塑或流塑状态。修建在冻土地区的工程建筑物，常常由于反复冻融，土体冻胀、融沉，导致工程建筑物的破坏。

（1）多年冻土的工程性质

①物理及水理性质：多年冻土中水分既包括冰，也包括未冻水。因此，在评价土的工程性质时，必须测定天然冻土结构下的重度、相对密度、总含水量（冰及未冻水）和相对含冰量（土中冰重与总含水量之比）四项指标。其中未冻结水含量 w_c（$w_c = Kw_p$，w_p 为土的塑限含水率，K 为温度修正系数，由表 3-10 选用）的获取是关键。

修 正 系 数 K 值 表 3-10

土 的 名 称	塑性指数 I_p	地温（℃）							
		−0.3	−0.5	−1.0	−2.0	−4.0	−6.0	−8.0	−10.0
砂类土、粉土	$I_p \leqslant 2$	0	0	0	0	0	0	0	0
粉土	$2 < I_p \leqslant 7$	0.6	0.5	0.4	0.35	0.3	0.28	0.26	0.25
粉质黏土	$7 < I_p \leqslant 13$	0.7	0.65	0.6	0.5	0.45	0.43	0.41	0.4
粉质黏土	$13 < I_p \leqslant 17$	*	0.75	0.65	0.55	0.5	0.48	0.46	0.45
黏土	$I_p > 17$	*	0.95	0.9	0.65	0.6	0.58	0.56	0.55

注：*表示在该温度下孔隙中的水均为未冻水。

总含水量w_n和相对含冰量w_i按下式计算：

$$w_n = w_b + w_c \tag{3-12}$$

$$w_i = \frac{w_b}{w_n} \tag{3-13}$$

式中：w_b——在一定温度下，冻土中的含冰量（%）；

w_c——在一定温度下，冻土中的未冻水量（%）。

②力学性质：冻土的强度和变形仍可用抗压强度、抗剪强度和压缩系数表示。在长期荷载作用下，冻土强度明显衰减，变形明显增大。温度降低时，土中未冻土减少，含冰量增大，冻土类似岩石，短期荷载下强度大增，变形可忽略不计。冻土冻胀融沉是其重要的工程性质，现按冻土的冻胀率和融沉情况对其进行分类。冻胀率n为土在冻结过程中土体积的相对膨胀量，以百分率表示，即

$$n = \frac{h_2 - h_1}{h_1} \times 100\% \tag{3-14}$$

$n > 6\%$时为强冻胀土，$6\% \geqslant n > 3.5\%$时为冻胀土，$3.5\% \geqslant n > 2\%$时为弱冻胀土，$n \leqslant 2\%$时为不冻胀土。

冻土融化下沉由两部分组成，一是外力作用下的压缩变形，另一是温度升高引起的自身融化下沉。多年冻土按融沉情况分级见表3-11。

多年冻土按融沉情况分级 表 3-11

冻土名称	土 的 类 别	总含水量w（%）	融化后的潮湿程度	融沉性分类
少冰冻土	粉黏粒质量≤15%的粗颗粒土（其中包括碎石类土、砾砂、粗砂、中砂。以下同）	$w \leqslant 10$	潮湿	（I级）不融沉
	粉黏粒质量>15%的粗颗粒土，细砂、粉砂	$w \leqslant 12$	稍湿	
	黏性土、粉土	$w \leqslant w_p$	坚硬（粉土为稍湿）	
多冰冻土	粉黏粒质量≤15%的粗粒土	$10 < w \leqslant 16$	饱和	（II级）弱融沉
	粉黏粒质量>15%的粗颗粒土、细砂、粉砂	$12 < w \leqslant 18$	潮湿	
	黏性土、粉土	$w_p < w \leqslant w_p + 7$	硬塑（粉土为潮湿）	
富冰冻土	粉黏粒质量≤15%的粗颗粒土	$16 < w \leqslant 25$	饱和出水（出水量<10%）	（III级）融沉
	粉黏粒质量>15%的粗颗粒土、细砂、粉砂	$18 < w \leqslant 25$	饱和	
	黏性土、粉土	$w_p + 7 < w \leqslant w_p + 15$	软塑（粉土为潮湿）	
饱冰冻土	粉黏粒质量≤15%的粗颗粒土	$25 < w \leqslant 44$	饱和出水（出水量10%~20%）	（IV级）强融沉
	粉黏粒质量>15%的粗颗粒土、细砂、粉砂		饱和出水（出水量<10%）	
	黏性土、粉土	$w_p + 15 < w \leqslant w_p + 35$	流塑（粉土为饱和）	

（2）多年冻土的路基变形

一般地讲，气温、地温越低，地表植被越好，冻土稳定性越好。由于修筑公路、铁路，特别是公路铺筑沥青面层，破坏了多年冻土的水热平衡状态，吸热大于散热，多年冻土逐渐融化。上限附近不同厚

度和不同含冰量的冰层融化，引起路基基底发生不均匀沉陷，或由于水分向路基上部集聚而引起冻胀、翻浆。另外，路基下的冰丘、冰锥和季节活动层的冻融作用往往会使路基鼓胀，引起路基、路面的开裂与变形；当冰丘、冰锥溶解后，路基又发生不均匀沉陷。

多年冻土地区路基设计采用：保护、一般保护和不保护三种原则。保护原则是采取工程措施严格控制多年冻土不发生变化，适用于重要和对变形敏感的工程结构物，且冻土为稳定或较稳定型；一般保护原则是采取工程措施控制冻土变形速率和变形总量，适用于受变形影响不敏感的工程，适用的冻土类型为较稳定型；不保护原则是采取措施加速冻土融化或清除冻土以及不采取任何工程保护措施的原则，适用于不稳定冻土。

6. 山区特殊地形地貌条件引起的路基不均匀变形

山区公路穿越不同的地形和地质组成，其路基常存在填方与挖方、填高与填低、挖在较完整坚硬岩土层与挖在松软岩土层等不同情况，造成路基的纵横向不均匀变形，形成路基的沉陷或开裂。

（1）山区路基的横向不均匀变形

当路基形式以填方路堤及挖方路堑交替出现时，路基发生横向不均匀变形。高填方路堤，路基自重较大，若沟谷内地基较松软，地基将产生过大沉降或不均匀沉降，导致路基产生横向不均匀变形。不同填方高度的路基，也会产生不同程度的沉降变形，导致路基产生横向不均匀变形。

（2）山区路基的纵向不均匀变形

山坡线全挖方地段，由于山体表层岩体与山体内部岩体风化程度不同或山体表层覆盖有松散堆积物，在荷载及其他因素的影响下，路基不同部位产生的沉降量不同，会导致路基产生纵向不均匀变形。

山坡线半填半挖路段，通常外侧路基为填方、内侧为挖方。在荷载及其他因素的影响下，路基填挖方部位产生的沉降量不同，导致路基产生纵向不均匀变形。

（二）边坡工程地质问题

边坡工程地质问题常表现为坡面变形和整体失稳破坏两类工程病害。

1. 坡面变形

坡面变形是指路堑（或路堤）边坡坡面的局部破坏，包括风化剥落、落石、冲刷和表层滑塌等类型。

剥落多发生在坡积层、页岩、泥岩和砂质泥岩组成的边坡中，强烈风化的花岗岩坡面也易发生砂状剥落。剥落是岩质边坡坡面缓慢变形，边坡岩体整体上是稳定的。坡面剥落发展到严重阶段，大量岩屑堆积在坡脚，堵塞侧沟，排水不畅，如不及时清理，局部剥落不断扩大可发展为较大的表层滑塌或崩塌，影响整个边坡稳定。

植物能覆盖表土、防止雨水冲刷，固结土壤，有效地防止坡面风化剥落。对于易风化的岩石边坡坡面，开挖后及时采用水泥石灰砂浆或石灰炉渣浆抹面，也可采用喷混凝土护坡或浆砌片石封闭坡面。

坡面冲刷是雨水顺坡面流动时将松散的颗粒带走，而在坡面上冲刷出一条条带状小纹沟。一条条顺坡面排列的细长的沟槽，将坡面分割得支离破碎。这些变形进一步发展，可以导致路堑或路堤更大规模的破坏。因此，对坡面上刚出现的轻微冲刷应及时整治。

表层滑塌是由于边坡上有地下水出露，形成点状或带状湿地，产生的坡面表层滑塌现象。这类破坏由雨水浸湿、冲刷也能产生。它往往是边坡更大规模变形破坏的前奏。对已发生的破坏应及时整治，避免进一步发展。疏导和拦截地下水，保持坡面干燥，可以制止边坡变形的发展。

2. 整体失稳

边坡整体塌滑和滑坡是路基工程中的重要工程地质问题。山区公路工程常常需要在斜坡坡脚开挖路堑，修建人工边坡。这种工程活动改变了斜坡内初始的应力状态，破坏了边坡岩体的稳定性，从而引起边坡滑动，常发生在岩层顺坡倾斜、层间夹有泥化的页岩或泥岩层中。某一滑坡由白垩系泥质砂岩、页岩组成，岩层倾向线路（图3-66）。边坡上部砂岩中发育两组陡倾角节理，倾向坡外。地表水沿裂隙下渗至砂岩、页岩接触面，浸润软化页岩。施工开挖路堑后，岩体失去平衡，形成基岩滑坡。

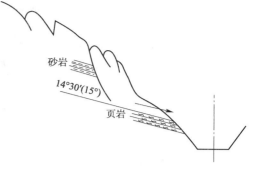

图3-66　某滑坡示意图

斜坡坡脚坡积物广泛分布，道路傍山修建切割坡脚，截断坡积层，降低其稳定性，引起坡积层沿下伏基岩面向线路方向滑动。因此，山区道路坡积层内发生的滑坡是常见的边坡病害。

一般来看，顺倾向岸坡地形较缓，但整体稳定性较差（图3-67）；反倾向坡则相反。河流凹岸稳定性较差，凸岸稳定性则较好。

岩体破坏都是沿着结构面发生，特别是边坡岩体中结构面贯通，产状有利于滑动破坏时，尤为不利（图3-68）。

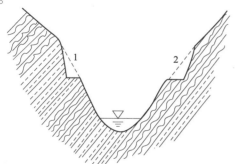

图3-67　单斜河谷边坡稳定性示意图

1-有利情况；2-不利情况

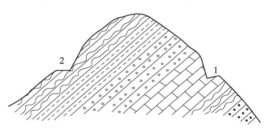

图3-68　地质构造对边坡稳定的影响

1-有利情况；2-不利情况

考点三：桥梁工程地质问题

桥梁是道路工程建筑的重要组成部分。线路跨越河流、沟谷或其他道路，需要架设桥梁，桥梁也是线路通过地质灾害频繁发生地区的主要工程。桥位选择、桥梁基坑稳定性和正确选定桥基承载力，是确保桥梁安全的三个重要方面。

（一）桥位选择的工程地质问题

桥梁位置的选择应该综合考虑线路方向、选线设计技术要求、城乡建设、交通水利设施的要求和地形、地质条件等多方面因素。一般地，中、小桥位置由线路条件决定，大桥或特大桥则往往先选好桥位，然后再统一考虑线路条件。

理想的桥位应选择在岸坡稳定、地基条件良好、无不良地质现象、水流集中、河床稳定、河道顺直、河谷较窄的地段，桥梁的轴线与河流方向垂直。避开大断裂带，尤其是未胶结的断层破碎带和具有活动可能的断裂带。

1. 山区河流桥位条件

选择山区河流的桥位时，应考虑如下几个原则：

（1）桥渡线尽可能选在河道顺直、水流通畅地段。

（2）桥渡线宜选在河槽较窄的峡谷段通过，并应同时考虑施工方法与施工场地的布置问题。

（3）桥渡线应避免在两河交汇或支流汇入主流的河口段通过。

（4）桥头及其引线应避开滑坡、崩塌、泥石流等地质灾害发生场所。

2. 山前区宽河桥位条件

河流流出山区进入山前地区，地形骤然拓宽，多形成山前宽河。它可分为上游狭窄河段、中游扩散河段和下游收缩河段。不同河段具有不同的特点。

上游狭窄河段，河流强烈下切，两岸陡立，河床纵坡大，流速也大，河床稳定。此处桥长最短，桥位布置较简单，桥下净空高，河滩路堤最短。基础工程简单，防护工程少，是良好的桥位。

下游收缩河段，水流平稳，河床稳定，在这里建桥也是较好的桥址。

中游扩散河段，此处水流经常变化，冲淤次数较多，尤其是逐年淤高，是一个复杂而危害很大的问题。在此建桥，造价高，养护困难。因此，应尽可能避开在此河段上建桥。

3. 平原区河流桥位条件

平原区河流，河床摆动较大，而且有的河段稳定，有的河段仍不断变化。

在平原区河流稳定河段，桥位应选在河道顺直、河床深槽地段，桥梁中线宜与河流两岸垂直。

在平原区河流次稳定河段，则要注意河床的天然演变。一般桥位可选在河湾顶部中间部位跨越，不宜设在两河湾间直线过渡段，以免河湾下移，引起桥下斜流冲刷，危及墩、台安全。

对于平原区游荡性河段，桥位宜选在有坚固抗冲的岸壁或人工建筑物河堤等处。必要时采取导流措施保护桥渡安全。

（二）桥基稳定性及承载力的确定

1. 桥基稳定性

桥梁基础及其施工过程中基坑的稳定性受到地质条件与河流冲刷的影响，会产生基础垮塌、滑移和基坑坍滑等破坏或变形，威胁工程和人员的安全。

（1）基坑坍滑 桥梁墩、台基础明挖施工时，基坑坍滑是经常发生的工程地质问题。

（2）基底软弱夹层 层状岩石中多含泥岩、页岩、千枚岩等软弱岩层或构造破碎带，在受水浸泡下，软化成泥状，使得桥基稳定性差、承载力不足，桥梁无法在其上设置墩台基础。

（3）基底溶洞 桥梁基础底部岩溶洞穴对建筑物的危害主要是使建筑物基础悬空，洞穴顶板过薄，不能承受荷重而产生地表沉陷，甚至突然坍塌。

（4）河流冲刷对桥基的危害 洪水期间河水流量流速猛增，河流的冲刷作用强烈，会导致墩台基础常常遭受洪水冲刷，基础外露，危及桥梁安全。为避免桥基冲刷，基础应设在最大冲刷深度以下一定距离，以免水流淘蚀基础下土层，造成墩台倾斜。有关基础埋置深度的规定请查阅相关规范。

2. 承载力确定

地基允许承载力是指地基所能承受的由基础传递的压力，在这种压力作用下，地基不发生破坏，建筑物也不会因为地基产生过大的沉降而变形、失稳。地基承载力的确定有三种方法：载荷试验法，公式计算法和应用规范查表法。

由载荷试验测得的数据能反映地基土的真实情况，一些重要建筑物多由载荷试验确定地基承载力，一些地质条件复杂的场地，也经常作载荷试验。

载荷试验是由载荷板向地基土传递压力，观测压力与地基土沉降之间的关系，作出压力p与沉降s曲线，由p-s曲线（图3-69）确定地基承载力，具体方法请查阅相关规范。

计算地基承载力的理论公式有多个，这些公式都以某些假定为基础推导得来。公式中一般考虑基础形式、基础埋置深度、土的物理性质和状态、力学性质等因素。

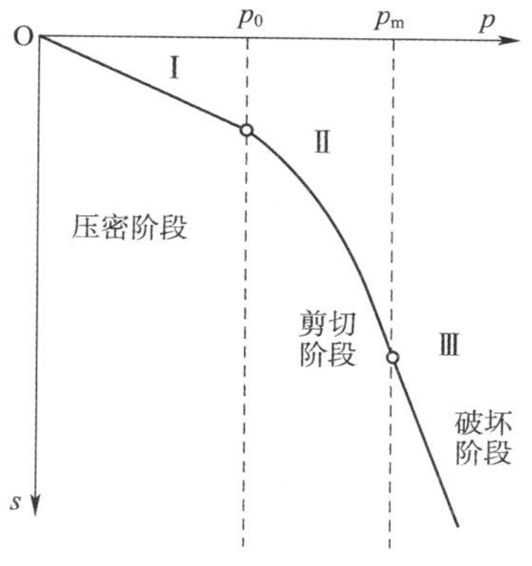

规范法以大量实践经验为基础，因此比较准确、可靠，使用方便，为现场普遍采用。具体方法请查阅相关规范。

地基承载力还可以由旁压仪、触探、十字板剪切仪等原位测试方法测定。

图3-69　p-s曲线

p-荷载（kPa）；p_0-临塑荷载（kPa）；
p_m-极限荷载（kPa）；s-沉降量（mm）

考点四：隧道工程地质问题

隧道是道路工程中与地质条件关系最密切的工程建筑物。隧道位于地下，四周被各种地层包围，处于各种不同的地质构造部位，可能遇到各种地质问题。修建在坚硬、完整岩层中的隧道，围岩稳定，坑道变形小，开挖时不易坍方，可以采用大断面的开挖方法，不做衬砌或衬砌很薄。而在风化、破碎严重的岩层中的隧道，由于围岩强度低，稳定性差，适合用分部开挖、密集支撑，加大衬砌厚度。这里主要讨论隧道位置的选择与地质条件的关系。

（一）隧道位置的选择与地质条件

在一般情况下，隧道的位置应当根据走向来加以确定。但对于长大隧道，特别是工程地质条件复杂的长大隧道，其位置的选择往往取决于工程地质条件的优劣。地质构造与岩层产状、岩石类型及风化程度、地下水条件、地质灾害等都会对隧道位置的选择产生影响。这里主要讨论在各类地质构造条件下和地质灾害地区隧道位置的选择。

（二）地质构造与岩层产状对隧道稳定的影响

1. 岩层产状与隧道稳定性的关系

穿越水平岩层（倾角小于10°）的隧道，应选择在坚硬、完整的岩层中。在软硬相间的情况下，隧道拱部应尽量设置在硬岩中。

在倾斜岩层中，沿岩层走向布置隧道一般是不利的。隧道沿岩层走向通过不同岩性的倾斜岩层时，应选在岩性坚硬完整的岩层中，避免将隧道选在不同岩层的交界处或有软弱夹层的地带。隧道顺岩层走向通过直立或近于直立的岩层，除偏压外，稳定性与倾斜岩层相似。

隧道轴向与岩层走向垂直或大角度斜交，是隧道在单斜岩层中的最好布置。在这种情况下岩层受力条件较为有利，开挖后易于成拱，同时围岩压力分布也较均匀，且岩层倾角越大，隧道稳定性越好。

2. 地质构造与隧道稳定性的关系

一般情况下，应当避免将隧道沿褶曲的轴部设置，该处岩层弯曲、裂隙发育，岩石较为破碎。特别在向斜轴部常是地下水富集之处，开挖后会造成大量地下水涌出。另外向斜轴部的岩层下部受拉，上部受压，裂隙将岩层切割成上小下大的楔形体，隧道拱顶易于产生岩块坍落。通常尽量将隧道设置在褶曲

255

的翼部或横穿褶曲轴。垂直穿越背斜的隧道，其两端的拱顶压力大，中部压力小。隧道横穿向斜时，情况则相反。

断层破碎带内不仅岩层破碎严重，还常是地下水的储水空间或集水通道，在断层破碎带内的隧道施工极易产生坍塌和涌水。断层两侧的岩层中往往存在一定的残余地应力，因而围岩压力较大。在选择隧道位置时应尽量避开大规模断层，若不易避开时，则应采用隧道轴线与断层线垂直或大角度通过。当隧道通过几组断层时，还应考虑围岩压力沿隧道轴线可能重新分布，断层形成上大下小的楔体，可能将自重传给相邻岩体，使它们的地层压力增加。

（三）不良地质现象发育地区隧道位置的选择

1. 滑坡地区隧道位置的选择

小型滑坡一般对隧道洞口产生影响，大型滑坡不仅影响洞口还会影响到洞身的稳定性。当隧道需要在滑坡地区通过时，必须查清滑坡地区的岩性、地质构造、水文地质条件，确定滑坡范围、滑动面的位置、滑动方向及滑坡发生、发展的原因，才能判断滑坡的稳定状态，以及将来可能发展的趋势。一般情况下应避开滑坡体，必须在滑坡地区通过时，应将隧道设在滑动面以外一定部位处。如果滑动面有可能继续向深部发展，则隧道位置应选在可能形成新滑面以下一定深度。对于古滑坡体，只有搞清滑坡性质及滑体结构，并采取一定的措施后（如削方减载、排水等）后，确认古滑坡体不会因隧道施工而复活，才能把隧道放在滑坡体内通过。

2. 崩塌岩堆地区隧道位置的选择

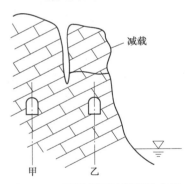

图 3-70　崩塌落石地段隧道方案

在崩塌、落石地区确定隧道位置时，必须查清岩体中裂隙的产状，延伸长度，胶结情况及对公路可能构成的危害。一般小型崩塌、落石地区，可以清除危岩或嵌补裂隙处理。如果裂隙延伸长度大，张开无胶结，岩体稳定性差，有严重崩塌、落石隐患地段，应以长隧道通过。在查明斜坡外侧张开裂隙的规模、范围、特征及其发展趋势后，采用减载、压浆或嵌补加固措施，确保张裂隙外岩体稳定的情况下，方可将隧道位置放在张裂隙外岩体中通过（图 3-70）。

隧道通过岩堆地区时，必须查明岩堆的规模、范围，岩堆的物质组成和密实程度及岩堆的稳定状态和发展趋势。一般情况下，应避免在岩堆体内设置隧道。隧道必须通过岩堆体时，必须放在岩堆体下一定深度的基岩内，任何情况下都不可将隧道设在岩堆体与基岩接触面上。

3. 泥石流地区隧道位置的选择

隧道通过泥石流地区，以在流通区泥石流沟口的基岩中通过为首选方案，这里侵蚀作用比较轻微，无沉积物或沉积物较少，沟槽相对稳定。当线路布设高程较低，隧道需要在泥石流的沉积区通过时，一定要避开洪积物可能扩大的范围，以免堵塞洞口。当老洪积扇处于下切阶段，应考虑泥石流沟的改道和最大下切深度，使隧道洞顶距最低下切面有一定距离，确保安全。

4. 岩溶地区隧道位置的选择

隧道通过岩溶地区，会遇到溶蚀裂隙、管道、漏斗、溶洞和暗河等，给隧道施工带来很大困难。一旦隧道与充水溶洞、暗河贯通，将发生大量涌水，危及施工安全。因此，在岩溶地区选择隧道位置时，应查明区域地层的岩性、地质构造及地表水与地下水的补给、排泄关系，查清岩溶洞穴、地下暗河的分布、位置、大小、填充情况及稳定性等，尽可能避开对隧道危害较大的暗河、溶洞等发育区。

在岩溶地区，隧道位置应选在非可溶岩中。在岩溶区断裂发育地区，隧道应避开正断层，如避不开，应正交或以大角度通过断层破碎带，以减少岩溶危害。当隧道洞身穿过溶洞时，应查明溶洞大小、规模及稳定状态。只要溶洞比较稳定，岩溶不再发展，一般情况下对隧道的稳定性没有什么影响，只要采取适当工程措施即可。如果洞身在溶洞附近通过，这时隧道周围，特别是拱顶及隧底，距溶洞应有足够的安全距离。

（四）隧道洞口位置的选择

隧道洞口位置选择合理与否，直接影响洞门的沉降变形及稳定、洞门仰坡的稳定等。隧道洞口位置选择时一般应遵循如下的原则：

隧道洞口应选择在山坡稳定、地质条件较好处，不应设在偏压很大及严重不良地质地段，宜避开排水困难的沟谷低洼处。

位于悬岩陡壁下的洞口，一般不宜切削原山坡。当坡面及岩顶稳定，无落石或坍塌可能时，可贴壁进洞。在不稳定的悬岩陡壁下进洞，应延伸洞口接以明洞，其长度延伸到坍落可能影响范围以外3~5m，或采取其他措施，保证营运安全。

对于开挖后容易引起顺层滑动或坍塌的地段，宜提早进洞。否则，应采取有效的工程措施防止病害。

在滑坡地段选择洞口位置时，应结合洞外路堑地质、弃渣处理、少占农田、填方利用、排水条件及有利施工等因素综合分析确定。

黄土地区隧道的洞口，应避免设在冲沟、陷穴附近，以免引起洞口坡面产生冲蚀、泥流或坍陷等病害。

地震区隧道洞口位置，宜选择在对抗震有利的地貌、地质处。

根据隧道洞口地形、地质条件及排水等要求，需要修建明洞（或棚洞）接长时，洞口应尽量设在山坡无病害的地方；不宜在滑坡、岩堆、泥石流等地段内修建。

严寒地区（包括多年冻土和积雪地区）的隧道洞口，应避开易产生热融滑坍、冰锥、冰丘、第四纪覆盖层及地下水发育的不良地质地段；一般宜早进洞晚出洞，尽量少破坏自然山坡。

例 题 解 析

例题 1 ［2019-34］产生崩塌的地形条件，一般斜坡（　　　）。

  A. 坡度大于 20°，高度大于 10m

  B. 坡度大于 35°，高度大于 30m

  C. 坡度大于 45°，高度大于 15m

  D. 坡度大于 45°，高度大于 30m

解析： 见考点一。斜坡高、陡是形成崩塌的必要条件。调查表明，规模较大的崩塌，一般多产生在高度大于 30m，坡度大于 45°（大多数介于 55°~75°之间）的陡峻斜坡上。

答案： D

例题 2 ［2019-32］发生在均质黏性土中的滑坡，滑动面多呈（　　　）。

  A. 圆弧形   B. 直线形   C. 矩形   D. 折线形

解析： 见考点一。一般地，均质无黏性土滑坡的滑动面为平面，均质黏性土滑坡的滑动面为圆弧面，其余滑坡多为复合滑动面。

答案： A

例题 3 软土的天然含水率一般为（ ）。

    A. 30%~50%   B. 50%~70%

    C. 60%~80%   D. 70%~90%

解析： 见考点二。软土具有较大的孔隙比和高含水率，孔隙比一般大于 1.0，高的可达 5.8（滇池淤泥），含水率大于液限，达 50%~70%，最大可达 300%。

答案： B

例题 4 道路桥梁应选在（ ）。

    A. 河道扩散段   B. 河道弯曲段   C. 河道顺直段   D. 河道游荡段

解析： 见考点三。理想的桥位应选择在岸坡稳定、地基条件良好、无不良地质现象、水流集中、河床稳定、河道顺直、河谷较窄的地段，桥梁的轴线与河流方向垂直。

答案： C

例题 5 隧道洞口位置选择不影响（ ）。

    A. 洞门的沉降变形   B. 洞门仰坡的稳定

    C. 隧道的位置   D. 隧道洞口的大小

解析： 见考点四。隧道洞口位置选择合理与否，直接影响洞门的沉降变形及稳定、洞门仰坡的稳定等。隧道位置与洞门直接相连。

答案： D

例题 6 〔2020-28〕根据地质构造条件分析，下列条件中容易发生崩塌的是（ ）。

    A. 沉积岩层的整合接触   B. 为结构面切割的破碎岩体

    C. 软弱结构面与坡向相反   D. 无结构面切割的完整岩体

解析： 见考点一。各种构造面对坡体的切割、分离，为产生崩塌创造了条件。

答案： B

例题 7 〔2020-35〕滑坡体在滑动过程中，因受力不均而产生滑坡裂缝，其中分布在滑坡体后缘，多呈弧形，与滑坡壁大致平行的是（ ）。

    A. 周形裂缝   B. 拉张裂缝   C. 鼓张裂缝   D. 剪切裂缝

解析： 见考点一。拉张裂缝分布在滑坡体上部，与滑坡壁的方向大致吻合，多呈弧形，是滑坡体向下滑动时产生的拉力形成的，裂缝张开。

答案： B

例题 8 〔2021-31〕关于崩塌形成的基本条件，以下说法错误的是（ ）。

    A. 斜坡高、陡是形成崩塌的必要条件

    B. 由软硬岩互层构成的陡峻斜坡不容易形成崩塌

    C. 大规模的崩塌多发生在暴雨、久雨或强震之后

    D. 崩塌易沿倾向临空方向且倾角较陡的软弱结构面发生

解析： 见考点一。坚硬的岩石具有较大的抗剪强度和抗风化能力，能形成高峻的斜坡，易发生崩塌。由软硬互层构成的陡峻斜坡，由于差异风化，斜坡外形凹凸不平，因而也容易产生崩塌。

答案： B

例题 9〔2021-33〕泥石流是一种突然暴发的含有大量泥沙、石块的特殊洪流，下列不属于形成泥石流基本条件的是（　　　）。

  A. 宽阔平缓的排泄通道　　　　　　　　B. 陡峭的山坡地形

  C. 流域中有丰富的固体物质　　　　　　D. 雨或冰雪融水

解析：见考点一。形成泥石流有三个基本条件：①流域中有丰富的固体物质补给泥石流；②有陡峭的地形和较大的沟床纵坡；③流域的中、上游有强大的暴雨或冰雪强烈消融等形成的充沛水源。

答案：A

例题 10〔2021-34〕我国黄土的堆积年代包括整个第四纪，按照公路工程所处区域地质年代划分，离石黄土的堆积年代为（　　　）。

  A. 全新世 Q_4　　　　B. 晚更新世 Q_3　　　　C. 中更新世 Q_2　　　　D. 早更新世 Q_1

解析：见考点二。我国黄土从第四纪初开始沉积，一直延续至今，贯穿了整个第四纪。午城黄土（Q_1）和离石黄土（Q_2）沉积年代早，习惯上称为老黄土；马兰黄土（Q_3）和新近堆积的黄土（Q_4）沉积年代新，习惯上称为新黄土。

答案：C

例题 11〔2021-35〕膨胀土是一种黏性土，土中黏粒的主要矿物成分是（　　　）。

  A. 蒙脱石和伊利石　　B. 高岭石和蛇纹石　　C. 高岭石和绿泥石　　D. 绿泥石和蛇纹石

解析：见考点二。膨胀土是一种黏性土，具有明显的膨胀、收缩特性。它的粒度成分以黏粒为主，黏粒的主要矿物是蒙脱石、伊利石。

答案：A

例题 12〔2021-36〕当盐渍土中（　　　）含量较高时，土的物理、力学性质和筑路性质会发生显著变化。

  A. 硫酸镁　　　　　　B. 硫酸钙　　　　　　C. 碳酸钙　　　　　　D. 硫酸钠

解析：见考点二。我国沿海和内陆地区分布着大范围的盐渍土，当盐渍土中硫酸盐含量较高时，土的物理、力学性质和筑路性质会发生显著变化，引起许多路基病害。各种盐类中，以硫酸盐的胀缩最为明显，其中又以 Na_2SO_4 最强烈，氯盐和碳酸盐的胀缩性较小。

答案：D

例题 13〔2022-24〕黄土具有湿陷性的条件，湿陷系数范围条件为（　　　）。

  A. (0.010,0.015)　　　　　　　　　　B. (0.0,0.010)

  C. (0.020,+∞)　　　　　　　　　　　D. (0.015,+∞)

解析：见考点二。当 $\delta_{sh} \geqslant 0.015$ 时，应定为湿陷性黄土；当 $\delta_{sh} < 0.015$ 时，应定为非湿陷性黄土。

湿陷性黄土的湿陷程度划分：

当 $0.015 \leqslant \delta_{sh} \leqslant 0.030$ 时，湿陷性轻微；

当 $0.030 < \delta_{sh} \leqslant 0.070$ 时，湿陷性中等；

当 $\delta_{sh} > 0.070$ 时，湿陷性强烈。

答案：D

例题 14〔2022-25〕盐渍土的特点是（　　　）。

  A. 湿陷性、膨胀性、腐蚀性　　　　　　B. 溶陷性、盐胀性、腐蚀性

  C. 溶陷性、盐胀性、触变性　　　　　　D. 湿陷性、盐胀性、超固结性

解析：见考点二。盐渍土的工程特性有三点：①溶陷性。盐渍土浸水后由于土中易溶盐的溶解，在自重压力作用下产生沉陷现象。②盐胀性。随着温度的变化，盐渍土中的盐类反复结晶和溶解，体积发生变化，导致土体变形。各种盐类中，以硫酸盐的胀缩最为明显，其中又以 Na_2SO_4 最强烈；氯盐和碳酸盐类的胀缩性较小，但碳酸盐渍土中 Na_2CO_3 含量超过 0.5%时，也具有明显的盐胀性。③腐蚀性。硫酸盐渍土具有较强的腐蚀性，氯盐渍土、碳酸盐渍土也有不同程度的腐蚀性。

答案：B

例题 15 ［2022-26］评价膨胀土工程性质的三个指标是（　　）。

    A. 自由膨胀率、线缩率、收缩系数

    B. 含水率、线缩率、收缩系数

    C. 灵敏度、线缩率、收缩系数

    D. 自由膨胀率、含水率、塑性指数

解析：见考点二。胀缩性是膨胀土的主要特征，表示胀缩性的指标主要有自由膨胀率、膨胀率、线缩率和收缩系数。

答案：A

例题 16 ［2022-27］典型的泥石流流域可划分为（　　）三个区段。

    A. 形成区、流通区、堆积区   B. 形成区、沉积区、堆积区

    C. 汇集区、流通区、堆积区   D. 汇集区、流通区、堆积区

解析：见考点一。典型的泥石流流域可划分为形成区、流通区、堆积区。

答案：A

例题 17 ［2023-34］滑坡可以从多个不同的角度进行分类，按滑动的力学性质，滑坡可分为（　　）。

    A. 顺层滑坡和切层滑坡   B. 切层滑坡和均质滑坡

    C. 黄土滑坡和黏土滑坡   D. 牵引式滑坡和推动式滑坡

解析：见考点一。按滑坡力学性质，滑坡可分为牵引式滑坡和推动式滑坡两类。

答案：D

例题 18 ［2023-35］当路线经过泥石流流域时，若沟谷比较开阔，且泥石流沟距大河较远，可以考虑的路线方案是（　　）。

    A. 走堆积扇的顶部   B. 走堆积扇的边缘

    C. 走堆积扇的中部   D. 跨河绕道走对岸

解析：见考点一。泥石流的防治原则：①路线跨越泥石流沟时，首先应考虑从流通区或沟床比较稳定、冲淤变化不大的堆积扇顶部用桥跨越。②当河谷比较开阔，泥石流沟距大河较远时，路线可以考虑走堆积扇的外缘。③对泥石流分布较集中，规模较大，发生频繁、危害严重的地段，应通过经济和技术比较，在有条件的情况下，可以采取跨河绕道走对岸的方案或其他绕避方案。④如泥石流流量不大，在全面考虑的基础上，路线也可以在堆积扇中部以桥隧或过水路面通过。⑤通过散流发育并有相当固定沟槽的宽大堆积扇时，宜按天然沟床分散设桥，不宜改沟归并。如堆积扇比较窄小，散流不明显，则可集中设桥，一桥跨过。⑥在处于活动阶段的泥石流堆积扇上，一般不宜采用路堑。路堤设计应考虑泥石流的淤积速度及公路使用年限，慎重确定路基高程。

答案：B

例题 19 ［2023-36］膨胀土之所以具有显著的吸水膨胀和失水收缩，且胀缩变形往复可逆等物性，

主要是含有强亲水性的黏土矿物，其中影响最大的黏土矿物是（　　）。

  A. 高岭石   B. 伊利石   C. 蒙脱石   D. 绿泥石

解析：见考点二。膨胀土是一种黏性土，具有明显的膨胀、收缩特性。它的粒度成分以黏粒为主，黏粒的主要矿物是蒙脱石、伊利石，这两类矿物有强烈的亲水性，吸收水分后体积膨胀，失水后收缩，多次膨胀、收缩，强度很快衰减，导致修建在膨胀土上的工程建筑物开裂、下沉、失稳破坏。蒙脱石具有剧烈吸水膨胀的特性，故影响最大的黏土矿物为蒙脱石。

答案：C

例题 20［2024-32］下列不属于岩溶作用基本条件的是（　　）。

  A. 水的流动性 B. 水的溶蚀性 C. 岩石的可溶性 D. 水的毛细作用

解析：见考点一。岩溶发育的基本条件：可溶性岩层是发生溶蚀作用的必要前提，它必须具有一定的透水性，使水能进入岩层内部进行溶蚀。纯水对钙、镁碳酸盐的溶解能力很弱，含有二氧化碳及其他酸类时，侵蚀能力才显著提高。具有侵蚀能力的水在碳酸盐岩中停滞而不交替，很快成为饱和溶液而丧失其侵蚀性，因此水的流动是保持溶蚀作用持续进行的必要条件。岩溶发育条件归结为：可溶岩层的存在，可溶岩必须是透水的，具有侵蚀能力的水是流动的。

答案：D

例题 21 以下滑坡发育的过程说法正确的是（　　）。

  A. 都有一个较短时间的变化过程

  B. 滑坡规模愈大，蠕动变形阶段持续的时间愈长

  C. 滑坡破坏阶段可以看到"马刀树"

  D. 稳定后的滑坡不可能再次滑动

解析：见考点一。规模大的滑坡一般是缓慢地、长期地向下滑动，其位移速度多在突变阶段才显著增大，滑动过程可以延续几年、十几年甚至更长的时间。因此选项 A 不正确。滑坡在滑动过程中，滑坡体上的树木随土体滑动而歪斜，在滑动停止后树干的上部又逐年转为直立状态继续生长，则形成了上部直立、下部弯曲的"马刀树"。"马刀树"是老滑坡的识别标志，因此选项 C 不正确。滑坡稳定后，由于一些影响滑坡因素的积累，可能导致一些老滑坡可能再次产生滑动，因此选项 D 不正确。

答案：B

例题 22 下列可以减少泥石流固体物质来源的防治措施是（　　）。

  A. 跨越   B. 滞留与拦截   C. 水土保持   D. 排导

解析：见考点一。良好的植被，可以减弱剥蚀过程，延缓径流汇集，防止冲刷，保护坡面，从而起到减少泥石流固体物质来源的作用。防治措施中的水土保持，是指对自然因素和人为活动造成水土流失所采取的预防和治理措施，能够起到减少泥石流固体物质来源的作用。

答案：C

自 测 模 拟

1. 黄土地区浸水后产生大量沉陷是黄土的（　　）。

  A. 湿陷性   B. 崩解性   C. 潜蚀性   D. 易冲刷性

2. 软土具有（　　）。

A. 裂隙性　　　　　　B. 湿陷性　　　　　　C. 超固结性　　　　　　D. 触变性

3. 下列不属于影响滑坡形成的因素是（　　　）。

A. 岩性　　　　　　B. 构造　　　　　　C. 水　　　　　　D. 削坡减载

4. 不属于形成泥石流基本条件的是（　　　）。

A. 有丰富的固体物质补给泥石流

B. 有陡峭的地形和较大的沟床纵坡

C. 有强大的暴雨或冰雪强烈消融等形成的充沛水源

D. 封山育林、植树造林

5. 盐渍土地区的路基出现胀缩现象的主要原因是（　　　）。

A. 水　　　　　　B. 风　　　　　　C. 温度变化　　　　　　D. 气体

6. 膨胀土遇水后膨胀，是因为膨胀土中含有较多的（　　　）。

A. 蒙脱石　　　　　　B. 石英　　　　　　C. 白云石　　　　　　D. 正长石

7. 冻土的指标测定中的关键是（　　　）。

A. 总含水量　　　　　　B. 含冰量　　　　　　C. 未冻结水含量　　　　　　D. 相对密度

8. 以下属于纵向不均匀沉降的是（　　　）。

A. 山坡线半填半挖路段　　　　　　B. 填方路堤及挖方路堑交替出现

C. 沟谷内地基较松软在外力下产生沉降　　　　　　D. 不同填方高度的路基

9. 应尽可能避开在（　　　）上建桥。

A. 上游狭窄河段　　　　　　B. 下游收缩河段

C. 中游扩散河段　　　　　　D. 平缓河段

10. 在倾斜岩层中，沿岩层走向布置隧道一般是（　　　）的。

A. 不利的　　　　　　B. 有利的

C. 无关系　　　　　　D. 无法判断

11. 盐渍土常含多种盐类，若某一盐渍土除了会产生溶陷变形，在温度和湿度变化时，还会产生较大的体积膨胀，则该盐渍土所含盐类主要为（　　　）。

A. 硫酸镁　　　　　　B. 硫酸钙　　　　　　C. 碳酸钙　　　　　　D. 硫酸钠

参 考 答 案

1. A　　2. D　　3. D　　4. D　　5. C　　6. A　　7. C　　8. A　　9. C　　10. A　　11. D

第七节　道路工程地质勘察

考 点 分 析

本节重点：工程地质勘察在道路、桥梁、隧道工程中的运用。以考核挖探、钻探、地球物理勘探、室内试验、原位试验的概念为主。

本节难点：勘察点的布置，设备的工作原理和勘察结果的分析。

考 点 精 讲

道路工程地质勘察的方法，主要有研究既有资料、调查与测绘、勘探、试验与长期观测等几种。

考点一：资料的收集和研究

收集和研究路线通过地区既有的有关资料，不仅是外业工作之前准备工作的重要内容，也是道路工程地质勘察的一种主要方法。特别是在既有资料日益丰富、遥感技术日益先进的今天，这种方法显得越来越重要。

收集的资料一般应包括以下几个方面的内容：

（1）区域地质资料，如地层、地质构造、岩性、土质及筑路材料等。

（2）地形、地貌资料，如区域地貌类型及其主要特征，不同地貌单元与不同地貌部位的工程地质评价等。

（3）区域水文地质资料，如地下水的类型、分带及分布情况，埋藏深度、变化规律等。

（4）各种特殊地质地段及不良地质现象的分布情况、发育程度与活动特点等。

（5）地震资料，如沿线及其附近地区的历史地震情况，地震烈度，地震破坏情况及其与地貌、岩性、地质构造的关系等。

（6）气象资料，如气温、降水、蒸发、湿度、积雪、冻结深度及风速、风向等。

（7）其他有关资料，如气候、水文、植被、土壤等。

（8）工程经验，区内已有道路、铁路的工程地质问题及其防治措施等。

上述资料，应包括政府和生产、科研、教学和既有航空照片和卫星照片等一切有参考价值的地质图、文献、调查报告等。

对收集到的资料进行分析研究和判释，可以初步掌握路线所经地区的工程地质条件的概况和特点，粗略判定可能遇到的主要工程地质问题，并了解这些问题的研究现状和工程经验。这对于做好准备工作和外业工作，无疑是十分必要的。在道路工程地质勘察工作中，正确运用这种方法，可以减少外业工作的盲目性，提高工作质量。

考点二：调查与测绘

道路工程地质调查测绘，一般可在沿线两侧带状范围内进行，通常采用沿线调查的方法而不进行测绘；对不良地区地段及地质条件复杂的路段，应扩大调绘范围，以提出完整可靠的地质资料；对可能控制路线方案、路线位置或重点工程的地质点，以及重要的地质界线，则应根据需要进行详细测绘。

（一）工程地质调查

工程地质调查主要是用直接观察和访问群众的方法，需要时可配合适量的勘探和试验工作。

（二）工程地质测绘

工程地质测绘的范围往往较工程地质调查大，并且要求把调查研究结果填绘在地形图上，以编制工程地质图。测绘范围以能满足工程技术要求为前提，并包括与工程地质环境有关的范围。测绘的比例尺：可行性研究阶段 1∶5000~1∶50000，初勘阶段 1∶2000~1∶10000，详勘阶段 1∶200~1∶2000。为达到测绘精度要求，实地测绘所用地形图的比例尺必须大于或等于提交成图比例尺。

道路工程地质调查测绘的基本内容主要包括以下几个方面：

（1）地形、地貌 地形、地貌的类型、成因、特征与发展过程；地形、地貌与岩性、构造等地质因素的关系；地形、地貌与工程地质条件的关系，对路线布设及路基工程的影响等。

（2）地层、岩性 地层的层序、厚度、时代、成因及其分布情况；岩性、风化破碎程度及风化层厚度；土石的类别，工程性质及对道路工程的影响等。

（3）地质构造 断裂、褶皱的位置、构造线走向、产状等形态特征和地质力学特征，岩层的产状和接触关系，软弱结构面的发育情况及其与路线的关系、对路基的稳定影响等。

（4）第四纪地质 第四纪沉积物的成因类型、土的工程分类及其在水平与垂直方向上的变化规律；土的物理、水理、化学、力学性质；特殊土及地区性土的研究和评价。

（5）地表水及地下水 河、溪的水位、流量、流速、冲刷、淤积、洪水位与淹没情况；地下水的类型、化学成分与分布情况，地下水的补给与排泄条件，地下水的埋藏深度、水位变化规律与变化幅度；地面水及地下水对道路工程的影响。

（6）特殊地质、不良地质 各种不良地质现象及特殊地质问题的分布范围、形成条件、发育程度、分布规律及其对道路工程的影响。

（7）地震 根据沿线地震基本烈度的区划资料，结合岩性、构造、水文地质等条件，通过调查访问，确定 ≥7度的地震烈度界线。

（8）工程经验 对既有建筑物的稳定情况和工程措施进行调查访问，以兹借鉴。

考点三：勘探

勘探工作必须在调查测绘的基础上进行，合理布置勘探点。并充分利用地面调查测绘资料，分析勘探成果，以避免判断的错误。

在初勘阶段，勘探点的位置与数量，应在工程可行性研究阶段的基础上，视地质条件的复杂程度及实际需要而定。在详勘阶段，勘探点的数量，应满足各类工程施工图设计对工程地质资料的需要。具体要求可查阅有关规程、手册等。

道路工程地质勘探的方法有挖探、钻探、地球物理勘探等几类。下面介绍几种常用方法。

（一）挖探

挖探是道路工程地质勘探中广泛采用的一种方法。这种方法最大的优点是能取得详尽的直观资料和原状土样，但勘探深度有限，而且劳动强度大。道路工程地质工作中的挖探主要为坑探和槽探。

1.坑探

坑探是垂直向下掘进的土坑，浅者称为试坑，深者称为探井。坑探断面一般采用1.5m×1.0m的矩形，或直径0.8~1.0m的圆形。坑探深度一般为2~3m，较深的需进行加固。坑探适用于不含水或地下水量微（少）的较稳固地层，主要用来查明覆盖层的厚度和性质、滑动面、断层、地下水位，及采取原状土样等。

2.槽探

槽探是挖掘成狭长的槽形，其宽度一般为0.6~1.0m，长度视需要而定，深度通常小于2m。槽探适用于基岩覆盖层不厚的地方，常用来追索构造线，查明坡积层、残积层的厚度和性质，揭露地层层序等。槽探一般应垂直于岩层走向或构造线布置。

（二）钻探

钻探是广泛采用的一种最重要的勘探手段，它可以获得深部地层的可靠地质资料。

1. 简易钻探

其优点是：工具轻，体积小，操作方便，进尺较快，劳动强度较小。缺点是：不能采取原状土样或不能取样，在密实或坚硬的地层内不易钻进或不能使用。

常用的简易钻探工具有小螺纹钻、锥铲、洛阳铲等。

（1）小螺纹钻 是用人工加压加转黏进，适用于黏性土及亚砂土地层，可以取得扰动土样。钻探深度小于6m。

（2）锥探 是用锥具向下冲入土中，凭感觉探查疏松覆盖层的厚度或基岩的埋藏深度。探深一般可达10m左右。常用来查明黄土陷穴，沼泽、软土的厚度及其基底的坡度等。

（3）洛阳铲 是借助洛阳铲的重力冲入土中，钻成直径小而深度较大的圆孔，可采取扰动土样。冲进深度一般为10m，在黄土层中可达30余米。

2. 机械钻探

机械钻探是指用钻机在地层中钻孔，以鉴别和划分地表下地层，并可以沿孔深取样的一种勘察方法。钻探是工程地质勘察中应用最为广泛的一种勘探手段。钻探主要用于桥梁、隧道及大型滑坡等不良地质现象的勘探，一般是在挖探、简易钻探不能达到目的时采用。

根据钻进时破碎岩石的方法，钻探可分为冲击钻进、回转钻进、冲击—回转钻进及振动钻进等几种。道路工程地质勘探常用的钻进方法，主要是机械回转钻进和冲击—回转钻进。

（1）冲击钻进 是利用钻具的重力和冲击力，使钻头冲击孔底以破碎岩石。这种方法能保持较大的钻孔口径。人力冲击钻进，适用于黄土、黏性土、砂性土等疏松的覆盖层，但劳动强度大，难以取得完整的岩芯；机械冲击钻进，适用于砾、卵石层及基岩，不能取得完整岩芯。

（2）回转钻进 是利用钻具回转，使钻头的切割刃或研磨材料削磨岩石，分孔底全面钻进与孔底环状钻进（岩芯钻进）两种。岩芯钻进能取得原状土和比较完整的岩芯，被广泛采用。人力回转钻进适用于沼泽、软土、黏性土、砂性土等松软地层，设备简单，但劳动强度较大。机械回转钻进，有多种钻头和研磨材料，可适应各种软硬不同的地层。

（3）冲击—回转钻进 也称综合钻进，钻进过程是在冲击与回转综合作用下进行的。它适用于各种不同的地层，能采取岩芯，在道路工程地质勘探中应用也较广泛。

（4）振动钻进 是利用机械动力所产生的振动力，通过连接杆及钻具传到钻头周围的土层中，由于振动器高速振动的结果，使土层的抗剪强度急剧降低，借振动器和钻具的重量，切削孔底土层，达到钻进的目的。振动钻进速度快，但主要适用于土层及粒径较小的碎、卵石层。

（5）冲洗钻进 通过高压射水破坏孔底土层实现钻进。土层破碎后由水流冲出地面。这是一种简单、快速、成本低廉的钻进方法，适用于砂层、粉土层和不太坚硬的黏性土层。但冲出地面的粉屑往往是各土层物质的混合，代表性差，无法用于地层岩性的划分。

（6）干钻 是指不用冲洗介质的钻进工艺。土探孔一般采用干钻，滑坡钻探钻至滑动面（带）以上5m或发现滑动面（带）迹象时，也应采用干钻。

（三）地球物理勘探

地球物理勘探简称物探。凡是以各种岩、土物理性质的差别为基础，采用专门的仪器，观测天然或人工的物理场变化，来判断地下地质情况的方法，统称为物探。地球物理勘探是通过研究和观测各种地球物理场的变化来探测地层岩性、地质构造等地质条件。各种地球物理场有电场、重力场、磁场、弹性波的应力场、辐射场等。由于组成地壳的不同岩层介质往往在密度、弹性、导电性、磁性、放射性以及导热性等方面存在差异，这些差异将引起相应的地球物理场的局部变化。通过量测这些物理场的分布和变化特征，结合已知地质资料进行分析研究，就可以达到推断地质性状的目的。该方法兼有勘探与试验两种功能。与钻探相比，具有设备轻便、成本低、效率高、工作空间广等优点。但它由于不能取样，不能直接观察，故多与钻探配合使用。

物探宜运用于下列场合：

（1）作为钻探的先行手段，了解隐蔽的地质界线、界面或异常点。

（2）作为钻探的辅助手段，在钻孔之间增加地球物理勘察点，为钻探成果的内插、外推提供依据。

（3）作为原位测试手段，测定岩土体的波速、动弹性模量、特征周期、土对金属的腐蚀等参数。

各种地球物理勘探方法及其适用条件见表 3-12。

各种地球物理勘探方法及其适用条件 表 3-12

方 法			应 用	适 用 条 件
陆地	直流电法	电阻率法	电测探	了解地层岩性、基岩埋深； 了解构造破碎带、滑动带位置，节理裂隙发育方向； 探测含水构造，含水层分布； 寻找地下洞穴	探测的岩层要有足够的厚度，岩层倾角不宜大于20°； 分层的P值有明显的差异，在水平方向没有高电阻或低电阻屏蔽； 地形比较平坦
			电剖面	探测地层、岩性分界； 探测断层破碎带的位置； 寻找地下洞穴	分层的电性差异较大
		电位法	自然电场法	判定在岩溶、滑坡以及断裂带中地下水的活动情况	地下水埋藏较浅，流速足够大，并有一定的矿化度
			充电法	测定地下水流速、流向，测定滑坡的滑动方向和滑动速度	含水层深度小于 50m，流速大于 1.0m/d，地下水矿化度微弱，围岩电阻率较大
	交流电法	频率测探法		查找岩溶、断层、裂隙及不同岩层界面	
陆地	交流电法	电磁法		寻找导电、导磁矿体岩石	
		无线电波透视法		探测溶洞	
	地震勘探	直达波法		测定波速，计算动弹性参数	界面两侧介质的波阻抗要有明显差异，能形成反射面
		反射波法		测定不同地层界面	
		折射波法		测定地层界面、基岩埋深、断层位置	离开震源一定距离（盲区）才能收到折射线
	声波探测			测定动弹性参数，监测洞室围岩或边坡应力	
陆地	重力勘探			确定掩埋大断层、矿井、洞穴的位置	
	磁法勘探			确定断层或岩脉的位置，探测地下金属目标物	无强磁场干扰
水域	水声剖面法			测量水深断面	
	连续地震反射剖面（浅层剖面）			测定水下地层和构造	不能区分虽材料不同但动弹特性相近的地层
测井	电视测井			观察钻孔井壁	孔内水不能浑浊
	放射性测井			测定砂土密度、含水率，区分地层	

方　法		应　用	适 用 条 件
测井	井径测量	测定钻孔直径	
	电测井	测定含水层特性	
土壤对金属腐蚀性指标测定		测定土壤的电阻率，评价土壤对地下金属管线的腐蚀性	

物探按其工作条件的不同，可分为地面物探、井下物探与航空物探、航天物探。按其所利用的岩、土物理性质的不同，可分为电法勘探、电磁法勘探、地震勘探、声波探测、重力勘探、磁力勘探与放射性勘探等。在道路工程地质工作中，较常用的有电法勘探、地震勘探、地质雷达勘探等。其中，地质雷达（属电磁法勘探）是利用高频电磁脉冲波的反射，探测地层构造和地下埋藏物体的电磁装置，故又称探地雷达，通过发射天线向地下辐射宽带的脉冲波，在地下传播中遇到不同介质的介电常数和导电率存在差异时，将在其分界面上发生反射，返回地表的电磁波被接收天线接收，根据接收到的回波来判断目标的存在，并计算其距离和位置，可用于空中、地面与井中探测，但主要用于地面。此外，声波探测在工程地质工作中也有较广泛的应用，它是利用声波在岩体（岩石）中的传播特性及其变化规律，测试岩体（岩石）的物理力学性质，也可利用在应力作用下岩体（岩石）的发声特性对岩体进行稳定性监测。

（四）试验

试验是道路工程地质勘察的重要环节，是对岩土的工程性质进行定量评价的必不可少的方法。

试验分为室内试验和野外试验两种。室内试验是室内实验室对所取的样品进行试验，但也可用试验箱在野外进行。野外试验是在现场原位进行试验，它在自然条件下进行，基本保持了岩土的天然结构与状态，也称为现场试验或原位试验。

1. 室内试验

（1）常规试验

土的试验一般包括土的成分、物理性质、水理性质与力学性质四个主要部分，岩石的试验一般包括物理性质和力学性质两个部分，有时还需进行土和岩石的热学性质的试验。

测定岩土工程性质的试验，在道路建筑材料、土质学与土力学等内容中有详细讨论，这里从略。选择室内试验的项目、数量和条件时，可参考有关规范、手册的规定。

（2）专门试验

对复杂的工程地质问题，常需用专门设计的模型试验或模拟试验作出解答或评价。

2. 野外试验

与室内试验相比，野外试验在岩土的原处，不脱离其周围环境，试验的范围或试样的体积也较大。

道路工程地质野外试验主要包括岩土的透水性试验和力学试验两个方面。属于前者的有压水试验与抽水试验等；属于后者的有触探试验（静力触探、动力触探与标准贯入试验）、载荷试验（静力载荷与桩载荷试验），剪切试验（直剪法、水平挤出法与十字板剪切试验），旁压试验，应力应变量测（千分表法、电阻片法、压力盒法）与弹性系数测定（地震法）等。下面概略地介绍几种常用的野外试验。

（1）载荷试验

是在原位条件下，向地基（或基础）逐级施加荷载，并同时观测地基（或基础）随时间而发展的变形（沉降）的一种原位测试方法。该试验是确定天然地基、复合地基、桩基础承载力和变形特性参数的综合性测试手段，也是确定某些特殊性土特征指标的有效方法，还是某些原位测试手段（如静力触探、标准贯入试验等）赖以进行对比的基本方法。按试验目的、适用条件等，载荷试验可分为平板载荷试验、螺旋板载荷试验、桩基载荷试验、动力载荷试验。下面介绍常用的平板载荷试验。

平板载荷试验适用于各类地基土和软岩、风化岩，主要用于：①确定地基岩土的承载力和测定变形模量；②测定黄土、膨胀性土、盐渍土等特殊土的特征性指标。其仪器设备和试验操作见相关规范。

（2）静力触探

可用于土层划分、土类判别，并可用于估算砂土相对密度（D_r）、内摩擦角（φ）、黏土不排水强度（c_u）、土的压缩模量（E_s）、土的变形模量（E_0）、饱和黏土不排水模量（E_u）、砂土初始切线弹性模量（E_i）和初始切线剪切模量（G_i）、地基承载力、单桩承载力、固结系数、渗透系数和黄土湿陷系数及砂土和粉土液化判别等，适用于黏性土、粉土、软土、砂土等土类。

（3）动力触探试验

圆锥动力触探试验（DPT）是利用一定的锤击动能，将一定规格的圆锥探头打入土中，然后依据贯入击数或动贯入阻力判别土层的变化，确定土的工程性质，对地基土作出工程地质评价。轻型圆锥动力触探试验一般用于贯入深度小于 4m 的黏性土、黏性土组成的素填土和粉土。重型圆锥动力触探试验一般适用于砂土、中密以下的碎石土和极软岩。超重型圆锥动力触探试验一般适用于较密实的碎石土、极软岩和软岩。

动力触探试验主要用于以下目的：①评定砂土的孔隙比或相对密实度、粉土及黏性土的状态；②估算土的强度和变形模量；③评定场地地基的均匀性及承载力；④搜查土洞、滑动面、软硬土层界面等；⑤确定桩基持力层及承载力，检验地基改良与加固的效果质量。

（4）标准贯入试验

标准贯入试验也属于动力触探试验，所不同者，其触探头不是圆锥形探头，而是标准规格的圆筒形探头（由两个半圆管合成的取土器），称为贯入器。因此，标准贯入试验是利用一定的锤击动能，将一定规格的对开管式贯入器打入钻孔孔底的土层中，根据打入土层中的贯入阻力，评定土层的变化和土的物理力学性质。贯入阻力用贯入器贯入土层中的 30cm 的锤击数 $N_{63.5}$ 表示，也称标贯击数。标准贯入试验可用于砂土、粉土和一般黏性土，尤其用于不易钻探取样的砂土和砂质粉土，但当土中含有较大碎石时使用受到限制。

（5）十字板剪切试验

十字板剪切试验是将插入软土中的十字板头，以一定的速率旋转，测出土的抵抗力矩，从而换算土的抗剪强度。该试验适用于原位测定饱和软黏土的不排水总强度和估算软黏土的灵敏度（用于灵敏度 $S_t \leqslant 10$，固结系数 $C_v \leqslant 100 \text{m}^2/$年的均质饱和软黏土）。试验深度一般不超过 30m。为测定软黏土不排水抗剪强度随深度的变化，试验点竖向间距可取 1m 或根据静探等资料决定。

（6）旁压试验

旁压试验又称横压试验，其原理是通过一定的成孔方法（有预钻孔、自钻孔、先钻小直径然后压入、直接压入等）将圆柱形旁压器在现场竖直放入土（岩）中，加压使旁压器沿水平径向呈圆柱形扩张，从而量测土（岩）中圆柱形孔穴的压力—变形关系。旁压试验可用于原位测定黏性土、粉土、砂土、碎石土、软质岩石和风化岩的变形模量和承载力。

（7）扁铲侧胀试验

扁铲侧胀试验是一种特殊的旁压试验，用静力（有时也用锤击动力）把一扁铲形探头贯入土中，达到试验深度后，利用气压使扁铲侧面的圆形钢膜向外扩张进行试验。扁铲侧胀试验适用于一般黏性土、粉土、中密以下砂土、黄土等，不适用于含碎石的土、风化岩等。

（五）长期观测

通过直接观察和勘探，只能了解某一个短时期的情况，要了解其变化规律，就需要做长期的观测工作。因此，长期观测是工程地质勘察的重要方法，在某些情况下则是必需的。长期观测不仅可以为设计直接提供依据，而且可以为科学研究积累资料。在道路工程的实践中，对沙漠、盐渍土、滑坡、泥石流、多年冻土与道路冻害等物理地质作用与现象，都有设立长期观测站的实例和经验。

观测点的选择，主要根据工程设计的要求而定。但应注意选择在：

（1）典型的地段，以使观测资料具有代表性。

（2）影响因素比较单纯的地段，以便于资料的分析整理。

（3）便于观测的地点，能够长期坚持观测。

（4）对于一些灾害性的地质现象，如滑坡、雪崩、泥石流等，还应注意观测人员的安全。

（5）观测工作可以在勘察设计阶段进行，也可以在施工阶段进行，还可以在运营阶段进行。观测期限，可以是一年，也可以是多年，主要视观测的对象和任务而定。例如，为滑坡防治措施提供依据的长期观测工作，在设计以前就应进行，在施工以后可以继续观测下去，以检验所采取的措施是否有效。又如道路冻害的观测，只能在试验路段上进行。

（6）观测时间，一般应遵照"均布控制、加密重点"的原则。对于变化最多的时期，应频繁地进行观测；变化很缓慢的时期，可按相等的时间间隔进行观测。例如，滑坡位移的观测，要常年进行，但应在雨季加密观测次数，因为滑坡位移往往在这个时期加剧。

例 题 解 析

例题 1 道路工程地质勘查的方法不包括（　　）。

    A. 研究既有资料 　　B. 调查与测绘 　　C. 勘探试验 　　D. 短期观测

解析：见考点一。道路工程地质勘察的方法，主要有研究既有资料、调查与测绘、勘探、试验与长期观测等几种。

答案：D

例题 2 测绘的比例尺在初勘阶段为（　　）。

    A. 1：2000~1：10000 　　　　　　　　B. 1：5000~1：50000

    C. 1：200~1：2000 　　　　　　　　　D. 1：8000~1：80000

解析：见考点二。测绘的比例尺：可行性研究阶段1：5000~1：50000，初勘阶段1：2000~1：10000，详勘阶段1：200~1：2000。

答案：A

例题 3 坑探的深度为（　　）。

    A. 1~2m 　　　　B. 2~3m 　　　　C. 4~5m 　　　　D. 0.8~1m

解析：见考点三。坑探断面一般采用1.5m×1.0m的矩形，或直径0.8~1.0m的圆形。坑探深度一般为2~3m，较深的需进行加固。

答案：B

例题 4 物探不宜用于下列场合（　　）。

A. 作为钻探的先行手段　　　　　　　　B. 作为钻探的辅助手段

C. 作为原位测试手段　　　　　　　　　D. 作为钻探的主要手段

解析：见考点三。物探宜运用于下列场合：①作为钻探的先行手段，了解隐蔽的地质界线、界面或异常点；②作为钻探的辅助手段，在钻孔之间增加地球物理勘察点，为钻探成果的内插、外推提供依据；③作为原位测试手段，测定岩土体的波速、动弹性模量、特征周期、土对金属的腐蚀等参数。

答案：D

例题 5　［2020-33］公路工程地质勘察中，能直接观察地层结构变化的方法是（　　　）。

A. 挖探　　　　　　B. 冲击钻探　　　　　C. 触探　　　　　　D. 地球物理勘探

解析：见考点一。道路工程地质工作中的挖探主要为坑探和槽探。坑探是垂直向下掘进的土坑，主要用来查明覆盖层的厚度和性质、滑动面、断层、地下水位，以及采取原状土样等。槽探挖掘成狭长的槽形，常用来追索构造线，查明坡积层、残积层的厚度和性质，揭露地层层序等。槽探一般应垂直于岩层走向或构造线布置。

答案：A

例题 6　［2021-32］滑坡钻探钻至滑动面（带）以上 5m 或发现滑动面（带）迹象时，应采用的钻探方式是（　　　）。

A. 干钻　　　　　　B. 冲洗钻　　　　　C. 冲击钻　　　　　D. 振动钻

解析：见考点三。干钻是指不用冲洗介质的钻进工艺。土探孔一般采用干钻，滑坡钻探钻至滑动面（带）以上 5m 或发现滑动面（带）迹象时，也应采用干钻。

答案：A

例题 7　［2022-36］不适用软土地区原位测试的是（　　　）。

A. 扁铲侧胀试验　　B. 标准贯入试验　　C. 十字板剪切试验　　D. 重力触探试验

解析：见考点三。重型圆锥动力触探试验（重力触探试验）一般适用于砂土、中密以下的碎石土和极软岩，不适用于软土。

答案：D

例题 8　在道路工程地质勘察中，能直接观察地层的结构和变化的勘察方法是（　　　）。

A. 钻探　　　　　　B. 槽探　　　　　　C. 触探　　　　　　D. 地球物理勘探

解析：见考点三。钻探是指用钻机在地层中钻孔，以鉴别和划分地表下地层，并可以沿孔深取样的一种勘察方法。地球物理勘探是以各种岩、土物理性质的差别为基础，采用专门的仪器，观测天然或人工的物理场变化，来判断地下地质情况的方法。触探利用外力使专门的测试探头插入土层，根据贯入、回转和起拔时的阻力测定土质的物理力学性质。由此可知，钻探、触探、地球物理勘探这三种方法，都不能直接观察地层的结构很变化。槽探是挖掘成狭长的槽形，其宽度一般为 0.6~1.0m，长度视需要而定，深度通常小于 2m。因此，槽探可以直接观察地层的结构很变化。

答案：B

自 测 模 拟

1. 道路工程勘察的不同阶段所采用的测试技术也不同，其中原位测试通常是（　　　）。

A. 选址勘察阶段　　B. 初步勘察阶段　　　C. 详细勘察阶段　　　D. 施工勘察阶段

2. 工程地质测绘包含的基本内容是（　　　　）。

　　①坑探；②钻探；③地球物理勘探；④地质雷达勘探；⑤采样

　　A. ①④⑤　　　　　　B. ②③⑤　　　　　　C. ①②③　　　　　　D. 以上全部

3. 工程地质测绘不包含的基本内容是（　　　　）。

　　A. 地形、地貌　　　　　　　　　　　　　　B. 地层岩性、第四纪地质

　　C. 地质构造、地下水　　　　　　　　　　　D. 地基承载力

4. 原位试验方法主要包括（　　　　）。

　　①载荷试验；②静力触探；③动力触探和标准贯入试验；④十字板剪切试验；⑤旁压试验

　　A. ①②③　　　　　　B. ①③④　　　　　　C. ②③⑤　　　　　　D. ①②③④⑤

5. 物理地质现象长期观测点不应该选择在（　　　　）。

　　A. 典型的地段　　　　　　　　　　　　　　B. 影响因素比较复杂的地段

　　C. 便于观测地点　　　　　　　　　　　　　D. 对于一些灾害性的地质现象

参 考 答 案

1. C　　2. C　　3. D　　4. D　　5. B

第四章 工 程 勘 测

第一节 一 般 规 定

考 点 分 析

本节重点：掌握各等级公路项目不同设计阶段的勘测内容与深度；控制测量桩、路线控制桩的埋设、书写等的规定与要求；桩标记录、勘测记录的规定与要求。

本节难点：不同设计阶段勘测新技术、新方法及其应满足的基本精度要求。

考 点 精 讲

考点一：公路勘测的基本要求

道路工程勘测是道路工程设计的依据和基础，而道路工程设计又是道路工程施工的依据和基础。勘测资料是否齐全、准确和规范，直接影响工程设计质量。因此，在道路勘测中，必须以非常认真的态度，深入调查和研究，实事求是，精心勘测，注重技术经济效益，兼顾环境和社会的影响，为道路设计提供准确、完整的数据和资料，为设计、施工奠定坚实的基础。其要求如下：

（1）道路勘测在有条件时，尽量利用航空摄影测量、地面立体摄影测量和已有航测资料，优先选用先进仪器和最新测设手段，以提高测设速度和测设效益。

（2）道路勘测必须推行全面质量管理，野外资料、各种原始记录和计算成果应及时严格检查，有完善的签字制度。勘测工作完成后，应组织有关单位进行验收。

（3）各种测量标志的规格、书写、埋设、固定等，应符合《公路勘测规范》（JTG C10—2007）的要求。勘测中使用的名词、符号及图表格式，应按交通运输部现行的有关规定执行。地形图式应按国家测绘局制订的现行图式表示，如有补充，应增绘图例。

（4）各种测量仪器和设备，是测量人员重要的测绘工具。使用前，一定要认真阅读使用说明书，按规定的方法操作，平时应加强保养和维护，按规定定期检校。严禁使用未按规定检校或检校不合格的仪器。

考点二：测量标志

（一）测量标志的分类

测量标志分为控制测量桩、路线控制桩和标志桩三类。

（1）控制测量桩 主要用于控制测量的 GPS 点、三角点、导线、水准点，特大型桥隧控制桩以及互通立交控制桩等。

（2）路线控制桩 是指路线起终点桩、公里桩、曲线要素桩、交点桩、转点桩、断链桩等。

（3）标志桩 是指路线中心桩和控制桩的指示桩。

（二）测量标志的要求

1. 控制测量桩

（1）控制测量桩应采用混凝土桩，尺寸规格应符合图 4-1～图 4-4 所示的规定。有特殊要求的控制测量桩，其尺寸、规格、形状等应进行专门设计。

（2）各级控制测量桩必须有中心标志，中心标志应牢固。平面控制测量桩的中心标志的刻画应细小、清晰，高程控制测量桩的中心标志顶端应圆滑。

（3）不同的控制测量桩共用时，必须满足各自的埋设和作业要求，标志规格以其中较高者为准。

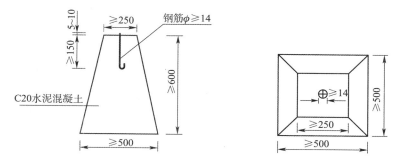

图 4-1 三等平面控制测量桩尺寸图（尺寸单位：mm）

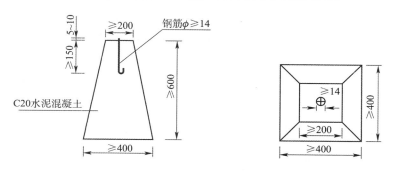

图 4-2 四等平面控制测量桩尺寸图（尺寸单位：mm）

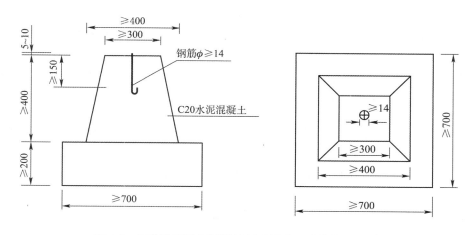

图 4-3 三等高程控制测量桩尺寸图（尺寸单位：mm）

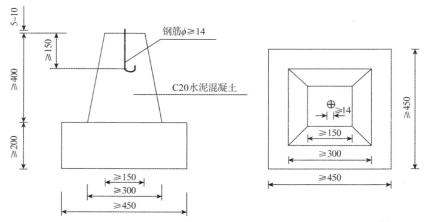

图 4-4　四等高程控制测量桩尺寸图（尺寸单位：mm）

2. 路线控制桩

（1）路线控制桩应采用木质桩，断面不应小于 5cm×5cm，长度不应小于 30cm。

（2）路线控制桩应钉设小钉，表示其中心位置。

（3）当路线控制桩为控制测量桩使用时，应进行护桩，并应设置指示标志。

3. 标志桩

标志桩应采用木质或竹质桩，断面不小于 5cm×1.5cm，长度不应小于 30cm。

（三）标志埋设

1. 控制测量桩

（1）控制测量桩应埋设在基础稳定、易于长期保存的地点。埋设时，应具有足够的稳定性。

（2）控制测量桩埋设时，坑底应填以砂石，并捣实或现浇厚度 20cm 以上的混凝土，地表应在控制测量桩周围现浇厚度 5cm 以上、控制桩以外宽度 10cm 以上的混凝土。埋设的控制测量桩应待沉降稳定后方可使用。

（3）冻土地区，季节冻土层以下标志的高度应大于标准高度的 2/3，并应在位于季节冻土层段的标志周围包裹防水材料。

（4）控制测量桩位于岩石或固定建筑物上时，应将表面凿毛、冲洗干净后，在上面浇筑混凝土并埋入中心标志，其顶部外形尺寸与相应标志相符，混凝土的高度应大于 20cm。

（5）控制测量桩位于沙丘和土层松软地区时，应增加标志尺寸和基坑底层现浇混凝土的面积和厚度，直至具有足够的稳定性。

（6）利用原有控制测量桩时，应确认标志完好，并符合控制测量桩的规格和埋设要求。

2. 路线控制桩

（1）路线控制桩顶面宜与地面齐平，并加设指示桩。路线控制桩的木质方桩顶面应钉小钉，表示点位。

（2）路线控制桩位于岩石或建筑物上时，可用油漆标记。柔性路面地段可用钢筋打入路面，且与路面平齐。

（3）路线控制桩应具有较高的稳定性，不得随意搁置于地表面。

3. 标志桩

（1）标志桩打入地下的长度应大于 15cm。当标志桩作为指示桩时，应钉设在被指示的桩的附近。

（2）标志桩位于岩石或建筑物上时，可用油漆标记。柔性路面地段可用铁钉打入路面，且与路面平齐。

（3）标志桩应具有一定的稳定性，不得随意搁置于地表面。

（四）标志书写

（1）控制测量桩应在其表面标注点名、点号。

（2）路线控制桩、标志桩应标明桩号、中心位置。

（3）控制测量桩、路线控制桩和标志桩应按起终点方向顺序连续编号，中线桩宜按 0~9 循环编号。

（4）分离式路基测量，其左、右侧路线桩号前应冠以左、右字母符号，并应以前进方向右侧路线为全程连续计算桩号。

（5）有比较方案时，桩号前应冠以比较线的编号。

（6）公路测量符号宜采用汉语拼音字母，有特殊要求时可采用英文字母。

考点三：测量记录

（一）测量记录的重要性

外业勘测是内业设计的依据，也是长期保存的原始记录档案。随着计算机和现代测设仪器的普及，许多记录都用计算机存储，但仍然不能忽视人工野外记录工作。测量记录仍然是道路勘测的质量管理要求。

（二）测量记录的要求

1. 桩标记录

（1）控制测量桩应填写点之记，并应在现场填绘。

（2）路线控制桩作为控制测量桩使用时，应填写固定桩志表。

2. 勘测记录

（1）公路勘测的各种记录，应采用专用记录簿。必须编排页码，严禁撕页。采用电子设备时记录时，打印输出的内容应具有可查性。

（2）测量数据记录不得涂改、转抄。当记录发生错误时，应按下述规定条款进行处理：

①角度记录中的分位、距离和水准记录中的分米位的读记错误可在实地更改，但角度测量同一方向的盘左和盘右、距离测量的往返值、水准测量的基辅值和前后读数值不能同时更改相关数字。

②角度记录中的秒位、距离和水准记录中的厘米及厘米以下位数不得涂改，必须重测。

③允许改正的内容应用横道线整齐划去错误的记录，在其上方重新记录正确的数值，并在备注栏注明原因。

（3）原始数据和记事项目应现场记录，记录项目应齐全。

（4）各种记录簿应编排目录，并由测量、复核及主管人员签署。

考点四：高程系统

高程系统是指相对于不同性质的基准面（大地水准面、似大地水准面、椭球面等）所定义的高程体系，用于表示地面点的高低，其分为正高系统、正常高系统和大地高程系统等。

正高系统的基准面是大地水准面，大地高程系统的基准面是椭球面。

由于岩层分布不均，无法精确计算地面和大地水准面之间的距离，故引入正常高系统。正常高系统的基准面是似大地水准面，非常接近大地水准面，在海洋上两者是重合的，在平原地区两者相差几厘米，在高山地区两者相差不大于 2m。

正常高系统的优点是可以精确计算，不必引入人为假定。因此，我国采用正常高系统作为计算高程的统一系统。

例 题 解 析

例题 1 ［2021-37］某公路大桥项目，桥梁最大单跨为 388m，采用的平面控制测量桩，其上顶面正方形边长、下底面正方形边长、高分别不应小于（　　）mm。

A. 150、300、600
B. 200、400、600
C. 250、500、600
D. 300、600、800

解析： 见考点二。根据第四节考点一，表 4-5，单跨长度为 388m，测量等级为三等；根据本节考点二，可知三等平面控制测量桩上顶面正方形边长不应小于 250mm，下底面正方形边长不应小于 500mm，高不应小于 600mm。

答案： C

例题 2 ［2021-38］公路勘测角度、距离和水准记录中，如果读错、写错，数字不得直接改正，必须重测的位数分别是（　　）。

A. 秒位、毫米及毫米以下
B. 秒位、厘米及厘米以下
C. 分位、毫米及毫米以下
D. 分位、厘米及厘米以下

解析： 见考点三。角度记录中的秒位、距离和水准记录中的厘米及厘米以下位数不得涂改，必须重测。

答案： B

例题 3 ［2022-40］在公路勘测中，用来计算高程的统一系统是（　　）。

A. 正高系统
B. 正常高系统
C. 大地高系统
D. 平面坐标系统

解析： 见考点四。高程系统采用不同的基准面（大地水准面、似大地水准面、椭球面等）表示地面点的高低，分为正高系统、正常高系统和大地高程系统等。为了计算方便，我国采用正常高系统作为计算高程的统一系统。

答案： B

自 测 模 拟

1. 测量工作的基本原则是从整体到局部、从高级到低级和（　　）。

A. 从控制到碎部
B. 从碎部到控制
C. 控制与碎部并行
D. 测图与放样并行

2. 下列不属于测量标志类别的是（　　）。

A. 控制测量桩
B. 路线控制桩
C. 标志桩
D. 测量控制桩

参 考 答 案

1. A　　2. D

第二节 测量方法

考点精讲

考点一：直线定向

直线定向是指确定直线和某一参照方向（称标准方向）的关系。

（一）标准方向的种类

1. 真子午线方向

过地球上某点及地球北极和南极的半个大圆为该点的真子午线。通过该点真子午线的切线方向称为该点的真子午线方向，它指出地面上某点的真北和真南方向。真子午线方向是用天文测量方法或用陀螺经纬仪来测定的。由于地球上各点的真子午线都收敛于两极，所以地面上不同经度的两点，其真子午线方向是不平行的。两点真子午线方向间的夹角称为子午线收敛角。

2. 磁子午线方向

自由悬浮的磁针静止时，磁针北极所指的方向即是磁子午线方向，又称磁北方向。磁子午线方向可用罗盘仪来测定。由于地球南北极与地磁场南北极不重合，故真子午线方向与磁子午线方向也不重合，它们之间的夹角为 δ，称为磁偏角。

磁子午线北端在真子午线以东为东偏，其符号为正；以西时为西偏，其符号为负。

3. 坐标纵轴方向

由于地面上任何两点的真子午线方向和磁子午线方向都不平行，这会给直线方向的计算带来不便。采用坐标纵轴作为标准方向，在同一坐标系中任意点的坐标纵轴方向都是平行的，从而极大地方便了使用。因此，在平面直角坐标系中，一般采用坐标纵轴作为标准方向。坐标纵轴方向，又称坐标北方向。我国采用高斯平面直角坐标系，在每个 6°带或 3°带内都以该带的中央子午线作为坐标纵轴。如采用假定坐标系，则用假定的坐标纵轴（ x 轴）。以过 O 点的真子午线作为坐标纵轴，所以任意点 A 或 B 的真子午线方向与坐标纵轴方向间的夹角就是任意点与点 O 间的子午线收敛角 γ。当坐标纵轴方向的北端偏向真子午线方向以东时，γ 定为正值；偏向西时，γ 定为负值。

（二）直线定向的方法

直线定向是确定直线和标准方向的关系，这一关系常用方位角或象限角来描述。

1. 方位角

从标准方向的北端量起，沿顺时针方向量到直线的水平角称为该直线的方位角。方位角的取值范围为 0°~360°。当标准方向取为真子午线时，称真方位角，用 $A_{真}$ 来表示。当标准方向取为磁子午线时，称磁方位角，用 $A_{磁}$ 来表示。真方位角和磁方位角的关系为

$$A_{真} = A_{磁} + \delta \tag{4-1}$$

在平面直角坐标系中，当标准方向取为坐标纵轴时，称坐标方位角，用 α 来表示。

真方位角和坐标方位角的关系为

$$A_{真} = \alpha + \gamma \tag{4-2}$$

2. 正反方位角

若规定直线一端量得的方位角为正方位角，则直线另一端量得的方位角为反方位角，正反方位角是不相等的。对于真方位角，其正反方位角的关系为

$$A_{12} = A_{21} + \gamma \pm 180° \tag{4-3}$$

对于坐标方位角，由于在同一坐标系内坐标纵轴方向都是平行的，所以正反坐标方位角的关系为

$$\alpha_{12} = \alpha_{21} \pm 180° \tag{4-4}$$

3. 象限角

直线与标准方向所夹的锐角称为象限角。象限角由标准方向的指北端或指南端开始向东或向西计量，取值范围为 $0° \sim 90°$，以角值前加上直线所指的象限名称来表示，如北东 $41°$。

4. 象限角与坐标方位角的关系

象限角与坐标方位角的关系见表 4-1。

象限角与坐标方位角的关系   表 4-1

象限	象限角与坐标方位角的关系	象限	象限角与坐标方位角的关系
I	北东 $R = \alpha$	III	南西 $R = \alpha - 180°$
II	南东 $R = 180° - \alpha$	IV	北西 $R = 360° - \alpha$

5. 真方位角的测定

常用的方法有两种：天文测量法和陀螺经纬仪法。

6. 磁方位角的测定

由于地球磁极的位置不断在变动，以及磁针易受周围环境等的影响，所以磁子午线方向不宜作为精确定向的标准方向。但是由于磁方位角的测定很方便，所以在精度要求不高时可使用。磁方位角可用罗盘仪测定。

7. 坐标方位角的推算

为了使整个测区的坐标系统统一，测量工作中不是直接测定每条边的方向，而是通过与已知方向的联测，推算出各边的坐标方位角。推算坐标方位角的一般公式为

$$\alpha_{前} = \alpha_{后} \mp 180° \pm \beta \tag{4-5}$$

当 β 为左角时，取正号，减 $180°$；当 β 为右角时，取负号，加 $180°$。

考点二：水准测量

（一）水准测量方法

1. 路线水准测量

如图 4-5 所示，当欲测高差的两点距离较远或高差较大或遇障碍，不能在一个测站完成时，应按连续设站的水准路线进行。水准测量中，已知高程的地面固定点称为水准点；中间起传递高程作用的点称为转点。水准路线的布置形式一般有如下三种。

（1）闭合水准路线　从一个水准点出发，沿线测量各待定点，最后又回到原来的水准点上。

（2）附合水准路线　从一个水准点出发，沿线测量各待定点，最后闭合到另一个水准点上。

（3）支水准路线　从一个水准点出发，沿线测量待定点（不得超过两点），应进行往返观测。

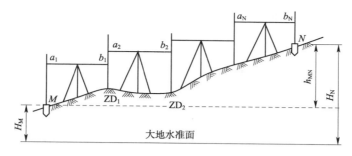

图 4-5 水准测量

2. 水准测量的校核工作

（1）测站校核 有变动仪器高法、双面尺法和双仪器法，两次测出的高差之差不超过规定值，即可取两次高差的平均值。

计算校核

$$\sum h = \sum a - \sum b \tag{4-6}$$

（2）成果校核 也称路线校核，检核高差闭合差 f_h 是否在规定的允许误差范围内。f_h 的计算如下：

①闭合路线

$$f_h = \sum h_{测} \tag{4-7}$$

②附合路线

$$f_h = \sum h_{测} - (H_{终} - H_{始}) \tag{4-8}$$

③支路线

$$f_h = \sum h_{往} + \sum h_{返} \tag{4-9}$$

（二）成果整理

路线校核精度合格后，即可进行闭合差的分配，原则是改正数 v 与测站数 n（或路线长度 l，以 km 计）成正比，并与闭合差反符号。则测段改正数为

$$v_i = \frac{-f_h}{\sum n} \cdot n_i \tag{4-10}$$

或

$$v_i = \frac{-f_h}{\sum l} \cdot l_i \tag{4-11}$$

将改正数加在相应测段的高差观测值上得到改正后高差，即可从起始水准点高程加上改正后高差逐点推算所求点高程。

（三）水准测量的误差

1. 仪器误差

水准仪的几何条件不满足，水准尺刻画不准或弯曲等。

2. 置平误差

读数时水准管轴未精确水平。

3. 水准尺倾斜

水准尺未竖直，使读数总是偏大，且视线越高误差越大。

4. 水准仪下沉

仪器随安置时间而下沉，使后视读数与前视读数不处于同一水平视线上。

考点三：角度测量

（一）水平角观测

工程测量中，水平角是指测站点至两观测目标点分别连线在水平面上投影后的夹角。

1. 测回法

如表 4-2 所示，O 为测站，A、B 为始目标和终目标。观测 $\angle AOB$ 步骤如下：

（1）在 O 点安置经纬仪，对中与整平。

（2）盘左位置，照准 A，读水平度盘读数 $a_{左}$，一般使初始读数略大于 $0°$，顺时针转动照准部照准目标 B，读出 $b_{左}$。盘右位置，照准 B，读出 $b_{右}$，逆时针转动照准部照准 A，读出 $a_{右}$。记录与计算如表 4-2 所示。

测回法观测手簿　　　　　　　　　　　　　　　　　　　　　　　　表 4-2

测站	竖盘位置	目标	水平盘读数（°　′　″）	半测回角值（°　′　″）	一测回角值（°　′　″）	平均角值（°　′　″）	备注
O	左	A	0　00　30	185　51　12	185　51　03		
		B	185　51　42				
	右	A	180　00　54	185　50　54			
		B	5　51　48				

（3）盘左、盘右观测，分别称为上半测回和下半测回，合称为一测回。半测回角值之差不超过 $40''(\mathrm{DJ}_6)$ 或 $24''(\mathrm{DJ}_2)$，则取平均值作为一测回角值。

$$\left.\begin{array}{l} \beta_{左} = b_{左} - a_{左} \\ \beta_{右} = b_{右} - a_{右} \\ \beta = \dfrac{\beta_{左} + \beta_{右}}{2} \end{array}\right\} \tag{4-12}$$

（4）当观测的测回数 $n > 1$ 时，为减小度盘刻画误差影响，每测回起始目标读数应增加 $(180°)/n$。

2. 全圆测回法

当一个测站上的观测目标为 3 个或 3 个以上时，可采用全圆测回法，或称为方向观测法。例如，在测站 O 上观测 A、B、C、D 四个目标的操作步骤如下：

（1）盘左位置，选一清晰目标 A 作为起始方向，顺时针依次瞄准 A、B、C、D、A，分别读取读数 a、b、c、d、a'。a 与 a' 之差为半测回归零差。

（2）盘右位置，逆时针依次瞄准 A、D、C、B、A，并分别读取对应读数。

（3）数据整理与计算。

①两倍照准误差 $2C = $ 盘左读数 $-$ （盘右读数 $\pm 180°$）。

②各方向平均读数 $= $ [盘左读数 $+$ （盘右读数 $\pm 180°$）]/2。起始方向 A 有两个平均读数，应再次平均写在该测回平均读数的最上方，并以圆括号标明。

③归零方向值 $= $ 各方向平均读数 $-$ 起始方向平均读数（圆括号内的值）。此时该测回的起始方向值已强制归化为 $0°00'00''$。

④任意两方向间的水平角等于对应的归零方向值之差。

3. 水平角观测的误差

（1）仪器误差 仪器制造时加工不完善、仪器轴系的几何条件未能满足、照准部偏心等。

（2）对中误差 测站偏心误差、瞄准目标偏心误差。

（3）观测误差 照准误差、读数误差。

（4）外界条件的影响。

（二）竖直角观测

竖直角是指同一竖直面内的视线方向与水平方向的夹角。当视线水平时，竖直度盘读数为 90°的整数倍。竖直角观测只要照准目标并读取竖盘读数，即可计算出竖直角。步骤如下：

（1）对中整平后，盘左，十字丝交点照准目标。打开自动归零装置，如无此装置，则转动竖盘指标水准管微动螺旋使气泡居中，读取盘左竖盘读数 L。

（2）盘右，同法读取盘右竖盘读数 R。

（3）计算，竖直角计算公式取决于竖盘的刻画形式。在盘左时，将望远镜略水平后向上仰，若竖盘读数减小，则竖直度盘为顺时针注记，反之则为逆时针注记。竖直角计算公式为

顺时针注记

$$\left.\begin{array}{l} \alpha_L = 90° - L \\ \alpha_R = R - 270° \end{array}\right\} \tag{4-13}$$

逆时针注记

$$\left.\begin{array}{l} \alpha_L = L - 90° \\ \alpha_R = 270° - R \end{array}\right\} \tag{4-14}$$

一测回角值

$$\alpha = \frac{\alpha_L + \alpha_R}{2} \tag{4-15}$$

表 4-3 为竖直角观测示例。

竖直角观测手簿   表 4-3

测站	目标	竖盘位置	竖盘读数（° ′ ″）			半测回角值（° ′ ″）			一测回竖角值（° ′ ″）			备 注
A	P	左	101	15	30	11	15	30				盘左
		右	258	44	54	11	15	06	11	15	18	
	Q	左	80	16	12	−9	43	48				
		右	279	43	36	−9	43	36	−9	43	42	

当视线水平，指标水准管气泡居中时，竖盘指标偏离正确位置的值 x 称为竖盘指标差。

$$x = -\frac{\alpha_L - \alpha_R}{2} \tag{4-16}$$

考点四：测量误差的基本知识

（一）误差的分类与特性

1. 误差的定义

观测值与客观存在的真值之差称为测量真误差。有时某些量无法得到真值，常采用平均值作为该量的最可靠值，称为最或是值，又称似真值。观测值与平均值之差称为最或是误差，又称似真误差。

$$\left.\begin{array}{l} \text{真误差} = \text{观测值} - \text{真值} \\ \text{最或是误差} = \text{观测值} - \text{平均值} \end{array}\right\} \tag{4-17}$$

测量误差按性质分为系统误差与偶然误差。产生误差的原因有三种：测量仪器的构造不完善、观测者感觉器官的鉴别能力有限、外界环境与气象条件不稳定等。观测成果的精确程度称为精度，取决于观测时的有关仪器、人和环境所构成的观测条件。具有同样技术的人，用同等精度的仪器，在同样的外界环境下进行观测，即观测条件相同的各次观测称为等精度观测；观测条件不同的各次观测称为非等精度观测。

2. 系统误差及特性

在相同观测条件下对某量进行多次观测，其误差大小与符号保持不变或按一定规律变化，这种误差称为系统误差。例如钢尺实长与名义长不等引起的距离误差、水准管轴不平行于视准轴引起的水准尺读数误差等。

系统误差的特性是因其符号不变而具有累积性，对观测结果影响较大。

在找到系统误差的规律之后，可有针对性地采取一定的措施：对观测值加改正数，严格进行仪器和工具的检验校正，选用适当的观测程序和方法等，使系统误差得到抵消或削减。

3. 偶然误差及特性

在相同观测条件下对某量进行多次观测，其误差大小和符号没有一致的倾向性，表现为偶然性，但从整体看，大量观测误差具有偶然事件的统计规律，这种误差称为偶然误差，亦称随机误差。例如望远镜的照准误差、水准尺上毫米数的估读等。偶然误差应按其规律进行调整以求得最可靠值。

偶然误差的特性：

（1）偶然误差的绝对值不超过一定的界限，即有界性。

（2）绝对值小的误差比绝对值大的误差出现的或然率大，即小误差密集性。

（3）绝对值相等的正、负误差出现的或然率相等，即对称性。

（4）当观测次数趋于无穷大时，偶然误差的算术平均值的极限为零，即抵偿性。

4. 过失误差

观测过程中可能出现粗差，亦称过失误差或错误，不允许存在于观测结果中，也不属测量误差讨论的范畴。应在工作中仔细认真，提高责任心，严格遵守作业规范，避免错误。

（二）评定精度的标准

中误差、相对误差和允许误差常作为评定观测成果精度的标准。

1. 中误差

在等精度观测条件下，对某一真值为 X 的物理量观测 n 次，观测值为 $l_i (i = 1, 2, \cdots, n)$，真误差 $\Delta_i = l_i - X$，则中误差为

$$\left.\begin{array}{l} m = \pm \sqrt{\dfrac{[\Delta\Delta]}{n}} \\ [\Delta\Delta] = \Delta_1\Delta_1 + \Delta_2\Delta_2 + \cdots + \Delta_n\Delta_n \end{array}\right\} \tag{4-18}$$

2. 相对误差

观测误差的绝对值与观测值之比，并化为分子为 1 的分数形式，称为相对误差。即

往返丈量相对误差

$$K = \frac{\left|D_{往} - D_{返}\right|}{D_{平均}} = \frac{1}{M} \tag{4-19}$$

相对中误差

$$K = \frac{|m|}{D} = \frac{1}{M} \tag{4-20}$$

相对误差常用于距离丈量的精度评定，而不能用于角度测量和水准测量的精度评定，因后两者的误差大小与观测量（角度、高差）的大小无关。

3. 允许误差

允许误差亦称极限误差。从偶然误差的有界性可知，偶然误差的绝对值不会超过一定界限。绝对值大于 2 倍中误差的偶然误差，出现概率为 4.6%，而大于 3 倍中误差者概率为 3‰，所以，规范中规定取 2 倍（或 3 倍）中误差作为允许误差。

即

$$\Delta_{允} = 2m \quad 或 \quad \Delta_{允} = 3m \tag{4-21}$$

（三）等精度观测的精度评定

在等精度观测条件下，某量的 n 次观测值的算术平均值为 $x = [l]/n$，似真误差为 $v_i = l_i - x(i = 1,2,\cdots,n)$，观测值中误差为

$$m = \pm\sqrt{\frac{[vv]}{n-1}} \tag{4-22}$$

算术平均值中误差为

$$M = \frac{m}{\sqrt{n}} \tag{4-23}$$

（四）误差传播定律

某些非直接观测量，是由另一些直接观测量按一定的函数关系通过计算间接得到的。阐明观测值中误差与函数值中误差之间关系的函数式称为误差传播定律。

1. 一般函数的中误差

设有一般函数 $Z = F(x_1, x_2, \cdots, x_n)$；$x_1, x_2, \cdots, x_n$ 为各自独立的直接观测量，其对应中误差分别为 $m_1, m_2, \cdots, m_n$。则一般函数的中误差为

$$m_Z = \pm\sqrt{\left(\frac{\partial F}{\partial x_1}\right)^2 \cdot m_1^2 + \left(\frac{\partial F}{\partial x_2}\right)^2 \cdot m_2^2 + \cdots + \left(\frac{\partial F}{\partial x_n}\right)^2 \cdot m_n^2} \tag{4-24}$$

即函数的中误差等于函数对各观测量的偏导数与相应观测值中误差乘积之平方和的平方根。

2. 几种常见函数的中误差

应用误差传播定律可以导出各种函数中误差的表达式。

（1）和差函数的中误差

$$Z = x_1 \pm x_2 \pm \cdots \pm x_n$$

则

$$m_Z = \pm\sqrt{m_1^2 + m_2^2 + \cdots + m_n^2} \tag{4-25}$$

即多个独立观测量代数和的中误差等于各对应观测值中误差之平方和的平方根。

（2）倍函数的中误差

即观测量与常数乘积的中误差等于观测值中误差与常数的乘积。

$$Z = kx$$

则

$$m_Z = km \tag{4-26}$$

（3）直线函数的中误差

$$Z = k_1 x_1 \pm k_2 x_2 \pm \cdots \pm k_n x_n$$

则

$$m_Z = \pm\sqrt{k_1^2 m_1^2 + k_2^2 m_2^2 + \cdots + k_n^2 m_n^2} \tag{4-27}$$

即直线函数的中误差等于各个常数与相应观测值中误差乘积之平方和的平方根。

3. 误差传播定律的应用

（1）钢尺量距的精度

钢尺丈量的中误差与距离的平方根成正比，即

$$m_D = \pm\mu\sqrt{D}\,(\mu = m/\sqrt{l}) \tag{4-28}$$

式中：m_D ——量得距离的中误差；

μ ——单位长度的量距中误差；

D ——量得的距离；

m ——丈量一尺段的中误差；

l ——尺段长。

（2）水平角观测的精度

一测回角值的中误差

$$m_\beta = m\sqrt{2} \tag{4-29}$$

半测回角值的中误差

$$m_\beta' = m_\beta\sqrt{2} \tag{4-30}$$

盘左盘右角值之差的中误差

$$m_{\Delta\beta} = m_\beta'\sqrt{2} \tag{4-31}$$

盘左盘右角值之差的极限误差

$$m_极 = 2m_{\Delta\beta} \quad 或 \quad m_极 = 3m_{\Delta\beta} \tag{4-32}$$

式中：m ——一测回方向观测值中误差。

（3）高差测量的误差

高差中误差

$$m_h = m\sqrt{2} \tag{4-33}$$

两次高差之差的中误差

$$m_{\Delta h} = m_h\sqrt{2} \tag{4-34}$$

两次高差之差的极限误差

$$m_{\Delta h\,极} = 2m_h\sqrt{2} \quad 或 \quad m_{\Delta h\,极} = 3m_h\sqrt{2} \tag{4-35}$$

式中：m——前视或后视水准尺上的读数中误差。

（4）路线水准测量的误差

高差总和的中误差

$$\left.\begin{aligned} m_{\Sigma h} &= m_h\sqrt{n} = m_d\sqrt{2n} \\ m_{\Sigma h} &= m\sqrt{L} \end{aligned}\right\} \tag{4-36}$$

式中： m_d——前视或后视尺的读数中误差；

　　　m_h——高差中误差；

　　　n——测站数；

　　　m——水准路线单位长度的高差中误差；

　　　L——水准路线长度（km）。

考点五：GPS 定位的概念及主要特点

　　GPS 系统确定地面点位的思路是：根据空中卫星发射的信号，确定空间卫星的轨道参数，计算出锁定的卫星在空间的瞬时坐标，然后将卫星看作为分布于空间的已知点，利用 GPS 地面接收机，接收从某几颗（4 颗或 4 颗以上）卫星在空间运行轨道上同一瞬时发出的超高频无线电信号，再经过系统的处理，获得地面点至这几颗卫星的空间距离，用空间后方距离交会的方法，求得地面点的空间位置。GPS 系统所采用的坐标为 WGS-84 坐标系。如图 4-6 所示，地面上 A、B 两点的空间三维坐标分别为：$A(X_a$、Y_a、$Z_a)$、$B(X_b$、Y_b、$Z_b)$。

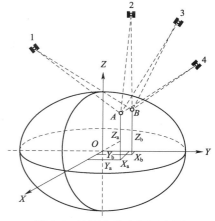

图 4-6　地面点为坐标示意图

　　由于空间卫星的时钟与地面接收机的时钟不可能同步，因此，需要观测 4 颗或以上的卫星，才能确定 4 个变量的值，即 x、y、z 和时间 t。GPS 系统采用高轨测距体制，以观测站至 GPS 卫星之间的距离作为基本观测量。为了获得距离观测量，主要采用两种方法：

　　其一是伪距测量，即根据接收机接收到的 GPS 卫星发射的测距 A/C 码和电文内容，通过信号从发射到到达用户接收机的传播时间，从而计算出卫星和接收机天线间的距离。但由于 GPS 卫星时钟与用户接收机时钟难以保持严格的同步，存在时钟差，所以观测的卫星与接收机天线间的距离均含有受到卫星钟与用户接收机钟同步差的影响，并不是真实值，因此习惯上称所测距离为 "伪距"。

　　其二是载波相位测量，即测定 GPS 卫星载波信号在传播路径上的相位变化值，以确定信号传播的距离的方法。采用伪距观测量定位速度最快，而采用载波相位观测量定位精度最高。通过对 4 颗或 4 颗以上的卫星同时进行伪距或相位的测量，即可推算出接收机的三维位置。

　　（一）绝对定位与相对定位

　　按定位方式，GPS 定位分为绝对定位（单点定位）和相对定位（差分定位）。

　　1. 绝对定位

　　绝对定位又称单点定位，指的是在一个观测点上，利用 GPS 接收机观测 4 颗以上的 GPS 卫星，根据 GPS 卫星和用户接收机天线之间的距离观测量和已知卫星的瞬时坐标，独立确定特定点在地固坐标系（坐标系固定在地球上，随地球一起转动）中的位置，称为绝对定位，如图 4-7 所示。

　　绝对定位的优点是，只需一台接收机便可独立定位，观测的组织与实施简便，数据处理简单。其主要问题是由于 GPS 采用单程测距原理，卫星钟与用户接收机的钟难以保持严格的同步，所以观测的卫星与测站间的距离，含有受到卫星钟与用户接收机钟同步差，以及卫星星历和卫星信号在传播过程中的大气延迟误差的影响，定位精度较低，不能满足工程定位测量的要求。

2. 相对定位

相对定位又称差分定位，指的是在两个或若干个观测站上，设置 GPS 接收机，同步跟踪观测相同的 GPS 卫星，测定它们之间相对位置，根据不同接收机的观测数据来确定观测点之间的相对位置的方法，称为相对定位，如图 4-8 所示。

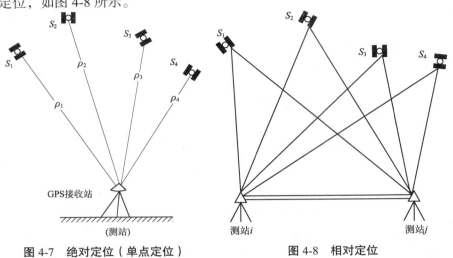

图 4-7 绝对定位（单点定位）　　　　图 4-8 相对定位

在相对定位中，至少有一个点的位置是已知的，称之为基准点。由于相对定位是在几个点同步观测 GPS 卫星数据进行的，因此，可以有效地消除或减弱许多相同的或基本相同的误差，如卫星钟的误差、卫星星历误差、信号的传播延迟误差等，从而可以获得很高的相对定位精度。但相对定位要求各站接收机必须同步跟踪观测相同的卫星，因而作业组织和实施比较复杂，而且两点的距离受到限制，一般在 1000km 以内。

（二）静态定位与动态定位

按待定点相对于地固坐标系的运动状态来区分，GPS 定位可以分为静态定位和动态定位。

1. 静态定位

若观测站相对于地固坐标系，没有可以察觉到的运动，或者有微小的运动，但是在一次观测期间（数小时或若干天）无法察觉到，这样确定待定点位置的方法，称为静态定位。其基本特点是，在 GPS 观测数据处理中，待定点的坐标是个常量，没有速度分量。在静态定位中，可以进行大量的重复观测，以提高定位精度。

2. 动态定位

若观测站相对于地固坐标系有显著的运动，则这样的点的定位称为动态定位。动态定位可以分为两种情况：一是导航动态定位，它要求在用户运动时，实时地确定用户的位置和速度，并根据预先选定的终点和运动路线，引导用户沿预定航线到达目的地；另一种是精密动态定位，其主要目的不是导航，而是精确确定用户各个时刻的位置和速度，目前，后者比较广泛地应用于工程测量中。

例 题 解 析

例题1 平整场地时，从水准仪读得后视读数后，在一个方格的四个角M、N、O和P点上读得前视读数分别为 1.254m、0.493m、2.021m 和 0.213m，则方格上最高点和最低点分别是（　　）。

  A. P、O B. O、P

  C. M、N D. N、M

解析： 由视线高法计算公式可知：读数越大，点的高程越低。

答案： A

例题 2 水准仪置于 A、B 两点中间，A 尺读数 $a = 1.523$m，B 尺读数 $b = 1.305$m，仪器转移至 A 点附近，尺读数分别为 $a' = 1.701$m，$b' = 1.462$m，则（　　）。

  A. $LL /\!/ CC$ B. LL 不平行于 CC

  C. $L'L' /\!/ VV$ D. $L'L'$ 不平行于 VV

解析： $h_{ab} = a - b = 0.218$；$a'' = b' + h_{ab} = 1.680 \neq a'$，视准轴不平行于水准管轴。

答案： B

例题 3 测站点 O 与观测目标 A、B 位置不变，如仪器高度发生变化，则观测结果（　　）。

  A. 竖直角改变、水平角不变   B. 水平角改变、竖直角不变

  C. 水平角和竖直角都改变   D. 水平角和竖直角都不变

解析： 水平角是两竖直平面间的二面角。

答案： A

自 测 模 拟

1. M 点高程 $H_M = 43.251$m，测得后视读数 $a = 1.000$m，前视读数 $b = 2.283$m，则 N 点对 M 点的高差 h_{MN} 和待求点 N 的高程 H_N 分别为（　　）。

  A. $+1.283$m，44.534m   B. -3.283m，39.968m

  C. $+3.283$m，46.534m   D. -1.283m，41.968m

2. 水准仪有 $DS_{0.5}$、DS_1、DS_3 等多种型号，其下标数字 0.5、1、3 等代表水准仪的精度，为水准测量每公里往返高差中数的中误差值，单位为（　　）。

  A. km   B. m   C. cm   D. mm

3. 用于附合水准路线成果校核的公式是（　　）。

  A. $f_h = \sum h$ B. $f_h = \sum h_测 - (H_终 - H_始)$

  C. $f_h = \sum h_往 - \sum h_返$ D. $\sum h = \sum a - \sum b$

4. 水平角观测中，盘左起始方向 OA 的水平度盘读数为 $358°12'15''$，终了方向 OB 的对应读数为 $154°18'19''$，则 $\angle AOB$ 前半测回角值为（　　）。

  A. $156°06'04''$ B. $-156°06'04''$

  C. $203°53'56''$ D. $-203°53'56''$

5. 经纬仪盘左时，当视线水平，竖盘读数为 $90°$；望远镜向上仰起，读数减小，则该竖直度盘为顺时针注记，其盘左和盘右竖直角计算公式分别为（　　）。

  A. $90° - L$，$R - 270°$ B. $L - 90°$，$270° - R$

  C. $L - 90°$，$R - 270°$ D. $90° - L$，$270° - R$

6. 某钢尺尺长方程式为 $l_t = 50.0044 + 1.25 \times 10 - 5 \times (t - 20) \times 50$，在温度为 31.4℃和标准拉力

下量得均匀坡度两点间的距离为49.9062m，高差为-0.705m，则该两点间的实际水平距离为（　　　）。

    A. 49.904m   B. 49.913m

    C. 49.923m   D. 49.906m

7. 视距测量时，经纬仪置于高程为162.382m的A点，仪器高为1.40m，上、中、下三丝读得立于B点的尺读数分别为1.019m、1.400m和1.781m，求得竖直角$\alpha = -3°12'10''$，则AB的水平距离和B点高程分别为（　　　）。

    A. 75.962m，158.131m   B. 75.962m，166.633m

    C. 76.081m，158.125m   D. 76.081m，166.639m

8. 某电磁波测距仪的标称精度为$\pm(3 + 3 \times 10^{-6})$mm，用该仪器测得500m距离，如不顾及其他因素影响，则产生的测距中误差为（　　　）。

    A. $\pm$18mm   B. $\pm$3mm

    C. $\pm$4.5mm   D. $\pm$6mm

9. 由标准方向北端起顺时针量到所测直线的水平夹角，该角的名称及其取值范围是（　　　）。

    A. 象限角、0°~90°   B. 象限角、0°~$\pm$90°

    C. 方位角、0°~$\pm$180°   D. 方位角、0°~360°

10. 用钢尺往返丈量120m的距离，要求相对误差达到1/10000，则往返较差不得大于（　　　）。

    A. 0.048m   B. 0.012m   C. 0.024m   D. 0.036m

11. 对某一量进行n次观测，则根据公式$M = \pm\sqrt{\dfrac{[vv]}{n(n-1)}}$求得的结果为（　　　）。

    A. 算术平均值中误差   B. 观测值中误差

    C. 算术平均值真误差   D. 一次观测中误差

12. 在$\triangle ABC$中，直接观测了$\angle A$和$\angle B$，其中误差分别为$m\angle A = \pm3''$和$m\angle B = \pm4''$，则$\angle C$的中误差$m\angle C$为（　　　）。

    A. $\pm8''$ B. $\pm7''$ C. $\pm5''$ D. $\pm1''$

参 考 答 案

1. D   2. D   3. B   4. A   5. A   6. B   7. A   8. C   9. D   10. B

11. A   12. C

第三节　控 制 测 量

考 点 分 析

    本节重点：掌握公路平面控制测量的主要方法，平面控制点的布设、测量、观测等技术要点；公路高程控制测量的主要方法，高程控制点的布设、测量、观测等技术要点，公路控制测量应提交的技术资料。

    本节难点：平面控制点的布设、测量、观测等技术要点；公路高程控制测量的主要方法，高程控制点的布设、测量、观测等技术要点。

考 点 精 讲

测量工作中为了扩展测量工作面及防止误差的积累，应遵循的原则是在布局上从整体到局部，在精度上从高级到低级，在工作程序上从控制到碎部。即在测区内选择一些具有全局性控制意义的点，用精确的方法测定它的平面坐标和高程位置，以这些点作为基础，再以低一级的精度测出其他点。这些在布局、精度和程序上具有控制意义的点称为控制点，由控制点组成的几何图形称为控制网，分为平面控制网和高程控制网。测定控制点平面位置和高程位置的工作分别称为平面控制测量和高程控制测量。

考点一：平面控制测量

平面控制测量，应采用全球定位系统（GPS）测量、三角测量、三边测量和导线测量等方法。

（一）平面控制网的定位与定向

地面点的平面位置用平面坐标表示，点与点之间可根据其水平距离和方位角计算坐标增量，如果其中一个点的坐标已知，则另一点的坐标即可求出。确定一直线与标准方向的夹角的工作称为直线定向。标准方向有三种：真子午线方向、磁子午线方向和中央子午线方向（坐标纵轴方向）。真子午线方向与磁子午线方向的夹角称为磁偏角，真子午线方向与中央子午线方向的夹角称为子午线收敛角。由标准方向北端起顺时针量到直线的水平夹角称为方位角，有真方位角、磁方位角和坐标方位角三种。方位角的取值范围为 $0°\sim360°$。直线 AB 的坐标方位角 α_{AB} 与直线 BA 的坐标方位角 α_{AB} 互为正反方位角，相差 $180°$。直线的方向还可用象限角表示，它是由标准方向的北端或南端起依顺时针或逆时针量到直线的锐角。直线的象限角不仅要说明大小，而且还要指出所在象限，如直线 OA 的象限角 R_{OA} = 南东 $60°36'$（或 $S60°36'E$），象限只能用北东（NE）、北西（NW）、南东（SE）和南西（SW）来表示。坐标方位角和象限角可互相换算，如 R_{OA} = 南东 $60°36'$，则 α_{OA} = $119°24'$。

（二）平面控制测量的误差要求和等级选用

（1）各级平面控制测量，最弱点点位中误差不得大于 ±5cm，最弱相邻点位中误差不得大于 ±3cm，最弱相邻点边长相对中误差不得大于表 4-4 的规定。

平面控制测量精度要求　　　　　　　　　　　　　　　　　表 4-4

测 量 等 级	最弱相邻点边长相对中误差	测 量 等 级	最弱相邻点边长相对中误差
二等	1 / 100000	一级	1 / 20000
三等	1 / 70000	二级	1 / 10000
四等	1 / 35000		

（2）各级公路和桥梁、隧道平面控制测量的等级不得低于表 4-5 的规定。

平面控制测量等级选用　　　　　　　　　　　　　　　　　表 4-5

高架桥、路线控制测量	多跨桥梁总长 L（m）	单跨桥梁 L_K（m）	隧道贯通长度 L_G（m）	测 量 等 级
—	$L \geqslant 3000$	$L_K \geqslant 500$	$L_G \geqslant 6000$	二等
—	$2000 \leqslant L < 3000$	$300 \leqslant L_K < 500$	$3000 \leqslant L_G < 6000$	三等
高架桥	$1000 \leqslant L < 2000$	$150 \leqslant L_K < 300$	$1000 \leqslant L_G < 3000$	四等
高速公路、一级公路	$L < 1000$	$L_K < 150$	$L_G < 1000$	一级
二、三、四级公路	—	—	—	二级

（3）选择路线平面控制测量坐标系时，应使测区内投影长度变形值不大于2.5cm/km；大型构造物平面控制测量坐标系，其投影长度变形值不大于1cm/km。投影分带位置不应选择在大型构造物处。

（4）角度、长度和坐标的数字取位应符合表4-6的规定。

角度、长度和坐标的数字取位　　　　　　　　　　　　　　表4-6

测 量 等 级	角度（°）	长度（m）	坐标（m）
二等	0.01	0.0001	0.0001
三、四等	0.1	0.001	0.001
一、二级	1	0.001	0.001

（三）平面控制点布设要求

（1）平面控制点相邻点间平均边长应按表4-7执行。四等及以上平面控制网中相邻点之间的距离不得小于500m，一、二级平面控制网中相邻点之间的距离在平原、微丘区不得小于200m，重丘、山岭区不得小于100m，最大距离不应大于平均边长的2倍。

相邻点间平均边长参照值　　　　　　　　　　　　　　　　表4-7

测 量 等 级	平均边长（km）	测 量 等 级	平均边长（km）
二等	3.0	一级	0.5
三等	2.0	二级	0.3
四等	1.0		

（2）路线平面控制点距路线中心线的距离应大于50m，宜小于300m，每一点至少应有一相邻点通视。特大型构造物每一端应埋设2个以上平面控制点。

（四）平面控制测量技术要求

（1）GPS基线测量的中误差应小于按式（4-37）计算的标准差，各等级控制测量固定误差a、比例误差系数b的取值应符合表4-8的规定。计算GPS测量大地高差的精度时，a、b可放宽至2倍。

$$\sigma = \pm\sqrt{a^2 + (b \cdot d)^2} \tag{4-37}$$

式中：σ——标准差（mm）；

　　　a——固定误差（mm）；

　　　b——比例误差系数（mm/km）；

　　　d——基线长度（km）。

GPS测量的主要技术要求　　　　　　　　　　　　　　　　表4-8

测 量 等 级	固定误差a（mm）	比例误差系数b（mm/km）
二等	≤5	≤1
三等	≤5	≤2
四等	≤5	≤3
一级	≤10	≤3
二级	≤10	≤5

（2）导线测量的主要技术要求应符合表 4-9 的规定。

导线测量的主要技术要求　　　　　　　　　　　　表 4-9

测量等级	附（闭）合导线长度（km）	边数	每边测距中误差（mm）	单位权中误差（″）	导线全长相对闭合差	方位角闭合差（″）
三等	≤ 18	≤ 19	≤ ±14	≤ ±1.8	≤1/52000	≤ $3.6\sqrt{n}$
四等	≤ 12	≤ 12	≤ ±10	≤ ±2.5	≤1/35000	≤ $5\sqrt{n}$
一级	≤ 6	≤ 12	≤ ±14	≤ ±5.0	≤1/17000	≤ $10\sqrt{n}$
二级	≤ 3.6	≤ 12	≤ ±11	≤ ±8.0	≤1/11000	≤ $16\sqrt{n}$

注：1. 表中 n 为测站数。
　　2. 以测角中误差为单位权中误差。
　　3. 导线网节点间的长度不得大于表中长度的 0.7 倍。

（3）三角测量的主要技术要求应符合表 4-10 的规定。

三角测量的主要技术要求　　　　　　　　　　　　表 4-10

测量等级	测角中误差（°）	起始边边长相对中误差	三角形闭合差（″）	测 回 数		
				DJ$_1$	DJ$_2$	DJ$_6$
二等	≤ ±1.0	≤ 1/250000	≤ 3.5	≥ 12	—	—
三等	≤ ±1.8	≤ 1/150000	≤ 7.0	≥ 6	≥ 9	—
四等	≤ ±2.5	≤ 1/100000	≤ 9.0	≥ 4	≥ 6	—
一级	≤ ±5.0	≤ 1/40000	≤ 15.0	—	≥ 3	≥ 4
二级	≤ ±10.0	≤ 1/20000	≤ 30.0	—	≥ 1	≥ 3

（4）三边测量的主要技术要求应符合表 4-11 的规定。

三边测量的主要技术要求　　　　　　　　　　　　表 4-11

测 量 等 级	测距中误差（mm）	测距相对中误差
二等	≤ ±9.0	≤ 1/330000
三等	≤ ±14.0	≤ 1/140000
四等	≤ ±10.0	≤ 1/100000
一级	≤ ±14.0	≤ 1/35000
二级	≤ ±11.0	≤ 1/25000

（五）观测技术要求

（1）GPS 观测的主要技术要求应符合表 4-12 的规定。

GPS 观测的主要技术要求　　　　　　表 4-12

项 目		测 量 等 级				
		二等	三等	四等	一级	二级
卫星高度角（°）		≥ 15	≥ 15	≥ 15	≥ 15	≥ 15
时段长度	静态（min）	≥ 240	≥ 90	≥ 60	≥ 45	≥ 40
	快速静态（min）	—	≥ 30	≥ 20	≥ 15	≥ 10
平均重复设站数（次/每点）		≥ 4	≥ 2	≥ 1.6	≥ 1.4	≥ 1.2
同时观测有效卫星数（个）		≥ 4	≥ 4	≥ 4	≥ 4	≥ 4
数据采样率（s）		≤ 30	≤ 30	≤ 30	≤ 30	≤ 30
GDOP		≤ 6	≤ 6	≤ 6	≤ 6	≤ 6

（2）水平角观测的主要技术要求应符合表 4-13 的规定。

水平角观测的主要技术要求　　　　　　表 4-13

测量等级	经纬仪型号	光学测微器两次重合读数差（″）	半测回归零差（″）	同一测回中 $2C$ 较差（″）	同一方向各测回间较差（″）	测回数
二等	DJ₁	≤ 1	≤ 6	≤ 9	≤ 6	≥ 12
三等	DJ₁	≤ 1	≤ 6	≤ 9	≤ 6	≥ 6
	DJ₂	≤ 3	≤ 8	≤ 13	≤ 9	≥ 10
四等	DJ₁	≤ 1	≤ 6	≤ 9	≤ 6	≥ 4
	DJ₂	≤ 3	≤ 8	≤ 13	≤ 9	≥ 6
一级	DJ₂	—	≤ 12	≤ 18	≤ 12	≥ 2
	DJ₆	—	≤ 24	—	≤ 24	≥ 4
二级	DJ₂	—	≤ 12	≤ 18	≤ 12	≥ 1
	DJ₆	—	≤ 24	—	≤ 24	≥ 3

注：当观测方向的垂直角超过±3°时，该方向的 $2C$ 较差可按同一观测时间段内相邻测回进行比较。

（3）距离测量。

①光电测距仪应按表 4-14 选用。

光电测距仪的选用　　　　　　表 4-14

测距仪精度等级	每公里测距中误差 m_D（mm）	适用的平面控制测量等级
I级	$m_D ≤ ±5$	二、三、四等，一、二级
II级	$±5 < m_D ≤ ±10$	三、四等，一、二级
III级	$±10 < m_D ≤ ±20$	一、二级

②光电测距的主要技术要求应符合表 4-15 的规定。

光电测距的主要技术要求　　　　　　　表 4-15

测量等级	观 测 次 数		每边测回数		一测回读数间较差（mm）	单程各测回较差（mm）	往 返 较 差
	往	返	往	返			
二等	≥1	≥1	≥4	≥4	≤5	≤7	
三等	≥1	≥1	≥3	≥3	≤5	≤7	
四等	≥1	≥1	≥2	≥2	≤7	≤10	$\leqslant \sqrt{2}(a + b \cdot D)$
一级	≥1	—	≥2		≤7	≤10	
二级	≥1	—	≥1		≤12	≤17	

注：1. 测回是指照准目标一次，读数 4 次的过程。

　　2. 表中 a 为固定误差，b 为比例误差系数，D 为水平距离（km）。

③采用普通钢尺丈量距离时，其主要技术要求应符合表 4-16 的规定。

普通钢尺丈量距离的主要技术要求　　　　　　　表 4-16

定线偏差（mm）	每尺段往返高差之差（cm）	最小读数（mm）	三级读数之差（mm）	同段尺长差（mm）	外业手簿计算取值（mm）		
					尺长	各项改正	高差
≤5	≤1	1	≤3	≤4	1	1	1

注：每尺段指 2 根同向丈量或单尺往返丈量。

（六）计算要求

（1）一级及以上平面控制测量平差计算应采用严密平差法，二级可采用近似平差法。

（2）平差后应提供最弱点点位中误差、最弱相邻点边长相对中误差、单位权中误差、测角中误差，附（闭）合导线应提供角度闭合差、坐标闭合差、全长相对闭合差等精度数据。

（3）GPS 测量计算应进行下列检查并提交相应资料：

①同一时段观测值的数据剔除率不宜大于 10%。

②重复基线测量的差值应满足式（4-38）的规定。

$$d_{\mathrm{s}} \leqslant 2\sqrt{2}\sigma \qquad (4\text{-}38)$$

式中：d_{s}——重复基线测量的差值（mm）；

　　　　σ——标准差（mm）。

③各级 GPS 网同步环闭合差应符合式（4-39）的规定。

$$\left. \begin{array}{l} W_X \leqslant \dfrac{\sqrt{n}}{5}\sigma \\[6pt] W_Y \leqslant \dfrac{\sqrt{n}}{5}\sigma \\[6pt] W_Z \leqslant \dfrac{\sqrt{n}}{5}\sigma \\[6pt] W \leqslant \dfrac{2\sqrt{n}}{5}\sigma \end{array} \right\} \qquad (4\text{-}39)$$

式中：n——环或附合路线的边数；

　　　　σ——标准差（mm）。

④各级 GPS 网异步环闭合环或附合路线坐标闭合差应符合式（4-40）的规定。

$$\left.\begin{array}{l} V_X \leqslant \sqrt{\dfrac{4n}{3}}\sigma \\[2mm] V_Y \leqslant \sqrt{\dfrac{4n}{3}}\sigma \\[2mm] V_Z \leqslant \sqrt{\dfrac{4n}{3}}\sigma \\[2mm] V \leqslant 2\sqrt{n}\sigma \end{array}\right\} \tag{4-40}$$

式中： n——环或附合路线的边数；

σ——标准差（mm）。

⑤无约束平差中，基线分量的改正数绝对值应满足式（4-41）的规定。

$$\left.\begin{array}{l} V_{\Delta X} \leqslant \sqrt{3}\sigma \\ V_{\Delta Y} \leqslant \sqrt{3}\sigma \\ V_{\Delta Z} \leqslant \sqrt{3}\sigma \end{array}\right\} \tag{4-41}$$

式中： σ——标准差（mm）。

⑥约束平差中，基线分量的改正数与经过粗差剔除后的无约束平差结果的同一基线相应改正数较差的绝对值应满足式（4-42）的规定。

$$\left.\begin{array}{l} \mathrm{d}V_{\Delta X} \leqslant \sqrt{\dfrac{4}{3}}\sigma \\[2mm] \mathrm{d}V_{\Delta Y} \leqslant \sqrt{\dfrac{4}{3}}\sigma \\[2mm] \mathrm{d}V_{\Delta Z} \leqslant \sqrt{\dfrac{4}{3}}\sigma \end{array}\right\} \tag{4-42}$$

式中： σ——标准差（mm）。

（七）导线测量

1. 导线的一般知识

导线是由若干条直线段连成的折线，相邻点的连线称为导线边，用测距仪或钢尺或其他方法测定。相邻边的水平角称为转折角，用经纬仪测定。当给定起始边方位角和起始点坐标，就可推算各导线点坐标。它适用于城市的密集建筑区、隐蔽地区和地下工程，也适用于狭长地带。根据不同情况和要求，导线布置形式有：

（1）闭合导线 起止于同一已知点和已知方位角的导线。

（2）附合导线 起始于一个已知点和一个已知方位角，终止于另一个已知点和另一个已知方位角的导线。

（3）支导线 从一个已知点和一个已知方位角开始延伸出去的导线。

（4）导线网 由若干条导线组成的多边形网状导线或结点形式网状导线。

2. 导线测量的外业

导线测量外业包括踏勘选点与建立标志、边长丈量、转折角测量和连接测量，即连接角和连接边的测量。

3.闭合导线测量的内业计算

导线测量内业计算的目的是根据已知数据，利用外业观测成果和校核条件，正确计算出各导线点的最后坐标。

（1）角度闭合差的计算与调整

n 边闭合多边形的内角和 $\sum\beta_{测}$ 与理论值 $(n-2)180°$ 之差称为闭合多边形角度闭合差。

$$f_\beta = \sum\beta_{测} - (n-2)\times 180° \tag{4-43}$$

按表 4-17 的指标，检查 f_β 是否在 $f_{\beta允}$ 的范围内。如果精度合格，则 f_β 的分配原则是：将角度闭合差反符号并平均分配到各观测角上（当不能整除时，余数可分配到短边有关角上），则

$$\left.\begin{array}{l} v_\beta = \dfrac{-f_\beta}{n} \\ \beta_{改正后} = \beta_{测} + v_\beta \end{array}\right\} \tag{4-44}$$

导线测量的主要技术要求　　　　表 4-17

等级	导线长度（km）	平均边长（mm）	测角中误差（″）	测距中误差（mm）	测距相对中误差	测回数		方位角闭合差（″）	相对闭合差
						DJ$_2$	DJ$_4$		
一级	4	0.5	±5	±15	≤1/30000	2	4	±10$\sqrt{n}$	≤1/15000
二级	2.4	0.25	±8	±15	≤1/14000	1	3	±16$\sqrt{n}$	≤1/10000
三级	1.2	0.1	±12	±15	≤1/7000	1	2	±24$\sqrt{n}$	≤1/5000
图根	≤0.1M	≤1.5倍测图最大视距	一般 30首级 20				1	一般±60$\sqrt{n}$首级±40$\sqrt{n}$	≤1/2000

注：n 为测站数，M 为测图比例尺的分母。

（2）用改正后的角值计算各边方位角

当导线点编号为逆时针时，转折角在导线前进方向的左侧，则转折角称为左角；反之称为右角。推算方位角的公式分别如下：

左角

$$\alpha_{前} = \alpha_{后} - 180° + \beta_{左} \tag{4-45}$$

右角

$$\alpha_{前} = \alpha_{后} + 180° - \beta_{右} \tag{4-46}$$

（3）坐标增量闭合差的计算与调整

由边长丈量值和推算的方位角值可求坐标增量。由于量距有误差，改正后的角度有残余误差，致使推得的方位角含有误差，因而只能计算出未经改正的坐标增量。

$$\left.\begin{array}{l} \Delta x' = D\cos\alpha \\ \Delta y' = D\sin\alpha \end{array}\right\} \tag{4-47}$$

从理论上讲，闭合导线各边坐标增量总和 $\sum\Delta x_{理}$ 和 $\sum\Delta y_{理}$ 均应为零。但实际上 $\sum\Delta x'$ 与 $\sum\Delta y'$ 并不为零，这个值就称为坐标增量闭合差。

$$\left.\begin{array}{l} f_x = \sum\Delta x' \\ f_y = \sum\Delta y' \end{array}\right\} \tag{4-48}$$

而 $f_D = \sqrt{f_x^2 + f_y^2}$ 称为导线全长闭合差。为了评定导线的精度，应求出导线全长相对闭合差。

$$K = \frac{f_D}{\sum D} = \frac{1}{M} \qquad (4\text{-}49)$$

按表 4-17 的指标检查 K 是否在 $K_{允}$ 的范围内。如果精度合格，则 f_x 和 f_y 的分配原则是：将增量闭合差反符号，并按与边长成正比分配到对应边的增量上，则

$$\left. \begin{array}{l} v_x = \dfrac{-f_x}{\sum D} D \\[2mm] v_y = \dfrac{-f_y}{\sum D} D \end{array} \right\} \qquad (4\text{-}50)$$

则改正后坐标增量为

$$\left. \begin{array}{l} \Delta x = \Delta x' + v_x \\ \Delta y = \Delta y' + v_y \end{array} \right\} \qquad (4\text{-}51)$$

（4）各点坐标计算

根据起始点坐标和改正后的坐标增量，依次计算各导线点的坐标，如下式

$$\left. \begin{array}{l} x_{i+1} = x_i + \Delta x_{i(i+1)} \\ y_{i+1} = y_i + \Delta y_{i(i+1)} \end{array} \right\} \qquad (4\text{-}52)$$

最后推算的起始点坐标应与已知值相等，以此作为计算校核。

考点二：高程控制测量

高程控制测量应采用水准测量或三角高程测量的方法进行。

（一）水准测量和三角高程测量

1. 水准测量

三、四等水准测量应从国家一、二等水准点引出三、四等水准路线。点位应选择在土质坚实易长期保存处，并埋设标石；观测应在通视良好、成像清晰的条件下进行；观测方法是用红黑双面尺法，也可用变更仪器高法进行。三等水准测量采用双面尺法的观测程序是后黑—前黑—前红—后红，四等则可为后黑—后红—前黑—前红。后前前后的观测程序可以消除或削弱水准仪下沉误差的影响。往返观测取平均值可以消除或削弱水准尺下沉误差的影响。

2. 图根水准测量

图根水准测量是在测区内为测绘地形图而加密高程控制点所进行的水准测量工作，精度低于测区的首级高程控制。

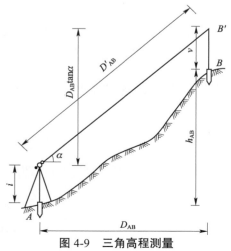

图 4-9　三角高程测量

3. 三角高程测量

测区内需要有一定数量的水准点，但在地形复杂地区，可采用三角高程测量加密高程控制点，常用于测图高程控制。如图 4-9 所示，高差的计算公式为

$$h_{AB} = D_{AB} \tan \alpha + i - v \qquad (4\text{-}53)$$

式中：　D_{AB}——水平距离，由直接丈量或图解求得，当其大于 400m 时高差应作为地球曲率和大气折光修正；

α　——竖直角；

i　——仪器高；

v —— 觇标高。

电磁波测距为三角高程测量提供了有利条件，并顾及大气折光因素影响后，公式可写为

$$h_{AB} = D'_{AB} \sin\alpha + \frac{1}{2R}(D'_{AB}\cos\alpha)^2 + i + v \tag{4-53}$$

式中： D'_{AB} —— 测距仪测得的斜距；

R —— 地球半径，取 6371km；

$\frac{1}{2R}(D'_{AB}\cos\alpha)^2$ —— 大气折光对高差的影响。

（二）一般规定

（1）同一个公路项目应采用同一个高程系统，并应与相邻项目高程系统相衔接。

（2）各等级公路高程控制网最弱点高程中误差不得大于±25mm；用于跨越水域和深谷的大桥、特大桥的高程控制网最弱点高程中误差不得大于±10mm；每公里观测高差中误差和附合（环线）水准路线长度应小于表 4-18 的规定。当附合（环线）水准路线长度超过规定时，可采用双摆站的方法进行测量，其长度不得大于表 4-18 中水准路线长度的 2 倍。

高程控制测量的技术要求　　　　　　　　　　　表 4-18

测 量 等 级	每公里高差中数中误差（mm）		附合或环线水准路线长度（km）	
	偶然中误差 M_Δ	全中误差 M_W	路线、隧道	桥梁
二等	±1	±2	600	100
三等	±3	±6	60	10
四等	±5	±10	25	4
五等	±8	±16	10	1.6

注：控制网节点间的长度不应大于表中长度的 0.7 倍。

（3）各级公路及构造物的高程控制测量等级不得低于表 4-19 的规定。

高程控制测量等级选用　　　　　　　　　　　表 4-19

高架桥、路线控制测量	多跨桥梁总长 L（m）	单跨桥梁 L_K（m）	隧道贯通长度 L_G（m）	测 量 等 级
—	$L \geqslant 3000$	$L_K \geqslant 500$	$L_G \geqslant 6000$	二等
—	$1000 \leqslant L < 3000$	$150 \leqslant L_K < 500$	$3000 \leqslant L_G < 6000$	三等
高架桥，高速公路、一级公路	$L < 1000$	$L_K < 150$	$L_G < 3000$	四等
二、三、四级公路	—	—	—	五等

（4）高程测量数字取位应符合表 4-20 的规定。

高程测量数字取位要求　　　　　　　　　　　表 4-20

测量等级	各测站高差（mm）	往返测距离总和（km）	往返测距离中数（km）	往返测高差总和（mm）	往返测高差中数（mm）	高程（mm）
各等	0.1	0.1	0.1	0.1	1	1

（三）高程控制点布设要求

（1）路线高程控制点相邻点间的距离以 1~1.5km 为宜，特大型构造物每一端应埋设 2 个（含 2 个）以上高程控制点。

（2）高程控制点距路线中心线的距离应大于 50m，宜小于 300m。

（四）高程控制测量主要技术要求

（1）水准测量的主要技术要求应符合表 4-21 的规定。

水准测量的主要技术要求　　　　　　　　　　表 4-21

测量等级	往返较差、附合或环线闭合差（mm）		检测已测测段高差之差（mm）
	平原、微丘	重丘、山岭	
二等	$\leqslant 4\sqrt{l}$	$\leqslant 4\sqrt{l}$	$\leqslant 6\sqrt{L_i}$
三等	$\leqslant 12\sqrt{l}$	$\leqslant 3.5\sqrt{n}$ 或 $\leqslant 15\sqrt{l}$	$\leqslant 20\sqrt{L_i}$
四等	$\leqslant 20\sqrt{l}$	$\leqslant 6.0\sqrt{n}$ 或 $\leqslant 25\sqrt{l}$	$\leqslant 30\sqrt{L_i}$
五等	$\leqslant 30\sqrt{l}$	$\leqslant 45\sqrt{l}$	$\leqslant 40\sqrt{L_i}$

注：计算往返较差时，l 为水准点间的路线长度（km）；计算附合或环线闭合差时，l 为附合或环线的路线长度（km）；n 为测站数。L_i 为测段长度（km），小于 1km 时按 1km 计算。

（2）光电测距三角高程测量的主要技术要求应符合表 4-22 的要求。

光电测距三角高程测量的主要技术要求　　　　　　表 4-22

测量等级	测回内同向观测高差较差（mm）	同向测回间高差较差（mm）	对向观测高差较差（mm）	附合或环线闭合差（mm）
四等	$\leqslant 8\sqrt{D}$	$\leqslant 10\sqrt{D}$	$\leqslant 40\sqrt{D}$	$\leqslant 20\sqrt{\sum D}$
五等	$\leqslant 8\sqrt{D}$	$\leqslant 15\sqrt{D}$	$\leqslant 60\sqrt{D}$	$\leqslant 30\sqrt{\sum D}$

注：D 为测距边长度，以 km 计。

（五）观测的技术要求

（1）水准测量观测的主要技术要求应符合表 4-23 的规定。

水准测量观测的主要技术要求　　　　　　　　表 4-23

测量等级	仪器类型	水准尺类型	视线长（m）	前后视较差（m）	前后视累积差（m）	视线离地面最低高度（m）	基辅（黑红）面读数差（mm）	基辅（黑红）面高差较差（mm）
二等	DS05	铟瓦	$\leqslant 50$	$\leqslant 1$	$\leqslant 3$	$\geqslant 0.3$	$\leqslant 0.4$	$\leqslant 0.6$
三等	DS1	铟瓦	$\leqslant 100$	$\leqslant 3$	$\leqslant 6$	$\geqslant 0.3$	$\leqslant 1.0$	$\leqslant 1.5$
	DS2	双面	$\leqslant 75$				$\leqslant 2.0$	$\leqslant 3.0$
四等	DS3	双面	$\leqslant 100$	$\leqslant 5$	$\leqslant 10$	$\geqslant 0.2$	$\leqslant 3.0$	$\leqslant 5.0$
五等	DS3	单面	$\leqslant 100$	$\leqslant 10$	—	—	—	$\leqslant 7.0$

（2）光电测距三角高程测量观测的主要技术要求应符合表 4-24 的规定。仪器和反射镜高度应使用仪器配置的测尺和专用测杆于测前、测后各测量 1 次，2 次较差不得大于 2mm。

光电测距三角高程测量观测的主要技术要求　　　　表 4-24

测量等级	仪器	测距边测回数	边长（m）	垂直角测回数（中丝法）	指标差较差（″）	垂直角较差（″）
四等	DJ2	往返均 $\geqslant 2$	$\leqslant 600$	$\geqslant 4$	$\leqslant 5$	$\leqslant 5$
五等	DJ2	$\geqslant 2$	$\leqslant 600$	$\geqslant 2$	$\leqslant 10$	$\leqslant 10$

（3）跨河测量的技术要求。

①当水准路线通过宽度为各等级水准测量的标准视线长度 2 倍以下的江河、山谷时，可用一般观测方法进行，但在测站上应变换一次仪器高度，观测 2 次，2 次高差之差应符合表 4-25 的规定。

跨河水准测量观测的主要技术要求　　　　　　　　　　　　　　表 4-25

测 量 等 级	高差之差（mm）	测 量 等 级	高差之差（mm）
二等	≤1.5	四等	≤7
三等	≤7	五等	≤9

②高程视线长度超过各等级水准测量标准视线长度的 2 倍时，应按表 4-26 选择观测方法。

跨河高程测量的观测方法及跨越视线长度　　　　　　　　　　表 4-26

观 测 方 法	跨越视线长度（m）	观 测 方 法	跨越视线长度（m）
直接读数法	三、四等 ≤300	倾斜螺旋法	≤1500
	五等 ≤500	测距三角高程法	≤3500
光学测微法	≤500		

③视线长度超过 3500m 时，采用的方法和要求应根据测区条件进行专题设计。

④观测的测回数和组数不得小于表 4-27 的规定。

测 回 数 和 组 数　　　　　　　　　　　　　　表 4-27

视线长度（m）	测量等级							
	二等		三等		四等		五等	
	测回数	组数	测回数	组数	测回数	组数	测回数	组数
<300	2	2	2	1	2	1	2	1
300~500	2	4	2	2	2	2	2	1
500~1000	8	6	2	2	2	2	2	1
1000~1500	12	8	4	2	3	2	3	1
1500~2000	16	8	8	3	3	3	3	1
>2000	8S	8	4S	3	4	3	4	1

注：1. 表中 S 为视线长度的公里数，尾数凑整到 0.5 或 1。

2. 1 测回是指两台仪器对向观测 1 次。

3. 组数是指不同的时间段施测规定测回数的次数。

⑤各测回高差互差应小于按式（4-55）计算的限差。

$$M_{限} = 3M_\Delta\sqrt{nS}$$ （4-54）

式中：$M_{限}$——测回间高差限差互差；

　　　M_Δ——相应水准测量等级所规定的每公里观测高差偶然中误差（mm）；

　　　n——测回数；

　　　S——跨河视线长度（km）。

（六）计算要求

（1）各等级高程控制测量均应计算路线（或环线）闭合差，线路往返测量时应计算每公里观测高差

偶然中误差 M_Δ，光电测距三角高程测量应计算对向观测高差互差值。

（2）四等以上高程控制测量应采用严密平差法进行计算，并应计算最弱点高程中误差、每公里观测高差全中误差 M_W。

考点三：资料提交

控制测量应提交以下测量及计算资料：

（1）技术设计书。

（2）点之记（含固定志表）。

（3）仪器检验报告。

（4）原始记录手簿。

（5）控制测量计算书。

（6）平面控制网联测及布网略图。

（7）高程控制测量联测及路线示意图。

（8）作业自检报告。

（9）检查验收意见。

（10）技术总结。

（11）所有资料的电子文档。

例 题 解 析

例题 1 ［2019-38］公路勘测在进行一级平面控制测量时，用 DJ_2 经纬仪进行水平角观测的半测回归零差应不大于（　　）。

　　　　A. 6″　　　　　　B. 12″　　　　　　C. 24″　　　　　　D. 36″

解析：见考点一。

答案：B

例题 2 ［2019-40］高速公路的平面控制测量等级应选用（　　）。

　　　　A. 一级　　　　　B. 二级　　　　　C. 三等　　　　　D. 四等

解析：见考点一。

答案：A

例题 3 ［2019-41］公路工程勘测中，GPS 基线测量的中误差应小于（　　）。

A. $\sigma = \pm\sqrt{a^2 + (b \cdot d)^2}$　　　　　　　B. $\sigma = \pm\sqrt{a^2 + b \cdot d^2}$

C. $\sigma = \pm\sqrt{a^2 + b^2 \cdot d}$　　　　　　　D. $\sigma = \pm\sqrt{a^2 + a \cdot b \cdot d}$

解析：见考点一。

答案：A

例题 4 ［2019-42］下列说法中，符合公路工程高程控制测量一般规定的是（　　）。

A. 同一个公路项目可采用不同高程系统

B. 高程控制测量可采用视距测量的方法进行

C. 各等级公路高程控制网最弱点高程中误差不得大于 ±25mm

D. 跨越深谷和水域的大桥、特大桥最弱点高程中误差不得大于±25mm

解析：见考点二。

答案：C

例题 5 〔2021-39〕根据公路勘测规范规定，公路路线、大型构造物采用的平面控制坐标系，其投影长度变形值应分别不大于（　　　　）mm/km。

    A. 10、25 　　　　　B. 25、10 　　　　　C. 25、15 　　　　　D. 50、20

解析：见考点一。选择路线平面控制测量坐标系时，应使测区内投影长度变形值不大于2.5cm/km；大型构造物平面控制测量坐标系，其投影长度变形值不大于1cm/km。投影分带位置不应选择在大型构造物处。

答案：B

例题 6 〔2021-41〕某公路施工图设计阶段，根据地形需要设置长4980m隧道一座，下列关于隧道平面和高程控制网等级选择，符合规范规定的是（　　　　）。

    A. 平面控制测量等级为四等，高程控制测量等级为四等

    B. 平面控制测量等级为四等，高程控制测量等级为三等

    C. 平面控制测量等级为三等，高程控制测量等级为四等

    D. 平面控制测量等级为三等，高程控制测量等级为三等

解析：见考点一中的表4-5、考点二中的表4-19。

答案：D

例题 7 〔2021-42〕某微丘区高速公路高程控制测量采用双摆站的方法进行三等水准测量，已知附合水准路线长度为91km，附合水准路线闭合差为80mm，下列关于该项目高程控制测量的相关描述，结论正确的是（　　　　）。

    A. 附合水准路线闭合差符合规范要求，附合水准路线长度符合规范要求

    B. 附合水准路线闭合差符合规范要求，附合水准路线长度不符合规范要求

    C. 附合水准路线闭合差不符合规范要求，附合水准路线长度符合规范要求

    D. 附合水准路线闭合差不符合规范要求，附合水准路线长度不符合规范要求

解析：见考点二。高程控制测量的技术要求，三等水准测量附合水准路线长度应为60km，题干长度为91km，不符合规范要求；水准测量主要技术要求，三等微丘附合水准路线闭合差应小于$12\sqrt{l}$，即114mm，因此闭合差符合规范要求。

答案：B

例题 8 〔2022-37〕某公路工程在进行控制测量时，布设了四等平面控制点和四等高程控制点，下列有关该项目控制点的布设要求，符合规范规定的是（　　　　）。

    A. 每一个高程控制点至少应有一相邻点

    B. 相邻平面控制点之间距离不得小于500m

    C. 构造物每一端应埋设2个以上平面控制点

    D. 通视控制点距路线中心线宜大于150m，小于300m

解析：见考点一。每一个平面控制点至少应有一相邻点通视，高程控制点未做要求，选项A错误；四等及以上平面控制网中相邻点之间距离不得小于500m，选项B正确；特大型构造物每一端应埋设2个以上平面控制点，一般构造物不需要，选项C错误；通视控制点距路线中心线应大于50m，小于300m，

选项 D 错误。

答案：B

例题 9［2022-38］下列关于公路工程 GNSS 测量的技术要求，符合规范规定的是（　　　）。

    A. 二等 GNSS 静态观测时段长度应不小于 100min

    B. 三等 GNSS 静态观测时段长度应不小于 80min

    C. 四等 GNSS 静态观测时段长度应不小于 60min

    D. 一级 GNSS 静态观测时段长度应不小于 40min

解析：见考点一。GNSS 即全球卫星导航系统，包括中国的北斗卫星导航系统（BDS）、美国的全球定位系统（GPS）、俄罗斯的格洛纳斯卫星导航系统（GLONASS）和欧盟的伽利略卫星导航系统（GALILEO）。常用的 GPS 的主要技术要求见表 4-12。

答案：C

例题 10［2022-39］高架桥平面和高程控制测量的等级应分别为（　　　）。

    A. 三等、三等　　　　　　　　　　　　B. 四等、三等

    C. 四等、四等　　　　　　　　　　　　D. 五等、四等

解析：见考点一和考点二。高架桥平面控制测量等级和高程控制测量等级都是四等。

答案：C

例题 11［2022-41］下列关于公路工程跨河水准测量的技术要求中，符合规范规定的是（　　　）。

    A. 当水准路线通过宽度超过相应等级水准测量标准视线长度时，可采用一般的水准测量观测方法

    B. 当水准路线通过宽度超过相应等级水准测量标准视线长度时，不得采用一般的水准测量观测方法

    C. 当水准路线通过宽度为各等级水准测量的标准视线长度 2 倍以下的江河、山谷时，可采用一般的水准测量观测方法进行，但在测站上应变换 1 次仪器高度，观测 2 次

    D. 当水准路线通过宽度为各等级水准测量的标准视线长度 3 倍以下的江河、山谷时，可采用一般的水准测量观测方法进行，但在测站上应变换 1 次仪器高度，观测 2 次

解析：见考点二。当水准路线通过宽度为各等级水准测量的标准视线长度 2 倍以下的江河、山谷时，可采用一般的水准测量观测方法进行，但在测站上应变换 1 次仪器高度，观测 2 次。

答案：C

例题 12［2023-37］公路勘测控制测量中，二级公路平面控制测量应选用的等级是（　　　）。

    A. 一级　　　　　　　B. 二级　　　　　　　C. 三等　　　　　　　D. 四等

解析：见考点一。根据表 4-5，二级公路平面控制测量等级应选用二级。

答案：B

例题 13［2023-38］公路控制测量一级导线测量中，导线全长相对闭合差应不大于（　　　）。

    A. 1/52000　　　　　B. 1/35000　　　　　C. 1/17000　　　　　D. 1/11000

解析：见考点一。根据表 4-9，公路平面控制测量一级导线测量中，导线全长相对闭合差不大于 1/17000。

答案：C

例题 14［2024-38］水准测量，平原区四等往返较差应小于或等于（　　　）。

A. $4\sqrt{l}$mm   B. $12\sqrt{l}$mm   C. $20\sqrt{l}$mm   D. $30\sqrt{l}$mm

解析：见考点二。《公路勘测规范》表 4.2.3-1，平原区四等往返较差应小于或等于$20\sqrt{l}$mm。

答案： C

自 测 模 拟

1. 已知直线AB的方位角$\alpha_{AB} = 87°$，$\beta_{右} = \angle ABC = 290°$，则直线$BC$的方位角$\alpha_{BC}$为（   ）。

     A. 23°   B. 157°   C. 337°   D. −23°

2. 导线测量外业包括踏勘选点与埋设标志、边长丈量、转折角测量和（   ）测量。

     A. 定向   B. 连接边和连接角   C. 高差   D. 定位

3. 导线坐标增量闭合差调整的方法是将闭合差按与导线长度成（   ）的关系求得改正数，以改正有关的坐标增量。

     A. 正比例并同号   B. 反比例并反号

     C. 正比例并反号   D. 反比例并同号

4. 公式（   ）用来计算导线全长闭合差。

     A. $f_D = \sqrt{f_x^2 + f_y^2}$ B. $K = f_D / \sum D = 1/M$

     C. $f_x = \sum \Delta x - (x_{终} - x_{始})$ D. $f_y = \sum \Delta y - (y_{终} - y_{始})$

参 考 答 案

1. C   2. B   3. C   4. A

第四节   地形图测绘及应用

考 点 分 析

本节重点：掌握不同设计阶段对地形图测绘、图式、比例、精度等的技术要求，航空摄影测量、水下地形图测绘、数字地面模型等的技术要求及其应用要点。

本节难点：航空摄影测量、水下地形图测绘、数字地面模型等的技术要求及其应用要点。

考 点 精 讲

考点一：地形图基本知识

1. 概述

地球表面有高低起伏变化的各种地貌，还有人工的和自然的各种地物。在测区建立控制网后，根据控制点的位置，通过实地测量，按照一定的比例尺和规定的符号，测定测区内地物和地貌的平面位置和高程，并缩绘在图纸上，制成地形图，这种测量工作就是地形图的测绘。

在测绘地形图之前，首先要明确测图比例尺的概念，所谓地形图的比例尺就是图上某一线段的长度 d 与地面上相应线段的水平距离 D 之比，通常以分子等于 1 的分数形式表示，即

$$\frac{d}{D} = \frac{1}{M} \tag{4-55}$$

式中：M ——比例尺分母。

由于地形图的服务对象不同，其比例尺可分为大、中、小三种。1：500~1：5000 比例尺的地形图称为大比例尺地形图，通常采用经纬仪或平板仪进行野外测绘而得，现代的方法是利用电磁波测距仪、光电测距仪或全站仪，从野外测量、计算到内业一体化的数字化测量，主要用于公路、城市道路、铁路、水利设施等各种工程建设的详细规划和设计以及工程量计算等。

1：10000~1：100000 比例尺的地形图称为中比例尺地形图，采用航空摄影测量或航天遥感数字摄影测量方法测绘而成，是国家基尺地形图及各种资料编绘而成的。

根据比例尺的定义，在测图时可将实地的水平距离 D 换算为图上长度 d；在用图时也可将图上长度 d 换算为实地上相应的水平距离 D；其公式为

$$d = \frac{D}{M} \quad \text{或} \quad D = dM$$

这种比例尺称为数字比例尺，分母 M 越大，比例尺越小。为了用图方便以及减小由于图纸伸缩变化而产生的误差影响，常在图上绘制图示比例尺，如图 4-10 所示。

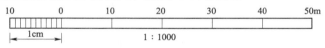

图 4-10　图示比例尺

正常情况，人眼在图纸上能分辨出的最小距离为 0.1mm，即在图纸上当两点间距离小于 0.1mm 时，人眼就无法再分辨。因此，在地形图上 0.1mm 所代表的实地水平距离称为地形图的比例尺精度。即

$$比例尺精度 = 0.1M \quad (mm) \tag{4-56}$$

比例尺精度的概念对测图与用图都具有十分重要的意义。首先，根据测图的比例尺，可以知道在地面上量距应准确到什么程度，例如测绘 1：2000 比例尺的地形图时，其比例尺的精度为 $0.1 \times 2000 = 0.2m$，因此测量地面上距离的绝对精度只需 0.2m；其次，也可按照地面距离的规定精度来确定采用多大比例尺的地形图，如果要求在图上能表示出地面上 0.5m 的细节，则由比例尺精度可知所用的测图比例尺不应小于 $0.1/(0.5 \times 1000) = 1/5000$，也就是用 1：5000 比例尺来测绘地形图就能满足要求，由此可知比例尺越大，表示地形变化的状况越详细，精度越高。所以测图比例尺应根据用图的需要来确定，工程常用的几种大比例尺地形图的比例尺精度如表 4-28 所列。

大比例尺地形图的比例尺精度　　　　　　　　　　　　　　　表 4-28

比例尺	1：500	1：1000	1：2000	1：5000	1：10000
比例尺精度（m）	0.05	0.1	0.2	0.5	1

地形图测绘的工作程序是采取"从整体到局部，先控制后碎部"的原则，根据测图的目的和要求并结合测区具体情况，首先逐级建立平面和高程控制，然后利用控制测量的成果来详细测绘地形图。在测绘过程中都应遵守有关规范的规定。测图方法、仪器和地形取舍要满足测图的精度要求，以保证测图乃至用图的质量。

2. 地形图的分幅与编号方法

为了便于管理和使用不同比例尺的地形图，地形图实行统一的分幅与编号。具体方法有：梯形分幅编号法（国际上通用）、矩形分幅编号法。

图幅的名称即图名，均以所在图幅内主要的地名命名如图 4-11 的图名为"大王庄"。

为便于储存、检索和使用系列地图，每幅地图都有代号，每张地形图也有一定的图号。图号是该图幅相应分幅办法的编号，标注于图幅上方正中处。我国基本地图的编号是以 1：100 万地形图的编号为基础进行系统编号的。1：100 万地形图为国际统一的分幅与编号，按经纬线分幅。分幅与编号方法为：

1：50 万地形图的编号是 1：100 万地形图图号后加上大写字母 A、B、C、D。

1：20 万地形图图号是在 1：100 万地形图图号后加上带方括号的自然序数 [1]、[2]、…、[36]。

1：10 万地形图图号是在 1：100 万地形图图号后加上自然序数 1、2、…、144。

1：5 万地形图图号是在 1：10 万地形图图号后加上大写字母 A、B、C、D。

1：2.5 万地形图图号是在 1：5 万地形图图号后加上自然序数 1、2、3、4。

1：1 万地形图图号是在 1：10 万地形图图号后加上带圆括号的自然序数 (1)、(2)、…、(64)。

1：5000 地形图图号是在 1：1 万地形图图号后加上小写字母 a、b、c、d。

1：2000 地形图图号是在 1：5000 地形图图号后加上本比例尺的代号 1、2、…、9。

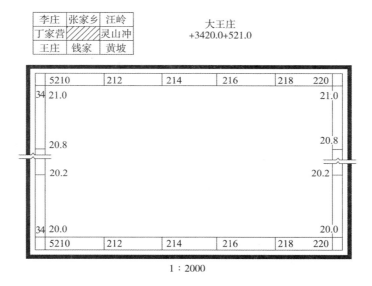

图 4-11　地形图的分幅与编号

为了说明本幅图与相邻图幅的联系，供索取和拼接相邻图幅用时，通常把相邻图幅的图号（或图名）标注在邻接图表中。中间绘有斜线的是本图幅，其余方格注以相邻图的图名（或图号），如图 4-11 所示。图廓是地形图的边界线，有内、外图廓之分，内图廓线就是坐标格网线，外图廓线为图幅最外边界线，以较粗的实线描绘，两图廓线之间的短线用来标记坐标值，以 km 为单位。图 4-11 中左下角的 3420.0 表示本图的起始纵坐标为 3420km，中间横线上 34 两字省去不写，521.0 表示本图的起始横坐标为 521km。

土建工程使用的大比例尺地形图一般均为按坐标格网划分的正方形分幅编号法。1：5000、1：2000、1：1000 和 1：500 比例尺地形图的图幅见表 4-29。1：5000 的地形图的图幅为 40cm×40cm，其他比例尺的地形图图幅均为 50cm×50cm，这样，较小比例尺的地形图恰好为较大比例尺地形图的

4幅。

地 形 图 的 图 幅

表 4-29

比 例 尺	图幅大小（cm×cm）	实地面积（km²）	一张 1：5000 的地形图所含图幅数
1：5000	40×40	4	1
1：2000	50×50	1	4
1：1000	50×50	0.25	16
1：500	50×50	0.0625	64

地形图的编号一般采用图幅西南角坐标公里数编号法。编号时，对于 1：5000 的地形图，西南角坐标值取至整公里，如图 4-12 所示，其图号为 20~30；对于 1：2000 和 1：1000 的地形图，坐标值取至 0.1km；而对于 1：500 的地形图，坐标值取至 0.01km。例如，某 1：2000 的地形图，西南角坐标值为 $x = 46500m$，$y = 19000m$，其图号为 46.5~19.0。

按照图 4-12 中一幅 1：5000 图中包含该比例尺图幅数，将一幅 1：5000 的地形图作四等分，便得四幅 1：2000 比例尺的地形图，分别以Ⅰ、Ⅱ、Ⅲ、Ⅳ表示，其图的编号可在 1：5000 图编号后加上各自的代号Ⅰ、Ⅱ、Ⅲ、Ⅳ作为 1：2000 图的编号，例如图 4-12 中左下角阴影部分为：20-30-Ⅲ。依次类推，一幅 1：2000 图又可分成四幅 1：1000 图；1：1000 图再可分成四幅 1：500 图，其后附加各自的代号均为罗马字Ⅰ、Ⅱ、Ⅲ、Ⅳ。如图 4-12 所示，其他阴影部分 1：1000 的编号为 20-30-Ⅱ-Ⅰ，1：500 的编号为 20-30-Ⅰ-Ⅰ-Ⅰ。

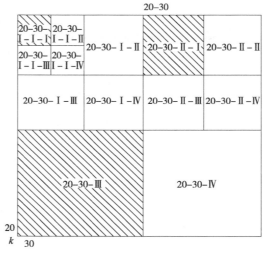

图 4-12 正方形分幅与编号

当测区较小时，可根据工程条件和要求，采用自然序号或行列编号法，也可采用其他编号法。总之应本着从实际出发，根据测图、用图和管理方便及用图单位的要求灵活运用。

除正方形分幅外，也有采用矩形分幅的，图幅大小一般为40cm×50cm。图号也可以采用图幅西南角坐标公里数编号法。

3. 地物及其表示方法

凡地面上的自然形成物和人工构筑物统称为地物，如河流、湖泊、森林、房屋、道路等。地面上的地物在地形图上都是用简明、准确、易于判断实物的符号表示的，这些符号称为地形图图式，由国家测绘主管部门统一编制、印刷发行。地形图图式的符号按其特点又分为比例符号、非比例符号、半比例符号和注记符号等，各种符号的图形和尺寸，对于不同比例尺的测图，在地形图图式中都有统一的规定。

各种符号是地形图阅读的主要依据，测图时必须正确使用。

有些地物的轮廓较大，如房屋、池塘、稻田等，这些地物能按测图比例尺缩绘在图纸上，所绘制的轮廓称为比例符号，也就是能表示地物位置以及它的形状和大小的符号；有些地物较小，如水井、独立树、旗杆、宝塔、测量控制点等，这些地物按测图比例尺缩小后在图上无法表示出来，必须采用一种特定的、统一尺寸的符号表示它的中心位置，这种符号称为非比例符号；有些呈线状延伸的地物，如铁路、道路、管线、河流、渠道、围墙、篱笆、城墙等，长度可按比例绘出，而宽度则不能，这种表示地物的符号称为半比例符号；用文字、数学或特殊的标记对地物加以说明的符号称为地物注记符号，如城镇名、道路名、高程注记、平面控制点、点号等。

在不同比例尺的地形图上表示地面上同一地物，由于测图比例尺的变化，所使用的符号也会变化。某一地物在大比例尺地形图上用比例符号表示，而在中、小比例尺地形图上则可能就变为非比例符号或半比例符号。

4. 等高线

等高线是指地形图上高程相等的相邻各点所连成的闭合曲线。把地面上海拔高度相同的点连成的闭合曲线，垂直投影到一个水平面上，并按比例缩绘在图纸上，就得到等高线。等高线也可以看作是不同海拔高度的水平面与实际地面的交线，所以等高线是闭合曲线。在等高线上标注的数字为该等高线的海拔。

（1）等高线的定义

等高线是表示地貌的符号之一，它是地表与水准面的交线。等高线的定义就是地面上高程相等的相邻点相互连接而成的闭合曲线。

（2）等高线的分类

①首曲线：按规定的等高距测绘的细实线，不标注高程注记。

②计曲线：每隔5个等高距将首曲线加粗为一条粗实线，高程注记字头朝向高处。

③间曲线：按1/2等高距描绘的细长虚线。

④助曲线：按1/4等高距描绘的细短虚线。

（3）等高线的特性

①同一条等高线上的点，其高程必相等。

②等高线均是闭合曲线。

③除在悬崖或绝壁处外，等高线在图上不能相交或重合。

④等高线和山脊线、山谷线成正交。

⑤等高线的平距与坡度成反比。

⑥等高线不能在图内中断，但遇道路、房屋、河流等地物符号和注记可以局部中断。

（4）等高线的绘制

等高线的绘制（图4-13）如下：

①利用高程特征点画出地性线（山谷线一般为虚线，山脊线一般为实线）作为骨架。

②根据等高距线性内插出计曲线通过处（等高线插求点）。

③勾画计曲线，再内插出首曲线，平滑处理。

④进行精度检验，注意地形线与等高线正交。

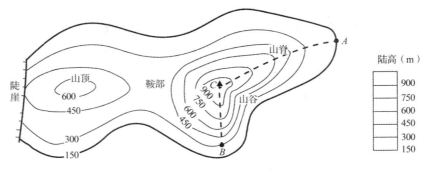

图 4-13 等高线的绘制

5. 高斯投影

高斯投影是一种等角横切椭圆柱投影。该投影的几何意义是，设想用一个椭圆柱套在地球椭球体外面，并与地球表面上某一子午线相切（图 4-14），这条子午线称为中央子午线（也称轴子午线）。椭圆柱中心轴通过地球的中心，按其等角投影条件，将中央子午线东西两侧各一定范围内的经纬线投影到椭圆柱面上，然后将椭圆柱面沿其母线剪开，展成平面，即得平面上的经纬线格网（图 4-15）。

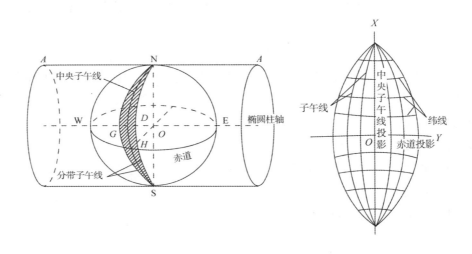

图 4-14 高斯等角横切椭圆柱投影　　　　**图 4-15 高斯投影结果**

可以看出，主要经纬线投影结果为：

（1）中央子午线投影后为一条直线，且无长度变形，其余经线为凹向中央子午线投影线的对称曲线，其投影长度大于椭球面长度，且离中央子午线越远长度变形越大。

（2）赤道的投影也为一条直线，但长度有变形，其余纬线的投影为凸向赤道投影线的对称曲线。

（3）投影前后角度相等，即无角度变形。

综上所述，高斯投影无角度变形，在中央子午线上也无长度变形，但除中央子午线外均存在长度变形，且离中央子午线越远长度变形越大。为了限制投影变形对测图的影响，必须缩小投影区域，即采用分带投影法。我国的中、小比例尺测图，采用六度分带法；而大比例尺测图，一般采用三度分带法。

高斯平面直角坐标，是以中央子午线的投影线为 X 轴，赤道的投影线为 Y 轴，两轴交点为坐标原点 O 而建立的平面直角坐标系；纵坐标由原点向北量为正，向南量为负；横坐标由原点向东量为正，向西量为负。我国位于北半球，X 值全为正，而每一投影带的 Y 值却有正负。为了避免横坐标 Y 的负值出现在地形图中,规定将纵坐标轴西移500km当作起始轴,即将Y值加上500km。为了区别某点位于何带,又规定在Y值前冠以带号。这样的坐标一般称为通用坐标,如图4-16所示。

例如,点a_1和a_2均位于21带内,横坐标分别为:$y_1 = +189572.5$m,$y_2 = -109572.5$m。这种原坐标值也称为自然值。按上述规定,将点a_1和a_2的坐标值加上500km并冠以带号,则通用坐标值为:$Y_1 = 21689572.5$m,$Y_2 = 21390427.5$m。纵坐标值、自然值与通用值都相等。

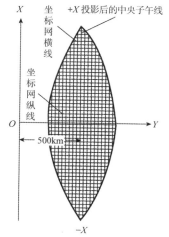

图4-16 高斯平面坐标系

6. 一般规定

(1)测图比例尺应根据设计阶段、工程性质及地形、地貌等因素按表4-30选用。

地形图比例尺的选用   表4-30

设计阶段或工程性质	比 例 尺	设计阶段或工程性质	比 例 尺
工程可行性研究	1:10000	施工图设计	1:1000、1:2000、1:5000
初步设计、技术设计	1:2000、1:5000	重要工点	1:500

(2)地形图的基本等高距应符合表4-31的规定。

地形图基本等高距   表4-31

地 形 类 别	不同比例尺的基本等高距(m)			
	1:500	1:1000	1:2000	1:5000
平原	0.5	0.5	1.0	1.0
微丘	0.5	1.0	1.0	2.0
重丘	1.0	1.0	2.0	5.0
山岭	1.0	2.0	2.0	5.0

(3)地形图的图式应采用国家测绘局制定的现行地形图图式。对图式中没有规定符号的地物、地貌,应制定补充规定,并应在技术报告中注明。

(4)地形图的精度应符合表4-32和表4-33的规定。

图上地物点的点位中误差   表4-32

重要地物 (mm)	一般地物 (mm)	水下地物(mm)		
		1:500	1:1000	1:2000
≤±0.6	≤±0.8	≤±2.0	≤±1.2	≤±1.0

等高线插值的高程中误差   表4-33

地形类别	平原	微丘	重丘	山岭	水下
高程中误差	$\leqslant (1/3)H_d$	$\leqslant (1/2)H_d$	$\leqslant (2/3)H_d$	$\leqslant H_d$	$\leqslant 1.2H_d$

注:1. 高程注记点的精度按表中0.7倍执行。

2. H_d为基本等高距。

（5）公路地形图的注记符号宜以路线前进方向的左侧正方向为上。

（6）公路地形图分幅，宜采用正方形或矩形分幅，图幅应按顺序编号。

（7）每幅图应测出图廊外 5mm，图幅的接边误差不应超过表 4-32 和表 4-33 规定值的 $2\sqrt{2}$ 倍，超过规定值时，应进行实地测量检查。

考点二：图根控制测量

（1）图根导线测量应闭合或附合于路线控制点上，需要加密时，图根控制不宜超过两次附合；条件受限制时，可布设支导线，但支导线的边数不得超过 3 条。

（2）图根点的点位中误差应不大于所测比例尺图上 0.1mm，高程中误差应不大于测图基本等高距的 1/10。

（3）图根点应设定标志，标志可采用木桩或混凝土桩，点位应视野开阔，相邻点应相互通视。

（4）图根点的密度应根据测图比例尺和地物、地貌复杂程度以及测图方法而定，平坦开阔地区采用大平板仪、小平板配合经纬仪测图时，图根点密度不应少于表 4-34 的规定。

视距法测图图根点密度   表 4-34

测图比例尺	图根点密度（点/km²）	测图比例尺	图根点密度（点/km²）
1：500	≥ 145	1：2000	≥ 14
1：1000	≥ 45	1：5000	≥ 7

注：1. 在地物、地貌复杂或隐蔽地区应视其复杂和隐蔽程度适当加大密度。
    2. 采用全站仪（测距仪）测的图根点的密度可取表中 0.4 倍的值。
    3. 采用 GPS RTK 测图的图根点的密度可取表中 0.2 倍的值。

（5）图根导线测量的主要技术要求应符合表 4-35 的规定，当采用交会法时，分组计算的坐标较差应小于图上 0.3mm。

图根导线测量的主要技术要求   表 4-35

边长测定方法	测图比例尺	导线全长（m）	平均边长（m）	测回数	测角中误差（″）	方位角闭合差（″）	导线最大相对闭合差
光电测距	1：500	≤ 750	75	≥1	≤ ±20	≤ $40\sqrt{n}$	≤ 1/4000
	1：1000	≤ 1500	150				
	1：2000	≤ 3000	300				
钢尺量距	1：500	≤ 500	50	≥1	≤ ±20	≤ $40\sqrt{n}$	≤ 1/2000
	1：1000	≤ 1000	85				
	1：2000	≤ 2000	180				

注：1. n 为测站数。
    2. 组成节点后，节点间或节点与起算点间的长度不得大于表中规定的 0.7 倍。
    3. 当导线长度小于表中规定 1/3 时，其绝对闭合差不应大于图上 0.3mm。

（6）图根点高程可采用水准测量、光电测距三角高程测量或 GPS RTK 测量等满足精度要求的各种方法。当基本等高距为 0.5m 时，应采用图根水准测量。图根水准测量主要技术要求应符合表 4-36 的规定。

图根水准测量的主要技术要求 表 4-36

每公里观测高差全中误差（mm）	水准路线长度（km）		视线长度（m）	观 测 次 数		往返较差、附合或环线闭合差（mm）	
	附合路线或环线	支线长度		附合或闭合路线	支线或与已知点联测	平原、微丘	重丘、山岭
≤±20	≤6	≤3	≤100	往一次	往返各一次	≤40$\sqrt{L}$	≤12$\sqrt{n}$

注：1. L 为水准路线长度，以 km 计；n 为测站数。

2. 组成节点后，节点间或节点与高级点间的长度不得大于表中规定的 0.7 倍。

（7）图根三角高程测量主要技术要求应符合表 4-37 的规定。

图根三角高程测量的主要技术要求 表 4-37

每公里观测高差全中误差（mm）	最大边长（m）	垂直角测回数	指标差较差垂直较差（″）	对向观测高差较差（mm）	附合或环线闭合差（mm）
≤±20	600	中丝法≥2测回	≤25	≤60$\sqrt{D}$	≤40$\sqrt{\sum D}$

注：D 为边长（km）。

（8）采用 GPS RTK 施测图根点的平面、高程时，应符合以下要求：

①基准站与流动站（所求的图根点）应始终保持同步锁定 5 颗以上卫星，GDOP 值应小于 6，流动站至基准站的距离应小于 5km。

②求解转换参数的高等级控制点应大于 4 个，并应包含整个作业区间，均匀分布于作业区域的周围；流动站至最近的高等级控制点应小于 2km；图根点不应外推。

③天线高应于测前、测后各量测 1 次，2 次互差不得超过 3mm。

④在作业区间内，应检核 2 个以上的高级控制点，其检测的坐标差和高程差应符合相关规定。

（9）图根测量应进行平差，角度计算取位至秒，边长、坐标和高程计算取位至毫米，最终坐标和高程取位至厘米。

考点三：地形图测绘

（1）实测地形图可选用测记法或测绘法。采用测记法时应绘制草图，并对各种地物、地貌特征赋予唯一代码。

（2）距离测量可采用视距法或光电测距法。采用视距法时，最大测距长度应符合表 4-38 的规定；采用光电测距法时，测距最大长度应符合表 4-39 的规定。

视距法测距最大长度 表 4-38

比 例 尺	测距最大长度（m）	比 例 尺	测距最大长度（m）
1：500	≤80	1：2000	≤200
1：1000	≤120	1：5000	≤300

注：1. 垂直角超过 ±10° 时，测距长度应适当缩短。

2. 1：500、1：1000 比例尺施测主要地物时，测距读数应读至 0.1m。

光电测距法测距最大长度　　　　　　　　　表 4-39

比 例 尺	测距最大长度（m）	比 例 尺	测距最大长度（m）
1：500	≤240	1：2000	≤600
1：1000	≤360	1：5000	≤900

（3）地形图测量时，仪器对中误差应小于图上 0.05mm；当以较远一点标定方向，用其他点进行检核时，检核偏差不应大于图上 0.3mm；当检查另一测站高程时，其较差不应大于1/5基本等高距。

（4）当采用 GPS RTK 法测量时，流动站至基准站的距离应小于 10km，在作业区间内，至少应检核 1 个高级控制点，其他要求可参照有关规定执行。

（5）高程注记点的分布应力求均匀，其间距宜符合表 4-40 的规定。

地形图上高程注记点的间距　　　　　　　　　表 4-40

比 例 尺	1：500	1：1000	1：2000	1：5000
高程注记点间距（m）	≤15	≤30	≤50	≤100

注：平坦及地形简单地区可放宽至 1.5 倍，地形变化较大的地区应适当加密。

（6）基本等高距为 0.5m 时，高程注记点应注至 0.01m；基本等高距大于 0.5m 时，可注记至 0.1m。

（7）地形图应标示建筑物、独立地物、水系及水工设施、管线、交通设施、境界、植被等各类地物、地貌要素以及各类控制点、地理名称等。地物、地貌各项要素的标示方法和取舍原则应符合国家测绘局制定的现行图式的规定，还应充分考虑公路工程的专业特点，满足设计及施工对于地形图的要求。

考点四：水下地形图测绘

（1）水下地形图测绘的平面和高程控制系统、图幅分幅、等高距应与该测区陆上地形图一致，两者应相互衔接。

（2）测深仪具适用范围与测深点深度中误差应符合表 4-41 的规定。

测深仪具适用范围与测深点深度中误差　　　　　　　　　表 4-41

水深范围（m）	测 深 仪 具	测深点深度中误差（m）
0~5	宜用测深杆（流速小于1m/s）	≤±0.10
2~10 0~10	测深仪（流速小于1m/s） 测深锤	≤±0.15
10~20	测深仪（流速小于0.5m/s） 测深锤	≤±0.20
20 以上	测深仪（测船晃动角度不大于4°） 测深锤	≤±0.01H

注：H 为水深值。

（3）测深点的布测可采用断面或散点形式；测深线间距和测深点点距不应超过表 4-42 和表 4-43 的规定。

航道测量图上测深线间距　　　　　　　　　表 4-42

测量项目	重点水域	一般水域	检查测量
图上测深线间距（cm）	1.0~1.5	1.5~2.0	1.0~1.5

断面线上测深点图上最大间距

表 4-43

测 量 项 目	测 量 仪 具	
	测深仪（cm）	测深杆或测深锤（cm）
大桥、特大桥重点水域断面	1.0	1.0
大桥、特大桥一般水域断面	1.0~1.5	1.0
一般断面	3.5~4.0	1.5

（4）水面高程测量的精度应达到五等水准测量的精度要求，并应记录测量时间、测时水位高程。

考点五：地形图数字化要素分层

（1）地物标识、地貌属性的特征代码设计应与图式编号一致，并具有实用性、通用性、可扩性。

（2）地形图数据分层宜参照表 4-44 执行。

地形图数据分层

表 4-44

层　名	层　号	缩　写	几　何　特　征
内、外图廓及整饰	0	NET1	点、线（弧段）
方格网	1	NET2	线（弧段）
测量控制点	2	CON	点
居民地和垣栅（面）	3	RES1	多边形
居民地和垣栅（点、线）	4	RES2	点、弧段
工矿建（构）筑物及其他设施（面）	5	IND1	多边形
工矿建（构）筑物及其他设施（点、线）	6	IND2	点、线（弧段）
交通及附属设施（面）	7	TRA1	多边形
交通及附属设施（点、线）	8	TRA2	点、线（弧段）
管线及附属设施	9	PIP	点、线（多边形）
水系及附属设施（面、线）	10	HYD1	多边形、线（弧段）
水系及附属设施（点）	11	HYD2	点
境界	12	BOU	多边形
地貌和土质（面）	13	TER1	多边形
地貌和土质（点、线）	14	TER2	点、线（弧段）
植被（面）	15	VEG1	多边形
植被（点、线）	16	VEG2	点、线（弧段）
地名注记（定位点）	17	ANO	点
说明注记（定位点）	18	ANN	点
公路设计要素	19	DES	点、线（弧段）

考点六：航空摄影测量

（一）航空摄影

（1）公路航空摄影应结合路线沿线的地形起伏情况和成图精度要求，合理选择镜头焦距。航摄比例尺应根据表4-45选用，对地形图精度要求高的工程宜选择较大值。

航 摄 比 例 尺 　　　　　　　　　　表4-45

成图比例尺	航摄比例尺	成图比例尺	航摄比例尺
1：500	1：2000~1：3000	1：2000	1：8000~1：12000
1：1000	1：4000~1：6000	1：5000	1：20000~1：30000

（2）航摄范围横向每侧应覆盖成图区域以外一个航带20%以上的宽度，纵向各向外延伸2~3条摄影基线。进行航带设计时，宜采用1：50000地形图。

（3）飞行质量应符合下列要求：

①像片重叠度应符合表4-46的规定。

像 片 重 叠 度 　　　　　　　　　　表4-46

方　向	个别最小值（%）	一般值（%）	个别最大值（%）
同一航带航向重叠	56	60~65	75
相邻航带旁向重叠	15	30~35	—

②像片倾角应小于2°，个别最大可为4°。

③旋偏角应符合表4-47的规定。

旋 偏 角 　　　　　　　　　　表4-47

航摄比例尺（M）	一航值（°）	个别最大值（°）
$M \leqslant 1/8000$	≤6	≤8
$1/8000 < M \leqslant 1/4000$	≤8	≤10
$1/4000 \leqslant M$	≤10	≤12

注：同一摄影分区内，达到或接近最大旋偏角的像片不得连续超过3片。

④同一航带上相邻像片的航高差应小于20m，同一航带上最大航高与最小航高之差应小于30m。

⑤航线的弯曲度应小于3%。

⑥航迹线偏移应小于像幅的10%。

⑦沿路线走廊的纵向覆盖，航带两端应各超出分区范围1条基线以上。

⑧漏洞补摄时，应根据原设计要求及时进行，宜采用与原摄影相同类型的航摄仪，纵向覆盖应超出漏洞外1条基线以上。

（4）摄影质量应符合下列要求：

①应根据路线所经地域的地理纬度、气候条件以及太阳高度角对地形、地物照射产生的阴影影响，选择航摄季节和航摄时间，最大限度地减少阴影的影响。

②底片的灰雾密度应小于0.2；底片最大密度应在1.4~1.8之间，极个别的可为2.0，底片最小密度至少应比灰雾密度大0.2；底片的密度差宜为1.0左右；最大密度差应小于1.4，最小密度差应大于0.6。

③飞机地速产生的最大像点位移在底片上应小于0.06mm。

④底片上的框标及其他各类注记标志应清晰、齐全、完整,底片不得有划痕、斑痕、折伤、脱胶等缺陷。

（二）航测外业

（1）一般规定如下:

①像控点宜布设在航向三片重叠范围内和旁向重叠中线附近,应尽量公用。分别布点时控制范围在像片上所裂开的垂直距离不得大于20mm。

②位于自由边的像控点连线应能控制住测图范围。

③平原、微丘区测图时,像片高程控制点应采用全野外布点。

④像控点距像片边缘应大于15mm,离方位线的距离应大于60mm,离开通过像主点且垂直于方位线的距离不得大于15mm。

（2）全野外布点应符合下列要求:

①对于像片平面图的全野外布点,每张隔号像片应布设4个平高点,如图4-17所示。

②对于立体成图的全野外布点,每个立体像对应布设4个平高点。当航摄比例尺分母大于4倍成图比例尺分母时,宜在像主点附近增设1个平高控制点,如图4-18所示。当控制点平面坐标由内业加密得出时,增设的平高控制点可改为高程控制点。

（3）单航带布点应采用每一分段六点法,如图4-19所示。

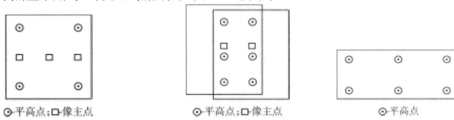

图 4-17　像片平面图的全野外布点　　图 4-18　立体成图的全野外布点　　图 4-19　单航带布点

（4）航带首末端点间的间隔基线数不应大于表4-48~表4-51的规定。两端的上、下两点宜选在通过像主点且垂直于方位线的直线上,相互偏离不应超过1/2条基线;中央1对点宜选在两端控制点的中间,左右偏离不应超过1条基线,并避免上、下两点同时往一侧偏离。

1:500 成图航带网布点首末端点间的间隔基线数　　　　　　　　表 4-48

航摄比例尺	焦　距	地 形 类 别			
		平原	微丘	重丘	山岭
1:2000	305	10/*	10/*	14/12	14/12
1:2500	305	8/*	8/*	12/8	12/8
1:3000	305	6/*	6/*	10/6	10/6

1:1000 成图航带网布点首末端点间的间隔基线数　　　　　　　　表 4-49

航摄比例尺	焦　距	地 形 类 别			
		平原	微丘	重丘	山岭
1:4000	152	8/*	8/*	12/14	—/—
	210	8/*	8/*	12/12	12/16

续上表

航摄比例尺	焦　距	地形类别			
		平原	微丘	重丘	山岭
1：5000	152	6/*	6/*	10/10	10/16
	210	6/*	6/*	10/8	10/12
1：6000	152	*/*	*/*	8/8	8/14
	210	4/*	4/*	6/6	6/10

1：2000 成图航带网布点首末端点间的间隔基线数　　　表 4-50

航摄比例尺	焦　距	地形类别			
		平原	微丘	重丘	山岭
1：8000	152	8/*	8/*	12/10	12/12
	210	8/*	8/*	12/8	12/12
1：10000	152	6/*	6/*	10/8	10/10
	210	6/*	6/*	10/6	10/8
1：12000	152	*/*	*/*	8/4	8/8
	210	4/*	4/*	6/*	6/6

1：5000 成图航带网布点首末端点间的间隔基线数　　　表 4-51

航摄比例尺	焦　距	地形类别			
		平原	微丘	重丘	山岭
1：20000	152	8/*	8/*	12/10	12/12
	210	8/*	8/*	12/8	12/12
1：25000	152	6/*	6/*	10/8	10/10
	210	6/*	6/*	10/6	10/8
1：30000	152	*/*	*/*	8/4	8/8
	210	4/*	4/*	6/*	6/6

注：上述 4 个表中，分子为平面控制点间隔基线数，分母为高程控制点间隔基线数，*表示全野外布点。

（5）区域网布点应符合下列要求：

①当航带数为 2 条及以上时，宜采用区域网布点，其航带跨度应符合表 4-52 的规定。控制点间基线数与单航带相同，并应保证区域四周至少有 6 个平高点。

航带区域网允许的最大航带跨度数　　　表 4-52

比例尺	1：500	1：1000	1：2000	1：5000
航带数（条）	4~5	4~5	5~6	5~6

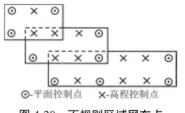

⊙-平面控制点　×-高程控制点

图 4-20　不规则区域网布点

②当成图范围不规则时，可采用不规则区域网布点。凸出处应布设平高点，凹进处应布设高程点。当凹角点与凸角点之间距离超过 2 条基线时，在凹角处应布设平高点，如图 4-20 所示。

（6）当遇到像主点、标准点位落水，但落水范围的大小和位置不影响立体模型连接时，可按正常航带布点，否则落水像对应按全野外布点。

（7）像控点的选择应符合下列要求：

①像片平面控制点应选择影像清晰、棱角分明的明显地物点，刺点应准确，刺孔应小而透，不得有双孔。

②像片高程控制点的点位应选择在高程变化较小的地方。

（8）像片控制点整饰应清晰明了，同一测区不得有重号。

（9）像片控制点的平面位置中误差不应超过重要地物点平面位置中误差的1/5，高程中误差不应超过基本等高距的1/10。

（10）像片调绘应符合下列要求：

①调绘范围应覆盖测图区域，调绘像片宜采用隔号像片。相邻调绘片接边时，右、下调绘面积线宜采用直线，左、上调绘面积线应根据邻片立体转绘。在调绘面积线以外，应注明邻接像片号，无接边处应注明"自由图边"。

②各种方位物、建筑物、管线、水系、道路、地貌、农田、植被、境界及各类名称等要素应实地调绘。

（三）航测内业

（1）内业加密点相对于最近野外控制点的平面和高程中误差不得大于表4-53和表4-54的规定。

内业加密点的平面位置中误差 表4-53

地形类别	平原、微丘	重丘、山岭
图上平面位置中误差（mm）	±0.4	±0.55

内业加密点的高程中误差 表4-54

比例尺	地形类别	基本等高距（m）	高程中误差（m）
1：500	平原	0.5	—
	微丘	0.5	—
	重丘	1.0	±0.35
	山岭	1.0	±0.35
1：1000	平原	0.5	—
	微丘	1.0	—
	重丘	1.0	±0.50
	山岭	2.0	±1.0
1：2000	平原	1.0	—
	微丘	1.0	—
	重丘	2.0	±0.80
	山岭	2.0	±1.20
1：5000	平原	1.0	—
	微丘	2.0	—
	重丘	5.0	±2.0
	山岭	5.0	±3.0

注：表中"—"表示不得内业加密。

（2）野外像控点的转点与内业加密点的选定应符合下列要求：

①野外像片控制点不宜转刺，但应转标。

②区域网平差时，当相邻航带像片重叠错位，点位不能达到 6 片公用时，应分别选点。

③加密时，宜加入湖面、水库水面、GPS 测量等辅助数据进行联合平差。

（3）全数字摄影测量系统作业中各项限差应符合下列要求：

①透明正片的扫描分辨率不得大于 25μm。

②当框标自动识别定位或人工交互方式进行内定向时，框标坐标量测误差应小于 0.02mm。

③利用影像同名点匹配算法求解立体定向、相对定向参数时，平原、微丘区相对定向的残余上、下视差应小于 0.005mm，重丘、山岭区应小于 0.008mm。

④影像匹配后，立体模型的连接较差应满足式（4-58）的要求。

$$\left. \begin{array}{l} \Delta S \leqslant 0.06m \times 10^{-3} \\ \Delta Z \leqslant 0.04\dfrac{mf}{b} \times 10^{-3} \end{array} \right\} \tag{4-57}$$

式中：ΔS ——平面位置较差（m）；

ΔZ ——高程较差（m）；

m ——像片比例尺分母；

f ——航摄仪主距（mm）；

b ——像片基线长度（mm）。

⑤绝对定向的各项精度指标不应大于表 4-55 的规定。

绝对定向后的精度指标　　　　　　　　　　表 4-55

项　　目		精度指标
基本定向点残差		$0.75M_1$
多余控制点的不符值		$1.25M_1$
公共点的较差		$2.0M_1$
平面坐标误差	平原、微丘	图上 0.3mm
	重丘、山岭	图上 0.4mm
高程误差	平原、微丘	0.2m
	重丘、山岭	$0.75H_1$

注：M_1 为加密点的平面位置中误差；H_1 为加密点的高程中误差。

（4）影像图的应用与制作应根据测设阶段和地形类别参照表 4-56 选用，平原地区宜采用纠正像片平面图，丘陵地、山岭地宜采用正射影像图。

影 像 图 的 用 途　　　　　　　　　　表 4-56

用　途	种　类	用　途	种　类
工程可行性研究	未经纠正的像片平面图	施工图设计及山区初步设计	正射影像图
平微区初步设计	纠正或概略纠正的影像图	设计各阶段	正射影像地形图

考点七：数字地面模型

（一）一般规定

（1）公路数字地面模型应能满足任意点或断面的地面高程插值计算，等高线生成，距离、坡度、面积、体积的量算以及路线平面图、地形透视图的制图等要求。

（2）基础数据的精度应符合以下要求：

①以摄影测量为数据源生成的 DTM，其高程插值相对于邻近高程控制点的高程中误差应满足表 4-57 的规定。

摄影测量数据的 DTM 高程插值精度　　　　　　　　　　　　　　　　　表 4-57

采集数据的比例尺	地 形 类 别	中误差（m）	采集数据的比例尺	地 形 类 别	中误差（m）
1：500	平原	≤±0.2	1：1000	平原	≤±0.25
	微丘	≤±0.4		微丘	≤±0.45
	重丘	≤±0.5		重丘	≤±0.7
	山岭	≤±0.7		山岭	≤±1.3
1：2000	平原	≤±0.3	1：5000	平原	≤±0.4
	微丘	≤±0.5		微丘	≤±0.9
	重丘	≤±1.1		重丘	≤±2.6
	山岭	≤±1.6		山岭	≤±4.0

②以地形图数字化为数据源生成的 DTM，其高程插值相对于原地形图的高程误差不得超过原图等高距的 1/2。

③以野外实测数据生成的 DTM，其高程插值相对于最近高程控制点的高程中误差应满足表 4-58 的规定。

野外实测数据的 DTM 高程插值精度　　　　　　　　　　　　　　　　　表 4-58

地 形 类 别	中误差（m）	地 形 类 别	中误差（m）
平原	≤±0.2	重丘	≤±0.5
微丘	≤±0.4	山岭	≤±0.7

（3）各分区 DTM 接边时，不应出现漏洞、重叠，其起始、结尾坐标数据应吻合，接边误差不得大于高程插值中误差的 2 倍。满足精度要求范围内的接边误差应在编辑时予以修正。

（4）DTM 产品的属性质量和数据处理精度应按随机抽样法进行评定。

（二）数据获取

（1）数据点采样应根据地形起伏变化的实际情况采点，应优先采集测区内地形特征线和地形特征点，不得遗漏对构建 DTM 的精度起决定作用的地形三维特征信息。

（2）数据采集应符合以下要求：

①当采用摄影测量方法进行数据采集时，植被覆盖严重或阴影地区应实地补测地面三维数据。

②当采用地形图数字化方法进行数据采集时，应检查已有的数字化地形图文件中各种地形、地物要素表示的方式。

③当采用野外实测方法进行数据采集时，可采用全站仪、光电测距仪、三维激光扫描仪或 GPS RTK 等方式采集地形、地物的三维坐标及属性信息。

④利用地形图数据库数据时，应对数据库中数据的来源、内容、性质、比例尺及精度等进行检查。

⑤三维地形数据文件应记录地形及地物的多种属性信息，并包含采样点的坐标信息。

（3）地形、地物数据均应赋予具有统一格式的特征信息码。

（4）数据文件中原始采样数据宜以 ASCII 码记录，每一采样单位内的数据宜按相关规定分类存放。

（5）采样点间距应符合表 4-59 的规定。

采 样 点 间 距 表 4-59

采 样 方 式	地形类别	比 例 尺			
		1：500	1：1000	1：2000	1：5000
野外实测（m）	平原、微丘	≤10	≤20	≤40	≤100
	重丘、山岭	≤5	≤10	≤20	≤50
摄影测量、地形图数字化（m）	平原、微丘	≤5	≤10	≤20	≤50
	重丘、山岭	≤2	≤5	≤10	≤30

（6）地物点、地形特征线或其他精度要求较高的数据点，当采用摄影测量或地形图数字化方法采集时，应按离散点方式逐点采集。

（三）数据编辑和预处理

（1）数据录入应采用文件交换方式，并进行字符检校，少量的可采用人工键入，但应做校核。

（2）数据编辑时，应对原始采样数据进行粗差检查与剔除。

（3）数据预处理时，应对通过不同数据源所获取的各种数据进行坐标统一归算、数据分类、统一格式与编码、数据文件的综合（分割）和接边处理，并按数据类别进行数据规格化管理或建立数据库。

（四）DTM 构建

（1）公路数字地面模型宜采用考虑地形特征点、线三维信息的三角网模型（TIN）或格网与三角网的混合模型（GRID＋TIN）的方式构建。

（2）构建数字地面模型时，应考虑对地形特征线、断裂线和地物的处理。

（3）DTM 构建应符合以下要求：

①采用三角网构建 DTM 时，应对预生成的三角网进行优化处理，消除 DTM 内的平三角形以及边界处的异常大三角形。

②当用混合建模方法时，应将利用规则格网方式采集的地形点按矩形格网模型构网，局部细节模型应采用三角网模型。

（五）DTM 成果应用

（1）数字地面模型应用于施工图测设阶段时，原始三维地面数据必须野外实测采集。DTM 高程插值中误差应不大于±0.2m。

（2）纵、横断面插值应符合以下要求：

①采用数字地面模型计算公路纵、横断面时，中桩桩距和横断面取值间距应符合表 4-60 的规定。

纵、横断面插值间距 表 4-60

设 计 阶 段		中桩桩距（m）	横断面取点间距（m）
初步设计	方案比选	20～50	5～10
	优化设计	10～30	2～5
施工图设计		5～20	1～2

②横断面地面线的宽度应满足公路设计的需要。

（3）等高线可通过三角网模型或矩形格网与三角网的混合模型进行等值线自动追踪生成。

例 题 解 析

例题 1 〔2019-37〕公路勘测地形图测绘图根控制测量中，图根点的点位中误差应不大于所测比例尺图上（　　）。

      A. 0.05mm   B. 0.10mm   C. 0.15mm   D. 0.20mm

解析：见考点二。

答案：B

例题 2 〔2019-39〕数字地面模型应用于公路施工图测设阶段时，DTM 高程插值中误差应不大于（　　）。

      A. ±0.1m   B. ±0.2m   C. ±0.3m   D. ±0.4m

解析：见考点七。

答案：B

例题 3 〔2019-45〕采用测深仪测绘公路大桥、特大桥水下地形图时，一般水域断面线上测深点图上最大间距为（　　）。

      A. 1.0cm   B. 1.0~1.5cm   C. 1.5~3.5cm   D. 3.5~4.5cm

解析：见考点四。

答案：B

例题 4 〔2020-40〕公路工程地形图绘制中，平原地区测绘 1：1000 比例尺地形图的基本等高距应为（　　）。

      A. 0.5m   B. 1.0m   C. 2.0m   D. 5.0m

解析：见考点一。根据《公路勘测规范》（JTG C10—2007）第 5.1.2 条。

答案：A

例题 5 〔2020-41〕公路勘测地形图测绘采用 GPS RTK 法测量时，流动站至基准站的距离应小于（　　）。

      A. 10km   B. 15km   C. 20km   D. 25km

解析：见考点三。根据《公路勘测规范》（JTG C10—2007）第 5.3.4 条。

答案：A

例题 6 〔2020-42〕公路施工图设计阶段，利用数字地面模型（DTM）计算公路纵断面时，中桩桩距取值应为（　　）。

      A. 420~50m   B. 20~40m   C. 20~30m   D. 5~20m

解析：见考点七。根据《公路勘测规范》（JTG C10—2007）第 7.5.2、7.5.3 条。

答案：D

例题 7 〔2020-43〕以地形图数字化为数据源生成的公路数字地面模型（DTM），其高程插值相对于原地形图的高程误差不得超过原图等高距的（　　）。

      A. 1   B. 1/2   C. 1/3   D. 1/5

解析：见考点七。根据《公路勘测规范》（JTG C10—2007）第 7.1.2 条第 2 款。

答案：B

例题 8 ［2020-44］公路航空摄影测量成图比例尺为 1∶1000 时，航摄比例尺应为（ ）。

  A. 1∶2000~1∶3000   B. 1∶4000~1∶6000

  C. 1∶8000~1∶12000   D. 1∶20000~1∶30000

解析： 见考点六。根据《公路勘测规范》（JTG C10—2007）第 6.1.1 条。

答案： B

例题 9 ［2021-40］某一公路测量控制点，位于高原地区，其 6 度带的纵坐标 $X = 4866735$m，横坐标 $Y = 18444333$m，则该点至中央子午线的实际距离为（ ）。

  A. 55667m   B. 444333m   C. 4866735m   D. 18444333m

解析： 见考点一。我国位于北半球，故纵坐标均为正值，但为避免中央经度线以西为负值的情况，将坐标纵轴西移 500km。公路测量控制点横坐标 Y 的前两位为带号，该点到投影带中央子午线的距离就是：$500000 - 444333 = 55667$m。

答案： A

例题 10 ［2021-43］下列关于地形图等高线特性的描述，不正确的为（ ）。

  A. 等高线不能相交

  B. 同一等高线上各点的高程一定相等

  C. 等高线平距大小与地面坡度大小成反比

  D. 等高线与山脊线、山谷线大致成垂直正交

解析： 见考点一。除在悬崖或绝壁处外，等高线在图上不能相交或重合。

答案： A

例题 11 ［2021-44］下列关于公路工程水下地形图测绘的表述，符合规范规定的是（ ）。

  A. 特大桥重点水域断面上测深点图上最大间距应不大于 1.0cm

  B. 重点水域航道测量测深线的图上测深线间距应不大于 2.0cm

  C. 特大桥一般水域断面上测深点图上最大间距应不大于 2.0cm

  D. 一般水域航道测量测深线的图上测深线间距应不大于 3.0cm

解析： 见考点四，表 4-42 和表 4-43。

答案： A

例题 12 ［2021-45］某公路工程定测阶段，拟采用航空摄影对重要工点进行地形图测量工作，根据公路勘测规范宜采用的航摄比例尺是（ ）。

  A. 1∶500   B. 1∶2000   C. 1∶5000   D. 1∶10000

解析： 见考点六。对地形图精度要求高的工程宜选择较大值，即 1∶2000。

答案： B

例题 13 ［2022-42］某公路工程项目位于平原、微丘区，施工图设计阶段进行地形图测量工作时，需要选择地形图比例尺及基本等高距，下列基本等高距不符合规范要求的是（ ）。

  A. 0.5m   B. 1m   C. 2m   D. 5m

解析： 见考点一。施工图设计阶段可采用 1∶1000、1∶2000、1∶5000 的比例尺，平原、微丘区的公路工程项目，根据不同的比例尺，基本等高距可取 0.5~2.0m。

答案： D

例题 14 ［2022-43］数字地面模型数据点采样应根据地形起伏变化的实际情况采点，应优先采集测

区内的（　　　）。

  A. 等高线、高程注记点   B. 等高线、地形特征点
  C. 地形特征线、高程注记点   D. 地形特征线、地形特征点

解析：见考点七。数字地面模型数据点采样应根据地形起伏变化的实际情况采点，应优先采集测区内地形特征线和地形特征点。

答案：D

例题 15［2023-39］公路勘测地形图图根控制测量中，条件受限制时，可设支导线，但支导线的边数不得超过（　　　）。

  A. 1 条   B. 2 条
  C. 3 条   D. 4 条

解析：见考点二。图根导线测量应闭合或附合于路线控制点上，当需要加密时，图根控制不宜超过两次附合；条件受限制时，可布设支导线，但支导线的边数不得超过 3 条。

答案：C

例题 16［2023-40］公路勘测 1∶1000 比例尺地形图测绘，光电测距法测距的最大长度不超过（　　　）。

  A. 240m   B. 360m
  C. 600m   D. 900m

解析：见考点三。根据表 4-39，比例尺为 1∶1000 时，光电测距法测距的最大长度不超过 360m。

答案：B

例题 17［2023-41］公路勘测航空摄影测量中，同一航带航向像片重叠度一般值应符合的范围是（　　　）。

  A. 50%~55%   B. 55%~60%
  C. 60%~65%   D. 65%~70%

解析：见考点六。根据表 4-46，同一航带航向重叠，像片重叠度一般值为 60%~65%。

答案：C

例题 18［2023-42］为满足数字地面模型基础数据精度要求，以野外实测数据生成的 DTM，山岭地形类别，其高程插值相对于最近高程控制点的高程中误差应满足（　　　）。

  A. ≤±0.2m   B. ≤±0.4m
  C. ≤±0.5m   D. ≤±0.7m

解析：见考点七。根据表 4-58，以野外实测数据生成的 DTM，其高程插值相对于最近高程控制点的高程中误差，对于山岭地形，中误差 ≤±0.7m。

答案：D

例题 19［2023-43］公路勘测初步设计阶段，方案比选采用数字地面模型计算横断面时，横断面取值（取点）间距应符合的规定是（　　　）。

  A. 10~15m   B. 5~10m
  C. 2~5m   D. 1~2m

解析：见考点七。根据表 4-60，初步设计阶段，方案比选采用数字地面模型计算公路横断面时，横断面取值间距为 5~10m。

答案：B

例题 20［2024-41］航空摄影测量，同一航带航向重叠度个别最小值为（　　　）。

　　　A. 47%　　　　　　B. 56%　　　　　　C. 60%　　　　　　D. 75%

解析：见考点六。像片重叠度应符合《公路勘测规范》表 6.1.3-1 的要求，同一航带航向重叠度个别最小值为 56%。

答案：B

自　测　模　拟

1. 坐标增量的计算公式是（　　　）。

　　A. $\Delta x = D \sin \alpha$　$\Delta y = D \cos \alpha$　　　　　　B. $\Delta x = D \tan \alpha$　$\Delta y = D \cot \alpha$

　　C. $\Delta x = D \cos \alpha$　$\Delta y = D \sin \alpha$　　　　　　D. $\Delta x = D \cot \alpha$　$\Delta y = D \tan \alpha$

2. 既反映地物的平面位置，又反映地面高低起伏状态的正射投影图称为（　　　）。

　　A. 平面图　　　　　B. 断面图　　　　　C. 影像图　　　　　D. 地形图

3. 地形图的等高线是地面上高程相等的相邻点连成的（　　　）。

　　A. 闭合曲线　　　　B. 直线　　　　　　C. 闭合折线　　　　D. 折线

4. 地形图上 0.1mm 的长度相应于地面的水平距离称为（　　　）。

　　A. 比例尺　　　　　B. 数字比例尺　　　C. 水平比例尺　　　D. 比例尺精度

5. 要求地形图上能表示实地地物最小长度为 0.2m，则应选择（　　　）测图比例尺为宜。

　　A. 1∶500　　　　　B. 1∶1000　　　　　C. 1∶5000　　　　　D. 1∶2000

6. 1∶2000 地形图与 1∶5000 地形图相比（　　　）。

　　A. 比例尺大，地物与地貌更详细　　　　　B. 比例尺小，地物与地貌更详细

　　C. 比例尺小，地物与地貌更粗略　　　　　D. 比例尺大，地物与地貌更粗略

7. 在 1∶2000 地形图上量得 M、N 两点距离为 $d_{MN} = 75$mm，高程为 $H_M = 137.485$m、$H_N = 141.985$m，则该两点坡度 i_{MN} 为（　　　）。

　　A. +3%　　　　　　B. −4.5%　　　　　C. −3%　　　　　　D. +4.5%

参　考　答　案

1. C　　2. D　　3. A　　4. D　　5. D　　6. A　　7. A

第五节　初　测

考　点　分　析

　　本节重点：掌握依据批复的工程可行性研究初步拟定的路线起终点、中间控制点及路线基本走向，在地形图、航测像片、数字地面模型或实地对所拟定的勘测方案进行初测的技术要求；初测阶段路线、路基、路面、排水、小桥涵、大中桥、隧道、路线交叉、沿线设施、环境保护、临时工程、工程经济等

的调查与勘测的基本技术要求，初测应提交的技术资料。

本节难点： 在地形图、航测像片、数字地面模型或实地对所拟定的勘测方案进行初测的技术要求。

考 点 精 讲

初测是两阶段设计和三阶段设计中第一阶段（初步设计阶段）的外业勘测与调查工作。

初测的目的是根据批复的《工程项目可行性研究报告》所拟定的修建原则和路线基本走向方案，通过现场对各比选方案的勘测，从中确定合理的方案，并搜集编制初步设计文件所需的勘测调查资料。

考点一：初测的前期工作

（1）根据初测需要，搜集与项目相关的技术、经济、社会及自然条件等资料。具体有：

①三角点、导线点、水准点、GPS点等测量控制点及各种比例尺的地形图、航测像片等资料。

②沿线自然地理概况、地质、水文、气象、地震基本烈度等资料。

③沿线铁路、公路、航运、城建、农林、水利、电力、环保、国土资源、国防等部门与本项目有关的规划、设计、规定、科研成果等资料。

④改（扩）建公路还应搜集原有公路的测设、施工、养护、路况及交通量等资料。

（2）根据批复的工程可行性研究初步拟定的路线起终点、中间控制点及基本走向方案，在地形图、数字地面模型或航测像片上进行研究，初步确定初测的勘测方案。

（3）根据初步确定的勘测方案，编写工作大纲和技术设计书。在工作大纲中应写明测设组织形式、测设人员、人员分工、工作阶段划分、各阶段工期、质量保证措施等。在技术设计书中应写明资料搜集及可利用情况、仪器设备状况、测设内容、测设方法、测设深度、采用的技术标准及提供的资料等。

考点二：现场踏勘

（1）根据准备阶段确定的初拟勘测方案，进行现场踏勘，主要内容有：

①核查搜集地形图的地形、地物的变化及对初拟方案的影响。

②沿线居民点、农田水利设施、主要建筑设施和不良地质的分布情况及对初拟方案的影响情况，并对初拟方案作出相应的调整。

③沿线各种地上（下）管线、重要历史文物、名胜古迹、旅游风景区、自然保护区、景观区等的分布情况，并对初拟方案进行调整或拟定相应的环保措施。

④对沿线重点工程和复杂的大桥、中桥、隧道、互通式立体交叉等，应逐一落实其位置与相应设置条件。

⑤对重要的路线方案、与地方规划或设施有干扰的方案，应征求当地政府或主管部门的意见。

⑥改（扩）建公路应对原有旧的路线线形、路基、路面、桥涵、防护和排水系统、交通事故与主要病害情况进行踏勘。

（2）对搜集的国家及有关部门布设的控制点的完好程度及可利用性进行检查，根据测区地形、植被覆盖情况结合技术条件确定控制测量方案。

（3）通过现场踏勘确定初测路线地形图测量范围和地形图测量方案。

（4）应调查沿线气象及交通条件等，确定外业勘测方案。

考点三：控制测量

（一）平面控制测量

（1）公路平面控制测量，包括：公路、桥梁、隧道的平面控制测量。平面控制网的布设应遵循因地制宜、技术先进、经济合理、确保质量的原则。

（2）平面控制网宜全线贯通，统一平差。

（3）平面控制网测量应采用 GPS 测量、导线测量、三角测量、三边测量方法进行，路线平面控制测量宜采用导线测量方法进行。二级及二级以上公路必须进行平面控制测量，二级及以上公路应进行平面控制测量。

（4）各级公路、桥梁、隧道平面控制测量的等级不得低于表 4-5 的规定。

（5）应根据公路等级、路线所在地区的地形和作业条件、拟投入的仪器设备、国家控制点数量和分布位置等，确定测量控制网的精度等级、布网方式和作业方式。

（6）可首先布设首级控制网，然后加密与公路、构造物等级相适应的控制网，亦可一次性布设与公路、构造物等级相适应的控制网。

（7）应利用路线经过地区已有国家或其他有关部门的平面控制资料，但应进行以下工作：

①对原有控制点进行检测。

②控制测量的坐标系统与本路的坐标系统不一致时，应进行换算。

③原有平面控制点不能满足公路放线要求时，应按规定予以加密。

（二）高程控制测量

（1）同一个公路项目，应采用同一个高程系统，并应与相邻项目高程系统相衔接。不能采用同一系统时，应给定高程系统的转换关系。独立工程或三级以下公路联测有困难时，可采用假定高程。

（2）高程控制测量应采用水准测量或三角高程测量的方法进行，高程异常变化平缓的地区可使用 GPS 测量的方法进行，但应对作业成果进行充分的验核。

（3）路线高程控制网应全线贯通、统一平差。

（4）二级及二级以上公路必须进行高程控制测量。二级以下公路宜进行高程控制测量。

（5）各级公路及构造物的水准测量等级不得低于表 4-19 的规定。

（6）各等级公路高程控制网最弱点高程中误差不得大于 ±25mm，用于跨越水域和深谷的大桥、特大桥的高程控制网最弱点高程中误差不得大于 ±10mm，每公里观测高差中误差和附合水准路线长度应小于表 4-18 的规定。

（7）高程控制点的布设。路线高程控制点相邻点间的距离以 1~1.5km 为宜，特大桥构造物每一端应埋设两个（含两个）以上高程控制点。高程控制点距离路线中心线的距离应大于 50m，小于 300m。

（8）应利用路线经过地区已有国家或其他有关部门设置的高程控制点，但应进行以下工作：

①对原有高程控制点进行逐一检测。

②原高程系统与本路的高程系统不一致时，应进行换算。

考点四：地形图的测绘

（1）各级公路均应进行根据设计需要进行地形图测绘。

（2）根据路线所在地区的地形、地物和植被覆盖情况、公路等级及所具备的经济、技术条件等，确定地形图的测绘方式，地形图比例尺、等高距的选择、精度要求应按《公路勘测规范》（JTG C10—2007）规定进行。

（3）地形图的测绘范围应根据公路等级、地形条件及设计需要等合理确定，应能满足线形优化及构造物布置的需要。二级及二级以上公路中线每侧不宜小于300m。高速公路和一级公路采用分离式路基时，地形图应覆盖中间带；当两条路线相距很远或中间带为大河与高山时，可不测绘中间带地形图。

（4）当公路等级低且无须利用地形图进行纸上定线时，可利用纵、横断面资料，配合测量仪器现场勾绘地形图。

考点五：路线勘测与调查

（1）路线定线时，应充分了解并掌握沿线规划以及地形、地貌、地质、水文、气候、地下埋藏、地面建筑设施等情况。

（2）纸上定线应进行的勘测内容：

①应将具有特殊要求和控制的地点、必须绕避的建筑物或地质不良地带、地下建筑和管线等标注于地形图上。

②越岭路线需进行纵坡控制的地段，应在地形图上放坡，并将放坡点标示于图上。

③路线上一般地形变坡点可从图上判读，对高程要求较严格的路段和地点，如河堤、铁路、立体交叉、水坝、干渠、重要管线交叉等，应实测其高程，点绘纵断面图。

④对高填深挖地段、大型桥梁、隧道、立体交叉以及需要特殊控制的地段进行实地放桩，进行纵、横断面测量。

⑤应在地形图上点绘或实测控制性断面。

（3）现场定线应进行的勘测内容：

①现场定线一般适用于三、四级公路的线路选取。

②现场踏勘前，应在地形图上确定控制点、绕避点，选择路线通过的最佳位置。

③越岭路线或受纵坡控制的路段，应选择好坡面及展线方式进行放坡展线。

④现场定线时，可采用直接定交点法、延长直线钉设转点或交点的方法确定路线交点位置。

直接定交点法一般可用于地形平坦、地面目标明显、路线受限不严或旧路改建等工程。

延长直线钉设转点或交点时应符合以下要求：

a. 交点至转点或转点间距离，宜控制在50~500m之间；当点间距离小于50m时，应设置远视点。

b. 正、倒镜的点位横向偏差每100m不应大于5mm；当点间距离大于400m时，最大点位差不应大于2cm。三级及三级以下的公路，点位差值可放至2倍，符合以上偏差范围时，可分中定点。

c. 延长直线时，前、后视距离宜大致相等。当距离小于100m时，应用测钎或垂球对点；当距离较远时，可用花杆对点，并以杆脚为照准目标，如有困难则至少应照准花杆的下半部分。

⑤选设的交点和转点作为测量控制点使用时，应进行护桩并按照二级平面控制测量的要求测定角度和长度。当不作为测控制点使用时，应将交点和转点与路线控制测量点联测，确定交点和转点坐标。

（4）不管是纸上定线还是现场定线，均应根据专业调查需要，进行路线放线。路线放线可采用极坐标法、GPS RTK法、链距法、偏角法、支距法等。

（5）定线放线的密度应满足勘测与调查的需要。放桩桩位、中桩高程及横断面测量精度要求按定测中路线中线敷设的要求执行。也可利用数字地面模型，内插中桩的高程和横断面数据。

考点六：路基、路面及排水勘测与调查

（1）应对影响路基、路面及排水设计的相关因素和条件进行调查，内容包括沿线的气象、水文、水系、地质、土质、植被、水利设施的现状与规划等。

（2）应对沿线地质情况以及特殊地质、不良地质的位置、特征，地形地貌的成因、性质、发展规律，对路基、路面的影响进行调查。

（3）应对附近既有工程路基路面材料、结构形式及使用情况进行调查。

（4）应对取弃土场的位置与条件进行勘测与调查。

（5）应对防护工程的设置位置及条件进行勘测与调查，地质条件特别复杂、防护工程规模较大的工点，应进行控制测量并测绘 1∶500~1∶2000 的地形图。

考点七：小桥勘测与调查

（1）小桥、漫水桥以及复杂涵洞、改沟工程、人工排灌渠道等，应放桩并实测高程与断面。地形及水文条件简单时，可在 1∶2000 地形图上查取或采用数字地面模型内插获取，但应进行现场校对。

（2）小桥涵（漫水桥、过水路面、倒虹吸、渡槽）的勘测，应实地调查小桥涵区域的自然条件、桥涵位上游汇水区地表特征，现场核对拟定小桥涵的设计参数。

（3）调查拟建小桥涵址的上、下游附近原有小桥涵的设计和使用情况。

（4）改建工程的小桥涵，应查明原有桥涵现状及可利用程度。

考点八：大、中桥勘测与调查

（1）应搜集与大、中桥测设相关的水文、地质、气象、流冰、流木、通航要求等资料。

（2）现场踏勘及调查：

①应现场核查研究工程可行性研究所推荐的桥位方案。

②应调查桥位所在区域的农田水利、地形、地质、地貌、生态环境、地物分布等情况。

③应调查河流的形态特征、地质、通航要求、施工条件以及地方农业发展规划等。

（3）桥梁控制测量：

初测阶段可不专门布设桥梁平面和高程控制网，但在布设路线控制网时每岸应各布设必要的控制点，布设的控制点应纳入路线控制测量进行施测。

（4）桥位地形图、水下地形图测绘：

①桥位地形图、水下地形图测绘范围应能满足方案比较和桥梁布孔的需要，桥位地形图还应满足桥头引道和调治构造物布置的需要。

②桥位地形图测量范围，一般上游应为桥长的 2~3 倍，下游应为桥长的 1~2 倍，沿桥轴线方向应测至两岸历史最高洪水位或设计水位以上 2m 或洪水泛滥线以外 50m，应能满足桥梁布孔、桥头引道和调治构造物布置的需要。

③桥位地形图的测绘内容还应包括桥轴线、路线平面控制点、引道接线、洪水调查点、历史最高洪水泛滥线、测时流向、航标和船筏走行线、桥梁和建筑物平面布置等内容。

④改（扩）建桥梁的地形图测绘内容应增加既有桥梁墩、台和调治构造物的位置和高程。

（5）应实地放出桥梁轴线、引道位置，并进行纵、横断面测量。

（6）桥位方案确定后应进行水文调查、测量、分析和论证。

（7）跨河位置、布孔方案等应征求水利、航运等部门的意见。

考点九：隧道勘测与调查

（1）隧道控制测量。

初测阶段可不专门布设隧道平面和高程控制网，但在布设路线控制测量网时应在隧道进出口各布设 2 个以上平面控制点及 2~3 个高程控制点，平面控制点间距应大于 500m，满足隧道平面和高程控制网加密的需要。布设的控制点应纳入路线控制测量进行施测。

（2）隧道地形图测绘。

隧道地形图测绘范围应满足隧道洞口选择和设置的需要，并应考虑辅助工程需要，洞口地形图比例尺宜为 1：5000。

（3）隧道定线及放桩。

①应在拟定的概略隧址范围内，对初拟隧道轴线、洞口位置及相应连接线进行勘测与调查。

②应实地放出洞口附近的中线，并现场核查和测绘洞口纵、横断面。

③隧道洞身段应根据地质勘察及钻探需要现场放桩。

（4）应搜集与调查隧址自然地理、环境状态及地形、地质、水文、气象、地震等资料。

（5）应对弃渣场地的条件和安全情况进行调查。

考点十：路线交叉勘测与调查

（1）大型或复杂的交叉应进行平面和高程控制测量，并根据需要测绘比例尺为 1：500~1：5000 的地形图。

（2）公路与公路交叉应进行以下勘测与调查：

①调查相交公路的名称、相关区域的路网规划、交叉位置、地名及里程、修建时间、公路等级、技术标准、路面结构类型、排水和防护工程情况及其在路网中的作用。

②补充调查相交公路的交通量、交通组成。

③测量交叉角度、交叉点高程、纵坡坡度、路基宽度、路面宽度及厚度。

（3）公路与铁路交叉应进行以下勘测与调查：

①调查铁路名称、等级、轨道数、运行情况、交叉位置地名、与铁路交叉处里程、铁路路侧附属设施、排水条件以及铁路的技术标准、规划等。

②测量交叉点铁路轨顶高程、交叉角度及路基宽度。

（4）公路与乡村道路交叉应调查相交道路的性质、路面结构、排水条件、交通量及规划。测量路基宽度、路面宽度及路面高程。

（5）公路与管线交叉应进行以下勘测与调查：

①测量公路与管线交叉的位置、交叉角度、交叉点悬高或埋置深度、杆塔高度以及受影响的长度。

②调查管线的种类、技术标准、型号、规格、用途、编号、敷设时间等。

（6）互通式立体交叉、分离式立体交叉、复杂的平面交叉应实地放出交叉桩，测量交叉桩号、交叉角度和地面高程。

（7）各种交叉的位置、交叉形式、相交道路改移方案等，均应征求地方政府或主管部门的意见。

考点十一：其他勘测与调查

（一）沿线设施勘测与调查

（1）应现场调查拟建沿线设施位置的地形、地貌、地物、植被、水文、地质等自然条件及与各类设施设置相关的技术条件。

（2）重要的沿线设施场地应测绘比例尺为 1∶500~1∶2000 的地形图。

（二）环境保护调查

环境保护应进行以下调查：

（1）当地园林工程和适种植被情况。

（2）沿线既有道路环保工程实际情况。

（3）沿线国家生态保护区、野生动物保护区的情况。

（4）沿线水源保护区和湿地的情况。

（5）拟建公路可能对当地的生态环境造成的影响。

（三）临时工程勘测与调查

（1）应对可利用的临时工程进行勘测与调查，包括可供利用的道路、供电、供水、电信等设施的状况。

（2）应对为满足工程需要需修建或架设的临时工程进行勘测与调查。

（3）应调查沿线施工场地的位置及条件。

（四）工程经济调查

（1）应对沿线筑路材料的供应状况、性质等进行调查，拟定料场采集后的复垦措施，大型自采料场应测绘 1∶1000~1∶5000 地形图及纵、横断面图。

（2）应对占用土地数量、性质和种类进行调查。

（3）应对各种拆迁建筑物数量、性质、归属、拆迁费用、到路线的距离进行勘测调查，必要时会同主管部门现场勘察，协商处理方案。

（4）应对沿线伐树、挖根、除草的位置、数量、疏密程度等进行调查。

（5）概算资料调查应符合《公路工程建设项目概算预算编制办法》（JTG 3830—2018）的有关规定，满足初步设计概算编制的需要，包括概算编制的原则及依据、材料价格、有关税额、相关费用等。

（五）初测的内业工作

1.初测内业工作的主要内容

（1）对外业资料进行检查、复核和签署，对测绘资料进行限差检查并按规定进行计算，对测绘成果进行精度分析和评价。

（2）对勘测成果进行内部自检和验收。

（3）按专业分类编制外业勘测成果图表及勘测报告。

（4）方案调整时，应补充相应的勘测调查资料。

2.初测应提交的成果

（1）测量成果及计算等资料。

（2）各种调查、勘测原始记录及检验资料。

（3）勘测报告及有关协议、纪要文件。

（4）根据设计需要编制的各种图表、说明资料。

例 题 解 析

例题1 ［2019-43］公路设计初测阶段，现场踏勘过程中，应根据项目特点及自然、地理、社会环境调整并确定（　　）。

  A. 勘测方法与勘测方案   B. 工程规模及技术等级

  C. 起终点及中间控制点   D. 路线比较方案

解析： 见考点二。

答案： A

例题2 ［2019-44］公路设计初测阶段，路线可采用纸上定线和现场定线，适用现场定线的是（　　）。

  A. 高速公路   B. 一级公路

  C. 三、四级公路   D. 特大桥、大桥

解析： 见考点五。

答案： C

例题3 ［2019-48］在公路设计初测阶段，公路与公路交叉应勘测与调查的内容包括（　　）。

  A. 测绘 1：10000 地形图

  B. 补充调查相交公路的交通量、交通组成

  C. 测量交叉点铁轨顶高、交叉角度及路基宽度

  D. 勘测公路与管线交叉的位置、交叉角度、交叉点悬高或埋置深度

解析： 见考点十。

答案： B

例题4 ［2020-37］高速公路、一级公路进行勘测时，高程控制测量等级应选用（　　）。

  A. 二等   B. 三等   C. 四等   D. 五等

解析： 根据《公路勘测规范》（JTG C10—2007）第4.2.1条第4款，高速公路、一级公路高程控制测量等级为四等。

答案： C

例题5 ［2020-39］下列公路勘测高程控制测量工作中，符合高程控制点布设要求的是（　　）。

  A. 高程控制点距离路线中心的距离应大于 35m

  B. 高程控制点距离路线中心的距离宜小于 400m

  C. 路线高程控制点相邻点间的距离以 1.5~2.5km 为宜

  D. 特大型构造物每端应埋设 2 个（含 2 个）以上高程控制点

解析： 见考点三。根据《公路勘测规范》（JTG C10—2007）第4.2.2条第1、2款。

答案： D

例题6 ［2020-47］公路设计初测阶段，符合大、中桥梁控制测量要求的是（　　）。

  A. 可不专门布设桥梁平面和高程控制网

  B. 布设路线控制网时，每岸不漏布设必要的控制点

C. 布设的控制点不需要纳入路线控制测量进行施测

D. 需设置独立坐标系统

解析：见考点八。根据《公路勘测规范》（JTG C10—2007）第8.8.3条。

答案：B

例题 7〔2022-44〕公路初测阶段现场踏勘的内容包括（　　　）。

A. 对搜集的控制点进行复测

B. 根据需要进行交通量调查

C. 桥梁、隧道等特殊控制的路段进行实地放桩检查

D. 核查所搜集地形图的地形、地物变化及对初拟方案的影响

解析：见考点二和考点五。对搜集的控制点进行复测是定测的内容，选项 A 错误；现场踏勘不需要进行交通量调查，选项 B 错误；桥梁、隧道等特殊控制的路段进行实地放桩检查，是纸上定线的勘测内容，选项 C 错误；核查所搜集地形图的地形、地物变化及对初拟方案的影响，是初测阶段现场踏勘的内容，选项 D 正确。

答案：D

例题 8〔2022-45〕在公路初测阶段纸上定线时，下列规定不正确的（　　　）。

A. 初测阶段不需要实地进行横断面测量

B. 需要特殊控制的地段应进行实地放桩

C. 高程要求较严格的路段和地点应实测高程

D. 一般位置的平面和高程可从地形图上判读

解析：见考点五。对高填深挖地段、大型桥梁、隧道、立体交叉以及需要特殊控制的地段进行实地放桩，进行纵、横断面测量，选项 A 错误，选项 B 正确。路线上一般位置的平面和高程可从图上判读，对高程要求较严格的路段和地点，应实测其高程，点绘纵断面图，选项 C、D 正确。

答案：A

例题 9〔2022-46〕下列有关公路初测阶段大、中桥勘测与调查的描述，符合规范规定的是（　　　）。

A. 应布设专门的桥梁平面和高程控制网

B. 可根据需要进行桥梁纵、横断面测量

C. 可根据需要实地放出桥梁轴线、引道位置

D. 桥位地形图、水下地形图测绘范围应能满足方案比较和桥梁布孔的需要

解析：见考点八。初测阶段可不专门布设桥梁平面和高程控制网，但在布设路线控制网时每岸应各布设必要的控制点，布设的控制点应纳入路线控制测量进行施测，选项 A 错误；应实地放出桥梁轴线、引道位置，并进行纵、横断面测量，是"应"，不是"根据需要"，选项 B、C 错误；桥位地形图、水下地形图测绘范围应能满足方案比较和桥梁布孔的需要，桥位地形图还应满足桥头引道和调治构造物布置的需要，选项 D 正确。

答案：D

例题 10〔2023-44〕公路初测阶段，纸上定线应进行的勘测内容是（　　　）。

A. 越岭路线需要进行纵坡控制的地段，应实地放坡并进行纵、横断面测量

B. 路线上一般地形变坡点的高程可从图上判读，对高程要求较严格的路段和地点应实测其高程，点绘纵、横断面图

C. 应将高填深挖地段、大型桥梁、隧道、立体交叉以及特殊控制的地段标注于地形图上，并读取高程，点绘纵、横断面图

D. 应在地形图上点绘所有横断面图

解析：见考点五。纸上定线时，应首先将具有特殊要求的位置和设施标注于地形图上。一般位置的平面和高程可从图上判读，对需要特殊控制的地段应进行实地放桩，根据需要进行纵、横断面测量，绘制纵、横断面图。越岭路线需进行纵坡控制的地段，应在地形图上进行放坡，并将放坡点标示于图上。

答案：B

例题 11［2023-45］公路初测阶段大、中桥地形图应满足的测量范围是（　　）。

A. 上游、下游各为桥长的 1.5~2.5 倍

B. 上游应为桥长的 1.5~2.5 倍，下游为桥长的 1~2 倍

C. 沿桥轴线方向应测到两岸历史最高洪水位或设计水位以上 1m 或洪水泛滥线以外 30m

D. 应能满足方案比较、桥梁布孔、桥头引道和调治构造物的布置要求

解析：见考点八。桥位地形图测量范围，一般上游应为桥长的 2~3 倍，下游应为桥长的 1~2 倍，沿桥轴线方向应测至两岸历史最高洪水位或设计水位以上 2m 或洪水泛滥线以外 50m，应能满足桥梁布孔、桥头引道和调治构造物布置的需要。

答案：D

例题 12［2023-46］公路设计初测阶段，符合隧道控制测量要求的是（　　）。

A. 需设置独立坐标系

B. 可不专门布设隧道平面和高程控制网

C. 布设的控制点不需要纳入路线控制测量进行施测

D. 布设路线控制网时，隧道进出口各布设 1 个平面控制点

解析：见考点九。初测阶段可不专门布设隧道平面和高程控制网，但在布设路线控制测量网时应在隧道进出口各布设 2 个以上平面控制点及 2~3 个高程控制点，平面控制点间距应大于 500m，满足隧道平面和高程控制网加密的需要。布设的控制点应纳入路线控制测量进行施测。

答案：B

例题 13［2024-45］高速公路初步设计时，地形图测绘范围为每侧距离中线不小于（　　）。

A. 100m　　　　　　B. 150m　　　　　　C. 200m　　　　　　D. 300m

解析：见考点四。依据《公路勘测细则》，二级及二级以上公路中线每侧不宜小于 300m。

答案：D

第六节 定 测

考 点 分 析

本节重点：掌握现场核对初步设计审批意见的执行与优化、调整的定测技术要求。定测阶段路线中线敷设、中桩高程测量、横断面测量、路基、路面、排水、小桥涵、大中桥、隧道、路线交叉、沿线设施、环境保护、临时工程、工程经济等的调查与勘测的基本技术要求。定测应提交的技术资料，一次定

测的适用条件、勘测调查内容及其测量精度。

本节难点：定测阶段路线中线敷设、中桩高程测量、横断面测量、路基、路面、排水、小桥涵、大中桥、隧道、路线交叉、沿线设施、环境保护、临时工程、工程经济等的调查与勘测的基本技术要求。

考 点 精 讲

道路定测，是施工图设计阶段的外业勘测和调查工作，即定线测量。

定测的目的是根据批准的初步设计文件及确定的修建原则和工程方案，结合自然条件与环境，通过优化设计后进行实地定桩放线，准确测定路线线位和构筑物位置，为道路施工图设计提供准确、可靠的勘测调查资料。

考点一：定测的准备工作

（一）收集资料

应搜集工程可行性研究，初步设计阶段勘测、设计的有关资料以及审查、批复意见。

（二）拟定勘测方案

根据任务的内容、规模和仪器设备情况，拟定勘测方案。

（三）现场核查

（1）对初步设计所搜集的资料进行现场核查。

（2）对沿线地形、地貌及地物的变化情况进行核查。

（3）对初测阶段施测的路线平面、高程控制点的点位分布情况进行全面检查。

①对初测阶段设置的平面、高程控制点的点位分布情况进行全面检查。

②当控制点的点位分布满足设计要求时，应对其进行全面检测，检测成果与初测成果的较差在限差以内时，应采用原成果作为作业的依据。

③当个别段落控制点分布由于损坏或因方案变更造成不能满足设计要求时应进行补设，高程控制测量可采用同级控制加密，平面控制测量连续补点不大于 3 个时，可进行同级加密，技术要求与精度应符合规定。

④当检测成果与初测成果的较差超出限差或控制点分布不能满足设计要求时，应对整个控制网进行复测或重测，并应重新进行平差计算。

对方案明确、地形地质条件比较简单的二、三、四级公路的勘测，可采用一次定测，定测一般分为选线组、测角组、中桩组、水平组、横断面组、调查组、路基路面组、桥涵隧道组、内业组共九个作业组进行。

高等级公路测设，一般采用两阶段或三阶段，多用纸上定线法。首先在地形图上定出交点，从地形图上读出各交点的大地坐标，根据各交点的坐标计算出交点间距和导线方位角，再计算出转角，再确定每个交点曲线半径值和缓和曲线长度，从而计算出曲线要素与主点桩号，定出路线，然后用全站仪或GPS 置于实地，根据中桩的大地坐标将其放到实地上，再搜集相关外业资料。该方法取消了实地测角和测距的工作，从而取消了测设中误差传递和积累，解决了不能和国家控制点闭合的问题。外业勘测时，将选线组、测角组、中桩组组合成一个中线组，如果采用 GPS RTK 技术放样，还可在中线放样的同时完成中桩抄平工作。

考点二：路线中线敷设

1. 选线与放线

定测阶段应根据批复的初步设计方案，结合现场地形、地物条件或初设审查意见等进一步优化、调整与完善线形线位及构造物位置。若初测阶段采用的是现场定线，定测阶段一般是在实地现场调整交点位置与曲线参数，对路线进行优化。若初测阶段采用的是纸上定线，定测阶段一般是在地形图上调整交点位置与曲线参数，对路线进行优化，并根据控制测量桩和纸上定线计算成果进行实地放线。

2. 中线敷设

（1）中线敷设方法

路线中线敷设可采用极坐标法、GPS RTK 法、链距法、偏角法、支距法等方法进行。高速公路，一级、二级公路宜采用极坐标法、GPS RTK 法。直线段可采用链距法，但链距长度不应超过 200m。

（2）中线敷设位置

需要钉设的中桩包括：路线的起终点桩、公里桩、百米桩、主点桩、桥梁或隧道中轴线控制桩，以及按桩距要求根据地形、地物、地质需要设置的加桩等。

路线经过下列位置应设加桩：路线纵、横向地形变化处；路线与其他线状物交叉处；拆迁建筑物处；桥梁、隧道、涵洞等构造物处；土质变化及不良地质地段起、终点处；道路轮廓及交叉中心；省、地（市）、县级行政区分界处；改、扩建公路地形特征点、构造物和路面面层类型变化处。

路线中桩间距，应满足表 4-61 的规定。

中 桩 间 距 表 4-61

直线（m）		曲线（m）			
平原、微丘	重丘、山岭	不设超高的曲线	$R > 60$	$30 < R < 60$	$R < 30$
50	25	25	20	10	5

（3）中桩桩位精度

中桩桩位精度应满足表 4-62 的要求。

中桩桩位精度 表 4-62

公 路 等 级	中桩位置中误差（cm）		桩位检测之差（cm）	
	平原、微丘	重丘、山岭	平原、微丘	重丘、山岭
高速公路，一、二级公路	≤±5	≤±10	≤10	≤20
三级及以下公路	≤±10	≤±15	≤20	≤30

（4）断链及处理

断链桩宜设置于直线段，不宜设在桥梁、隧道、立交等构造物范围之内。断链桩上应标明换算里程及增减长度。

（5）检查

设置测站时，应对所使用的测站元素进行检查，当转移测站后，后一站放样前应对前一测站所放桩位重放 1~2 个桩点进行检查。

考点三：中桩高程测量

1. 中桩高程测量方法

中桩高程测量可采用水准测量、三角高程测量或 GPS RTK 方法测量施测，并闭合于路线高程控制点。

2. 中桩高程测量精度与要求

（1）应测至桩志处的地面，读数精度至厘米，其测量的精度指标应符合表 4-63 的规定。沿线需要特殊的建筑物、管线、铁路轨顶等，应按规定测出其高程，两次测量之差应小于 2cm。

中桩高程测量精度　　　　　表 4-63

公　路　等　级	闭合差（mm）	两次测量之差（mm）
高速公路，一、二级公路	$\leqslant 30\sqrt{L}$	$\leqslant 5$
三级及三级以下公路	$\leqslant 50\sqrt{L}$	$\leqslant 10$

（2）用三角高程测定中桩高程时，每一次距离应观测一测回两个读数，垂直角应观测一测回。

（3）用 GPS RTK 方法时，求解转换参数采用的高程控制点不应少于 4 个，且应覆盖整个中桩高程测量区域，流动站至最近高程控制点的距离不应大于 2km，并应利用另一个控制点进行检查，检查点的观测高程与理论值之差应满足表 4-63 两次测量之差的 0.7 倍。

考点四：横断面测量

1. 横断面测量方法

高速公路，一级、二级公路横断面测量应采用水平仪—皮尺法、GPS RTK 法、全站仪法、架置式无棱镜激光测距仪法；无构造物及防护工程路段可采用数字地面模型方法、手持式无棱镜激光测距仪法；特殊困难地区和三级及三级以下公路，可采用数字地面模型方法、手持式无棱镜激光测距仪法、抬杠法。

2. 横断面测量精度与要求

（1）断面中的距离、高差的读数精确至 0.1m，检测互差限差应符合表 4-64 的规定。

横断面检测互差限差　　　　　表 4-64

公　路　等　级	距离（m）	高差（m）
高速公路，一、二级公路	$L/100 + 0.1$	$h/100 + L/200 + 0.1$
三级及以下公路	$L/50 + 0.1$	$h/50 + L/100 + 0.1$

（2）断面测量的宽度应满足路基及排水设计、附属物设置的需要。

（3）用无棱镜激光测距仪法测量时，其距离和高差应观测两次，两次读数之差不超过表 4-64 的规定时，取平均值作为最终观测值。

（4）断面测量应逐桩施测，其方向应与路线中线切线垂直。

（5）断面测量除应观测高程变化点之间的距离和高差外，还宜观测最远点到中桩的距离和高差，其与高程变化点之间的距离和高差总和之差不应大于表 4-64 的规定。

（6）高速公路、一级公路的分离式路基和二、三、四级公路的回头弯路段，应测出连通上、下行路线横断面，并应标明相关关系。

（7）断面测量应反映地形、地物情况，横断面应在现场点绘成图，并及时核对；采用测记法室内点绘时，必须进行现场核对。

（8）数字地面模型获取横断面数据时，其航空摄影成图及 DTM 建立，除应满足相关要求外，在相片控制测量时应对植被茂密的地段适当加密像控点，在相片调绘时应加强对沿线陡坎、植被、建筑物等的调查，并对植被茂密、峡谷等地段进行横断面抽查，抽查比例大于 5%。

考点五：地形测量

1.地形测量方法

实测地形图可选用测记法、测绘法等成图方法。距离测量可采用视距法或光电测距法，也可用 GPS RTK 方法测量地形。定测阶段，局部地区地物发生变化的路段，地形图修测可使用交会法；地形、地物变化较大或采用交会法施测困难时，应利用导线点、图根点进行。

2.地形测量要求

（1）定测时应利用初测地形图，并进行现场核对。地形、地物发生变化的路段，应予修测；地形图范围不能满足设计要求时，应进行补测；变化较大时，应予重测。

（2）原有导线点、图根点不能满足修测、补测和重测需要时，应进行导线点补测。

（3）修测、补测和重测地形图的技术要求和精度应符合地形测图的规定。

考点六：路基、路面及排水勘测与调查

（1）应对初测搜集的资料实地进行核查，并进行补充和完善。

（2）应调查沿线筑路材料的种类、产地、储量、运距、采运条件及其有关的物理力学性质。

（3）应调查沿线农田水利设施的现状、特点、发展规划，农田地表土的性质及厚度等对路基、路面的影响。

（4）应调查沿线水系的分布及相互关系，地表水、地下水、裂隙水等的位置、流量、流向和流速，泉眼的位置和流量。公路通过农田、洼地时，应调查地表水的积水深度、积水时间。

（5）应对路线所经过地区水文、地质、气象、自然条件、土质的适种性等进行勘测调查。

（6）应现场确定路基边坡防护工程的位置、起讫桩号、防护长度和形式。设置防护工程的路段，应实地放出构造物轴线，进行高程测量和横断面测量。

（7）应实地确定改移工程的起讫桩号，敷设改移工程的轴线桩，并进行纵、横断面测量。改移工程的轴线应与路线控制测量联测。改移河道、主干沟渠及等级公路工程，应测绘比例尺为 1∶500~1∶2000 的地形图，测绘范围应满足设计要求。

（8）应对该地区既有路面或相似路面的施工技术、施工控制、面层构造和材料、路面现状等进行调查。

（9）应对该地区已有的排水设施工作情况进行实地调查。确定排水设施的形式、横断面尺寸、加固措施，并测量起讫桩号、长度、进出口位置。需进行特殊设计的集水、排水、输水工程设施，应实地放出轴线，进行纵、横断面测量，并根据需要，测绘比例尺为 1∶500~1∶2000 的地形图。

考点七：桥涵勘测与调查

（一）桥址测量

（1）在桥位选定后，在桥头两岸距离岸边 10~20m 处各钉中线桥位桩一个，然后沿桥位桩间施测桥址中线纵断面、平原区河沟仅当沟形弯曲或桥位斜交时，需要在桥位上下游侧墙及锥形护坡坡脚处增测 1~2 条平行线路的纵断面；山区河沟一般增测 2~3 条平行纵断面。平行纵断面需测到河岸以上，起测点位置和高程要和中线桥位桩和路线中桩取得联系。

（2）河床比降图的测绘。

桥址附近的河床比降图需显示出其上下游沟底纵剖面有无陡坡、跌水及淤积、冲刷等现象，便于考虑是否需要设缓流设备，河床是否开挖和河床如何加固等，另外在孔径水力计算中需计算河沟的天然水深、河床比降的数值。

（3）桥址地形图测绘。

小桥涵一般无须测绘地形图，当桥址上下游河沟弯曲、地形起伏、水流流向紊乱等情况时，需进一步研究桥位布置、改移河道和设置导流工程或复杂的弯桥和斜桥时，应实测桥址等高线地形图，测图范围以满足设计需要为准。

（二）涵址测量

（1）涵位中心纵断面测量。

当涵位及其与路线的交角选定后，应自涵位中桩沿涵洞中线方向分别向上下游施测纵断面，施测长度一般各为 15~20m。每一测点的地貌特征应予以记录，注明是沟底还是沟边位置，以便决定涵底高程和比降。

（2）涵底河沟横断面测量。

在涵位中桩及其上下游进出口翼墙处，各测一个垂直于涵位中线的横断面，以便了解涵位附近的地形地貌，便于检查涵址及其与路线的交角是否合适，涵身与翼墙基础有无悬空现象，从而更合理地布设翼墙及洞口加固与缓流设备等。

（3）涵址平面示意图勾绘。

为了便于内业设计时了解涵址附近的地形、地貌现象，当地形较为复杂、河沟较弯曲、涵位与路线斜交、上下游河沟需要改道或与其他建筑物有干扰时，有必要勾绘出涵址的平面示意图。

（三）小桥涵勘测与调查

（1）与对初测调查的各项内容进行核实并进一步补充。

（2）应实地进行形态断面、河床比降、特征水位和汇水面积等测量工作。

（3）应实地放出小桥涵中桩，并实测沟渠与路线的交角及桥涵纵断面。地形复杂的小桥涵，应在路线中线两侧或河床两侧各施测一个或几个断面，其测量范围应能满足涵底纵坡和进出水口设计、布置桥孔、调治防护工程、计算开挖土石方数量等的需要。

（4）桥涵水文资料调查。

桥涵水文资料调查的目的，是为确定设计流量和孔径提供资料，具体调查内容根据水文计算要求确定。对于跨径 1.5m 以下的小涵洞，可不进行水文孔径计算，通过实地勘查，用目估法直接确定孔径。

（5）桥涵位置调查。

小桥涵位置原则上应服从路线走向，应全面综合考虑和比较，使全部工程量小，造价低，进口要顺，水流要稳，不发生斜流、涡流等现象，以免冲刷洞口、堤坝或农田，保证农业灌溉、排洪的需要。

（6）桥涵设置地点调查。

桥涵设置地点调查主要是天然河沟与路线相交处，农田灌溉渠与路线相交处，路线通过较长的低洼地带及沼泽地带、天然积水洼地等处的调查。

（7）小桥涵类型的调查。

小桥涵类型的调查主要是调查小桥涵建筑材料的类型、涵洞的填土高度、桥涵的水力性质、涵洞的洞身形式等内容的调查。

（8）桥涵地质调查。

桥涵地质调查的目的是探明桥涵基底工程地质及水文地质情况，为正确选定桥涵及附属构造物的基础类型和尺寸、埋置深度等提供资料。调查内容包括：地基土壤类别与特征，有无不良地质情况，土壤冻结深度及水文地质对桥涵基础与施工有无影响等。

桥涵地质调查方法以调查为主，挖探为辅，当地质条件比较简单，通过天然岩石露头情况调查、访问当地群众等方式，对原有桥涵进行调查，或向当地有关地质部门取得当地的区域地质资料，能够判明桥涵基底地质情况时，可不进行专门的勘探工作。当上述手段不能够查明地质情况或设计有特殊需要时，应挖探或辅以钻探。

（四）大、中桥勘测与调查

（1）应根据批准的初步设计方案和审批意见，在初测的基础上进行详细的调查、测量和水文计算，对初步设计的有关资料进行核查和补充。

（2）应根据相关的规定和表 4-65 的要求，建立满足大桥、特大桥设计精度要求的平面和高程控制网。

桥轴线相对中误差 表 4-65

测 量 等 级	桥轴线相对中误差	测 量 等 级	桥轴线相对中误差
二等	≤1/150000	一级	≤1/40000
三等	≤1/100000	二级	≤1/20000
四等	≤1/60000		

（3）应对初测时测绘的地形图进行核查和完善，地形图测绘范围、内容和精度应满足施工图设计需要。

（4）应进行桥轴线纵断面和引道测量，测量范围应能满足设计桥梁孔径、桥头引道和调治构造物布置的需要。

（5）宜在桥位上、下游各选一个断面进行形态断面测量，测量要求与桥轴线测量的要求相同。

考点八：隧道勘测与调查

（1）应对隧道所在位置的地形、工程地质、水文地质、环境等内容进行核实和补充调查。

（2）应根据相关的规定，建立满足隧道设计的平面和高程控制网。

（3）应在洞口位置前后各 50m 实放中桩，并根据地形变化情况进行加桩，桩距不应大于 10m。

（4）所有中桩均应进行横断面测量。

（5）分离隧道连接线起讫点宜测至分离式路基与整体式路基汇合处以外 100m。

（6）应对初测地形图进行现场核对和必要的修测和补测，地形图的范围应能满足地质调绘和其他设计需要。

（7）应根据设计需要，对通风、照明、供电、通信、信号、标志、运营管理设施、环保、弃渣场地等进行相应的工程调查。

考点九：路线交叉勘测与调查

（1）应对初测所调查的内容进行核实并进一步补充调查。

（2）互通式立体交叉除应进行主线勘测外，还应进行匝道和连接线测量，其技术要求应与路线测量的要求相同。

（3）不管初测的详细情况如何，定测阶段均应按照相关的要求，对交叉道路、管线的交叉角度、交叉点高程、纵坡坡度等要素重新进行测量。

（4）各种交叉的位置、形式、相交道路改移方案等均应与相关部门签订协议。

考点十：其他相关的勘测与调查

（一）沿线设施勘测与调查

（1）应对初测调查的内容进行核查和补充，管理设施、服务设施处的地形、地物如有变化，应修测或补测地形图。

（2）应实地核实沿线设施的总体布局、项目、形式、规模、用地及设置的位置。

（3）应对管理设施、服务设施的连接路线、加减速车道的中线进行实地放样，并进行纵、横断面测量。

（4）应对沿线安全设施设置的位置、类型、起讫桩号或长度进行调查。

（二）环境保护调查

应对初测阶段调查的有关环境保护的内容进行核实并进一步补充。

（三）临时工程勘测与调查

（1）应对初测阶段调查的有关临时工程勘测调查的内容进行核实并进一步补充。

（2）对需要修建的施工便桥、便道应进行放样，进行纵、横断面测量并进行相关内容的勘测调查。

（3）当需要架设公路临时电力、电信线路时，应调查相适应的规格种类，并实测其长度。

（4）进一步落实施工场地的位置并签订相应的协议。

（四）工程经济调查

（1）沿线筑路材料的调查内容有：

①对初步设计确定的料场应逐一核查，并进行进一步的勘测及补充调查。

②对所有调查的料场应进行比较，根据材料需要量确定采用料场。

③对大型料场进行必要的勘探与试验。

（2）占地勘测与调查的内容有：

①沿线应编绘地图。

②应调查各类土地常种作物和近三年平均产量，调查统计独立果树和价值较高树木的株数、直径、数量及产量。

（3）拆迁建筑物以及砍树、挖根、除草等的调查内容有：

①应调查拆迁建筑物位置、范围尺寸、结构类型。

②应调查需拆迁的建筑设施、重要管线、铁路、水利等工程，当与文物古迹等发生干扰时应与其主管部门协商，落实处理方案和工程措施。

③调查沿线砍树、挖根、除草的路段长度，并结合工程设计的需要确定工程数量。

（4）应在初测调查的基础上对预算资料进行核实和补充调查。

（五）工程地质情况调查

工程地质情况调查包括路线、路基和路面等方面。通过调查、观测和必要的勘探、试验，进一步掌握与评价路线通过地带的工程地质和水文地质情况，为正确选定路线位置，合理进行纵坡、路基、路面、隧道、桥涵等设计提供准确的工程地质依据。

（1）路线方面应调查的内容有：

①在工程地质复杂和工程建设条件艰巨地段，会同选线人员研究路线布设及所采取的工程措施。

②调查沿线范围内的地貌单元和地貌特征、地质构造、岩性、植被、土壤种类以及不良地质现象等情况，并分段进行工程地质评价。

③分段测绘具有代表性的工程地质横断面，标明土、石分类界限，并划分土石等级。

④调查气象、地震及施工、养护经验等资料。

⑤编写地质情况说明书。

（2）路基应调查的内容有：

①调查分析自然山坡或路基边坡的稳定情况，根据地质构造、岩性及风化破碎程度以及其他影响边坡稳定的因素，提出路堑边坡坡度大小及防护加固措施。

②路基坡面及支挡构造物调查，提出结构类型、基础埋置深度等措施意见。

③路基土壤及排水条件调查，提出路基土壤分类和水文地带类型。

（3）路面应调查的内容有：

①搜集有关气象资料、地貌条件，划定各路段的道路气候分区，并提出土基回弹模量建议值，供路面设计使用。

②调查当地常用路面结构类型和经验厚度。

③特殊不良地质地区，如黄土、盐渍土、沙漠、沼泽以及滑坡、岩溶、泥石流等不良地质条件的综合性地质调查与观测，为制订防治措施提供资料。

（六）筑路材料情况调查

在道路建设中，需要大量的筑路材料来修建路基、路面、桥涵、挡土墙以及其他构造物，筑路材料的质量、数量以及运距，直接影响工程的建造质量和造价。进行筑路材料调查的任务是根据适用、经济和就地取材的原则，对沿线料场的分布情况进行广泛调查，以探明其数量、质量及开采条件，为施工提供符合要求的料场。

筑路材料按其来源不同，有外购材料和自采材料。外购材料，主要包括钢材、水泥。木材、炸药、雷管、沥青等，其调查主要是向市场了解单价、供货单位及运输方法等，以供设计编制工程预算。自采材料，主要是指当地自采的块石、片石、碎石、砂、黏土等天然材料以及石灰、炉渣等当地材料；自采材料的调查，一方面为工程施工提供料源充足的产地，另一方面为编制预算提供材料价格依据。

通过实地勘查与调查，应提出的资料成果有：

（1）编制沿线筑路材料一览表，并注明料场的位置、材料的名称、规格和储藏量等信息。

（2）绘制自采材料示意图，明确各个料场的供应范围。

（3）确定材料的开采和运输方法，计算材料单价。

（4）编制筑路材料试验分析一览表。

（5）编制筑路材料说明书。

（七）预算资料调查

施工预算是道路设计文件的重要组成部分，进行预算资料调查的目的是为编制预算提供资料。调查应按《公路工程建设项目概算预算编制办法》（JTG 3830—2018）的有关规定执行，主要内容有：

（1）施工组织形式调查，向建设投资部门调查落实施工组织形式，以便正确使用有关定额和费用标准。

（2）工资标准调查，调查工程所在地区工资计算方法和有关工资现行标准。

（3）外购材料及交通运输调查，向地方物资和商业部门调查当地材料、外购材料以及零星材料的价格、规格、运距、运输方式、供应数量及材料包装情况等。

（4）材料运输费用调查，向当地交通运输部门调查施工期间可能提供的运输方式和车辆数量、运输路线和里程、各种运输工具的价格、装卸费、回空费及物资类别等级规定等。

（5）气温、雨量、施工季节等的调查。

（6）其他费用调查，其他费用在概算预算中占有相当大的比重，应根据工程地区、施工组织形式等具体情况进行调查，内容包括施工队伍调迁费、冬雨期施工增加费、伙食运输补贴、职工取暖补贴及特殊费用等。

（八）杂项调查

当路线方案确定后，应根据测设初步成果，沿路线所经地区进行图样核对，检查设计是否妥当，并调查工程占地、拆迁等情况，为内业设计搜集原始资料。主要调查内容有：

（1）测设成果现场复核。为保证设计质量，对于外业测量及内业成果必须进行实地复核。首先，核对路线地形及纵、横断面图与实际情况有无出入，然后根据纵断面拉坡、横断面"戴帽子"，进一步检查纵断面设计高程是否合适，路基横断面处理有无问题，有问题可就地调整更改。

（2）占地调查。道路工程建设占用土地应逐段按土地类别（旱地、水田、菜地、果园、经济林等）分布统计占地数量及土地所属单位，并向有关部门调查有关补偿的规定，如土地征用价格、临时占用土地的青苗补偿标准等。

（3）拆迁调查。主要包括因工程影响而必须拆迁的各类房屋、水井、坟墓及其他建筑物等。调查内容有：建筑物名称、结构类型与等级、所在位置、拆迁数量、所属单位及补偿标准等。

（4）迁移电信、电力设施调查。调查需要迁移的电信、电力设备数量，编号及所在位置，会同电力、电信部门现场核查，协商迁移与补偿办法，并联系架设工地临时电力、电信设备等有关事宜。

（5）工程配合调查。公路跨越铁路或水利设施等发生干扰时，应会同有关单位实地研究，协商解决办法，共同拟定施工配合方案及工程费用摊付办法。

考点十一：定测的内业工作

1. 定测内业工作主要内容

（1）对下列各项外业资料进行检查、复核和签署，检查、复核内容包括测量方法的正确性、野外计算的正确性、记录的完整性等，检查各项勘测调查项目、内容及详细程度是否满足施工图设计要求。其主要内容包括：

①控制点点之记。

②平面、高程控制测量野外记录手簿。

③地形图测量的记录数据。

④中桩放样记录手簿。

⑤中平测量记录手簿。

⑥横断面测量记录手簿。

⑦各专业勘测调查记录手簿。

（2）对勘测成果进行内部自检和验收。对测绘资料进行限差检查并按规定进行计算，对测绘成果进行精度分析和评价。

（3）向有关部门搜集的资料，应检查、分析其是否齐全、可靠、适用、正确。

（4）对地形复杂的路线、不良地质地段、大型桥隧、立体交叉地段的勘测调查资料，必须进行现场核对。

（5）应按专业分类编绘外业勘测成果图表并编制勘测报告。

2. 定测应提交的成果

（1）控制测量、补测或复测记录、计算和成果资料，地形图补充测量资料。

（2）各种调查、勘测原始记录、图纸及资料。

（3）各专业勘测调查的质量检查及分析评定资料。

（4）外业勘测说明书及有关协议和文件。

（5）根据设计需要编制的各种图表、说明资料。

3. 检查验收

外业完成后，应经过主管部门的检查验收，经确认方能离开现场或开展设计工作。

例 题 解 析

例题 1　［2019-46］公路定测路线中线敷设时，路线中桩间距不大于10m的线形条件是（　　）。

　　A. $R > 60$m曲线上　　　　　　　　B. 不设超高的曲线上

　　C. 平原、微丘区直线上　　　　　　D. $30 < R < 60$m曲线上

解析：见考点二。

答案：D

例题 2　［2019-47］公路勘测定测阶段，高速公路中桩高程两次测量之差应不大于（　　）。

　　A. 3cm　　　　　B. 5cm　　　　　C. 8cm　　　　　D. 10cm

解析：见考点三。

答案：B

例题 3　［2020-45］公路大、中桥定测阶段勘测与调查时，应进行形态断面测量，选择形态断面的要求是（　　）。

　　A. 任选两个断面即可

　　B. 宜在桥位上游选一个断面

　　C. 宜在桥位下游选一个断面

　　D. 宜在桥位上、下游各选一个断面

解析：见考点六。根据《公路勘测规范》（JTG C10—2007）第9.8.5条。

答案：D

例题4［2020-46］公路设计定测阶段，对于平原、微丘区的一、二级公路，中桩平面位置中误差应不大于（　　　）。

　　　　　A. ±5cm　　　　　　　B. ±10cm　　　　　　　C. ±15cm　　　　　　　D. ±20cm

解析：见考点二。根据《公路勘测规范》（JTG C10—2007）第9.2.3条。

答案：A

例题5［2020-48］公路定测阶段，三级及以下公路横断面测量距离检测互差限差应为（　　　）m。注：L为测点至中桩的水平距离（m）。

　　　　　A. $\leqslant L/2.5 + 0.2$　　　　　　　　　　B. $\leqslant L/25 + 0.1$

　　　　　C. $\leqslant L/50 + 0.2$　　　　　　　　　　D. $\leqslant L/50 + 0.1$

解析：见考点四。根据《公路勘测规范》（JTG C10—2007）第9.4.2条。

答案：D

例题6［2021-46］某二级公路定测阶段中桩高程测量起闭于路线高程控制点上，已知中桩高程测量的路线长度为1.96km，中桩高程测量闭合差的限差应不大于（　　　）。

　　　　　A. 14mm　　　　　　　B. 28mm　　　　　　　C. 42mm　　　　　　　D. 56mm

解析：见考点三。高速公路，一、二级公路闭合差应不大于$30\sqrt{L}$，即42mm。

答案：C

例题7［2021-47］下列关于定测阶段地形图测绘的表述，符合规范规定的是（　　　）。

　　　　　A. 地形、地物发生变化的路段，应全部重测

　　　　　B. 地形、地物发生变化较大的路段，应予修测

　　　　　C. 隧道应按最终确定的洞口位置测绘洞口地形图

　　　　　D. 地形图范围不能满足设计要求时，可用小比例尺地形图放大补充

解析：见考点五。地形、地物发生变化的路段，应予修测；地形图范围不能满足设计要求时，应进行补测；变化较大时，应予重测。

答案：C

例题8［2021-48］下列关于定测阶段占地勘测与调查，调查土地内容阐述正确的是（　　　）。

　　　　　A. 应调查常种作物和近2年平均产量

　　　　　B. 应调查常种作物和近3年平均产量

　　　　　C. 应调查常种作物和近4年平均产量

　　　　　D. 应调查常种作物和近5年平均产量

解析：见考点十。应调查各类土地常种作物和近3年平均产量。

答案：B

例题9［2022-47］某高速公路项目，定测阶段对不设超高路段的圆曲线进行中桩放样时，下列中桩间距选择符合规范规定的是（　　　）。

　　　　　A. 20mm　　　　　　　B. 30mm　　　　　　　C. 40mm　　　　　　　D. 50mm

解析：见考点一。对不设超高路段的圆曲线进行中桩放样时，中桩间距应不大于25m。

答案：A

例题 10〔2022-48〕在某三级公路横断面测量中，测点至中桩的水平距离为 30m，测点至中桩的高差为 5m，下列横断面距离检测互差值满足规范要求的是（　　　）。

    A. 0.30mm   B. 0.40mm   C. 0.60mm   D. 0.70mm

解析：见考点四。三级公路横断面测量时，横断面距离检测互差限值应满足下表规定。题中，L 为 30m，$30/50 + 0.1 = 0.7$m。

答案：D

例题 11〔2023-47〕公路施工图设计阶段，不属于沿线筑路材料调查的内容是（　　　）。

    A. 应对初步设计调查的料场逐一核查，并进一步补充调查

    B. 对所有调查的料场均应进行比较，根据材料用量，最后确定采用料场

    C. 对大型料场进行必要的勘探与试验

    D. 复测 1:2000~1:5000 地形图及纵、横断面图

解析：见考点十。沿线筑路材料的调查包括：①对初步设计确定的料场应逐一核查，并进行进一步的勘测及补充调查；②对所有调查的料场应进行比较，根据材料需要量确定采用料场；③对大型料场进行必要的勘探与试验。

答案：D

例题 12〔2023-48〕公路定测阶段，不符合排水勘测与调查内容要求的是（　　　）。

    A. 应对该地区已有的排水设施工作情况进行实地调查

    B. 确定排水设施形式、横断面尺寸、加固措施，并测量起讫桩号、长度、进出口位置

    C. 需进行特殊设计的集水、排水、输入工程设施，应实地放出轴线，进行纵、横断面测量

    D. 根据需要，测绘比例尺为 1:5000 的地形图

解析：见考点六。应对该地区已有的排水设施工作情况进行实地调查，确定排水设施的形式、横断面尺寸、加固措施，并测量起讫桩号、长度、进出口位置；需进行特殊设计的集水、排水、输水工程设施，应实地放出轴线，进行纵、横断面测量，并根据需要测绘比例尺为 1:500~1:2000 的地形图。

答案：D

例题 13〔2024-46〕中桩高程测量应起闭于路线高程控制点上，高程测至桩志处的地面，三级及三级以下公路，两次测量之差应小于等或于（　　　）。

    A. 5cm   B. 10cm   C. 15cm   D. 20cm

解析：见考点三。中桩高程测量精度应符合《公路勘测规范》表 9.3.1 的要求，三级及三级以下公路，两次测量之差应小于或等于 10cm。

答案：B

自 测 模 拟

1. 中平测量中，转点的高程等于（　　　）。

    A. 视线高程 − 前视读数   B. 视线高程 + 后视读数

    C. 视线高程 + 后视点高程   D. 视线高程 − 前视点高程

2. 中线测量中，转点 ZD 的作用是（　　　）。

    A. 传递高程   B. 传递方向

C. 传递桩号　　　　　　　　　　　D. 以上都不是

3. 道路纵断面图的高程比例尺通常比里程比例尺（　　　）。

A. 小一半　　　　　　　　　　　　B. 小 90%

C. 大一倍　　　　　　　　　　　　D. 大 10 倍

参 考 答 案

1. A　　2. B　　3. D

第五章　结构设计原理

第一节　混凝土结构的设计原则

考 点 分 析

本节重点：混凝土和钢筋的材料性能，混凝土的强度和变形性能，结构的功能要求，极限状态法和结构可靠性相关概念，承载能力极限状态和正常使用极限状态设计表达式，三种设计状况，作用及其组合，材料强度设计值。

本节难点：混凝土的强度和变形性能，承载能力极限状态和正常使用极限状态设计表达式，三种设计状况，作用及其组合。

考 点 精 讲

考点一：钢筋混凝土的结构特点

钢筋混凝土结构是由钢筋和混凝土两种材料组成的结构。混凝土具有较高的抗压强度，但抗拉强度很低。而钢筋是一种抗拉性能很好的材料。可根据构件的受力情况，用钢筋代替混凝土受拉或协助混凝土抗压，以充分发挥混凝土和钢筋两种材料各自的力学性能，形成具有较大承载能力和刚度的结构。

钢筋和混凝土两种力学性能不同的材料能在一起共同工作，在于：

（1）钢筋和混凝土之间有良好的黏结力，可共同受力、共同变形。

（2）钢筋和混凝土的温度线膨胀系数较为接近，可避免因为温度等因素引起较大应变差造成黏结力破坏。

（3）质量良好的混凝土可以有效保护钢筋免受锈蚀。

考点二：混凝土的强度

混凝土强度是混凝土结构设计的重要依据。常用的混凝土强度有立方体强度、轴心抗压强度和抗拉强度。

混凝土立方体强度是指规定尺寸的试件按标准制作方法和标准试验方法得到的混凝土强度基本代表值。边长为150mm的立方体试件测试结果具有较好的一致性，因而用混凝土立方体强度确定混凝土强度等级。

实际工程中的混凝土强度与立方体强度存在区别。采用棱柱体试件按照与立方体试件相同的标准制作方法和标准试验方法测得的混凝土强度称为轴心抗压强度，作为实际工程中混凝土的设计强度取值依据。试验研究表明，当试件的h/b达到2~4时，棱柱体试件的抗压强度趋于稳定（棱柱体试件尺寸为150mm×150mm×300mm）。依据大量试验结果建立混凝土轴心抗压强度与立方体强度之间的对应关系。

混凝土抗拉强度比抗压强度低很多，通常为相同龄期混凝土抗压强度的1/18~1/8。测试方法通常为轴心抗拉试验和劈裂试验。但因混凝土材料本身具有离散性，加上抗拉强度数值较小，抗拉强度离散性较大。设计时可参考相关规范给定值。根据《公路钢筋混凝土及预应力混凝土桥涵设计规范》（JTG 3362—2018）（以下简称《公路混凝土桥规》），公路桥涵受力构件的混凝土强度等级应按下列规定采用：

（1）钢筋混凝土构件不低于C25；当采用强度标准值400MPa及以上钢筋时，不低于C30。

（2）预应力混凝土构件不低于C40。

考点三：混凝土的变形

混凝土的变形直接影响混凝土结构在短期和长期荷载作用下的变形。混凝土变形主要有一次性加载作用下的变形、反复荷载作用下的变形和在长期荷载作用下的变形。

1. 混凝土在一次性加载作用下的变形

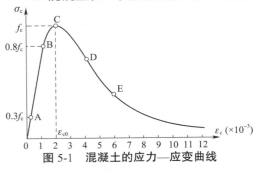

图5-1 混凝土的应力—应变曲线

完整的混凝土轴心受压应力—应变曲线由上升段、下降段和收敛段三个阶段组成（图5-1）。当压应力$\sigma_c < 0.3f_c$时，应力和应变接近直线变化，混凝土处于弹性工作阶段。当压应力$\sigma_c \geqslant 0.3f_c$时，随着压应力的增大，混凝土内部微裂纹逐渐扩展、贯通，形成更大的缺陷，应力应变关系越来越偏离直线，混凝土处于弹塑性工作阶段。当$\sigma_c > 0.8f_c$时，混凝土内部裂缝逐渐扩展、贯通，逐渐形成可见裂缝。混凝土达到最大承载力而使试件被压碎。通常情况下，在最大应力处，混凝土的应变约为0.002。可测得的混凝土的极限压应变为$(3.0 \sim 5.0) \times 10^{-3}$。

2. 混凝土在反复荷载作用下的变形

在$\sigma_c \leqslant 0.5f_c$的反复荷载作用下，混凝土的残余变形随着循环次数的增加逐渐减小，混凝土表现出明显的弹性性质。在$\sigma_c > 0.5f_c$的反复荷载作用下，混凝土的内部缺陷会随着循环次数的增加而增大，混凝土表现出明显的弹塑性性质。

3. 混凝土在长期荷载作用下的变形

在荷载的长期作用下，混凝土的变形将随时间而增加的现象称为混凝土的徐变（应力不变，应变增加）。混凝土的徐变是初始应变的2~5倍，前期徐变变形增长较快，后期较慢。徐变是混凝土内部凝胶体在长期荷载作用下产生塑性流动，混凝土内部微裂纹逐渐发展等各种因素的综合反映。当长期作用的应力$\sigma_c \leqslant 0.5f_c$时，徐变大致与长期作用的应力成正比，称为线性徐变。当长期作用的应力$\sigma_c > 0.5f_c$时，徐变与长期作用的应力成非线性关系而发散，称为非线性徐变。

4. 混凝土的收缩

混凝土在凝结硬化过程中，混凝土的体积随着时间增长而减小的现象称为混凝土的收缩。混凝土龄期越短，收缩变形越快。

考点四：钢筋的力学性能

公路工程中常用的普通钢筋牌号为 HPB300、HRB400、HRB500、HRBF400 和 RRB400。对耐久性要求高的结构可以使用环氧涂层钢筋。预应力混凝土结构可以采用钢绞线、消除应力钢丝和预应力螺纹钢筋。

普通钢筋以屈服强度作为钢筋强度限值，屈强比不应大于 0.8。以伸长率来评定钢筋的塑性变形能力，以冷弯性能来满足工地现场冷加工的要求。

考点五：钢筋与混凝土之间的黏结

钢筋与混凝土能够共同工作的要素之一是钢筋与混凝土之间具有良好的黏结性能。黏结力由化学胶着力、摩擦力和机械咬合力组成。螺纹钢筋的黏结强度为 2.5~6.0MPa，光圆钢筋为 1.5~3.5MPa。混凝土的强度等级、浇筑质量、保护层厚度，以及钢筋之间的净距、钢筋锚固长度、箍筋的布置是影响黏结强度的因素。

考点六：结构的功能要求

工程结构在规定的设计使用年限内应满足安全性、适用性和耐久性的功能要求。

结构的设计基准期是结构可靠度计算中的时间域，是为确定可变作用的出现概率和设计取值而规定的标准时段。公路桥梁结构的设计基准期统一取为 100 年。设计使用年限是设计规定的结构或构件不需进行大修即可按预定目的使用的年限。《公路工程技术标准》（JTG B01—2014）规定了公路桥涵主体结构和可更换部件的设计使用年限（表 5-1）。

公路桥涵的设计使用年限（单位：年）　　　　　　　　　　　　　　　　表 5-1

公 路 等 级	主 体 结 构			可 更 换 部 件	
	特大桥、大桥	中桥	小桥、涵洞	斜拉索、吊索、系杆等	栏杆、伸缩缝、支座等
高速公路、一级公路	100	100	50	20	15
二级公路、三级公路	100	50	30		
四级公路	100	50	30		

考点七：极限状态

当结构或结构的一部分超过某一特定状态而不能满足设计规定的某一功能要求时，此特定状态称为该功能的极限状态。分为承载能力极限状态、正常使用极限状态和耐久性极限状态。承载能力极限状态对应于结构或结构构件达到最大承载能力或不适于继续承载的变形或变位的状态。正常使用极限状态对应于结构或结构构件达到正常使用的某项限值的状态。耐久性极限状态对应于结构或结构构件在环境影响下的劣化到耐久性能的某项限值或标志的状态。

1. 承载能力极限状态

当结构或构件出现下列状态之一时，即认为超过了承载能力极限状态：

（1）结构或结构的一部分作为刚体失去平衡；

（2）结构构件或连接处承受超过材料强度的作用而破坏，或因过度的变形而不能继续承载；

（3）结构转变为机动体系；

（4）结构或构件丧失稳定；

（5）结构或构件疲劳破坏；

（6）因地基丧失承载力而破坏。

2. 正常使用极限状态

当结构或构件出现下列状态之一时，即认为超过了正常使用极限状态：

（1）影响正常使用或外观的变形；

（2）影响正常使用或耐久性能的局部损坏；

（3）影响正常使用的振动；

（4）影响正常使用的其他特定状态。

考点八：结构的可靠性

1. 结构的可靠性

结构的可靠性是指结构在规定的时间内，在规定的条件下，完成预定功能的能力。结构在规定的时间内，在规定的条件下，完成预定功能的概率称为可靠度。

2. 结构的功能函数

结构的抗力 R 是结构或结构构件承受作用效应和环境影响的能力。作用效应 S 是作用引起的结构或结构构件的反应。结构的功能函数表示为：$Z = R - S$。

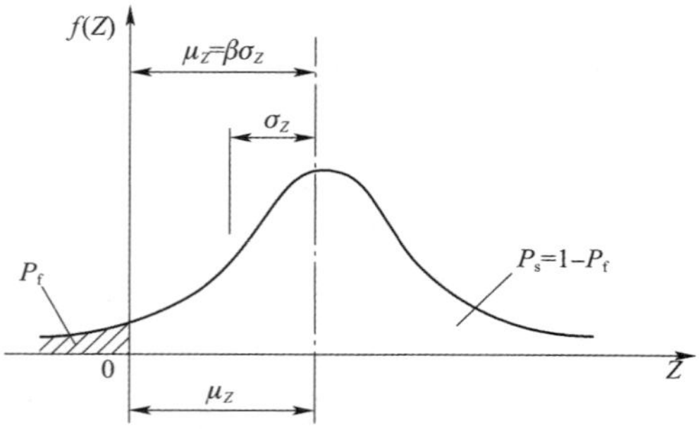

当 $Z > 0$ 时，结构处于可靠状态；

当 $Z = 0$ 时，结构处于极限状态；

当 $Z < 0$ 时，结构处于失效状态。

作用效应 S 和结构抗力 R 都是随机变量，故功能函数 Z 是随机函数（图 5-2）。为满足结构的功能要求，应将结构的失效概率控制在一定的范围内。假定 R 和 S 均服从正态分布，则失效概率为

图 5-2 **正态分布图上失效概率和可靠指标**

$$P_f = \int_{-\infty}^{-\frac{m_z}{\sigma_z}} \frac{1}{\sqrt{2\pi}} \exp\left(-\frac{t^2}{2}\right) dt \tag{5-1}$$

3. 可靠指标和目标可靠指标

因失效概率的计算较复杂，可以对以上公式进行变换，即

$$P_f = 1 - \Phi\left(\frac{m_z}{\sigma_z}\right) = \Phi\left(-\frac{m_z}{\sigma_z}\right) \tag{5-2}$$

式中：$\Phi(\cdot)$——标准化正态分布函数。

令 $\beta = \frac{m_z}{\sigma_z}$，则失效概率可表示为 $P_f = \Phi(-\beta)$，可用于表示失效概率 P_f 和 β 之间的对应关系，也由此获得与可靠概率之间的一一对应关系。β 称为可靠指标，为无量纲量，其表达式为

$$\beta = \frac{m_z}{\sigma_z} = \frac{m_R - m_S}{\sqrt{\sigma_R^2 + \sigma_S^2}} \tag{5-3}$$

β 越大，失效概率越小，可靠概率越大。可靠指标 β 与失效概率 P_f 之间的关系见表 5-2。

可靠指标β与失效概率P_f之间的关系　　表 5-2

β	1.0	1.64	2.00	3.00	3.71	4.00	4.50
P_f	15.87×10^{-2}	5.05×10^{-2}	2.27×10^{-2}	1.35×10^{-3}	1.04×10^{-4}	3.17×10^{-5}	3.40×10^{-6}

　　工程设计中以目标可靠指标将失效概率控制在可以容许的范围内。公路桥梁结构构件的目标可靠指标见表 5-3。

公路桥涵结构构件的目标可靠指标　　表 5-3

构件破坏类型	设计安全等级		
	一级	二级	三级
延性破坏	4.7	4.2	3.7
脆性破坏	5.2	4.7	4.2

　　表中结构设计安全等级是根据结构破坏所产生后果的严重程度划分为三个安全等级（表 5-4）。延性破坏指结构构件有明显的变形或其他征兆的破坏，脆性破坏指结构无明显变形或其他征兆的破坏。因脆性破坏具有突然性，结构设计时目标可靠指标取值比延性破坏略大。

公路桥涵结构设计安全等级　　表 5-4

设计安全等级	破坏后果	适　用　对　象	结构重要性系数
一级	很严重	（1）各等级公路上的特大桥、大桥和中桥； （2）高速公路、一级公路、二级公路、国防公路及城市附近交通繁忙公路上的小桥	1.1
二级	严重	（1）三级、四级公路上的小桥； （2）高速公路、一级公路、二级公路、国防公路及城市附近交通繁忙公路上的涵洞	1.0
三级	不严重	三级、四级公路上的涵洞	0.9

考点九：结构设计表达式

1. 承载能力极限状态的设计表达式

《公路桥涵设计通用规范》（JTG D60—2015）规定，桥梁构件的承载能力极限状态以塑性理论为基础，设计的原则是作用组合的效应设计值必须小于或等于结构抗力的设计值，即

$$\left.\begin{aligned}
&\gamma_0 S_d \leqslant R \\
&\gamma_0 S_d = \gamma_0 S\left(\sum_{i=1}^m G_{id}, Q_{1d}, \sum_{j=2}^n Q_{jd}\right) \\
&R = R(f_d, a_d)
\end{aligned}\right\} \tag{5-4}$$

式中：　γ_0——桥梁结构的重要性系数，按表 5-4 取用；

　　　　S_d——作用（或荷载）效应（其中汽车荷载应计入冲击系数）的基本组合设计值；

　　　　R——构件承载力设计值；

　　　$S(\cdot)$——作用组合的效应函数；

　　　　G_{id}——第i个永久作用的设计值；

　　　　Q_{1d}——汽车荷载（含汽车冲击力、离心力）的设计值；

　　　　Q_{jd}——在作用组合中除汽车荷载（含汽车冲击力、离心力）外的其他第j个可变作用的设计值；

　　　　f_d——材料强度设计值；

　　　　a_d——几何参数设计值，当无可靠数据时，可采用几何参数标准值，即设计文件规定值。

2. 正常使用或耐久性极限状态的设计表达式

正常使用或耐久性极限状态要求进行的计算是以结构弹性理论或弹塑性理论为基础，对构件的抗裂、裂缝宽度、挠度或其他指标进行验算，使各项计算值不超过规范规定的限值，即

$$S \leqslant C \tag{5-5}$$

式中：S——正常使用极限状态作用组合的效应（例如变形、裂缝宽度和应力）设计值；

C——结构构件达到正常使用要求所规定的限值，例如变形、裂缝宽度和截面抗裂的相应限值。

考点十：设计状况

1. 设计状况的概念

结构的设计状况是代表一定时段内实际情况的一组设计条件，设计时应做到在该组条件下结构不超越有关的极限状态。

2. 设计状况的分类

《公路桥涵设计通用规范》（JTG D60—2015）规定，公路桥涵应根据不同种类的作用及其对桥涵的影响、桥涵所处的环境条件考虑四种设计状况：持久设计状况、短暂设计状况、偶然设计状况和地震设计状况。

（1）持久状况是考虑在结构使用过程中一定会出现且持续期很长的设计状况，如正常使用过程中的桥涵结构。需按预定功能进行承载能力极限状态、正常使用极限状况和耐久性极限状态的设计计算。

（2）短暂状况是考虑在结构施工或使用过程中出现概率较大，而与设计使用年限相比又很短的设计状况，如桥涵的施工阶段或维修加固阶段。对桥梁结构进行承载能力极限状态的设计计算，可酌情进行正常使用极限状态的设计计算。

（3）偶然状况是考虑结构在使用过程中出现概率极小且持续时间极短的异常情况时的设计状况，如撞击、爆炸、火灾等。一般只进行承载能力极限状况设计计算。

（4）地震状况是考虑遭受地震的设计状况。需根据地震设防要求对地震效应予以考虑。

考点十一：作用和作用组合

工程结构设计时，应考虑结构上可能出现的各种作用和环境影响，并结合设计状况进行作用组合，以获得最不利作用组合作为设计值。

1. 作用的分类

作用按其随时间的变异性和出现的可能性，可分为4类：

（1）永久作用 是在设计基准期内始终存在且其量值变化与平均值相比可忽略不计的作用，或其变化是单调的并趋于某个限值的作用，如结构自重、预应力等。

（2）可变作用 是在设计基准期内其量值随时间变化，且其变化值与平均值相比不可忽略的作用，如汽车荷载、人群荷载等。

（3）偶然作用 是在设计基准期内不一定出现，一旦出现，其值很大且持续时间很短的作用，如船舶对桥梁的撞击等。

（4）地震作用 是一种特殊的偶然作用。

2. 作用的代表值

因桥涵结构的作用具有变异性，无法直接运用概率公式参与计算，只能根据作用的统计结果规定一

个量值，称为作用的代表值。永久作用可近似认为在设计基准期内是不变化的，其代表值是永久作用的标准值。可变作用的代表值可分为标准值、组合值、频遇值和准永久值。

（1）作用的标准值

作用的标准值是结构或构件设计时，采用的各种作用的基本代表值。作用的标准值是结构设计的主要计算参数，是作用的基本代表值，作用的其他代表值都是以标准值为基础再乘以相应的系数后得到的。

（2）可变作用的组合值

结构可能承受两种或两种以上可变作用的作用，但多种可变作用同时作用的概率随种类的增多而降低，因此，除一个主要的可变作用取标准值外，其余的可变作用取组合值。可变作用的组合值可以由可变作用的标准值乘以组合值系数，即 $\psi_c Q_{jk}$。

（3）可变作用的频遇值

可变作用频遇值是在设计基准期内被超越的总时间占设计基准期的比率较小或被超越的频率限制在规定频率的作用值。其值取为可变作用的标准值乘以频遇值系数，即 $\psi_{fj} Q_{jk}$。

（4）可变作用的准永久值

可变作用的准永久值是在设计基准期内被超越的总时间占设计基准期的比例较大的作用值。其值取为可变作用标准值乘以准永久值系数，即 $\psi_{qj} Q_{jk}$。

3. 作用组合

作用组合是在不同作用的同时影响下，为保证某一极限状态的结构具有必要的可靠性而采用的一组作用设计值。作用最不利组合是指所有可能的作用组合中对结构或结构构件产生最不利效应的一组作用组合。

（1）承载能力极限状态计算时作用组合

公路桥涵结构按承载能力极限状态设计计算时，对持久设计状况和短暂设计状况应采用作用的基本组合，对偶然设计状况采用作用的偶然组合，对地震设计状况采用作用的地震组合。结构中的效应可按线性考虑时，作用效应组合值的表达式为

$$S_{ud} = \gamma_0 \left(\sum_{i=1}^{m} \gamma_{Gi} G_{ik} + \gamma_{Q1} Q_{1k} + \psi_c \sum_{j=2}^{n} \gamma_{Lj} \gamma_{Qj} Q_{jk} \right) \tag{5-6}$$

式中： S_{ud} ——承载能力极限状态下，作用基本组合的效应设计值；

γ_0 ——结构重要性系数，设计安全等级为一级取 1.1，二级时取 1.0，三级时取 0.9；

γ_{Gi} ——第 i 个永久作用的分项系数，对结构承载能力不利时取 1.2，有利时取 1.0；

G_{ik} ——第 i 个永久作用的标准值；

γ_{Q1} ——主要可变作用的分项系数，通常指汽车荷载（含汽车冲击力、离心力），采用车道荷载计算时取 1.4，采用车辆荷载计算时取 1.8，若其他可变作用效应取代汽车荷载，其值取为 1.4；

Q_{1k} ——主要可变作用的标准值；

ψ_c ——除主要可变作用外的其他可变作用的组合系数，通常取 0.75；

γ_{Lj} ——设计使用年限修正系数，通常取 1.0；

γ_{Qj} ——除主要可变作用和风荷载外的其他可变作用的分项系数，风荷载作用的分项系数取 1.1，其余可变作用的分项系数取 1.4；

Q_{jk} ——除主要可变作用外的其他可变作用的标准值。

（2）正常使用极限状态计算时作用组合

结构按正常使用极限状态设计计算时，应根据不同的设计要求，采用作用的频遇组合或准永久组合。

①作用频遇组合

作用频遇组合是永久作用的标准值与主要可变作用的频遇值、其他可变作用的准永久值相组合，即

$$S_{fd} = \sum_{i=1}^{m} G_{ik} + \psi_{f1} Q_{1k} + \sum_{j=2}^{n} \psi_{qj} Q_{jk} \tag{5-7}$$

式中：S_{fd}——作用频遇组合的效应设计值；

ψ_{f1}——除主要可变作用的频遇值系数，通常为汽车荷载，其值取为 0.7；

ψ_{qj}——其他可变作用准永久值系数，人群荷载取 0.4，风荷载时取 0.75，温度梯度作用取 0.8，其他作用取 1.0；

其他符号意义见式（5-6）。

②作用准永久组合

作用准永久组合是永久作用的标准值与可变作用准永久值相组合，即

$$S_{qd} = \sum_{i=1}^{m} G_{ik} + \sum_{j=1}^{n} \psi_{qj} Q_{jk} \tag{5-8}$$

式中：S_{qd}——作用准永久组合的效应设计值；

ψ_{qj}——可变作用的准永久值系数，汽车荷载（不计汽车冲击力）取 0.4，人群荷载取 0.4，风荷载取 0.75，温度梯度作用取 0.8，其他作用取 1.0。

考点十二：材料强度的取值

材料强度的标准值是由标准试件按照标准试验方法经数理统计以概率分布的 0.05 分位值确定的强度值。材料强度标准值应具有不小于 95% 的保证率。

材料强度的设计值是材料强度的标准值除以材料性能分项系数后的值，即

$$f_d = \frac{f_k}{\gamma_f} \tag{5-9}$$

式中：γ_f——材料性能分项系数，混凝土取 1.45，钢筋取 1.2。

混凝土轴心抗压强度标准值 f_{ck} 和轴心抗拉强度标准值 f_{tk} 按表 5-5 采用。

混凝土强度标准值　　　　　　　　　　　　　表 5-5

强度等级	C25	C30	C35	C40	C45	C50	C55	C60	C65	C70	C75	C80
f_{ck}（MPa）	16.7	20.1	23.4	26.8	29.6	32.4	35.5	38.5	41.5	44.5	47.4	50.2
f_{tk}（MPa）	1.78	2.01	2.20	2.40	2.51	2.65	2.74	2.85	2.93	3.00	3.05	3.10

混凝土轴心抗压强度设计值 f_{cd} 和轴心抗拉强度设计值 f_{td} 按表 5-6 采用。

混凝土强度设计值　　　　　　　　　　　　　表 5-6

强度等级	C25	C30	C35	C40	C45	C50	C55	C60	C65	C70	C75	C80
f_{cd}（MPa）	11.5	13.8	16.1	18.4	20.5	22.4	24.4	26.5	28.5	30.5	32.4	34.6
f_{td}（MPa）	1.23	1.39	1.52	1.65	1.74	1.83	1.89	1.96	2.02	2.07	2.10	2.14

普通钢筋的抗拉强度标准值 f_{sk} 按表 5-7 采用。

普通钢筋抗拉强度标准值 表 5-7

钢筋种类	符号	公称直径d（mm）	f_{sk}（MPa）
HPB300	ϕ	6~22	300
HRB400	ϕ ϕ^F ϕ^R	6~50	400
HRBF400	Φ	6~50	500

普通钢筋的抗拉强度设计值f_{sd}、抗压强度设计值f'_{sd}按表 5-8 采用。

普通钢筋抗拉、抗压强度设计值 表 5-8

钢筋种类	f_{sd}（MPa）	f'_{sd}（MPa）
HPB300	250	250
HRB400、HRBF400、RRB400	330	330
HRB500	415	400

考点十三：混凝土结构的耐久性

在设计混凝土结构时，除了进行结构和构件承载力计算、变形和裂缝验算外，还应该考虑结构耐久性问题。

1. 混凝土结构耐久性及耐久性损伤

混凝土结构的耐久性：指混凝土结构和构件在自然环境、使用环境及材料内部因素的作用下，长期保持材料性能以及安全使用和外观要求的能力。

混凝土结构耐久性损伤：指自然环境中的各种作用（如温度和湿度的变化，水、盐、酸等介质作用）通过混凝土表面裂缝和内部孔隙进入混凝土，与水泥石发生物理、化学作用，造成混凝土材料劣化或整体性受损。

混凝土结构耐久性损伤主要表现为钢筋锈蚀和混凝土劣化。混凝土是一种强碱性材料，新浇筑的混凝土的 pH 值一般为 12~13，在这种强碱性环境中钢筋表面会生成一层钝化膜，这层钝化膜对钢筋具有良好的保护作用。一旦这层钝化膜受到破坏，钢筋的锈蚀就会发生。

2. 混凝土结构耐久性损伤产生的原因

（1）混凝土的碳化

大气中的二氧化碳通过混凝土的毛细孔向混凝土内部扩散，与混凝土中的氢氧化钙发生作用，生成碳酸钙和水，使这部分混凝土由强碱性变成中性，即混凝土的碳化。影响混凝土碳化的主要因素有：二氧化碳浓度、环境温度和湿度、施工质量和养护状况。

（2）氯离子的侵蚀

氯离子进入混凝土中并到达钢筋表面处，当氯离子浓度达到临界浓度，钢筋表面的局部钝化膜就会破坏。引起混凝土内部钢筋锈蚀的氯盐主要来源于外部环境（如近海或海洋环境）和混凝土施工过程（如使用了含氯盐的速凝剂或含氯盐的沙和水）。

（3）混凝土冻融破坏

冻融破坏通常发生在经常与水接触的结构水平表面，对结构立面的破坏多发生在淹没在水中的结构的水线附近。当温度下降，结构孔隙中的水转化成冰时，体积逐渐膨胀，进而产生一种局部张力，使其周围的水泥基质断裂，造成结构破损。

综上，混凝土结构耐久性问题主要涉及两个方面：一是结构所处的环境条件（外因），二是结构本身材料和工程质量（内因）。因此在混凝土结构设计和施工中，要根据混凝土结构所处的环境考虑施工工艺，要保证混凝土密实度和混凝土保护层厚度。

3. 混凝土结构耐久性设计基本要求

设计混凝土结构和构件时，除了进行承载能力极限状态和正常使用极限状态计算外，还应进行结构耐久性设计。结构耐久性设计包括以下内容：结构和构件的设计使用年限、所处的环境类别、混凝土材料要求、耐久性构造措施和防腐措施等。

混凝土结构和构件应根据其表面直接接触的环境按表 5-9 的规定确定所处的环境类别。

公路桥涵混凝土结构和构件所处环境类别划分　　　　　　　　表 5-9

环境类别	条件
I类：一般环境	仅受混凝土碳化影响的环境
II类：冻融环境	受反复冻融影响的环境
III类：近海或海洋氯化物环境	受海洋环境下氯盐影响的环境
IV类：除冰盐等其他氯化物环境	受除冰盐等氯盐影响的环境
V类：盐结晶环境	受混凝土孔隙中硫酸盐结晶膨胀影响的环境
VI类：化学腐蚀环境	受酸碱性较强的化学物质侵蚀的环境
VII类：磨蚀环境	受风、水流或水中夹杂物的摩擦、切削、冲击等作用的环境

各类环境下混凝土强度等级最低要求应符合表 5-10 的规定。

混凝土强度等级最低要求　　　　　　　　表 5-10

构件类别	梁、板、塔、拱圈、涵洞上部		墩台身、涵洞下部		承台、基础	
设计使用年限（年）	100	50、30	100	50、30	100	50、30
I类：一般环境	C35	C30	C30	C25	C25	C25
II类：冻融环境	C40	C35	C35	C30	C30	C25
III类：近海或海洋氯化物环境	C40	C35	C35	C30	C30	C25
IV类：除冰盐等其他氯化物环境	C40	C35	C35	C30	C30	C25
V类：盐结晶环境	C40	C35	C35	C30	C30	C25
VI类：化学腐蚀环境	C40	C35	C35	C30	C30	C25
VII类：磨蚀环境	C40	C35	C35	C30	C30	C25

普通钢筋保护层厚度取钢筋外缘至混凝土表面的距离，不应小于钢筋公称直径；当钢筋为束筋时，保护层厚度不应小于束筋的等代直径。当纵向受力钢筋的混凝土保护层厚度大于 50mm 时，宜对保护层采取有效的构造措施。当在保护层内配置防裂、防剥落的钢筋网片时，钢筋直径不小于 6mm、间距不大于 100mm，钢筋网片的混凝土保护层厚度不宜小于 25mm。

束筋成束后的等代直径 $d_e = \sqrt{n}d$，其中 n 为组成束筋的钢筋根数，d 为单根钢筋直径。

混凝土结构中最外侧钢筋的混凝土保护层厚度应不小于表 5-11 的规定值。

混凝土保护层最小厚度（单位：mm）　　　　表 5-11

构件类别	梁、板、塔、拱圈、涵洞上部		墩台身、涵洞下部		承台、基础	
设计使用年限（年）	100	50、30	100	50、30	100	50、30
I类：一般环境	20	20	25	20	40	40
II类：冻融环境	30	25	35	30	45	40
III类：近海或海洋氯化物环境	35	30	45	40	65	60
IV类：除冰盐等其他氯化物环境	30	25	35	30	45	40
V类：盐结晶环境	30	25	40	35	45	40
VI类：化学腐蚀环境	35	30	40	35	60	55
VII类：磨蚀环境	35	30	45	40	65	60

注：1. 表中数值是针对各环境类别的最低作用等级、最低混凝土强度等级，以及钢筋和混凝土无特殊防腐措施规定的。

2. 对工厂预制的混凝土构件，其保护层最小厚度可将表中相应数值减小 5mm，但不得小于 20mm。

3. 表中承台和基础的保护层最小厚度，是针对基坑底无垫层或侧面无模板的情况规定的；对于有垫层或有模板的情况，保护层最小厚度可将表中相应数值减少 20mm，但不得小于 30mm。

例 题 解 析

例题 1 ［2019-49］材料的设计强度指用材料强度标准值除以材料性能分项系数后的值，其取值依据主要是为了满足结构的（　　）。

　　　　A. 抗裂　　　　　　B. 强度　　　　　　C. 刚度　　　　　　D. 可靠度

解析：见考点十二。材料强度的设计值是材料强度标准值除以材料性能分项系数后的值，材料性能分项系数需根据不同材料，进行构件分析得到的可靠性指标达到规定的目标可靠指标及工程经验校准来确定。在进行设计时，作用乘以大于 1 的系数，材料强度除以大于 1 的系数，是为了使结构更安全。

答案：D

例题 2 ［2019-50］结构设计时，应根据各种极限状态的设计要求采用不同的荷载代表值。其中，可变作用的代表值应采用（　　）。

　　　　A. 标准值、平均值或准永久值　　　　　　B. 标准值、频遇值或平均值

　　　　C. 标准值、频遇值或准永久值　　　　　　D. 平均值、频遇值或准永久值

解析：见考点十一。可变作用的代表值可分为标准值、组合值、频遇值和准永久值。

答案：C

例题 3 ［2019-54］关于光圆钢筋与混凝土黏结作用的说法中，错误的是（　　）。

　　　　A. 钢筋与混凝土接触面上的摩擦力

　　　　B. 钢筋与混凝土接触面上产生的库仑力

　　　　C. 钢筋表面与水泥胶结产生的机械胶合力

　　　　D. 混凝土中水泥胶体与钢筋表面的化学胶着力

解析：见考点五。钢筋与混凝土之间具有良好的黏结性能。黏结力化学胶着力、摩擦力和机械咬合力组成。

答案：B

例题 4 ［2020-49］极限状态设计法中，结构的可靠性是指（　　）。

    A. 安全性、耐久性和稳定性　　　　　　B. 安全性、耐久性和适用性

    C. 安全性、耐久性和使用性　　　　　　D. 使用性、耐久性和稳定性

解析：见考点六。工程结构在规定的设计使用年限内应满足安全性、适用性和耐久性的功能要求。

答案：B

例题 5 ［2022-49］桥梁设计基准期的含义是（　　）。

    A. 确定可变作用选用的时间参数

    B. 确定永久作用选用的时间参数

    C. 结构或构件失效的年限

    D. 结构或构件不需大修完成预定功能的年限

解析：见考点六。设计基准期是结构可靠度计算中的时间域，是为确定可变作用的出现概率和设计取值而规定的标准时段。设计使用年限是设计规定的结构或构件不需进行大修即可按预定目的使用的年限。

答案：A

例题 6 ［2022-52］影响钢筋与混凝土之间黏结性能的是（　　）。

    A. 混凝土强度、保护层厚度、钢筋净距、箍筋

    B. 锚固长度、保护层厚度、钢筋净距、架立筋

    C. 架立筋、保护层厚度、钢筋净距、箍筋

    D. 混凝土强度、保护层厚度、钢筋净距、架立筋

解析：见考点五。影响钢筋与混凝土黏结强度的因素有：混凝土的强度等级、浇筑质量、保护层厚度，以及钢筋之间的净距、钢筋的锚固长度、箍筋的布置。

答案：A

例题 7 ［2022-55］材料性能的各种统计参数和概率分布类型，应以试验数据为基础，运用参数估计和概率分布的假设检验方法确定，其置信度为（　　）。

    A. 0.99　　　　　　B. 0.97　　　　　　C. 0.95　　　　　　D. 0.90

解析：见考点十二。在材料性能试验中，一般采用具有 95%保证率的数值，即置信度为 0.95。

答案：C

例题 8 公路桥涵结构按正常使用极限状态设计时，应根据不同的设计要求，采用作用的组合是（　　）。

    A. 基本组合或频遇组合　　　　　　　　B. 基本组合或偶然组合

    C. 频遇组合或准永久组合　　　　　　　D. 频遇组合或偶然组合

解析：见考点十一。公路桥涵结构按正常使用极限状态设计时，应根据不同的设计要求，采用作用的频遇组合或准永久组合。频遇组合，是永久作用标准值与汽车荷载频遇值、其他可变作用准永久值相组合。准永久组合，是永久作用标准值与可变作用准永久值相组合。

答案：C

自 测 模 拟

1. 钢筋混凝土结构设计中钢筋强度是按（　　　）取值。

　　A. 比例极限

　　B. 强度极限

　　C. 弹性极限

　　D. 屈服强度或条件屈服强度

2. 下列说法正确的是（　　　）。

　　A. 加载速度越快，测得的混凝土立方体抗压强度越低

　　B. 棱柱体试件的高宽比越大，测得的抗压强度越高

　　C. 混凝土立方体试件比棱柱体试件能更好地反映混凝土的实际受压情况

　　D. 混凝土试件与压力机垫板间的摩擦力使得混凝土的抗压强度提高

3. 混凝土强度等级是由边长为 150mm 的立方体按照标准制作方法和标准试验方法测得的，其强度依据是（　　　）。

　　A. 平均值 f_m　　　　B. $f_m(1-1.645\delta_f)$　　　　C. $f_m(1-2.0\delta_f)$　　　　D. $f_m(1-1.0\delta_f)$

4. 若用 S 表示结构或构件截面上的作用效应，R 表示结构或构件截面上的抗力，结构或构件处于可靠状况，对应于（　　　）。

　　A. $R > S$　　　　B. $R = S$　　　　C. $R < S$　　　　D. $R \leqslant S$

5. 关于设计值和标准值，以下说法正确的是（　　　）。

　　A. 材料强度设计值大于其标准值，荷载设计值小于其标准值

　　B. 材料强度设计值小于其标准值，荷载设计值大于其标准值

　　C. 材料强度设计值等于其标准值，荷载设计值等于其标准值

　　D. 材料强度设计值大于其标准值，荷载设计值大于其标准值

6. 我国现行《混凝土结构设计规范》采用的设计方法是（　　　）。

　　A. 以概率理论为基础的极限状态设计方法

　　B. 以单一安全系数表达的极限状态设计方法

　　C. 以多安全系数表达的安全系数设计方法

　　D. 容许应力法

7. 结构的功能要求可概括为（　　　）。

　　A. 实用、经济、美观

　　B. 安全性、适用性和耐久性

　　C. 强度、变形和稳定性

　　D. 可靠、经济

8. 高碳钢采用条件屈服强度，以 $\sigma_{0.2}$ 表示，其代表的意义为（　　　）。

　　A. 取极限强度的 20%

　　B. 取应变为 0.2%时的应力

　　C. 取应变为 0.2 时的应力

　　D. 取残余应变为 0.2%时的应力

9. 混凝土若处于三向应力作用下，以下说法正确的是（　　　）。

　　A. 纵向受压，横向受拉，可提高抗压强度

　　B. 纵向受拉，横向受压，可提高抗拉强度

　　C. 三向受压会降低抗压强度

　　D. 三向受压将提高抗压强度

10. 结构在设计使用年限超过设计基准期后，结构将（　　　）。

    A. 立即丧失其功能　　　　　　　　　　　　B. 可靠性降低

    C. 不失效且可靠度不变　　　　　　　　　　D. 可靠度降低，但可靠指标不变

11. 属于承载能力极限状态的是（　　　）。

    A. 连续梁中间产生的变形超过规范限值

    B. 裂缝宽度超过规范限值

    C. 结构或构件作为刚体失去平衡

    D. 预应力混凝土构件中混凝土拉应力超过规范限值

12. 某批混凝土经检测，强度等级为 C30，意味着该混凝土（　　　）。

    A. 立方体抗压强度达到 30MPa 的保证率为 95%

    B. 立方体抗压强度的平均值大于 30MPa

    C. 立方体抗压强度超过 30MPa 的保证率为 5%

    D. 立方体抗压强度设计值达到 30MPa 的保证率为 95%

13. 钢筋和混凝土是两种不同性质的材料，两者之所以能够共同工作是由于（　　　）。

    A. 可靠的黏结力　　　　　　　　　　　　　B. 相近的温度线膨胀系数

    C. 混凝土包裹钢筋免受锈蚀　　　　　　　　D. 以上三者都有

14. 对所有钢筋混凝土构件均应进行（　　　）。

    A. 抗裂验算　　　　　B. 裂缝宽度验算　　　　　C. 变形验算　　　　　　D. 承载能力计算

15. 结构或构件承载能力极限状态设计时，在安全级别相同时发生延性破坏和脆性破坏，它们的目标可靠度 β_T 之间的关系为（　　　）。

    A. 两者相同

    B. 延性破坏时目标可靠度大于脆性破坏时目标可靠度

    C. 延性破坏时目标可靠度小于脆性破坏时目标可靠度

    D. 无法比较

参 考 答 案

1. D　　2. D　　3. B　　4. A　　5. B　　6. A　　7. B　　8. D　　9. D　　10. B

11. C　　12. A　　13. D　　14. D　　15. C

第二节　受弯构件正截面承载力计算

考 点 分 析

　　本节重点：受弯构件的钢筋构造，受弯构件的破坏形态，界限破坏和最小配筋率的概念，单筋矩形截面、双筋矩形截面和 T 形截面受弯构件的设计计算方法。

　　本节难点：受弯构件破坏形态，单筋矩形截面、双筋矩形截面和 T 形截面受弯构件的设计计算方法。

考 点 精 讲

考点一：受弯构件的钢筋构造

钢筋混凝土常用的截面形式有矩形截面、T 形截面和箱形截面。钢筋混凝土板厚度不宜小于 80mm，矩形截面梁的高宽比 h/b 一般可取 2.0~2.5，T 形截面的高跨比一般为 $h/l = 1/16~1/11$，腹板厚度常取 160~180mm，翼缘板厚度不应小于 100mm。

四边支承的混凝土板，当 $l_1/l_2 \geqslant 2$ 时，受力以短边方向为主，称为单向板；当 $l_1/l_2 < 2$ 时，则为双向板。单向板的受力钢筋沿受力方向布置，数量由计算确定。板内除受力钢筋外，还应设置垂直于主钢筋的分布钢筋。分布钢筋的直径不小于 8mm，间距不大于 200mm，截面面积不宜小于板截面积的 0.1%。双向板沿板的两个方向均设置受力钢筋。

梁的钢筋包含纵向受拉钢筋、弯起钢筋或斜钢筋、箍筋、架立钢筋、水平纵向钢筋等。梁内混凝土保护层厚度应不小于《公路混凝土桥规》规定的最小厚度。当纵向钢筋为三层或三层以下时，钢筋之间的净距和层间距不小于 30mm，当为三层以上时，应不小于 40mm 或纵向受拉钢筋直径 d 的 1.25 倍。焊接骨架一般不宜超过 6 层。架立钢筋可采用 10~22mm 的钢筋，箍筋的直径不宜小于 8mm，水平纵向钢筋直径一般为 6~8mm。

考点二：受弯构件的破坏形态

适筋梁在荷载作用下经历全截面工作阶段（Ⅰ）、带裂缝工作阶段（Ⅱ）和破坏阶段（Ⅲ）（图 5-3）。在全截面工作阶段，混凝土的拉压应力均呈三角形分布，当受拉区混凝土的拉应变临近极限拉应变时，混凝土即将开裂，对应的弯矩为开裂弯矩 M_{cr}（第Ⅰ阶段结束）。当荷载作用达到 M_{cr} 后，出现第一批正裂缝，受拉区混凝土退出工作，钢筋代替混凝土受拉，钢筋拉应力随荷载增大而增大，中性轴随荷载增大向受压区移动，混凝土压应力逐渐变成曲线形，受拉区钢筋应力达到屈服强度（第Ⅱ阶段结束）。当钢筋应力达到屈服强度后，钢筋拉应变增加较快，中和轴快速移动，梁混凝土裂缝急剧开展，压应力不断增大，压应力图逐渐丰满。当受压边缘压应变达到极限压应变时，受压区混凝土出现纵向水平裂缝，混凝土被压碎，梁宣告破坏（第Ⅲ阶段结束）。

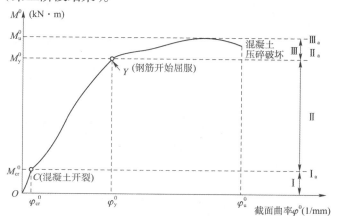

图 5-3 试验梁的荷载—挠度曲线

结构或构件在破坏前有明显的变形或其他征兆，称为延性破坏。结构或构件在破坏前无明显变形或其他征兆，则称为脆性破坏。

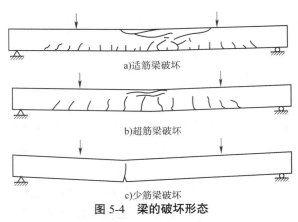

a)适筋梁破坏

b)超筋梁破坏

c)少筋梁破坏

图 5-4 梁的破坏形态

钢筋混凝土梁正截面有适筋梁、超筋梁和少筋梁三种破坏形态（图 5-4）。

适筋梁：受拉钢筋配置适中，受拉钢筋首先达到屈服，而后受压区混凝土被压碎。裂缝数量较多，间距适中，梁变形较大，具有明显的破坏特征，属延性破坏。适筋梁中钢筋和混凝土的强度都得到充分的利用。

超筋梁：受拉钢筋配置数量过多，受拉钢筋不能屈服，受压混凝土首先被压碎。裂缝细而密，高度不高。梁变形不大，无明显破坏特征，属脆性破坏。超筋梁中受拉钢筋不屈服，钢材强度没有得以充分利用。

少筋梁：受拉钢筋配置数量很少，梁一旦开裂即延伸至梁顶，将梁分成两部分。裂缝只有一条，受压区混凝土没有被压碎。梁变形虽很大，但破坏具有突然性，属脆性破坏。少筋梁受压区混凝土没有被压碎，混凝土的强度没有得以充分利用。

超筋梁的承载力主要取决于混凝土的抗压强度，承载能力较强；少筋梁的承载力主要取决于混凝土抗拉强度，承载能力最低；适筋梁取决于钢筋的屈服强度和混凝土的抗压强度。设计时应采用适筋梁。三种破坏形态的破坏—挠度曲线如图 5-5 所示。

考点三：界限破坏

当钢筋混凝土梁受拉区钢筋达到屈服应变的同时，受压区混凝土边缘也达到极限压应变而破坏，称为界限破坏。

界限破坏是适筋梁和超筋梁的界限，当计算受压区高度 $x \leqslant \xi_b h_0$ 时为适筋梁，当 $x > \xi_b h_0$ 时为超筋梁。界限破坏截面应变分布如图 5-6 所示。

其中 ξ_b 为相对界限受压区高度，可以查表 5-12 获得。

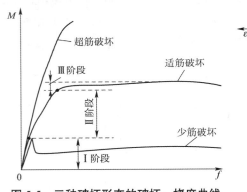

图 5-5 三种破坏形态的破坏—挠度曲线

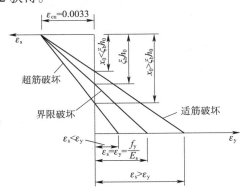

图 5-6 界限破坏截面应变分布图

相对界限受压区高度 表 5-12

钢 筋 种 类	混凝土强度等级			
	C50 及以下	C55、C60	C65、C70	C75、C80
HPB300	0.58	0.56	0.54	—
HRB400、HRBF400、RRB400	0.53	0.51	0.49	—
HRB500	0.49	0.47	0.46	—

考点四：最小配筋率

为避免少筋梁破坏，必须确定钢筋混凝土受弯构件的最小配筋率。最小配筋率是少筋梁与适筋梁的界限。受弯构件的最小配筋率取 0.2% 和 $0.45f_{td}/f_{sd}$ 两者之间的较大值。

考点五：正截面承载力计算基本假定

1. 平截面假定

对于钢筋混凝土受弯构件，从开始加载直至破坏的各阶段，截面的平均应变都能较好地符合平截面假定。平截面假定是指混凝土构件受力后沿正截面高度范围内混凝土与纵向受力钢筋的平均应变呈线性分布的假定。

2. 不考虑混凝土的抗拉强度

受弯构件的受拉区出现裂缝，混凝土退出工作，但在中和轴附近，仍有一部分混凝土承担着拉应力，但其拉应力很小，内力偶臂也不大。因此，计算时混凝土的拉应力可以忽略不计。

3. 材料的应力—应变关系

在结构的设计与分析中，常采用分段函数表达混凝土受压的应力—应变关系。应力—应变关系曲线一般由抛物线上升段和水平段组成，如图 5-7 所示。应力—应变关系表达式为

上升段

$$\sigma_c = f_{cd}\left[1 - \left(1 - \frac{\varepsilon_c}{\varepsilon_{c0}}\right)^n\right] \quad (\varepsilon_c \leqslant \varepsilon_{c0}) \tag{5-10a}$$

水平段

$$\sigma_c = f_{cd} \quad (\varepsilon_{c0} < \varepsilon_c \leqslant \varepsilon_{cu}) \tag{5-10b}$$

上述式中：　σ_c ——混凝土压应变为 ε_c 时的混凝土压应力；

f_{cd} ——混凝土轴心抗压强度设计值；

ε_{c0} ——混凝土压应力达到 f_{cd} 时的混凝土压应变，$\varepsilon_{c0} = 0.002 + 0.5(f_{cu,k} - 50) \times 10^{-5}$，当计算的 ε_{c0} 值小于 0.002 时，取为 0.002；

ε_{cu} ——正截面的混凝土极限压应变，$\varepsilon_{cu} = 0.0033 - (f_{cu,k} - 50) \times 10^{-5}$，当构件处于非均匀受压状态且计算的 ε_{cu} 值大于 0.0033 时，取 0.0033；当处于轴心受压状态时，取为 0.002；

$f_{cu,k}$ ——混凝土立方体抗压强度标准值；

n ——指数，$n = 2 - (f_{cu,k} - 50)/60$，当计算的 n 值大于 2.0 时，取为 2.0。

当混凝土强度等级不大于 C50 时，$n = 2$，$\varepsilon_{c0} = 0.002$，$\varepsilon_{cu} = 0.0033$。

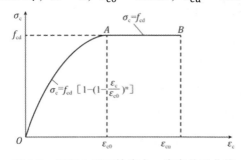

图 5-7　混凝土受压的应力—应变关系曲线

考点六：单筋矩形截面受弯构件

1. 单筋梁的承载力计算

单筋矩形截面受弯构件的受力图示如图 5-8 所示。

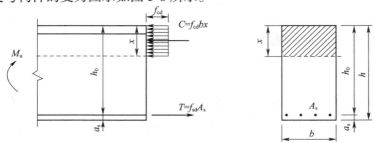

图 5-8 单筋矩形截面受弯构件正截面承载力计算图示

其受弯承载力计算公式为

$$f_{cd}bx = f_{sd}A_s \tag{5-11}$$

$$\gamma_0 M_d \leqslant M_u = f_{cd}bx\left(h_0 - \frac{x}{2}\right) \tag{5-12}$$

$$\gamma_0 M_d \leqslant M_u = f_{sd}A_s\left(h_0 - \frac{x}{2}\right) \tag{5-13}$$

式中：M_u ——计算截面的受弯承载力；

$\quad\quad f_{cd}$ ——混凝土轴心抗压强度设计值；

$\quad\quad f_{sd}$ ——纵向受拉钢筋抗拉强度设计值；

$\quad\quad A_s$ ——纵向受拉钢筋的截面面积；

$\quad\quad x$ ——按等效矩形应力图计算的截面受压区高度；

$\quad\quad b$ ——截面宽度；

$\quad\quad h_0$ ——截面有效高度。

适用条件：

（1）为了避免出现超筋梁，需满足 $x \leqslant \xi_b h_0$。

（2）为了避免出现少筋梁，需满足 $\rho \geqslant \rho_{min}$。

2. 超筋梁的承载力计算

在其他条件均相同，仅配筋率不同的情况下，超筋梁的承载力比适筋梁的承载力要高。但因超筋梁为脆性破坏，设计中仅取相同截面尺寸的适筋梁的上限值作为超筋梁的设计承载力，其计算公式为

$$\gamma_0 M_d \leqslant M_u = f_{cd}bh_0^2\xi_b(1 - 0.5\xi_b) \tag{5-14}$$

考点七：双筋矩形截面受弯构件

1. 双筋梁的适用场合

（1）当梁截面尺寸受到使用条件限制或混凝土强度不宜提高的情况下，可采用双筋梁。

（2）当梁截面承受异号弯矩时，必须采用双筋梁。

（3）为了提高截面的延性，可采用双筋梁。

双筋梁中为保证受压钢筋达到屈服强度，应满足 $x \geqslant 2a_s'$。a_s' 受压钢筋合力点至截面受压边缘的

距离。

2. 双筋梁的承载力计算

双筋梁的受力如图 5-9 所示。

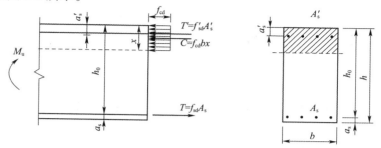

图 5-9 双筋矩形截面受弯构件正截面承载力计算图示

其受弯承载力计算公式为

$$f_{sd}A_s = f_{cd}bx + f'_{sd}A'_s \tag{5-15}$$

$$\gamma_0 M_d \leqslant M_u = f_{cd}bx\left(h_0 - \frac{x}{2}\right) + f'_{sd}A'_s(h_0 - a'_s) \tag{5-16}$$

$$\gamma_0 M_d \leqslant M_u = f_{sd}A_s(h_0 - a'_s) - f_{cd}bx\left(\frac{x}{2} - a'_s\right) \tag{5-17}$$

式中：f'_{sd} ——受压钢筋的抗压强度设计值；

A'_s ——受压钢筋的截面面积；

其他符号意义同前。

适用条件：

（1）为了避免出现超筋梁，需满足 $x \leqslant \xi_b h_0$。

（2）为保证受压钢筋达到屈服强度，需满足 $x \geqslant 2a'_s$。

3. 对于 $x < 2a'_s$ 的特殊情况

若 $x < 2a'_s$（图 5-10），则意味着双筋梁中受压钢筋可能达不到抗压强度设计值。可对受压钢筋合力中心取力矩，可得到正截面受弯承载力的近似表达式为

$$M_u = f_{sd}A_s(h_0 - a'_s)$$

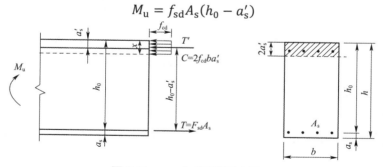

图 5-10 $x < 2a'_s$ 时的受力图示

考点八：T 形截面受弯构件

1. T 形截面的有效翼缘宽度

试验和理论分析发现，T 形截面梁承受荷载作用产生弯曲变形时，因受剪切应变的影响，在翼缘板宽度方向上纵向压应力分布是不均匀的，离梁肋越远，压应力越小。在设计计算中，根据力的等效原则，可以确定受压翼缘的有效宽度 b'_f，并假定在有效宽度范围内的压应力是均匀分布的（图 5-11）。有效翼

缘宽度取以下三种情况中的最小值。

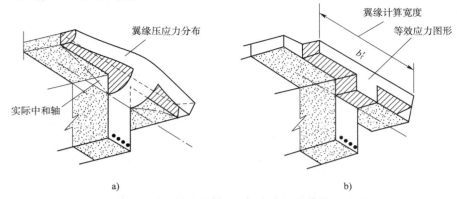

图 5-11　T 形梁受压翼缘的正应力分布和有效翼缘宽度

（1）取简支梁计算跨度的1/3。对于连续梁，中间跨正弯矩区段，取该跨计算跨径的 0.2 倍；边跨正弯矩区段，取该跨计算跨径的 0.27 倍；各中间支点负弯矩区段，取该支点相邻两跨计算跨径之和的 0.07 倍。

（2）相邻两梁的平均间距。

（3）$b + b_h + 12h'_f$。

2. T 形梁的分类

T 形截面根据受压区高度的不同可分为两类：受压区高度在受压翼缘内，即 $x \leqslant h'_f$，为第一类 T 形截面；受压区进入到梁肋中，即 $x > h'_f$，为第二类 T 形截面（图 5-12）。

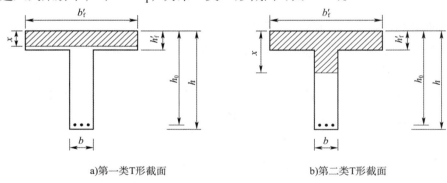

a)第一类T形截面　　　　　　　　　　b)第二类T形截面

图 5-12　T 形截面的分类

3. T 形梁的承载力计算

（1）第一类 T 形截面

中和轴在受压翼缘内，截面虽然为 T 形，但承载力与宽度为 b'_f 的矩形截面相同，其受力图示见图 5-13。

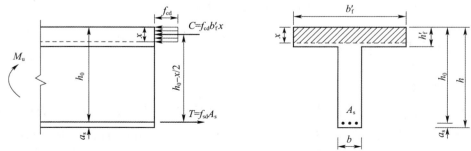

图 5-13　第一类 T 形截面受弯承载力计算图式

第一类 T 形截面的承载力计算公式为

$$f_{sd}A_s = f_{cd}b'_f x \tag{5-18}$$

$$\gamma_0 M_d \leqslant M_u = f_{cd}b'_f x \left(h_0 - \frac{x}{2}\right) \tag{5-19}$$

$$\gamma_0 M_d \leqslant M_u = f_{sd}A_s \left(h_0 - \frac{x}{2}\right) \tag{5-20}$$

第一类 T 形截面（$x \leqslant h'_f$）计算公式的适用条件：

①$x \leqslant \xi_b h_0$；

②$\rho \geqslant \rho_{min}$。

（2）第二类 T 形截面

中和轴在梁肋内，受压区为 T 形，受压区合力可分为两部分，一部分是宽为 b，高为 h 的矩形，另一部分是宽度为 $b'_f - b$，高度为 h'_f 的矩形。其受力图示见图 5-14。

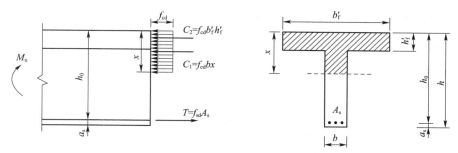

图 5-14　第二类 T 形截面受弯承载力计算图式

第二类 T 形截面（$x > h'_f$）的承载力计算公式为

$$f_{sd}A_s = f_{cd}bx + f_{cd}(b'_f - b)h'_f \tag{5-21}$$

$$\gamma_0 M_d \leqslant M_u = f_{cd}bx \left(h_0 - \frac{x}{2}\right) + f_{cd}(b'_f - b)h'_f \left(h_0 - \frac{h'_f}{2}\right) \tag{5-22}$$

第二类 T 形截面计算公式的适用条件：

①$x \leqslant \xi_b h_0$；

②$\rho \geqslant \rho_{min}$。

例 题 解 析

例题 1 ［2019-51］钢筋混凝土适筋梁正截面受力全过程分为三个阶段，其中第三阶段，即破坏阶段末的表现是（　　）。

  A. 受拉区钢筋先屈服，随后受压区混凝土压碎

  B. 受拉区钢筋未屈服，受压区混凝土已压碎

  C. 受拉区钢筋和受压区混凝土的应力均不定

  D. 受压区混凝土先压碎，然后受拉区钢筋屈服

解析： 见考点二。第三阶段，受拉区钢筋应力达到屈服强度，钢筋拉应变增加较快，中和轴快速移动，梁混凝土裂缝急剧开展，压应力不断增大，当受压边缘压应变达到极限压应变时，受压区混凝土出现纵向水平裂缝，混凝土被压碎，梁宣告破坏。

答案： A

例题 2 ［2020-53］钢筋混凝土梁的试验表明，钢筋混凝土适筋梁从加荷直至破坏。其正截面工作状态经历了三个阶段，大致可分为（　　　）。

   A. 整体工作阶段、极限工作阶段、破坏阶段

   B. 弹性工作阶段、带裂缝工作阶段、破坏阶段

   C. 弹性工作阶段、受拉区混凝土退出工作阶段、塑性阶段

   D. 弹性工作阶段、全截面工作阶段、受拉区混凝土退出工作阶段

解析：见考点二。适筋梁正截面工作的三个阶段分别是全截面工作阶段、带裂缝工作阶段和破坏阶段。全截面工作阶段，钢筋受拉，尚未屈服，混凝土也未出现裂缝，钢筋和混凝土均处于弹性工作状态。

答案：B

例题 3 ［2022-53］在钢筋混凝土适筋梁受弯正截面承载力计算时，需要将混凝土应力图进行简化，下列说法错误的是（　　　）。

   A. 混凝土受压区应力分布可近似简化为矩形

   B. 其等效原则是保证混凝土压应力合力大小不变

   C. 混凝土受拉区应力分布可近似简化为矩形

   D. 其等效原则是保证混凝土压应力合力作用点不变

解析：见考点六。钢筋混凝土适筋梁受弯正截面承载力计算时，可用等效矩形应力图代替受压区混凝土的理论应力图。两图等效的条件是：混凝土压应力的合力大小不变且作用点不变。

答案：C

自 测 模 拟

1. 设计双筋梁，当 A_s 和 A_s' 均为未知数时，需补充的条件是（　　　）。

 A. $A_s = A_s'$ B. $A_s = 0.02bh_0$ C. $\xi = \xi_b$ D. $x = 2a_s'$

2. 双筋梁矩形截面正截面承载力计算中，验算 $x \geqslant 2a_s'$ 是为了（　　　）。

 A. 保证受压钢筋达到抗压设计强度

 B. 构件不开裂

 C. 保证受拉钢筋达到屈服

 D. 保证受压区混凝土达到极限压应变

3. 适筋梁在逐渐加载过程中，当受拉钢筋达到屈服强度以后（　　　）。

 A. 该梁即达到最大承载力而破坏

 B. 该梁达到最大承载力，一直维持到受压混凝土达到极限压应变而破坏

 C. 该梁承载力略有提高，但很快受压区混凝土达到极限压应变而破坏

 D. 该梁达到最大承载力，随后承载力缓慢下降直至破坏

4. 适筋梁正截面破坏时，其主要破坏特征是（　　　）。

 A. 受压区混凝土先压碎，然后受拉钢筋屈服

 B. 受拉钢筋被拉断，受压区混凝土还没被压碎

 C. 受拉钢筋先屈服，然后受压区混凝土达到极限压应变而破坏

 D. 受拉钢筋屈服的同时，受压区混凝土被压碎

5. 与素混凝土梁相比，适当配筋的钢筋混凝土梁的承载力和抗裂能力变化规律为（　　）。

　　A. 承载力提高很多，抗裂能力提高不多　　　B. 均提高很多

　　C. 抗裂能力提高很多，承载力提高不多　　　D. 均提高不多

6. 与相对界限受压区高度有关的因素为（　　）。

　　A. 钢筋强度等级和混凝土强度等级

　　B. 钢筋强度等级

　　C. 钢筋强度等级、混凝土强度等级及截面尺寸

　　D. 混凝土强度等级

7. 钢筋混凝土适筋梁破坏时，受拉钢筋应变与受压边缘混凝土应变的特点是（　　）。

　　A. $\varepsilon_s < \varepsilon_y$，$\varepsilon_c = \varepsilon_{cu}$　　　　　　　B. $\varepsilon_s > \varepsilon_y$，$\varepsilon_c = \varepsilon_{cu}$

　　C. $\varepsilon_s < \varepsilon_y$，$\varepsilon_c > \varepsilon_{cu}$　　　　　　　D. $\varepsilon_s > \varepsilon_y$，$\varepsilon_c < \varepsilon_{cu}$

8. 双筋梁截面设计中如果满足 $2a'_s \leqslant x \leqslant \xi_b h_0$，表明（　　）。

　　A. 受拉钢筋不屈服，受压区混凝土被压碎

　　B. 受拉钢筋屈服，受压区混凝土被压碎

　　C. 受拉钢筋不屈服，受压区混凝土没被压碎

　　D. 受拉钢筋屈服，受压区混凝土没被压碎

9. 钢筋混凝土梁受拉区边缘开始出现裂缝是因为（　　）。

　　A. 受拉边缘混凝土应变达到混凝土的极限拉应变

　　B. 受拉混凝土的应力达到混凝土的抗拉标准强度

　　C. 受拉混凝土的应力达到混凝土的抗拉设计强度

　　D. 受拉混凝土的应力达到混凝土的抗压设计强度

10. 下列关于梁内钢筋构造的说法，错误的是（　　）。

　　A. 架立钢筋与箍筋和受力主钢筋形成钢筋骨架

　　B. 腰筋设置在梁的两侧，可以抑制裂缝的开展

　　C. 因为可以采用焊接骨架，所以受力钢筋与钢筋之间的净距可以取很小

　　D. 弯起钢筋跟主拉应力方向几乎一致，有利于抗剪

11. 双筋截面设计中，当 A_s 和 A'_s 均未知时，补充条件取 $\xi = \xi_b$ 是为了（　　）。

　　A. 使混凝土用量最小

　　B. 充分发挥混凝土的强度，使钢筋总量最少

　　C. 使受拉钢筋达到屈服强度

　　D. 避免超筋破坏

12. 单筋矩形截面适筋梁，提高受弯承载力最有效的方法是（　　）。

　　A. 提高钢筋的级别　　　　　　　　　　B. 增大钢筋的间距

　　C. 增大截面高度　　　　　　　　　　　D. 提高混凝土的强度等级

13. 下列说法，正确的是（　　）。

　　A. 单筋矩形截面梁设计时，若 $\xi > \xi_b$，就只能采用双筋截面

　　B. 双筋矩形截面梁设计时，若 $x < 2a'_s$，可取 $x = 2a'_s$ 计算

　　C. 对第二类 T 形梁设计时，相当于截面宽度为 b'_f 的矩形截面

D. 受弯构件受压区混凝土破坏时，应力的分布图形为矩形形状

14. 在计算 T 形截面受弯构件正截面受弯承载力时，翼缘宽度（　　）。

  A. 越大越有利   B. 越小越有利

  C. 越大越有利，但应限制在一定范围内   D. 与受弯承载力无关

<h1 align="center">参 考 答 案</h1>

1. C　　2. A　　3. C　　4. C　　5. A　　6. A　　7. B　　8. B　　9. A　　10. C

11. B　　12. C　　13. B　　14. C

<h2 align="center">第三节　受弯构件斜截面承载力计算</h2>

<h1 align="center">考 点 分 析</h1>

本节重点：受剪破坏的破坏形态，受剪承载力计算公式及适用条件，全梁承载力校核及钢筋构造要求。

本节难点：受剪破坏的破坏形态，全梁承载力校核。

<h1 align="center">考 点 精 讲</h1>

考点一：受弯构件斜截面破坏形态

1. 剪跨比的概念

受弯构件在荷载作用下，除了产生弯矩外，一般还有剪力。在弯矩和剪力共同作用下，可能发生斜截面破坏。在弯矩作用下，截面产生正应力；在剪力作用下，截面产生剪应力。在弯剪区段截面上任意一点都有正应力和剪应力存在，并在截面中形成主拉应力和主压应力。沿截面高度上，主拉应力与水平方向的夹角不同。在弯矩和剪力作用下，当梁中主拉应力超过混凝土的极限抗拉强度时，混凝土将开裂，形成斜裂缝。

剪跨比 m 是影响斜截面破坏的重要因素之一，反映某个截面弯矩和剪力的相对关系，可表示为

$$m = \frac{M}{Vh_0} \tag{5-23}$$

式中：　M、V ——弯剪区段中某个竖直截面的弯矩和剪力；

    h_0 ——截面有效高度。

2. 斜截面破坏形态

试验研究表明，随着剪跨比 m 的变化，无腹筋简支梁斜截面破坏分为斜拉破坏、剪压破坏和斜压破坏。

（1）斜拉破坏

通常发生在 $m > 3$ 时。在荷载作用下，主斜裂缝快速形成，并延伸到荷载垫板边缘使梁体混凝土裂

通，梁被撕裂成两部分而丧失承载力；沿纵向钢筋往往伴随水平撕裂裂缝。斜拉破坏的受剪承载力主要取决于混凝土的抗拉强度。

（2）剪压破坏

通常发生在$1 \leqslant m \leqslant 3$时。在荷载作用下，梁的弯剪区段陆续出现多条斜裂缝，其中一条发展成为临界斜裂缝。随着荷载的增加，斜裂缝不断发展，主斜裂缝延伸到荷载垫板下，斜裂缝顶端的混凝土在正应力、剪应力和局部压应力共同作用下被压酥而破坏。剪压破坏的受剪承载力主要取决于混凝土的复合应力强度。

（3）斜压破坏

通常发生在$m < 1$时。在荷载作用下，在荷载作用点和支座间的梁腹出现第一条斜裂缝，然后出现多条大致相平行的斜裂缝，梁腹被分成多个倾斜的小柱。随着荷载的增大，梁腹混凝土被压碎。斜压破坏的受剪承载力主要取决于混凝土的抗压强度。

对于斜截面三种破坏形态，构件破坏时均具有突然性，属于脆性破坏，其中斜拉破坏最明显。设计中推荐选用剪压破坏。

在梁中设置箍筋或弯起钢筋可以限制斜裂缝的开展宽度，提高梁的斜截面受剪承载力。

考点二：影响受弯构件斜截面受剪承载力的主要因素

1. 剪跨比m

剪跨比m是影响受弯构件斜截面破坏形态与受剪承载力的主要因素。随着剪跨比的增大，破坏形态按斜压、剪压和斜拉的顺序演变，受剪承载力逐渐降低。

2. 混凝土抗压强度

梁的斜截面破坏是由于混凝土达到相应受力状态下的极限强度而发生的，因此，混凝土的抗压强度对梁的受剪承载力影响很大。因斜截面破坏形态取决于不同的混凝土强度，但都随混凝土抗压强度的提高而提高。

3. 纵向受拉钢筋配筋率

试验表明，梁的受剪承载力随纵向受拉钢筋配筋率的提高而增大。因纵向受拉钢筋能抑制斜裂缝的开展和延伸，且销栓作用也增大。

4. 箍筋的配筋率和箍筋强度

箍筋可以直接承受部分剪力，可以抑制斜裂缝的开展和延伸。为了提高构件延性，箍筋不宜采用高强钢筋。箍筋的用量可用箍筋配箍率来反映，其表达式为

$$\rho_{sv} = \frac{A_{sv}}{b s_v} \tag{5-24}$$

式中：　A_{sv}——斜截面内配置在沿梁长度方向一个箍筋间距s_v范围内的箍筋各肢总截面面积；

　　　　b——截面宽度；

　　　　s_v——沿梁长度方向箍筋间距。

考点三：受弯构件斜截面受剪承载力的计算方法

斜截面抗剪设计时，一般采用截面限制条件和一定的构造措施避免斜压和斜拉破坏。针对剪压破坏形态，采用《公路混凝土桥规》给定公式进行抗剪设计，即

$$\gamma_0 V_d \leqslant V_u = 0.45 \times 10^{-3} \alpha_1 \alpha_2 \alpha_3 bh_0 \sqrt{(2 + 0.6p)\sqrt{f_{cu,k}}\rho_{sv}f_{sv}} + 0.75 \times 10^{-3} f_{sd} \sum A_{sb} \sin\theta_s \quad \text{(5-25)}$$

式中：　γ_0 ——结构重要性系数；

　　　　V_d ——剪力设计值（kN），按验算截面的最不利值取用；

　　　　V_u ——配有箍筋和斜筋的钢筋混凝土梁斜截面受剪承载力（kN）；

　　　　α_1 ——异号弯矩影响系数，计算简支梁和连续梁近边支点梁段的受剪承载力时，$\alpha_1 = 1.0$；计算连续梁和悬臂梁近中间支点梁段的受剪承载力时，$\alpha_1 = 0.9$；

　　　　α_2 ——预应力提高系数，对钢筋混凝土受弯构件，$\alpha_2 = 1$；

　　　　α_3 ——受压翼缘的影响系数，对具有受压翼缘的截面，$\alpha_3 = 1.1$；

　　　　b ——斜截面受压区顶端正截面处矩形截面宽度（mm），或 T 形和工字形截面肋板宽度（mm）；

　　　　h_0 ——斜截面受压区顶端正截面的有效高度，自纵向受拉钢筋合力点到受压边缘的距离（mm）；

　　　　p ——斜截面内纵向受拉钢筋的配筋率，$p = 100\rho$，$\rho = A_s/(bh_0)$，当 $p > 2.5$ 时，取 $p = 2.5$；

　　$f_{cu,k}$ ——混凝土立方体抗压强度标准值（MPa）；

　　　　ρ_{sv} ——斜截面内箍筋配筋率；

　　　　f_{sv} ——箍筋抗拉强度设计值（MPa）；

　　　　f_{sd} ——弯起钢筋的抗拉强度设计值（MPa）；

　　　　A_{sb} ——斜截面内在同一个弯起钢筋平面内的弯起钢筋总截面面积（mm²）；

　　　　θ_s ——弯起钢筋的切线与构件水平纵向轴线的夹角。

受剪承载力计算公式需满足上下限值。

（1）上限值——截面最小尺寸

当截面尺寸较小而剪力较大时，可能在梁肋处产生过大的主压应力，使梁产生斜压破坏。故要求

$$\gamma_0 V_d \leqslant 0.51 \times 10^{-3} \sqrt{f_{cu,k}} bh_0 \quad \text{(kN)} \quad \text{(5-26)}$$

若不满足，则应加大截面尺寸或提高混凝土强度等级，避免发生斜压破坏。

（2）下限值——按构造要求配置箍筋

《公路混凝土桥规》规定，当满足下式时，可不需进行斜截面受剪承载力的计算，仅按构造要求配置箍筋。

$$\gamma_0 V_d \leqslant 0.5 \times 10^{-3} \alpha_2 f_{td} bh_0 \quad \text{(kN)} \quad \text{(5-27)}$$

当梁内配置一定数量的箍筋，且箍筋间距不过大，能与斜裂缝相交时，可防止发生斜拉破坏。

在支点和按构造配置箍筋区段之间的计算剪力应由混凝土、箍筋和弯起钢筋共同承担。《公路混凝土桥规》规定：用于配筋设计的最大剪力计算值取用距支座中心 $h/2$（梁高一半）处截面的数值。其中，混凝土和箍筋共同承担不少于 60% 的剪力计算值，弯起钢筋（按 45° 弯起）承担不超过 40% 的剪力计算值。也就是说，混凝土和箍筋共同承担了大部分剪力，其抗剪作用效果好于弯起钢筋的抗剪作用效果。

考点四：全梁承载能力校核与构造要求

1. 承载能力校核

对钢筋混凝土梁进行全梁承载能力校核，就是检查梁的正截面受弯承载力、斜截面受剪承载力和斜截面受弯承载力是否满足要求。

正截面受弯承载力要求可以按照抵抗弯矩图外包弯矩包络图的原则来满足。

斜截面受剪承载力复核时，复核位置应按以下规定选取：

（1）距支座中心$h/2$（梁高一半）处的截面（图5-15中截面1-1）。

（2）受拉区弯起钢筋弯起处的截面（图5-15中截面2-2和3-3）以及锚于受拉区的纵向钢筋开始不受力处的截面（图5-15中截面4-4）。

（3）箍筋数量或间距有改变处的截面（图5-15中截面5-5）。

（4）梁的肋板宽度改变处的截面。

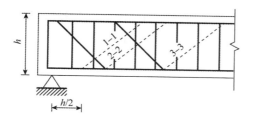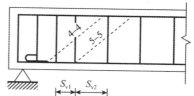

图5-15　斜截面受剪承载力复核截面位置示意图

按式（5-25）进行斜截面抗剪承载力复核时，公式中的V_d、b、h_0均指斜截面顶端位置处正截面的数值，但图5-15仅指出了斜截面底端的位置，而此时通过底端斜截面的方向角β'（图5-16中的b'点）是未知的，它受斜截面投影长度c的控制。同时，式（5-25）中计入斜截面抗剪承载力计算的箍筋和弯起钢筋（斜筋）的数量，显然也受到斜截面投影长度c的控制。

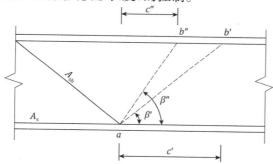

图5-16　斜截面投影长度

斜截面投影长度c是自纵向钢筋与斜裂缝底端相交点至斜裂缝顶端距离的水平投影长度，其大小与有效高度h_0和剪跨比m有关。《公路混凝土桥规》建议斜截面投影长度c的计算公式为

$$c = 0.6mh_0 = 0.6\frac{M_d}{V_d} \tag{5-28}$$

式中：　m——斜截面顶端处正截面的广义剪跨比，当$m > 3$时，取$m = 3$；

　　　　V_d——通过斜截面顶端正截面的剪力设计值；

　　　　M_d——相应于上述最大剪力设计值的弯矩设计值。

2. 构造要求

构造要求及其措施是结构设计的重要组成部分。结构计算一般只能确定构件的截面尺寸及钢筋数量和布置，但对于一些不易精确计算的构造细节往往要通过构造措施来弥补。

1）纵向受拉钢筋在支座处的锚固

梁在支座附近出现斜裂缝时，梁的承载能力取决于纵向受拉钢筋在支座处的锚固情况。为防止因锚固长度不足导致钢筋被拔出而破坏，需要满足以下要求：

（1）在钢筋混凝土梁的支点处，应至少有两根且不少于下层纵向受拉钢筋总数1/5的钢筋通过。

（2）底层两外侧之间不向上弯曲的纵向受拉钢筋,伸出支点截面以外的长度应不小于10d(HPB300钢筋应带半圆钩）;对环氧树脂涂层钢筋应不小于12.5d,d为纵向受拉钢筋直径。

2）纵向受拉钢筋在梁跨间的截断与锚固

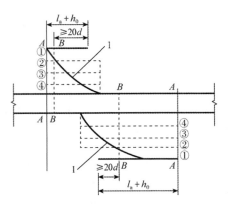

图5-17 纵向受拉钢筋截断时的延伸长度

1-弯矩图;A-A-钢筋①、②、③、④强度充分利用截面;B-B-按计算不需要钢筋①的截面

当纵向受拉钢筋在梁跨间的理论截断点处被截断后,该处混凝土所受的拉应力突增,梁会过早出现斜裂缝。因此,纵向受拉钢筋不宜在受拉区截断。若需截断,为了保证钢筋强度被充分利用,必须将钢筋从理论截断点外伸一定的长度（$l_a + h_0$）再截断,l_a为钢筋的锚固长度,h_0为梁截面有效高度（图5-17）;同时应考虑从正截面抗弯承载力计算不需要该钢筋的截面至少延伸20d（环氧树脂涂层钢筋25d）,d为钢筋公称直径。

钢筋的锚固长度l_a是受力钢筋通过混凝土与钢筋黏结作用将所受的力传递给混凝土所需的长度。为充分利用钢筋强度,不同受力情况下钢筋的最小锚固长度见表5-13。

表5-13

钢筋最小锚固长度l_a

钢筋种类	HPB300				HRB400、HRBF400、RRB400			HRB500		
混凝土强度等级	C25	C30	C35	≥C40	C30	C35	≥C40	C30	C35	≥C40
受压钢筋（直端）	45d	40d	38d	35d	30d	28d	25d	35d	33d	30d
受拉钢筋 直端	—	—	—	—	35d	33d	30d	45d	43d	40d
弯钩端	40d	35d	33d	30d	30d	28d	25d	35d	33d	30d

注:1. d为钢筋公称直径。

2. 对于受压束筋和等代直径$d_e \leqslant 28$mm 的受拉束筋的锚固长度,应以等代直径按表值确定,束筋的各单根钢筋可在同一锚固终点截断;对于等代直径$d_e > 28$mm 的受拉束筋,束筋内各单根钢筋应自锚固起点开始,以表内规定的单根钢筋的锚固长度的1.3 倍,呈阶梯形逐根延伸后截断,即自锚固起点开始,第一根延伸1.3 倍单根钢筋的锚固长度,第二根延伸2.6 倍单根钢筋的锚固长度,第三根延伸3.9 倍单根钢筋的锚固长度。

3. 采用环氧树脂涂层钢筋时,受拉钢筋最小锚固长度应增加25%。

4. 当混凝土在凝固过程中易受扰动时,锚固长度应增加25%。

5. 当受拉钢筋末端采用弯钩时,锚固长度为包括弯钩在内的投影长度。

受拉钢筋的末端弯钩和钢筋的中间弯折应符合表5-14 的规定。

表5-14

受拉钢筋的末端弯钩和钢筋的中间弯折

弯曲部位	弯曲角度	形 状	钢 筋	弯曲直径	平直段长度
末端弯钩	180°		HPB300	≥2.5d	≥3d
末端弯钩	135°		HRB400、HRB500、HRBF400、RRB400	≥5d	≥5d

续上表

弯曲部位	弯曲角度	形　状	钢　筋	弯曲直径	平直段长度
末端弯钩	90°		HRB400、HRB500、HRBF400、RRB400	≥5d	≥10d
中间弯折	≤90°		各种钢筋	≥20d	—

注：采用环氧树脂涂层钢筋时，除应满足表内规定外，当钢筋直径 $d \leqslant 20mm$ 时，弯钩内直径 D 不应小于 $5d$；当 $d >$ 20mm 时，弯钩内直径 D 不应小于 $6d$；直线段长度不应小于 $5d$。

3）钢筋的接头

当梁内的钢筋需要接长时，可以采用绑扎接头、焊接接头和机械接头。

钢筋连接宜设在受力较小区段，并宜错开布置。接头宜采用焊接接头和机械接头（套筒挤压接头、镦粗直螺纹接头)；当施工或构造条件有困难时，除轴心受拉和小偏心受拉构件纵向受力钢筋外，也可采用绑扎接头。

（1）绑扎接头

受拉钢筋绑扎接头的搭接长度 l_s 应不小于表 5-15 的规定；受压钢筋绑扎接头的搭接长度应不小于受拉钢筋绑扎接头的搭接长度的 0.7 倍。

受拉钢筋绑扎接头的搭接长度　　　　　　　　　　　　表 5-15

钢筋种类	HPB300		HRB400、HRBF400、RRB400	HRB500
混凝土强度等级	C25	≥ C30	≥ C30	≥ C30
搭接长度（mm）	40	35d	45d	50d

注：1. d 为钢筋的公称直径（mm）。当带肋钢筋 $d > 25mm$ 时，其受拉钢筋的搭接长度应按表值增加 $5d$ 采用；当带肋钢筋 $d < 25mm$ 时，搭接长度可按表值减少 $5d$ 采用。
　　2. 当混凝土在凝固过程中受力钢筋易受扰动时，其搭接长度应增加 $5d$。
　　3. 在任何情况下，受拉钢筋的搭接长度不应小于 300mm；受压钢筋的搭接长度不应小于 200mm。
　　4. 环氧树脂涂层钢筋的绑扎接头搭接长度，受拉钢筋按表值的 1.5 倍采用。
　　5. 受拉区段内，HPB300 钢筋绑扎接头的末端应做成弯钩，HRB400、HRB500、HRBF400 和 RRB400 钢筋的末端可不做成弯钩。

在任一绑扎接头中心至搭接长度 l_s 的 1.3 倍长度区段 l（图 5-18）内，同一根钢筋不得有两个接头；在该区段内有绑扎接头的受力钢筋截面面积占受力钢筋总截面面积的百分数，受拉区不宜超过 25%，受压区不宜超过 50%。超过上述规定时，绑扎接头的搭接长度应按表 5-15 的规定值，乘以下列系数：当受拉钢筋绑扎接头截面面积大于 25%，但不大于 50% 时，乘以 1.4，当大于 50% 时，乘以 1.6；当受压钢筋绑扎接头截面面积大于 50% 时，乘以 1.4(受压钢筋绑扎接头长度仍为表中受拉钢筋绑扎接头长度的 0.7 倍)。

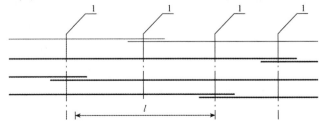

图 5-18　受力钢筋绑扎接头

1-绑扎接头搭接长度中心（图中 l 区段内有接头的钢筋截面面积按两根计）

（2）焊接接头

钢筋焊接接头宜采用闪光接触对焊；当闪光接触对焊条件不具备时，也可采用电弧焊（帮条焊或搭接焊）、电渣压力焊和气压焊。电弧焊应采用双面焊缝，不得已时方可采用单面焊缝。电弧焊接接头的焊缝长度，双面焊缝不应小于钢筋直径的 5 倍，单面焊缝不应小于钢筋直径的 10 倍。

在任一焊接接头中心至 35 倍钢筋直径且不小于 500mm 的长度区段 l 内，同一根钢筋不得有两个接头；在该区段内有接头的受力钢筋截面面积占受力钢筋总截面面积的百分数，普通钢筋在受拉区不宜超过 50%，在受压区和装配式构件间的连接钢筋不受限制。

（3）机械接头

钢筋机械连接接头适用于 HRB400、HRB500、HRBF400 和 RRB400 带肋钢筋的连接。钢筋机械连接件的最小混凝土保护层厚度不得小于 20mm。连接件之间或连接件与钢筋之间的横向净距不应小于 25mm。

受弯构件的钢筋净距应考虑浇筑混凝土时，振捣器可以顺利插入。各主钢筋间横向净距和层与层之间的竖向净距，当钢筋为 3 层及以下时，不应小于 30mm，并不小于钢筋直径；当钢筋为 3 层以上时，不应小于 40mm，并不小于钢筋直径的 1.25 倍。

4）箍筋的构造要求

钢筋混凝土梁应设置直径不小于 8mm 且不小于 1/4 主钢筋直径的箍筋。箍筋的最小配筋率，采用 HPB300 钢筋时 $\rho_{sv,min} = 0.14\%$，采用 HRB400 钢筋时 $\rho_{sv,min} = 0.11\%$。

箍筋的间距（指沿构件纵轴方向箍筋轴线之间的距离）不应大于梁高的 1/2 且不大于 400mm；当所箍钢筋为纵向受压钢筋时，应不大于受压钢筋直径的 15 倍，且不应大于 400mm。支座中心向跨径方向长度不小于 1 倍梁高范围内，箍筋间距不宜大于 100mm。

近梁端第一根箍筋应设置在距端面一个混凝土保护层的距离处。梁与梁或梁与柱的交接范围内，靠近交接面的第一根箍筋，其与交接面的距离不大于 50mm。

5）弯起钢筋

钢筋混凝土梁设置弯起钢筋时，其弯起角宜取 45°。受拉区弯起钢筋的弯起点，应设在按正截面抗弯承载力计算充分利用该钢筋强度的截面以外不小于 $h_0/2$ 处。弯起钢筋可在按正截面受弯承载力计算不需要该钢筋截面之前弯起，但弯起钢筋与梁中心线的交点应位于按计算不需要该钢筋的截面（图 5-19）之外。弯起钢筋的末端应留有锚固长度：受拉区不应小于 20 倍钢筋直径，受压区不应小于 10 倍钢筋直径，环氧树脂涂层钢筋增加 25%；HPB300 钢筋尚应设置半圆弯钩。

靠近支点的第一排弯起钢筋顶部的弯折点，简支梁或连续梁边支点应位于支座中心截面处，悬臂梁或连续梁中间支点应位于横隔梁（板）靠跨径一侧的边缘处，以后各排（跨中方向）弯起钢筋的梁顶部弯折点，应落在前一排（支点方向）弯起钢筋的梁底部弯折点处或弯折点以内。

弯起钢筋不得采用浮筋。

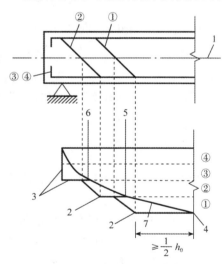

图 5-19　弯起钢筋弯起点位置

1-梁中心线；2-受拉区钢筋弯起点；3-正截面抗弯承载力图形；4-钢筋①～④强度充分利用的截面；5-按计算不需要钢筋①的截面（钢筋②～④强度充分利用截面）；6-按计算不需要钢筋②的截面（钢筋③～④强度充分利用截面）；7-弯矩图

例 题 解 析

例题 1　〔2019-52〕《公路钢筋混凝土及预应力混凝土桥涵设计规范》规定，为保证斜截面抗弯承载力，要求受拉区弯起钢筋的弯起点应设在钢筋强度（　　）。

　　A. 理论断点以外，不小于 $h_0/2$

　　B. 充分利用点以外，不大于 $h_0/2$

　　C. 充分利用点以外，不小于 $h_0/2$

　　D. 理论断点以外，不大于 $h_0/2$

解析：见考点四。为满足斜截面抗弯的要求，弯起钢筋的弯起点位置应设在按正截面抗弯承载力计算该钢筋的强度全部被利用的截面以外，弯起点至弯起钢筋强度充分利用截面的距离不小于 $h_0/2$。

答案：C

例题 2　〔2019-53〕影响斜截面抗剪承载力的主要因素有（　　）。

　　A. 剪跨比、箍筋强度、纵向钢筋长度

　　B. 剪跨比、混凝土强度、箍筋及纵向钢筋的配筋率

　　C. 纵向钢筋强度、混凝土强度、架立钢筋强度

　　D. 混凝土强度、箍筋及纵向钢筋的配筋率、架立钢筋强度

解析：见考点二。影响斜截面抗剪承载力的主要因素有剪跨比、混凝土强度、纵向受拉钢筋的配筋率、箍筋的配筋率。

答案：B

例题 3　〔2021-49〕对于受拉束筋的锚固长度，束筋内各单根钢筋应自锚固起点开始以规范表值规定的单根钢筋的锚固长度的 1.3 倍呈阶梯形逐根延伸后截断，该要求适用于束筋等代直径大于（　　）。

　　A. 25mm　　　　　B. 28mm　　　　　C. 30mm　　　　　D. 32mm

解析：见考点四。根据表 5-13 的注 2，对于等代直径 $d_e > 28$mm 的受拉束筋，束筋内各单根钢筋应自锚固起点开始，以表内规定的单根钢筋的锚固长度的 1.3 倍，呈阶梯形逐根延伸后截断。

答案：B

例题 4　〔2021-50〕在进行钢筋混凝土梁设计时，纵向受拉钢筋不宜在受拉区截断，如需截断，应从按正截面抗弯承载力计算充分利用点至少延伸 1 倍钢筋最小锚固长度加梁截面有效高度，同时应考虑从正截面抗弯承载力计算不需要点至少延伸（　　）。

　　A. 10 倍主筋直径　　　　　　　　　　B. 20 倍主筋直径

　　C. 梁截面有效高度　　　　　　　　　　D. 1 倍钢筋最小锚固长度

解析：见考点四。如果要在受拉区截断受拉钢筋，必须将钢筋从理论截断点外伸一定的长度（最小锚固长度加梁截面有效高度）再截断；同时应考虑从正截面抗弯承载力计算不需要该钢筋的截面至少延伸 $20d$，d 为钢筋公称直径。

答案：B

例题 5　〔2021-51〕受弯构件斜截面受力破坏形态中，发生剪压破坏的剪跨比一般为（　　）。

　　A. ＜ 1　　　　　B. 1~3　　　　　C. ＞ 3　　　　　D. 4~6

解析：见考点一。剪跨比 m 为 1~3 时，受弯构件发生剪压破坏。

答案：B

例题 6 ［2022-51］已知钢筋混凝土矩形截面宽 800mm，采用 C35 混凝土，剪力设计值为 3000kN，重要性系数为 1，则满足抗剪的最小尺寸高度是（　　）mm。

A. 1000

B. 1100

C. 1200

D. 1300

解析：见考点三。钢筋混凝土矩形截面受剪承载力计算公式需满足上下限值，上限值对应截面最小尺寸。

$$\gamma_0 V_d \leqslant 0.51 \times 10^{-3} \sqrt{f_{cu,k}} bh_0$$
$$3000 \leqslant 0.51 \times 10^{-3} \sqrt{35} \times 800 h_0$$

计算得：$h_0 \geqslant 1242mm$。

答案：D

例题 7 计算钢筋混凝土简支梁近支点和连续梁边支点梁段斜截面抗剪承载力时，下列复核位置选取不正确的是（　　）。

A. 距支座中心$h/2$处截面（h为梁高）

B. 受压区弯起钢筋弯起点处截面

C. 箍筋数量或间距改变处截面

D. 构件腹板宽度变化处截面

解析：见考点四。在进行钢筋混凝土简支梁斜截面抗剪承载力复核时，其复核位置应按照下列规定选取：

（1）距支座中心$h/2$（梁高一半）处的截面。

（2）受拉区弯起钢筋弯起处的截面，以及锚于受拉区的纵向钢筋开始不受力处的截面。

（3）箍筋数量或间距有改变处的截面。

（4）梁的肋板宽度改变处的截面。

答案：B

例题 8 考虑到梁支座附近出现斜裂缝时，为保证纵向受拉钢筋的锚固要求，《公路钢筋混凝土及预应力混凝土桥涵设计规范》规定在钢筋混凝土简支梁的支点处，下层受拉纵向钢筋的通过数量是（　　）。

A. 至少 1 根且不少于总数的1/4

B. 至少 2 根且不少于总数的1/4

C. 至少 1 根且不少于总数的1/5

D. 至少 2 根且不少于总数的1/5

解析：见考点四。钢筋混凝土梁端支点处，应至少有两根且不少于总数1/5的下层受拉主钢筋通过。两外侧钢筋，应延伸出端支点以外，并弯成直角，顺梁高延伸至顶部，与顶层纵向架立钢筋相连。两侧之间的其他未弯起钢筋，伸出支点截面以外的长度不应小于 10 倍钢筋直径（环氧树脂涂层钢筋为 12.5 倍钢筋直径）；HPB300 钢筋应带半圆钩。

答案：D

自 测 模 拟

1. 无腹筋梁中，当剪跨比 $1 \leqslant m \leqslant 3$ 时，发生的破坏通常为（　　）。

    A. 少筋破坏　　　　　　B. 剪压破坏　　　　　　C. 适筋破坏　　　　　　D. 斜压破坏

2. 如果梁的抵抗弯矩图切入弯矩包络图，说明梁的（　　）不满足要求。

    A. 斜截面受弯承载力　　　　　　　　　　B. 斜截面受剪承载力

    C. 正截面受弯承载力　　　　　　　　　　D. 正截面受剪承载力

3. 钢筋混凝土梁中要求箍筋的配箍率必须满足 $\rho_{sv} \geqslant \rho_{sv,min}$，这是为了防止（　　）。

    A. 受弯破坏　　　　　　B. 斜压破坏　　　　　　C. 剪压破坏　　　　　　D. 斜拉破坏

4. 无腹筋梁斜截面破坏形态主要有三种，这三种破坏的性质是（　　）。

    A. 都属于脆性破坏

    B. 都属于塑性破坏

    C. 剪压破坏属于塑性破坏，斜拉和斜压破坏属于脆性破坏

    D. 剪压和斜压破坏属于塑性破坏，斜拉破坏属于脆性破坏

5. 纵筋弯起使弯起点必须设在该钢筋的充分利用点以外不小于 $0.5h_0$ 的地方，这一要求是为了保证（　　）。

    A. 正截面抗弯强度　　　　　　　　　　　B. 斜截面抗剪强度

    C. 斜截面抗弯强度　　　　　　　　　　　D. 正截面抗剪强度

6. 在进行受弯构件斜截面受剪承载力计算时，若所配箍筋不能满足抗剪强度要求，采取以下（　　）解决办法较好。

    A. 将纵向钢筋弯起为斜钢筋或加焊斜钢筋

    B. 将箍筋间距加大

    C. 将构件截面尺寸减小

    D. 将混凝土强度等级降低

7. 适筋破坏与超筋破坏的相对界限受压区高度的确定依据是（　　）。

    A. 混凝土高度　　　　B. 钢筋材料　　　　　C. 平截面假定　　　　D. 混凝土等级

8. 为了保证受弯构件的斜截面受剪承载力，计算时对梁的截面尺寸加以限制的原因在于防止（　　）的发生。

    A. 斜拉破坏　　　　　　B. 斜弯破坏　　　　　　C. 斜压破坏　　　　　　D. 剪压破坏

9. 某无腹筋梁由于剪跨比的不同可能发生剪压、斜压、斜拉破坏，其破坏时承载力的关系为（　　）。

    A. 剪压破坏＞斜压破坏＞斜拉破坏　　　　B. 剪压破坏＝斜压破坏＞斜拉破坏

    C. 斜压破坏＞剪压破坏＞斜拉破坏　　　　D. 斜压破坏＞剪压破坏＝斜拉破坏

10. 所谓剪跨比就是指某一截面上弯矩与该截面上剪力与截面有效高度乘积的比值。一般用（　　）来表示。

    A. 弯矩/(拉力×高度)　　　　　　　　　　B. 弯矩/(剪力×高度)

    C. 高度/(剪力×弯矩)　　　　　　　　　　D. 剪力/(应力×高度)

参 考 答 案

1. B　　2. C　　3. D　　4. A　　5. C　　6. A　　7. C　　8. C　　9. C　　10. B

第四节　受压构件正截面承载力计算

考 点 分 析

本节重点：受压构件的破坏形态，轴心受压构件的承载力计算，矩形截面偏心受压构件非对称配筋计算，矩形截面偏心受压构件对称配筋计算，圆形截面受压构件。

本节难点：矩形截面偏心受压构件非对称配筋计算，圆形截面受压构件。

考 点 精 讲

考点一：受压构件中钢筋的作用

1. 受压构件中纵向钢筋的作用
（1）协助混凝土抗压，可减小构件截面尺寸。
（2）承受可能存在的弯矩。
（3）防止构件出现脆性破坏。
2. 箍筋的作用
按箍筋的功能和配置方式的不同，钢筋混凝土轴心受压构件可分为：配有纵向钢筋和普通箍筋的轴心受压构件（普通箍筋柱）、配有纵向钢筋和螺旋箍筋的轴心受压构件（螺旋箍筋柱）。

普通箍筋的作用是防止纵向钢筋局部压屈；与纵向钢筋形成钢筋骨架，便于施工。螺旋箍筋可使截面中间部分（核心）混凝土成为横向可约束的混凝土（约束混凝土），从而提高构件的承载力和延性。

考点二：受压构件的破坏形态

1. 轴心受压构件的破坏形态
（1）短柱
在轴向力作用下，短柱混凝土和钢筋产生均匀压缩变形，当轴向力达到破坏荷载的90%左右时，柱中部周边混凝土表面出现纵向裂缝，部分混凝土剥落，箍筋间的纵向钢筋发生外鼓屈曲，混凝土被压碎而破坏（图5-20）。
（2）长柱
长柱在荷载较小时，截面处于全截面受压状态。随着荷载的增大，长柱产生侧向挠度，导致凹侧压应力较大，凸侧较小。凹侧混凝土首先被压碎，混凝土表面出现纵向裂缝，部分混凝土剥落，纵向钢筋外鼓，凸侧可能突然受拉出现横向裂缝（图5-21）。长柱的承载能力比短柱的要低。

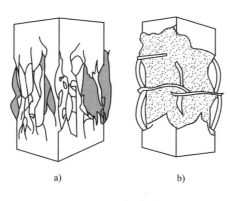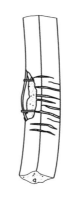

图 5-20　短柱的破坏　　　　　图 5-21　长柱的破坏

2. 偏心受压构件的破坏形态

（1）大偏心受压破坏

在相对偏心距较大，受拉侧钢筋配置不太多时，常发生大偏心受压破坏。在偏心荷载的作用下，因偏心距较大，靠近作用力一侧混凝土处于受压状态，远离作用力一侧混凝土处于受拉状态。在荷载作用不大时，远离一侧混凝土即开裂，钢筋代替混凝土受拉。随着荷载的增大，受拉侧钢筋的拉应力和受压侧混凝土的压应力均逐渐增大，横向裂缝逐渐发展。当受拉钢筋达到屈服强度时，裂缝开展高度增大，受压区混凝土面积减小，混凝土达到极限压应变，出现纵向裂缝而破坏（图 5-22）。

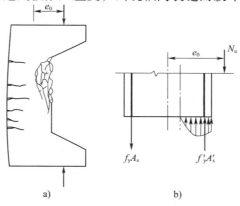

图 5-22　大偏心受压破坏

（2）小偏心受压破坏

在相对偏心距较小，或相对偏心距较大，但配置钢筋较多的情况下，常发生小偏心受压破坏。在偏心荷载作用下，一般情况下，靠近作用力一侧的混凝土处于受压状态，远离作用力一侧的混凝土可能处于受拉状态，也可能处于受压状态。如果远离作用力一侧受拉，可能出现横向裂缝，受拉钢筋的拉应力小于受拉屈服强度。如果远离作用力一侧受压，则处于全截面受压状态。随着荷载的增大，靠近作用力一侧的压应力越来越大，达到极限压应变后混凝土出现纵向裂缝而破坏（图 5-23）。此时，靠近作用力一侧的钢筋受压达到屈服，而远离作用力一侧的钢筋尚未达到屈服强度。

当偏心距很小，接近截面中和轴时，由于不对称配筋或混凝土本身的离散性使截面的重心轴偏离中和轴导致远离荷载作用一侧的压应力大于靠近荷载作用一侧，随着荷载的增大，远离荷载作用一侧的混凝土达到极限压应变出现纵向裂缝而破坏（图 5-24）。

当受压构件的混凝土达到极限压应变被压碎时，受压钢筋通常也能达到受压屈服强度。

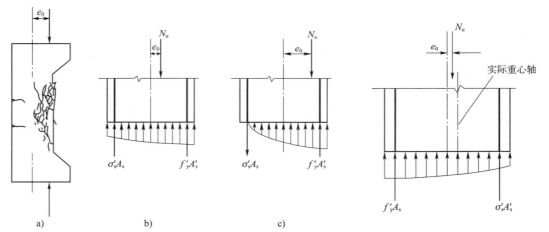

图 5-23　小偏心受压破坏的两种情况　　　图 5-24　偏心距很小时的小偏心受压破坏

考点三：稳定系数

钢筋混凝土轴心受压构件随着长细比的增大，承载能力逐渐降低，采用稳定系数 φ 反映降低的程度。

$$\varphi = \frac{\pi^2 \beta_1 E_c}{f_{cd} + f'_{sd}\rho'} \cdot \frac{1}{\lambda^2} \tag{5-29}$$

φ 主要与构件的长细比 λ 有关，λ 越大，φ 越小，可查表获得。混凝土的强度等级及配筋率影响相对较小。

矩形截面长细比 $\lambda = \frac{l_0}{b}$，b 为短边尺寸。

圆形截面长细比 $\lambda = \frac{l_0}{d}$，d 为圆的直径。

l_0 为构件计算长度，可参考表 5-16 取用。

构件计算长度值　　　　　　　　　　　　　　　　　　　表 5-16

构　件		构件及其两端固定情况	计算长度 l_0
直杆		两端固定	$0.5l$
		一端固定，一端为不移动铰	$0.7l$
		两端均为不移动铰	$1.0l$
		一端固定，一端自由	$2.0l$

注：表中 l 为构件实际长度。

考点四：轴心受压构件承载力计算

轴心受压构件承载力计算公式为

$$\gamma_0 N_d \leqslant N_u = 0.9\varphi(f_{cd}A + f'_{sd}A'_s) \tag{5-30}$$

纵向钢筋配筋率单侧不得小于 0.2%，全部不得小于 0.5%。当纵向钢筋配筋率 $\rho' = \frac{A'_s}{A} > 3\%$ 时，式（5-30）中混凝土面积改为净面积，即 A 应改用 $A_n = A - A'_s$。

受压构件采用 C30 及以上强度等级的混凝土，截面尺寸不宜小于 250mm，纵向钢筋净距不应小于 50mm，且不应大于 350mm，箍筋必须为封闭箍筋，间距不得大于 400mm。

考点五：大小偏心受压构件的判别方法

受拉钢筋达到屈服，同时受压区混凝土达到极限压应变的破坏称为界限破坏。根据平截面假定可以推导出界限破坏高度系数，$\xi_b = \dfrac{0.8}{1+\dfrac{f_y}{0.0033E_s}}$，当 $\xi \leqslant \xi_b$ 时，为大偏心受压破坏；当 $\xi > \xi_b$ 时，为小偏心受压破坏。

考点六：偏心受压构件的 N_u-M_u 相关曲线

对钢筋混凝土偏心受压构件（短柱）截面承载力作进一步分析，可以得到图 5-25 所示的曲线。图中的曲线 abc 表示偏心受压构件正截面承载力 N_u 与相应的 M_u 之间的关系（$N_u e_0 = M_u$），称为 N_u-M_u 相关曲线。

（1）在图 5-25 中，ab 段为大偏心受压时的 N_u-M_u 相关曲线，两者之间是二次函数关系，随着 N_u 的增大，M_u 也增大；bc 段为小偏心受压时的 N_u-M_u 相关曲线，两者之间也是二次函数关系，但是与大偏心受压不同，随着 N_u 的增大，M_u 却减小。

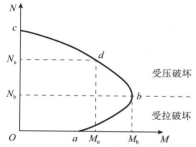

（2）图 5-25 中 N_u-M_u 相关曲线的 a 点，其纵标值 $N_u = 0$，横坐标值 M_u 为受弯构件的正截面承载力；N_u-M_u 相关曲线的 c 点，其横坐标值 $M_u = 0$，纵坐标值 N_u 为轴心受压构件的正截面承载力；N_u-M_u

图 5-25　偏心受压构件的 N_u-M_u 曲线图

相关曲线的点是大偏心受压和小偏心受压的分界点，表示偏心受压构件界限破坏时的正截面承载力，这时 M_u 值最大。

（3）图 5-25 中 N_u-M_u 相关曲线上的任意一点 d 点的坐标就代表给定截面尺寸、材料强度及配筋的偏心受压构件正截面承载力 N_u 和相应的 M_u。当作用组合的效应设计值 N_d 和相应的 M_d 得到的坐标位于 N_u-M_u 相关曲线的外侧时，就表示构件的正截面承载力不满足。

考点七：偏心受压构件的纵向弯曲

钢筋混凝土受压构件在偏心力作用下，将产生纵向弯曲变形（侧向变形）。对于长细比小的短柱，侧向挠度小，计算时一般可忽略其影响。对于长细比较大的长柱，由于侧向变形的影响，各截面所受的弯矩不再是 Ne_0，而变成 $N(e_0 + y)$（图 5-26），其中 y 为构件任意一点的水平侧向变形。在柱高度中点处，侧向变形最大，截面上的弯矩为 $N(e_0 + u)$。u 随荷载的增大而不断加大，弯矩的增长也越来越快。一般把偏心受压构件截面弯矩中的 Ne_0 称为初始弯矩或一阶弯矩（不考虑构件侧向变形时的弯矩），将 Nu 或 Ny 称为附加弯矩或二阶弯矩。由于二阶弯矩的影响，偏心受压构件会产生不同的破坏类型。

钢筋混凝土偏心受压构件按长细比可分为短柱、长柱和细长柱。

（1）短柱

对于偏心受压短柱，虽然在偏心力作用下会产生一定的侧向变形，但是 u 值很小，一般可忽略不计，即不考虑二阶弯矩。各截面中的弯矩均可认为等于 Ne_0，近似地认为弯矩和轴力呈线性关系（图 5-27 中直线 OB）。

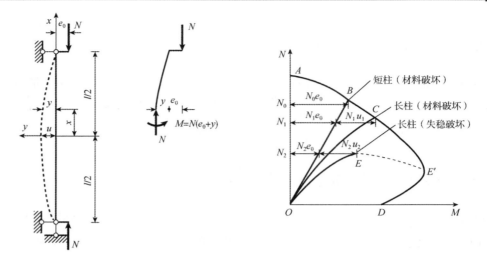

图 5-26　偏心受压构件的受力简图　　　　图 5-27　构件长细比的影响

（2）长柱

如果侧向变形较大，则不可忽略。因侧向挠度受轴向力和偏心距的综合影响，弯矩和轴力直线之间呈非线性关系（图 5-27 中曲线 OC）。

（3）细长柱

长细比很大的柱，当偏心力达到一定值后，侧向变形突然剧增，构件发生失稳破坏。因材料强度没有得到充分利用，设计中应避免细长柱（图 5-27 中曲线 OE）。

通过偏心距增大系数 η 考虑纵向挠曲的影响，其表达式为

$$\eta = 1 + \frac{1}{1300 e_0 / h_0} \left(\frac{l_0}{h} \right)^2 \zeta_1 \zeta_2 \tag{5-31}$$

式中：　ζ_1——荷载偏心率对截面曲率的影响系数，$\zeta_1 = 0.2 + 2.7 \frac{e_0}{h_0} \leqslant 1.0$；

　　　　ζ_2——构件长细比对截面曲率的影响系数，$\zeta_2 = 1.15 - 0.01 \frac{l_0}{h} \leqslant 1.0$。

考点八：矩形截面偏心受压构件非对称配筋的计算

矩形截面是工程中常用的构件，其长边为 h，短边为 b。设计中以长边方向的截面为弯矩作用平面。偏心受压构件采用如下假定：

（1）截面应变分布符合平截面假定。

（2）不考虑混凝土的抗拉强度。

（3）受压混凝土的极限压应变 $\varepsilon_{cu} = 0.003 \sim 0.0033$。

（4）混凝土的压应力图形为矩形，应力集度为 f_{cd}，矩形应力图的高度 $x = \beta x_c$。

对于矩形截面偏心受压构件，用 ηe_0 表示纵向弯曲的影响。一般情况下，受压边缘混凝土达到极限压应变时，同一侧的受压钢筋一般都能达到其抗压设计强度值，另一侧的钢筋可能受拉也可能受压，用 σ_s 表示。其受力图示如图 5-28 所示。

取构件纵轴方向的外力和为零，可得

$$N_u = f_{cd} b x + f'_{sd} A'_s - \sigma_s A_s \tag{5-32}$$

由截面上所有对钢筋 A_s 合力点的力矩之和为零，可得

$$N_u e_s = f_{cd} b x \left(h_0 - \frac{x}{2} \right) + f'_{sd} A'_s (h_0 - a'_s) \tag{5-33}$$

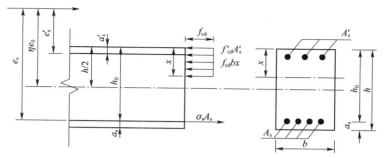

图 5-28　矩形截面偏心受压构件正截面承载力计算图示

由截面上所有对钢筋 A'_s 合力点的力矩之和为零，可得

$$N_u e'_s = -f_{cd} bx\left(\frac{x}{2} - a'_s\right) + \sigma_s A_s(h_0 - a'_s) \tag{5-34}$$

由截面上所有力对 N_u 作用点力矩之和为零，可得

$$f_{cd} bx\left(e_s - h_0 + \frac{x}{2}\right) = \sigma_s A_s e_s - f'_{sd} A'_s e'_s \tag{5-35}$$

式中：　e_s、e'_s ——分别为偏心压力作用点至钢筋 A_s 合力作用点和钢筋 A'_s 合力作用点的距离，计算公式见式（5-36）和式（5-37）。

$$e_s = \eta e_0 + \frac{h}{2} - a_s \tag{5-36}$$

$$e'_s = \eta e_0 - \frac{h}{2} + a'_s \tag{5-37}$$

式中：　e_0 ——轴向力对截面中心轴的偏心距，计算公式见式（5-38）。

$$e_0 = \frac{M_d}{N_d} \tag{5-38}$$

（1）受拉钢筋应力的取值。

当 $\xi = x/h_0 \leqslant \xi_b$ 时，属于大偏心受压构件，取 $\sigma_s = f_{sd}$。

当 $\xi = x/h_0 > \xi_b$ 时，属于小偏心受压构件，取

$$\sigma_s = \varepsilon_{cu} E_s\left(\frac{\beta h_0}{x} - 1\right) \tag{5-39}$$

（2）为保证构件破坏时大偏心受压构件截面上的受压钢筋达到抗压设计强度，必须满足下列不等式。

$$x \geqslant 2a'_s$$

当 $x < 2a'_s$ 时，可偏安全地取 $x = 2a'_s$，得到式（5-40）。

$$N_u e'_s = f_{sd} A_s(h_0 - a'_s) \tag{5-40}$$

（3）当小偏心受压构件处于全截面受压时，可能出现远离力作用一侧的混凝土先被压碎的情况（图 5-29），此时用式（5-41）进行计算。

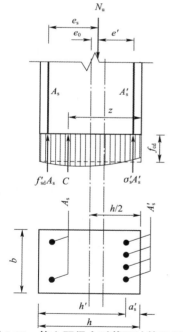

图 5-29　偏心距很小时截面计算图示

$$N_u e' \leqslant f_{cd} bh\left(h'_0 - \frac{h}{2}\right) + f'_{sd} A_s(h'_0 - a_s) \tag{5-41}$$

截面复核时，需进行弯矩作用平面内和垂直于弯矩作用平面内的截面复核。

考点九：矩形截面偏心受压构件对称配筋的计算

在实际工程中，为使构造简单和施工方便，采用对称配筋。设计计算公式为

$$N = f_{cd}bx \tag{5-42}$$

$$x = \frac{N}{f_{cd}b} \tag{5-43}$$

$$\xi = \frac{N}{f_{cd}bh_0} \tag{5-44}$$

当$\xi \leqslant \xi_b$时，按大偏心受压构件设计；当$\xi > \xi_b$时，按小偏心受压构件设计。

（1）大偏心受压构件

当$2a'_s \leqslant x \leqslant \xi_b h_0$时，则

$$A_s = A'_s = \frac{Ne_s - f_{cd}bh_0^2\xi(1 - 0.5\xi)}{f'_{sd}(h_0 - a'_s)} \tag{5-45}$$

当$x < 2a'_s$时，则

$$A_s = A'_s = \frac{Ne'_s}{f_{sd}(h_0 - a'_s)} \tag{5-46}$$

（2）小偏心受压构件

《公路混凝土桥规》建议可用式（5-47）计算截面相对受压区的高度。

$$\xi = \frac{N - f_{cd}bh_0\xi_b}{\dfrac{Ne_s - 0.43f_{cd}bh_0^2}{(\beta - \xi_b)(h_0 - a'_s)} + f_{cd}bh_0} + \xi_b \tag{5-47}$$

考点十：圆形截面偏心受压构件

沿周边均匀配筋的圆形截面偏心受压构件，其正截面承载力计算的基本假定是：

（1）截面变形符合平截面假定。

（2）构件达到破坏时，受压边缘处混凝土的极限压应变取为$\varepsilon_{cu} = 0.0033$。

（3）受压区混凝土应力分布采用等效矩形应力图，正应力集度为f_{cd}。

（4）不考虑受拉区混凝土参与工作，拉力由钢筋承受。

（5）将钢筋视为理想的弹塑性体。

对于周边均匀配筋的圆形偏心受压构件，当纵筋不少于6根时，可以将纵向钢筋转化为总面积为$\sum\limits_{i=1}^{n} A_{si}$、半径为$r_s$的等效钢环。

圆形截面偏心受压构件的正截面承载能力计算公式为

$$\gamma_0 N_d \leqslant N_u = \alpha f_{cd}A\left(1 - \frac{\sin 2\pi\alpha}{2\pi\alpha}\right) + (\alpha - \alpha_t)f_{sd}A_s \tag{5-48}$$

$$\gamma_0 N_d\eta e_0 \leqslant M_u = \frac{2}{3}f_{cd}Ar\frac{\sin^2 \pi\alpha}{\pi} + f_{sd}A_s r_s\frac{\sin \pi\alpha + \sin \pi\alpha_t}{\pi} \tag{5-49}$$

$$\alpha_t = 1.25 - 2\alpha \geqslant 0 \tag{5-50}$$

式中：A——圆形截面面积；

　　　A_s——全部纵向普通钢筋截面面积；

　N_u、M_u——正截面抗压、抗弯承载力设计值；

　　　r——圆形截面的半径；

　　　r_s——纵向普通钢筋重心所在圆周的半径；

　　　e_0——轴向力对截面重心的偏心距；

α ——对应于受压区混凝土截面面积的圆心角（rad）与 2π 的比值；

α_t ——纵向受拉普通钢筋截面面积与全部纵向普通钢筋截面面积的比值，当 $\alpha > 0.625$ 时，α_t 取为 0。

对于混凝土强度等级为 C30~C50，纵向钢筋配筋率在 0.5%~4% 之间，沿周边均匀布置纵向钢筋（钢筋根数大于 6 根）的圆形截面钢筋混凝土偏心受压构件，可通过查表法计算抗压承载力。

$$\gamma_0 N_d \leqslant N_u = n_u A f_{cd} \tag{5-51}$$

式中：n_u ——构件相对抗压承载力，按《公路混凝土桥规》表 F.0.1 确定。

考点十一：构造规定

1. 轴心受压构件钢筋设置

（1）配有普通箍筋（或螺旋筋）的轴心受压构件，其钢筋设置应符合下列规定：

①纵向受力钢筋的直径不应小于 12mm，净距不应小于 50mm 且不应大于 350mm。构件的全部纵向钢筋配筋率不宜超过 5%。

②箍筋应做成闭合式，其直径不应小于纵向钢筋直径的 1/4，且不小于 8mm。

③箍筋间距不应大于纵向受力钢筋直径的 15 倍、不大于构件短边尺寸（圆形截面采用 0.8 倍直径）并不大于 400mm。纵向钢筋截面面积大于混凝土截面面积 3% 时，箍筋间距不应大于纵向钢筋直径的 10 倍，且不大于 200mm。

④构件内纵向受力钢筋应设置于离角筋中心距离 s 不大于 150mm 或 15 倍箍筋直径（取较大者）范围内，如超出此范围设置纵向受力钢筋，应设复合箍筋、系筋。

（2）配有螺旋式或焊接环式间接钢筋的轴心受压构件，其钢筋的设置应符合下列规定：

①纵向受力钢筋的截面面积，不应小于箍筋圈内核心截面面积的 0.5%。核心截面面积不应小于构件整个截面面积的 2/3。

②间接钢筋的螺距或间距不应大于核心直径的 1/5，且不应大于 80mm，也不应小于 40mm。

③纵向受力钢筋应伸入与受压构件连接的上下构件内，其长度不应小于受压构件的直径且不应小于纵向受力钢筋的锚固长度。

④间接钢筋的直径不应小于纵向钢筋直径的 1/4，且不小于 8mm。

（3）钢筋混凝土构件中纵向受力钢筋的最小配筋率应符合下列要求：

①轴心受压构件、偏心受压构件全部纵向钢筋的配筋率不应小于 0.5，当混凝土强度等级 C50 及以上时不应小于 0.6；同时，一侧钢筋的配筋率不应小于 0.2。当大偏心受拉构件的受压区配置按计算需要的受压钢筋时，其配筋率不应小 0.2。

②受弯构件、偏心受拉构件及轴心受拉构件的一侧受拉钢筋的配筋率不应小于 $45 f_{td}/f_{sd}$，同时不应小于 0.2。

③轴心受压构件、偏心受压构件全部纵向钢筋的配筋率和一侧纵向钢筋（包括大偏心受拉构件受压钢筋）的配筋率应按构件的毛截面面积计算。轴心受拉构件及小偏心受拉构件一侧受拉钢筋的配筋率应按构件毛截面面积计算。受弯构件、大偏心受拉构件的一侧受拉钢筋的配筋率为 $100 A_s/(bh_0)$，其中 A_s 为受拉钢筋截面面积，b 为腹板宽度（箱形截面梁为各腹板宽度之和）。当钢筋沿构件截面周边布置时，"一侧的受压钢筋"或"一侧的受拉钢筋"指受力方向两个对边中的一边布置的纵向钢筋。

例 题 解 析

例题 1 ［2020-50］轴心受压构件按箍筋作用不同，可分为的两种基本类型是（　　　）。

　　A. 普通箍筋柱和直接箍筋柱

　　B. 螺旋箍筋柱和普通箍筋柱

　　C. 普通箍筋柱和长箍筋柱

　　D. 螺旋箍筋柱和间接箍筋柱

解析：见考点一。按箍筋的功能和配置方式的不同，钢筋混凝土轴心受压构件可分为普通箍筋柱和螺旋箍筋柱。

答案：B

例题 2 ［2020-51］用螺旋箍筋约束混凝土的目的是（　　　）。

　　A. 混凝土的强度和延性均提高

　　B. 混凝土的强度能提高，延性不能提高

　　C. 混凝土的延性能提高，强度不能提高

　　D. 混凝土的强度和延性均不能提高

解析：见考点一。螺旋箍筋可使核心混凝土成为约束混凝土，从而提高构件的承载力和延性。

答案：A

例题 3 ［2020-54］在矩形截面偏心受压构件计算中，判断大偏心受压、小偏心受压的条件是（　　　）。

　　A. $e_0 < 0.3h_0$ 为小偏心，$e_0 \geqslant 0.3h_0$ 为大偏心

　　B. $e_0 > 0.3h_0$ 为小偏心，$e_0 \leqslant 0.3h_0$ 为大偏心

　　C. $\xi \leqslant \xi_b$ 为大偏心，$\xi > \xi_b$ 为小偏心

　　D. $\xi < \xi_b$ 为小偏心，$\xi \geqslant \xi_b$ 为大偏心

解析：见考点五。ξ_b 为界限破坏高度系数，$\xi \leqslant \xi_b$ 时为大偏心受压破坏，$\xi > \xi_b$ 时为小偏心受压破坏。

答案：C

例题 4 ［2021-52］受压构件内纵向受力钢筋设置于离角筋中心距离大于 150mm 或箍筋直径一定倍数（两者取较大者）时应设复合箍筋，这个规定的倍数是（　　　）。

　　A. 10 倍　　　　　　　　B. 12 倍　　　　　　　　C. 15 倍　　　　　　　　D. 20 倍

解析：见考点十。构件内纵向受力钢筋应设置于离角筋中心距离 s 不大于 150mm 或 15 倍箍筋直径（取较大者）范围内，如超出此范围设置纵向受力钢筋，应设复合箍筋、系筋。

答案：C

例题 5 ［2021-53］在进行偏心受压构件承载能力极限状态验算时，考虑偏心距增大系数是因为需要应计入（　　　）。

　　A. 构件轴线施工误差引起的二阶效应

　　B. 构件截面施工误差引起的二阶效应

　　C. 轴向力作用位置偏差引起的二阶效应

　　D. 荷载作用产生侧向挠曲引起的二阶效应

解析：见考点六和考点七。钢筋混凝土受压构件在偏心力作用下，将产生侧向变形（挠曲）。对于长柱和细长柱，这种侧向变形的影响不能忽略，在承载能力极限状态计算时要计入侧向变形引起的二阶效应，引入偏心距增大系数 η。

答案： D

例题 6 ［2022-54］关于大、小偏心受压，下列说法不正确的是（　　　）。

    A. 小偏心受压随着压力增大，可承受的弯矩减小

    B. 大偏心受压随着压力增大，可承受的弯矩增大

    C. 小偏心受压构件所能承受的弯矩一定小于大偏心受压构件所能承受的弯矩

    D. 界限状态时，正截面受弯承载力达到最大值

解析： 见考点六。根据 N_u-M_u 相关曲线：对于大偏心受压，随着压力增大，可承受的弯矩增大；对于小偏心受压，随着压力增大，可承受的弯矩减小；在界限状态时，正截面受弯承载力达到最大值。

答案： C

例题 7 钢筋混凝土偏心受压构件发生小偏心受压破坏时，一般是受压区边缘混凝土的应变达到极限压应变，受压区混凝土被压碎；同一侧的钢筋压应力达到屈服强度，而另一侧的钢筋（　　　）。

    A. 受压屈服   B. 受拉屈服

    C. 受拉破坏   D. 达不到屈服强度

解析： 见考点二。小偏心受压构件的破坏特征是：受压区边缘混凝土压应变达到极限压应变，受压区混凝土被压碎；同一侧的钢筋压应力达到屈服强度，而另一侧钢筋，不论受拉还是受压，其应力均达不到屈服强度。

答案： D

例题 8 钢筋混凝土轴心受压构件，当配有纵向受力钢筋和普通箍筋时，其正截面抗压承载力应符合的规定是（　　　）。

    A. $\gamma_0 N_d \leqslant \varphi(f_{cd}A + f'_{sd}A'_s)$ B. $\gamma_0 N_d \leqslant 0.9\varphi(f_{cd}A + f'_{sd}A'_s)$

    C. $\gamma_0 N_d \leqslant 0.8\varphi(f_{cd}A + f'_{sd}A'_s)$ D. $\gamma_0 N_d \leqslant 0.7\varphi(f_{cd}A + f'_{sd}A'_s)$

解析： 见考点四。钢筋混凝土轴心受压构件，当配有纵向受力钢筋和普通箍筋时，其正截面抗压承载力应符合 $\gamma_0 N_d \leqslant 0.9\varphi(f_{cd}A + f'_{sd}A'_s)$。

答案： B

自 测 模 拟

1. 钢筋混凝土大偏心受压构件的破坏特征是（　　　）。

    A. 远离轴向力作用一侧的钢筋受拉屈服，靠近轴向力作用一侧的混凝土被压碎，钢筋受压屈服

    B. 远离轴向力作用一侧的钢筋可能受拉也可能受压，靠近轴向力作用一侧的混凝土被压碎，钢筋受压屈服

    C. 远离轴向力一侧的钢筋受拉屈服，靠近轴向力作用一侧的钢筋受压可能不屈服

    D. 远离轴向力作用一侧的混凝土先压碎，钢筋受压屈服，靠近轴向力作用一侧的混凝土不被压碎，钢筋也不会受压屈服

2. 钢筋混凝土小偏心受压构件的破坏特征是（　　　）。

    A. 远离轴向力作用一侧的钢筋受拉屈服，靠近轴向力作用一侧的混凝土被压碎，钢筋受压屈服

    B. 远离轴向力作用一侧的钢筋可能受拉也可能受压，靠近轴向力作用一侧的混凝土被压碎，钢筋受压屈服

    C. 远离轴向力一侧的混凝土被压碎，钢筋受压屈服，靠近轴向力作用一侧的钢筋受拉屈服

    D. 全截面的混凝土被压碎，钢筋受压屈服

3. 矩形截面小偏心受压构件截面设计时需补充条件 $A_s = \mu_{min}bh$，这是为了（　　）。

　　A. 节约钢材用量，因为小偏心受压构件破坏时受拉侧钢筋一般都不能达到屈服强度

　　B. 保证构件破坏时，受拉钢筋能达到屈服强度，以充分利用钢筋的抗拉强度

　　C. 保证构件破坏不是从受拉钢筋一侧先破坏

　　D. 避免受压构件发生少筋破坏

4. 矩形截面大偏心受压构件截面设计时需补充条件 $x = \xi_b h_0$，这是为了（　　）。

　　A. 保证不发生小偏心受压破坏

　　B. 充分利用混凝土的抗压强度，使设计的钢筋用量达到最少

　　C. 保证破坏时，远离轴向力作用一侧的钢筋应力达到屈服强度

　　D. 使受压构件发生适筋破坏

5. 对于小偏心受压构件（　　）。

　　A. M 不变时，N 越大越危险　　　　　　　B. M 不变时，N 越小越危险

　　C. N 不变时，M 越小越安全　　　　　　　D. N 不变时，M 大小对安全无影响

6. 对于大偏心受压构件（　　）。

　　A. M 不变时，N 越大越危险　　　　　　　B. M 不变时，N 越小越危险

　　C. N 不变时，M 越大越安全　　　　　　　D. N 不变时，M 大小对安全无影响

7. 在偏心受压构件正截面承载力计算中，要求受压区计算高度 $x > 2a'_s$，是为了（　　）。

　　A. 保证受压钢筋在构件破坏时能达到其抗压设计强度

　　B. 保证受拉钢筋屈服

　　C. 避免混凝土过早剥落

　　D. 保证受压区混凝土能达到极限压应变而破坏

8. 配置螺旋箍筋的混凝土受压构件，其抗压强度高于 f_c 是因为（　　）。

　　A. 螺旋箍筋使混凝土不出现裂缝

　　B. 螺旋箍筋约束了混凝土的横向变形

　　C. 螺旋箍筋使混凝土密实

　　D. 螺旋箍筋参与受压

9. 非对称配筋矩形截面柱，属于大偏心受压构件的条件是（　　）。

　　A. $\eta e_0 \leqslant 0.3h_0$　　　　　　　　　　　B. $x > \xi_b h_0$

　　C. $x \leqslant \xi_b h_0$　　　　　　　　　　　　　D. $x > 2a'_s$

10. 保持不变的长期荷载作用下，钢筋混凝土轴心受压构件中，混凝土徐变使（　　）。

　　A. 混凝土压应力减小，钢筋的压应力也减少

　　B. 混凝土及钢筋的压应力均不变

　　C. 混凝土压应力增大，钢筋的压应力减小

　　D. 混凝土压应力减小，钢筋的压应力增大

参　考　答　案

　　1. A　　2. B　　3. A　　4. B　　5. A　　6. B　　7. A　　8. B　　9. C　　10. D

第五节　受弯构件的应力、裂缝和变形计算

考 点 分 析

本节重点：受弯构件裂缝和最大裂缝宽度验算，受弯构件变形验算。

本节难点：受弯构件裂缝和最大裂缝宽度验算，受弯构件变形验算。

考 点 精 讲

考点一：换算截面

钢筋混凝土受弯构件在第Ⅱ工作阶段的特征是带裂缝工作，受拉区混凝土退出工作，拉力由钢筋承担。在荷载较小时，受拉钢筋应力尚未达到屈服强度，受压区混凝土压应力分布图形为三角形分布。但随着荷载的逐渐增大，受压区混凝土的压应力分布图形逐渐变成抛物线形。

在第Ⅱ工作阶段的计算，有如下三个基本假定：

（1）平截面假定。

（2）弹性体假定。

（3）忽略受拉区混凝土的抗拉能力。

根据平截面假定，平行于中和轴的各纵向纤维的应变与其到中和轴的距离成正比。同时，因钢筋与混凝土共同受力，共同变形，钢筋与同一水平线混凝土的应变相等，由图 5-30 可得

$$\frac{\varepsilon_c'}{x} = \frac{\varepsilon_c}{h_0 - x} \tag{5-52}$$

$$\varepsilon_s = \varepsilon_c \tag{5-53}$$

式中：　ε_c、ε_c' ——混凝土受拉和受压平均应变；

　　　　ε_s ——与混凝土的受拉平均应变为 ε_c 的同一水平位置处的钢筋的平均拉应变；

　　　　x ——受压区高度；

　　　　h_0 ——截面有效高度。

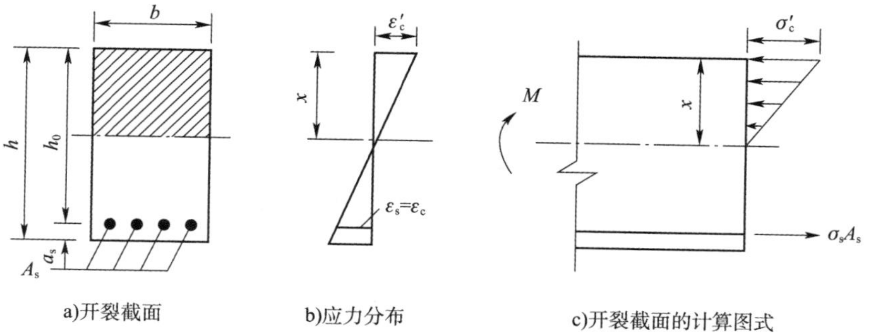

a)开裂截面　　　b)应力分布　　　c)开裂截面的计算图式

图 5-30　受弯构件的开裂截面

因第Ⅱ工作阶段混凝土压应力均不大，可以近似认为混凝土的压应力与平均应变成正比，则

$$\sigma_c' = E_c \varepsilon_c' \tag{5-54}$$

假定受拉钢筋重心处混凝土的平均拉应变与应力成正比，则

$$\sigma_c = E_c \varepsilon_c \tag{5-55}$$

因为钢筋和混凝土共同变形，可认为钢筋的应变与钢筋重心处的混凝土应变相同，即

$$\varepsilon_s = \varepsilon_c$$

故有

$$\sigma_s = \frac{E_s}{E_c} \sigma_c = \alpha_{Es} \sigma_c \tag{5-56}$$

式中： α_{Es} ——钢筋混凝土构件截面的换算系数。

表明，在钢筋同一水平位置处，钢筋的拉应力为混凝土拉应力的 α_{Es} 倍。

在计算时，可以将受拉区的钢筋换算成为混凝土，从而将由钢筋和混凝土两种不同材料组成的截面假想成由一种拉压性能相同的匀质材料组成的截面。等效的原则是混凝土承受的拉力与钢筋承受的拉力相等，即

$$\sigma_s A_s = A_{sc} \sigma_c \tag{5-57}$$

$$A_{sc} = \frac{\sigma_s A_s}{\sigma_c} = \alpha_{Es} A_s \tag{5-58}$$

A_{sc} 称为钢筋的换算面积。由受压区的混凝土面积和受拉区的换算面积组成的截面称为钢筋混凝土构件开裂截面的换算截面（图 5-31）。

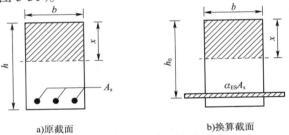

a)原截面　　　　b)换算截面

图 5-31 矩形开裂截面换算截面图

换算截面面积为

$$A_0 = bx + \alpha_{Es} A_s \tag{5-59}$$

换算截面对中和轴的静矩为

受压区

$$S_{0c} = \frac{1}{2} bx^2 \tag{5-60}$$

受拉区

$$S_{0t} = \alpha_{Es} A_s (h_0 - x) \tag{5-61}$$

则换算截面受压区高度为

$$x = \frac{\alpha_{Es} A_s}{b} \left(\sqrt{1 + \frac{2bh_0}{\alpha_{Es} A_s}} - 1 \right) \tag{5-62}$$

开裂截面换算截面惯性矩为

$$I_{cr} = \frac{1}{3} bx^3 + \alpha_{Es} A_s (h_0 - x)^2 \tag{5-63}$$

对于 T 形截面，仍然根据受压区高度是否位于受压翼缘内，将 T 形截面分为两类。当 $x \leqslant h_f'$ 时，为第一类 T 形梁 [图 5-32a ）]；当 $x > h_f'$ 时，为第二类 T 形梁 [图 5-32b ）]。

a)第一类T形截面　　b)第二类T形截面

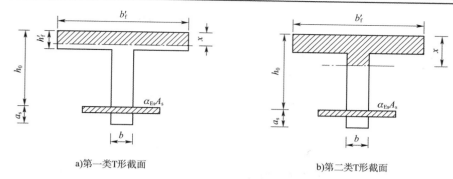

图 5-32　T 形开裂截面换算截面图

第一类 T 形梁，与受压翼缘宽度为b'_f的矩形梁的计算公式一致。

第二类 T 形梁，可用下式计算受压区高度

$$x=\sqrt{A^2+B}-A \tag{5-64}$$

$$\left.\begin{aligned}A&=\frac{\alpha_{Es}A_s+(b'_f-b)h'_f}{b}\\B&=\frac{2\alpha_{Es}A_sh_0+(b'_f-b)(h'_f)^2}{b}\end{aligned}\right\} \tag{5-65}$$

开裂截面换算截面对其中和轴的惯性矩为

$$I_{cr}=\frac{b'_fx^3}{3}-\frac{(b'_f-b)(x-h'_f)^3}{3}+\alpha_{Es}A_s(h_0-x)^2 \tag{5-66}$$

如果截面没有开裂，按混凝土全截面和钢筋的换算截面组成的截面进行换算（图 5-33）。对于 T 形截面，换算截面面积为

$$A_0=bh+(b'_f-b)h'_f+(\alpha_{Es}-1)A_s \tag{5-67}$$

受压区高度

$$x=\frac{\frac{1}{2}bh^2+\frac{1}{2}(b'_f-b)(h'_f)^2+(\alpha_{Es}-1)A_sh_0}{A_0} \tag{5-68}$$

换算截面对中和轴的惯性矩为

$$I_0=\frac{1}{12}bh^3+bh\left(\frac{1}{2}-h\right)^2+\frac{1}{12}(b'_f-b)(h'_f)^3+(b'_f-b)h'_f\left(\frac{h'}{2}-x\right)^2+(\alpha_{Es}-1)A_s(h_0-x)^2 \tag{5-69}$$

a)原截面　　b)换算截面

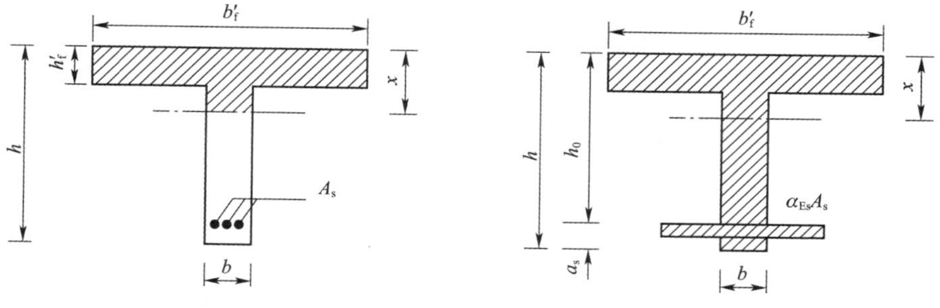

图 5-33　全截面换算截面示意图

考点二：受弯构件裂缝及最大裂缝宽度验算

1. 引起构件裂缝的主要原因

混凝土的抗拉强度很低，在拉应力作用不大时就会出现裂缝。引起构件产生裂缝的原因很多，但可

归结为三类：

（1）作用效应（如弯矩、剪力、扭矩及拉力等）引起的裂缝。裂缝与混凝土承受的拉应力有关，具有较明显的规律。

（2）外加变形或约束变形引起的裂缝。外加变形一般有基础不均匀沉降、混凝土的收缩及温度变化等。

（3）钢筋锈蚀裂缝。由于混凝土保护层过薄、碳化或有害物质侵蚀钢筋产生锈蚀，锈蚀产物体积增大使混凝土产生较大的膨胀力，导致混凝土剥落。锈蚀裂缝典型的特征是沿钢筋长度方向的劈裂裂缝。

钢筋混凝土构件在荷载作用下产生的裂缝宽度，主要通过设计上进行理论验算和采取构造措施加以控制。

2. 裂缝宽度的计算理论

裂缝宽度的计算理论主要有黏结滑移理论、无滑移理论和综合理论。

（1）黏结滑移理论

黏结滑移理论认为裂缝控制主要取决于钢筋和混凝土之间的黏结性能，当混凝土出现裂缝后，由于钢筋和混凝土之间产生了相对滑移、变形不一致而导致裂缝开展。依此理论，裂缝平均宽度可表示为

$$W_f = \psi \frac{\sigma_{ss}}{E_s} l_{cr} \tag{5-70}$$

式中：ψ ——钢筋应力不均匀系数；

σ_{ss} ——钢筋在裂缝处的应力；

E_s ——钢筋的弹性模量；

l_{cr} ——平均裂缝间距。

（2）无滑移理论

无滑移理论认为在允许的裂缝宽度范围内，钢筋和混凝土之间的黏结力不破坏，相对滑移很小，可以忽略不计。则裂缝宽度可表示为

$$W_{fmax} = kc \frac{\sigma_{ss}}{E_s} \tag{5-71}$$

式中：k ——最大裂缝宽度与平均裂缝宽度的扩大倍数；

c ——裂缝观测点距最近一根钢筋表面的距离。

（3）综合理论

综合理论是黏结滑移理论和无滑移理论的综合。综合理论认为混凝土开裂后，混凝土的黏结力遭到一定程度的破坏，并产生滑移，致使构件表面的裂缝宽度较大，钢筋表面处的宽度较小。裂缝宽度计算公式可表示为

$$W_{fmax} = \alpha_{cr} \psi \frac{\sigma_s}{E_s} \left(1.9 c_s + 0.08 \frac{d_{eq}}{\rho_{te}} \right) \quad (\text{mm}) \tag{5-72}$$

$$\psi = 1.1 - 0.65 \frac{f_{tk}}{\rho_{te} \sigma_s} \tag{5-73}$$

$$d_{eq} = \frac{\sum n_i d_i^2}{\sum n_i v_i d_i} \tag{5-74}$$

$$\rho_{te} = \frac{A_q}{A_{te}} \tag{5-75}$$

$$\sigma_s = \frac{M_q}{0.87h_0 A_s} \tag{5-76}$$

式中：ψ——裂缝间纵向受拉钢筋应变不均匀系数，当$\psi < 0.2$时，取$\psi = 0.2$；当$\psi > 1.0$时，取$\psi = 1.0$；对直接承受重复荷载的构件，取$\psi = 1.0$；

c_s——最外层纵向受拉钢筋保护层厚度（mm），当$c_s < 20mm$时，$c_s = 20mm$；当$c_s > 65mm$时，$c_s = 65mm$；

M_q——按荷载准永久组合计算的弯矩值；

σ_s——受弯构件受拉区纵向钢筋的应力；

d_{eq}——纵向受拉钢筋的等效直径；

A_{te}——有效受拉混凝土面积，对轴拉构件为构件截面面积，对受弯构件则取1/2梁高以下的混凝土截面面积；

ρ_{te}——按有效受拉混凝土截面面积计算的纵向受拉钢筋的配筋率，当$\rho_{te} < 0.01$时，取$\rho_{te} = 0.01$；

v_i——第i种纵向受拉钢筋的相对黏结特征系数，对带肋钢筋取1.0，对光面钢筋取0.7。

3. 最大裂缝宽度计算公式

实际工程中，因为构件受力特征较多，影响裂缝宽度的因素很多，裂缝的机理十分复杂。《公路混凝土桥规》规定最大裂缝宽度按式（5-77）计算。

$$W_{cr} = C_1 C_2 C_3 \frac{\sigma_{ss}}{E_s} \cdot \frac{c+d}{0.30 + 1.4\rho_{te}} \tag{5-77}$$

式中：C_1——钢筋表面形状系数，对于光面钢筋，$C_1 = 1.4$；对于带肋钢筋，$C_1 = 1.0$；对于环氧涂层带肋钢筋，$C_1 = 1.15$；

C_2——长期效应影响系数，$C_2 = 1 + 0.5\frac{M_l}{M_s}$，其中$M_l$和$M_s$分别为按作用准永久组合和作用频遇组合计算的设计值；

C_3——与构件受力性质有关的系数，当为钢筋混凝土板式受弯构件时，$C_3 = 1.15$；当为其他受弯构件时，$C_3 = 1.0$；

c——最外排纵向受拉钢筋的混凝土层厚（mm），当$c > 50mm$时，取$50mm$；

d——纵向受拉钢筋的直径（mm），当采用不同直径的钢筋时，改用换算直径$d_e = \frac{\sum n_i d_i^2}{\sum n_i d_i}$；

ρ_{te}——纵向受拉钢筋的有效配筋率，$\rho_{te} = \frac{A_s}{A_{te}}$，对钢筋混凝土构件，当$\rho_{te} > 0.1$时，取$\rho_{te} = 0.1$；当$\rho_{te} < 0.01$时，取$\rho_{te} = 0.01$；

A_s——受拉区纵向钢筋截面面积，轴心受拉构件取全部纵向钢筋截面面积；受弯、偏心受拉及大偏心受压构件取受拉区纵向钢筋截面面积或受拉较大一侧的钢筋截面面积；

A_{te}——有效受拉混凝土截面面积，轴心受拉构件取构件截面面积；受弯、偏心受拉、偏心受压构件取$2a_s b$，a_s为受拉钢筋重心至受拉区边缘的距离，对矩形截面，b为截面宽度，对翼缘位于受拉区的T形、I形截面，b为受拉区有效翼缘宽度。

4. 裂缝宽度限值

《公路混凝土桥规》规定，在正常使用极限状态下，钢筋混凝土构件的最大裂缝宽度，应按作用频遇组合并考虑长期效应组合影响进行验算，且不得超过规定的裂缝限值。裂缝限值见表5-17。

最大裂缝宽度限值 表 5-17

环境类别	最大裂缝宽度限值（mm）	
	钢筋混凝土构件、采用预应力螺纹钢筋的 B 类预应力混凝土构件	采用钢丝或钢绞线的 B 类预应力混凝土构件
I类-一般环境	0.20	0.10
II类-冻融环境	0.20	0.10
III类-近海或海洋氯化物环境	0.15	0.10
IV类-除冰盐等其他氯化物环境	0.15	0.10
V类-盐结晶环境	0.10	禁止使用
VI类-化学腐蚀环境	0.15	0.10
VII类-磨蚀环境	0.20	0.10

考点三：受弯构件变形验算

1. 挠度的计算

钢筋混凝土受弯构件在使用阶段，因作用使构件产生挠曲变形，过大的变形将影响结构的正常使用。应验算构件在使用荷载作用下的最大变形计算值不得超过容许的限值。

受弯构件在使用阶段的挠度应考虑长期效应的影响，即作用频遇组合和给定的刚度计算的挠度值，再乘以挠度长期增长系数 η_θ。钢筋混凝土强度等级为 C40 及以下时，$\eta_\theta = 1.60$；当采用 C40~C80 混凝土时，$\eta_\theta = 1.45 \sim 1.35$，中间强度可按直线内插。

《公路混凝土桥规》规定，钢筋混凝土受弯构件按上述计算的长期挠度值，由汽车荷载（不计冲击力）和人群荷载频遇组合产生的最大挠度不应超过以下规定的限值：

（1）梁式桥主梁的最大挠度处为 $l/600$。

（2）梁式桥主梁的悬臂端为 $l_1/300$。

钢筋混凝土受弯构件，计算挠度采用开裂抗弯刚度，即

$$B = \frac{B_0}{\left(\frac{M_{cr}}{M_s}\right) + \left[1 - \left(\frac{M_{cr}}{M_s}\right)^2\right]\frac{B_0}{B_{cr}}} \tag{5-78}$$

式中：B——开裂构件等效截面的抗弯刚度；

B_0——全截面的抗弯刚度，$B_0 = 0.95 E_c I_0$；

B_{cr}——全截面的抗弯刚度，$B_{cr} = E_c I_{cr}$；

M_s——按作用频遇组合计算的弯矩值；

M_{cr}——开裂弯矩，$M_{cr} = \gamma f_{tk} W_0$；

γ——构件受拉区混凝土塑性影响系数，$\gamma = 2S_0/W_0$；

S_0——全截面换算截面重心轴以上（或以下）部分面积对重心轴的面积矩；

W_0——全截面换算截面抗裂验算边缘的弹性抵抗矩。

2. 预拱度的设置

《公路混凝土桥规》规定，当由荷载频遇组合并考虑长期效应影响产生的长期挠度不超过 $l/1600$ 时，

可不设预拱度；当不符合上述规定时则应设置预拱度。

钢筋混凝土受弯构件预拱度按结构和1/2可变荷载频遇值计算的长期挠度值之和取用，即

$$\Delta = w_G + \frac{1}{2}w_Q \tag{5-79}$$

式中： Δ ——预拱度值；

w_G ——结构重力产生的长期竖向挠度；

w_Q ——可变荷载频遇值产生的长期竖向挠度。

例 题 解 析

例题 1 ［2021-54］验算矩形截面钢筋混凝土构件裂缝宽度时，对受弯、偏心受拉、偏心受压构件，有效受拉混凝土截面面积取（   ）。

    A. 受拉钢筋面积的两倍

    B. 受拉钢筋重心至受拉区边缘的面积

    C. 受拉钢筋重心至受拉区边缘面积的两倍

    D. 受拉钢筋面积乘以钢筋与混凝土弹性模量之比的两倍

解析：见考点二。最大裂缝宽度计算公式中，A_{te} 为有效受拉混凝土截面面积。受弯、偏心受拉、偏心受压构件取 $2a_s b$，a_s 为受拉钢筋重心至受拉区边缘的距离，对矩形截面，b 为截面宽度。

答案：C

例题 2 ［2022-50］钢筋混凝土矩形截面正常使用阶段，验算全截面换算截面面积的公式为（   ）。

    A. $bh + \alpha_{Es} A_s$ B. $bh_0 + \alpha_{Es} A_s$

    C. $bh + (\alpha_{Es} - 1)A_s$ D. $bh_0 + (\alpha_{Es} - 1)A_s$

解析：见考点一。全截面换算截面公式为：$A_0 = bh + (\alpha_{Es} - 1)A_s$。

答案：C

例题 3 受弯构件在使用阶段的挠度应考虑长期效应的影响，即按作用的频遇组合和规范规定的刚度计算的挠度值，乘以挠度长期增长系数 η_θ。当采用 C40 以下混凝土时，挠度长期增长系数的取值是（   ）。

    A. 1.30   B. 1.45   C. 1.60   D. 1.75

解析：见考点三。受弯构件在使用阶段的挠度应考虑长期效应的影响，即按荷载频遇组合和《公路混凝土桥规》第6.5.2条规定的刚度计算的挠度值，乘以挠度长期增长系数 η_θ。当采用 C40 以下混凝土时，$\eta_\theta = 1.60$；当采用 C40~C80 混凝土时，$\eta_\theta = 1.45~1.35$，中间强度等级可按直线内插法取值。

答案：C

自 测 模 拟

1. 计算受弯构件挠度时，荷载采用（   ）。

    A. 设计值   B. 标准值

    C. 平均值   D. 标准值和准永久值

2. 提高截面刚度最有效的措施是（   ）。

A. 提高混凝土强度等级 B. 增加钢筋配筋量

C. 增大构件截面高度 D. 改变截面形状

3. 钢筋混凝土裂缝宽度验算中，说法正确的是（ ）。

A. 荷载、材料强度都取标准值

B. 荷载、材料强度都取设计值

C. 荷载取设计值，材料强度取标准值

D. 荷载取标准值，材料强度取设计值

4. 受弯构件正常使用阶段计算的依据在（ ）。

A. I_a 状态 B. II_a 状态 C. III_a 状态 D. 第 II 阶段

5. 验算钢筋混凝土受弯构件裂缝宽度和挠度的目的是（ ）。

A. 使构件能够带裂缝工作

B. 使构件满足正常使用极限状态的要求

C. 使构件满足承载能力极限状态的要求

D. 使构件能在弹性阶段工作

6. 关于钢筋混凝土受弯构件裂缝宽度描述正确的是（ ）。

A. 钢筋直径越大，平均裂缝间距越小

B. 钢筋直径越小，平均裂缝宽度越小

C. 配筋率越大，平均裂缝间距越大

D. 保护层越大，裂缝宽度越小

7. 下列关于裂缝产生机理的描述错误的是（ ）。

A. 钢筋混凝土受弯构件钢筋和混凝土的相对位移一定会导致裂缝

B. 钢筋应力通过钢筋与混凝土的黏结应力传给混凝土

C. 裂缝的开展是由于混凝土的回缩，钢筋的伸长，导致混凝土和钢筋之间产生相对滑移的结果

D. 当混凝土裂缝出现后，由于钢筋和混凝土之间产生了相对滑移，变形不一致而导致裂缝开展

8. 当最大裂缝宽度计算值超过容许值时，可以通过（ ）的方法来解决。

A. 增加保护层厚度 B. 增加截面的配筋率

C. 增加钢筋直径 D. 减少水灰比

9. 为减小构件的裂缝宽度，当配筋率一定时，宜选用（ ）。

A. 大直径钢筋 B. 光圆钢筋 C. 带肋钢筋 D. 高强钢筋

10. 一根钢筋混凝土梁，原设计配置 4 根 $d = 20mm$ 的 HRB400，能满足承载力、裂缝宽度和挠度的要求。现根据等强度原则用了 3 根 $d = 25mm$ 的 HRB400 钢筋，则（ ）。

A. 仅需重新验算裂缝宽度 B. 不必验算裂缝宽度，而需重新验算挠度

C. 两者都必须重新验算 D. 两者都不必重新验算

参 考 答 案

1. B 2. C 3. A 4. D 5. B 6. B 7. A 8. B 9. C 10. A

第六节　预应力混凝土结构

考 点 分 析

本节重点：预应力混凝土结构的基本原理，施加预应力的方法，预应力损失及有效预应力，预应力混凝土应力计算，抗裂性计算和承载能力计算。

本节难点：预应力损失及有效预应力，抗裂性计算和承载能力计算。

考 点 精 讲

考点一：预应力混凝土结构的基本原理

1. 预应力混凝土的概念

事先人为地在混凝土或钢筋混凝土结构中引入内部应力，且其数值和分布恰好能将使用荷载产生的应力抵消到合适程度的配筋混凝土，称为预应力混凝土。

施加预应力后，提高了构件刚度和抗裂度，改善了构件在正常使用阶段的力学性能。

2. 配筋混凝土的分类

（1）预应力度

由预加应力大小确定的消压弯矩和外荷载产生的弯矩的比值，称为预应力度。其计算公式为

$$\lambda = \frac{M_0}{M_s} \tag{5-80}$$

式中：λ——预应力混凝土构件的预应力度；

M_0——消压弯矩，构件抗裂边缘预压应力抵消到零时的弯矩；

M_s——按频遇组合计算的弯矩。

（2）配筋混凝土的分类

$\lambda \geqslant 1$，全预应力混凝土，在作用频遇组合下控制的正截面受拉边缘不允许出现拉应力。

$0 < \lambda < 1$，部分预应力混凝土，在作用频遇组合下控制的正截面受拉边缘出现拉应力或出现不超过规定宽度的裂缝。当对控制截面受拉边缘的拉应力加以限制时，为 A 类预应力混凝土构件；当构件控制截面受拉边缘拉应力超过限值直到出现不超过限值宽度的裂缝时，为 B 类预应力混凝土构件。

$\lambda = 0$，即不施加预应力的混凝土构件。

1970 年，国际预应力混凝土协会和欧洲混凝土委员会建议，将配筋混凝土分为四级：I级-全预应力混凝土、II级-有限预应力混凝土、III级-部分预应力混凝土、IV级-钢筋混凝土。这一分类方法，对部分预应力混凝土的优越性强调不够。针对这种分类方法的缺点，国际上已经改用按结构功能要求合理选用预应力度的分类方法。

考点二：预应力混凝土结构的优缺点

1. 优点

（1）可以提高构件的抗裂度和刚度。

（2）可以节省材料，减小自重，提高跨越能力。

（3）可以减小混凝土梁的竖向剪力和主拉应力。

（4）预应力可作为结构构件连接的手段，促进桥梁结构新体系与施工方法的发展。

2. 缺点

（1）预应力上拱度不易控制。

（2）预应力混凝土的前期费用较大，对于跨径小、构件数量少的工程，成本较高。

考点三：施加预应力的方法

施加预应力的主要方法有先张法和后张法。

先张法：即先张拉预应力钢筋，后浇筑构件混凝土。先张法是靠预应力筋与混凝土的黏结来传递预应力的。先张法施工工序简单，一般仅用于直线配筋的中小型构件。

后张法：即先浇筑混凝土，待凝结硬化后，再张拉预应力钢筋并锚固的方法。后张法是靠专用锚具来传递预应力的。

锚具是保证预应力混凝土构件施工安全、结构可靠的关键设备，选择时应确保锚具安全可靠，预应力损失小、构造简单、紧凑，制作方便，用钢量少，张拉锚固方便迅速，设备简单。

常用的锚具有：依靠摩阻力锚固的锚具，如楔形锚、锥形锚和夹片式锚具；依靠承压锚固的锚具，如镦头锚、钢筋螺纹锚等；依靠黏结力锚固的锚具，如压花锚等。

施加预应力的设备主要是千斤顶。此外，还需要制孔器、波纹管、穿索机和压浆机等设备。

考点四：预应力混凝土结构的材料

1. 混凝土

预应力混凝土结构中混凝土的强度等级不应低于C40。除了要求高强度外，还要求快硬、早强，以便及早施加预应力，加快施工进度，提高设备、模板等的利用率。应严格控制水灰比在 0.25~0.35，水泥用量不大于 $500kg/m^3$，选用优质活性掺和剂，并加强振捣和养生。

2. 预应力钢材

钢材的预应力强度要高，具有良好的塑性，与混凝土要有良好的黏结力，应力松弛损失要小。

常采用的预应力筋种类有高强度钢丝、钢绞线和预应力螺纹钢筋。

考点五：张拉控制应力、预应力损失和有效预应力

1. 张拉控制应力

张拉控制应力是指预应力钢筋锚固前张拉钢筋的千斤顶所显示的总拉力除以预应力钢筋截面面积所求得的钢筋应力值。张拉控制应力不宜太高，也不能太低。如果张拉应力太高，容易出现断丝，且松弛损失将增大。如果太低，则需要更多的预应力钢筋，成本增加，且构造复杂。

《公路混凝土桥规》规定，张拉控制应力应满足下列规定：

对于高强钢丝、钢绞线

$$\sigma_{con} \leqslant 0.75 f_{pk} \tag{5-81}$$

对于预应力螺纹钢筋

$$\sigma_{con} \leqslant 0.85 f_{pk} \tag{5-82}$$

式中：f_{pk} ——预应力钢筋的抗拉强度标准值。

为减小预应力损失，需要进行超张拉的钢筋，可以适当提高张拉力。但在任何情况下，钢筋的最大张拉控制应力，对于高强钢丝、钢绞线，不应超过 $0.80 f_{pk}$，对于预应力螺纹钢筋，不应超过 $0.90 f_{pk}$。

2. 预应力损失

预应力损失是指预应力筋在张拉、锚固和使用过程中随着时间增长应力逐渐减小的现象。

常见的预应力损失有以下六种：

（1）预应力筋与管道壁摩擦引起的应力损失 σ_{l1}。

（2）锚具变形、钢筋回缩和接缝压缩引起的预应力损失 σ_{l2}。

（3）钢筋与台座之间的温差引起的预应力损失 σ_{l3}。

（4）混凝土弹性压缩引起的预应力损失 σ_{l4}。

（5）预应力钢筋松弛引起的预应力损失 σ_{l5}。

（6）混凝土收缩和徐变引起的预应力损失 σ_{l6}。

各项预应力损失的计算方法见《公路混凝土桥规》的相关条文。

3. 有效预应力

预应力钢筋的有效预应力是预应力筋的张拉控制应力扣除相应阶段的应力损失后实际存留的预拉应力值。预应力损失在不同阶段也不相同，应根据受力阶段进行组合，然后才能确定不同受力阶段的有效预应力。《公路混凝土桥规》规定预应力损失的组合见表 5-18。

预应力损失的组合   表 5-18

预应力损失的组合	先 张 法	后 张 法
传力锚固时的损失（第一批）$\sigma_{l\,\mathrm{I}}$	$\sigma_{l2} + \sigma_{l3} + \sigma_{l4} + 0.5\sigma_{l5}$	$\sigma_{l1} + \sigma_{l2} + \sigma_{l4}$
传力锚固后的损失（第二批）$\sigma_{l\,\mathrm{II}}$	$0.5\sigma_{l5} + \sigma_{l6}$	$\sigma_{l5} + \sigma_{l6}$

在预加力阶段，预应力筋中的有效预应力为

$$\sigma_{pe\,\mathrm{I}} = \sigma_{con} - \sigma_{l\,\mathrm{I}} \tag{5-83}$$

在使用阶段，预应力筋中的有效预应力，即永存预应力为

$$\sigma_{pe\,\mathrm{I}} = \sigma_{con} - \sigma_{l\,\mathrm{I}} - \sigma_{l\,\mathrm{II}} = \sigma_{con} - \sigma_{l} \tag{5-84}$$

考点六：预应力混凝土受弯构件应力计算

预应力混凝土构件从预加力到承受外荷载直至破坏，经历施工阶段、使用阶段和破坏阶段。

1. 施工阶段

预应力混凝土构件在制作、运输和安装阶段，将承受不同的荷载作用。因施加预应力后，构件全截面参与工作，并处于弹性工作阶段，可采用材料力学的方法进行应力计算。需注意的是：先张法要采用全截面进行计算；后张法在施加预应力阶段采用净截面，在正常使用阶段则采用全截面进行计算。不管是先张法还是后张法，在施加预应力后，结构将产生反拱，自重将由预应力结构承担。

在运输吊装阶段，应考虑动力效应的影响。

在施工阶段，混凝土的压应力不能太大，否则上拱变形过大，可能出现沿钢筋纵向的裂缝，也可能引起徐变破坏。拉应力也不能太大，否则将出现横向裂缝。施工阶段的应力应满足如下要求：

（1）混凝土压应力 σ_{cc}^{t}

$$\sigma_{cc}^{t} \leqslant 0.70 f_{ck}'$$ (5-85)

式中：f_{ck}'——制作、运输、安装各阶段的混凝土轴心抗压强度标准值。

（2）混凝土拉应力 σ_{ct}^{t}

《公路混凝土桥规》根据预拉区边缘混凝土的拉应力，通过规定预拉区的配筋率来限制裂缝开展。

当 $\sigma_{ct}^{t} \leqslant 0.70 f_{tk}'$ 时，预拉区应配置配筋率不小于 0.2% 的纵向非预应力钢筋。

当 $\sigma_{ct}^{t} = 1.15 f_{tk}'$ 时，预拉区应配置配筋率不小于 0.4% 的纵向非预应力钢筋。

当 $0.70 f_{tk}' < \sigma_{ct}^{t} < 1.15 f_{tk}'$ 时，预拉区应配置纵向非预应力钢筋的配筋率按以上两者直线内插取用。拉应力 σ_{ct}^{t} 不应超过 $1.15 f_{tk}'$。

2. 正常使用阶段

正常使用阶段是指桥梁建成运营后的整个工作阶段。除预应力外，还应考虑一期恒载、二期恒载，车辆和人群等活荷载。一般预应力混凝土构件在正常使用阶段都处于弹性工作阶段。故正常使用阶段的应力计算仍按材料力学的知识进行。

（1）在使用荷载作用下，预应力钢筋的拉应力限值

高强钢丝、钢绞线

$$\sigma_{pe} + \sigma_{p} \leqslant 0.65 f_{pk}$$ (5-86)

预应力螺纹钢筋

$$\sigma_{pe} + \sigma_{p} \leqslant 0.75 f_{pk}$$ (5-87)

式中：σ_{pe}——受拉区预应力钢筋扣除全部预应力损失后的有效预应力；

σ_{p}——作用产生的预应力钢筋应力增量。

（2）在使用荷载作用下，混凝土的压应力限值

$$\sigma_{kc} + \sigma_{pt} \leqslant 0.5 f_{ck}$$ (5-88)

式中：σ_{kc}——作用标准值产生的混凝土法向压应力；

σ_{pt}——预加力产生的混凝土法向拉应力；

f_{ck}——混凝土轴心抗压强度标准值。

（3）混凝土主应力限值

混凝土的主压应力应满足

$$\sigma_{cp} \leqslant 0.6 f_{ck}$$

对计算得到的混凝土主拉应力 σ_{tp}，作为对构件斜截面抗剪计算的补充，按下列规定设置箍筋。

在 $\sigma_{tp} \leqslant 0.5 f_{tk}$ 区段，箍筋仅按构造要求配置。

在 $\sigma_{tp} > 0.5 f_{tk}$ 区段，箍筋间距按下式计算：

$$s_{v} = \frac{f_{sk} A_{sv}}{\sigma_{tp} b}$$ (5-89)

式中：f_{sk}——箍筋的抗拉强度标准值；

f_{tk}——混凝土轴心抗拉强度标准值；

A_{sv}——同一截面内箍筋的总截面积。

考点七：预应力混凝土构件抗裂计算

对全预应力混凝土和部分预应力混凝土 A 类构件，必须进行正截面抗裂性和斜截面抗裂性验算。

1. 正截面抗裂性验算

预应力混凝土受弯构件正截面抗裂性验算按作用频遇组合和准永久组合两种情况进行。

（1）频遇组合下的应力计算

先张法构件

$$\sigma_{st} = \frac{M_{G1} + M_{G2} + M_{Qs}}{W_0} \tag{5-90}$$

后张法构件

$$\sigma_{st} = \frac{M_{G1}}{W_n} + \frac{M_{G2} + M_{Qs}}{W_0} \tag{5-91}$$

式中：M_{Qs}——按作用频遇组合计算的可变荷载弯矩值。

$$M_{Qs} = \psi_{f1} M_{Q1} + \psi_{q2} M_{Q2} = 0.7 M_{Q1} + 0.4 M_{Q2} \tag{5-92}$$

式中：M_{Q1}、M_{Q2}——按汽车荷载标准值（不计冲击系数）和人群荷载标准值产生的弯矩值。

（2）准永久组合下的应力计算

先张法构件

$$\sigma_{lt} = \frac{M_{G1} + M_{G2} + M_{Ql}}{W_0} \tag{5-93}$$

后张法构件

$$\sigma_{st} = \frac{M_{G1}}{W_n} + \frac{M_{G2} + M_{Ql}}{W_0} \tag{5-94}$$

式中：M_{Ql}——按作用准永久组合计算的可变荷载弯矩值。

$$M_{Ql} = \psi_{q1} M_{Q1} + \psi_{q2} M_{Q2} = 0.4 M_{Q1} + 0.4 M_{Q2} \tag{5-95}$$

符号意义同前。

（3）混凝土正应力的限值

正截面抗裂验算是对构件正截面混凝土的拉应力进行验算，应符合下列要求：

全预应力混凝土构件在作用频遇组合下

$$\sigma_{st} - 0.85 \sigma_{pc} \leqslant 0 \quad （预制构件） \tag{5-96}$$

$$\sigma_{st} - 0.80 \sigma_{pc} \leqslant 0 \quad （分段浇筑或砂浆砌缝大纵向分块） \tag{5-97}$$

部分预应力混凝土 A 类构件在作用频遇组合下

$$\sigma_{st} - \sigma_{pc} \leqslant 0.7 f_{tk} \tag{5-98}$$

部分预应力混凝土 A 类构件在作用准永久组合下

$$\sigma_{st} - \sigma_{pc} \leqslant 0 \tag{5-99}$$

2. 斜截面抗裂性验算

斜截面抗裂性验算只需验算在作用频遇组合下的混凝土主拉应力，计算公式为

$$\sigma_{tp} = \frac{\sigma_{cx} + \sigma_{cy}}{2} - \sqrt{\left(\frac{\sigma_{cx} - \sigma_{cy}}{2}\right)^2 + \tau^2} \tag{5-100}$$

主拉应力的限值规定：

（1）全预应力混凝土构件在作用频遇组合下

$$\sigma_{tp} \leqslant 0.6 f_{tk} \quad （预制构件）$$ (5-101)

$$\sigma_{tp} \leqslant 0.4 f_{tk} \quad （现场浇筑或预制拼装构件）$$ (5-102)

（2）部分预应力混凝土 A 类构件在作用频遇组合下

$$\sigma_{tp} \leqslant 0.7 f_{tk} \quad （预制构件）$$ (5-103)

$$\sigma_{tp} \leqslant 0.5 f_{tk} \quad （现场浇筑或预制拼装构件）$$ (5-104)

考点八：预应力混凝土受弯构件承载力计算

1. 正截面承载力计算

对于只在受拉区配置预应力钢筋且配筋率适当的受弯构件，在荷载作用下，受拉区普通钢筋和预应力钢筋先后达到屈服强度和条件屈服强度，裂缝迅速延伸，受压区混凝土达到极限压应变而宣告破坏。在正常配筋范围内，预应力混凝土受弯构件的破坏弯矩取决于材料的强度值，其破坏弯矩与同条件的非预应力混凝土梁相同，而与预应力钢筋中是否施加预应力无关。表明预应力混凝土并不能创造出超越其本身材料强度能力之外的奇迹，但可明显改善结构在正常使用阶段的工作性能。

（1）受压区不配置钢筋的矩形截面受弯构件（图 5-34）

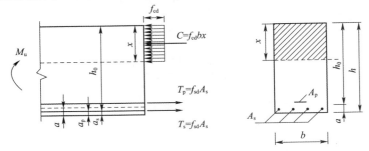

图 5-34 受压区不配置钢筋的矩形截面受弯构件正截面承载力计算图

受压区不布置钢筋的矩形截面受弯构件的计算公式为

$$f_{sd}A_s + f_{pd}A_p = f_{cd}bx$$ (5-105)

$$\gamma_0 M_d \leqslant M_u = f_{cd}bx\left(h_0 - \frac{x}{2}\right)$$ (5-106)

适用条件为

$$x \leqslant \xi_b h_0$$

（2）受压区配置钢筋的矩形截面受弯构件（图 5-35）

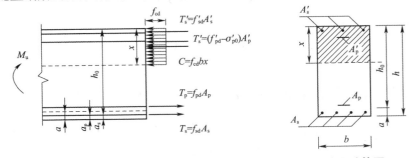

图 5-35 受压区配置钢筋的矩形截面受弯构件正截面承载力计算图

$$f_{sd}A_s + f_{pd}A_p = f_{cd}bx + f'_{sd}A'_s + (f'_{pd} - \sigma'_{p0})A'_p \tag{5-107}$$

$$\gamma_0 M_d \leqslant M_u = f_{cd}bx\left(h_0 - \frac{x}{2}\right) + f'_{sd}A'_s(h_0 - a'_s) + (f'_{pd} - \sigma'_{p0})A'_p(h_0 - a'_p) \tag{5-108}$$

适用条件为

$$x \leqslant \xi_b h_0$$
$$x \geqslant 2a'$$

2. 斜截面承载力计算

试验研究表明，预应力能够阻止斜裂缝的发生和发展，使混凝土的剪压区高度增大，从而提高构件的抗剪能力。《公路混凝土桥规》规定预应力混凝土构件的抗剪承载力采用与普通钢筋混凝土梁相同的承载力计算公式，通过预应力提高系数来考虑预应力的影响。

$$\gamma_0 V_d \leqslant V_u = 0.45 \times 10^{-3}\alpha_1\alpha_2\alpha_3 bh_0\sqrt{(2 + 0.6p)\sqrt{f_{cu,k}}\rho_{sv}f_{sv}} + 0.75 \times 10^{-3}f_{pd}\sum A_{pb}\sin\theta_s \tag{5-109}$$

式中：α_2——预应力提高系数，取 1.25；

　　A_{pd}——斜截面内在同一弯起平面的预应力弯起钢筋的截面面积；

　　f_{pd}——预应力钢筋抗拉强度设计值；

其他符号与普通钢筋混凝土相同。

预应力钢筋的弯起点，应同时考虑剪力和弯矩两方面的受力要求。其一，从受剪考虑，在跨径的三分点到四分点之间开始弯起。其二，从受弯考虑，要注意预应力钢筋弯起后的正截面抗弯承载力要求。其三，预应力钢筋的弯起点尚应考虑满足斜截面抗弯承载力的要求，即保证预应力钢筋弯起后斜截面上的抗弯承载力不低于斜截面顶端所在的正截面的抗弯承载力。

例 题 解 析

例题 1　［2019-55］下列预应力损失中，不属于先张法的是（　　）。

　　A. 管道摩阻预应力损失

　　B. 锚具的变形预应力损失

　　C. 钢筋的松弛预应力损失

　　D. 混凝土收缩、徐变预应力损失

解析： 见考点五。先张法是先张拉预应力钢筋，后浇筑混凝土，预应力钢筋和混凝土黏结在一起，不存在管道摩擦。后张法是先浇筑混凝土（预留管道），待混凝土硬化后，再张拉预应力钢筋并锚固，张拉时预应力钢筋与管道摩擦会产生预应力损失。

答案： A

例题 2　［2020-52］确定预应力钢筋弯起点时，考虑受力要求应兼顾（　　）。

　　A. 弯矩和预加力　　　　　　　　　B. 预加力和剪力

　　C. 轴力和弯矩　　　　　　　　　　D. 弯矩和剪力

解析： 见考点八。从受剪考虑，在跨径的三分点到四分点之间开始弯起。从受弯考虑，要注意预应力钢筋弯起后的正截面抗弯承载力要求。

答案： D

例题 3　［2021-55］预应力混凝土与普通钢筋混凝土相比，其优点描述不确切的是（　　）。

　　A. 可以减小主拉应力

B. 提高了构件的抗裂度和刚度

C. 可以节省材料，减少自重，增大跨越能力

D. 施工工艺简单，施工质量容易保证

解析：见考点二。选项 A、B、C 均为预应力混凝土的优点，选项 D 为预应力混凝土的缺点。

答案：D

例题 4　先张法预应力混凝土构件在传力锚固后的损失（第二批）$\sigma_{l\,\mathrm{II}}$ 阶段的预应力损失值组合是（　　）。

A. $\sigma_{l2} + \sigma_{l3} + \sigma_{l4} + 0.5\sigma_{l5}$

B. $0.5\sigma_{l5} + \sigma_{l6}$

C. $\sigma_{l5} + \sigma_{l6}$

D. $\sigma_{l1} + \sigma_{l2} + \sigma_{l4}$

解析：见考点五。选项 A 为先张法传力锚固时的损失（第一批）；选项 B 为先张法传力锚固后的损失（第二批）；选项 C 为后张法传力锚固后的损失（第二批）；选项 D 为后张法传力锚固时的损失（第一批）。

答案：B

自 测 模 拟

1. 在预应力混凝土受弯构件的受压区布置预应力钢筋的目的是（　　）。

A. 防止施工阶段预拉区出现裂缝

B. 增加构件的抗弯承载能力

C. 增加构件使用阶段的抗裂能力

D. 保证受压钢筋达到屈服强度

2. 受弯构件在受拉区施加预应力后（　　）。

A. 无法确定是否提高开裂弯矩和破坏弯矩

B. 提高构件破坏弯矩

C. 提高构件的开裂弯矩和破坏弯矩

D. 提高构件开裂弯矩

3. 为减少先张法中锚具变形、预应力筋回缩引起的预应力损失，不正确的措施是（　　）。

A. 尽量少用垫板

B. 选择变形小的锚具

C. 增加台座的长度

D. 在钢模上张拉预应力钢筋

4. 当外荷载使预应力混凝土受弯构件受拉边缘产生的应力等于（　　）时即将出现裂缝。

A. f_{tk}

B. $\alpha_{\mathrm{E}} f_{\mathrm{tk}}$

C. $\sigma_{\mathrm{PC\,II}} + \alpha_{\mathrm{E}} f_{\mathrm{tk}}$

D. $\sigma_{\mathrm{PC\,II}} + \gamma_{\mathrm{m}} f_{\mathrm{tk}}$

5. 关于预应力的说法，错误的是（　　）。

A. 先张法是靠临时锚具来传递预应力的

B. 后张法是靠专用锚具来传递预应力的

C. 可以通过超张拉减少预应力损失

D. 预应力锚下需要设置钢筋网片或螺旋钢筋提高局部承压能力

6. 通过对混凝土受弯构件施加预应力可以（　　）。

A. 提高混凝土抗压强度，提高构件承载能力

B. 提高混凝土抗拉强度，提高构件抗裂能力

C. 使构件获得预压应力，提高构件抗裂能力，改善构件使用阶段受力性能

D. 增大构件抗弯刚度，使构件挠度增大

7. 为提高预应力混凝土受弯构件的正截面抗裂度，可采用（　　）。

A. 增大非预应力钢筋用量

B. 增大预压应力，使构件的开裂弯矩接近其破坏弯矩

C. 增大预压应力，使构件的开裂弯矩大于其破坏弯矩

D. 增大预压应力，使构件在使用荷载作用下受拉边缘不出现拉应力或出现少许拉应力

8. 关于先张法预应力混凝土构件的叙述，错误的是（　　）。

A. 先张法靠钢筋与混凝土之间的黏结力来传递预应力

B. 先张法靠工作锚具来传递预应力

C. 先张法只适用于中小型构件

D. 先张法不适于复杂的曲线布束

参 考 答 案

1. A　　2. D　　3. D　　4. D　　5. A　　6. C　　7. D　　8. B

第七节　圬工砌体结构

考 点 分 析

本节重点：砌体强度，砌体承载能力计算。

本节难点：砌体承载能力计算。

考 点 精 讲

考点一：圬工材料

砌体结构是以砌体（砖、混凝土砌块、石材）为主要材料建造的结构。砌体的胶结材料主要为砂浆（水泥石灰混合砂浆、石灰砂浆、水泥砂浆）。

1. 石材

石材是无明显风化的天然岩石经过人工开采和加工后外形规则的建筑用材，具有强度高、抗冻与抗气性能好等优点，可用于桥梁基础、墩台和挡土墙等。根据开采方法、形状、尺寸及表面粗糙度的不同，可分为下列几类。

（1）片石

片石是采用爆破或楔劈法开采的不规则石块。

（2）块石

块石一般是岩石层理放炮或楔劈而成的石材。块石大致方正，上下面大致平整，厚度为200~300mm，宽度为厚度的1.0~1.5倍，长度为厚度的1.5~3.0倍。

（3）细料石

细料石是由岩层或大块石材劈开并经修凿而成。细料石外形方正，呈六面体，表面凹陷深度不大于

10mm，厚度为 200~300mm，宽度为厚度的 1.0~1.5 倍，长度为厚度的 2.5~4.0 倍。

（4）粗料石

粗料石同细料石，但表面凹陷深度不大于 20mm。

桥涵结构所用的石材强度等级有 MU30、MU40、MU50、MU60、MU80、MU100 和 MU120，其中 MU 表示石材强度等级，后面的数字表示边长为 70mm 的含水饱和立方体试件的抗压强度。

2. 混凝土

圬工桥涵结构中混凝土常用的强度等级为 C20、C25、C30、C35 和 C40。

（1）混凝土预制块

混凝土预制块是根据结构构造与施工要求，按照一定形状和尺寸浇筑而成。尺寸统一，砌体表面整齐美观。

（2）整体浇筑

圬工桥涵结构中，整体浇筑的素混凝土较少使用，低配筋混凝土属于圬工混凝土。比如大体积混凝土、片石混凝土。

（3）小石子混凝土

小石子混凝土是由胶结料、粗集料、细粒料加水拌和而成。

3. 砂浆

砂浆是由一定比例的胶结料、细集料和水配制而成的砌筑材料。砂浆的作用是将块材黏结成整体，并在铺砌时抹平块材不平的表面使块材在砌体受压时均匀地受力。砂浆也填满了块材间隙，减少了砌体的透气性，从而提高了砌体的密实度、保温性与抗冻性。

砂浆的强度等级有 M5、M7.5、M10、M15 和 M20，其中 M 表示砂浆的强度等级，后边的数字是以边长 70.7mm 的立方体试块，养护 28d，按统一的标准试验方法测得的强度。

《公路圬工桥涵设计规范》（JTG D61—2005）综合考虑承载力和耐久性等方面要求，规定圬工结构所用的石、混凝土材料及砂浆的最低强度等级见表 5-19。

圬工材料的最低强度等级　　　　　　表 5-19

结构物种类	材料最低强度等级	砌筑砂浆最低强度等级
拱圈	MU50 石材 C25 混凝土（现浇） C30 混凝土（预制块）	MU10（大、中桥） M7.5（小桥涵）
大、中桥墩台及基础，轻型桥台	MU40 石材 C25 混凝土（现浇） C30 混凝土（预制块）	M7.5
小桥涵墩台、基础	MU30 石材 C20 混凝土（现浇） C25 混凝土（预制块）	M5

考点二：砌体种类

工程中根据块材的不同，常用的砌体可分为以下几种（图 5-36）。

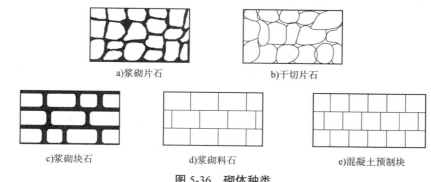

图 5-36　砌体种类

（1）片石砌体

砌筑时，片石应平稳放置，交错排列且相互咬紧，避免过大空隙，并用小石块填塞空隙。片石应分层砌筑，以 2~3 层为一个工作层，各工作层的水平缝应大致找平，竖缝应相互错开。砌筑缝宽一般不应大于 40mm，用小石子混凝土铺砌时，可为 30~70mm。

（2）块石砌体

块石应平砌，每层石料高度大致相等，并应错缝砌筑，上下层错开距离不小于 80mm。砌筑缝宽不宜过大，一般水平缝不大于 30mm，竖缝不超过 40mm。

（3）粗料石砌体

砌筑时石料安放端正，严格控制平面位置和高度，保证砌缝横平竖直。为保证强度要求和外观整齐，砌筑缝宽不大于 20mm，上下层竖缝错开距离不小于 100mm。

（4）细料石砌体

同粗料石砌体，但表面凹陷深度不大于 15mm，砌筑缝宽不大于 10mm。

（5）混凝土预制块砌体

同粗料石砌体，要求砌筑缝宽不大于 10mm。

考点三：砌体的强度

1. 砌体的抗压强度

砌体是由单块块材用砂浆黏结而成，砌体的抗压强度一般低于单块块材的抗压强度。

试验研究发现，砌体从开始受压到破坏大致分为三个阶段：

第I阶段为整体工作阶段。作用荷载大致为砌体极限荷载的 50%~70%，如外荷载不增加，裂缝也不再发展。

第II阶段为带裂缝工作阶段。在这个受力阶段，砌体随荷载继续增大，单块块材内裂缝不断发展，并逐渐连接起来形成连续的裂缝，即使外荷载不增加，已有裂缝也会缓慢发展。

第III阶段为破坏阶段。当荷载稍微增加，裂缝急剧发展，并发展成几条贯通的裂缝，将砌体分为若干独立压柱，各压柱受力极不均匀，最后，柱被压碎或丧失稳定导致砌体的破坏。

影响砌体抗压强度的主要因素有以下几种。

（1）块材的强度

块材和砂浆的强度是影响砌体抗压强度的主要因素，块材和砂浆强度高，砌体的抗压强度就高。当块材强度等级一定，提高砂浆强度等级，砌体的抗压强度有较明显的增长；但当砂浆强度过高时，提高砂浆强度等级对砌体抗压强度的提高并不明显。

（2）块材的形状和尺寸

块材形状规则的程度也显著影响砌体的抗压强度。块材表面不平整，形状不规则，会造成砌缝厚度不均匀，从而使砌体强度降低。砌体强度随块材厚度的增大而增加。

（3）砂浆的物理力学性能

除砂浆的强度直接影响砌体的抗压强度外，砂浆的强度等级越低，块材与砂浆的横向变形差异越大，从而降低砌体的强度。可塑性和流动性较好的砂浆，可提高砌体强度。砂浆的弹性模具越大，砌体强度越高。

（4）砌缝厚度

砂浆水平砌缝越厚，砌体强度越低。灰缝厚度在 10~12mm 为宜。

（5）砌筑质量

砌筑灰缝的施工质量也影响砌体的抗压强度。砂浆铺砌均匀、饱满，可提高砌体抗压强度。

2. 砌体的抗拉、抗弯和抗剪强度

砌体的抗拉、抗弯和抗剪强度远低于抗压强度，故应尽可能地使砌体结构用于主要承受压力的结构中。试验表明，在多数情况下，砌体的受拉、受弯及受剪破坏一般发生于砂浆与块材的连接面上。因此，砌体的抗拉、抗弯与抗剪强度取决于砌缝强度。

3. 砌体破坏形式

（1）轴向受拉

轴向拉力平行于水平砌缝时，砌体通常有两种破坏形式：沿砌体齿缝发生破坏，沿竖向砌缝和块材发生破坏。轴向拉力垂直于水平砌缝时，砌体通常沿通缝发生破坏（图 5-37）。

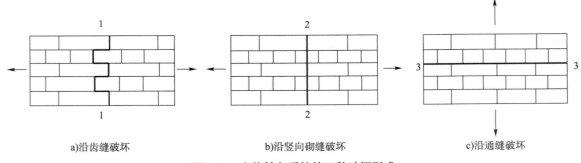

| a)沿齿缝破坏 | b)沿竖向砌缝破坏 | c)沿通缝破坏 |

图 5-37　砌体轴向受拉的三种破坏形式

（2）弯曲抗拉

砌体处于弯曲状态时，有三种破坏形式：沿齿缝发生破坏，沿竖向砌缝和块材发生破坏，沿通缝发生破坏（图 5-38）。

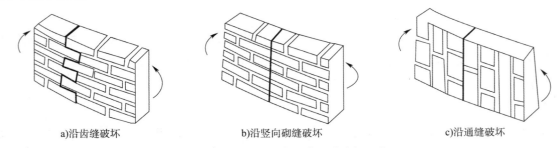

| a)沿齿缝破坏 | b)沿竖向砌缝破坏 | c)沿通缝破坏 |

图 5-38　砌体弯曲受拉的三种破坏形式

（3）抗剪

砌体处于剪切状态时，有三种破坏形式：岩通缝发生破坏，沿齿缝发生破坏，沿阶梯形砌缝发生破坏（图 5-39）。

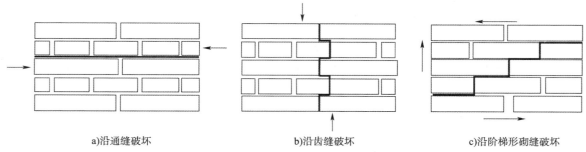

a)沿通缝破坏　　　　　　　　　　b)沿齿缝破坏　　　　　　　　　c)沿阶梯形砌缝破坏

图 5-39　砌体受剪的三种破坏形式

考点四：砌体的承载力计算

砌体受压构件的承载力按下式计算：

$$N_u = \varphi_0 A f_{cd} \tag{5-110}$$

式中：φ_0——构件轴向力的偏心距 e 和长细比对砌体受压构件承载力的影响系数；

f_{cd}——砌体或混凝土轴心抗压强度设计值。

《公路混凝土桥规》给出的砌体偏心受压构件承载力影响系数为

$$\varphi_0 = \cfrac{1}{\cfrac{1}{\varphi_{0x}} + \cfrac{1}{\varphi_{0y}} - 1} \tag{5-111}$$

$$\varphi_{0x} = \cfrac{1 - \left(\cfrac{e_x}{x}\right)^m}{1 + \left(\cfrac{e_x}{i_y}\right)^2} \cdot \cfrac{1}{1 + \alpha \lambda_x (\lambda_x - 3)\left[1 + 1.33\left(\cfrac{e_x}{i_y}\right)^2\right]} \tag{5-112}$$

$$\varphi_{0y} = \cfrac{1 - \left(\cfrac{e_y}{y}\right)^m}{1 + \left(\cfrac{e_y}{i_x}\right)^2} \cdot \cfrac{1}{1 + \alpha \lambda_y (\lambda_y - 3)\left[1 + 1.33\left(\cfrac{e_y}{i_x}\right)^2\right]} \tag{5-113}$$

式中：α——与砂浆强度有关的系数，当砂浆强度等级大于或等于 M5 或为组合构件时，α 取为 0.002；

当砂浆强度等级为 0 时，α 为 0.013；

λ_x、λ_y——构件在 x 方向、y 方向的长细比，按下列公式计算：

$$\lambda_x = \cfrac{\gamma_\beta l_0}{3.5 i_y} \tag{5-114}$$

$$\lambda_y = \cfrac{\gamma_\beta l_0}{3.5 i_x} \tag{5-115}$$

式中：γ_β——不同砌体材料构件的长细比修正系数，按表 5-20 取用。

长细比修正系数　　　　　　　　　　　　　　　　　表 5-20

砌体材料类型	混凝土预制块砌体或组合构件	粗料石、块石和片石	细料石、半细料石砌体
γ_β	1.0	1.3	1.1

例 题 解 析

例题　〔2020-55〕砌体受剪时，其破坏形式为（　　）。

A. 通缝抗剪、齿缝抗剪和水平抗剪

B. 通缝抗剪、齿缝抗剪和阶梯形抗剪

C. 齿缝抗剪、阶梯形抗剪和竖缝抗剪

D. 水平抗剪、竖缝抗剪和齿缝抗剪

解析：见考点三。砌体处于剪切状态时，有三种破坏形式：岩通缝发生破坏，沿齿缝发生破坏，沿阶梯形砌缝发生破坏。

答案：B

自 测 模 拟

1. 砌体抗压强度的影响因素有（　　）。

A. 块材的形状、尺寸和强度　　　　　　　B. 砂浆的物理力学性能

C. 砌缝厚度和质量　　　　　　　　　　　D. 以上全部选项

2. 块体和砂浆的强度是按（　　）划分。

A. 抗拉强度　　　　B. 抗压强度　　　　C. 抗剪强度　　　　D. 弯曲抗压强度

3. 砌体抗拉、抗弯、抗剪强度主要取决于（　　）。

A. 抗压强度　　　　　　　　　　　　　　B. 抗剪强度

C. 抗弯强度　　　　　　　　　　　　　　D. 块体与砂浆之间的黏结强度

4. 关于砌体抗压强度的影响因素的说法，正确的是（　　）。

A. 砌体抗压强度随砂浆和块体的强度等级的提高而增大，且按相同比例提高砌体的抗压强度

B. 砂浆的变形性能越大，越容易砌筑，砌体的抗压强度越高

C. 块体的外形越规则、平整，砌体的抗压强度越高

D. 砌体中灰缝越厚，越容易施工，砌体的抗压强度越高

5. 砖基础最下面一层砖的水平灰缝大于 20mm 时，应用（　　）找平。

A. 砂浆　　　　　　　　　　　　　　　　B. 在砂浆中掺细砖

C. 在砂浆中掺碎石　　　　　　　　　　　D. 细石混凝土

参 考 答 案

1. D　　2. B　　3. D　　4. C　　5. D

第六章　职业法规

第一节　我国有关工程基本建设的法律法规概述

考点分析

本节重点：法的形式和其优先顺序以及原则。

本节难点：法律法规体系优先顺序及其原则。

考点精讲

考点一：法的形式

法的形式是指法的存在和表现形式，即国家制定和认可的法律规范的各种表现形式，主要有下列形式和具体优先级：

1. 宪法

宪法是我国的最高法律形式，是国家的根本大法。它所规定的是关乎国家生活中最根本的问题。宪法具有最高的法律效力，是一般法律的立法基础。宪法的制定和修改要经过特定的程序，宪法的制定和修改只能由全国人民代表大会进行，且须经全国人民代表大会以全体代表的三分之二以上的人数通过。

2. 法律

法律的制定机关是全国人民代表大会及其常务委员会，由国家主席签发。全国人民代表大会可以制定和修改刑事、民事、国家机构的和其他的基本法律。全国人民代表大会常务委员会可以制定除应由全国人民代表大会制定的法律以外的其他法律。

3. 行政法规

行政法规是由国务院制定，国务会议通过并由国务院总理签发，是次于宪法和法律的一种法律形式。国务院是国家最高权力机关的执行机关，有权根据宪法和法律，规定行政措施，制定行政法规。它所发布的决议和命令，对在全国范围内贯彻执行宪法和法律，完成国家的组织和管理活动，具有重要的作用。

4. 部门规章

国务院所属机构，包括各部、各委员会制定的规范性的文件，部务会议通过并由部长签发，也是我国法律形式之一。但这些规范性的文件只能在制定和颁布的部、委管辖的业务范围内产生法律效力。

5. 地方性法规

在不与宪法、法律、行政法规相抵触的前提下，省、自治区、直辖市以及设区的市级人民代表大会及其常委会，可以制定并发布地方性法规，由主席团或常委会公布。这些规范性文件也是我国法律形式之一。

6. 地方规章

地方规章是省、自治区、直辖市和省会（自治区首府）城市以及设区的市级的人民政府，根据法律和国务院的行政法规，制定并由相应首长签发公布的规范性文件。地方规章也是我国法律形式之一。

考点二：法律法规体系中的优先级

法的效力层次，是法律体系中各种法的形式，具有不同的效力和等级。

1. 法律法规体系中的优先顺序原则

宪法至上原则，上位法优于下位法原则，特别法优于一般法原则，新法优于旧法原则，特殊处理原则〔即按照《中华人民共和国立法法》（以下简称《立法法》）第九十五条处理〕。

2. 法律法规体系中的优先级

根据《立法法》（2015年）第八十七条至第八十九条的规定：宪法　法律＞行政法规＞地方性法规、部门规章、地方规章；地方性法规＞地方规章；规章＞规范性文件（或称政策性文件）。

3. 特殊处理原则的情况

地方性法规和地方规章与部门规章之间的优先级一样，不存在地方高于部门或者部门高于地方；《立法法》（2015年）第九十五条规定"地方性法规、规章之间不一致时，由有关机关依照下列规定的权限作出裁决"：

（1）同一机关制定的新的一般规定与旧的特别规定不一致时，由制定机关裁决。

（2）地方性法规与部门规章之间对同一事项的规定不一致，不能确定如何适用时，由国务院提出意见，国务院认为应当适用地方性法规的，应当决定在该地方适用地方性法规的规定；认为应当适用部门规章的，应当提请全国人民代表大会常务委员会裁决。

（3）部门规章之间、部门规章与地方政府规章之间对同一事项的规定不一致时，由国务院裁决。

根据授权制定的法规与法律规定不一致，不能确定如何适用时，由全国人民代表大会常务委员会裁决。

例 题 解 析

例题 1　《公路工程建设项目招标投标管理办法》属于（　　　）。

　　　　A. 法律　　　　　　B. 行政法规　　　　　C. 部门规章　　　　　D. 地方性法规

解析：见考点一。《公路工程建设项目招标投标管理办法》是交通运输部令〔2015〕24号，属于部门规章。

答案：C

例题 2　《安全生产许可证条例》的直接上位法是（　　　）。

　　　　A.《宪法》　　　　　　　　　　　　B.《安全生产法》

　　　　C.《建筑法》　　　　　　　　　　　D.《建设工程安全生产管理条例》

解析：见考点二。《安全生产许可证条例》是由国务院颁发的行政法规，其上位法是法律而且是《安全生产法》。

答案：B

例题3　[2018年岩土下午考题13]《工程建设项目报建管理办法》属于我国建设法规体系的（　　）。

A. 法律　　　　　B. 行政法规　　　　　C. 部门法规　　　　　D. 地方性规章

解析：《工程建设项目报建管理办法》是1994年8月13日由建设部发布的，属于部门法规。因为不是部长令就不是部门规章，只是部门"规范性"文件，所以模糊为部门法规。此"法规"是广义的（规章和规范性文件统称），不是指行政法规和地方性法规。

答案：C

自 测 模 拟

1. 同一机关制定的新的一般规定与旧的特别规定不一致时，交由裁决的部门是（　　）。

A. 国务院　　　　　B. 制定机关　　　　　C. 地方政府　　　　　D. 全国人大常委会

2. 部门规章之间、部门规章与地方政府规章之间对同一事项的规定不一致时，交由裁决的部门是（　　）。

A. 国务院　　　　　B. 部门　　　　　C. 地方政府　　　　　D. 全国人大常委会

参 考 答 案

1. B　　2. A

第二节　《中华人民共和国公路法》

考 点 分 析

本节重点：《公路法》中公路的内容与等级和公路规划要求以及公路建设的具体规定。

本节难点：公路规划的具体规定和要求。

考 点 精 讲

考点一：《公路法》第一章"总则"中的主要条款

1. 《公路法》中的公路概念和范围以及公路发展原则

第二条　在中华人民共和国境内从事公路的规划、建设、养护、经营、使用和管理，适用本法。本法所称公路，包括公路桥梁、公路隧道和公路渡口。

第三条　公路的发展应当遵循全面规划、合理布局、确保质量、保障畅通、保护环境、建设改造与养护并重的原则。

第四条　各级人民政府应当采取有力措施，扶持、促进公路建设。公路建设应当纳入国民经济和社会发展计划。国家鼓励、引导国内外经济组织依法投资建设、经营公路。

第五条　国家帮助和扶持少数民族地区、边远地区和贫困地区发展公路建设。

2. 公路等级的规定

第六条　公路按其在公路路网中的地位分为国道、省道、县道和乡道，并按技术等级分为高速公路、一级公路、二级公路、三级公路和四级公路。具体划分标准由国务院交通主管部门规定。新建公路应当符合技术等级的要求。原有不符合最低技术等级要求的等外公路，应当采取措施，逐步改造为符合技术等级要求的公路。（编者注：2019 年考点）

第七条　公路受国家保护，任何单位和个人不得破坏、损坏或者非法占用公路、公路用地及公路附属设施。任何单位和个人都有爱护公路、公路用地及公路附属设施的义务，有权检举和控告破坏、损坏公路、公路用地、公路附属设施和影响公路安全的行为。

考点二：《公路法》第二章"公路规划"中的具体规定

1. 公路规划编制原则和公路用地规划与计划

第十二条　公路规划应当根据国民经济和社会发展以及国防建设的需要编制，与城市建设发展规划和其他方式的交通运输发展规划相协调。

第十三条　公路建设用地规划应当符合土地利用总体规划，当年建设用地应当纳入年度建设用地计划。

2. 各级公路规划编制、报批、备案的规定

第十四条　国道规划由国务院交通主管部门会同国务院有关部门并商国道沿线省、自治区、直辖市人民政府编制，报国务院批准。

省道规划由省、自治区、直辖市人民政府交通主管部门会同同级有关部门并商省道沿线下一级人民政府编制，报省、自治区、直辖市人民政府批准，并报国务院交通主管部门备案。

县道规划由县级人民政府交通主管部门会同同级有关部门编制，经本级人民政府审定后，报上一级人民政府批准。（编者注：2024 年考点，第 60 题）

乡道规划由县级人民政府交通主管部门协助乡、民族乡、镇人民政府编制，报县级人民政府批准。

依照第三款、第四款规定批准的县道、乡道规划，应当报批准机关的上一级人民政府交通主管部门备案。

（编者注：归纳为"各级规划由本级政府的交通主管部门会同同级有关部门并商沿线下一级政府编制，报本级人民政府批准；报上一级人民政府交通主管部门备案。"例外的是县乡道规划，本级编制上级政府批准，但县道另加本级政府审定。）

省道规划应当与国道规划相协调。县道规划应当与省道规划相协调。乡道规划应当与县道规划相协调。

（编者注：归纳为"下一级规划应当与上一级规划相协调"）

3. 公路规划调整的规定

第十六条　国道规划的局部调整由原编制机关决定。

国道规划需要作重大修改的，由原编制机关提出修改方案，报国务院批准。

经批准的省道、县道、乡道公路规划需要修改的，由原编制机关提出修改方案，报原批准机关批准。

4. 公路命名和编号的规定

第十七条　国道的命名和编号，由国务院交通主管部门确定；省道、县道、乡道的命名和编号，由

省、自治区、直辖市人民政府交通主管部门按照国务院交通主管部门的有关规定确定。

5.城市规划和建设与公路距离的规定

第十八条 规划和新建村镇、开发区，应当与公路保持规定的距离并避免在公路两侧对应进行，防止造成公路街道化，影响公路的运行安全与畅通。

6.专用公路的规划和专用公路用于社会运输的规定

第十五条 专用公路规划由专用公路的主管单位编制，经其上级主管部门审定后，报县级以上人民政府交通主管部门审核。专用公路规划应当与公路规划相协调。县级以上人民政府交通主管部门发现专用公路规划与国道、省道、县道、乡道规划有不协调的地方，应当提出修改意见，专用公路主管部门和单位应当作出相应的修改。

第十九条 国家鼓励专用公路用于社会公共运输。专用公路主要用于社会公共运输时，由专用公路的主管单位申请，或者由有关方面申请，专用公路的主管单位同意，并经省、自治区、直辖市人民政府交通主管部门批准，可以改划为省道、县道或者乡道。

考点三：《公路法》第三章"公路建设"中的具体规定

1.公路建设的监管部门

第二十条 县级以上人民政府交通主管部门应当依据职责维护公路建设秩序，加强对公路建设的监督管理。

2.公路建设资金筹集的规定

第二十一条 筹集公路建设资金，除各级人民政府的财政拨款，包括依法征税筹集的公路建设专项资金转为的财政拨款外，可以依法向国内外金融机构或者外国政府贷款。

国家鼓励国内外经济组织对公路建设进行投资。开发、经营公路的公司可以依照法律、行政法规的规定发行股票、公司债券筹集资金。

依照本法规定出让公路收费权的收入必须用于公路建设。

向企业和个人集资建设公路，必须根据需要与可能，坚持自愿原则，不得强行摊派，并符合国务院的有关规定。

公路建设资金还可以采取符合法律或者国务院规定的其他方式筹集。

3.公路建设的基本程序要求和建设制度

第二十二条 公路建设应当按照国家规定的基本建设程序和有关规定进行。

第二十三条 公路建设项目应当按照国家有关规定实行法人负责制度、招标投标制度和工程监理制度。

第二十四条 公路建设单位应当根据公路建设工程的特点和技术要求，选择具有相应资格的勘察设计单位、施工单位和工程监理单位，并依照有关法律、法规、规章的规定和公路工程技术标准的要求，分别签订合同，明确双方的权利义务。

承担公路建设项目的可行性研究单位、勘察设计单位、施工单位和工程监理单位，必须持有国家规定的资质证书。

第二十五条 公路建设项目的施工，须按国务院交通主管部门的规定报请县级以上地方人民政府交通主管部门批准。（编者注：2021年考点，第56题）

4.公路建设标准

第二十六条 公路建设必须符合公路工程技术标准。

承担公路建设项目的设计单位、施工单位和工程监理单位，应当按照国家有关规定建立健全质量保证体系，落实岗位责任制，并依照有关法律、法规、规章以及公路工程技术标准的要求和合同约定进行设计、施工和监理，保证公路工程质量。

5. 公路建设用地有关的规定

第二十七条　公路建设使用土地依照有关法律、行政法规的规定办理。

公路建设应当贯彻切实保护耕地、节约用地的原则。

第二十八条　公路建设需要使用国有荒山、荒地或者需要在国有荒山、荒地、河滩、滩涂上挖砂、采石、取土的，依照有关法律、行政法规的规定办理后，任何单位和个人不得阻挠或者非法收取费用。

第二十九条　地方各级人民政府对公路建设依法使用土地和搬迁居民，应当给予支持和协助。

第三十条　公路建设项目的设计和施工，应当符合依法保护环境、保护文物古迹和防止水土流失的要求。

公路规划中贯彻国防要求的公路建设项目，应当严格按照规划进行建设，以保证国防交通的需要。

第三十四条　县级以上地方人民政府应当确定公路两侧边沟（截水沟、坡脚护坡道，下同）外缘起不少于一米的公路用地。（编者注：2020 年考点，第 57 题）

6. 公路建设涉及相关部门的协调和公路建设设置标志以及验收要求

第三十一条　因建设公路影响铁路、水利、电力、邮电设施和其他设施正常使用时，公路建设单位应当事先征得有关部门的同意；因公路建设对有关设施造成损坏的，公路建设单位应当按照不低于该设施原有的技术标准予以修复，或者给予相应的经济补偿。

第三十二条　改建公路时，施工单位应当在施工路段两端设置明显的施工标志、安全标志。需要车辆绕行的，应当在绕行路口设置标志；不能绕行的，必须修建临时道路，保证车辆和行人通行。

第三十三条　公路建设项目和公路修复项目竣工后，应当按照国家有关规定进行验收；未经验收或者验收不合格的，不得交付使用。

建成的公路，应当按照国务院交通主管部门的规定设置明显的标志、标线。

例 题 解 析

例题 1　［2019-56］根据《公路法》，按技术等级将公路分为（　　　）。
　　　A. 高速公路、一级公路、二级公路和等外公路
　　　B. 高速公路、一级公路、二级公路、三级公路和等外公路
　　　C. 高速公路、一级公路、二级公路、三级公路和四级公路
　　　D. 一级公路、二级公路、三级公路、四级公路和等外公路

解析：见考点一。《公路法》第六条规定：公路"按技术等级分为高速公路、一级公路、二级公路、三级公路和四级公路"。

答案：C

例题 2　有权决定进行国道规划的局部调整的部门是（　　　）。
　　　A. 国务院交通主管部门　　　　　　　B. 省级交通主管部门
　　　C. 原批准机关　　　　　　　　　　　D. 原编制机关

解析：见考点二。《公路法》第十六条规定："国道规划的局部调整由原编制机关决定"。

答案： D

例题 3 ［2020-57］根据《中华人民共和国公路法》，县级以上地方人民政府应当确定公路两侧边沟（截水沟、坡脚护坡道，下同）外缘起不少于（　　　）的公路用地。

    A. 5m   B. 2m   C. 1m   D. 0.5m

解析： 见考点三。根据《公路法》第三十四条，县级以上地方人民政府应当确定公路两侧边沟（截水沟、坡脚护坡道，下同）外缘起不少于一米的公路用地。

答案： C

例题 4 ［2021-56］根据《公路法》，下列规定正确的是（　　　）。

  A. 国家鼓励国内经济组织依法投资建设、经营公路，但不提倡国外经济组织投资建设、经营公路

  B. 公路建设项目的施工，须按国务院交通主管部门的规定报请县级以上地方人民政府交通主管部门批准

  C. 依据《公路法》规定，出让公路收费权的收入，原则上归原业主自主使用，但必须按规定缴纳出让的各项费用

  D. 承担大、中型公路建设项目的可行性研究单位、勘察设计单位，必须持有国家规定的资质证书，小型公路建设项目必须持有县级及以上交通主管部门规定的资质证书

解析： 见考点三。根据《公路法》第二十五条，公路建设项目的施工，须按国务院交通主管部门的规定报请县级以上地方人民政府交通主管部门批准，故答案为选项 B。选项 A、C 违反第二十一条规定，选项 D 违反第二十四条规定。

答案： B

例题 5 ［2024-60］县道规划由县级人民政府交通主管部门会同同级有关部门编制，需要经审定的部门是（　　　）。

  A. 国务院及其沿线下一级单位   B. 各省市及其沿线下一级单位

  C. 县政府   D. 镇政府

解析： 见考点二。根据《公路法》第十四条第三款，县道规划由县级人民政府交通主管部门会同同级有关部门编制，经本级人民政府审定后，报上一级人民政府批准。

答案： C

自 测 模 拟

1. 县道规划由县级人民政府交通主管部门会同同级有关部门编制，交由批准的部门是（　　　）。

  A. 国务院   B. 交通运输部

  C. 上一级人民政府   D. 本级人民政府

2. 公路建设用地规划应当符合土地利用总体规划，当年建设用地应当纳入（　　　）。

  A. 国家用地规划   B. 省级用地规划

  C. 总体建设用地规划   D. 年度建设用地计划

参考答案

1. C　2. D

第三节　《中华人民共和国建筑法》

考点分析

本节重点： 建筑施工许可和建筑工程发承包以及相关法律责任的相关规定。

本节难点： 建筑许可和相关法律责任。

考点精讲

考点一：建筑施工许可的主要内容

1. 建筑施工许可的概念

许可是指行政机关根据个人、组织的申请，依法准许个人、组织从事某种活动的行政行为，通常是通过授予书面证书形式赋予个人、组织以某种权利能力，或确认具备某种资格。

建筑施工许可是指建设行政主管部门根据建设单位和从事建筑活动的单位、个人的申请，依法准许建设单位开工或确认单位、个人具备从事建筑活动资格的行政行为。

根据《建筑法》第二章的规定，建筑许可包括三种制度，即：建筑工程施工许可制度、从事建筑活动单位资质制度、个人资格制度。建筑工程施工许可制度是指建设行政主管部门根据建设单位的申请，依法对建筑工程是否具备施工条件进行审查，符合条件者，准许该建筑工程开始施工并颁发施工许可证的一种制度。从事建筑活动的单位资质制度是指建设行政主管部门对从事建筑活动的建筑施工企业、勘察单位、设计单位和工程监理单位为人员素质、管理水平、资金数量、业务能力等进行审查，以确定其承担任务的范围，并发给相应的资质证书的一种制度。从事建筑活动的个人资格制度是指建设行政主管部门及有关部门对从事建筑活动的专业技术人员，依法进行考试和注册，并颁发执业资格证书的一种制度。

2019 年做的较大修改为：

第八条　申请领取施工许可证，应当具备下列条件：

（1）已经办理该建筑工程用地批准手续；

（2）依法应当办理建设工程规划许可证的，已经取得规划许可证；

（3）需要拆迁的，其拆迁进度符合施工要求；

（4）已经确定建筑施工企业；（编者注：2022 年补考考点，第 57 题）

（5）有满足施工需要的资金安排、施工图纸及技术资料；

（6）有保证工程质量和安全的具体措施。

建设行政主管部门应当自收到申请之日起七日内，对符合条件的申请颁发施工许可证。

第九条 建设单位应当自领取施工许可证之日起三个月内开工。因故不能按期开工的，应当向发证机关申请延期；延期以两次为限，每次不超过三个月。既不开工又不申请延期或者超过延期时限的，施工许可证自行废止。

第十条 在建的建筑工程因故中止施工的，建设单位应当自中止施工之日起一个月内，向发证机关报告，并按照规定做好建筑工程的维护管理工作。

建筑工程恢复施工时，应当向发证机关报告；中止施工满一年的工程恢复施工前，建设单位应当报发证机关核验施工许可证。

第十一条 按照国务院有关规定批准开工报告的建筑工程，因故不能按期开工或者中止施工的，应当及时向批准机关报告情况。因故不能按期开工超过六个月的，应当重新办理开工报告的批准手续。

2. 从业单位的条件

建筑活动不同于一般的经济活动，从业单位条件的高低直接影响建筑工程质量和建筑安全生产，因此，从事建筑活动的单位必须有严格的法律条件。根据《建筑法》第十二条的规定，从事建筑活动的建筑施工企业、勘察单位、设计单位和工程监理单位应当具备以下四个方面的条件。

（1）有符合国家规定的注册资本。注册资本反映的是企业法人的财产权，也是判断企业经济力量的依据之一。从事经营活动的企业组织，都必须具备基本的责任能力，能够承担与其经营活动相适应的财产义务，这既是法律权利与义务相一致、利益与风险相一致原则的反映，也是保护债权人利益的需要，因此，建筑施工企业、勘察单位、设计单位和工程监理单位的注册资本必须适应从事建筑活动的需要，不得低于最低限额。注册资本由国家规定，既可以由全国人大及其常委会通过制定法律来规定，也可以由国务院或国务院建设行政主管部门来规定。

（2）有与其从事的建筑活动相适应的具有法定执业资格的专业技术人员。建筑活动具有技术密集的特点，因此，从事建筑活动的建筑施工企业、勘察单位、设计单位和工程监理单位必须有足够的专业技术人员。如建筑施工企业不仅要有工程技术人员，而且要有经济、会计、统计等管理人员。设计单位不仅要有建筑师，还需要有结构、水、电等方面的工程师。建筑活动是一种涉及公民生命和财产安全的一种特殊活动，因此，从事建筑活动的专业技术人员还必须有法定执业资格。这种法定执业资格必须依法通过考试和注册才能取得。如工程设计文件必须由注册建筑师签字才能生效。建筑工程的规模和复杂程度各不相同，因此，建筑活动所要求的专业技术人员的级别和数量也不同，建筑施工企业、勘察单位、设计单位和工程监理单位必须有与其从事的建筑活动相适应的专业技术人员。

（3）有从事相关建筑活动所应有的技术装备。建筑活动具有专业性、技术性强的特点，没有相应的技术装备则无法进行。如从事建筑施工活动，必须有相应的施工机械设备与质量检验测试手段；从事勘察设计活动，必须有相应的勘察仪具设备和设计机具仪器。因此，从事建筑活动的建筑施工企业、勘察单位、设计单位和工程监理单位必须有从事相关建筑活动所应有的技术装备。没有相应技术装备的单位，不得从事建筑活动。

（4）法律、行政法规规定的其他条件。建筑施工企业、勘察单位、设计单位和工程监理单位除了应具备从事建筑活动所必需的注册资本、专业技术人员和技术装备外，还须具备从事经营活动所应具备的其他条件。如按照《中华人民共和国民法典》第五十八条规定，法人应当有自己的名称、组织机构和场所。按照《中华人民共和国公司法》规定，设立从事建筑活动的有限责任公司和股份有限公司，股东或发起人必须符合法定人数；股东或发起人共同制定公司章程（股份有限公司的章程还须经创立大会通过）；有公司名称，建立符合要求的组织机构；有固定的生产经营场所和必要的生产经营条件。

3. 从业单位资质审查

《建筑法》第十三条对从事建筑活动的建筑施工企业、勘察单位、设计单位和工程监理单位进行资质审查作出了明确规定，从法律上确立了从业单位资质审查制度。

资质审查是指从事建筑活动的建筑施工企业、勘察单位、设计单位和工程监理单位，均须经过建设行政主管部门对其拥有的注册资本、专业技术人员、技术装备和已完成的建筑工程业绩、管理水平等进行审查，以确定其承担任务的范围，并发给相应的资质证书，并须在其资质等级许可的范围内从事建筑活动。

4. 专业技术人员执业资格

《建筑法》第十四条对从事建筑活动的专业技术人员实行执业资格制度作出了明确规定。

执业资格制度是指对具备一定专业学历的从事建筑活动的专业技术人员，通过考试和注册确定其执业的技术资格，获得相应建筑工程文件签字权的一种制度。

对从事建筑活动的专业技术人员实行执业资格制度非常必要。一是深化我国建筑工程管理体制改革的需要。以往由于专业技术人员的责、权、利不明确，常常出现高资质单位承接的业务，由低水平的专业技术人员来完成的现象，影响了建筑工程质量和投资效益的提高，实行专业技术人员执业资格制度，可以保证建筑工程由具有相应资格的专业技术人员主持完成设计、施工、监理任务。二是我国工程建设领域与国际惯例接轨，适应对外开放的需要。随着我国对外开放的不断扩大，我国的专业技术人员走向世界，其他国家和地区的专业技术人员希望进入中国建筑市场，建立专业技术人员执业资格制度有利于对等互认和加强管理。三是加速人才培养，提高专业技术人员业务水平和队伍素质的需要。执业资格制度有一套严格的考试、注册办法和继续教育的要求，这种激励机制有利于促进建筑工程质量、专业技术人员水平和从业能力的不断提高。

目前，我国建筑工程的执业人员主要包括注册建筑师、注册结构工程师、注册监理工程师、注册工程造价师、注册建造师、注册道路工程师以及法律、法规规定的其他人员。

考点二：《建筑法》关于建筑工程发承包的主要内容

1. 禁止肢解工程发包的有关规定

《建筑法》第二十四条规定：提倡对建筑工程实行总承包，禁止将建筑工程肢解发包。建筑工程的发包单位可以将建筑工程的勘察、设计、施工、设备采购一并发包给一个工程总承包单位，也可以将建筑工程勘察、设计、施工、设备采购的一项或者多项发包给一个工程总承包单位；但是，不得将应当由一个承包单位完成的建筑工程肢解成若干部分发包给几个承包单位。

2. 承揽工程的有关规定

（1）承包建筑工程的单位应当持有依法取得的资质证书，并在其资质等级许可的业务范围内承揽工程。禁止建筑施工企业超越本企业资质等级许可的业务范围或者以任何形式用其他建筑施工企业的名义承揽工程。禁止建筑施工企业以任何形式允许其他单位或者个人使用本企业的资质证书、营业执照，以本企业的名义承揽工程。

（2）大型建筑工程或者结构复杂的建筑工程，可以由两个以上的承包单位联合共同承包。共同承包的各方对承包合同的履行承担连带责任（编者注：2021年考点，第57题）。两个以上不同资质等级的单位实行联合共同承包的，应当按照资质等级低的单位的业务许可范围承揽工程。

3. 分包的有关规定

（1）禁止承包单位将其承包的全部建筑工程转包给他人，禁止承包单位将其承包的全部建筑工程肢解以后以分包的名义分别转包给他人。

（2）建筑工程总承包单位可以将承包工程中的部分工程发包给具有相应资质条件的分包单位；但是，除总承包合同中约定的分包外，必须经建设单位认可。施工总承包的，建筑工程主体结构的施工必须由总承包单位自行完成。建筑工程总承包单位按照总承包合同的约定对建设单位负责；分包单位按照分包合同的约定对总承包单位负责。总承包单位和分包单位就分包工程对建设单位承担连带责任。

禁止总承包单位将工程分包给不具备相应资质条件的单位。禁止分包单位将其承包的工程再分包。

考点三：《建筑法》关于勘察设计单位法律责任的规定

《建筑法》对勘察设计单位违反本法应承担的法律责任作出了相关规定，具体条款如下：

第六十五条　发包单位将工程发包给不具有相应资质条件的承包单位的，或者违反本法规定将建筑工程肢解发包的，责令改正，处以罚款。

超越本单位资质等级承揽工程的，责令停止违法行为，处以罚款，可以责令停业整顿，降低资质等级；情节严重的，吊销资质证书；有违法所得的，予以没收。

未取得资质证书承揽工程的，予以取缔，并处罚款；有违法所得的，予以没收。

以欺骗手段取得资质证书的，吊销资质证书，处以罚款；构成犯罪的，依法追究刑事责任。

第六十七条　承包单位将承包的工程转包的，或者违反本法规定进行分包的，责令改正，没收违法所得，并处罚款，可以责令停业整顿，降低资质等级；情节严重的，吊销资质证书。

承包单位有前款规定的违法行为的，对因转包工程或者违法分包的工程不符合规定的质量标准造成的损失，与接受转包或者分包的单位承担连带赔偿责任。

第六十八条　在工程发包与承包中索贿、受贿、行贿，构成犯罪的，依法追究刑事责任；不构成犯罪的，分别处以罚款，没收贿赂的财物，对直接负责的主管人员和其他直接责任人员给予处分。

对在工程承包中行贿的承包单位，除依照前款规定处罚外，可以责令停业整顿，降低资质等级或者吊销资质证书。

第七十三条　建筑设计单位不按照建筑工程质量、安全标准进行设计的，责令改正，处以罚款；造成工程质量事故的，责令停业整顿，降低资质等级或者吊销资质证书，没收违法所得，并处罚款；造成损失的，承担赔偿责任；构成犯罪的，依法追究刑事责任。

考点四：《建筑法》关于工程监理的相关规定

第三十条　国家推行建筑工程监理制度。国务院可以规定实行强制监理的建筑工程的范围。

第三十一条　实行监理的建筑工程，由建设单位委托具有相应资质条件的工程监理单位监理。建设单位与其委托的工程监理单位应当订立书面委托监理合同。

第三十二条　建筑工程监理应当依照法律、行政法规及有关的技术标准、设计文件和建筑工程承包合同，对承包单位在施工质量、建设工期和建设资金使用等方面，代表建设单位实施监督。工程监理人员认为工程施工不符合工程设计要求、施工技术标准和合同约定的，有权要求建筑施工企业改正。

工程监理人员发现工程设计不符合建筑工程质量标准或者合同约定的质量要求的，应当报告建设单位要求设计单位改正。

第三十三条　实施建筑工程监理前，建设单位应当将委托的工程监理单位、监理的内容及监理权限，被监理的建筑施工企业。

第三十四条　书面通知工程监理单位应当在其资质等级许可的监理范围内，承担工程监理业务。

工程监理单位应当根据建设单位的委托，客观、公正地执行监理任务。

工程监理单位与被监理工程的承包单位以及建筑材料、建筑构配件和设备供应单位不得有隶属关系或者其他利害关系。工程监理单位不得转让工程监理业务。

例 题 解 析

例题 1　根据《建筑法》规定，某建设单位领取了施工许可证，下列情节中，可能不导致施工许可证废止的是（　　）。

    A. 领取施工许可证之日起三个月内因故不能按期开工，也未申请延期

    B. 领取施工许可证之日起按期开工后又中止施工

    C. 向发证机关申请延期开工一次，延期之日起三个月内，因故仍不能按期开工，也未申请延期

    D. 向发证机关申请延期开工两次，超过六个月因故不能按期开工，继续申请延期

解析：见考点一，《建筑法》第九至十一条。

答案：B

例题 2　根据《建筑法》，下列分包情形中，不属于非法分包的是（　　）。

    A. 总承包合同中未有约定，承包单位又未经建设单位许可，就将其全部劳务作业交由劳务单位完成

    B. 总承包单位将工程分包给不具备相应资质条件的单位

    C. 施工总承包单位将工程主体结构的施工分包给其他单位

    D. 分包单位将其承包的建设工程再分包的

解析：见考点二。

答案：A

例题 3　［2019-60］根据《建筑法》，建筑设计单位不按照建筑工程质量、安全标准进行设计的，应（　　）。

    A. 降低资质等级   B. 承担赔偿责任

    C. 吊销资质证书   D. 责令改正，处以罚款

解析：见考点三。《建筑法》第七十三条规定，建筑设计单位不按照建筑工程质量、安全标准进行设计的，责令改正，处以罚款；造成工程质量事故的，责令停业整顿，降低资质等级或者吊销资质证书，没收违法所得，并处罚款；造成损失的，承担赔偿责任；构成犯罪的，依法追究刑事责任。

答案：D

例题 4　［2021-57］根据《建筑法》，承揽工程符合规定的是（　　）。

    A. 建筑工程必须由一个单位总承包

    B. 不同资质等级的单位实行联合共同承包的，可按照资质等级高的单位的业务许可范围

承揽工程

  C. 大型建筑工程或者结构复杂的建筑工程，可以由两个以上的承包单位联合共同承包，共同承包的各方对承包合同的履行承担连带责任

  D. 大型建筑工程或者结构复杂的建筑工程，可以由两个以上的承包单位联合共同承包，共同承包的各方必须对本身的承包内容负责，对承包合同的履行不承担连带责任

解析：见考点二。根据《建筑法》第二十七条，大型建筑工程或者结构复杂的建筑工程，可以由两个以上的承包单位联合共同承包，共同承包的各方对承包合同的履行承担连带责任，故答案为选项 C。

答案：C

例题 5　《建筑法》关于申请领取施工许可证的规定，下列表述正确的是（ ）。

  A. 需要拆迁的工程，拆迁完毕后建设单位才可以申请领取施工许可证

  B. 建设行政主管部门应当自收到申请之日起一个月内，对符合条件的申请人颁发施工许可证

  C. 建设资金必须全部到位后，建设单位才可以申请领取施工许可证

  D. 领取施工许可证按期开工的工程，中止施工不满一年，恢复施工前已向颁发施工许可证机关报告

解析：见考点一。2019 年 4 月 23 日第十三届全国人民代表大会常务委员会第十次会议对原《中华人民共和国建筑法》第八条做了较大修改。修改后的条文如下：

第八条　申请领取施工许可证，应当具备下列条件：

（一）已经办理该建筑工程用地批准手续；

（二）依法应当办理建设工程规划许可证的，已经取得规划许可证；

（三）需要拆迁的，其拆迁进度符合施工要求；

（四）已经确定建筑施工企业；

（五）有满足施工需要的资金安排、施工图纸及技术资料；

（六）有保证工程质量和安全的具体措施。

建设行政主管部门应当自收到申请之日起七日内，对符合条件的申请颁发施工许可证。

根据修改后的第八条，可判断：

选项 A 错误，拆迁进度符合施工要求即可，不是全拆迁完。

选项 B 错误，是七日内，不是一个月。

选项 C 错误，有资金安排即可以，不是资金全部到位。

答案：D

例题 6　某建设单位于 2010 年 3 月 20 日领到施工许可证，开工后于 2010 年 5 月 10 日中止施工，根据《建筑法》该建设单位向施工许可证发证机关报告的最迟期限应是 2010 年（ ）。

  A. 6 月 19 日   B. 8 月 9 日   C. 6 月 9 日   D. 9 月 19 日

解析：见考点一。《建筑法》第十条规定，在建的建筑工程因故中止施工的，建设单位应当自中止施工之日起一个月内，向发证机关报告，并按照规定做好建筑工程的维护管理工作。

答案：C

例题 7　关于建设工程监理的说法，正确的是（ ）。

  A. 建设工程监理单位可以与材料供应单位隶属于一家单位的不同部门

  B. 工程监理单位可以分包其承揽的工程，只需分包单位满足相应资质条件

  C. 建设单位应当与其委托的监理单位签订监理合同

  D. 实施工程监理前，建设单位应当将委托的监理单位及监理的内容和权限，书面通知被监理的施工企业

解析：见考点四。《建筑法》第三十一条规定，建设单位与其委托的工程监理单位应当订立书面委托监理合同。第三十三条规定，实施建筑工程监理前，建设单位应当将委托的工程监理单位、监理的内容及监理权限，书面通知被监理的建筑施工企业。第三十四条规定，工程监理单位与被监理工程的承包单位以及建筑材料、建筑构配件和设备供应单位不得有隶属关系或者其他利害关系。工程监理单位不得转让工程监理业务。选项 A 和 B 违反第三十四条规定。选项 C 的错误在于少 "书面"二字，因为《民法典》第四百六十九条规定，当事人订立合同，可以采用书面形式、口头形式或者其他形式。但是此处《建筑法》规定监理合同应当采用书面形式。此类题还需关注强制性语言"必须、应当、方可、严禁、禁止、不得"等和选择性语言"可以、可以不、宜、鼓励、一般"等，强制性规定不能改为选择性规定，反之亦然。

答案：D

自 测 模 拟

  1. 根据《建筑法》规定，对从事建筑业的单位实行资质管理制度，将从事建筑活动的工程监理单位，划分为不同的资质等级，监理单位资质等级的划分条件可以不考虑（   ）。

  A. 注册资本   B. 法定代表人

  C. 已完成的建筑工程业绩   D. 专业技术人员

  2. 建筑工程开工前，建设单位应当按照国家有关规定申请领取施工许可证，颁发施工许可证的单位应该是（   ）。

  A. 县级以上人民政府建设行政主管部门

  B. 工程所在地县级以上人民政府建设工程监督部门

  C. 工程所在地省级以上人民政府建设行政主管部门

  D. 工程所在地县级以上人民政府建设行政主管部门

  3. 按照《建筑法》的规定，下列叙述中正确的是（   ）。

  A. 设计文件选用的建筑材料、建筑构配件和设备，不得注明其规格和型号

  B. 设计文件选用的建筑材料、建筑构配件和设备，不得指定生产厂和供应商

  C. 设计单位应按照建设单位提出的质量要求进行设计

  D. 设计单位对施工过程中发现的质量问题应当按照监理单位的要求进行改正

  4. 按照《建筑法》规定，建设单位申领施工许可证，应该具备的条件之一是（   ）。

  A. 拆迁工作已经完成

  B. 已经确定监理企业

  C. 有保证工程质量和安全的具体措施

  D. 建设资金全部到位

参 考 答 案

  1. B   2. D   3. B   4. C

第四节 《中华人民共和国森林法》

考 点 分 析

本节重点：森林的植被恢复要求和处罚规定。

本节难点：勘察过程中砍伐的规定。

考 点 精 讲

考点一：森林植被恢复要求

第三十七条 矿藏勘查、开采以及其他各类工程建设，应当不占或者少占林地；确需占用林地的，应当经县级以上人民政府林业主管部门审核同意，依法办理建设用地审批手续。

占用林地的单位应当缴纳森林植被恢复费。森林植被恢复费征收使用管理办法由国务院财政部门会同林业主管部门制定。

县级以上人民政府林业主管部门应当按照规定安排植树造林，恢复森林植被，植树造林面积不得少于因占用林地而减少的森林植被面积。上级林业主管部门应当定期督促下级林业主管部门组织植树造林、恢复森林植被，并进行检查。

第八十三条 本法下列用语的含义是：

（一）森林，包括乔木林、竹林和国家特别规定的灌木林。按照用途可以分为防护林、特种用途林、用材林、经济林和能源林。

（二）林木，包括树木和竹子。

（三）林地，是指县级以上人民政府规划确定的用于发展林业的土地。包括郁闭度 0.2 以上的乔木林地以及竹林地、灌木林地、疏林地、采伐迹地、火烧迹地、未成林造林地、苗圃地等。

《森林法实施条例》第二条规定：森林资源，包括森林、林木、林地以及依托森林、林木、林地生存的野生动物、植物和微生物。

考点二：勘察过程中砍伐的规定

第三十一条 国家在不同自然地带的典型森林生态地区、珍贵动物和植物生长繁殖的林区、天然热带雨林区和具有特殊保护价值的其他天然林区，建立以国家公园为主体的自然保护地体系，加强保护管理。

第三十九条 禁止毁林开垦、采石、采砂、采土以及其他毁坏林木和林地的行为。

禁止向林地排放重金属或者其他有毒有害物质含量超标的污水、污泥，以及可能造成林地污染的清淤底泥、尾矿、矿渣等。

禁止在幼林地砍柴、毁苗、放牧。

禁止擅自移动或者损坏森林保护标志。

第五十六条 采伐林地上的林木应当申请采伐许可证，并按照采伐许可证的规定进行采伐；采伐自然保护区以外的竹林，不需要申请采伐许可证，但应当符合林木采伐技术规程。

考点三：处罚的规定

第七十四条 违反本法规定，进行开垦、采石、采砂、采土或者其他活动，造成林木毁坏的，由县级以上人民政府林业主管部门责令停止违法行为，限期在原地或者异地补种毁坏株数一倍以上三倍以下的树木，可以处毁坏林木价值五倍以下的罚款；造成林地毁坏的，由县级以上人民政府林业主管部门责令停止违法行为，限期恢复植被和林业生产条件，可以处恢复植被和林业生产条件所需费用三倍以下的罚款。

第七十六条 滥伐林木的，由县级以上人民政府林业主管部门责令限期在原地或者异地补种滥伐株数一倍以上三倍以下的树木，可以处滥伐林木价值三倍以上五倍以下的罚款。

例 题 解 析

例题 ［2019-58］根据《森林法》，工程建设必须占用或征用林地的，应经主管部门审核同意后，依照有关土地管理的法律、行政法规办理建设用地审批手续，并由用地单位依照国务院有关规定缴纳（   ）。

    A. 林地征用费   B. 树木砍伐费

    C. 森林植被恢复费   D. 树木所有人补偿费

解析：见考点一。《森林法》第三十七条规定，占用林地的单位应当缴纳森林植被恢复费。

答案：C

自 测 模 拟

1. 进行勘查、开采矿藏和各项建设工程，应当不占或者少占林地；必须占用或者征用林地的，经县级以上人民政府（   ）审核同意后，依照有关土地管理的法律、行政法规办理建设用地审批手续，并由用地单位依照国务院有关规定缴纳森林植被恢复费。

    A. 国土部门   B. 建设主管部门

    C. 林业主管部门   D. 项目审批部门

2. 公路勘察设计人员在自然保护区以外从事外业工作时，所选的线路经过含有珍贵树木的地区，为了不影响测量通视需要砍伐几棵遮挡的珍贵树木，批准的部门是（   ）。

    A. 国家建设行政主管部门   B. 省级林业主管部门

    C. 所在地政府林业主管部门   D. 国家林业和草原局

参 考 答 案

1. C   2. B

第五节　《中华人民共和国民法典》(合同编)

考点分析

重点： 合同的订立要求和合同有效性以及建设工程合同的内容。
难点： 合同当事人的权利义务和建设工程合同的有效性。

考点精讲

《民法典》于 2020 年 5 月 28 日第十三届全国人民代表大会第三次会议通过，自 2021 年 1 月 1 日起施行。相关的《中华人民共和国合同法》和《中华人民共和国担保法》同时废止。

考点一：合同的订立要求、合同的有效性及转让、终止、违约责任等

1. 合同的概念和合同的示范性内容

合同是民事主体之间设立、变更、终止民事法律关系的协议。民事主体是指自然人、法人和非法人组织。(编者注：例如，联合体投标人属于非法人组织)

合同有广义和狭义之分。《民法典》(合同编)所说的合同是狭义。在《民法典》第四百六十四条第二款明确规定："婚姻、收养、监护等有关身份关系的协议，适用有关该身份关系的法律规定；没有规定的，可以根据其性质参照适用本编规定。"

《民法典》第四百七十条规定："合同的内容由当事人约定，一般包括下列条款：①当事人的姓名或者名称和住所；②标的；③数量；④质量；⑤价款或者报酬；⑥履行期限、地点和方式；⑦违约责任；⑧解决争议的方法。"

2. 合同的订立

第四百七十一条　当事人订立合同，可以采取要约、承诺方式或者其他方式。

第四百七十二条　要约是希望与他人订立合同的意思表示，该意思表示应当符合下列条件：①内容具体确定；②表明经受要约人承诺，要约人即受该意思表示约束。

第四百七十三条　要约邀请是希望他人向自己发出要约的表示。拍卖公告、招标公告、招股说明书、债券募集办法、基金招募说明书、商业广告和宣传、寄送的价目表等为要约邀请。商业广告和宣传的内容符合要约条件的，构成要约。

第四百七十八条　有下列情形之一的，要约失效：①要约被拒绝；②要约被依法撤销；③承诺期限届满，受要约人未作出承诺；④受要约人对要约的内容作出实质性变更。(编者注：2024 年考点，第 59 题)

第四百七十九条　承诺是受要约人同意要约的意思表示。

第四百八十一条　承诺应当在要约确定的期限内到达要约人。要约没有确定承诺期限的，承诺应当依照下列规定到达：①要约以对话方式作出的，应当即时作出承诺；②要约以非对话方式作出的，承诺应当在合理期限内到达。

第四百八十三条　承诺生效时合同成立，但是法律另有规定或者当事人另有约定的除外。

第四百八十八条 承诺的内容应当与要约的内容一致。受要约人对要约的内容作出实质性变更的，为新要约。有关合同标的、数量、质量、价款或者报酬、履行期限、履行地点和方式、违约责任和解决争议方法等的变更，是对要约内容的实质性变更。

要约可以在要约生效前撤回也可以在要约生效后撤销，但是承诺只有撤回没有撤销。在工程招投标过程中，发招标公告是要约邀请，投标人投标报价是要约，招标人发出中标通知书是承诺。签约是双方行为不是承诺，因为承诺是单方行为。投标截止时间是要约生效时间，因此，在此之前取回投标文件称为撤回要约，之后取消投标文件称为撤销要约。直接发包与招标发包的不同在于谈判协商的基础是发包人先提出的。

3. 合同无效的概念

合同无效，是指虽经合同当事人协商订立，但因其不具备或违反了法定条件，法律规定不承认其效力的合同。

订立合同就是一种民事法律行为。《民法典》（合同编）对合同无效的相关规定如下：

第一百四十六条 行为人与相对人以虚假的意思表示实施的民事法律行为无效。以虚假的意思表示隐藏的民事法律行为的效力，依照有关法律规定处理。

第一百五十三条 违反法律、行政法规的强制性规定的民事法律行为无效。但是，该强制性规定不导致该民事法律行为无效的除外。违背公序良俗的民事法律行为无效。

第一百五十四条 行为人与相对人恶意串通，损害他人合法权益的民事法律行为无效。

第五百零六条 合同中的下列免责条款无效：①造成对方人身损害的；②因故意或者重大过失造成对方财产损失的。

4. 可撤销合同

《民法典》对此的相关规定如下：

第一百四十七条 基于重大误解实施的民事法律行为，行为人有权请求人民法院或者仲裁机构予以撤销。

第一百四十八条 一方以欺诈手段，使对方在违背真实意思的情况下实施的民事法律行为，受欺诈方有权请求人民法院或者仲裁机构予以撤销。

第一百四十九条 第三人实施欺诈行为，使一方在违背真实意思的情况下实施的民事法律行为，对方知道或者应当知道该欺诈行为的，受欺诈方有权请求人民法院或者仲裁机构予以撤销。

第一百五十条 一方或者第三人以胁迫手段，使对方在违背真实意思的情况下实施的民事法律行为，受胁迫方有权请求人民法院或者仲裁机构予以撤销。

第一百五十一条 一方利用对方处于危困状态、缺乏判断能力等情形，致使民事法律行为成立时显失公平的，受损害方有权请求人民法院或者仲裁机构予以撤销。

第一百五十五条 无效的或者被撤销的民事法律行为自始没有法律约束力。

第一百五十六条 民事法律行为部分无效，不影响其他部分效力的，其他部分仍然有效。

5. 合同条款缺陷的处理

合同条款缺陷（或空缺），是指合同生效后，当事人对合同条款约定有缺陷。

第五百一十条 合同生效后，当事人就质量、价款或者报酬、履行地点等内容没有约定或者约定不明确的，可以协议补充；不能达成补充协议的，按照合同相关条款或者交易习惯确定。

第五百一十一条 当事人就有关合同内容约定不明确，依据第五百一十条规定仍不能确定的，适用下列规定：

（1）质量要求不明确的，按照强制性国家标准履行；没有强制性国家标准的，按照推荐性国家标准履行；没有推荐性国家标准的，按照行业标准履行；没有国家标准、行业标准的，按照通常标准或者符合合同目的的特定标准履行。

（2）价款或者报酬不明确的，按照订立合同时履行地的市场价格履行；依法应当执行政府定价或者政府指导价的，依照规定履行。

（3）履行地点不明确，给付货币的，在接受货币一方所在地履行；交付不动产的，在不动产所在地履行；其他标的，在履行义务一方所在地履行。

（4）履行期限不明确的，债务人可以随时履行，债权人也可以随时请求履行，但是应当给对方必要的准备时间。

（5）履行方式不明确的，按照有利于实现合同目的的方式履行。

（6）履行费用的负担不明确的，由履行义务一方负担；因债权人原因增加的履行费用，由债权人负担。

第五百一十三条 执行政府定价或者政府指导价的，在合同约定的交付期限内政府价格调整时，按照交付时的价格计价。逾期交付标的物的，遇价格上涨时，按照原价格执行；价格下降时，按照新价格执行。逾期提取标的物或者逾期付款的，遇价格上涨时，按照新价格执行；价格下降时，按照原价格执行。

（编者注：守约的按交付价，即遵循市场经济的价值规律；违约惩罚性原则，违约方价格吃亏原则即价格就低原则，2020年考点，第59题；2022年补考考点，第58题）

6. 效力待定合同的概念

效力待定合同，是指合同一方当事人签订的合同，已经成立，但因其不完全符合有关合同生效要件的规定，其法律效力能否发生，尚未确定，一般须经有权人表示承认方能生效的合同。

（1）限制民事行为能力人订立的合同，经法定代理人追认后，该合同有效，但纯获利益的合同或者与其年龄、智力、精神健康状况相适应而订立的合同，不必经法定代理人追认。

（2）行为人没有代理权、超越代理权限范围代理或者代理权终止后仍以被代理人的名义订立的合同，属于效力待定的合同。

无权代理人代订的合同对被代理人不发生效力，未经被代理人追认，对被代理人不发生效力，由行为人承担责任；行为人没有代理权、超越代理权或者代理权终止后以被代理人名义订立合同，相对人有正当理由相信行为人有代理权的，该代理行为有效。

（编者注：表见代理是有效代理）

（3）法定代表人、负责人依法享有相应的权利订立的合同是有效的；只有在相对人知道或者应当知道法定代表人、负责人超越权限时，才属无效。

7. 合同转让的概念

合同转让，是指合同成立后，当事人依法可以将合同中的全部权利、部分权利或者合同中的全部义务、部分义务转让或转移给第三人的法律行为。合同转让分为权利转让和义务转移，《民法典》还规定了当事人将权利和义务一并转让时适用的法律条款。

（1）债权人转让权利

债权转让，是指合同债权人通过协议将其债权全部或者部分转让给第三人的行为。债权转让又称债权让与或合同权利的转让。

第五百四十五条　债权人可以将债权的全部或者部分转让给第三人，但是有下列情形之一的除外：根据债权性质不得转让；按照当事人约定不得转让；依照法律规定不得转让。

第五百四十六条　债权人转让债权，未通知债务人的，该转让对债务人不发生效力。债权转让的通知不得撤销，但是经受让人同意的除外。

（2）债务人转移义务

债务转移，是指合同债务人与第三人之间达成协议，并经债权人同意，将其义务全部或部分转移给第三人的法律行为。债务转移又称债务承担或合同义务转让。

《民法典》第五百五十一条规定："债务人将债务的全部或者部分转移给第三人的，应当经债权人同意。"

（3）合同当事人对合同中权利和义务的概括转让

债权、债务概括转让是指合同当事人一方将其债权债务一并转移给第三人，由第三人概括地接受原当事人的债权和债务的法律行为。

对于债权债务概括转让，《民法典》第五百五十五条规定："当事人一方经对方同意，可以将自己在合同中的权利和义务一并转让给第三人。"

8. 合同终止的概念

合同终止是指因某种原因而引起的合同权利义务客观上不复存在。

第五百五十七条　有下列情形之一的，债权债务终止：

（1）债务已经履行。

（2）债务相互抵消。

（3）债务人依法将标的物提存。

（4）债权人免除债务。

（5）债权债务同归于一人。

（6）法律规定或者当事人约定终止的其他情形。

合同解除的，该合同的权利义务关系终止。

9. 违约责任

（1）承担责任的原则是严格原则（即无过错原则），区别于缔约过失责任原则。

（2）承担责任的条件是：①行为人有违约行为；②不存在法定或约定的免责事由。

（3）承担违约责任的形式：①支付违约金；②赔偿损失；③继续履约；④返工或补救等。（编者注：违约行为致使合同目的无法实现才能解除合同，一般违约是不能解除合同的）

第五百八十二条　履行不符合约定的，应当按照当事人的约定承担违约责任。对违约责任没有约定或者约定不明确，依据本法第五百一十条的规定仍不能确定的，受损害方根据标的的性质以及损失的大小，可以合理选择请求对方承担修理、重作、更换、退货、减少价款或者报酬等违约责任。

第五百八十四条　当事人一方不履行合同义务或者履行合同义务不符合约定，造成对方损失的，损失赔偿额应当相当于因违约所造成的损失，包括合同履行后可以获得的利益；但是，不得超过违约一方订立合同时预见到或者应当预见到的因违约可能造成的损失。

第五百八十五条　当事人可以约定一方违约时应当根据违约情况向对方支付一定数额的违约金，也可以约定因违约产生的损失赔偿额的计算方法。约定的违约金低于造成的损失的，人民法院或者仲裁机构可以根据当事人的请求予以增加；约定的违约金过分高于造成的损失的，人民法院或者仲裁机构可以根据当事人的请求予以适当减少。当事人就迟延履行约定违约金的，违约方支付违约金后，还应当履行债务。(编者注：2023年考点，第58题)

考点二：《民法典》对建设工程合同的具体规定

《民法典》对建设工程合同的具体规定在其第十八章中体现，具体条款如下：第七百八十八条建设工程合同是承包人进行工程建设，发包人支付价款的合同。建设工程合同包括工程勘察、设计、施工合同。

（编者注：此处"承包人"包括"勘察人、设计人、施工人"，此"人"是法人不是自然人）

第七百八十九条 建设工程合同应当采用书面形式。

第七百九十条 建设工程的招标投标活动，应当依照有关法律的规定公开、公平、公正进行。

第七百九十一条 发包人可以与总承包人订立建设工程合同，也可以分别与勘察人、设计人、施工人订立勘察、设计、施工承包合同。发包人不得将应当由一个承包人完成的建设工程支解成若干部分发包给数个承包人。

总承包人或者勘察、设计、施工承包人经发包人同意，可以将自己承包的部分工作交由第三人完成。第三人就其完成的工作成果与总承包人或者勘察、设计、施工承包人向发包人承担连带责任。承包人不得将其承包的全部建设工程转包给第三人或者将其承包的全部建设工程支解以后以分包的名义分别转包给第三人。

禁止承包人将工程分包给不具备相应资质条件的单位。禁止分包单位将其承包的工程再分包，建设工程主体结构的施工必须由承包人自行完成。

第七百九十二条 国家重大建设工程合同，应当按照国家规定的程序和国家批准的投资计划、可行性研究报告等文件订立。

第七百九十三条 建设工程施工合同无效，但是建设工程经验收合格的，可以参照合同关于工程价款的约定折价补偿承包人。

建设工程施工合同无效，且建设工程经验收不合格的，按照以下情形处理：

（1）修复后的建设工程经验收合格的，发包人可以请求承包人承担修复费用。

（2）修复后的建设工程经验收不合格的，承包人无权请求参照合同关于工程价款的约定折价补偿。

发包人对因建设工程不合格造成的损失有过错的，应当承担相应的责任。

第七百九十四条 勘察、设计合同的内容一般包括提交有关基础资料和概预算等文件的期限、质量要求、费用以及其他协作条件等条款。

第七百九十五条 施工合同的内容一般包括工程范围、建设工期、中间交工工程的开工和竣工时间、工程质量、工程造价、技术资料交付时间、材料和设备供应责任、拨款和结算、竣工验收、质量保修范围和质量保证期、相互协作等条款。

第七百九十六条 建设工程实行监理的，发包人应当与监理人采用书面形式订立委托监理合同。发包人与监理人的权利和义务以及法律责任，应当依照本编委托合同以及其他有关法律、行政法规的规定。

第七百九十七条 发包人在不妨碍承包人正常作业的情况下，可以随时对作业进度、质量进行检查。

第七百九十八条 隐蔽工程在隐蔽以前，承包人应当通知发包人检查。发包人没有及时检查的，承包人可以顺延工程日期（编者注：即工程工期），并有权请求赔偿停工、窝工等损失。

第七百九十九条 建设工程竣工后，发包人应当根据施工图纸及说明书、国家颁发的施工验收规范和质量检验标准及时进行验收。验收合格的，发包人应当按照约定支付价款，并接收该建设工程。建设工程竣工经验收合格后，方可交付使用；未经验收或者验收不合格的，不得交付使用。

第八百条 勘察、设计的质量不符合要求或者未按照期限提交勘察、设计文件拖延工期，造成发包人损失的，勘察人、设计人应当继续完善勘察、设计，减收或者免收勘察、设计费并赔偿损失。

第八百零一条 因施工人的原因致使建设工程质量不符合约定的，发包人有权请求施工人在合理期限内无偿修理或者返工、改建。经过修理或者返工、改建后，造成逾期交付的，施工人应当承担违约责任。

第八百零二条 因承包人的原因致使建设工程在合理使用期限内造成人身损害和财产损失的，承包人应当承担赔偿责任。

第八百零三条 发包人未按照约定的时间和要求提供原材料、设备、场地、资金、技术资料的，承包人可以顺延工程日期，并有权请求赔偿停工、窝工等损失。

第八百零四条 因发包人的原因致使工程中途停建、缓建的，发包人应当采取措施弥补或者减少损失，赔偿承包人因此造成的停工、窝工、倒运、机械设备调迁、材料和构件积压等损失和实际费用。

第八百零五条 因发包人变更计划，提供的资料不准确，或者未按照期限提供必需的勘察、设计工作条件而造成勘察、设计的返工、停工或者修改设计，发包人应当按照勘察人、设计人实际消耗的工作量增付费用。

第八百零六条 承包人将建设工程转包、违法分包的，发包人可以解除合同。

发包人提供的主要建筑材料、建筑构配件和设备不符合强制性标准或者不履行协助义务，致使承包人无法施工，经催告后在合理期限内仍未履行相应义务的，承包人可以解除合同。

合同解除后，已经完成的建设工程质量合格的，发包人应当按照约定支付相应的工程价款；已经完成的建设工程质量不合格的，参照本法第七百九十三条的规定处理。

第八百零七条 发包人未按照约定支付价款的，承包人可以催告发包人在合理期限内支付价款。发包人逾期不支付的，除根据建设工程的性质不宜折价、拍卖外，承包人可以与发包人协议将该工程折价，也可以请求人民法院将该工程依法拍卖。建设工程的价款就该工程折价或者拍卖的价款优先受偿。

第八百零八条 本章没有规定的，适用承揽合同的有关规定。

考点三：合同的担保形式

担保，是指合同的当事人双方为了使合同能够得到全面按约履行，根据法律、行政法规的规定，经双方协商一致而采取的一种具有法律效力的保护措施。

《民法典》中涉及的担保方式有五种，即保证、抵押、质押、留置和定金。

1. 保证

保证，是指保证人（编者注：一定是第三人）和债权人约定，当债务人不履行债务时，保证人按照约定履行债务或承担责任的法律行为。

保证人须是具有代为清偿债务能力的人，既可以是法人，也可以是非法人组织或自然人。下列单位不可以做保证人：

（1）国家机关不得做保证人，但经国务院批准为使用外国政府或国际经济组织贷款而进行的转贷除外。

（2）学校、幼儿园、医院等以公益为目的的事业单位、社会团体不得做保证人。

（3）企业法人的分支机构、职能部门不得做保证人，但有法人书面授权的，可在授权范围内提供保证，保证的方式有两种，一是一般保证，二是连带保证。

一般保证，是指当事人在保证合同中约定，当债务人不履行债务时，由保证人承担保证责任的保证方式。一般保证的保证人在主合同纠纷未经审判或仲裁，并就债务人财产依法强制执行仍不能履行债务前，对债权人可以拒绝承担保证责任。

连带保证，是指当事人在保证合同中约定保证人与债务人对债务承担连带责任的保证方式。连带责任保证的债务人在主合同规定的债务履行期届满没有履行债务的，债权人可以要求债务人履行债务，也可以要求保证人在其保证范围内承担保证责任。

当事人对保证方式没有约定或者约定不明确的，按照一般保证承担保证责任。

2. 抵押

根据《民法典》的规定，抵押是指债务人或者第三人不转移对特定财产（主要是不动产）的占有，将该财产作为债权的担保。其中，债务人或者第三人称为抵押人，债权人称为抵押权人，提供担保的财产为抵押财产。禁止抵押的财产有：

（1）土地所有权。

（2）宅基地、自留地、自留山等集体所有土地的使用权，但是法律规定可以抵押的除外。

（3）学校、幼儿园、医疗机构等为公益目的成立的非营利法人的教育设施、医疗卫生设施和其他公益设施。

（4）所有权、使用权不明或者有争议的财产。

（5）依法被查封、扣押、监管的财产。

（6）法律、行政法规规定不得抵押的其他财产。

当债务履行期届满而抵押权人未受清偿的，债权人可以与抵押人协议以抵押物折价或者以拍卖、变卖该抵押物所得的价款受偿。协议不成的，抵押权人可以向人民法院提起诉讼。

抵押物折价或者拍卖、变卖后，其价款超过债权数额的部分归抵押人所有，不足部分由债务人清偿。

3. 质押

根据《民法典》的规定，质押是指债务人或第三人将其动产或权利转移债权人占有，用以担保债权的实现，当债务人不能履行债务时，债权人依法有权就该动产或权利优先得到清偿的担保法律行为。

质押包括动产质押和权利质押两种。

法律规定下列权利可以质押：

（1）汇票、本票、支票。

（2）债券、存款单。

（3）仓单、提单。

（4）可以转让的基金份额、股权。

（5）可以转让的注册商标专用权、专利权、著作权等知识产权中的财产权。

（6）现有的以及将有的应收账款。

（7）法律、行政法规规定可以出质的其他财产权利。

4. 留置

根据《民法典》的规定，留置是指合同债权人按照合同约定占有合同债务人的动产，债务人不按照合同约定的期限履行债务的，债权人有权按照法律规定留置该财产，以该财产折价或者拍卖、变卖该财产的价款优先受偿的法律行为。一般因保管合同、运输合同，加工承揽合同发生的债权，债务人不履行债务的，债权人有留置权。

5. 定金

定金，是指合同当事人一方为了证明合同的成立和担保合同的履行，在按合同规定应给付的款额内，向对方预先给付一定数额的货币。定金的数额由当事人约定，但不得超过主合同标的额的20%。定金合同自实际交付定金时成立，这说明定金合同是实践性合同。

法律规定债务人履行债务后，定金应当抵作价款或者收回，给付定金的一方不履行约定的债务的，无权要求返还定金；收受定金的一方不履行约定的债务的，应当双倍返还定金。

例 题 解 析

例题 1　按照《民法典》的规定，招标人在招标时，招标公告属于合同订立过程中的（　　）。

　　A. 要约　　　　　　　　B. 承诺　　　　　　　　C. 要约邀请　　　　　　　D. 以上都不是

解析：见考点一。《民法典》第四百七十三条的规定。

答案：C

例题 2　根据《民法典》的规定，建设工程项目执行政府定价或者政府指导价的，在合同约定的交付期限内政府价格调整时，按照交付时的价格计价。逾期交付标的物的，遇价格上涨时，执行（　　）。

　　A. 新价格　　　　　　　　　　　　　　　B. 原价格

　　C. 商议确定的价格　　　　　　　　　　　D. 新价格与原价格的平均值

解析：见考点一。《民法典》第五百一十三条的规定。

答案：B

例题 3　根据《民法典》，当事人对保证方式没有约定或约定不明确的，承担保证责任的方式是（　　）。

　　A. 一般保证　　　　　B. 特殊保证　　　　　C. 常规保证　　　　　　D. 连带保证

解析：见考点三。《民法典》第六百八十七条规定，当事人对保证方式没有约定或者约定不明确的，按照一般保证承担保证责任。

答案：A

例题 4　甲、乙双方签订买卖合同，丙为乙的债务提供保证，但保证合同中未约定保证方式及保证期间，下列说法正确的是（　　）。

　　A. 丙的保证方式为连带保证

　　B. 保证期间与买卖合同的诉讼时效相同

　　C. 如果甲在保证期间内未对乙提起诉讼或者申请仲裁的，则丙免除保证责任

　　D. 如果甲在保证期间内未经丙书面同意将主债权转让给丁，则丙不再承担保证责任

解析：见考点三。根据《民法典》第六百九十三条，一般保证的债权人未在保证期间对债务人提起诉讼或者申请仲裁的，保证人不再承担保证责任，故选C。选项A参见例题3；选项B参见《民法典》第六百九十二条；选项D参见《民法典》第六百九十六条。

答案：C

例题 5　建设单位 A 公司进行某公路勘察设计招标。2022 年 4 月 5 日投标截止，B 设计院于 2022

年 5 月 13 日签订勘察设计合同，并在合同中约定了 2022 年 5 月 20 日 A 公司交付 20 万元定金给 B 设计院，立即到账。实际上，B 设计院于 2022 年 6 月 1 日才收到 20 万元定金款项。根据《民法典》，该定金的成立日是 2022 年（　　　）。

  A. 4 月 5 日   B. 5 月 13 日   C. 5 月 20 日   D. 6 月 1 日

解析：见考点三。《民法典》第五百八十六条规定，当事人可以约定一方向对方给付定金作为债权的担保。定金合同自实际交付定金时成立，故选 D。若按《合同法》，是实际交付定金时合同生效，就是选项 C。这是《民法典》与《合同法》的区别。

答案：D

例题 6 〔2022-56〕根据《中华人民共和国合同法》，合同签订后，即明确了双方的（　　　）。

  A. 责任和义务   B. 责任和权利

  C. 权利和义务   D. 权力和义务

解析：《民法典》第六条（《合同法》第五条）规定，民事主体（编者注：当事人）从事民事活动，应当遵循公平原则，合理确定各方的权利和义务。作为合同法律关系三要素（主体、客体、内容）中的第三要素合同内容，就是"权利（也可称为债权）和义务（也可称为债务）"。"责任和权力"是管理中的概念，"责任"相当于合同中的义务，"权力"包含合同中某些权利。在双方合同中，作为合同主体的当事人既是"权利主体"又是"义务主体"；一方享有权利，另一方自然就承担了相应的义务。例如，建设单位和设计单位之间的合同，建设单位最大的权利是获得合格的设计图纸，最大的义务是支付设计费；设计单位最大的义务是提交合格的设计图纸，最大的权利是获取设计费。此考点也可见考点一中的第 7 点"转让"概念，转让是合同主体的改变（即变更为第三人），既可以只转让"权利主体"，也可以只转让"义务主体"，甚至两者都转让。

答案：C

例题 7 〔2023-58〕《民法典》（合同编）第五百八十五条规定，当事人可以约定一方违约时应当根据违约情况向对方支付一定数额的违约金，也可以约定因违约产生的损失赔偿额的计算方法。下列关于违约金的说法错误的是（　　　）。

  A. 约定的违约金低于造成的损失的，人民法院或者仲裁机构可以根据当事人的请求予以增加

  B. 约定的违约金过分低于造成的损失的，人民法院或者仲裁机构可以根据当事人的请求予以增加

  C. 约定的违约金过分高于造成的损失的，人民法院或者仲裁机构可以根据当事人的请求予以适当减少

  D. 当事人就迟延履行约定违约金的，违约方支付违约金后，还应当履行债务

解析：根据《民法典》第五百八十五条，违约金低于损失时无"过分"这个限定词；高于损失时，有"过分"这个限定词。故选项 B 错误。

答案：B

例题 8 对招投标而言，招标人发出中标通知书为（　　　）。

  A. 要约   B. 邀约   C. 要约邀请   D. 承诺

解析：见考点一的第 2 点。在工程招投标过程中，发招标公告是要约邀请，投标人投标报价是要约，招标人发出中标通知书是承诺。

答案： D

例题 9 在直接发包中，建设单位的发包行为属于（ ）。

    A. 要约   B. 邀请   C. 要约邀请   D. 承诺

解析： 此题只有选项 A 或 C 可能正确。因为招标发包方式，招标公告发出和招标文件售出是"要约邀请"，投标人投标报价行为是"要约"，发中标函是"承诺"。但是直接发包是对特定的承包人进行谈判协商，与招标发包不同的是，发包人一般在合同协商稿中先给出了合同价格，或另一种方式是合同的计价方式即按照某定额标准计价，在施工过程中按实际发生额计算。所以，发包人是首先"要约"。而谈判协商的过程就是不断的"新要约"过程（即讨价还价），最终协商一致时，说明有一方"承诺"后即可签约。

答案： A

自 测 模 拟

1. 根据《民法典》的规定，要约可以撤回和撤销。下列要约，不得撤销的是（ ）。

    A. 要约到达要约人   B. 要约人确定了承诺期限

    C. 受要约人未发出承诺通知   D. 受要约人即将发出承诺通知

2. 根据《民法典》的规定，下列行为不属于要约邀请的是（ ）。

    A. 某建设单位发布招标公告   B. 某招标单位发出中标通知书

    C. 某上市公司发出招股说明书   D. 某商场寄送的价目表

3. 《民法典》规定的合同形式中不包括（ ）。

    A. 书面形式   B. 口头形式

    C. 特定形式   D. 其他形式

4. 某建设项目甲建设单位与乙施工单位签订施工总承包合同后，乙施工单位经甲建设单位认可，将打桩工程分包给丙专业承包单位，丙专业承包单位又将劳务作业分包给丁劳务单位，由于丙专业承包单位从业人员责任心不强，导致该打桩工程部分出现了质量缺陷。对于该质量缺陷的责任承担，以下说明正确的是（ ）。

    A. 乙单位和丙单位承担连带责任   B. 丙单位和丁单位承担连带责任

    C. 丙单位向甲单位承担全部责任   D. 乙、丙、丁三单位共同承担责任

5. 按照《民法典》的规定，下列情形中，要约不失效的是（ ）。

    A. 拒绝要约的通知到达要约人

    B. 要约人依法撤销要约

    C. 承诺期限届满，受要约人未作出承诺

    D. 受要约人对要约的内容作出非实质性变更

参 考 答 案

    1. B   2. B   3. C   4. A   5. D

第六节 《中华人民共和国招标投标法》

考 点 分 析

本节重点：依法招标项目范围规模的相关规定和招标投标的主要内容以及相关处罚。

本节难点：招标投标的程序和违反规定的处罚。

考 点 精 讲

考点一：《招标投标法》规定的范围和规模以及基本原则

根据《招标投标法》和《中华人民共和国招标投标法实施条例》第三条规定，依法必须进行招标的工程建设项目的具体范围和规模标准，由国务院发展改革部门会同国务院有关部门制订，报国务院批准后公布施行。2018 年 3 月 27 日，国家发展和改革委员会发布《必须招标的工程项目规定》（发改委令〔2018〕16 号）。（编者注：2021 年考点，第 60 题）

2018 年 6 月 6 日，国家发改委在第 16 号令已经明确《招标投标法》规定的三个必须招标范围中的两个范围（即：国有资金投资项目、国外贷款或援助资金投资项目）基础上，针对第三个范围，发布了《国家发展改革委关于印发〈招标的基础设施和公用事业项目范围规定〉的通知》（发改法规规〔2018〕843 号）。该文补充了第 16 号令中大型基础设施、公用事业等关系社会公共利益、公众安全的项目必须招标的范围。公路建设项目（注：包括县乡道）依然属于必须招标的基础设施和公用事业项目范围，而商品住宅，包括经济适用住房已经不属于必须招标的公用事业项目范围了。

属于必须招标范围的工程项目，其规模按照第 16 号令的第 5 条规定：本规定第 2 条至第 4 条规定范围内的项目，其勘察、设计、施工、监理以及与工程建设有关的重要设备、材料等的采购达到下列标准之一的，必须招标：

（1）施工单项合同估算价在 400 万元人民币以上；

（2）重要设备、材料等货物的采购，单项合同估算价在 200 万元人民币以上；

（3）勘察、设计、监理等服务的采购，单项合同估算价在 100 万元人民币以上。

同一项目中可以合并进行的勘察、设计、施工、监理以及与工程建设有关的重要设备、材料等的采购，合同估算价合计达到前款规定标准的，必须招标。

该新规定明确了全国执行统一的规模标准，各地不得另行调整。

《招标投标法》第五条规定：招标投标活动应当遵循公开、公平、公正和诚实信用的原则。

考点二：招标投标法关于招标的主要规定

1.招标方式

《招标投标法》第十条规定：招标分为公开招标和邀请招标。公开招标，是指招标人以招标公告的方式邀请不特定的法人或者其他组织投标。邀请招标,是指招标人以投标邀请书的方式邀请特定的法人或者其他组织投标。

《招标投标法》第十一条规定:国务院发展计划部门确定的国家重点项目和省、自治区、直辖市人民政府确定的地方重点项目不适宜公开招标的,经国务院发展计划部门或者省、自治区、直辖市人民政府批准,可以进行邀请招标。

2. 招标程序

根据《招标投标法》和《工程建设项目施工招标投标办法》的规定,招标程序一般如下:

(1)成立招标组织,由招标人自行招标或委托招标。

(2)编制招标文件和标底(如果有)(或最高限价)。

(3)发布招标公告并明确对未中标人的成果是否经济补偿或发出投标邀请书。

(4)对潜在投标人进行资格审查,并将审查结果通知各潜在投标人。

(5)发售招标文件。

(6)组织投标人踏勘现场,并对招标文件答疑(如果需要)。

(7)接受投标书。

(8)开标。

(9)评标。

(10)定标、签发中标通知书。

(11)签订合同。

工程招标投标(合同订立)的过程如图 6-1 所示。

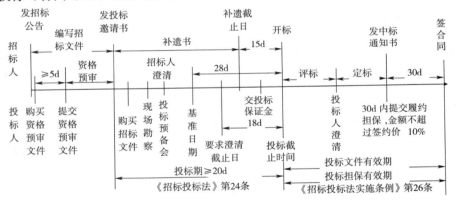

图 6-1　工程招标投标(合同订立)过程图

3. 招标代理

招标人有权自行选择招标代理机构,委托其办理招标事宜,任何一单位和个人不得以任何方式为招标人指定招标代理机构。招标人具有编制招标文件和组织评标能力的,可以自行办理招标事宜。任何单位和个人不得强制其委托招标代理机构办理招标事宜。依法必须进行招标的项目,招标人自行办理招标事宜的,应当向有关行政监督部门备案。

招标代理机构是依法设立、从事招标代理业务并提供相关服务的社会中介组织。

2017 年 12 月 27 日第十二届全国人民代表大会常务委员会第三十一次会议对《招标投标法》的第 13、14、50 条作了部分删除和修改,主要是取消招标代理机构的资格由政府认定的要求。

招标代理机构应当具备下列条件:

（1）有从事招标代理业务的营业场所和相应资金。

（2）有能够编制招标文件和组织评标的相应专业力量。

（编者注：条例规定是指具有与招标项目规模和复杂程度相适应的技术、经济等方面的专业人员；删除具备专家库条件；也不需要招标师条件了）

招标代理机构与行政机关和其他国家机关不得存在隶属关系或者其他利益关系。

招标代理机构应当在招标人委托的范围内办理招标事宜，并遵守本法关于招标人的规定。

考点三：《招标投标法》关于投标的主要规定

1. 投标的要求

《招标投标法》第二十六条规定：投标人应当具备承担招标项目的能力；国家有关规定对投标人资格条件或者招标文件对投标人资格条件有规定的，投标人应当具备规定的资格条件。

投标人应当具备承担招标项目的能力。依据建设部 2001 年 7 月 25 日发布并实施的第 93 号令《建设工程勘察设计企业资质管理规定》，工程勘察资质分为工程勘察综合资质、工程勘察专业资质、工程勘察劳务资质；工程设计资质分为工程设计综合资质、工程设计行业资质、工程设计专项资质，每种资质各有其相应等级（如工程勘察、设计综合资质只设甲级）。

根据《建筑法》的有关规定，承包建筑工程的单位应当持有依法取得的资质证书，并在其资质等级许可的范围内承揽工程。《建设工程勘察设计企业资质管理规定》规定的各等级具有不同的承担工程项目的能力，各企业应当在其资质等级范围内承担工程。

《招标投标法》第二十七条规定：投标人应当按照招标文件的要求编制投标文件。投标文件应当对招标文件提出的实质性要求和条件作出响应。招标项目属于建设施工的，投标文件的内容应当包括拟派出的项目负责人与主要技术人员的简历、业绩和拟用于完成招标项目的机械设备等。

2. 投标程序

（1）组织投标机构。

（2）编制投标文件。

（3）投标文件的送达。

3. 联合体投标

（1）联合投标的含义

根据《招标投标法》第三十一条第一款的规定，联合投标是指"两个以上法人或者其他组织可以组成一个联合体，以一个投标人的身份共同投标"。

（2）联合体各方的资格要求

《招标投标法》第三十一条第二款规定：联合体各方均应当具备承担招标项目的相应能力；国家有关规定或者招标文件对投标人资格条件有规定的，联合体各方均应当具备规定的相应资格条件。由同一专业的单位组成的联合体，按照资质等级较低的单位确定资质等级。（编者注：2022 年补考考点，第 59 题）

为了更正确理解上述"由同一专业的单位组成的联合体，按照资质等级较低的单位确定资质等级"的规定，可参考 2019 年《招标投标法》（征求意见稿），该条款的修改内容为"联合体的各专业资质等级，根据共同投标协议约定的专业分工，分别按照承担相应专业工作的资质等级最低的单位确定"。

（3）联合体各方的权利和义务

《招标投标法》第三十一条第三款规定：联合体各方应当签订共同投标协议，明确约定各方拟承担的工作和责任，并将共同投标协议连同投标文件一并提交招标人。联合体中标的，联合体各方应当共同与招标人签订合同，就中标项目向招标人承担连带责任。

根据该规定，联合体各方的权利和义务分为内部和外部两种。（编者注：2023年考点，第57题）

①联合体各方内部的权利和义务。

共同投标协议属于合同关系，即平等主体的自然人、法人、其他组织之间通过设立、变更、终止民事权利义务关系的协议而形成的关系。联合体内部各方通过协议明确约定各方在中标后要承担的工作和责任，该约定必须详细、明确，以免日后发生争议。同时，该共同协议应当同投标文件一并提交招标人，使招标人了解有关情况，并在评标时予以考虑。

②联合体各方外部的权利和义务。

联合体各方就中标项目对外向招标人承担连带责任。

所谓连带责任，是指在同一债权债务关系中两个以上的债务人中，任何一个债务人都负有向债权人履行债务的义务。债权人可以向其中任何一个或者多个债务人请求履行债务，可以请求部分履行，也可以请求全部履行。负有连带责任的债务人不得以债务人之间对债务分担比例有约定来拒绝部分或全部履行债务。连带债务人中一个或者多人履行了全部债务后，其他连带债务人对债权人的履行义务即行解除。但是，对连带债务人内部关系而言，根据其内部约定，债务人清偿债务超过其应承担份额的，有权向其他连带债务人追偿。联合体各方在中标后承担的连带责任包括以下两种情况：

第一种：联合体在接到中标通知书未与招标人签订合同前，除不可抗力外，联合体放弃中标项目的，其已提交的投标保证金不予退还，给招标人造成的损失超过投标保证金数额的，还应当对超过部分承担连带赔偿责任。

第二种：中标的联合体在签约后除不可抗力外，不履行与招标人签订的合同时，履约保证金不予退还，给招标人造成的损失超过履约保证金数额的，还应当对超过部分承担连带赔偿责任。

考点四：投标的禁止性规定

1. 投标人之间串通投标

《招标投标法》第三十二条第一款规定：投标人不得相互串通投标报价，不得排挤其他投标人的公平竞争，损害招标人或者其他投标人的合法权益。

2. 投标人与招标人之间串通招标投标

《招标投标法》第三十二条第二款规定：投标人不得与招标人串通投标，损害国家利益、社会公共利益或者他人的合法权益。

3. 投标人以行贿的手段谋取中标

《招标投标法》第三十二条第三款规定：禁止投标人以向招标人或者评标委员会成员行贿的手段谋取中标。

投标人以行贿的手段谋取中标是违背《招标投标法》基本原则的行为，对其他投标人是不公平的。投标人以行贿手段谋取中标的法律后果是中标无效，有关责任人和单位应当承担相应的行政责任或刑事责任，给他人造成损失的，还应当承担民事赔偿责任。

4. 投标人以低于成本的报价竞标

《招标投标法》第三十三条规定：投标人不得以低于成本的报价竞标。

投标人以低于成本的报价竞标，其目的主要是为了排挤其他对手。

这里的成本应指个别企业的成本。投标人的报价一般由成本、税金和利润三部分组成。当报价为成本价时，企业利润为零。

5. 投标人以非法手段骗取中标

《招标投标法实施条例》第四十二条规定：使用通过受让或者租借等方式获取的资格、资质证书投标的，属于《招标投标法》第三十三条规定的以他人名义投标。

投标人有下列情形之一的，属于《招标投标法》第三十三条规定的以其他方式弄虚作假的行为：

（1）使用伪造、变造的许可证件。

（2）提供虚假的财务状况或者业绩。

（3）提供虚假的项目负责人或者主要技术人员简历、劳动关系证明。

（4）提供虚假的信用状况。

（5）其他弄虚作假的行为。

考点五：《招标投标法》中关于开标、评标和定标的主要规定以及细则

1. 开标程序

开标应当在招标文件确定的提交投标文件截止时间的同一时间公开进行；开标地点应当为招标文件中预先确定的地点。开标由招标人主持，邀请所有投标人参加。

开标时，由投标人或者其推选的代表检查投标文件的密封情况，也可以由招标人委托的公证机构检查并公证；经确认无误后，由工作人员当众拆封，宣读投标人名称、投标价格和投标文件的其他主要内容。

招标人在招标文件要求提交投标文件的截止时间前收到的所有投标文件，开标时都应当当众予以拆封、宣读。

开标过程应当记录，并存档备查。

2. 评标委员会的组成

评标由招标人依法组建的评标委员会负责。评标委员会由招标人的代表和有关技术、经济等方面的专家组成，成员人数为五人以上单数，其中技术、经济等方面的专家不得少于成员总数的三分之二（编者注：2024 年考点，第 56 题）。评标委员会专家应当从事相关领域工作满八年并具有高级职称或者具有同等专业水平，由招标人从国务院有关部门或者省、自治区、直辖市人民政府有关部门提供的专家名册或者招标代理机构的专家库内的相关专业的专家名单中确定；一般招标项目可以采取随机抽取方式，特殊招标项目可以由招标人直接确定。与投标人有利害关系的人不得进入相关项目的评标委员会；已经进入的应当更换，评标委员会成员的名单在中标结果确定前应当保密。

3. 评标程序

（1）招标人应当采取必要的措施，保证评标在严格保密的情况下进行。任何单位和个人不得非法干预、影响评标的过程和结果。

（2）评标委员会可以要求投标人对投标文件中含义不明确的内容作必要的澄清或者说明，但是澄清或者说明不得超出投标文件的范围或者改变投标文件的实质性内容。

（3）评标委员会应当按照招标文件确定的评标标准和方法，对投标文件进行评审和比较；设有标底的，应当参考标底。

（4）招标人根据评标委员会提出的书面评标报告和推荐的中标候选人确定中标人。招标人也可以授权评标委员会直接确定中标人。

（5）评标委员会经评审，认为所有投标都不符合招标文件要求的，可以否决所有投标。依法必须进行招标项目的所有投标被否决的，招标人应当依照本法重新招标。

（6）在确定中标人前，招标人不得与投标人就投标价格、投标方案等实质性内容进行谈判。

考点六：中标和中标通知书的有关规定

1. 中标条件

（1）能够最大限度地满足招标文件中规定的各项综合评价标准。

（2）能够满足招标文件的实质性要求，并且经评审的投标价格最低，但是投标价格低于成本的除外。

2. 中标候选人的公示和中标人的确定

依法必须进行招标的项目，招标人应当自收到评标报告之日起三日内公示中标候选人，公示期不得少于三日。

国有资金占控股或者主导地位的依法必须进行招标的项目，招标人应当确定排名第一的中标候选人为中标人。排名第一的中标候选人放弃中标，招标人可以按照评标委员会提出的中标候选人名单排序依次确定其他中标候选人为中标人，也可以重新招标。

3. 中标通知书

招标人和中标人应当自中标通知书发出之日起三十日内，按照招标文件和中标人的投标文件订立书面合同。招标人和中标人不得再行订立背离合同实质性内容的其他协议。招标文件要求中标人提交履约保证金的，中标人应当提交。

依法必须进行招标的项目，招标人应当自确定中标人之日起十五日内，向有关行政监督部门提交招标投标情况的书面报告。

例 题 解 析

例题 1 下列属于《招标投标法》规定的招标方式是（　　）。

　　A. 公开招标和直接招标　　　　　　　B. 公开招标和邀请招标

　　C. 公开招标和协议招标　　　　　　　D. 公开招标和公开招标

解析： 见考点二，《招标投标法》第十条的规定。

答案： B

例题 2 在资格预审过程中，对符合资格预审条件潜在投标人，因人数过多，而采用抽签或摇号确定有限的最终通过资格预审投标人的方法，违背的招投标活动的原则是（　　）。

　　A. 公开　　　　　　B. 公平　　　　　　C. 公正　　　　　　D. 诚信

解析： 见考点一。该题的难点是选择公平还是选公正。抽签或摇号是凭运气，表面很公平，实际不公平。公平原则，要求招标人严格按照规定的条件和程序办事，同等地对待每一个投标竞争者，不得对不同的投标竞争者采用不同的标准；抽签或摇号就不能同等对待符合资格预审条件潜在投标人，所以不公平。而公正是对所有的投标竞争者都应平等对待，不能有特殊；特别是在评标时尤其显示要公正过程。

答案： B

例题 3　［2021-60］根据 2018 年 6 月 1 日起施行的《必须招标的工程项目规定》,《招标投标法》第三条规定范围内的项目,勘察、设计、监理等服务的采购,必须招标的单价合同估算价为（　　）。

　　A. 50 万元人民币以上　　　　　　　　　B. 100 万元人民币以上

　　C. 200 万元人民币以上　　　　　　　　　D. 300 万元人民币以上

解析： 见考点一。《招标投标法》第三条规定范围内的项目,勘察、设计、监理等服务的采购,必须招标的单价合同估算价在 100 万元人民币以上。

答案： B

例题 4　根据《招标投标法》,依法必须进行招标的项目,其招标投标活动不受地区或者部门的限制。该规定体现了《招标投标法》的原则是下述的（　　）。

　　　　A. 公开　　　　　　B. 公平　　　　　　C. 公正　　　　　　D. 诚实信用

解析： 根据《招标投标法》,依法必须进行招标的项目,其招标、投标活动不受地区或者部门的限制。该规定体现了《招标投标法》的公平原则。

答案： B

例题 5　根据《招标投标法》,开标时,招标人应当邀请所有投标人参加,这一规定体现了招标投标活动的（　　）。

　　　　A. 公开原则　　　　　B. 公平原则　　　　　C. 公正原则　　　　　D. 诚实守信原则

解析：《招标投标法》第三十四条规定：开标应当在招标文件确定的提交投标文件截止时间的同一时间公开进行；开标地点应当为招标文件中预先确定的地点。第三十五条规定：开标由招标人主持,邀请所有投标人参加。

答案： A

例题 6　下列有关评标方法的描述,错误的是（　　）。

　　A. 最低投标价法适合没有特殊要求的招标项目

　　B. 综合评估法适合没有特殊要求的招标项目

　　C. 最低投标价法通常带来恶性削价竞争,工程质量不容乐观

　　D. 综合评估法可用打分的方法或货币的方法评估各项标准

解析： 2018 年 9 月 28 日,住房和城乡建设部决定对《房屋建筑和市政基础设施工程施工招标投标管理办法》（建设部令〔2001〕89 号）作出修改后公布。其中第四十条规定：评标可以采用综合评估法、经评审的最低投标价法或者法律法规允许的其他评标方法。

采用综合评估法的,应当对投标文件提出的工程质量、施工工期、投标价格、施工组织设计或者施工方案、投标人及项目经理业绩等,能否最大限度地满足招标文件中规定的各项要求和评价标准进行评审和比较。以评分方式进行评估的,对于各种评比奖项不得额外计分。

采用经评审的最低投标价法的,应当在投标文件能够满足招标文件实质性要求的投标人中,评审出投标价格最低的投标人,但投标价格低于其企业成本的除外。

从文件中可以看出,采用经评审的最低投标价法的前提是在能够满足招标文件实质性要求的投标人中,评审出投标价格最低的投标人中标。如果有人恶性竞争,报价低于成本价,而不能满足招标文件的实质性要求,是不能中标的。选项 C 完全否定了最低投标价法,是不符合文件精神的。

交通运输部《公路工程建设项目招标投标管理办法》（2015 年第 24 号令）有类似的规定。

答案： C

例题 7 根据《招标投标法》规定，下列情形中，不可采用直接发包，而必须进行招标的情形是（　　）。

    A. 关系社会公共利益、公众安全的大型基础设施项目

    B. 重要设备材料等货物的采购，单项合同估算价在 100 万元人民币以下

    C. 施工单位合同估算价为 100 万元人民币以下

    D. 勘察、设计、监理等服务的采购单项合同估算价在 40 万元人民币以下

解析：《招标投标法》第三条规定：在中华人民共和国境内进行下列工程建设项目包括项目的勘察、设计、施工、监理以及与工程建设有关的重要设备、材料等的采购，必须进行招标：

（一）大型基础设施、公用事业等关系社会公共利益、公众安全的项目；

（二）全部或者部分使用国有资金投资或者国家融资的项目；

（三）使用国际组织或者外国政府贷款、援助资金的项目。

前款所列项目的具体范围和规模标准，由国务院发展计划部门会同国务院有关部门制订，报国务院批准。

参见考点一，范围和规模标准，只有选项 A 是必须进行招标的。

答案： A

例题 8 ［2022-57］根据《中华人民共和国招标投标法》，合同中的价格是（　　）。

    A. 招标价　　　　　　　　　　　　B. 投标价

    C. 标底价　　　　　　　　　　　　D. 评标价

解析： 合同中的价格是中标人的报价，即投标价，也称签约合同价或中标价

答案： B

例题 9 ［2023-57］甲乙两施工单位组成联合体中标，双方约定如出现质量问题各自承担 50%的责任，后由于甲公司原因导致工程出现质量问题而给建设单位带来了损失，建设单位要求索赔 10 万元，则下列说法正确的是（　　）。

    A. 由于是甲公司的原因导致，故建设单位只能向甲公司主张权利

    B. 因约定各自承担 50%，故乙公司只应对建设单位承担 5 万元的赔偿责任

    C. 如果建设单位向乙公司主张，则乙公司应先对 10 万元索赔额承担责任

    D. 只有甲公司无力承担，乙公司才应先承担责任

解析：《招标投标法》第三十一条第三款规定，联合体中标的，联合体各方应当共同与招标人签订合同，就中标项目向招标人承担连带责任。该题要正确理解"连带责任"，此时的主动权在建设单位，无限制条件下甲乙两公司加起来有 10 万元即可（10＋0 或 0＋10 或 2＋8 或 5＋5 等），选项 A、B、D 都有限制条件，故选项 C 正确。

答案： C

例题 10 在建筑工程投标过程中，由同一专业的两个以上法人或者其他组织组成的联合体，按照（　　）。

    A. 资质等级较低的单位确定资质等级　　B. 资质等级较高的单位确定资质等级

    C. 承担任务较重的单位确定资质等级　　D. 牵头人的单位确定资质等级

解析： 见考点三的 3 点。《招标投标法》第三十一条第二款规定：联合体各方均应当具备承担招标项目的相应能力；国家有关规定或者招标文件对投标人资格条件有规定的，联合体各方均应当具备规定

的相应资格条件。由同一专业的单位组成的联合体，按照资质等级较低的单位确定资质等级。

答案： A

例题 11 有关联合体的说法正确的有（　　）。

  A. 由甲出资且具备运营能力、乙有设计资质、丙具备相应施工资质组成的 PPP 项目投资人联合体不符合 PPP 项目投资人的规定

  B. 甲企业是一级桥梁施工资质、二级隧道施工资质，乙企业是二级桥梁施工资质、一级隧道施工资质，甲乙组成联合体只能认定为一级桥梁施工资质和一级隧道施工资质

  C. 甲企业是一级桥梁施工资质，无隧道施工资质，乙企业是二级桥梁施工资质、一级隧道施工资质，甲乙组成联合体只能认定为二级桥梁施工资质和一级隧道施工资质

  D. 甲企业是一级隧道施工资质，乙企业是一级桥梁施工资质、二级隧道施工资质，甲乙组成联合体且协议书约定乙企业不施工隧道工程，则该联合体应认定为一级桥梁施工资质和一级隧道施工资质

解析： 见考点三的 3 点。

在 PPP 项目中，通常允许不同专业优势的主体组成联合体参与项目。甲乙丙组合可以充分发挥各方优势，符合 PPP 项目投资人规定的常见模式，故选项 A 错误。

对于选项 B、C，要正确理解"由同一专业的单位组成的联合体，按照资质等级较低的单位确定资质等级"。考核资格条件应以联合体协议书中规定的分工为依据，不承担联合体协议有关专业工程的成员，其相应的专业资质不作为该联合体成员中同一专业单位的资质进行考核。选项 B 的联合体应认定为二级桥梁施工资质和二级隧道施工资质；选项 C 的联合体应认定为二级桥梁施工资质和无隧道施工资质（因为甲无隧道资质），而不是一级隧道施工资质。

答案： D

例题 12［2024-56］工程评标阶段，评标委员会由招标人的代表和有关技术、经济等方面的专家组成，成员人数为五人以上单数，其中技术、经济等方面的专家不得少于成员总数的：

  A. 二分之一   B. 三分之一   C. 三分之二   D. 四分之三

解析： 见考点五的第 2 点。根据《招标投标法》第三十七条，评标委员会由招标人的代表和有关技术、经济等方面的专家组成，成员人数为五人以上单数，其中技术、经济等方面的专家不得少于成员总数的三分之二。

答案： C

例题 13 招标项目属于建设施工的，投标文件的内容不包括（　　）。

  A. 拟派出的项目负责人与主要技术人员的简历

  B. 拟派出的项目负责人与主要技术人员的业绩

  C. 拟用于完成招标项目的机械设备

  D. 拟使用备选方案的具体内容

解析： 见考点三第 1 点和考点四第 5 的（3）点。根据《招标投标法》第二十七条，选项 A、B、C 都是投标文件内容。选项 D 错在投标一般不允许有备选方案，只有在多方案招标时才能提供备选方案。

答案： D

自 测 模 拟

1. 根据《招标投标法》规定,某工程项目委托监理服务的招标活动,应当遵循的原则是( )。

    A. 公开、公平、公正、诚实信用   B. 公开、平等、自愿、公平、诚实信用

    C. 公正、科学、独立、诚实信用   D. 全面、有效、合理、诚实信用

2. 根据《招标投标法》规定,某建设工程依法必须进行招标,招标人委托了招标代理机构办理招标事宜,招标代理机构的行为合法的是( )。

    A. 编制投标文件和组织评标

    B. 在招标人委托的范围内办理招标事宜

    C. 遵守《招标投标法》关于投标人的规定

    D. 可以作为评标委员会成员参与评标

3. 根据《招标投标法》规定,招标人对已发出的招标文件进行必要的澄清或修改的,应该以书面形式通知所有招标文件收受人,通知的时间应当在招标文件要求提交投标文件截止时间至少( )。

    A. 20 日前   B. 15 日前

    C. 7 日前   D. 5 日前

4. 根据《招标投标法》规定,招标人和中标人按照招标文件和中标人的投标文件订立书面合同的时间要求是( )。

    A. 自中标通知书发出之日起 30 日内

    B. 自中标单位收到中标通知书之日起 30 日内

    C. 自中标通知书发出之日起 15 日内

    D. 自中标单位收到中标通知书之日起 15 日内

5. 根据《招标投标法》规定,下列包括在招标公告中的是( )。

    A. 招标项目的性质、数量   B. 招标项目的技术要求

    C. 对投标人员资格的审查标准   D. 拟签订合同的主要条款

6. [2023-59] 道路工程项目的招标方式有( )。

    A. 公开招标 + 邀请招标   B. 公开招标 + 议标

    C. 邀请招标 + 议标   D. 公开招标 + 邀请招标 + 议标

参 考 答 案

1. A   2. B   3. B   4. A   5. A   6. A

第七节 《中华人民共和国安全生产法》

考 点 分 析

本节重点: 从业人员的权利义务和安全生产费用的规定以及违反《安全生产法》的处罚。

本节难点：违反《安全生产法》的处罚。

考 点 精 讲

2021 年 6 月 10 日，第十三届全国人民代表大会常务委员会通过《关于修改〈中华人民共和国安全生产法〉的决定》，中华人民共和国主席签发第八十八号令予以公布，自 2021 年 9 月 1 日起施行。

考点一：《安全生产法》的立法目的和安全生产的工作方针

《安全生产法》的立法目的是加强安全生产工作，防止和减少生产安全事故，保障人民群众生命和财产安全，促进经济社会持续健康发展。（新《安全生产法》第一条）

安全生产工作坚持中国共产党的领导。安全生产工作应当以人为本，坚持人民至上、生命至上，把保护人民生命安全摆在首位，树牢安全发展理念，坚持安全第一、预防为主、综合治理的方针，从源头上防范化解重大安全风险。

安全生产工作实行管行业必须管安全、管业务必须管安全、管生产经营必须管安全，强化和落实生产经营单位主体责任与政府监管责任，建立生产经营单位负责、职工参与、政府监管、行业自律和社会监督的机制。（新《安全生产法》第三条对 2014 版《安全生产法》作了较大修订）

考点二：安全生产"三同时"制度及责任人有关规定

生产经营单位新建、改建、扩建工程项目（以下统称建设项目）的安全设施，必须与主体工程同时设计、同时施工、同时投入生产和使用，安全设施投资应当纳入建设项目概算。（第三十一条）

生产经营单位必须加大对安全生产资金、物资、技术、人员的投入保障力度，改善安全生产条件，加强安全生产标准化、信息化建设，构建安全风险分级管控和隐患排查治理双重预防机制，健全风险防范化解机制，提高安全生产水平，确保安全生产。（第四条）

生产经营单位应当建立安全风险分级管控制度，按照安全风险分级采取相应的管控措施。生产经营单位应当建立健全并落实生产安全事故隐患排查治理制度，采取技术、管理措施，及时发现并消除事故隐患。事故隐患排查治理情况应当如实记录，并通过职工大会或者职工代表大会、信息公示栏等方式向从业人员通报。（第四十一条）

生产经营单位的主要负责人是本单位安全生产第一责任人，对本单位的安全生产工作全面负责。其他负责人对职责范围内的安全生产工作负责。（第五条）

矿山建设项目和用于生产、储存危险物品的建设项目，应当分别按照国家有关规定进行安全条件论证和安全评价。建设项目安全设施的设计人、设计单位应当对安全设施设计负责。矿山建设项目和用于生产、储存危险物品的建设项目的安全设施设计应当按照国家有关规定报经有关部门审查，审查部门及其负责审查的人员对审查结果负责。（第三十二、三十三条）

安全设备的设计、制造、安装、使用、检测、维修、改造和报废，应当符合国家标准或者行业标准。生产经营单位必须对安全设备进行经常性维护、保养，并定期检测，保证正常运转。（第三十六条）

高危行业经营单位应当投保安全生产责任保险。（第五十一条）（编者注：公路施工属于高危）

生产经营单位使用危险物品的容器、运输工具，必须按照国家有关规定，由专业生产单位生产，并经取得专业资质的检测、检验机构检测、检验合格，取得安全使用证或者安全标志，方可投入使用。检

测、检验机构对检测、检验结果负责。（第三十七条）

考点三：安全生产中从业人员的权利和义务

1. 安全生产中从业人员的权利（第五十三至五十六条）

（1）知情权，即有权了解其作业场所和工作岗位存在的危险因素、防范措施和事故应急措施。

（2）建议权，即有权对本单位的安全生产工作提出建议。

（3）批评权和检举、控告权，即有权对本单位安全生产管理工作中存在的问题提出批评、检举、控告。

（4）拒绝权，即有权拒绝违章作业指挥和强令冒险作业。

（5）紧急避险权，即发现直接危及人身安全的紧急情况时，有权停止作业或者在采取可能的应急措施后撤离作业场所。

（6）依法向本单位提出要求赔偿的权利。

（7）获得符合国家标准或者行业标准劳动防护用品的权利。

（8）获得安全生产教育和培训的权利。

（9）事故发生后应获得单位及时救治的权利。

2. 安全生产中从业人员的义务

（1）自律遵规的义务，即从业人员在作业过程中，应当严格遵守本单位的安全生产规章制度和操作规程，服从管理，正确佩戴和使用劳动防护用品。（第五十七条）

（2）自觉学习安全生产知识的义务，掌握本职工作所需的安全生产知识，提高安全生产技能，增强事故预防和应急处理能力。（第五十八条）

（3）危险报告义务，即发现事故隐患或者其他不安全因素时，应当立即向现场安全生产管理人员或者本单位负责人报告。（第五十九条）

考点四：生产安全事故应急救援与调查处理的法律规定

1. 安全事故的等级

2021 年的新《安全生产法》第一百一十八条表示，本法规定的生产安全一般事故、较大事故、重大事故、特别重大事故的划分标准由国务院规定。国务院颁发的《生产安全事故报告和调查处理条例》第三条规定的事故等级为：

（1）特别重大事故，是指造成 30 人以上死亡，或者 100 人以上重伤（包括急性工业中毒，下同），或者 1 亿元以上直接经济损失的事故。（编者注："以上"包含本数）

（2）重大事故，是指造成 10 人以上 30 人以下死亡，或者 50 人以上 100 人以下重伤，或者 5000 万元以上 1 亿元以下直接经济损失的事故。

（3）较大事故，是指造成 3 人以上 10 人以下死亡，或者 10 人以上 50 人以下重伤，或者 1000 万元以上 5000 万元以下直接经济损失的事故。

（4）一般事故，是指造成 3 人以下死亡，或者 10 人以下重伤，或者 1000 万元以下直接经济损失的事故。

2.安全生产责任事故应急救援

县级以上地方各级人民政府应当组织有关部门制定本行政区域内特大生产安全事故应急救援预案，建立应急救援体系。单位负责人接到事故报告后，应当迅速采取有效措施，组织抢救，并按照国家有关规定立即如实报告当地负有安全生产监督管理职责的部门，不得隐瞒不报、谎报或拖延不报，不得故意破坏事故现场、毁灭有关证据。

危险物品的生产、经营、储存单位以及矿山、建筑施工单位应当建立应急救援组织；生产经营规模较小、可以不建立应急救援组织的，应当指定兼职的应急救援人员。

危险物品的生产、经营、储存单位以及矿山、建筑施工单位应当配备必要的应急救援器材、设备，并进行经常性维护、保养，保证正常运转。

3.安全生产责任事故报告

（1）生产经营单位发生生产安全事故后，事故现场有关人员应当立即报告本单位负责人。

（2）负有安全生产监督管理职责的部门接到事故报告后，应当立即按照国家有关规定上报事故情况。负有安全生产监督管理职责的部门和有关地方人民政府对事故情况不得隐瞒不报、谎报或者迟报。

（3）有关地方人民政府和负有安全生产监督管理职责部门的负责人接到重大生产安全事故报告后，应当立即赶到事故现场，组织事故抢救。

4.安全生产责任事故调查处理

（1）事故调查处理应当按照科学严谨、依法依规、实事求是、注重实效（编著注：旧法为实事求是、尊重科学）的原则，及时、准确地查清事故原因，查明事故性质和责任，总结事故教训，提出整改措施，并对事故责任者提出处理意见。

（2）生产经营单位发生生产安全事故，经调查确定为责任事故的，除了应当查明事故单位的责任并依法予以追究外，还应当查明对安全生产的有关事项负有审查批准和监督职责的行政部门的责任，对有失职、渎职行为的，追究法律责任。

（3）任何单位和个人不得阻挠和干涉对事故的依法调查处理。

（4）县级以上地方各级人民政府负责安全生产监督管理的部门应当定期统计分析本行政区域内发生生产安全事故的情况，并定期向社会公布。

考点五：安全生产费用的确定与使用

1.《安全生产法》授权财政部和应急管理部确定安全生产费用的标准和使用范围

现行的《安全生产法》第二十三条规定，生产经营单位应当具备的安全生产条件所必需的资金投入，由生产经营单位的决策机构、主要负责人或者个人经营的投资人予以保证，并对由于安全生产所必需的资金投入不足导致的后果承担责任。有关生产经营单位应当按照规定提取和使用安全生产费用，专门用于完善和改进安全生产条件的有关支出。安全生产费用在成本中据实列支。安全生产费用提取、使用和监督管理的具体办法由国务院财政部门会同国务院应急管理部门征求国务院有关部门意见后制定。

2.《建设工程安全生产管理条例》规定工程概算中应包含工程安全生产费

根据《建设工程安全生产管理条例》第八条规定，建设单位在编制工程概算时，应当确定建设工程安全作业环境及安全施工措施所需费用。

3.财政部和应急管理部规定安全生产费的提取标准

财政部和应急管理部印发的《企业安全生产费用提取和使用管理办法》（财资〔2022〕136号）第十

七条规定，建设工程施工企业以建筑安装工程造价为依据，于月末按工程进度计算提取企业安全生产费用。提取标准如下：市政公用工程、港口与航道工程、公路工程1.5%。

考点六：违反规定应承担的法律责任

第九十九条 生产经营单位有下列行为之一的，责令限期改正，处五万元以下的罚款；逾期未改正的，处五万元以上二十万元以下的罚款，对其直接负责的主管人员和其他直接责任人员处一万元以上二万元以下的罚款；情节严重的，责令停产停业整顿；构成犯罪的，依照刑法有关规定追究刑事责任：

未在有较大危险因素的生产经营场所和有关设施、设备上设置明显的安全警示标志的；

安全设备的安装、使用、检测、改造和报废不符合国家标准或者行业标准的；

未对安全设备进行经常性维护、保养和定期检测的；

关闭、破坏直接关系生产安全的监控、报警、防护、救生设备、设施，或者篡改、隐瞒、销毁其相关数据、信息的；

未为从业人员提供符合国家标准或者行业标准的劳动防护用品的；

危险物品的容器、运输工具，以及涉及人身安全、危险性较大的海洋石油开采特种设备和矿山井下特种设备未经取得专业资质的机构检测、检验合格，取得安全使用证或者安全标志，投入使用的；

使用应当淘汰的危及生产安全的工艺、设备的；

餐饮等行业的生产经营单位使用燃气未安装可燃气体报警装置的。

第一百零一条 生产经营单位有下列行为之一的，责令限期改正，处十万元以下的罚款；逾期未改正的，责令停产停业整顿，并处十万元以上二十万元以下的罚款，对其直接负责的主管人员和其他直接责任人员处二万元以上五万元以下的罚款；构成犯罪的，依照刑法有关规定追究刑事责任：

对重大危险源未登记建档，未进行定期检测、评估、监控，未制定应急预案，或者未告知应急措施的；

未建立安全风险分级管控制度或者未按照安全风险分级采取相应管控措施的；

未建立事故隐患排查治理制度，或者重大事故隐患排查治理情况未按照规定报告的。

第一百零二条 生产经营单位未采取措施消除事故隐患的，责令立即消除或者限期消除，处五万元以下的罚款；生产经营单位拒不执行的，责令停产停业整顿，对其直接负责的主管人员和其他直接责任人员处五万元以上十万元以下的罚款；构成犯罪的，依照刑法有关规定追究刑事责任。

2021年第十一次刑法修正案规定，以下行为属于犯罪：明知存在重大事故隐患而不排除，仍冒险组织作业，因而发生重大伤亡事故或者造成其他严重后果的；因存在重大事故隐患被依法责令停产停业、停止施工、停止使用有关设备、设施、场所或者立即采取排除危险的整改措施，而拒不执行的。

例 题 解 析

例题1 安全生产中从业人员的义务是（　　）。

  A. 遇到紧急危险时撤离   B. 对本单位的安全生产工作提出建议

  C. 遇到危险时要报告   D. 拒绝违章作业指挥

解析： 见考点三，《安全生产法》第五十九条的规定。

答案： C

例题 2　某工程项目现场发生安全事故死亡 2 人，重伤 49 人，该事故属于（　　）。

　　　　A. 一般事故　　　　　B. 较大事故　　　　　C. 重大事故　　　　　D. 特大事故

解析：见考点四。该题的难点是要考虑死亡 2 人。因为死亡比重伤还严重，所以重伤人数是人；重伤最终人数超过 49 人，属于重大事故。

答案：C

例题 3　工人甲在施工作业过程中发现脚手架即将倒塌，迅速逃离了现场，随之倒塌的脚手架造成一死多伤的安全事故，则甲的行为（　　）。

　　　　A. 违法，因为只有在通知其他工人后，甲才可逃离

　　　　B. 违约，因为甲未能按照合同履行劳动义务

　　　　C. 不违法，甲在行使紧急避险权

　　　　D. 不违约，脚手架倒塌属于不可抗力

解析：见考点三。2014 版《安全生产法》第五十二条（2021 版《安全生产法》第五十五条）规定，从业人员发现直接危及人身安全的紧急情况时，有权停止作业或者在采取可能的应急措施后撤离作业场所。

答案：C

例题 4　以下关于安全生产"三同时"的说法正确的是（　　）。

　　　　A. 建设项目中安全设施，必须与主体工程同时设计、同时施工、同时投入生产和使用

　　　　B. 建设项目中安全设施，必须与主体工程同时报建，同时施工、同时验收

　　　　C. 建设项目中安全设施，必须与主体工程同时规划、同时实施、同步发展

　　　　D. 建设项目中安全设施，必须与主体工程在经济效益、环境效益、社会效益上做到统一

解析：见考点二。根据《安全生产法》第三十一条，生产经营单位新建、改建、扩建工程项目的安全设施，必须与主体工程同时设计、同时施工、同时投入生产和使用，安全设施投资应当纳入建设项目概算。

答案：A

自 测 模 拟

1. 某生产经营单位使用危险性较大的特种设备，根据《安全生产法》规定，该设备投入使用的条件不包括（　　）。

　　A. 该设备应由专业生产单位生产

　　B. 该设备应进行安全条件论证和安全评价

　　C. 该设备需经取得专业资质的检测、检验机构检测、检验合格

　　D. 该设备需取得安全使用证或者安全标志

2. 某施工单位一个有职工 185 人的三级施工资质的企业，根据《安全生产法》规定，该企业下列行为中合法的是（　　）。

　　A. 只配备兼职的安全生产管理人员

　　B. 委托具有国家规定相关专业技术资格的工程技术人员提供安全生产管理服务，由其负责承担保证安全生产的责任

C. 安全生产管理人员经企业考核后即任职

D. 设置安全生产管理机构

3. 根据《安全生产法》规定，生产经营单位主要负责人对本单位的安全生产负总责，某生产经营单位的主要负责人对本单位安全生产工作的职责是（　　）。

A. 建立、健全本单位安全生产责任制

B. 保证本单位安全生产投入的有效使用

C. 及时报告生产安全事故

D. 组织落实本单位安全生产规章制度和操作规程

4. 根据《安全生产法》规定，生产经营单位使用的涉及生命安全、危险性较大的特种设备以及危险物品的容器、运输工具，必须按照国家有关规定由专业生产单位生产并经取得专业资质的检测、检验机构检测，检验合格取得（　　）。

A. 安全使用证和安全标志方可投入使用

B. 安全使用证或安全标志方可投入使用

C. 生产许可证和安全使用证方可投入使用

D. 生产许可证或安全使用证方可投入使用

参 考 答 案

1. B　　2. D　　3. A　　4. B

第八节　《建设工程安全生产管理条例》

考 点 分 析

本节重点：立法目的、适用范围和勘察设计单位的安全责任以及违反规定的处罚。

本节难点：违反规定的处罚。

考 点 精 讲

考点一：《建设工程安全生产管理条例》的立法目的、适用范围及基本制度等

1. 立法目的

（1）直接目的：贯彻《建筑法》和《安全生产法》。

（2）间接目的：为了加强建设工程安全生产监督管理。

（3）根本目的：保障人民群众生命和财产安全。

2. 适用范围

（1）在中华人民共和国境内从事建设工程的新建、扩建、改建和拆除等有关活动及实施对建设工程

安全生产的监督管理，必须遵守本条例。

条例所称建设工程，是指土木工程、建筑工程、线路管道和设备安装工程及装修工程。

（2）抢险救灾和农民自建低层住宅的安全生产管理不适用本条例；军事建设工程的安全生产管理，按照中央军事委员会的有关规定执行。

3.方针

安全第一、预防为主、综合治理。

4.建设工程安全生产管理基本制度

（1）安全生产责任制度

安全生产责任制度是建筑生产中最基本的安全管理制度，是所有安全管理制度的核心。安全生产责任制度是指各种不同的安全责任落实到负责有安全管理责任的人员和具体岗位人员身上的一种制度。这一制度是安全第一、预防为主方针的具体体现，是建筑安全生产的基本制度。安全生产责任制的主要内容包括：一是从事建筑活动的负责人的责任制。比如，施工单位的法定代表人要对本企业的安全负主要的安全责任。二是从事建筑活动的职能机构或职能处室负责人及其工作人员的安全生产责任制。比如，施工单位根据需要设置的安全处室或者专职安全人员要对安全负责。三是岗位人员的安全生产责任制。岗位人员必须对安全负责。从事特种作业的安全人员必须进行培训，经过考核合格后方能上岗作业。（第二十一条、二十五条）

（2）群防群治制度

这一制度要求建设企业的职工在施工中应当遵守有关生产的法律、法规和建设行业安全规章、规程，不得违章作业；对于危及生命安全和身体健康的行为有权提出批评、检举和控告。（第三十二条包含此内容）

（3）安全生产教育培训制度

施工单位的主要负责人、项目负责人、专职安全生产管理人员应当经建设行政主管部门或者其他有关部门考核合格后方可任职。安全生产教育培训考核不合格的人员，不得上岗。作业人员进入新的岗位或者新的施工现场前，应当接受安全生产教育培训。未经教育培训或者教育培训考核不合格的人员，不得上岗作业。（第三十六条、三十七条）

（4）安全生产检查制度

安全生产检查制度是上级管理部门或企业自身对安全生产状况进行定期或不定期检查的制度。通过检查可以发现问题，查出隐患，从而采取有效措施，把事故消灭在发生之前。

（5）伤亡事故处理报告制度

施工中发生事故时，企业应当采取紧急措施减少人员伤亡和事故损失，并且按照国家有关规定及时向有关部门报告的制度（第二十一条）。事故处理必须遵循一定的程序，现在进一步完善为四不放过，即事故原因未查清不放过，事故责任者未受处理不放过，整改措施未落实不放过，有关人员未受到教育不放过。

（6）安全责任追究制度

建设单位、设计单位、施工单位、监理单位，由于没有履行职责造成人员伤亡和事故损失的，视情节轻重给予相应的处理；情节严重的，责令停业整顿，降低资质等级，直至吊销资质证书；构成犯罪的，依法追究刑事责任。

考点二：勘察、设计有关单位的安全责任

1. 勘察单位的安全责任

根据《建设工程安全生产管理条例》第十二条规定，勘察单位的安全责任包括：

勘察单位应当按照法律、法规和工程建设强制性标准进行勘察，提供的勘察文件应当真实、准确，满足建设工程安全生产的需要。

勘察单位在勘察作业时，应当严格执行操作规程，采取措施保证各类管线、设施和周边建筑物、构筑物的安全。

2. 设计单位的安全责任

根据《建设工程安全生产管理条例》第十三条规定，设计单位的安全责任包括：

设计单位应当按照法律、法规和工程建设强制性标准进行设计，防止因设计不合理导致生产安全事故的发生。

设计单位应当考虑施工安全操作和防护的需要，对涉及施工安全的重点部位和环节在设计文件中注明，并对防范生产安全事故提出指导意见。

采用新结构、新材料、新工艺的建设工程和特殊结构的建设工程，设计单位应当在设计中提出保障施工作业人员安全和预防生产安全事故的措施建议。

设计单位和注册建筑师等注册执业人员应当对其设计负责。

考点三：建设单位安全生产管理的如下责任和义务

1. 不得向有关单位提出不符合建设工程安全生产法律、法规和强制性标准规定的要求

根据《建设工程安全生产管理条例》第七条规定，建设单位不得对勘察、设计、施工、工程监理等单位提出不符合建设工程安全生产法律、法规和强制性标准规定的要求，不得压缩合同约定的工期。

工期并非不可压缩，但是此处的"不得压缩合同约定的工期"指的是不得单方面压缩工期。如果由于外界的原因不得不压缩工期的话，也要在不违背施工工艺的前提下，与合同另一方当事人协商并达成一致意见后方可压缩。交通运输部 2017 年《公路水运工程安全生产监督管理办法》第二十八条的规定更加具体，建设单位不得随意压缩工期。工期确需调整的，应当对影响安全的风险进行论证和评估，经合同双方协商一致，提出相应的施工组织和安全保障措施。

2. 应当确定安全生产所需费用

根据《建设工程安全生产管理条例》第八条规定，建设单位在编制工程概算时，应当确定建设工程安全作业环境及安全施工措施所需费用。

3. 现场资料的提供责任

第六条　建设单位应当向施工单位提供施工现场及毗邻区域内供水、排水、供电、供气、供热、通信、广播电视等地下管线资料，气象和水文观测资料，相邻建筑物和构筑物、地下工程的有关资料，并保证资料的真实、准确、完整。

建设单位因建设工程需要，向有关部门或者单位查询前款规定的资料时，有关部门或者单位应当及时提供。（编者注：2022 年补考考点，第 60 题）

4. 安全管理责任

第十条　建设单位在申请领取施工许可证时，应当提供建设工程有关安全施工措施的资料。（编者

注：2024 年考点，第 57 题）

依法批准开工报告的建设工程，建设单位应当自开工报告批准之日起 15 日内，将保证安全施工的措施报送建设工程所在地的县级以上地方人民政府建设行政主管部门或者其他有关部门备案。

第十一条 建设单位应当将拆除工程发包给具有相应资质等级的施工单位。

建设单位应当在拆除工程施工 15 日前，将下列资料报送建设工程所在地的县级以上地方人民政府建设行政主管部门或者其他有关部门备案：①施工单位资质等级证明；②拟拆除建筑物、构筑物及可能危及毗邻建筑的说明；③拆除施工组织方案；④堆放、清除废弃物的措施。

考点四：条例对勘察、设计单位违法的法律责任规定

第五十六条 违反本条例的规定，勘察单位、设计单位有下列行为之一的，责令限期改正，处 10 万元以上 30 万元以下的罚款；情节严重的，责令停业整顿，降低资质等级，直至吊销资质证书；造成重大安全事故，构成犯罪的，对直接责任人员，依照刑法有关规定追究刑事责任；造成损失的，依法承担赔偿责任：

未按照法律、法规和工程建设强制性标准进行勘察、设计的；

采用新结构、新材料、新工艺的建设工程和特殊结构的建设工程，设计单位未在设计中提出保障施工作业人员安全和预防生产安全事故的措施建议的。

第五十八条 注册执业人员未执行法律、法规和工程建设强制性标准的，责令停止执业 3 个月以上 1 年以下；情节严重的，吊销执业资格证书，5 年内不予注册；造成重大安全事故的，终身不予注册；构成犯罪的，依照刑法有关规定追究刑事责任。（编者注：2020 年考点，第 58 题）

考点五：条例对专项施工方案和安全技术交底的要求和规定

1. 专项施工方案的要求与规定

《建设工程安全生产管理条例》第二十六条规定：施工单位应当在施工组织设计中编制安全技术措施和施工现场临时用电方案，对下列达到一定规模的危险性较大的分部分项工程编制专项施工方案，并附具安全验算结果，经施工单位技术负责人、总监理工程师签字后实施，由专职安全生产管理人员进行现场监督：

①基坑支护与降水工程；②土方开挖工程；③模板工程；④起重吊装工程；⑤脚手架工程；⑥拆除、爆破工程；⑦国务院建设行政主管部门或者其他有关部门规定的其他危险性较大的工程。

对前款所列工程中涉及深基坑、地下暗挖工程、高大模板工程的专项施工方案，施工单位还应当组织专家进行论证、审查。

本条第一款规定的达到一定规模的危险性较大工程的标准，由国务院建设行政主管部门会同国务院其他有关部门制定。

交通运输部在《公路工程施工安全技术规范》（JTG F90—2015）附录 A 中列出了公路桥梁隧道具体的危险性较大的工程和需专家论证的工程范围。

住建部 2018 年 2 月 12 日发布的《危险性较大的分部分项工程安全管理规定》（住房和城乡建设部令第 37 号）的第十条至第十三条，对危险性较大的分部分项工程和超过一定规模的危险性较大的分部分项工程的范围、专项施工方案的编制和审核程序要求等作了具体规定。特别是对专项施工方案的审核

签字以及需专家论证的先后顺序等都作了具体明确规定，专家论证要在施工单位技术负责人签字盖单位章和总监审核签字盖个人执业章后，送交专家论证；论证结论为通过、修改后通过、不通过三种并且要求结论一致，不实行少数服从多数；对修改后通过结论的，在按照专家意见修改后的专项施工方案需重新由施工单位技术负责人审核签字盖单位章和总监审核盖个人执业章即可，不需再进行专家论证。

《建设工程安全生产管理条例》第十四条规定：工程监理单位应当审查施工组织设计中的安全技术措施或者专项施工方案是否符合工程建设强制性标准。

工程监理单位在实施监理过程中，发现存在安全事故隐患的，应当要求施工单位整改；情况严重的，应当要求施工单位暂时停止施工，并及时报告建设单位。施工单位拒不整改或者不停止施工的，工程监理单位应当及时向有关主管部门报告。

2. 技术交底的要求与规定

《建设工程安全生产管理条例》第二十七条规定，建设工程施工前，施工单位负责项目管理的技术人员应当对有关安全施工的技术要求向施工作业班组、作业人员作出详细说明，并由双方签字确认。（编者注：2023 年考点，第 56 题）

考点六：条例对总包与分包之间关系和安全责任的规定

第二十四条 建设工程实行施工总承包的，由总承包单位对施工现场的安全生产负总责。总承包单位应当自行完成建设工程主体结构的施工。总承包单位依法将建设工程分包给其他单位的，分包合同中应当明确各自的安全生产方面的权利、义务。总承包单位和分包单位对分包工程的安全生产承担连带责任。分包单位应当服从总承包单位的安全生产管理，分包单位不服从管理导致生产安全事故的，由分包单位承担主要责任。（编者注：2022 年补考考点，第 56 题）

例 题 解 析

例题 1 ［2019-59］下列说法中，不适用《建设工程安全生产管理条例》的是（ ）。

    A. 线路管道和设备安装工程　　　　　B. 土木工程和建筑工程

    C. 设备安装工程及装修工程　　　　　D. 抢险救灾和农民自建低层住宅

解析： 见考点一，《建设工程安全生产管理条例》第二条的规定。

答案： D

例题 2 《建设工程安全生产管理条例》的上位法是（ ）。

    ①《公路法》；②《建筑法》；③《安全生产法》；④《标准化法》

    A. ①②③　　　　　B. ②③　　　　　C. ①③④　　　　　D. ②③④

解析： 见考点一，《建设工程安全生产管理条例》第一条的规定。

答案： B

例题 3 ［2020-58］根据《建设工程安全生产管理条例》，注册执业人员未执行法律、法规和工程建设强制性标准的，应（ ）。

    A. 终身不予注册

    B. 吊销执业资格证书，5 年内不予注册

    C. 吊销执业资格证书，5 年内不予注册

D. 责令停止执业 3 个月以上 1 年以下

解析： 根据《建设工程安全生产管理条例》第五十八条，注册执业人员未执行法律、法规和工程建设强制性标准的，责令停止执业 3 个月以上 1 年以下；情节严重的，吊销执业资格证书，5 年内不予注册；造成重大安全事故的，终身不予注册；构成犯罪的，依照刑法有关规定追究刑事责任。

答案： D

例题 4 根据《建设工程安全生产管理条例》，建设工程安全生产管理应坚持的方针为（　　）。

  A. 预防第一、安全为主   B. 改正第一、罚款为主

  C. 安全第一、预防为主   D. 罚款第一、改正为主

解析： 见考点一。《建设工程安全生产管理条例》第三条规定，建设工程安全生产管理，坚持"安全第一、预防为主"的方针。

答案： C

例题 5 ［2023-56］建设工程施工前，应当就有关安全施工的技术要求向施工作业班组、作业人员作出详细说明的人员是（　　）。

  A. 施工单位负责项目管理的技术人员   B. 施工单位的项目经理

  C. 设计单位的技术人员   D. 监理工程师

解析： 见考点五。《建设工程安全生产管理条例》第二十七条规定，建设工程施工前，施工单位负责项目管理的技术人员应当对有关安全施工的技术要求向施工作业班组、作业人员作出详细说明，并由双方签字确认。

答案： A

自 测 模 拟

1. 根据《建设工程安全生产管理条例》规定，工程监理单位在实施监理过程中，发现存在安全事故隐患的应当要求施工单位整改；情况严重的应当要求施工单位暂时停止施工，并及时报告（　　）。

  A. 施工单位   B. 监理单位   C. 有关主管部门   D. 建设单位

2. 设计单位的安全责任是（　　）。

  ①采用特殊结构的建设工程，设计单位应当在设计中提出保障施工作业人员安全和预防生产安全事故的措施建议

  ②采用新结构、新材料、新工艺的建设工程，设计单位可在设计中提出保障施工作业人员安全和预防生产安全事故的措施建议

  ③设计单位应当考虑施工安全操作和防护的需要，对涉及施工安全的重点部位和环节在设计文件中注明，并对防范生产安全事故提出指导意见

  ④设计单位应当依据风险评估结论，对设计方案进行修改完善

  A. ①②③   B. ①③④   C. ①③   D. ②③④

参 考 答 案

1. D   2. B

第九节　《建设工程质量管理条例》

考 点 分 析

本节重点：立法目的、适用范围和勘察设计单位的质量责任以及违反规定的处罚。

本节难点：违反规定的处罚。

考 点 精 讲

考点一：《建设工程质量管理条例》的立法目的、适用范围和基本制度

1. 立法目的

为了加强对建设工程质量的管理，保证建设工程质量，保护人民生命和财产安全，根据《建筑法》，制定本条例。

2. 适用范围

凡在中华人民共和国境内从事建设工程的新建、扩建、改建等有关活动及实施对建设工程质量监督管理的，必须遵守本条例。

本条例所称建设工程，是指土木工程、建筑工程、线路管道和设备安装工程及装修工程。

3. 建设工程质量管理的基本制度

（1）工程质量监督管理制度。（第四十三条）

（2）工程竣工验收备案制度。（第四十九条）

（3）工程质量事故报告制度。（第五十二条）

（4）工程质量检举、控告、投诉制度。（第五十三条）

考点二：勘察、设计单位的质量责任和义务

《建设工程质量管理条例》第三章明确了勘察、设计单位的质量责任和义务。

第十八条　从事建设工程勘察、设计的单位应当依法取得相应等级的资质证书，并在其资质等级许可的范围内承揽工程。

禁止勘察、设计单位超越其资质等级许可的范围或者以其他勘察、设计单位的名义承揽工程。禁止勘察、设计单位允许其他单位或者个人以本单位的名义承揽工程。

第十九条　勘察、设计单位必须按照工程建设强制性标准进行勘察、设计，并对其勘察、设计的质量负责。（编者注：2022 年考点，59 题选项 B 的关键词是"必须"）

注册建筑师、注册结构工程师等注册执业人员应当在设计文件上签字，对设计文件负责。

第二十条　勘察单位提供的地质、测量、水文等勘察成果必须真实、准确。

第二十一条　设计单位应当根据勘察成果文件进行建设工程设计。

设计文件应当符合国家规定的设计深度要求，注明工程合理使用年限。

第二十二条　设计单位在设计文件中选用的建筑材料、建筑构配件和设备，应当注明规格、型号、性能等技术指标，其质量要求必须符合国家规定的标准。

除有特殊要求的建筑材料、专用设备、工艺生产线等外，设计单位不得指定生产厂、供应商。

第二十三条　设计单位应当就审查合格的施工图设计文件向施工单位作出详细说明。

第二十四条　设计单位应当参与建设工程质量事故分析，并对因设计造成的质量事故，提出相应的技术处理方案。

考点三：建设单位质量管理的责任和义务（第七条至第十七条、第四十九条）

（1）建设单位应当将工程发包给具有相应资质等级的单位，不得将工程肢解发包。

（2）建设单位应当依法对工程建设项目的勘察、设计、施工、监理以及与工程建设有关的重要设备、材料等的采购进行招标。

（3）建设单位不得对承包单位的建设活动进行不合理干预。

（4）施工图设计文件未经审查批准的，建设单位不得使用。

（5）涉及建筑主体和承重结构变动的装修工程，建设单位要有设计方案。

（6）建设单位应按照国家有关规定，在收到竣工报告（注：施工方提交，无"验收"二字）后组织竣工验收，建设工程验收合格的，方可交付使用。（编者注：2023年考点，第60题）

（7）建设单位必须向有关的勘察、设计、施工、工程监理等单位提供与建设工程有关的原始资料。原始资料必须真实、准确、齐全。

（8）建设单位应当自建设工程竣工验收合格之日起15日内，将建设工程竣工验收报告（注：有"验收"二字）和规划、公安消防、环保等部门出具的认可文件或者准许使用文件报建设行政主管部门或者其他有关部门备案。（编者注：第四十九条，2022年考点）

考点四：条例对勘察、设计单位和个人的法律责任规定

第六十条　违反本条例规定，勘察、设计、施工、工程监理单位超越本单位资质等级承揽工程的，责令停止违法行为，对勘察、设计单位或者工程监理单位处合同约定的勘察费、设计费或者监理酬金1倍以上2倍以下的罚款；对施工单位处工程合同价款百分之二以上百分之四以下的罚款，可以责令停业整顿，降低资质等级；情节严重的，吊销资质证书；有违法所得的，予以没收。（编者注：2020年考点，第56题）

未取得资质证书承揽工程的，予以取缔，依照前款规定处以罚款；有违法所得的，予以没收。

以欺骗手段取得资质证书承揽工程的，吊销资质证书，依照本条第一款规定处以罚款；有违法所得的，予以没收。

第六十一条　违反本条例规定，勘察、设计、施工、工程监理单位允许其他单位或者个人以本单位名义承揽工程的，责令改正，没收违法所得，对勘察、设计单位和工程监理单位处合同约定的勘察费、设计费和监理酬金1倍以上2倍以下的罚款；对施工单位处工程合同价款百分之二以上百分之四以下的罚款；可以责令停业整顿，降低资质等级；情节严重的，吊销资质证书。

第六十二条　违反本条例规定，承包单位将承包的工程转包或者违法分包的，责令改正，没收违法所得，对勘察、设计单位和工程监理单位处合同勘察费、设计费百分之二十五以上百分之五十以下的罚款；对施工单位处工程合同价款百分之零点五以上百分之一以下的罚款；可以责令停业整顿，降低资质

等级；情节严重的，吊销资质证书。

第六十三条　违反本条例规定，有下列行为之一的，责令改正，处 10 万元以上 30 万元以下的罚款：（编者注：2021 年考点，第 58 题）

（1）勘察单位未按照工程建设强制性标准进行勘察的。

（2）设计单位未根据勘察成果文件进行工程设计的。

（3）设计单位指定建筑材料、建筑构配件的生产厂、供应商的。

（4）设计单位未按照工程建设强制性标准进行设计的。

有前款所列行为，造成工程质量事故的，责令停业整顿，降低资质等级；情节严重的，吊销资质证书；造成损失的，依法承担赔偿责任。

第七十二条　违反本条例规定，注册建筑师、注册结构工程师、监理工程师等注册执业人员因过错造成质量事故的，责令停止执业 1 年；造成重大质量事故的，吊销执业资格证书，5 年以内不予注册；情节特别恶劣的，终身不予注册。

第七十三条　依照本条例规定，给予单位罚款处罚的，对单位直接负责的主管人员和其他直接责任人员处单位罚款数额百分之五以上百分之十以下的罚款。

第七十七条　建设、勘察、设计、施工、工程监理单位的工作人员因调动工作、退休等原因离开该单位后，被发现在该单位工作期间违反国家有关建设工程质量管理规定，造成重大工程质量事故的，仍应当依法追究法律责任。

考点五：公路工程质量事故等级的划分和处理

按照交通运输部 2016 年颁发的《公路水运建设工程质量事故等级划分和报告制度》第四条规定：根据直接经济损失或工程结构损毁情况（自然灾害所致除外），公路水运建设工程质量事故分为特别重大质量事故、重大质量事故、较大质量事故和一般质量事故四个等级；直接经济损失在一般质量事故以下的为质量问题。

（1）特别重大质量事故，是指造成直接经济损失 1 亿元以上的事故。

（2）重大质量事故，是指造成直接经济损失 5000 万元以上 1 亿元以下，或者特大桥主体结构垮塌、特长隧道结构坍塌，或者大型水运工程主体结构垮塌、报废的事故。

（3）较大质量事故，是指造成直接经济损失 1000 万元以上 5000 万元以下，或者高速公路项目中桥或大桥主体结构垮塌、中隧道或长隧道结构坍塌、路基（行车道宽度）整体滑移，或者中型水运工程主体结构垮塌、报废的事故。

（4）一般质量事故，是指造成直接经济损失 100 万元以上 1000 万元以下，或者除高速公路以外的公路项目中桥或大桥主体结构垮塌、中隧道或长隧道结构坍塌，或者小型水运工程主体结构垮塌、报废的事故。

本条所称的"以上"包括本数，"以下"不包括本数。

水运工程的大、中、小型分类参照《公路水运工程监理企业资质管理规定》（交通运输部令〔2015〕4 号）执行。

《建设工程质量管理条例》第四十九条规定：建设单位应当自建设工程竣工验收合格之日起 15 日内，将建设工程竣工验收报告和规划、公安消防、环保等部门出具的认可文件或者准许使用文件报建设行政主管部门或者其他有关部门备案。建设行政主管部门或者其他有关部门发现建设单位在竣工验收过程中有违反国家有关建设工程质量管理规定行为的，责令停止使用，重新组织竣工验收。

《建设工程质量管理条例》第五十二条规定：建设工程发生质量事故，有关单位应当在 24 小时内向当地建设行政主管部门和其他有关部门报告。对重大质量事故，事故发生地的建设行政主管部门和其他有关部门应当按照事故类别和等级向当地人民政府和上级建设行政主管部门和其他有关部门报告。特别重大质量事故的调查程序按照国务院有关规定办理。（编者注：2020 年考点，第 60 题）

例 题 解 析

例题 1　根据《建设工程质量管理条例》的规定，勘察设计单位和未按照工程建设强制性标准进行勘察、设计的，对责任人处罚正确的是（　　）。

  A. 处 10 万元以上 30 万元以下的罚款

  B. 处以合同约定的勘察费、设计费或者监理酬金 1 倍以上 2 倍以下的罚款

  C. 处以罚款的范围是最少 0.5 万元最多不超过 3 万元

  D. 没收违法所得，并处违法所得 2 倍以上 5 倍以下罚款

解析： 该题有难度，考查《建设工程质量管理条例》第六十三条和第七十三条两个条款。题干的违法行为符合第六十三条第一款和第四款规定的行为，所以单位的处罚是：责令改正，处 10 万元以上 30 万元以下的罚款。而第七十三条规定："依照本条例规定，给予单位罚款处罚的，对单位直接负责的主管人员和其他直接责任人员处单位罚款数额百分之五以上百分之十以下的罚款"。$10 \times 5\% = 0.5$，$30 \times 10\% = 3$，"以上"含则用"最少"表示，"以下"不含则用"不超过"表示。

答案： C

例题 2　〔2020-56〕根据《建设工程质量管理条例》，勘察、设计单位超越本单位资质等级承揽工程的，责令停止违法行为，对勘察、设计单位处以罚款，罚款是约定的勘察费、设计费的（　　）。

  A. 2 倍以上 3 倍以下   B. 3 倍以上 5 倍以下

  C. 1 倍以上 2 倍以下   D. 10 万元以上 30 万元以下

解析： 根据《建设工程质量管理条例》第六十条，违反本条例规定，勘察、设计、施工、工程监理单位超越本单位资质等级承揽工程的，责令停止违法行为，对勘察、设计单位或者工程监理单位处合同约定的勘察费、设计费或监理酬金 1 倍以上 2 倍以下的罚款。

答案： C

例题 3　〔2020-60〕根据《建设工程质量管理条例》，建设工程发生质量事故，有关单位向当地建设行政主管部门和其他有关部门报告的时间应不大于（　　）。

  A. 4 小时   B. 8 小时   C. 24 小时   D. 48 小时

解析： 根据《建设工程质量管理条例》第五十二条，建设工程发生质量事故，有关单位应当在 24 小时内向当地建设行政主管部门和其他有关部门报告。对重大质量事故，事故发生地的建设行政主管部门和其他有关部门应当按照事故类别和等级向当地人民政府和上级建设行政主管部门和其他有关部门报告。特别重大质量事故的调查程序按照国务院有关规定办理。

（编者注：按照交通运输部规定，该题中有关单位主要是指施工单位或建设单位或公路管养单位）

答案： C

例题 4　〔2021-58〕根据《建设工程质量管理条例》，勘察单位未按照工程建设强制性标准进行勘察的，下列处罚正确的是（　　）。

  A. 处 50 万元以上，100 万元以下的罚款

B. 责令改正，处 10 万元以上，30 万元以下的罚款

C. 责令改正，处 20 万元以上，50 万元以下的罚款

D. 责令改正，处 5 万元以上，20 万元以下的罚款

解析： 见考点四。根据《建设工程质量管理条例》第六十三条，勘察单位未按照工程建设强制性标准进行勘察的，责令改正，处 10 万元以上 30 万元以下罚款。

答案： B

例题 5［2022-58］工程竣工验收合格之日起（　　　　　）天内，建设单位应提出竣工验收报告，向工程所在地县级以上地方人民政府建设行政主管部门（及备案机关）备案。

A. 10 天　　　　　　　B. 25 天　　　　　　　C. 15 天　　　　　　　D. 20 天

解析： 见考点三。根据《建设工程质量管理条例》第四十九条，建设单位应当自建设工程竣工验收合格之日起 15 日内，将建设工程竣工验收报告和规划、公安消防、环保等部门出具的认可文件或者准许使用文件报建设行政主管部门或者其他有关部门备案。

答案： C

例题 6［2023-60］根据《建设工程质量管理条例》，建设工程竣工验收主体是由（　　　　　）组织验收。

A. 监理单位　　　　　　　　　　　B. 建设单位

C. 施工单位　　　　　　　　　　　D. 质量监督机构

解析： 见考点三。根据《建设工程质量管理条例》第十六条，建设单位收到建设工程竣工报告后，应当组织设计、施工、工程监理等有关单位进行竣工验收。

答案： B

例题 7 建筑工程保修期内因墙面渗漏造成损失的，如果是由于设计方面的原因造成质量缺陷，则应（　　　　　）。

A. 由设计单位负责维修并承担赔偿责任

B. 由施工单位赔偿损失

C. 由建设单位和监理单位共同赔偿损失

D. 由施工单位负责维修，设计单位承担赔偿责任

解析： 根据《建设工程质量管理条例》第四十一条，建设工程在保修范围和保修期限内发生质量问题的，施工单位应当履行保修义务，并对造成的损失承担赔偿责任。当然这个规定针对的是施工单位原因造成的施工质量问题，但说明了保修期的质量问题由施工单位负责维修。同理，《建筑法》第六十条，建筑工程竣工时，屋顶、墙面不得留有渗漏、开裂等质量缺陷；对已发现的质量缺陷，建筑施工企业应当修复。而根据《房屋建筑工程质量保修办法》第九条，房屋建筑工程在保修期限内出现质量缺陷，建设单位或者房屋建筑所有人应当向施工单位发出保修通知。施工单位接到保修通知后，应当在保修书约定的时间内予以保修。第十三条，保修费用由质量缺陷的责任方承担。第十四条，在保修期限内，因房屋建筑工程质量缺陷造成房屋所有人、使用人或者第三方人身、财产损害的，房屋所有人、使用人或者第三方可以向建设单位提出赔偿要求。建设单位向造成房屋建筑工程质量缺陷的责任方追偿。《房屋建筑工程质量保修办法》第九条、第十三条和第十四条说明设计单位应承担赔偿责任（此处既包括赔偿维修费用也包括给使用者造成损失的赔偿，一并交于建设单位，再由建设单位分别给予施工单位和使用者）。

答案： D

自 测 模 拟

1. 某建设工程项目完成施工后，施工单位提出工程竣工验收申请，根据《建设工程质量管理条例》规定，该建设工程竣工验收应具备的条件不包括（　　）。

　　A. 有施工单位提交质量保证金

　　B. 有工程使用的主要材料、建筑构配件和设备的进场试验报告

　　C. 有勘察、设计、施工、工程监理等单位分别签署的质量合格文件

　　D. 有完整的技术档案和施工管理资料

2. 根据《建设工程质量管理条例》的规定，施工图必须经过审查批准；否则不得使用。建设单位投资的大型工程项目施工图设计已经完成，该施工图应该报审的管理部门是（　　）。

　　A. 县级以上人民政府建设行政主管部门

　　B. 县级以上人民政府工程设计主管部门

　　C. 县级以上政府规划部门

　　D. 工程监理单位

3. 按照《建设工程质量管理条例》规定，施工人员对涉及结构安全的试块、试件以及有关材料进行现场取样时应当（　　）。

　　A. 在设计单位监督现场取样

　　B. 在监督单位或监理单位监督下现场取样

　　C. 在施工单位质量管理人员监督下现场取样

　　D. 在建设单位或监理单位监督下现场取样

参 考 答 案

1. A　　2. A　　3. D

第十节　《建设工程勘察设计管理条例》

考 点 分 析

本节重点： 立法目的、适用范围和勘察设计单位的安全责任以及违反规定的处罚。

本节难点： 违反规定的处罚。

考 点 精 讲

考点一：资质资格管理规定

第七条　国家对从事建设工程勘察、设计活动的单位，实行资质管理制度。具体办法由国务院建设

行政主管部门商国务院有关部门制定。

第八条　建设工程勘察、设计单位应当在其资质等级许可的范围内承揽建设工程勘察、设计业务。

禁止建设工程勘察、设计单位超越其资质等级许可的范围或者以其他建设工程勘察、设计单位的名义承揽建设工程勘察、设计业务。禁止建设工程勘察、设计单位允许其他单位或者个人以本单位的名义承揽建设工程勘察、设计业务。

第九条　国家对从事建设工程勘察、设计活动的专业技术人员，实行执业资格注册管理制度。

未经注册的建设工程勘察、设计人员，不得以注册执业人员的名义从事建设工程勘察、设计活动。

第十条　建设工程勘察、设计注册执业人员和其他专业技术人员只能受聘于一个建设工程勘察、设计单位；未受聘于建设工程勘察、设计单位的，不得从事建设工程的勘察、设计活动。

第二十五条　编制建设工程勘察、设计文件，应当以下列规定为依据：

（1）项目批准文件。

（2）城乡规划。

（3）工程建设强制性标准。（编者注：2022 年考点，第 59 题）

（4）国家规定的建设工程勘察、设计深度要求。

铁路、交通、水利等专业建设工程，还应当以专业规划的要求为依据。

考点二：建设工程勘察设计文件的编制与实施规定

第二十六条　编制建设工程勘察文件，应当真实、准确，满足建设工程规划、选址、设计、岩土治理和施工的需要。（编者注：2022 年考点，第 59 题）

编制方案设计文件，应当满足编制初步设计文件和控制概算的需要。

编制初步设计文件，应当满足编制施工招标文件、主要设备材料订货和编制施工图设计文件的需要。

编制施工图设计文件，应当满足设备材料采购、非标准设备制作和施工的需要，并注明建设工程合理使用年限。

第二十七条　设计文件中选用的材料、构配件、设备，应当注明其规格、型号、性能等技术指标，其质量要求必须符合国家规定的标准。

除有特殊要求的建筑材料、专用设备和工艺生产线等外，设计单位不得指定生产厂、供应商。

第二十八条　建设单位、施工单位、监理单位不得修改建设工程勘察、设计文件；确需修改建设工程勘察、设计文件的，应当由原建设工程勘察、设计单位修改。经原建设工程勘察、设计单位书面同意，建设单位也可以委托其他具有相应资质的建设工程勘察、设计单位修改。修改单位对修改的勘察、设计文件承担相应责任。（编者注：2022 年考点，第 60 题）

施工单位、监理单位发现建设工程勘察、设计文件不符合工程建设强制性标准、合同约定的质量要求的，应当报告建设单位，建设单位有权要求建设工程勘察、设计单位对建设工程勘察、设计文件进行补充、修改。（编者注：2024 年考点，第 58 题）

建设工程勘察、设计文件内容需要作重大修改的，建设单位应当报经原审批机关批准后，方可修改。

第二十九条　建设工程勘察、设计文件中规定采用的新技术、新材料，可能影响建设工程质量和安全，又没有国家技术标准的，应当由国家认可的检测机构进行试验、论证，出具检测报告，并经国务院有关部门或者省、自治区、直辖市人民政府有关部门组织的建设工程技术专家委员会审定后，方可使用。

第三十条 建设工程勘察、设计单位应当在建设工程施工前，向施工单位和监理单位说明建设工程勘察、设计意图，解释建设工程勘察、设计文件。（编者注：2022 年考点，第 59 题）

建设工程勘察、设计单位应当及时解决施工中出现的勘察、设计问题。

考点三：建设工程勘察、设计的概念及其发包与承包规定

1. 工程勘察、设计的概念及有关规定

本条例所称建设工程勘察，是指根据建设工程的要求，查明、分析、评价建设场地的地质地理环境特征和岩土工程条件，编制建设工程勘察文件的活动。本条例所称建设工程设计，是指根据建设工程的要求，对建设工程所需的技术、经济、资源、环境等条件进行综合分析、论证，编制建设工程设计文件的活动。（第二条）

从事建设工程勘察、设计活动，应当坚持先勘察、后设计、再施工的原则。（第四条）

建设工程勘察、设计单位必须依法进行建设工程勘察、设计，严格执行工程建设强制性标准，并对建设工程勘察、设计的质量负责。（第五条）

国家鼓励在建设工程勘察、设计活动中采用先进技术、先进工艺、先进设备、新型材料和现代管理方法。（第六条）

2. 建设工程勘察设计发包与承包（第十二条~第二十四条）

建设工程勘察、设计方案评标，应当以投标人的业绩、信誉和勘察、设计人员的能力以及勘察、设计方案的优劣为依据，进行综合评定。（第十四条）

建设工程勘察、设计发包依法实行招标发包或者直接发包。（第十二条）

下列建设工程的勘察、设计，经有关主管部门批准，可以直接发包：（第十六条）

（1）采用特定的专利或者专有技术的。

（2）建筑艺术造型有特殊要求的。

（3）国务院规定的其他建设工程的勘察、设计。

发包方不得将建设工程勘察、设计业务发包给不具有相应勘察、设计资质等级的建设工程勘察、设计单位。发包方可以将整个建设工程的勘察、设计发包给一个勘察、设计单位；也可以将建设工程的勘察、设计分别发包给几个勘察、设计单位。（第十七条、第十八条）

除建设工程主体部分的勘察、设计外，经发包方书面同意，承包方可以将建设工程其他部分的勘察、设计再分包给其他具有相应资质等级的建设工程勘察、设计单位。（第十九条）

建设工程勘察、设计单位不得将所承揽的建设工程勘察、设计转包。（第二十条）

建设工程勘察、设计的发包方与承包方，应当执行国家规定的建设工程勘察、设计程序并签订建设工程勘察、设计合同。（第二十二条、第二十三条）

建设工程勘察、设计发包方与承包方应当执行国家有关建设工程勘察费、设计费的管理规定。（第二十四条）

考点四：勘察、设计单位的法律责任规定（第三十六条、三十七条）

违反本条例规定，未经注册，擅自以注册建设工程勘察、设计人员的名义从事建设工程勘察、设计活动的，责令停止违法行为，没收违法所得，处违法所得 2 倍以上 5 倍以下罚款；给他人造成损失的，

依法承担赔偿责任。（编者注：2021年考点，第59题）

违反本条例规定，建设工程勘察、设计注册执业人员和其他专业技术人员未受聘于一个建设工程勘察、设计单位或者同时受聘于两个以上建设工程勘察、设计单位，从事建设工程勘察、设计活动的，责令停止违法行为，没收违法所得，处违法所得2倍以上5倍以下的罚款；情节严重的，可以责令停止执行业务或者吊销资格证书；给他人造成损失的，依法承担赔偿责任。

考点五：施工图设计文件审查的规定

2017年国务院令第687号将第三十三条第一款修改为：

施工图设计文件审查机构应当对房屋建筑工程、市政基础设施工程施工图设计文件中涉及公共利益、公众安全、工程建设强制性标准的内容进行审查。县级以上人民政府交通运输等有关部门应当按照职责对施工图设计文件中涉及公共利益、公众安全、工程建设强制性标准的内容进行审查。

原第三十三条第一款内容如下：

县级以上人民政府建设行政主管部门或者交通、水利等有关部门应当对施工图设计文件中涉及公共利益、公众安全、工程建设强制性标准的内容进行审查。

例 题 解 析

例题1　根据《建设工程勘察设计管理条例》的规定，对建设工程勘察、设计单位和人员执业规定论述正确的是（　　）。

  A. 建设工程勘察设计执业人员一般要受聘于一个建设工程勘察、设计单位

  B. 未受聘于建设工程勘察设计单位的执业人员在单位特许情况下可从事特许建设工程的勘察设计活动

  C. 国家对从事建设工程勘察设计活动的专业技术人员，实行执业资格管理制度

  D. 建设工程勘察、设计单位不得允许具有执业资格的个人以本单位的名义承揽建设工程勘察设计业务

解析：见考点一。此题有难度。《建设工程勘察设计管理条例》第十条规定，建设工程勘察、设计注册执业人员和其他专业技术人员只能受聘于一个建设工程勘察、设计单位；未受聘于建设工程勘察、设计单位的，不得从事建设工程的勘察、设计活动。选项A中"一般要"错。选项B"可从事特许"错，正确是"不得从事"。选项C错在"执业资格"，第九条应该是"执业资格注册"，要进行注册是关键。选项D正确，第八条是"禁止建设工程勘察、设计单位允许其他单位或者个人以本单位的名义承揽建设工程勘察、设计业务"，此处个人即使是执业人员也不行，也就是说挂靠不行。

答案：D

例题2　[2021-59]违反《建设工程勘察设计管理条例》，未经注册，擅自以注册建设工程勘察、设计人员的名义从事建设工程勘察、设计活动的，除责令停止违法行为、没收违法所得外，还须处罚款，金额为违法所得收入的（　　）。

  A. 1~2倍   B. 1~3倍   C. 3~6倍   D. 2~5倍

解析：见考点四。违反《建设工程勘察设计管理条例》第三十六条，未经注册，擅自以注册建设工程勘察、设计人员的名义从事建设工程勘察、设计活动的，责令停止违法行为，没收违法所得，处违法

所得 2 倍以上 5 倍以下罚款。

答案：D

例题 3 ［2022-60］根据《建设工程勘察设计管理条例》，下列说法正确的是（   ）。

    A. 建设单位发现图纸有问题，直接进行修改

    B. 设计文件中选用的材料、构配件和设备，设计单位可以指定生产厂家，其质量要求必须符合国家规定的标准

    C. 经原设计单位同意，建设单位另外委托具有资质的设计单位改图并承担相关责任

    D. 施工方发现图纸有问题，直接联系设计单位进行修改

解析：见考点二。根据《建设工程勘察设计管理条例》第二十七条，除有特殊要求的建筑材料、专用设备和工艺生产线等外，设计单位不得指定生产厂、供应商。选项 B 错误。

根据《建设工程勘察设计管理条例》第二十八条，建设单位、施工单位、监理单位不得修改建设工程勘察、设计文件；确需修改建设工程勘察、设计文件的，应当由原建设工程勘察、设计单位修改。经原建设工程勘察、设计单位书面同意，建设单位也可以委托其他具有相应资质的建设工程勘察、设计单位修改。修改单位对修改的勘察、设计文件承担相应责任。选项 A、D 错误，选项 C 正确。

答案：C

例题 4 ［2022-59］下列关于建设工程勘察、设计文件编制与实施的表述，不正确的是（   ）。

    A. 设计单位和注册建筑师等注册执业人员应当对其设计负责

    B. 设计单位根据实际情况决定是否按照法律、法规和工程建设强制性标准进行设计

    C. 勘察、设计单位应当在建设工程施工前，向施工单位和监理单位说明建设工程勘察、设计意图，解释建设工程勘察、设计文件

    D. 编制建设工程勘察文件，应当真实、准确，满足建设工程规划、选址、设计、岩土治理和施工的需要

解析：主要见本节考点一二和第九节考点二。根据《建设工程质量管理条例》第十九条，勘察、设计单位必须按照工程建设强制性标准进行勘察、设计，并对其勘察、设计的质量负责。注册建筑师、注册结构工程师等注册执业人员应当在设计文件上签字，对设计文件负责。选项 A 符合上述第十九条。选项 B 违反该第十九条的关键词"必须"，同时违反《建设工程勘察设计管理条例》第二十五条"编制建设工程勘察、设计文件，应当（注：强制性）以工程建设强制性标准为依据"。《建设工程勘察设计管理条例》第三十条，建设工程勘察、设计单位应当在建设工程施工前，向施工单位和监理单位说明建设工程勘察、设计意图，解释建设工程勘察、设计文件。选项 C 符合第三十条。《建设工程勘察设计管理条例》第二十六条，编制建设工程勘察文件，应当真实、准确，满足建设工程规划、选址、设计、岩土治理和施工的需要。选项 D 符合该第二十六条。

答案：B

例题 5 根据《建设工程勘察设计管理条例》，建设工程勘察、设计发包应依法采取以下形式(   )。

    A. 间接发包或者直接发包   B. 公开发包或者直接发包

    C. 招标发包或者直接发包   D. 邀请发包或者直接发包

解析：见考点三的第 2 点。依据《建设工程勘察设计管理条例》第十二条，建设工程勘察、设计发包依法实行招标发包或者直接发包。

答案：C

例题 6　按照勘察行政规定，以下不属于违反规定的行为是（　　　）。

　　A. 个人挂证或者单位转借证

　　B. 勘察设计单位订立技术劳务合同找有资质的外部人员帮忙钻探

　　C. 超越资质勘察设计

　　D. 未受聘于单位的其他专业技术人员从事勘察活动

解析：见考点一。依据《建设工程勘察设计管理条例》，选项 A 和 C 违反条例的第八条，选项 D 违反条例的第十条。选项 B 符合条例的第七条规定，国家对从事建设工程勘察、设计活动的单位，实行资质管理制度。具体办法由国务院建设行政主管部门商国务院有关部门制定。参考《建设工程勘察设计管理条例释义》第七条的释义，工程勘察资质根据专业范围分为综合类、专业类和勘察劳务类。勘察综合类包括专项和劳务类全部或部分内容，专业类又分为岩土工程、水文地质勘察、工程测量等 3 个类别；勘察劳务类是指岩土工程治理、工程钻探、凿井等。具备勘察劳务类资质的单位只能与持有综合类或专业类勘察资质的单位签订技术劳务合同，承担岩土工程治理、工程钻探、凿井等工程勘察劳务工作。

答案：B

自 测 模 拟

1. 根据《建设工程勘察设计管理条例》规定，建设工程勘察设计方案的评标一般不考虑（　　　）。

　　A. 投标人资质　　　　　　　　　　　B. 勘察、设计方案的优劣

　　C. 设计人员的能力　　　　　　　　　D. 投标人的业绩

2. 根据《建设工程勘察设计管理条例》规定，编制初步设计文件应当（　　　）。

　　A. 满足编制方案设计文件和控制概算的需要

　　B. 满足编制施工招标文件、主要设备材料订货和编制施工图设计文件的需要

　　C. 满足非标准设备制作，并注明建筑工程合理使用年限

　　D. 满足设备材料采购和施工的需要

参 考 答 案

1. A　　2. B

第十一节　勘察设计单位和个人违反相关规定后实施的处罚

考 点 分 析

　　本节重点：对勘察设计单位和个人的处罚有多种形式，责令停止、停业整顿、没收违法所得、降低资质、吊销资质、赔偿损失、罚款、刑事责任等。其中罚款，设计单位一般是设计酬金的 1 倍以上 2 倍以下，特殊罚款是 10 万~30 万元；个人罚款是单位罚款的 5% 以上 10% 以下。

　　本节难点：不同类型的处罚形式不同，主要靠记忆和归类。

考点一：违反法律法规等规定对勘察设计单位的处罚

1. 勘察设计单位违反资质要求的处罚

涉及《建筑法》第六十五条、《建设工程质量管理条例》第六十条和第六十一条，《建设工程勘察设计管理条例》第三十五条。

（1）超越资质承揽工程的依据《建筑法》第六十五条处罚

①责令停止违法行为，处以合同约定的勘察费、设计费或者监理酬金1倍以上2倍以下的罚款，可以责令停业整顿，降低资质等级等。

（编者注：《建设工程质量管理条例》第六十条，2020年考点，第56题）

②有违法所得的，予以没收。

③情节严重的，吊销资质证书。

（2）未取得资质承揽工程的依据《建筑法》第六十五条处罚

①予以取缔，并处以合同约定的勘察费、设计费或者监理酬金1倍以上2倍以下的罚款。

②有违法所得的，予以没收。

（3）以欺骗手段取得资质证书的依据《建筑法》第六十五条处罚

①吊销资质证书，并处以合同约定的勘察费、设计费或者监理酬金1倍以上2倍以下的罚款。

②构成犯罪的，依法追究刑事责任。

（4）勘察设计单位允许其他单位或个人以本单位名义承揽工程的依据《建设工程质量管理条例》第六十一条处罚

①责令改正，没收违法所得，对勘察、设计单位和工程监理单位处合同约定的勘察费、设计费和监理酬金1倍以上2倍以下的罚款；对施工单位处工程合同价款2%以上4%以下的罚款。

②可以责令停业整顿，降低资质等级。

③情节严重的，吊销资质证书。

2. 勘察设计单位不按强制性标准和有关规定进行勘察设计（罚款都是10万元~30万元）

涉及《建筑法》第七十三条（编者注：2019年考点）、《建设工程质量管理条例》第六十三条、《建设工程安全生产管理条例》第五十六条、《建设工程勘察设计管理条例》第四十条。

（1）不按建筑工程质量、安全标准（《建筑法》第七十三条）和条例规定进行勘察设计的，责令改正，处10万元以上30万元以下的罚款

①勘察设计单位和未按照工程建设强制性标准进行勘察、设计的（《建设工程质量管理条例》第六十三条）；勘察设计单位未按照法律、法规和工程建设强制性标准进行勘察、设计的（《建设工程安全生产管理条例》第五十六条）。（编者注：2021年考点，第58题）

②设计单位未根据勘察成果文件进行工程设计的。（《建设工程质量管理条例》第六十三条）

③设计单位指定建筑材料、建筑构配件的生产厂、供应商的。（《建设工程质量管理条例》第六十三条）

④采用新结构、新材料、新工艺的建设工程和特殊结构的建设工程，设计单位未在设计中提出保障施工作业人员安全和预防生产安全事故的措施建议的。（《建设工程安全生产管理条例》第五十六条）

（2）对于上述所列①~③行为，造成工程质量事故（编者注：见第九节考点五）的，《建筑法》第七十三条和《建设工程质量管理条例》第六十三条，除责令改正和罚款之外的处罚

①责令停业整顿，降低资质等级，没收违法所得。

②情节严重的，吊销资质证书。

③造成损失的，依法承担赔偿责任。

④构成犯罪的，依法追究刑事责任。

（3）对于上述①和④《建设工程安全生产管理条例》第五十六条的情况，除责令限期改正并罚款外

①情节严重的，责令停业整顿，降低资质等级，直至吊销资质证书。

②造成损失的，依法承担赔偿责任。

③造成重大安全事故，构成犯罪的，对直接责任人员，依照刑法有关规定追究刑事责任。

（4）《建设工程勘察设计管理条例》第四十条

违反本条例规定，勘察、设计单位未依据项目批准文件，城乡规划及专业规划，国家规定的建设工程勘察、设计深度要求编制建设工程勘察、设计文件的，责令限期改正；逾期不改正的，处 10 万元以上 30 万元以下的罚款；造成工程质量事故或者环境污染和生态破坏的，责令停业整顿，降低资质等级；情节严重的，吊销资质证书；造成损失的，依法承担赔偿责任。（2015 年国务院令第 662 号，新增内容）

（编者注：区别是逾期不改正的，处 10 万元以上 30 万元以下的罚款）

3. 违法转包或分包中标工程项目（含勘察设计项目）

涉及《招标投标法》第五十八条、《建设工程质量管理条例》第六十二条、《建设工程勘察设计管理条例》第三十九条。对于承包单位将承包的工程转包或者违法分包的，责令改正，还可有以下处罚：

①对勘察、设计单位处合同勘察费、设计费 25%以上 50%以下的罚款；对施工单位处工程合同价款 5‰以上 10‰以下的罚款。（法和两个条例）

②有违法所得的，并处没收违法所得。（法和两个条例）

③可以责令停业整顿，降低资质等级。（法和两个条例）

④情节严重的，吊销资质证书，由工商行政管理机关吊销营业执照。（编者注：执照是法定）

4. 投标人违法投标、中标的，依据《招标投标法》第五十三条和第五十四条处罚

（1）依据《招标投标法》第五十三条投标人串标的

中标无效，处中标项目金额 5‰以上 10‰以下的罚款，对单位直接负责的主管人员和其他直接责任人员处单位罚款数额 5%以上 10%以下的罚款；有违法所得的，并处没收违法所得；情节严重的，取消其一年至二年内参加依法必须进行招标的项目的投标资格并予以公告，直至由工商行政管理机关吊销营业执照；构成犯罪的，依法追究刑事责任。给他人造成损失的，依法承担赔偿责任。

（编者注：该条规定处罚轻点，追究刑事责任后就不罚款）

（2）依据《招标投标法》第五十四条以他人名义或弄虚作假，骗取中标的

中标无效，给招标人造成损失的，依法承担赔偿责任；构成犯罪的，依法追究刑事责任。依法必须进行招标的项目的投标人有上述所列行为尚未构成犯罪的，处中标项目金额 5‰以上 10‰以下的罚款，对单位直接负责的主管人员和其他直接责任人员处单位罚款数额 5%以上 10%以下的罚款；有违法所得的，并处没收违法所得；情节严重的，取消其一年至三年内参加依法必须进行招标的项目的投标资格并予以公告，直至由工商行政管理机关吊销营业执照。

（编者注：该条规定处罚轻点，追究刑事责任后就不罚款）

5. 中标后不签约的依据《招标投标法》第五十九条处罚

违反本条例规定，承包单位将承包的工程转包或者违法分包的，责令改正，没收违法所得，对勘察、设计单位规定履约保证金不予退还，给招标人造成的损失超过履约保证金数额的，还应当对超过部分予以赔偿；没有提交履约保证金的，应当对招标人的损失承担赔偿责任。

中标人不按照与招标人订立的合同履行义务，情节严重的，取消其二年至五年内参加依法必须进行招标的项目的投标资格并予以公告，直至由工商行政管理机关吊销营业执照。

考点二：违反勘察设计相关规定对勘察设计人员的个人处罚

1. 勘察设计单位罚款引起对责任人的罚款

根据《建设工程质量管理条例》第七十三条规定：

依照本条例规定，给予单位罚款处罚的，对单位直接负责的主管人员和其他直接责任人员处单位罚款数额 5%以上 10%以下的罚款。

（1）超越资质、无资质、虚假资质承揽工程对个人罚款

以《建设工程质量管理条例》第六十条涉及勘察设计合同费用 1~2 倍罚款计算 5%~10%。

（2）不按质量安全标准和规定进行勘察设计对个人的罚款

以《建设工程质量管理条例》第七十三条规定的 10 万元以上 30 万元以下的罚款计算 5%~10%。

（3）转包或者违法分包工程对个人的罚款

以《建设工程质量管理条例》第六十二条对勘察、设计单位处合同勘察费、设计费 25%以上 50%以下的罚款计算 5%~10%。

（4）违法投标、中标对个人的罚款

《招标投标法》第五十三条和第五十四条规定，对串标和骗标的单位处中标项目金额 5‰以上 10‰以下的罚款，对单位直接负责的主管人员和其他直接责任人员处单位罚款数额 5%以上 10%以下的罚款。

2. 注册执业人员违法行为的处罚

涉及《建设工程质量管理条例》第七十二条，《建设工程勘察设计管理条例》第三十六、三十七条规定。

（1）依据《建设工程质量管理条例》第七十二条，注册建筑师、注册结构工程师、监理工程师等注册执业人员因过错造成质量事故的处罚：

①责令停止执业 1 年。

②造成重大质量事故的，吊销执业资格证书，5 年以内不予注册。

③情节特别恶劣的，终身不予注册。

（2）依据《建设工程勘察设计管理条例》第三十六、三十七条，对勘察、设计人员处以除了责令停止违法行为外，还要没收违法所得，并处违法所得 2 倍以上 5 倍以下罚款的行为：（编者注：2021 年考点，第 59 题）

①未经注册，擅自以注册建设工程勘察、设计人员的名义从事建设工程勘察、设计活动的。

②建设工程勘察、设计注册执业人员和其他专业技术人员未受聘于一个建设工程勘察、设计单位或者同时受聘于两个以上建设工程勘察、设计单位，从事建设工程勘察、设计活动的。

另外，对上述两种行为，给他人造成损失的，依法承担赔偿责任。对上述两种行为，情节严重的，可以责令停止执行业务或者吊销资格证书。

（3）依据《建设工程安全生产管理条例》第五十八条的个人处罚

注册执业人员未执行法律、法规和工程建设强制性标准的，责令停止执业 3 个月以上 1 年以下；情节严重的，吊销执业资格证书，5 年内不予注册；造成重大安全事故的，终身不予注册；构成犯罪的，依照刑法有关规定追究刑事责任。（编者注：2020 年考点，第 58 题）

附录一

注册土木工程师（道路工程）资格考试
专业基础考试大纲

一、建筑材料

1. 砂石材料

   矿质混合料组成设计方法；砂石材料的技术性质要求；砂石材料的检测方法；矿质混合料的级配要求。

2. 水泥和石灰

   水泥、石灰的技术性质要求；石灰及水泥的质量检定方法；硅酸盐水泥熟料各矿物成分特性、凝结硬化；石灰的消化、硬化过程。

3. 无机结合料稳定材料

   石灰稳定粒料、水泥稳定粒料、石灰粉煤灰稳定粒料的技术性质；无机稳定材料配合比设计方法；石灰粉煤灰稳定粒料的强度形成机理。

4. 水泥混凝土和砂浆

   普通水泥混凝土的主要技术性质及其影响因素、配合比设计方法、质量评定；砂浆和水泥混凝土的特性；水泥混凝土强度测定方法；混凝土常用外加剂的作用和品种。

5. 沥青材料

   石油沥青包括改性沥青、乳化沥青技术性质要求及应用；石油沥青的基本技术性质测定方法；石油沥青的组成结构。

6. 沥青混合料

   沥青混合料技术性质和技术标准；现行的沥青混合料配合比设计方法及相关试验；沥青混合料的结构类型、强度形成原理。

7. 建筑钢材

   建筑钢材的主要技术性能和技术标准；建筑钢材的试验方法。

8. 其他建筑材料

   纤维、土工合成材料及木材的主要技术性能；土工合成材料的试验方法。

二、土质学与土力学

1. 土的物理化学性质及工程分类

   土的工程分类；土的基本物理性质指标；黏性土的界限含水率；砂土的密实度；黏土颗粒与水的相互作用；土体工程性质的变化机理。

2. 土中水的运动规律

   土的毛细特性；冻胀机理与影响因素；层流渗透定律（达西定律）；渗透系数及其影响因素。

3. 土中应力计算

　　自重应力计算方法；土中附加应力计算方法；土的有效应力原理。

4. 土的力学性质

　　土的强度；变形指标；土的压实特性；压实土的力学特性；土体强度理论；软土在荷载作用下的强度增长规律；土体抗剪强度；直剪试验及相应的强度指标；三轴试验及相应的强度指标。

5. 地基沉降计算与地基承载力

　　分层总和法；一维固结理论；地基沉降的历时特征；地基破坏性状；地基承载力；地基承载力确定方法；地基容许承载力及其修正方法。

6. 土坡稳定分析

　　砂性土土坡稳定分析方法；黏性土土坡圆弧滑动体整体稳定分析方法；条分法的基本原理；毕肖普条分法；土坡稳定分析中一些特殊问题的考虑。

三、工程地质

1. 岩石与矿物

　　三大类岩石的特点；常见的岩石类型及其特征；岩石的工程地质性质；影响岩石工程性质的主要因素。

2. 地质构造

　　地质构造的类型及特性；地壳运动；地质构造图；各种地质构造在地质图中的表现形式和特点。

3. 外动力地质作用

　　外动力地质作用；风化作用；河流的侵蚀作用；下蚀作用；侧蚀作用。

4. 地貌

　　河流阶地；河流阶地与山区公路建设的关系；山岭地貌；平原地貌；不同地貌单元公路建设中可能遇到的工程地质问题；地貌与地形的区别及联系。

5. 水文地质

　　地下水埋藏类型；上层滞水、潜水、承压水和岩溶水的分布规律特点。

6. 不良地质

　　岩溶、滑坡、崩塌、泥石流的特征及其工程地质性质。

7. 特殊性岩土

　　软土、黄土、膨胀土和盐渍土的特征及其工程地质性质。

8. 公路工程地质勘察

　　道路、桥基、隧道勘察的基本勘察方法。

四、工程勘测

1. 一般规定

　　各等级公路项目不同设计阶段的勘测内容与深度；不同设计阶段勘测新技术、新方法，及其应满足的基本精度要求；控制测量桩、路线控制桩的埋设、书写等的规定与要求；桩标记录、勘测记录的规定与要求。

2. 控制测量

公路平面控制测量的主要方法；平面控制点的布设、测量、观测等技术要点；公路高程控制测量的主要方法；高程控制点的布设、测量、观测等技术要点；公路控制测量应提交的技术资料。

3. 地形图测绘

不同设计阶段对地形图测绘、图式、比例、精度等的技术要求；航空摄影测量、水下地形图测绘、数字地面模型等的技术要求及其应用要点。

4. 初测

依据批复的工程可行性研究初步拟定的路线起终点、中间控制点及路线基本走向，在地形图、航测像片、数字地面模型或实地对所拟定的勘测方案进行初测的技术要求；初测阶段路线、路基、路面、排水、小桥涵、大中桥、隧道、路线交叉、沿线设施、环境保护、临时工程、工程经济等的调查与勘测的基本技术要求；初测应提交的技术资料。

5. 定测

现场核对初步设计审批意见的执行与优化、调整的定测技术要求；定测阶段路线中线敷设、中桩高程测量、横断面测量、路基、路面、排水、小桥涵、大中桥、隧道、路线交叉、沿线设施、环境保护、临时工程、工程经济等的调查与勘测的基本技术要求；定测应提交的技术资料；一次定测的适用条件、勘测调查内容及其测量精度。

五、结构设计原理

1. 钢筋混凝土结构设计的设计原则

钢筋的应力应变曲线；混凝土的应力应变曲线；材料的设计强度；钢筋与混凝土的黏结机理；钢筋锚固规定；极限状态设计；承载能力极限状态；正常使用极限状态；作用（荷载）效应组合。

2. 受弯构件强度计算

全梁承载能力校核与构造要求；正截面受力过程和破坏特征；正截面抗剪强度计算斜截面的受力特点和破坏形态；斜截面抗剪强度计算；斜截面抗剪能力影响因素；斜截面抗弯强度；连续梁的斜截面抗剪强度。

3. 受压构件强度计算

轴心受压构件、矩形截面偏心受压构件的特点；偏心受压构件的构造要求；偏心受压构件的纵向弯曲；I 字形截面受压构件；圆形截面受压构件。

4. 钢筋混凝土受弯构件的应力、裂缝和变形计算

换算截面；裂缝及最大裂缝宽度验算；变形验算。

5. 预应力混凝土结构

预应力混凝土的特点；预加应力的方法与常用设备；受弯构件的强度计算；受扭构件的强度计算；预应力损失；有效预应力；抗裂计算；端部锚固区构造要求；受弯构件的构造要求；局部承压；挠度计算；裂缝宽度验算。

6. 砖、石及混凝土砌体结构

砌体结构设计的要素；砌体的抗拉、抗弯、抗剪强度；轴心受压构件；偏心受压构件强度及稳定验算方法。

六、职业法规

《中华人民共和国公路法》《中华人民共和国建筑法》《中华人民共和国森林法》《中华人民共和国合同法》《中华人民共和国招标投标法》《中华人民共和国安全生产法》《建设工程安全生产管理条例》《建设工程质量管理条例》《建设工程勘察设计管理条例》中与工程建设密切相关的要求。

附录二

注册土木工程师（道路工程）资格考试
专业基础试题配置说明

建筑材料	11 题（第 1~11 题）
土质学与土力学	12 题（第 12~23 题）
工程地质	13 题（第 24~36 题）
工程勘测	12 题（第 37~48 题）
结构设计原理	7 题（第 49~55 题）
职业法规	5 题（第 56~60 题）

注：试卷题目数量合计 60 题，每题 2 分，满分 120 分。考试时间为 4 小时。